Der Maler Hanny Franke
Leben und Werk (1890-1973)

Herausgeber:
Magistrat der Stadt Eschborn
Stadtarchiv/Museum 2010

Herstellung:
Layout, Satz, Litho, Druck
Henrich Druck+Medien GmbH
60528 Frankfurt am Main

Die Drucklegung dieses Werkes
konnte dank des Magistrats der
Stadt Eschborn realisiert werden.

ISBN 978-3-921606-74-2

Der Maler Hanny Franke

Leben und Werk (1890-1973)

Annette de la Cruz

Inhalt

I. Vorwort — 9

II. Forschungsstand und Quellenlage — 10

III. Biographie — 12

  1. Kindheit (1890 - 1904) — 12
    1.1. Familiäre Wurzeln — 12
    1.2. Schule — 13

  2. Lehrzeit - Wanderjahre (1904 - 1914) — 14
    2.1. Lehrzeit - Lehrherr, Ausbildung und Werkstatt — 14
    2.2. Wanderjahre — 14
    2.3. Heimatgeschichtliche Interessen: Die Villa Rustica in Bingen — 15

  3. Weltkrieg I (1914 - 1918) — 16
    3.1. Kriegsintermezzo — 16
    3.2. Skizzenbuch „Kriegserinnerungen" — 16

  4. Studienzeit (1919 - 1922) — 20
    4.1. Die Wahl der Ausbildungsstätte — 20
    4.2. Finanzierung des Studiums und erste Kontakte mit dem Kunsthandel — 20
    4.3. Unterrichtsbetrieb und Geselligkeit — 22
    4.4. Der Lehrer Emil Gies und die Figurenklasse — 23
    4.5. Zeitgenössische Kunstströmungen — 27
    4.6. Malen in Frankfurt und Umgebung - Studienfahrten — 28
    4.7. Ende der Studienzeit/Resümee — 29

  5. Die Jahre zwischen 1923 und 1932 — 33
    5.1. Fußfassen auf dem freien Kunstmarkt - Inflation 1923 — 33
    5.2. Malen in Frankfurt und Umgebung — 34
      5.2.1. Auf den Spuren von Louis Eysen - 1925 — 34
      5.2.2. Wettbewerb zum Goethejahr - 1932 — 37
    5.3. Studienreisen — 38
      5.3.1. Der Vogelsberg 1924 - 1927 — 38
      5.3.2. Italien 1926 — 40
    5.4. Hanny Franke als Heimatforscher — 42
      5.4.1. Das römische Nida 1927 — 42
      5.4.2. Das sogenannte Bonifatiuskreuz 1929 - 1932 — 43
      5.4.3. Kloster Rupertsberg 1929 — 43
    5.5. Freundschaften — 45

  6. Die Jahre zwischen 1933 und 1938 — 46
    6.1. Machtergreifung der Nationalsozialisten — 46
    6.2. Studienfahrten — 47

6.2.1. Neuburg am Inn	47
6.2.2. Groß-Gerau	48
6.2.3. Die Rhön	49
6.3. Vorkriegsjahre 1935/1936	53

7. Weltkrieg II (1939 - 1945) — 54
- 7.1. Kriegsausbruch 1939 — 54
- 7.2. Jubiläumsausstellung 1940 — 55
- 7.3. Böhmerwaldreise 1941 - Hanny Franke und das Werk Adalbert Stifters — 56
- 7.4. Weitere Ausstellungserfolge 1942 - 1943 — 58
- 7.5. Die letzten Kriegsmonate — 59

8. Nachkriegszeit - Wiederaufbau (1945 - 1949) — 61
- 8.1. Malen in Frankfurt und Umgebung — 61
    - 8.1.1. Trümmerbilder — 61
    - 8.1.2. Der Grüneburgpark 1948 — 62
- 8.2. Administratives Engagement — 64

9. Die Jahre von 1950 - 1973 — 66
- 9.1. Jubiläumsausstellung 1950 — 66
- 9.2. Malen in Umgebung von Frankfurt und Taunus — 66
    - 9.2.1. Die Schwanheimer Eichen — 66
    - 9.2.2. Die Nidda 1961 — 67
    - 9.2.3. Eschborn — 69
- 9.3. Studienreisen — 71
    - 9.3.1. Im Schwarzwald - Hanny Franke und Hans Thoma — 71
    - 9.3.2. Burg Schöneck im Hunsrück - Hanny Franke und Wilhelm Steinhausen — 75
- 9.4. Jubiläumsausstellungen 1955 und 1960 — 78
- 9.5. Alters-„Stil" — 78
- 9.6. Nachrufe — 79

10. Hanny Franke als Sammler — 80

IV. Das Werk — 81

1. Die Motivwahl — 81
- 1.1. Landschaften — 81
    - 1.1.1. Atelier- und Pleinairbilder — 81
    - 1.1.2. Auftragsarbeiten — 82
    - 1.1.3. Landschaften mit Staffage — 83
- 1.2. Stadtlandschaften und Architektur — 84
- 1.3. Menschen — 89
    - 1.3.1. Selbstporträts — 89
    - 1.3.2. Porträts — 90
    - 1.3.3. Aktdarstellungen — 91

	1.4. Stillleben	92
2.	Zur Technik	93
	2.1. Gemälde	93
	2.2. Skizzenbücher	94
	2.3. Aquarelle	95
	2.4. Zeichnungen	96
	2.5. Druckgraphik	96
	2.5.1. Radierungen	96
	2.5.2. Lithographien	97
	2.5.3. Holzschnitte	97

V. Zusammenfassung — 98

VI. Schlusswort — 99

VII. ANHANG — 100

1.	Biographisches	100
	1.1. Tabellarische Kurzbiographie	100
	1.2. Stammtafeln	102
	1.3. Reisen	104
	1.4. Ausstellungen	109
	1.5. Mitgliedschaften in künstlerischen Zusammenschlüssen	113
	1.6. Förderung durch die Frankfurter Künstlerhilfe	114
2.	Die Kunstsammlung Hanny Frankes	115
3.	Signaturtafel	119
4.	Literatur	120
	4.1. Archivalien	120
	4.2. Veröffentlichungen von Hanny Franke	123
	4.3. Monographien, Aufsätze in Fachzeitschriften und Jahrbüchern	124
	4.4. Allgemeine Nachschlagewerke und Ausstellungskataloge	125
	4.5. Pressespiegel	127
	4.6. Auktionskataloge und Kunstpreis-Jahrbücher	130
	4.7. Sonstiges: Verzeichnisse, Faltblätter, Internet	133
5.	Abkürzungsverzeichnis	135
6.	Abbildungsnachweis	136
	6.1 Abbildungs- und Fotonachweis	136
	6.2 Verzeichnis und Abbildungsnachweis nicht von Hanny Franke stammender Werke	136

I. Vorwort

Die Anregung, sich mit dem Leben und Werk des Malers Hanny Franke auseinanderzusetzen, ergab sich aus einem wissenschaftlichen Gemeinschaftsprojekt am Kunstgeschichtlichen Institut der Johann Wolfgang Goethe-Universität in Frankfurt am Main. Die Projektgruppe „Frankfurter Malerei" - im Jahre 1993 von Herrn Professor Dr. Dr. Gerhard Eimer gegründet und geleitet - machte es sich zur Aufgabe, die Lebenswerke lokaler Künstler des 19. und 20. Jahrhunderts mit dem Anfertigen von Monographien und Werkverzeichnissen in den schon länger verdienten Blickpunkt der Öffentlichkeit zu rücken.
Die Arbeiten des Landschaftsmalers Hanny Franke fehlen bei kaum einer Ausstellung oder Auktion, bei der es sich um Frankfurter Malerei handelt, und der Künstler selbst galt als feste Größe im Frankfurter Kunstgeschehen. Ziel meiner Dissertation war es, Interessierten eine Gesamtübersicht über das Leben und Wirken dieses Künstlers zu verschaffen.
Für die in diesem Zusammenhang von Herrn Professor Dr. Dr. Gerhard Eimer erhaltenen zahlreichen wissenschaftlichen Ratschläge und wertvollen Anregungen zur Erforschung des Werkes von Hanny Franke möchte ich mich an dieser Stelle besonders herzlich bedanken. Außerdem gilt mein Dank auch Herrn Professor Dr. Gottfried Kiesow, der bereit war, sich als Koreferent zur Verfügung zu stellen. Aber auch den zahlreichen Museen, Galerien, Auktionshäusern und privaten Sammlern, ohne deren freundliche Unterstützung ich mein Anliegen nicht hätte verwirklichen können, bin ich zu großem Dank verpflichtet.

Für das große Interesse und die motivierende Unterstützung der Arbeit möchte ich mich hier insbesondere beim Stadtarchivar und Museumsleiter der Stadt Eschborn, Herrn Gerhard Raiss, bedanken. Mein Dank gilt ebenso Herrn Klaus Kappel von der Frankfurter Künstlergesellschaft, Frau Oda Perner vom Historischen Museum in Frankfurt/M., Frau Claudia Schüssler, Frau Sylvia Goldhammer und Herrn Dr. Konrad Schneider vom Institut für Stadtgeschichte in Frankfurt/M. sowie Herrn Michael Mohr vom Städelschen Kunstinstitut in Frankfurt/M. Für das problemlose Zugänglichmachen und Fotografieren von Gemälden danke ich außerdem den Frankfurter Auktionshäusern Karl Arnold und Wilhelm M. Döbritz, den Galerien Jens Giessen/Frankfurt/M., Bärbel Fach/Frankfurt/M., Karl Blehle/Seligenstadt, Charlotte Nüdling/Fulda sowie Herrn Rack vom Antiquariat Tintenfisch/Bad Orb. Den Galerien J.P. Schneider/Frankfurt/M., Uwe Opper/Kronberg i. Ts. und der Galerie Helmut Krause/Mörfelden gilt mein Dank auch für das Überlassen von Fotos und Ektachromen. Auch bei den zahlreichen Bilderbesitzern und Sammlern, die namentlich nicht genannt werden wollen, möchte ich mich an dieser Stelle nochmals recht herzlich für die Unterstützung und das meiner Arbeit entgegengebrachte Interesse bedanken. Und - last, but not least - auch an meine Mutter Gisela Mathe und Herrn Studienrat Volker Kunkel ein herzliches Dankeschön für geduldiges Korrekturlesen.

Annette de la Cruz

II. Forschungsstand und Quellenlage

Presse- und Ausstellungsspiegel zeigen, dass Hanny Franke von Beginn seiner künstlerischen Laufbahn 1920 an bis zu seinem Tode 1973 und weit darüber hinaus mit seinen Arbeiten in einzelnen Zeitungs-/Zeitschriftenartikeln und Ausstellungen regelmäßig Beachtung und Würdigung fand. Eine ausführliche wissenschaftliche Bearbeitung seines gesamten malerischen, zeichnerischen und graphischen Wirkens liegt bisher nicht vor.

Im Rahmen einer Magisterarbeit (Hamburg 1985) erfasste Bianca Kernert 882 Bilder, die sich damals zum größten Teil im Besitz der Künstlerwitwe befanden. Da Margarethe Franke bis 1988 Werke des Malers veräußerte – nach diesem Zeitpunkt vereinbarte die Stadt Eschborn einen Ankauf des Nachlasses ihres Mannes auf Rentenbasis – bedeutet diese Auflistung von Bianca Kernert eine wertvolle Quelle für den Nachweis existierender Ölgemälde, die ich nicht im Original ausfindig machen konnte. Das Verzeichnis wurde deshalb in den Katalog eingearbeitet.[1]

Mit seinen 525 Ölbildern, 463 Aquarellen, 448 Zeichnungen, 18 Graphiken inklusive einiger erhaltener Druckstöcke- und -platten bildete der Nachlass das Basismaterial für meine Untersuchung. Arbeiten aus der früheren Schaffenszeit sind in diesem Nachlass in geringerem Maße vertreten. Während eines Bombenangriffs am 10. September 1944 geriet das Atelier des Malers in Brand, wobei viele in Öl gemalte Porträts und Akte aus der Studienzeit verbrannten. Neben dem Museum/Stadtarchiv Eschborn besitzen sowohl das Historische Museum in Frankfurt/M. mit 31 Exemplaren als auch das Städelmuseum in Frankfurt/M. mit 13 Exemplaren Bilder von Hanny Franke. Der größte Teil des Œuvres befindet sich jedoch im Kunsthandel und in Privatbesitz. Außer nach Sammlern im Frankfurter Raum und im Taunus führte ich schwerpunktmäßig an jenen Orten Recherchen nach Bildbesitzern durch, an welchen der Maler nachweislich wiederholt künstlerisch arbeitete, d. h. in der Rhön, am Rhein, im Schwarzwald. Als Ergänzung und anstelle der nicht ausfindig zu machenden Originale zog ich Fotomaterial wie Repros aus dem Nachlass oder Abbildungen aus Versteigerungs- und Ausstellungskatalogen hinzu. Außerdem berücksichtigte ich als Nachweis für ehemals bzw. noch immer existierende Bilder Hinweise aus den persönlichen schriftlichen Aufzeichnungen von Hanny Franke.

Das Werkverzeichnis umfasst insgesamt 2261 Arbeiten. Da der Maler ein bis ins hohe Alter äußerst produktiver Künstler war, kann mit dieser Anzahl, auch im Hinblick auf die im Krieg verlorenen Werke, kein Anspruch auf Vollständigkeit erhoben werden. Die Anzahl der ermittelten Werke reichte jedoch aus, einen umfangreichen und repräsentativen Überblick über das Lebenswerk von Hanny Franke zu erhalten.

Unveröffentlichte Manuskripte der Lebenserinnerungen aus den Jahren von 1890 bis 1954 dienten als Quelle für biographische Daten. Auch machten sie das Wesen des Malers lebendig und enthielten etliche Informationen hinsichtlich seiner Kunstauffassung.

Anhand von 98 Briefen und Postkarten von Hanny Franke an seine Frau Margarethe aus den Jahren 1919 bis 1957 ließen sich zusätzlich zu den bildnerischen Belegen aus seiner künstlerischen Arbeit fast lückenlos Reisen und Studienfahrten zurückverfolgen. 169 Briefe und Postkarten aus den Jahren 1919 bis 1961, die er von Freunden, Künstlerkollegen und Kunden erhielt, dokumentieren den persönlichen Umkreis.

Neben dieser Korrespondenz befinden sich noch zahlreiche zum Teil nicht datierte Manuskripte und Typoskripte in Besitz des Museums und Stadtarchivs in Eschborn: Auflistungen von Bildern für Ausstellungen, Entwürfe für Veröffentlichungen, Notizen über Gedanken zur Kunst im Allgemeinen sowie eine kleine Sammlung eigener Gedichte. Das Stadtarchiv Eschborn verwahrt sowohl die gesamte Bibliothek des Malers als auch einen großen Teil seiner Kunstsammlung. Eine Reihe von Veröffentlichungen des Malers zu geschichtlichen und kunstgeschichtlichen Themen rundeten das Bild seiner Persönlichkeit ab. Wertvolle Hinweise erhielt ich außerdem von Stadtarchivar Gerhard Raiss, Eschborn, der Margarethe Franke noch persönlich kennen lernen durfte, ebenso von dem Maler und Mitglied der Frankfurter Künstlergesellschaft, Klaus Kappel, dem Inhaber der Kunsthandlung J. P. Schneider, Kurt Andreas, sowie der Witwe des Malers Wilhelm Raab, welche sich noch an persönliche Begegnungen mit Hanny Franke selbst zurückerinnerten.

---

1 B. Kernert wurden von Seiten der Witwe Einblick in die Aufzeichnungen der Lebenserinnerungen gewährt, zahlreiche andere persönliche Dokumente, wie beispielsweise die gesamte Korrespondenz, standen erst zur Verfügung, nachdem sich der Nachlass in städtischem Besitz befand. Ein Exemplar der Magisterarbeit ist jeweils im Stadtarchiv und Museum in Eschborn sowie in der Bibliothek des Städelmuseums in Frankfurt/M. zugänglich.

III. Biographie

1. Kindheit (1890 - 1904)

1.1. Familiäre Wurzeln

Johann Emil Franke kam am 2. September 1890 in Koblenz-Horchheim zur Welt. Sein Geburtshaus, das sogenannte Geißlersche Haus (so genannt nach dem Besitzer Johann Geißler), lag in der Hauptstraße Nr. 374, ca. 140 m vom Rheinufer entfernt. (Z256, Abb. 1) Seine Taufe erhielt das Neugeborene, welches später auf die moselfränkische Abkürzung seines Namens „Hanny" hören sollte, fünf Tage später in der örtlichen katholischen Pfarrkirche St. Maximin. Eltern waren der Zugführer Hubert Franke und seine Frau Margaretha, geb. Bach. Neben dem kleinen Hanny zählten noch dessen Schwestern Elisabeth, Magdalene und Christine zur Familie.[1] Der Vater, als Zugführer bei der Preußischen Staatseisenbahn angestellt, hatte seine familiären Wurzeln in Oberlahnstein, wo sich die Verwandten unter anderem als Gastwirte und Inhaber eines Nähmaschinengeschäftes den Lebensunterhalt verdienten. Hubert Franke selbst muss ein Bastler und Tüftler gewesen sein. In seiner freien Zeit beschäftigte er sich mit dem Bau elektrischer Apparate und mit dem Reparieren von Uhren. Außerdem entwickelte er reges Interesse für die Flugtechnik. Sein Sohn Hanny charakterisierte ihn folgendermaßen: „*Mein Vater beschäftigte sich in seiner freien Zeit mit Erfindungen, die ihn viel Mühe, Zeit und Geld kosteten, aber nie Nennenswertes einbrachten. Das Perpetuum Mobile, der Traum vieler, war sein Steckenpferd.*"[2]

Die Angehörigen der Mutter stammten aus Weiler bei Bad Salzig. Neben dem Winzergewerbe betrieb ihre Familie Ackerbau und Viehzucht, teils auch die Imkerei. Hanny Franke verlebte die meisten kleinen Ferien im Heimatort seiner Mutter. Nicht ohne Stolz vermerkte er später, dass das Haus, in welchem er diese Ferien verbrachte, bereits im Jahre 1750 von seinem Ururgroßvater Nikolaus Bach erbaut worden war.[3] Eine Schwester der Mutter lebte in Trier und wurde meist in den großen Ferien besucht. Sie und ihr Mann waren die Taufpaten des kleinen

Abb. 1 Z256

Johann Emil.[4] Der Onkel wird von ihm später als derjenige bezeichnet, der in diesen Jahren den Grundstein legte für sein lebenslanges Interesse an Archäologie und Geschichte: „*Hier in der Römerstadt wurde mir das ‚Gift' der Romantik eingeimpft. (...) Der Onkel machte mich mit Triers alten Winkeln, Ruinen, Katakomben bekannt (...) Scherben wurden gesammelt, Inschriften und Kritzeleien an Bauwerken und Denkmälern wurden aufgestöbert und entziffert (...).*"[5] Zusammen mit seinem Onkel suchte und erwanderte der junge Hanny auch die alten römischen Straßen und ihre Verbindungswege im vorderen Hunsrück.

In ihrem Nachruf auf Hanny Franke erwähnt die Journalistin Christa von Helmolt, die den Maler persönlich kannte, dass der Künstler in einem musikalischen Elternhaus groß geworden sei und in seinem späteren Lebensjahren deshalb auch die Hausmusik weiterhin eine besondere Rolle gespielt habe.[6]

Abbildungen der Familienmitglieder flossen in das künstlerische Werk mit ein. In einer Bleistiftzeichnung hielt der Künstler 1924 seine 64-jährige Mutter im Porträt fest (Z303) Margaretha Franke hält den Kopf und Blick leicht nach unten gesenkt, so als konzentriere sie sich auf eine Handarbeit oder als sei sie beim Lesen. Sie trägt eine Brille. Ihr Haar ist am Hinterkopf zu einem Knoten zusammengefasst. Hanny Franke erfasste ihr Bildnis in weicher, malerischer Weise, indem er zum größten Teil mit der breiten Bleistiftseite arbeitete. Ein weiteres Bildnis, ein Ölbild, malte der Sohn zwei Jahre später in ihrem Todesjahr. (G1056) Das Erinnerungsporträt entstand auf der Grundlage einer Zeichnung. Das Brustbild zeigt die Mutter vor dunklem Hintergrund. Sie trägt ein einfach wirkendes grau-weiß gestreiftes Kleid bzw. eine Bluse mit weißem Kragen. Eine ovale Brosche am Hals unterhalb des Kragens fällt als bescheidenes Schmuckstück auf. Ihre dunkelgrauen Haare sind mittig gescheitelt und am Hinterkopf zusammengefasst. Mit ihren graublauen Augen - im Gegensatz zur o.g. Zeichnung trägt sie hier keine Brille - blickt die Porträtierte den Betrachter direkt an. Auch seinen Vater Hubert Franke erfasste der Künstler in zwei Bleistiftzeichnungen. Ein Porträt verschafft den Eindruck vom Aussehen des 66-Jährigen. (Z325) Drei Jahre zuvor hielt Hanny Franke den Älteren in einer Ansicht des ganzen Körpers bildlich fest (Z304). Der Vater sitzt auf einem Stuhl, hat sein rechtes Bein über das linke geschlagen. An einer Pfeife ziehend, die er mit seiner Linken hält, schweift sein Blick nachdenklich in die Ferne. Hanny Franke erfasste den Dargestellten in der gleichen malerischen Weise wie in der zuerst genannten Zeichnung. Von seinen drei Schwestern lässt sich ausschließlich das Konterfei seiner jüngsten Schwester Elisabeth mehrmals im Porträt nachweisen. Eine Tatsache, die auf ein besonders inniges Verhältnis zu der bereits in jungen Jahren verstorbenen Schwester hinweist. Neben einer Bleistiftzeichnung, in der er die etwa 17-Jährige künstlerisch festhielt (Z280) haben sich gleich zwei Porträts in Öl erhalten, die Hanny Franke ein Jahr vor ihrem Tode schuf. Das eine zeigt ein Brustbildnis Elisabeth Frankes im Profil nach links vor dunklem Hintergrund. (G1047) Ein anderes Bild zeigt die 22-Jährige handarbeitend und am Fenster sitzend (G1048). 1925 schuf der Künstler mit einer Lithographie ihres Konterfeis ein Erinnerungsstück (DG51).

1.2. Schule

Zusammen mit seiner Familie verbrachte Hanny Franke die ersten acht Lebensjahre in Horchheim am Rhein, bis der Vater im Januar 1899 dienstlich in das Moseltal nach Bernkastel-Kues versetzt wurde. Die Familie bezog hier ein Haus in der Kirchgasse. Die Wohnung lag direkt neben der Volksschule, in welcher sich die ersten Anklänge des künstlerischen Talents bemerkbar machten.

So erinnerte sich der Maler später, dass er zu dieser Zeit einmal ein Haus mit Garten in etwas perspektivischer Anordnung gezeichnet habe, welches so gut gelungen war, dass die Schultafel in allen Klassen herumgereicht worden sei. Seine Lehrerin ermutigte ihn darauf nicht nur zum Weiterarbeiten, sondern sie versorgte ihn auch mit Tuschfarben und Papier.[7]

Abb. 2 Z502

Eine Anekdote im Zusammenhang mit seinem ersten Erwerb eines Malkastens unterstrich ebenfalls das schon in früher Kindheit vorhandene Interesse am künstlerischen Gestalten. So habe der Künstler eine Anzahl Pastellstifte, die sein Alterskamerad Peter besaß, gegen Hergabe eines zahmen Sperlings erhandelt.[8]

Im Jahr 1902 wurde der Vater nach Neunkirchen versetzt. Ein halbes Jahr darauf sollte der Angestellte der Preußischen Staatseisenbahn seinen Dienst dann von Bingerbrück am Rhein aus antreten. Die Familie bezog Quartier in der Hildegardisstraße 16. Hier in Bingerbrück fand der 12-jährige Hanny Schulkameraden, die sein Interesse teilten.[9] In ihrer Freizeit trafen sich die Buben, um gemeinsam mit schwarzer Kreide nach Vorlagen zu zeichnen. Im Gegensatz zu seiner Zeit in Bernkastel-Kues bekam er hier von Seiten der Lehrer weniger Anerkennung. Als sich der Onkel Hanny Frankes später aber von einem der Lehrer des Neffens zu dessen zukünftigen Beruf beraten ließ, riet dieser ihm doch zu einer künstlerischen Tätigkeit. Er habe Talent dafür und sei der beste Schüler im Zeichnen.[10] Man entschied sich, den 14-Jährigen zu einem Dekorationsmaler in die Lehre zu schicken.

Zwei Schülerarbeiten aus einem Zeichenheft aus dem Jahr 1903, die frühesten erhaltenen Blätter, vermitteln einen Eindruck von den zeichnerischen Anfängen des jungen Hanny Franke. Die Schulhefte erlauben außerdem einen Einblick in den Inhalt des allgemeinen schulischen Zeichnunterrichtes in der Zeit um die Jahrhundertwende. Neben stilisierten Blättern, Blattornamenten und architektonischen Elementen finden sich in dem Zeichenheft linear orientierte Wiedergaben antiker Statuen und Büsten (Z503), sowie ein Blatt mit vier Tierköpfen (Z502, Abb. 2), bei denen Außenkonturen ebenfalls stark betont und die Binnenzeichnungen mit breitem Stift angelegt wurden.

---

1   Else, die jüngste der Schwestern: *1902, + Sylvester 1925; Magdalene: lt. einer Postkarte an ihren Bruder im Jahr 1920 als Lehrerin in Rümmelsheim/Mosel tätig, war die Älteste der Schwestern; Christine: später mit dem Bruder von Pfarrer Dr. Klemens Keller verheiratet, welcher um 1920 Pfarrer in der Gemeinde St. Markus im Frankfurter Stadtteil Nied war.

2   LE I, S. 20

3   Vgl. LE I, S.46-50

4   Name der Schwester lt. Taufbuch der Kath. Pfarrkirche St. Maximin: Johanna Marie S.

5   LE I, S.19

6   FAZ, 17.1.1973

7   Vgl. Schmitt 1985, S. 530, lt. Schulchronik muss es sich bei der besagten Lehrerin entweder um ein Fräulein Otterbein oder um ein Fräulein Meiser gehandelt haben, da die erstgenannte die folgende ab 22.1.1900 vertrat.

8   Vgl. LE I, S. 20

9   Hanny Frankes persönliches Fotoalbum, S. 3, zeigt einen dieser Schulkameraden, Peter Henrich, später Bildhauer in München, *4.4.1889, +21.7.1956

10 Vgl. LE I, S. 45

2. Lehrzeit - Wanderjahre (1904 - 1914)

2.1. Lehrzeit

Der Lehrherr

Im Herbst 1904 begann Hanny Franke seine drei Jahre während Lehrzeit zum Dekorationsmaler. Sein Lehrherr war Max Schmolling (Abb. 3). Dessen Vater, Carl Schmolling (geb. 1854 in Letschin/Brandenburg), stammte aus Berlin und wurde vom Preußischen Hof dem Düsseldorfer Landschafts- und Dekorationsmaler Ludwig Pose als Lehrling und Geselle empfohlen. Da dieser gerade mit der Restaurierung von Burg Rheinstein beschäftigt war, damals im Besitz des Friedrich von Preussen, folgte ihm der junge Carl Schmolling nach Bingen am Rhein. Nach dem Tode Ludwig Poses übernahm er dessen Nachfolge. Da er immer wieder neue Aufträge von der holländischen Grenze bis nach Westfalen und Hessen erhielt, beschloss er, sich fest in der Rheingegend niederzulassen. Ob Carl Schmolling während seiner Lehrlings- und Gesellenzeit auch Bekanntschaft mit Eduard Wilhelm Pose, dem Sohn seines Meisters, machte, muss spekulativ bleiben. Eduard Wilhelm Pose hatte wie sein Onkel Friedrich Wilhelm an der Düsseldorfer Kunstakademie studiert. Er vertrat die Auffassung einer Landschaftsmalerei, die sich von der älteren Veduten- und Bühnenhaftigkeit der Düsseldorfer Landschaft unterschied. Er strebte eine realistisch-naturnahe Darstellung an, indem er seine Gemälde durch Naturstudien vorbereitete.[11] Diese für die Zeit fortschrittliche Tendenz schien aber weder die Kunstauffassung des älteren Pose noch seinen Nachfolger Carl Schmolling bzw. später Max Schmolling beeinflusst zu haben. Auch dessen Lehrling Hanny Franke unternahm erst im zweiten Lehrjahr und auf sein eigenes Betreiben hin in seiner Freizeit den Versuch, nach der Natur anstatt nach Vorlagen zu malen.

„Der Lehrmeister war ein alter herzensguter Mensch über dessen Lippen nie ein böses oder hartes Wort kam, (...)"[12], erinnerte sich Hanny Franke an seinen Lehrherrn, der in der Bevölkerung als Sonderling galt. In seinem in den 1870er Jahren erbautem Haus an der Drususbrücke in Bingen (Abb. 4) vermittelte Max Schmolling seinem Sohn zusammen mit Hanny Franke die Kenntnisse der Dekorationsmalerei. Dieser erinnerte sich folgendermaßen an sein damaliges Umfeld: *„Der Werkstattbetrieb entsprach dem ganzen Haus, etwas mittelalterliches und viel Düsseldorfer Romantik hafteten ihm an.[13] (...)," (...) mit einer Malerwerkstatt in fast mittelalterlicher Einrichtung, daneben ein Malatelier mit einer Glaswand, dazu in der ersten Etage ein Zeichenatelier. Die südliche Hausecke beherrschte ein runder Turm, dessen Inneres in Freskosecco und in Enkaustiktechnik des pompejanischen Stils ausgemalt war."*[14]

Abb. 3 Max Schmolling

Die Ausbildung

Hanny Franke befasste sich mit allen Gebieten der dekorativen Malerei. Neben der Sgrafitto-, der Fresko-, der Tempera- und der Öl- und Leimfarbenmalerei beschäftigte er sich auch mit Wand-, Bühnen- und Fahnenmalerei, einschließlich der Schriften. Das Wissen um die richtige Pinselpflege, die Zusammensetzung der Farben und Bindemittel sowie um das Grundieren, bildeten die handwerklichen Grundlagen, die seiner Arbeit als freier Künstler später zugute kamen. Um auch Kenntnisse im Ornamentzeichnen, Stilisieren und der Perspektive zu erhalten, besuchte der angehende Dekorationsmaler einmal wöchentlich den Zeichenunterricht bei einem Baumeister. Außerdem malte er auf an die Wand gespanntem Papier nach Vorlagen aus Gips. Die Modelle von Ornamenten, Köpfen, Händen, Füßen und Ohren versuchte er in Stucktönen wiederzugeben. Mit Schlagschatten versehen wirkten diese dann wie realistische Stuckaturen. Hanny Franke hielt diese Art des Unterrichts für viel effektiver als das Malen nach Kunstdrucken und Fotos. 1907 nahm der angehende Dekorationsmaler an einer Gewerbeausstellung in Koblenz teil: *„Auf einer großen Leinwand, die wie eine Weltkarte gerollt werden konnte, malte ich eine Wanddekoration, Stuckornamente in Goldtönen die eine in zarten Pastelltönen gemalte Landschaft umrahmten, der Sockel in Marmormustern war auch mit Ornamenten verziert."*[15] Für diese Arbeit erhielt er den dritten Preis. Ursprünglich hatte die Jury die Absicht, ihn höher einzustufen, entschied sich jedoch dagegen, da man anzweifelte, ob die Idee zu dieser Arbeit auch wirklich von Hanny Franke selbst stamme. Das Werk galt als Gesellenstück und der Maler wurde mit der Note „gut" aus dem Lehrlingsdasein entlassen. *„Nun war ich etwas geworden, aber nicht das was ich gerne wollte"*[16], stellte er am Ende seiner Ausbildung zum Dekorationsmaler fest. Der endgültige Schritt in Richtung Freie Kunst sollte noch einige Zeit auf sich warten lassen.

2.2. Wanderjahre

Die Zeit von Winter 1907 an bis zum Frühjahr des darauffolgenden Jahres verbrachte Hanny Franke als Hofdekorationsmaler in Straßburg.

Abb. 4 Max Schmollings Villa an der Drususbrücke

Er bewohnte ein Zimmer in der Nähe des Münsters. Sein ebenfalls in Straßburg lebender Onkel, Dr. Josef Bach, vermittelte ihm bei einem Maler Unterricht in freiem Zeichnen und Malen. Nebenbei wurde er in Kunstgeschichte unterwiesen und besuchte Museen. Für kurze Zeit besuchte er die Kunstgewerbeschule in Straßburg. Der Besuch musste sehr kurz gewesen sein und auch keinen großen Eindruck bei ihm hinterlassen haben. In den Lebenserinnerungen wird er mit keinem Wort erwähnt. Einzig eine Notiz unter einem Foto im persönlichem Fotoalbum gibt Zeugnis davon. Ein ausbrechender Streik veranlasste den Maler, nach dreimonatigen Aufenthalt die Stadt zu verlassen, mit der Absicht bald wieder dorthin zurückzukehren. Die nun folgenden Wanderungen führten ihn über die Vogesen in den Schwarzwald bis nach Freiburg, von dort aus nach Basel und über den Schweizer Jura nach Bern. Begeistert von der Landschaft um Thun und Interlaken zog es ihn trotzdem weiter nach Luzern und Zürich. Nach einem Aufenthalt in Winterthur reiste er zurück aus der Schweiz, weiter nach Sigmaringen, Hohenzollern und Tübingen. Entgegen seiner Absicht nach Straßburg zurückzukehren, nahm er eine Stellung bei einem Kirchenmaler in Koblenz an. Neben Arbeiten in einer kleinen Barockkirche und in einem Barockpalais führte er auch eine Restaurierung der Deckenmalerei im Residenzschloss des Kurfürsten von Trier aus. Von Frühjahr 1909 an arbeitete Hanny Franke wieder in der Werkstatt von Max Schmolling anstelle von dessen inzwischen verstorbenem Sohn. Mit seinem künstlerischem Tun immer noch unzufrieden, schrieb er sich im Herbst 1913 an der Kunstgewerbeschule in Köln ein. Die Wahl fiel auf die Schule in Köln „(...) vielleicht weil sie meinem Heimattum nicht so fremd war."[17] Neben Unterricht im Freihandzeichnen, im Entwerfen, in Perspektive und dekorativer Malerei, hörte er Vorlesungen der Professoren Witte und Schnüttgen. Im Sommer 1914 fasste er den Entschluss, sich endgültig der Freien Kunst zuzuwenden. Bevor er jedoch sein Kunststudium aufnehmen konnte, machte der Ausbruch des 1. Weltkrieges seine Pläne zunichte.

2.3. Heimatgeschichtliche Interessen: Die Villa Rustica in Bingen

Das Interesse an archäologischen und historischen Themen, welches sein Onkel in ihm als Kind zu wecken wusste, behielt der Künstler zeitlebens bei. Während seiner Freizeit entdeckte der damals 15- bis 16-Jährige auf einer Wanderung eine Ruine im Binger Wald: „An einem Wintertag war ich zu den Ruinen gewandert und stand, angekommen, auf einem Mauerrest, um das Ganze zu überblicken, da der Wald kahl und der Schnee weg war. Ich gewahrte ein interessantes Bild; auf allen Mauern lag, wenn auch wenig Schnee und ich entdeckte, was nie zu sehen war, die riesige lange Umfassungsmauer. Es lag so der gesamte Grundriss in weissen Konturen auf dem dunkelbraunen Laubboden gezeichnet. (...) Bei einem nahen Förster, mit dem ich befreundet war, nahm ich Metermaß und Schnüre, um die Maße aufzunehmen. Erst maß ich die Umfassungsmauern, die zum Teil 150 m lang waren, dann die Grundrisse der Gebäude und zeichnete mir alles im Skizzenbuch auf. Eine Anzahl Tonscherben, Sigillatastücke, ein kleiner Mühlstein, Nägel und Sonstiges fand ich im Schutt. Die Gegenstände stammten etwa aus der Zeit des zweiten bis dritten Jahrhunderts. Zuhause machte ich mir eine bessere, ausführlichere Zeichnung und schrieb einen Aufsatz über diese römische Ruine, eine Zeitung nahm den Aufsatz an und ich war stolz darauf, in der Zeitung zu stehen."[18] Die architektonischen Reste wurden in der Bevölkerung ehemals als „altes Kloster" bezeichnet, dessen Entstehen man im Mittelalter vermutete. Um dieses „alte Kloster" rankten sich etliche Sagen, von denen Hanny Franke einige in einer Veröffentlichung nacherzählte.[19] Beim sogenannten „alten Kloster" handelte es sich um die Überreste einer Villa Rustica, einen römischen Gutshof, mit deren systematischer Ausgrabung man erst im Jahr 1989 begann. Bereits um 1800 fanden an dieser Stelle private Ausgrabungen statt, wovon sich jedoch keine Unterlagen erhielten. Die Unterlagen, welche Hanny Franke um 1904 anfertigte, galten daher noch als Grundlagen für den Grabungsbeginn im Jahr 1989.[20]

---

11 Kunstmuseum Düsseld./Paffrath, Bd. 3 1998, S. 102-105; Weizäcker/Dessoff 1909, S. 110. E.W.Pose gilt als einer der wichtigsten Vertreter der 2. Generation der Düsseldorfer Schule. 1845 ließ er sich in Frankfurt/M. nieder und zählte zum Kronberger Malerkreis.
12 LE I, S. 61
13 LE I, S. 62
14 Manuskript o.J./Nachlass
15 LE I, S. 88
16 LE I, S. 88
17 LE VIII, S. 59
18 LE IV, S.149
19 Vgl. Franke 1934b
20 Laut mündlichem Vortrag des Grabungsleiters Dr. Alexander Heising, Landesamt für Denkmalpflege Rheinland-Pfalz, im Rahmen einer Führung über das Gelände am „Tag des offenen Denkmals", September 2000.

3. Weltkrieg I (1914 - 1918)

3.1. Kriegsintermezzo

Bei Kriegsausbruch meldete sich Hanny Franke zunächst freiwillig, um von Januar 1915 bis zum Hochsommer des Jahres im Freiwilligen Sanitätscorps in Metz Dienst zu tun. In der Krankentransportabteilung beteiligte er sich am Transport von Seuchenkranken. Im Herbst erfolgte dann seine Einberufung als Soldat zum Garderegiment in Berlin. Von hier aus wurde er schließlich zwei Monate später zur Gebirgstruppe nach Schmiedeberg im Riesengebirge versetzt, um von dort aus als Sanitäter direkt an die Front berufen zu werden. Während der Dienst im Riesengebirge in einem Sportdienst bestand und von ihm als „(...) wohl anstrengend, (...)" aber auch als „(...) abwechslungsreich, interessanter und menschlicher (...)"[21] als der Einsatz in Metz empfunden wurde, begegnete ihm in Douaumont das direkte Grauen. Detaillierte persönliche Erinnerungen daran veröffentlichte er 50 Jahre später in einem Zeitungsaufsatz.[22] Ein Gasangriff im Winter 1916/17 verursachte bei Hanny Franke so schwere Verletzungen, dass man den körperlich und psychisch schwer Angeschlagenen in ein Lazarett nach Braunschweig verfrachten musste: *„Da die ganze Krankheit eine Nervensache war, kam ich später in ein anderes Lazarett, das außerhalb der Stadt in einem schönen Park lag. Angenehm war der Aufenthalt dort nicht, denn es lagen dort viele Nervenkranke die oft Anfälle bekamen und die teils Gegenstände herumwarfen. Außerdem war dieser Saal der zu ebener Erde lag sehr kalt, dazu war die Ernährung mangelhaft (...) Mein Körper war die meiste Zeit in zuckender Bewegung und mein Körpergewicht anormal niedrig"*[23] Auf eigenen Wunsch wurde Hanny Franke nach einiger Zeit aus dem Krankenstand entlassen und meldete sich nach vierwöchigem Heimaturlaub wieder bei seiner Garnison in Posen. Dort aber noch nicht als völlig gesund anerkannt, wurde er vorläufig von jeglichem Dienst befreit. Als er beim Malen in der Natur einen kunstbegeisterten Offizier der Fliegerabteilung kennenlernte, wurde er auf dessen Initiative selbst zur Fliegerabteilung 13, Bromberg-Schwedenhöhe, versetzt. Am Vormittag hatte er dort Sanitätsdienste zu verrichten, nachmittags wurde er als Kartograph und Beobachter eingesetzt. In seiner knappen freien Zeit befasste sich Hanny Franke weiterhin mit der Malerei. Es gelang ihm während dieser Zeit auch einige Skizzen zu verkaufen. Um sich auf ein Studium nach dem Krieg vorzubereiten, abonnierte er die Münchner Kunstzeitschrift „Die Kunst". Eine Fotografie, aufgenommen um 1917/18, belegt, dass sich der Künstler zu dieser Zeit in Bromberg sogar ein Atelier einrichten durfte (Abb. 5). Die Aufnahme gewährt einen Blick auf einige fertiggestellte Bilder und belegt die offenbar schon damals vorhandene Vorliebe Hanny Frankes für Landschaftsmalerei, da diese zahlenmäßig überwog. Landschaftseindrücke aus der Gegend um Bromberg geben auch die im Werkverzeichnis am frühesten erfassten Ölbilder wieder. Neben einer „Spätsommerlichen Studie" (G2) erhielten sich zwei Ansichten auf den Jesuitersee. (G3,G4) Nachdem im November 1918 der Waffenstillstand geschlossen worden war, hatte der Kunststudent in spe das Glück, als einer der ersten zur Entlassung zu kommen, da er in jenem Gebiet zuhause war, welches von französischen Truppen besetzt werden sollte.

Abb. 5. Hanny Frankes Atelier in Bromberg

3.2. Skizzenbuch „Kriegserinnerungen"

Während des gesamten Kriegseinsatzes, d. h. nicht nur während der Zeit seiner Genesung, fand Hanny Franke immer wieder kurze Augenblicke zum Zeichnen und Malen. 31 Zeichnungen und Aquarelle aus der Zeit zwischen 1915 und 1918 klebte er später separat auf Blätter auf und fügte sie nachträglich zu einem „Skizzenbuch der Kriegserinnerungen" zusammen. (SKB 1)

Neben Porträts seiner Kameraden und Innenansichten der Soldatenunterkunft finden sich darin Landschaftseindrücke aus dem Umkreis von Verdun, vom Riesengebirge, der Gegend um

Bromberg sowie dem Park Richmond bei Braunschweig. Kriegsverherrlichende oder -beschreibende Kampfszenen sind hierbei ebenso wenig zu finden wie anklagende Darstellungen der schrecklichen Folgen des Kriegs.

Mit dem Konterfei zweier Kameraden aus dem Lazarettzug bei Metz liegen die frühesten von Hanny Franke in der Zeit des 1. Weltkriegs gezeichneten Bildnisse vor. Die mit Buntstift gezeichneten Porträts entstanden Januar/Februar 1915. Das eine zeigt einen jungen Mann in Uniform, das Gesicht in Dreiviertel-Ansicht nach links gewendet (Z271, Abb. Tafel I). Während die Konturen mit Linien fest begrenzt wurden, modulierte er mit weichem Buntstift die Schattierungen flächig im Gesicht. Auch bei der Wiedegabe des Antlitzes des zweiten Soldaten, einem etwas älteren, verfuhr er so (Z272, Abb. Tafel I). In fast frontaler Ansicht trägt auch dieser Uniform, und die Embleme an seinem Barett verraten, dass er höheren Ranges sein muss als der andere. Die Partie um die Augen ist bei ihm etwas detaillierter ausgearbeitet.

Während der Künstler die Technik der Feder- und Bleistiftzeichnung sowie die Aquarellmalerei seine gesamte künstlerische Schaffenszeit hindurch anwendet, verwendet er Buntstifte nur in dieser frühen Zeit. Das Zeichenmaterial scheint von Hanny Franke in dieser Zeit als eine Art Notlösung in Ermangelung anderer Farben angesehen worden sein.

Zur gleichen Zeit wie die Porträts in Buntstift entstand die Federzeichnung „Soldat beim Gewehrreinigen" (Z276, Abb. Tafel I). Der Künstler deutete hier die Umrisslinien mit lockerem, teilweise unterbrochenem Strichen an. Die Schattierungen und die Binnenstrukturen verlaufen in ausschließlich senkrechten Linien, die - mal breiter, mal enger zusammengesetzt - verschiedene Dunkelheitsgrade ergeben. Mit lavierendem Pinsel hob der Zeichner abschließend zusätzlich schattigere Partien hervor. Diese Art des Umgangs mit dem Medium Zeichenfeder kann als typisch für Hanny Franke für diese frühe Zeit gelten. Die senkrechtverlaufenden Linien charakterisieren nicht nur weitere Porträts dieser Zeit (Z273, Z274, Z275), sondern auch zwei Innenansichten der Soldatenunterkunft (Z404, Z505, Abb. Tafel I). sowie die Ansicht einer Burg in Kynast im Riesengebirge (Z5).

Ganz anders verfuhr er mit dem Festhalten des Sujets Landschaft in Bleistift. Bei der Ansicht der Landschaft im Hirschberger Tal (Z2), ebenfalls aus dem Jahr 1915, hielt der Künstler das Gebiet um die Schneekoppe mit weichem Bleistift in malerischer Weise fest. Während er bei seinen Federzeichnungen die Technik im Laufe der Zeit änderte und auch schraffierende Linien einsetzte, wie zum Beispiel bei der „Ansicht der Kirche von Bromberg" (Z19) oder der „Loreley" (Z16), behielt es Hanny Franke bei Bleistiftzeichnungen bei, die breite Spitze in weicher malerischer Art einzusetzen. Beim Porträt des „Landsturmmann Böhmes" (Z277, Abb. I) aus dem Jahr 1917 treten nur im Bereich von dessen Wangenpartie feine Linien hervor, ansonsten überwiegen die mit der breiten Seite des Stifts gezeichneten weichen flächigen Partien.

Dass sich der Maler zu dieser Zeit mitten im Kriegsgeschehen befand, wird für den Betrachter der Landschaftsdarstellungen im Skizzenbuch erst auf den zweiten Blick ersichtlich. *„Fern war der Krieg, ich malte, malte Idyllen am Dorfbrunnen wo das Linnen gewaschen wurde und Konterfeite meine Kameraden (...)"*[24], erinnerte sich Hanny Franke an den Augenblick, als er in einer Kampfpause in einem kleinen Ort vor Metz zur Ruhe kam. Zeichnen und Malen war für ihn hier offenbar die Möglichkeit zur Ablenkung, zur Flucht vor der Realität.

Die Zeichnungen des zerstörten Dorfes Azannes (Z14, Z13) sowie die Darstellung des Feldlagers (Z15, Abb. Tafel I) und des Kampfgebietes vor Verdun (Z11, Abb. Tafel I) bilden eine besondere Gruppe. Sie wurden möglicherweise im Rahmen von Hanny Frankes Tätigkeit als Kartograph und Beobachter angefertigt. Der Maler hielt hier mit kühlem Blick des Berichterstatters eine Ansicht des von Menschen verlassenen Dorfes Azanne mit seinen zerstörten Gebäuden bildlich fest. Beim Blick vom erhöhtem Standpunkt von der Romagne-Höhe aus, bei dem er mit Feder und Pinsel einen Kampftag bei Souville festhielt (Z11, Abb. Tafel I), deuten einzig und allein einige dunkle Rauchwolken am Horizont das Kriegstreiben in einer ansonsten ruhig und friedlich wirkenden Landschaft an. Den Zeichnungen haftet nichts Idyllisches an und doch, vergleicht man die Landschaften mit einer Arbeit von Jakob Nussbaum, die 1917 entstand und den Titel „Stellung vor Verdun"[25] trägt (Abb. Tafel I), so fällt die Distanziertheit vom Zustand „Krieg" bei Hanny Frankes Arbeit auf. Zeigt Jakob Nussbaum in seiner Landschaftsdarstellung eine von Schützengräben aufgerissene Landschaft mit absterbenden Bäumen, in der der Mensch bereits seine zerstörerischen Spuren hinterließ, so lässt sich bei Frankes Landschaft das kommende Unheil durch dunkle, am Horizont angedeutete Wolken nur erahnen.

21 LE I, S. 97
22 Franke 1966a
23 LE I, S. 103
24 LE I, S. 99
25 Vgl. Müller 2002, Werkverzeichnis Nr. Z/B 283, Abb. S. 164

Tafel I

Z271

Z272

Z276

Z277

Z11

Z505

Z4

Z15

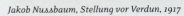

Jakob Nussbaum, Stellung vor Verdun, 1917

4. Studienzeit (1919 - 1922)

4.1. Die Wahl der Ausbildungsstätte

Die Kunstmetropole München stand ganz oben auf der Wunschliste seiner Ausbildungsstätten. Die Wurzeln hierzu lagen in der Lehrzeit zum Dekorationsmaler, als zwei Freunde, die bei einem anderen Lehrherrn ebenfalls das Dekorationsmalerhandwerk erlernten, den jungen Hanny Franke hinsichtlich ihrer Kenntnisse über Kunst zu beeindrucken wussten. In Zusammenhang damit fühlte er sich ihnen gegenüber zurückgesetzt, hatte aber sein bevorzugtes Sujet, die Landschaftsmalerei, bereits gefunden: *„Die beiden Freunde schwärmten für die Malerei Franz von Stucks, für die ich mich nicht erwärmen konnte. Ich fühlte mich in dieser Hinsicht arm, denn ich hatte noch keinen, für den ich schwärmte, und ich kannte zu wenig von der neueren Kunst, um mich entscheiden zu können, außerdem interessierte mich mehr die Landschaft. (...) Sie gaben sich viel Mühe und malten lange an ihren Bildern, und sie hatten mir manches voraus, denn in ihrer Werkstätte waren zwei Maler tätig, die einige Semester Akademiestudium in München hinter sich hatten. Auch hielt der eine der Lehrlinge die künstlerische Zeitschrift ‚Die Jugend' (...)"*[26]

Bereits vor Ausbruch des Ersten Weltkrieges bewarb sich Hanny Franke im Sommer 1914 mit einer Auswahl seiner Arbeiten an der Münchner Akademie und wurde zugelassen. Der angehende Kunststudent ließ sich auch Prospekte sowohl von der Berliner als auch von der Düsseldorfer Akademie schicken. Das Interesse daran ließ sich hierbei sicher auf den Einfluss des von ihm geschätzten Lehrherrn Max Schmolling zurückführen. Kurz nach dem Ende des 1. Weltkrieges ruhte jedoch der Lehrbetrieb an allen drei Akademien. Hanny Franke kam auf die für ihn sicher nur zweite Wahl bedeutenden Akademien in Weimar, Karlsruhe und Frankfurt am Main zurück. Von Weimar aus erhielt er auf seine Anfrage die Mitteilung, dass er nur aufgenommen werde, wenn er nachweisen könne, dass er bei Verwandten oder Bekannten wohnen könne, da alle anderen Quartiere für die Nationalversammlung reserviert seien. Die Entscheidung zwischen einem Studium an der Kunstschule in Karlsruhe oder am Städelschem Kunstinstitut in Frankfurt am Main fiel aus ganz pragmatischen Gründen dann zu Gunsten der zuletzt genannten Stadt aus *„(...) zumal in diesen Tagen meine zweite Schwester, die sich verheiratet, nach Frankfurt zu wohnen kam."*[27] Christine Franke hatte sich mit einem Bruder von Dr. Clemens Keller, dem Pfarrer der Gemeinde St. Markus in Nied, vermählt. Zunächst in einem Quartier in der Seilerstraße in Frankfurt am Main wohnend, gab Hanny Franke dieses auf, um durch Vermittlung seiner Schwester Christine Unterkunft im alten Pfarrhaus neben der Kirche St. Markus des damaligen Frankfurter Vorortes Nied zu finden.

4.2. Finanzierung des Studiums - Erste Kontakte mit dem Kunsthandel

Da Hanny Franke kein gebürtiger Frankfurter war, schloss sich ein Stipendium von Seiten der Stadt für ihn aus, und er hatte ein regelmäßiges Semestergeld zu entrichten. Die schwesterliche Hilfe trug aber in Hinblick auf Aufenthalt und Verpflegung ebenso zur Finanzierung der Ausbildung bei wie die finanzielle Unterstützung, die der Maler anfangs noch vom Elternhaus erhielt. Auf den jährlichen Schülerausstellungen fanden seine Arbeiten aber bald guten Absatz, sodass er sein Studium selber finanzieren konnte. Dazu leisteten auch etliche Aufträge über das Kopieren von Bildern aus dem Städelmuseum ihren Beitrag. Die Empfehlung von Hanny Franke als Kopist ging von Seiten der Städelschule aus. Laut seinen Lebenserinnerungen entstanden Kopien der „Dorfstraße" von Jan van Goyen, des Kinderbildnisses eines Salzburger Meisters aus der Sigmaringer Sammlung sowie des Frauenbildnisses von

Abb. 6 Hanny Franke 1919

Sandro Botticelli. Auftraggeber des Letzteren war ein Berliner Kunstverlag, dem das Ergebnis so gut gefiel, dass er das vereinbarte Honorar verdoppelte. Aber auch schon während seines Studiums nahm Hanny Franke Kontakt mit dem Kunsthandel auf und verdiente damit erfolgreich Beiträge zu seinem Lebensunterhalt.

Einen frühen Förderer fand der Künstler in Karl Hilsdorf, dem Inhaber eines Kunstgewerbehauses und eines Verlages in Bingen. Karl Hilsdorf war außerdem der Bruder der international anerkannten Fotografen Jacob und Theodor Hilsdorf. Theodor führte bis zu seinem Tode 1944 als „Königlich Bayerischer Hoffotograf" ein Fotoatelier in München. Auch im Bingener Atelier seines Bruders Jacob, der 1912 für seine Verdienste den Titel eines „Großherzoglichen hessischen Hofraths" erhielt, kamen die Kunden aus den Reihen von Politik, Adel, Hochfinanz und Künstlerprominenz. Eine persönliche Bekanntschaft Hanny Frankes mit Jacob oder Theodor Hilsdorf lässt sich zwar nicht nachweisen, ist jedoch sicher nicht ganz auszuschließen.[28] 1921 stellte Hanny Franke erstmals eine

Auswahl von Aquarellen und Studien in Karl Hilsdorfs Bingener Geschäft aus.

Als Verleger vergab Karl Hilsdorf an den Künstler Aufträge graphischer Art, Ansichten von Bingen und der Umgegend. Er ließ sowohl eine Postkarte mit einer Ansicht von Bingen am Rhein nach einem Aquarell von Hanny Franke drucken (A462) als auch eine andere Postkarte, welche in einer humorvollen Persiflage „Den Binger" charakterisierte. (A495) Außerdem besuchte Karl Hilsdorf den Künstler Franke regelmäßig in Frankfurt und erwarb dabei verschiedene Aquarelle.[29] In seinem Auftrag fertigte Hanny Franke im April 1921 auch vier Aquarelle an, für die er jeweils 50 Mark erhielt. Ein Preis, welcher nach Ansicht des Künstlers als „billig" anzusetzen war, den er jedoch in der Hoffung auf weitere Aufträge gewährte[30]. Der Verleger und Kunstgewerbehausinhaber erwarb nicht nur persönlich Arbeiten Hanny Frankes, sondern er versuchte auch bei Kunstfreunden und Sammlern das Interesse für dessen Malerei zu wecken.

Karl Hilsdorf pflegte seit seiner Kindheit die Freundschaft mit dem Dichter Stefan George und dessen Schwester Anna. Aus diesem Grund bot sich auch Hanny Franke öfters die Gelegenheit, mit ihm zusammen das Haus des Dichters in Königstein/Taunus aufzusuchen, welches Anna George dort für ihren Bruder unterhielt. Den Dichter selbst lernte er dabei nicht persönlich kennen, weilte dieser doch selten in seinem Königsteiner Domizil. Nur ein einziges Mal hatte er Gelegenheit, den menschenscheuen Poeten aus der Ferne, im Garten sitzend, zu sehen. Von Anna George erhielt er einmal einen Auftrag für ihren Bruder, eine Ansicht von Bingen als Aquarell festzuhalten.[31] Im Nachlass von Hanny Franke befindet sich ein Brief aus dem Jahre 1927, den die damals 61-jährige Anna George an ihn richtete. Der Brief belegt, dass der Kontakt zu ihr auch nach dem Tode von Karl Hilsdorf nicht abbrach. Die Schwester des Dichters bedankte sich darin über eine im Vorjahr erhaltene Karte aus Ravenna sowie für ein Schreiben, welches nicht nur mit einer schönen Zeichnung geschmückt war, sondern in dem auch die Gabe des Malers erfreute, *„(...) auf einem einzigen Blatt so viele liebe und kluge Sachen zu sagen. Besonders die Erinnerung an den lieben Herrn Hilsdorf hat mir wohlgetan ich habe ihn sehr geschätzt und seinen Tod unsäglich bedauert".*[32]

Möglicherweise ist auch der Auftrag, mit dem die Stadt Bingen an Hanny Franke herantrat, auf die Vermittlung von Karl Hilsdorf zurückzuführen. Im April 1921 bestellten die Stadtväter beim Künstler ein „Panorama von Bingen" (G1008), welches der Bürgermeister zum 25. Dienstjubiläum erhalten sollte. Vorher sollte die Arbeit einige Tage in einer Binger Kunsthandlung ausgestellt werden.[33] Das fertige Bild ist heute nicht mehr auffindbar. Eine Bleistiftzeichnung aus dem Jahr 1926 und ein Aquarell welches um den Zeitpunkt herum entstanden sein dürfte, vermitteln jedoch eine Vorstellung, wie ein „Panorama von Bingen" dargestellt werden konnte. Die detailliert ausgearbeitete Bleistiftzeichnung (Z255) zeigt den Blick auf Bingen, wie man ihn vom Münsterer Berg aus hat. Auch das Aquarell (A462), mit ungewöhnlich breitem Format, gibt von erhöhtem Standpunkt aus den Blick auf die Stadt frei. Im Unterschied zur Zeichnung wird hier allerdings der Ausblick wiedergegeben, der sich dem Betrachter von Burg Klopp aus auf den Ort bietet. Das „Panorama von Bingen" fand Anerkennung in der Öffentlichkeit und zog weitere Aufträge für den Künstler nach sich. Für einen Kommerzienrat sollte er ein Bild der Pfalz im Rhein bei Kaub in einer Gewitter- oder Sturmstimmung malen.[34] 1922 trat Hanny Franke erstmals mit der Frankfurter Kunsthandlung J.P. Schneider in Kontakt. Er legte dem Händler eine Mappe mit Aquarellen vor und wurde zunächst daraufhin vertröstet, später einmal wieder zu kommen.[35] Ein Brief an seine Frau belegt aber, dass noch im gleichen Jahr einige seiner Bilder in jener Kunsthandlung ausgestellt wurden.[36] Der Kontakt sollte von diesem Zeitpunkt an lange halten, und in den darauffolgenden Jahren erfolgten dort regelmäßig Ausstellungen seiner Arbeiten.

26 LE I, S. 71 ff.
27 LE I, S. 129
28 Ausst. Kat. Bingen 2001
29 LE I, Anlage zu S. 29
30 Brief HF/Margarethe Lhotka, 27.4.1921
31 Vgl. LE I, S. 195
32 Anna George/HF, 8.8.1927; vgl. Lauter 1974, S. 73/74, wortgenaue Wiedergabe des Briefes
33 HF/Margarethe Lhotka, Karfreitag 1921
34 HF/Margarethe Lhotka, 4.4.1921
35 Vgl. LE II, S. 161
36 HF/Margarethe Lhotka, 28.4.1922

Abb. 7 G1072

Abb. 8 G1073

4.3. Unterrichtsbetrieb und Geselligkeit

„*Als ich in diese Schule eintrat, konnte man von einem regelmäßigem Lehrbetrieb nicht mehr sprechen. Wer zeichnen wollte zeichnete, und wer malen wollte malte, eine Aufnahmeprüfung gab's nicht. Damen und Herren, die gerne malen wollten, traten ein, gingen auch wieder, wenn sie die Lust zum Malen nicht mehr reizte*"[37], erinnerte sich Hanny Franke mit unverhohlener Kritik an dem ersten Eindruck, den der Unterricht am Städelschen Kunstinstitut im Frankfurt bei ihm hinterließ. Vorklassen gab es zu seiner Zeit nicht mehr. Neben einer Klasse für Figurenmalerei unter der Leitung von Emil Gies und einer Landschaftsmalklasse, der Andreas Egersdoerfer vorstand, unterhielt die Frankfurter Städelschule unter der Aufsicht von Georg Bäumler auch ein Atelier für Bildhauerei. Im Erlangen ihrer graphischen Fähigkeiten waren die Studenten auf sich selbst angewiesen, da der ehemalige Leiter dieses Zweigs, Professor Bernhard Mannfeld, den Unterricht aufgrund einer unheilbaren Krankheit nicht weiter fortführen konnte. Die Studenten pflegten den graphischen Kunstzweig weiter, indem sie ihr Wissen untereinander austauschten. Der Kunstwissenschaftler Julius Hülsen gehörte ebenfalls zum Lehrerkollegium. Hanny Franke belegte bei ihm im Wintersemester 1919/20 das Fach „Perspektive nach dem Lambert'schen Gesetz 1753". Neben seinem profunden Wissen im Bereich der Kunstgeschichte waren für die Studenten vor allem die persönlichen Beziehungen Julius Hülsens zu einigen Frankfurter Kunstmäzenen von großem Wert, verschaffte er ihnen doch Zutritt zu deren Sammlungen.[38] In diesem Zusammenhang bot auch das Städelmuseum den Kunststudenten ausreichend Möglichkeiten, ihr Auge künstlerisch zu schulen. Hanny Franke interessierte sich hier vor allem für die Niederländer, den „Astronom" Jan Vermeers, dem „Bildnis eines Herrn im Pelzrock" von Peter Paul

Rubens sowie für die Landschaften Jacob van Ruisdaels. Von den neueren Meistern zogen ihn vor allem Wilhelm Leibels „Ungleiches Paar", Otto Scholderers „Geigenspieler" und Hans Thomas „Öd" an. Gleichermaßen interessierten ihn die Arbeiten von Gustave Courbet, Louis Eysen, Camille Corot, Paul Cezanne sowie einige Münchner Landschafter des 19. Jahrhunderts.

Der Tagesablauf von Hanny Franke gestaltete sich folgendermaßen: *„Der Tag fing für mich, in der günstigeren Jahreszeit um fünf Uhr früh an, meist mit Studien (in Öl) auf einem offenen Marktplatz, in einer Markthalle oder in der Altstadt. Um acht Uhr war ich im Städelatelier wo Akt nach dem Leben gemalt wurde, bis etwa 12 Uhr, dann fuhr ich nach einem Vorort zum Essen, wo ich auch wohnte. Zum Mittagessen hatte ich nur fünfzehn Minuten Zeit und fuhr dann wieder zurück zum Atelier, wo nachmittags Köpfe nach dem Leben gemalt wurden."*[39]

Einmal jährlich, um Ostern herum, fand innerhalb der Schule eine Ausstellung statt, bei der es Prämierungen gab: die „lobende Erwähnung" sowie „der Ehrenpreis". Letzterer wurde verliehen, wenn ein Atelier frei war, welches dann dem Preisträger zur Verfügung gestellt wurde. Hanny Franke erhielt 1920 zusammen mit Fritz Reuter, Wilhelm Müller und Jakob Kranz die „lobende Erwähnung". Eine Auszeichnung, die er zwei Jahre später mit Karl Glaab und Hermann Kohlbecher nochmals in Empfang nehmen durfte.[40] Der Ehrenpreis wurde in den Jahren, während Hanny Franke am Städelschem Institut weilte, nicht vergeben Auch die Geselligkeit kam nicht zu kurz. Einmal im Jahr richteten die Studenten der Städelschule ein kleines Atelierfest aus, zu dem sie unter anderem Künstler aus weiteren Kunstzweigen, Musik und Bühne, einluden. *„Auch Paul Hindemith erschien meist mit seinem bekannten Quartett zu diesen Abenden. Von allen Künstlerfesten die ich kennenlernte, waren diese die schönsten und fröhlichsten",*[41] erinnerte sich Hanny Franke. Neben dem gemeinsamen Feiern waren auch gemeinsame Studienausflüge üblich, an denen die Schüler der verschiedensten Klassen teilnahmen. Hanny Franke hielt im Juni 1922 die Szene einer Rast während eines solchen Studienausflugs nach Kronberg in einer kleinen Ölstudie fest. (G1073, Abb. 8) Der Bildaufbau mit dem schräg in das Bild gesetzten Holztisch erinnert an Szenerie in der Markthalle (G1072, Abb. 7). Die Ausflügler, acht junge Männer und zwei Frauen, sitzen sich an einem langen Holztisch in Unterhaltung vertieft gegenüber. Die Szenerie spielt sich in einem Innenraum ab. Der dünne Farbauftrag lässt den Maluntergrund der hellbraunen Pappe durchschimmern. Die Grüntöne überwiegen. Die hellen Blusen der Damen setzen Akzente. Auf der Rückseite des Bildes verrät eine Notiz die Namen der Dargestellten: Heinrich Will, Fritz Stübing, der Maler Glühspiess, Ernst Hummel, Hermann Pfalz, Hermann Kohlbecher, Lotte Reischauer und Heinrich Hempel.

---

37 LE I, S. 135
38 Vgl. Wagner, S. 20
39 LE I, S. 158
40 FN, 16.4.1920; FN, 7.6.1922; vgl. LE I, S. 136
41 LE I, S. 159

4.4. Der Lehrer Emil Gies und die Figurenklasse

Hanny Franke beabsichtigte ursprünglich, am Städelschen Institut die Landschaftsmalerklasse zu besuchen. Aus diesem Grund reichte er zur Bewerbung überwiegend auch Arbeiten dieses Gebietes ein. Entgegen seinem Interesse

Abb. 9 Die Klasse Emil Gies 1919

beschloss man jedoch, ihn der Figurenklasse zuzuordnen, da er im Bereich des Landschaftsmalens bereits gute Leistungen vorzuweisen hätte.[42] Der Figurenklasse stand das größte Atelier im Westtrakt im alten Ateliergebäude in der Dürerstraße 10 zur Verfügung.[43] Zusammen mit Hanny Franke interessierten sich noch vierzehn weitere Studenten, zehn männliche und vier weibliche, für diese Sparte. Die Hälfte davon stammte aus Frankfurt. Zwei der Herren waren etwa gleichaltrig mit Hanny Franke, drei von ihnen waren bedeutend älter und hatten bereits Berufe erlernt, die nicht im künstlerischem Zusammenhang standen. Der Rest, inklusive der Damen, waren jüngeren Alters (Abb. 9).[44] Streng urteilte der Maler über die künstlerischen Fähigkeiten seiner Mitschüler: *„Künstlerische Leistungen konnte ich nur bei vier Kollegen finden, davon hielten aber nur zwei was sie versprochen, wovon der eine leider später die Malerei aufgab, um einen Kunstverlag zu gründen."*[45] Sowohl Hein Heckroth als auch Tilde Kranz (geb. Böhm) lassen sich als Mitschüler von Beginn an namentlich nennen.[46] Als Teilnehmer der Kunstausstellung von 1920 im Städel listeten die Frankfurter Nachrichten weiterhin folgende Namen als Schüler der Figurenklasse auf: Jakob Kranz, Fritz Reuter, Wilhelm Müller-Darmstadt, Otto Schloß, Valerie Feix, U. Grögerchen und Hermann Pfalz.⁴⁷ In den Frankfurter Nachrichten von 1922 fanden auch Ernst Hummel, W. Didel-Sairtus, Karl

Abb. 10 Kinderbildnis E. Gies

Glaab und Hermann Kohlbecher Erwähnung als Schüler der betreffenden Sparte.⁴⁸

Als Leiter der Figurenklasse wirkte der Frankfurter Emil Gies. Dieser wurde am 26. April 1872 in Frankfurt am Main geboren, besuchte dort am Städelschem Institut zunächst von 1887 - 1889 die Zeichenklasse unter Johann Heinrich Hasselhorst und in den darauffolgenden Jahren von 1889 - 1891 die Malklasse unter Frank Kirchbach. In Paris vollendete er seine Studien dann von 1891 - 1893 in der Privatschule von Luc Olivier Mersons.⁴⁹ Nach dem Tode von Wilhelm Amandus Beer im Januar 1907 übernahm er die Leitung der Meisterklasse für figürliche Malerei, deren Leitung zuvor vorübergehend von Andreas Egersdörfer, dem Lehrer des Meisterateliers für Landschaftsmalerei, mit übernommen worden war.

Das Werk von Emil Gies wurde aus kunsthistorischer Sicht bisher noch nicht bearbeitet. Sein künstlerisches Schaffen hinterließ nur schwer aufzufindende Spuren. Mit dem „Bildnis eines Mannes" konnte bisher nur ein einziges Ölbild ausfindig gemacht werden, welches sich in Besitz einer öffentlichen Sammlung, dem Historischen Museum Frankfurt/M., befindet. Es handelt sich bei diesem Bild jedoch nicht um eine eigenständige Arbeit des Malers, sondern um eine Auftragsarbeit, um die Kopie eines anderen Gemäldes.⁵¹ Die graphische Sammlung der gleichnamigen Institution besitzt außerdem drei Aquarelle, auf zwei von ihnen sind die Innenansichten einer Apfelweinstube zu sehen, ein anderes zeigt einen Saal in der Innenansicht.⁵² Im Gegensatz zu Arbeiten seiner Schüler, darunter u. a. Lino Salini und Karl Luckhardt, sind auch im Kunsthandel Werke des Malers nur selten finden. Die Nachkommen von Emil Gies waren bestrebt, den Nachlass unmittelbar nach seinem Tod 1937 zu veräußern. Der Nachlass wurde dabei vermutlich auseinandergerissen und kam einzeln verstreut in den Handel. Der Versuch, das Werk des Künstlers zuvor in einer Gedächtnisausstellung einer breiteren Öffentlichkeit bekannt zu machen, auch um den Verkaufswert der einzelne Bilder zu steigern, gelang nicht. Neben dem Problem, in relativ kurzer Zeit einen Ausstellungsraum zu erhalten, scheiterte die Absicht laut Korrespondenz zwischen dem Testamentvollstrecker Dr. Rau und Georg Swarzenski auch daran, dass mengenmäßig nicht genug Kunstwerke vorhanden waren, um eine Ausstellung zu gestalten.⁵³ Als Hauptschaffensgebiet von Emil Gies galt das Bildnis, bei dem er - laut H. Salden - die romantisierende Auffassung bevorzugt haben soll.⁵⁴ Ein Kinderbildnis (Abb.), 1898 entstanden, kommt dieser Zuordnung nahe. Ein Kind mit dunklen, kurzen Locken präsentiert sich in halbfiguriger Ansicht vor neutralem Hintergrund. Die sorgfältige detaillierte Ausarbeitung von Gesicht, Haar und Kleidung sowie der ernste Gesichtsausdruck geben der Darstellung

etwas Repräsentatives. Ein anderes Kinderbildnis enthält dagegen fast genrehafte Züge (Abb. 11), Ein etwa fünfjähriges Mädchen sitzt in einem weißen leuchtenden Kleidchen vor dunklem Hintergrund auf einem Fell. Verschmitzt lächelt sie den Betrachter an. Während sie mit ihrer rechten Hand gleich drei Pinsel umfasst,

Abb. 11 Kinderbildnis E. Gies

stützt sie sich mit ihrer Linken mitten auf einer viel zu großen Palette ab, die zudem noch mit zwei weiteren Pinseln und sorgfältig aufgetragener Farbe versehen ist.⁵⁵ Im Gegensatz zu dem Kinderbildnis gehört die „Kartoffelschälerin" eindeutig dem Bereich der Genremalerei an.⁵⁶ In altmeisterlicher Technik bildete Emil Gies eine alte Frau beim Kartoffelschälen vor geöffnetem Fenster sitzend ab. Das schon in der deutschen Romantik beliebte Motiv der vor dem Fenster sitzenden und arbeitenden, handarbeitenden oder lesenden Frau - ein Motiv welches im 19. Jahrhundert gerne aufgegriffen wurde - griff auch Hanny Franke in abgewandelter Form auf (z.B. G1048, G1054, G1055, Z308).

An seinen Lehrer erinnerte sich Hanny Franke folgendermaßen: *„Der Lehrer der Figurenklasse G. kam täglich zur Korrektur, war gegen jeden* freundlich und zuvorkommend. (...) Einigemale besuchte ich ihn in seinem Atelier, ich fand ihn stets beschäftigt. In seinem Atelier hingen einige Bilder und Studien aus früheren Tagen, die zum Teil aus seiner Pariser Zeit stammten und die ein außerordentliches Können verrieten. Was er augenblicklich schuf, war mehr oder weniger sein Broterwerb, denn wie ich erfuhr, ward ein Gehalt nicht bezahlt, außer was die Schüler an Semestergeld entrichteten und das bei den Frankfurtern meist noch wegfiel."[58] Ein Briefwechsel mit dem Direktor des Städelmuseums belegt außerdem auch Tätigkeiten von Emil Gies als Restaurator, u.a. von Bildern Max Beckmanns.[59] Ferdinand Lammeyer, der von 1921 bis 1925 als Städelschüler in Frankfurt weilte, beschrieb das allgemeine Lehrer-Schüler-Verhältnis sowie den Umgang der Schüler untereinander als sachlich-höflich.[60] Die Fragmente eines Briefwechsels vom Sommer 1919 zwischen Emil Gies und Hanny Franke verraten jedoch, welche fast freundschaftliche gegenseitige Wertschätzung und welches Verständnis sich Schüler und Lehrer in diesem Fall entgegenbrachten. In seiner Antwort auf ein vorausgegangenes Schreiben an Hanny Franke betonte Emil Gies sowohl die Strebsamkeit als auch den Fleiß seines Schülers. Aber auch die Zukunftssorgen, welche die politische und wirtschaftliche Situation nach dem Krieg mit sich brachten, flossen in den Brief mit ein:

Die wenigen vorhandenen künstlerischen

„Sehr verehrter Herr Franke!

Ihre beiden Karten, sowie Ihren herzlichen lieben interessanten Brief habe ich erhalten und sage Ihnen für diese mich sehr erfreuten Nachrichten meinen ganz besonders herzlichen Dank! Die briefliche Mitteilung kam erst gestern in meine Hände und brauchte also fast vier Wochen um die kurze Strecke bis nach hier zurückzulegen. (...) Ob nun ein Tag früher oder später, die Hauptsache ist Ihre Zeilen liegen hier vor mir und ich habe sie bereits wiederholt gelesen um mich immer wieder an dem Inhalte zu erfreuen. Dass Ihre unermüdliche Strebsamkeit, sowie Fleiß (...) eine Reihe von Studien erbracht hat war für mich eine Selbstverständlichkeit und mein Interesse hierzu ist groß, ebenso die Erwartung, bis ich sie sehen kann. Kolossal anregend wirkte auf mich die Erzählung Ihrer letzten Wanderschaft und besonders die darin aufgeführte Stimmung die sie über herrliche Täler Wiesen und Wälder zu Ihrem Ziele führte. Ein Bild nach dem anderen malte sich hier in meiner Vorstellung zu den schönsten malerischen Kompositionen aus. Ich fühlte mich quasi mit Ihren Auffassungen an dieselbe Stelle versetzt, um mich mit den Menschen und an den Menschen zu erfreuen die noch ein Gefühl des Ideals und der Bewunderung in ihrem Herzen tragen, die trotz allen schweren Gut, kraft ihrer innerlichen Werte uns das noch erhalten haben, was bei Millionen anderen an der Seuche der Weltlaster untergegangen ist. Ich kann es mit Ihnen empfinden, daß es ein Bad für Geist und Seele, sich dort aufzuhalten, wo noch die Hände zur Verehrung gefaltet werden als unter denjenigen zu leben die die Hände zu Fäusten ballen und der Vernichtung fröhnen! Ja, wann wird hier Vernunft einkehren und wie lange wird es noch dauern. (...) Die Kunst und die Freude an ihrem Schaffen gibt uns die beste Ablenkung, mit und in ihr finden wir den Weg und die Möglichkeit, Ideal und Seele (...) um uns zu trösten an dem Ruin der uns überall zu Herzen geht. Die anfangs so lange erscheinenden Ferien haben nun auch in den nächsten Tagen ihr Ende erreicht und ein neues Semester ruft zu meinem Wirken und wollen wir trotz allem Welttrübsal in unserer eigenen Welt das beste tun was wir können. Das walte Gott! So will ich hoffen, daß Sie ohne Schwierigkeiten die Rückreise antreten können und wir uns gesund und munter am 20. Oktober hier begrüßen können. (...) ich ihren werten Angehörigen für die freundlichen Grüße verbindlichst danke und (...) grüßt Sie besonders herzlich Ihr ergebenster Emil Gies" [61]

Abb. 12 G1067

Arbeiten von Emil Gies machen die Untersuchung, inwieweit dieser das Schaffen von Hanny Franke beeinflusste, nicht möglich. Die Art und Weise, wie dieser jedoch Auge und bildnerisches Gedächtnis schulte, lässt Einflussnahme des Lehrers vermuten. In einem Brief an seine spätere Frau beschrieb Hanny Franke 1920, wie er nach einem Besuch der Laurentiuswallfahrt zuhause angelangt, noch einige Skizzen aus dem Gedächtnis anfertigte.[62] Dieses Skizzieren aus dem Gedächtnis kann auf den direkten Einfluss seines Lehrers Emil Gies zurückgeführt werden. Als Schüler bei Heinrich Hasselhorst erfuhr Emil Gies das Bestreben des Lehrers, das optische Gedächtnis besonders zu schulen. Um das Formengedächtnis auszubilden, legte dieser den Studenten nahe, das Gesehene nach genauem Beobachten ohne direkte Vorlage zu Papier bringen. Auch schulte er Formengedächtnis und Vorstellungsvermögen, indem er verlangte, dass ein Akt, der von der Vorderseite nach dem Modell gezeichnet worden war, von der Rückenseite aus dem Gedächtnis festgehalten werden sollte.[63] Die kleine Ölskizze, die „Laurentius-Wallfahrt" (G1067, Abb. 12) aus dem Jahr 1920, könnte eine der erwähnten Gedächtnisskizzen sein. Mit breitem Pinsel offenbar flott gemalt, ohne Details auszuarbeiten oder Konturen zu betonen, hielt der Maler hier Wagen, Pferde und Menschenmenge auf dem Platz vor der Laurentikirche fest.

42 Vgl. LE I, S. 132
43 Vgl. Lammeyer 1982, S. 49
44 Das Foto, aus dem Nachlass von Hanny Franke stammend, entstand anlässlich eines Besuches der Städelschule durch Theodor Wüst, einem Redakteur der Frankfurter Nachrichten. Im persönlichem Fotoalbum des Künstlers befindet sich eine weitere Aufnahme der Klasse Emil Gies', welche 1919 während eines Festes im Städelschulgarten aufgenommen wurde.
45 LE I, S. 133
46 Vgl. Salden 1995, S. 125
47 FN, 16.4.1920
48 FN, 7.6.1922
49 Dessoff/Weizäcker, Bd.2 1909, S. 43
50 Bericht über die Tätigkeit des Staedelschen Kunstinstituts 1894 - 1907, S. 29
51 Emil Gies, Bildnis eines Mannes mit langem Haar und Spitzbart in Kleidung des 17. Jahrhunderts, Öl/Holz, undatiert, 58 x 47,3 cm; Historisches Museum Frankfurt/M., Inv.-Nr. B 68:03. Die Kopie entstand auf Veranlassung des Freiherrn Georg von Holzhausen nach dem ihm gehörendem Original für die Frankfurter Stadtbibliothek.
52 Emil Gies, Saal im 1. Stock des Hauses Mainkai 33, Aquarell, 26 x 35 cm, 1924, Historisches Museum Frankfurt/M., Inv.-Nr. C25833; Emil Gies, Apfelweinwirtschaft „Zum Reffche", Aquarell, 24 x 32 cm, 1924, Historisches Museum Frankfurt/M., Inv.-Nr. C25835; Emil Gies, Wirtschaft von Stoltze in der Happelgasse, 24 x 32 cm, Aquarell/Bleistift, 1924, Historisches Museum Frankfurt/M., Inv.-Nr. C25797.
53 Städelsches Kunstinstitut/Städtische Galerie, Sign. 694, Korrespondenz Georg Swarzenski und Dr. Rau, den Nachlass des Malers Emil Gies betreffend, 1937.
54 Vgl. Salden 1995, S. 125
55 Emil Gies, Kinderbildnis, Öl/Lwd.,1898, 62 x 51 cm, Privatbesitz, Kat. Verst. Arnold 2000/III, Abb. S. 90
56 Emil Gies, Kleine Künstlerin mit Palette, Öl/Lwd., undatiert, 92 x 73 cm, Privatbesitz, Kat. Verst. Arnold 2004/II, Abb. S. 80
57 Emil Gies, Die Kartoffelschälerin, Öl/Lwd., 1905, 61,6 x 47,5 cm, Privatbesitz, Ausst. Kat. Frankfurt 2005, Abb. S. 121
58 LE I, S. 136
59 Städelsches Kunstinstitut/Städtische Galerie Archiv, Sign. 730, Schreiben vom 24.2.1930; Sign. 695, Schreiben von 1937
60 Vgl. Lammeyer 1982, S. 49
61 Brief von Emil Gies an Hanny Franke, 9.10.1919
62 HF/Margarethe Lhotka, 8.8.1920.
63 Vgl. Simon 1927, S. 15

4.5. Zeitgenössische Kunstströmungen

Während die Klasse Emil Gies' im traditionellem Sinne nach Vorlagen, Modellen und Gipsfiguren arbeitete, nahmen die Studenten die aktuellen Kunstströmungen sicher dennoch wahr. So trat um 1919 der Frankfurter Künstlerbund mit Aktionen an die Öffentlichkeit und präsentierte in seinen Ausstellungen neben impressionistischen und expressionistischen Arbeiten Werke der neuen Sachlichkeit und des Konstruktivismus.[64] Die expressionistisch orientierten Künstler Gottfried Diehl, Emil Betzler und Hans Ludwig Katz schlossen sich von 1920 bis 1922 zur Künstlergruppe „Ghat" zusammen.[65] Der Frankfurter Kunstverein stellte 1921 Arbeiten von Max Beckmann aus, ein Jahr später zeigte die Ausstellung „Der Sturm" Werke von Alexander Archipenko, Lyonel Feininger, Alexej von Jawlensky, Georg Muche und Kurt Schwitters. Die Sammlung des Städelmuseums erwarb u.a. eine Arbeit von Vincent van Gogh sowie von Paul Cezanne und von Paul Gaugin. 1919 wurde ebenfalls eine „Kreuzabnahme" von Max Beckmann erworben. Das gesamte Frankfurter Kunstgeschehen spaltete sich auf in eine moderne und zeitgenössische sowie in eine konservative Richtung, vertreten durch die Frankfurter Künstlergesellschaft. Die unterschiedlichen Kunstauffassungen spiegelten sich auch in den unterschiedlichen Ansichten der Städelschüler. Während die einen Studenten, wie Eduard Bäumer *„tief ergriffen und begeistert"*[66] auf neuere Strömungen reagierten, konnten andere, wie Hanny Franke, damit weniger anfangen: *„Sprach einer von Feuerbach, Thoma oder gar von den Romantikern als große Künstler, so wurde er meist ausgelacht. Man konnte allenfalls von Liebermann, Slevogt oder Corinth reden, die noch angingen. Van Gogh, Cezanne oder Gaugin, das waren die Bahnbrecher und Vorbilder, auf die allein man bauen konnte und die im Übermass nachgeahmt wurden. (...) Einige Kollegen waren sogar noch weiter über diese hinausgeeilt und ließen nur noch Paul Klee, Nolde und Pechstein gelten, ja der Dadaismus Schwitters fand Nachbeter. Vor so viel Enthusiasmus kam ich mir manchmal recht unbeholfen vor und wagte kaum dreinzureden, verstand ich sowenig von der Kunst?"*[67]

Von Seiten der Professoren bestand offenbar keine Einschränkung hinsichtlich moderner Kunstauffassungen. *„Von akademischer Strenge und Einseitigkeit ist nichts zu spüren. Kein Dogma gilt, maßgebend ist allein die Begabung, die mit Verständnis und Sorgfalt entwickelt ist. Daher sind expressionistische Ansätze nichts Seltenes und sie sind nicht das Schlechteste, wenn auch noch gährender Most,"* stellt 1920 der Verfasser eines Zeitungsartikels in Zusammenhang mit der Schülerausstellung im Städelschen Kunstinstitut fest.[68] Diese Feststellung bestätigte eine Aussage Ferdinand Lammeyers, der seinem Lehrer, dem Leiter der Landschaftsklasse, die Fähigkeit zuschrieb, dass er sich in die expressionistischen Ideen seiner Schüler hineindenken könne und so eine Kunstrichtung fördern könne, die ihm selber nicht läge.[69] Das Schaffensklima an der Städelschule war ein freies, und doch fühlte sich Hanny Franke verunsichert, nicht nur im Hinblick auf die zeitgenössische Kunstauffassung, sondern auch das Experimentieren im Allgemeinen betreffend: *„Viele talentierte, fleissige Menschen (...), sahen sich rückständig und versuchten noch*

Abb. 13 G28

schnell Anschluss zu gewinnen (...) bis sie bei der nächsten Ausstellung sahen, dass das Gestrige schon wieder begraben war. So verlor ein Tüchtiger seine kostbare Zeit im Experimentieren (...) und ging unter, oder wenn er die Kraft aufbrachte fand er sich zurück an der Stelle von der er einmal ausging."[70] Obwohl er dem Experimentieren kritisch gegenüberstand, zeigt eine seiner Arbeiten aus dieser Zeit durchaus experimentellen Charakter. Der Farbkontrast in der Ansicht einer Herbstlandschaft von 1922 (G28, Abb. 13) wirkt fast expressiv. Ein orange-rot leuchtender Busch bildet den Mittelpunkt in der ansonsten noch sommerlich grünen Landschaft. Neben diesem auffallenden Gewächs sind es allein die sich schon leicht gelb-braun verfärbenden Baumspitzen des Waldes im Hintergrund, die die herannahende herbstliche Jahreszeit erahnen lassen. Die Arbeit stellt eine Ausnahme dar und das Experimentieren während der Studienzeit beschränkte sich bei Hanny Franke ansonsten mehr auf den graphisch-technischen Part, indem er sich etwa mit dem Erstellen von Radierungen und Lithographien beschäftigte. Sowohl im figurativen Bereich als in der Landschaftsmalerei strebte der Künstler eine möglichst naturalistische und realistische Wiedergabe an. Bei seiner figurativen Malerei blieben auch vom Motiv her moderne und zeitgenössische Zusammenhänge im Hintergrund. Studien wie „Die Nebelfrau" (G1046) oder „Der Eremit" (G1041) verraten die Vorliebe des Malers für Themen des 19. Jahrhunderts. Auch die Studien eines Küfnermeisters alleine und mit seinem Gesellen (G1045, G1070) hielten zwar Szenen fest, die der Künstler noch mit eigenen Augen gesehen hatte, thematisierten aber gleichzeitig ein traditionelles, bald aussterbendes Handwerk und konnten inhaltlich nicht als eindeutig zeitgenössische Motive gelten, ebenso seine Skizzen der Laurentiuswallfahrt (G1067, G1068) sowie eine Szene vom Rochusfest in Bingen (G1071).

---

64 Vgl. Müller 2002, S. 196, zur Entwicklung des Frankfurter Künstlerbundes im Allgemeinen
65 Vgl. Schmidt-Fürnberg 2000, S. 22
66 Vgl. Salden 1995, S. 125
67 LE I, S. 144-145
68 FN, 16.4.1920
69 Vgl. Lammeyer, S. 49
70 LE I, S. 146

4.6. Malen in Frankfurt und Umgebung - Studienfahrten

Wenn auch aufgrund der Tatsache, dass er der Figurenklasse zugeteilt worden war, die figurative Malerei während seines Studiums einen großen Raum einnahm, so verlor Hanny Franke sein persönliches Ziel, ein Landschaftsmaler zu werden, während seiner Ausbildung nicht aus dem Auge. Die Bleistiftstudien zweier Bäume, 1920 entstanden, zeigen, wie sorgfältig der Künstler darum bemüht war, die Strukturen der Bäume und deren charakteristische Merkmale zeichnerisch genau zu erfassen. (Z421, Abb. Tafel II; Z422) Sowohl in der Frankfurter Umgebung als auch in der von Bingen (G12, Abb. Tafel II) hielt er auch in Ölbildern seine Landschaftseindrücke immer wieder künstlerisch fest. Neben einem Waldstück (G10) entstanden Eindrücke eines Sommertages im Frankfurter Stadtwald (G13, Abb. Tafel II) sowie der Blick auf eine Waldlichtung (G9, Abb. Tafel II). Es kann als typisch für die in dieser frühen Zeit entstandenen Landschaften gelten, dass der Maler in einem Bild neben sehr dünner und lasierend aufgetragener Farbe, bei welcher der Malgrund durchschimmert, die Farbe an anderer Stelle dick und pastos aufträgt. So hob er bei der „Skizze aus dem Frankfurter Stadtwald" (G13) und der „Weide in der Sonne" (G26, Abb. Tafel II) mit diesem pastosen Farbauftrag die Stellen hervor, an denen das Sonnenlicht auf die Baumstämme fiel. Ein weiteres Merkmal für seine frühen Landschaften in Öl ist die Tatsache, dass der Maler im Gegensatz zu seinen späteren Arbeiten weniger detailliert arbeitete. Einzelne Gräser zum Beispiel, mit denen er später gerne Akzente im Vordergrund setzte, fehlen noch. Seine „Waldlichtung" (G18) und seine „Wald- und Wiesenlandschaft" (G19) wirken deshalb im Vergleich zu späteren Arbeiten fast „unfertig".

1921 unternahm Hanny Franke neben Ausflügen in die Umgebung seiner Bingener Heimat Fahrten nach Bernkastel, Idar-Oberstein und in den Hunsrück (Z37). Im darauffolgendem Jahr besuchte er Zweibrücken (Z36, Abb. Tafel II; Z38) und reiste erstmals nach dem Krieg wieder in das Riesengebirge (Z39; Z41; A13, Abb. Tafel II). Im Sommer des gleichen Jahres erfolgte eine Reise nach Wien, von Passau aus per Schiff. Aquarelle und Zeichnungen erinnern an die Fahrt auf der Donau (A10, Z28-Z32). Eine der Ansichten von Hallstatt im Salzkammergut, als Bleistift- und Federzeichnung festgehalten (Z231, Z232, Z233), setzte der Künstler später sogar druckgraphisch als Radierung um. (DG26)

Bei Wien bezog der Maler zusammen mit seiner Frau Margarethe ein Quartier in der Nähe von Lainz. Ein Park umgab das Haus und der Maler nutzte die Gelegenheit, seine Eindrücke in zahlreichen Aquarellen festzuhalten (A5-A9). Dabei bevorzugte er völlig unspektakuläre Bildausschnitte. Der „Alte Hof in Wien-Heiligenstadt" (A458, Abb. Tafel II) gibt den Blick auf einen Hinterhof frei, in dem auf einer zwischen zwei Bäumen aufgespannten Leine die Wäsche zum Trocknen aufgehängt wurde. Dem Künstler gelang es, auf fast impressionistische Art, die sommerliche Atmosphäre mit dem von einzelnen Sonnenflecken durchdrungenen halbschattigen Hinterhof eindrucksvoll festzuhalten.

4.7. Ende der Studienzeit - Resümee

Das Jahr 1922 brachte einschneidende Veränderungen für Hanny Franke. Er heiratete die um elf Jahre jüngere Margarethe Lhotka. Das Paar hatte sich zwei Jahre zuvor an der Städelschule kennen gelernt, als Margarethe Lhotka eine dort studierende Freundin besuchte.[71] Der Künstler zog vom Vorort Nied nach Frankfurt um und begründete im Juni des Jahres zusammen mit seiner Frau am Börsenplatz im Haus Nr. 11 seinen eigenen Hausstand, eine Adresse, die das Paar bis zum März 1938 beibehalten sollte. Das Haus selbst fiel 1944 einer Fliegerbombe zum Opfer und wurde völlig zerstört. In dem Haus, welches sich im Besitz seiner Schwiegereltern befand, richtete sich Hanny Franke sein erstes eigenes Atelier ein. 1927 hielt er den Blick in sein Arbeitszimmer in einem Ölbild fest (G1141, Abb. 15). Vor einem großen Fenster, von dem man direkt auf das Gebäude der Frankfurter Börse blickt, steht ein schmaler Arbeitstisch mit einem Stuhl davor. Neben einer leeren

Abb. 14 Haus am Börsenplatz

Abb. 15 G1141

Vase und einem Gefäß mit Pinseln fällt darauf vor allem die am rechtem Tischrand stehende Skulptur eines Menschen auf, welcher seinen rechten Arm in einem Bogen über seinem Kopf erhebt. Rechts des Tisches stellte der Künstler zwei unterschiedlich große Staffeleien auf. Beide sind mit Landschaftsbildern bestückt. An der größeren hängt eine ebenfalls große Palette. Ein Jahr zuvor hatte sich der Künstler selbst beim Malen in seinem Atelier porträtiert (G1028). In einem Aquarell und in einer Zeichnung hielt er in diesen Jahren neben einer Architekturstudie (Z215) auch den Blick vom Fenster seiner Wohnung aus auf die Ecke Börsenstraße/Börsenplatz fest. (A431)

Margarethe Lhotka kam in Frankfurt zur Welt. Ihr aus Österreich stammender Vater gelangte als Schneider über Prag und Wien, wo er u. a. die Reitkleider der Kaiserin Elisabeth fertigte, nach Frankfurt am Main. 1895 machte er sich dort selbstständig und belieferte bis 1920 u. a. auch den württembergischen Königshof. Die Mutter hatte die Position als Hofdame der Victoria von Preußen inne und war für die Erziehung von deren Tochter, der jüngsten Schwester des letzten deutschen Kaisers, mit verantwortlich. Margarethe von Preußen übernahm dann auch die Patenschaft von Margarethe Lhotka.[72] Im Nachlass von Hanny Franke befindet sich sowohl das Schränkchen, in dem die als Malerin anerkannte Victoria von Preußen ihr Malzubehör aufbewahrte, als auch ein vierbeiniger Hocker aus ihrem Atelier. Das Museum in Eschborn besitzt außerdem jene größere Staffelei, die auf dem Bild von 1927 dargestellt ist. Inwieweit die gesellschaftlichen und geschäftlichen Verbindungen der Schwiegereltern die Auftragslage des Künstlers beeinflussten, ist nicht belegt. Doch vermutlich dürften sich in diesem Zusammenhang für ihn auch positive Auswirkungen ergeben haben.

Hanny Franke porträtierte 1921 seinen Schwiegervater, zwei Jahre vor dessen Tode (G1044). Vor dunklem Hintergrund und mit einem dunklen pelzverbrämten Mantel gewandet, blickt der 67-Jährige den Betrachter mit ernstem Gesichtsausdruck frontal an. Den Kragen seines weißen Hemdes hält eine schwarze Krawatte zusammen, die wiederum von einer goldfarbigen Krawattennadel geschmückt wird. Vincenz Lhotka trägt einen Schnurrbart und sein Haar in der Mitte gescheitelt. Die Helligkeit des Gesichtes bildet einen Kontrast zu dunkler Kleidung und Hintergrund. Hanny Franke hielt mit diesem Bild seinen Schwiegervater als Typus eines erfolgreichen und wohlsituierten Bürgers fest. Viel lebendiger wirkt das Konterfei des Schwiegervaters, welches der Künstler auch in einer Bleistiftzeichnung festhielt. (Z293) Auch die Mutter seiner Frau sowie Margarethe selbst, befand Hanny Franke beim Lesen oder beim Handarbeiten immer wieder als zeichnenswert (Z287, Z297-Z301, Z309, Z310, Z313-Z320, Z322, Z327-Z330, Z334, Z335). In einer anderen Bleistiftzeichnung skizzierte er eine Ansicht der gesamten Familie Lhotka an einem Tisch sitzend (Z365).

Trotz seiner Eheschließung blieb der Künstler noch Student an der Städelschule. Die Inflation hatte das Stiftungsvermögen zerstört, sodass der Unterrichtsbetrieb im Jahr 1922 dort offiziell eingestellt werden musste. Die Kunstschule lag nicht mehr in der Verantwortung der Städelschen Stiftung. Die Ateliergebäude sollten den Lehrern und Studenten voraussichtlich noch etwa zwei Jahre zur Verfügung stehen. Anstelle der Verwaltung durch die Administration der Städelschen Stiftung schlossen sich Städellehrer und -schüler zu einem Provisorium zusammen, welches als „Städelsche Kunstschule" versuchte, den Unterricht aufrechtzuerhalten. Es fanden nur wenig Neuzugänge statt und die älteren Städelschüler, unter ihnen 1923 schließlich auch Hanny Franke, verließen nach und nach die Schule, um selbstständig weiterzuarbeiten.[73]

In seinem Rückblick auf den vierjährigen Aufenthalt an der Frankfurter Städelschule stellte Hanny Franke fest, dass diese nicht seinen Wünschen und Träumen entsprochen habe. Seine Kritik an der Ausbildung bezog sich auf die Malerei betreffende technische Dinge. Wer vom handwerklichen Können nichts von sich aus mitbrachte, hatte es seiner Meinung nach schwer, diese Kenntnisse an der Kunstschule nachträglich zu erhalten. Dies betraf nicht nur Kenntnisse über die sachgemäße Pinselpflege, die Herstellung von Malgründen und das Firnissen von Bildern, sondern auch das Mischen von Bindemitteln. So war er entsetzt über die Tatsache, dass ein Kollege Salatöl als Bindemittel benutzt hatte und dieser sich darüber wunderte, dass seine Bilder nicht trockneten. Ebenso wunderte er sich über die unsachgemäße Pinselpflege, wie er sie sogar bei einem Lehrer, eigentlich einem Vorbild der Malklasse, beobachten konnte. Seine Kritik an der mangelnden maltechnischen Ausbildung an den Kunsthochschulen fasste Hanny Franke noch einige Jahre später in einer kurzen Veröffentlichung zusammen.[74] Dennoch fiel sein Resümee über den generellen Nutzen von Kunstakademien versöhnlich aus: *„Die Kunstschulen haben den Vorteil, dass die Schüler, gleichem Ziel strebend, sich selbst gegenseitig fördern und anregen. Weiterhin stehen ihnen erprobtes Lehr- und Studienmaterial, wie Modelle zur Verfügung, die sich der Einzelne nicht leisten könnte. (...) Die Kunst selbst kann die beste Kunstschule nicht lehren."*[75] Aber bereits der Umgang mit Menschen, die dem gleichem Ziel zustrebten, sei es allein schon wert, dass man eine Kunstschule besuche.[76]

---

71 Bei der Freundin handelte es sich möglicherweise um Tilde „Tilly" Kranz, die ebenfalls in der Klasse Gies studierte. Diese Verbindung zu Margarethe Lhotka würde auch erklären, weshalb Jakob Kranz, der Ehemann von Tilly, 1926 zu Gast bei Margarethe Lhotkas Onkel in Italien weilte.
72 HKB, 18.2.1988
73 Vgl. Lammeyer 1982, S. 52
74 Franke 1928
75 LE VI, S. 90
76 Vgl. LE VI, S. 141

Tafel II

Z421　　G12　　G26　　G9

Z36

A13

Z232

A6

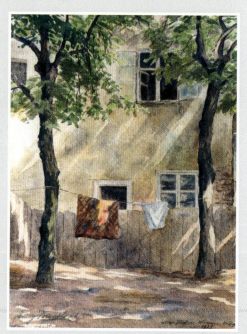

A458

5. Die Jahre zwischen 1923 und 1932

5.1. Fußfassen auf dem freien Kunstmarkt - Inflation

Von 1923 an, die Inflation hatte ihren Höhepunkt erreicht, versuchte Hanny Franke als freier Künstler Fuß zu fassen. Bereits ein Jahr zuvor war er dem Wirtschaftsverband der bildenden Künstler beigetreten. Auch die Frankfurter Künstlergesellschaft nahm ihn schon 1922 als ordentliches Mitglied in ihre Reihen auf, was für eine besondere Anerkennung von dieser Seite aus sprach, da ein Künstler im Allgemeinen erst dann aufgenommen wurde, wenn er sein Studium abgeschlossen hatte und bereits selbstständig arbeitete.

Die Geldentwertung machten sowohl Hanny Franke als auch seinen Angehörigen zu schaffen. Die Eltern seiner Frau verloren ihr gesamtes Vermögen. Er selbst hatte in diesem Jahr das Glück, einen Kunsthändler zu haben, der seine Arbeiten kommissionsweise zum Kauf übernahm. Seine Werke fanden Käufer, wenn größtenteils auch mit aus dem Grund, dass die Leute ihre unsichere Währung in vermeintlich sichereres Kapital umzutauschen versuchten. Sie bezahlten meist mit Bankschecks, sodass für den Maler selbst als Erlös aus dem Verkauf oft nicht mehr als ein Päckchen Tabak übrig blieb.

Hanny Franke empfand die Jahre der Geldentwertung für die Entwicklung der Kunst im Allgemeinen als gefährlich. So befürchtete er, dass sich die Inflation auch auf das künstlerische Schaffen übertrage, und die Künstler am Ende nur noch des Geldes wegen in großen Mengen produzierten und die Qualität der Arbeiten darunter zu leiden habe.[77] Er selbst schränkte in dieser Zeit das freie künstlerische Schaffen zunächst ein. Restaurierungsarbeiten und Auftragsarbeiten zum kopieren Alter Meister bildeten die wirtschaftliche Versorgungsgrundlage und die Arbeiten dürften wohl hauptsächlich im Naturalientausch bezahlt worden sein. Seine in diesem Jahr entstandenen Landschaften bei Seckbach (G33) und bei Dornholzhausen (G31, G32) belegen jedoch, dass der Künstler auch zu dieser Zeit nicht ganz auf seine Tätigkeit als Landschaftsmaler und damit zusammenhängende Ausflüge in Frankfurt und Umgebung verzichtete.

Um notleidende Künstler zu unterstützen, gründete in Frankfurt bereits ein Jahr zuvor ein privater Ausschuss bei der Zentrale für private Fürsorge die Frankfurter Künstlerhilfe.

Abb. 16 G39

Abb. 17 Jacob van Ruisdael

Eine Kommission, bestehend aus Mitgliedern des Frankfurter Künstlerbundes und der Frankfurter Künstlergesellschaft, später auch Delegierte des Magistrats und der Stadtverordneten-Versammlung, entschied über die zu fördernden Künstler.[78] Auch Hanny Franke sollte von dieser Institution kurze Zeit später regelmäßig Unterstützung erhalten, (vgl. Kap. VII, 1.6.). Zunächst versuchte er jedoch Geld zu sparen, indem er anstatt auf Malleinwand zu arbeiten zu dieser Zeit neben Holz auch die viel billigere Pappe, die zeitweise auch oft von Deckel und Boden von Schuhkartons stammten, als Bildträger verwendete.

Trotz alledem unternahm der Künstler zusammen mit seiner Frau im Juni des Jahres 1923 eine sechswöchige Studienreise ins Riesengebirge nach Schmiedeberg. Es war seine dritte Reise in dieses Gebiet, hatte er dort doch während des Krieges Dienst getan und den Ort bereits im Vorjahr wieder aufgesucht. „Die Falkenberge bei Fischbach" (G37), der „Blick auf Riesengebirgs- und Iserkamm" (G34), die Skizze eines kleinen Teiches (G36) sowie der Panoramablick vom Schlesischem Riesengebirge auf Seidorf (G35) geben Zeugnis von dieser Reise. Außerdem besuchten die Frankes im Rahmen der Reise auch die Städte Dresden, Weimar und Naumburg. Während Hanny Franke im Riesengebirge weilte, stellte der Kunstsalon J.P. Schneider in Frankfurt erstmals eine Kollektion seiner Bilder aus. Die Bilder fanden ausnahmslos Käufer. Um der Geldentwertung zuvorzukommen, setzte der Schwiegervater das dafür erhaltene Geld sofort in Lebensmittel um.

Am 15. November 1924 wurde mit der Rentenmark eine neue stabilere Währung eingeführt. In Verbindung mit dem Kunsthandel - auch in diesem Jahr stellte die Galerie J.P. Schneider eine Kollektion von Hanny-Franke-Bildern aus - änderte sich dadurch die allgemeine Situation für die Künstler völlig. Wurde während der Inflation noch in großen Maßen gekauft, ebbte mit deren Ende das Interesse an Kunst ab. Jene, die vorher versucht hatten ihr Geld in Kunstwerken sicherer anzulegen, versuchten jetzt, die Werke wieder zu verkaufen.

Hanny Franke erfuhr in diesem Jahr erstmals die Unterstützung der Frankfurter Künstlerhilfe. Neben drei Skizzen erwarb die Stadt in diesem Zusammenhang eine im gleichen Jahr entstandene Ansicht von Preungesheim (G39, Abb. 16). Im Bild herrscht Vorfrühlingsstimmung. Über einen Wiesenstreifen im Vordergrund fällt der Blick auf die einzelnen Häuser, mit einer Kirche als Mittelpunkt. Zwei Drittel der Bildfläche nimmt ein mit Federwolken bespannter Himmel ein. Das Gemälde erinnert daran, dass Hanny Franke in seinen Lebenserinnerungen bemerkte, wie er während seiner Studienzeit im Städelmuseum auch die holländischen Landschaftsmaler des 17. Jahrhunderts, vor allem Jacob van Ruisdael, sehr zu schätzen wusste.[79] Zum Vergleich mit der „Ansicht von Preungesheim" bietet sich dessen „Ansicht von Ootmarsum" an.[80] (Abb. 17) Die Arbeiten stimmen im Bildaufbau überein: die Landschaft wurde in waagerechten Bildebenen angelegt, der tiefgesetzte Horizont, der fehlende seitliche Abschluss, die deutliche Zentrierung der Kirche, deren Turm Himmel und Erde miteinander verbindet. Während der Kirchturm im Bilde Jacob van Ruisdaels jedoch alles rundum überragt und den Blick des Betrachters besonders anzieht, mildert Hanny Franke in seiner Arbeit die Betonung des Baus, indem er ebenfalls die Vertikale betonende Bäume hinzufügte.

---

77 Vgl. LE II, S. 177
78 Vgl. Schmidt-Fürnberg 2000, S. 30; Müller 2002, S. 201 ff.; Zur Entwicklung der Frankfurter Künstlerhilfe im Allgemeinen.
79 Vgl. LE I, S. 154 ff.
80 Jacob van Ruisdael, Ansicht von Ootmarsum, um 1670/75, 59,1 cm x 73,2 cm, München, Bayerische Staatsgemäldesammlungen, Alte Bibliothek, Bätschmann 1989, Abb. S. 42

5.2. Malen in Frankfurt und Umgebung

5.2.1. Auf den Spuren von Louis Eysen

Im Herbst 1924 malte der Künstler erstmals im Sumpfwald in den Ginnheimer Wiesen sowie am Frankfurter Altwasser. Er empfand diese Landschaften als noch genauso urwüchsig, wie sie ihn in den Bildern von Peter Burnitz und Hans Thoma schienen.[81] Neben einem Blick auf Berkersheim (G38), einer „Taunuslandschaft bei Bad Vilbel" (G43), hielt der Künstler auch kleine und völlig unspektakuläre Landschaftsausschnitte wie den „Bahndamm - Frankfurt Berkersheim" (G42) - typisches Beispiel einer „Paysage intime" - für malenswert. Zwei Drittel des Bildes werden von einem Wiesenhang eingenommen, auf dem im oberen Bereich eine Holzkonstruktion im Anschnitt zu sehen ist. Die Eigenart, sowohl breitangelegte Landschaften als auch kleine unspektakuläre Landschaftsausschnitte im Bild festzuhalten, ohne dass man bei diesen beiden Möglichkeiten eine besondere Vorliebe erkennen kann, teilte Hanny Franke mit dem Maler Louis Eysen, einem Künstler, dessen Fähigkeiten er sehr zu schätzen wusste.

Im Nachlass von Hanny Franke fand sich ein Aufsatz aus dem Jahre 1937, in dem er sich mit der Biographie und dem Werk Louis Eysens auseinandersetzte und welchen Margarethe Franke 1978 posthum veröffentlichte.[82] Der Aufsatz wies Hanny Franke als besonders guten Kenner des Œuvres eines Künstlers aus, der nach seinem Tode im Jahr 1899 in Vergessenheit geriet. Nach Karl Scheffler, welcher sich 1917 wieder mit dem Werk von Louis Eysen beschäftigte, kann mit dieser posthum erschienenen Veröffentlichung belegt werden, dass Hanny Franke einer der ersten war, die den hohen künstlerischen Stellenwert des Malers (wieder-)erkannten und die sich viele Jahre bevor 1963 das als Standardwerk geltende

Abb. 18 Louis Eysen

Werkverzeichnis von Werner Zimmermann erschien, intensiv mit der Arbeit dieses Malers beschäftigten.[83] In seinem Aufsatz über den Älteren hob Hanny Franke u. a. die besonders feine Nuancierung der Grüntöne bewundernd hervor, welche von so „vornehmer" und „silbriger" Art seien, dass er sich damit deutlich von den anderen Frankfurter und Kronberger Malern abhebe.[84]

Von den einzelnen Arbeiten des Malers selbst waren ihm diejenigen, die sich in Besitz des Frankfurter Städelmuseums befanden, bereits seit seiner Studienzeit im Original bekannt.

Abb. 19 G341

Einen größeren Überblick gewann er jedoch erst im Jahr 1925, als der Kunstsalon J.P. Schneider in Frankfurt/M. im Januar dieses Jahres seine zweite Louis-Eysen-Ausstellung mit 30 Ölbildern, zwei Aquarellen und zwei Zeichnungen zeigte.

„Lassen Sie sich nur von der Natur anregen", riet der von 1873 - 1879 in Kronberg ansässige Louis Eysen seinem Freund Hans Thoma in einem Schreiben und drückte damit eine künstlerische Einstellung aus, die eine Generation später auch Hanny Franke vertrat.[85] Auch er sah im Studium der Natur - im Gegensatz zu einem ausschließlichen Studium der Alten Meister - den einzigen sicheren Weg, um zu einer künstlerisch zufriedenstellenden Landschaftsdarstellung gelangen zu können. „Ich will nicht sagen, dass man von den grossen Meistern der Vergangenheit nichts lernen könnte. Wenn es sichere Wegweiser gibt auf dem Wege der Kunst, dann sind es die eigene Seele und die Natur, die noch keinem belogen haben", fasste der Künstler dies mit eigenen Worten zusammen.[86] Auch in künstlerischer Hinsicht bieten sich einige Bilder der beiden Künstler zum Vergleich an. So lässt sich der Bildaufbau von Louis Eysens „Sommerlandschaft" (Abb. 18) - in dieser Art auch von Peter Burnitz aufgegriffen - auch in einer Arbeit von Hanny Franke wiederfinden.[87]

Bei seiner „Parkecke am Rödelheimer Schloß" aus dem Jahr 1946 (G341, Abb. 19) nimmt ein Waldausläufer ebenfalls die rechten Bildhälfte ein, während die linke den Blick in die Ferne freigibt. Rote Dachspitzen hinter den Baumkronen bilden einen Kontrast gegenüber den Grüntönen. Eine blühende Wiese mit akzentuiert gesetzten Gräsern schließt den Bildraum zum Vordergrund parallel hin ab. Im Gegensatz zu Louis Eysens Bild steigt die Wiese bei Hanny Franke jedoch nicht nach rechts hin an und die Äste seiner Bäume greifen auch nicht von der rechten Bildseite auf die linke über. Auch belebte er die Szene mit zwei Staffagefiguren, einer Frau mit Kind.

Gleich zweimal hielt Hanny Franke einen Blick auf Burg Königstein im Taunus fest. Die eine Version entstand 1955 im Vorfrühling (G484/34), die andere ein Jahr später im Herbst (G506, Abb. 21). Der Künstler hielt die Burg von einer ähnlichen Stelle im Gelände aus fest, wie sie Jahre zuvor wohl von Louis Eysen für seine Arbeit eingenommen wurde (Abb.20).[88] Hanny Franke stand dabei scheinbar etwas näher am Motiv. Bei beiden Künstlern bildet die Burg den Mittelpunkt. Der Vordergrund gestaltet sich jedoch völlig unterschiedlich. Während beim Bild Louis Eysens der Standpunkt des Betrachters nicht eindeutig klar ist, blickt man bei Hanny Frankes Bildern auf ein mit Bäumen bewachsenes Tal, hinter dem sich die Burgruine auf einer Erhöhung präsentiert. Rechts und links begrenzt Baumbewuchs im Vordergrund den Bildrand und lenkt den Blick des Betrachters direkt auf die Burg.

Der unklare Standpunkt des Betrachters gilt als ein typisches Gestaltungsmittel, welches Louis Eysen bei seinem Bildaufbau gerne verwendete. Auch im Werk von Hanny Franke lässt sich diese Art der Bildgestaltung über seinen gesamten Schaffenszeitraum hin finden. Seine „Odenwaldlandschaft" aus dem Jahr 1961 zum Beispiel (G462) setzt sich aus einer Vordergrund- und einer Hintergrundebene zusammen. Der Blick des Betrachters auf den Vorder-

Abb. 20 Louis Eysen

Abb. 21 G506

grund, eine bewaldete Fläche mit einer kleinen Lichtung, fällt gleichsam von oben herab auf die Baumwipfel, hinter denen sich eine mittelgebirgsartige hügelige Landschaft erstreckt. Der Standpunkt, von wo aus der Maler die Landschaft erfasste, lässt sich nicht eindeutig festmachen.

ließen. Beide Künstler entwickelten früh ihren eigenen Malstil und blieben diesem auch treu. Auch eine zeitliche Einordnung nur anhand der Motive kann ebenfalls nicht immer eindeutig vorgenommen werden, da sie viele ihrer Standorte und Bildmotive mehrfach aufsuchten und darstellten.

Einige von Hanny Frankes Stillleben nehmen direkt Bezug auf Arbeiten von Louis Eysen (vgl. Kapitel IV.1.4.). Eine Gemeinsamkeit, die sich Hanny Franke mit Louis Eysen außerdem teilte, war neben der Tatsache, dass auch er der Primamalerei den Vorzug gab, dass sich viele seiner Gemälde zeitlich nur schwer einordnen

---

81 Vgl. LE II, S. 190

82 Franke 1978

83 Vgl. Karl Scheffler: Louis Eysen, in: Kunst und Künstler XV, 1917, S. 388; Zimmermann 1963

84 Vgl. Franke 1978, S. 10

85 Vgl. Zimmermann 1963, Anm. 17 und Anm. 18; Der Brief vom 27.2.1879 befindet sich in der Hans-Thoma-Gedächtnisstätte in Oberursel im Taunus.

86 LE IV, S. 146

87 Louis Eysen, Sommerlandschaft, undatiert, Öl/Lwd, 49,5 x 67,5 cm, Städelsches Kunstinstitut Frankfurt a. M., Inv. Nr. SG 1089, Ausst. Kat. Frankfurt 1990, Abb. S. 3; Peter Burnitz, undatiert, Landschaft mit Blick auf Falkenstein, Öl/Pappe, 23 x 35 cm, Privatbesitz, Wiederspahn 1976, Abb. S. 322

88 Louis Eysen, Königstein im Taunus, undatiert, 30,5 x 52 cm, u. r. sign.: Eysen, Städelsches Kunstinstitut Frankfurt a. M., Inv. Nr. SG 636, Wiederspahn 1976, Abb. S. 338

5.2.2. Wettbewerb zum Goethejahr – 1932

Die Frankfurter Künstlerhilfe veranstaltete 1932 einen Wettbewerb, in dem es für die Künstler galt, sich künstlerisch mit dem 100. Todestag von Johann Wolfgang Goethe auseinanderzusetzen. Die besten Arbeiten wurden prämiert, bzw. von der Stadt angekauft. Von insgesamt 113 eingereichten Arbeiten erwarb die Stadt 14 Stück.[89] Darunter für 50 Reichsmark auch ein Werk Hanny Frankes, der „Blick auf Frankfurt von Süden vom Goetheturm aus" (G970, Abb. 22).

Die Ausschreibungen für den Wettbewerb gestalteten sich relativ frei. Erwünscht waren Darstellungen Frankfurts oder seiner näheren Umgebung, Frankfurter Lebensbilder oder Erinnerungen an das Goethe-Jahr. Mit seiner Themenwahl nahm Hanny Franke einen aktuellen sowie einen historischen Bezug auf. Der Frankfurter Goetheturm, als dessen Stifter der jüdische Großkaufmann und Kommerzienrat Gustav Gerst wirkte, war erst ein Jahr zuvor an Stelle eines Vorgängerbaues errichtet und eingeweiht worden.[90] Der 43 m hohe Turm galt als das höchste Holzbauwerk Deutschlands. Es kennzeichnet den höchsten Punkt auf dem Sachsenhäuser Berg, einen Ort, an dem auch Goethe während seiner Spaziergänge gerne verweilte.

Das Gemälde von Hanny Franke zeigte den Blick, wie er sich vom zweiten Stockwerk des Goetheturms aus in Richtung Frankfurt bot. Hinter den Baumwipfeln im Vordergrund breitet sich die Stadt Frankfurt mit ihren charakteristischen Bauten aus. Im Mittelgrund die Häuser der Siedlung am Wendelsweg, links die Brauereien des Sachsenhäuser Berges mit ihren Schornsteinen. Dahinter die Stadt, in der Domturm, der Turm der Dreikönigskirche und der Turm der Paulskirche genauso gut zu erkennen sind wie das helle I. G. Verwaltungsgebäude. Die im Dunst liegende Taunuskette spannt sich über die ganze Bildbreite. Ein Himmel mit leichten Streifenwolken nimmt die Hälfte des Bildes ein.

Mit dem Motiv des Blickes auf Frankfurt vom Mühlberg griff Hanny Franke in Hinblick auf die Wettbewerbsteilnahme ganz bewusst ein klassisches und beliebtes Frankfurter Motiv auf, welches auch der Jury vertraut sein musste. Vor allem Künstlerkollegen aus der vorhergehenden Generation in den 1870er Jahren - u. a. Jacob Maurer[91], Adolf Höffler[92] und Philipp

Abb. 22 G970

Abb. 23 Anton Burger

Rumpf[93] - hielten diese Ansicht auf Frankfurt gerne im Bild fest.

Die Arbeit Hanny Frankes lässt sich vom Bildaufbau her am ehesten mit einem Bild von Anton Burger aus dem Jahr um 1865 (Abb. 23) vergleichen.[94] Auch hier wählte der Maler einen vom Betrachter aus unklaren Standpunkt. Von einer leichten Erhöhung aus fällt der Blick des Betrachters auf das Frankfurter Stadtpanorama - der das Stadtbild prägende Dom ist hier ebenso gut zu erkennen wie die Türme der Pauls- und der Dreikönigskirche - hinter denen sich am Horizont die Taunusberge ausbreiten. Die Vordergrundgestaltung der beiden Bilder ist jedoch völlig unterschiedlich. Während in Hanny Frankes Werk die Baumkronen eine Art Barriere bilden, über die der Betrachter hinwegblickt, wird dessen Blick im Bild Anton Burgers durch eine kleine von Steinmauern und Bäumen umsäumte Straße in die Tiefe gelenkt.

---

89   Vgl. Schmidt-Fürnberg 2000, S. 31
90   Frankfurter Zeitung: H.: Goetheturm und Maunzenweiher – Zwei neue Sehenswürdigkeiten der Stadt, 24.10.1931
91   Jacob Maurer, Blick auf Frankfurt vom Mühlberg aus, Öl/Lwd., 52 cm x 94 cm, Privatbesitz; Wiederspahn 1976, Abb. S. 66.
92   Adolf Höffler, Sachsenhäuser Berg, Frankfurt und der Taunus, Öl/Lwd., 40 cm x 60 cm, Privatbesitz, Wiederspahn 1976, Abb. S. 423.
93   Philipp Rumpf, Blick auf Frankfurt vom Mühlberg, 1871, Aquarell, 26 cm x 46 cm, Privatbesitz, Wiederspahn 1976, Abb. S. 292.
94   Anton Burger, Blick auf die Stadt vom Mühlberg aus, um 1865, Öl/Lwd., 82 cm x 129 cm, Historisches Museum Frankfurt/M., Schembs 1989, Abb. S. 93.

5.3. Studienreisen

5.3.1. Der Vogelsberg

Durch Vermittlung über seinen Kunsthändler, vermutlich die Galerie J.P. Schneider, erhielt der Maler 1924 die Einladung zu einem Studienaufenthalt im Vogelsberg, in das im Brachtal liegende Örtchen Birstein. „(...) denn diese Gegend war für einen Maler der noch viel zu lernen hatte, besonders geeignet, Berge und Täler, Wälder und Fluren, daneben viele Rinnsale, Bäche und Teiche. Hier war alles zu haben was ein angehender Landschafter suchte," freute sich der Künstler.[95] In zwei Bleistiftzeichnungen (Z43, Z45, Abb. 24) hielt er von einer Anhöhe aus den Blick auf die kleine Ortschaft im Bild fest, deren repräsentativer Punkt in früherer Zeit ein Schloss bildete. Im 16. Jahrhundert verlieh der damalige Schlossherr und Fürst das Privileg einer „Fürstlich Isenburgischen Hofapotheke" an eben jene Apotheke, in der Hanny Franke einige Jahre lang für wenige Wochen im Sommer als Gast des Apothekers Maubach logierte. Fritz Maubach, der Sohn des Apothekers, zeichnete in einem Aufsatz ein lebendiges Bild vom Hausherrn und großzügigem Mäzen: „Eine leichte Unbekümmertheit, Strengere würden es Leichtfertigkeit nennen, beherrschte auch unseren guten Vater, der schon bei jungen Jahren zu einiger, doch beweglicher Fülle neigte und voller Bonhommie war, in den geschäftlichen Entschließungen und der Verwaltung seines Vermögens. Durch das eingebrachte Gut und beträchtliches Erbteil unserer Mutter war er zeitig in die Lage gekommen, durch Ankauf sich eine im Apothekerberuf ungewöhnlich frühe Selbständigkeit zu sichern. (...) Jugend- und Studienfreunde hatten gute Zeit bei ihm, Vorschüsse und Zuwendungen standen ihnen jederzeit offen, Verwandtschaft und Besuch fand ständig Platz und Behagen."[96]

Von seinem ersten Aufenthalt im Vogelsberg brachte der Maler neben einer Anzahl von Studien auch den Erlös einiger verkaufter Arbeiten

Abb. 24 Z45

mit nach Hause. So erhielt er 1924 von Amtsgerichtsrat R. den Auftrag, vom Fenster seiner Wohnung aus eine Ansicht des Nachbargebäudes, der Villa Bräuning, im Bild festzuhalten. Die Arbeit war als Weihnachtsgeschenk für dessen Besitzer, den Kammerdirektor Bräuning, vorgesehen, der zu dieser Zeit mit seiner Familie verreist war.[97] (G46)

Während seines Aufenthaltes im Vogelsberg schuf der Maler auch ein Wandgemälde in einer Nebenstube der Apotheke (G1136). Im Werkverzeichnis des Künstlers sind nur zwei Wandgemälde erfasst. Das ursprünglich in Birstein befindliche Bild ließ sich aufgrund der vorhandenen Quellen am ausführlichsten rekonstruieren. Es schmückte den zwischen Laboratorium und Offizin gelegenen Raum - das Privatkontor. In diesem Raum trafen regelmäßig befreundete Herren des Apothekers, wie zum Beispiel Amtsrichter, Arzt, Beamte der standesherrlichen Verwaltung sowie Kollegen aus der Umgebung zum Dämmerschoppen zusammen. In seinen Lebenserinnerungen fasste der Maler folgendes zusammen: „(...) malte ich eine Alchimistenküche, den Apotheker in seiner Tätigkeit, den Amtsgerichtsrat beim Dämmerschoppen einige Bauern und mich selber an die Wand. Als Randverzierung verwendete ich stilisierte medizinische Pflanzen, alte Alchimistenzeichen, Tierkreiszeichen und dergl. Zudem entwarf ich noch eine Ampel, die ein Klempner machte und bemalte noch das Fensterglas."[98] Das Wandbild findet in der Veröffentlichung von Fritz Maubach seine ergänzende Beschreibung: „Im Kellergewölbe konnte man reichlich Destillierblasen und Helme, Retorten, ‚philosophische Mühlen' und seltsam geformte Behältnisse mit buntem Inhalt sehen, im Hintergrund versonnene und tätige Adepten; einer, offenbar der Meister aller Gesellen, dem der Maler seine eigenen Züge verliehen hatte, schaute den Betrachtern prüfenden Blicks entgegen. (...) Wer anders konnte im Vordergrunde sitzen als Amtsrichter Friedrich mit grünem Rock, Jagdpfeife und Bierglas. (...) Daneben war unser guter Vater zu sehen, im weißen Arbeitsmantel, einige ländliche Kunden schauten ihm misstrauisch bei der Arbeit zu, und ein Knochengerippe des Todes stand hinter ihm und reckte Gense und Alkoholflasche."[99]

Das Haus, in dem sich die „Fürstlich Isenburgische Hofapotheke" befand, existiert heute noch und wird inzwischen ausschließlich als privates Wohnhaus genutzt. Die Wandmalerei ist nicht mehr vorhanden. Sie musste nach Aufgabe des Hauses durch den Apotheker Maubach nach 1927 entfernt, bzw. überstrichen worden sein.[100] Im Werkverzeichnis ließen sich nur noch wenige Arbeiten Hanny Frankes erfassen, die während seiner Aufenthalte im Vogelsberg entstanden. Neben einer „Vogelsberglandschaft bei Fischborn" (G41) sowie einem „Getreidefeld bei Gewitter" (G40) - künstlerische Ausbeute des ersten Aufenthaltsjahres - und den Gebirgskonturen des Spessarts vom Vogelsberg aus (Z44) dokumentierte ein im Jahr 1927 gemalter „Vogelsberger Bach im Vorfrühling" (G65) die Anwesenheit des Künstlers an diesem Ort.

Im letzten Jahr seiner Sommerfrische im Vogelsberg, 1927, entstand ein Selbstbildnis als Erinnerung (G1029, Abb. 25): Das Brustbild im Viertelprofil zeigt den Maler vor dem Hintergrund einer sommerlichen Vogelsberglandschaft. Zu grünem Jackett, weißem Hemd und

Abb. 25 G1029

karierter Fliege, trägt er einen ebenfalls grünen Hut, hinter dessen Hutband ein Tannenzweig klemmt. Mit seiner rechten Hand umfasst der Porträtierte den Trageriemen einer über seiner Schulter hängenden Tasche. Ernst blickt er den Betrachter an.

Fast könnte man in der Selbstdarstellung das Porträt eines Jägers erkennen, würde nicht folgende Episode aus den Lebenserinnerungen des Künstlers Gegenteiliges belegen: „*Einmal wurde ich auch vom Fürsten zur Treibjagd eingeladen. Für die Jagd habe ich nie Interesse gehabt und ich habe auch nie nach einem Gottesgeschöpf geschossen, ich gedenke dies auch in Zukunft nicht zu tun. Doch nahm ich die Einladung an, um einmal bei einer Sache gewesen zu sein die ich nicht kannte, jedoch statt einer Büchse nahm ich mein Malgerät mit.*"[101]

Nach 1927 besuchte der Künstler den Ort nicht mehr. Es waren wohl jene bereits erwähnte Großzügigkeit und jene Bonhomie, welche dazu führten, dass sein vormaliger Mäzen seinen Kredit beim Bankhaus Enderson nicht mehr tilgen konnte und die Apotheke deswegen verkauft werden musste.[102] Durch Wegzug des Apothekers in eine größere Stadt fehlten dem Künstler Hanny Franke somit neben der wirtschaftlichen Unterstützung, die er in Birstein von dessen Seite aus erhielt, auch der persönliche Bezugspunkt, sodass er später keinen Anlass dafür sah, die Ortschaft nochmals aufzusuchen. Die Gegend im Vogelsberg blieb ihm jedoch mit angenehmen und leicht wehmütig klingenden Erinnerungen verbunden: „*(...) Manche Anregungen, viele Studien nach der schönen Natur und viele heitere Stunden verdanke ich dieser Gegend und seinen lieben Menschen. Durch den Weggang des Apothekers nach einer größeren Stadt, kam ich auch nicht mehr in diese Gegend. Der Amtsgerichtsrat, der mir ein guter Freund geworden ist schon lange tot. Meine Gastgeber und alle anderen Freunde leben auch irgendwo in der Ferne.*" [103]

---

95 LE IV, S.4
96 Maubach 1938, S. 43
97 HF/MF, 29.10.1924
98 LE IV, S.6-7
99 Maubach 1938, S. 44
100 Der jetzige Hausbesitzer, Geburtsjahrgang 1941, wuchs in diesem Hause auf, kann sich aber an keine Wandmalerei zurückerinnern; e-mail an die Verfasserin, vom 5.12.2004
101 LE II, S. 183
102 Vgl. Maubach 1938, S. 47
103 LE II, S. 184

5.3.2. Italien - 1926

Mit seiner Reise nach Italien reihte sich Hanny Franke ein in die Folge namhafter Frankfurter Künstler der vorherigen Generation.[104] Aber auch unter seinen Zeitgenossen fanden sich in unmittelbarem Umkreis Maler, die Italien bereits vor ihm bereist hatten. U. a. hielten sich Heinrich Limpert, ein Kollege aus der Frankfurter Künstlergesellschaft, Andreas Egersdoerfer, Lehrer der Landschaftsklasse am Städel und sein Studienkollege Jakob Kranz nachweislich in Italien auf. Möglicherweise gaben sowohl der Wunsch nach dem Abrunden einer „klassischen Künstlerausbildung" als auch direkte begeisternde Erzählungen von Maler-Kollegen aus Frankfurt den Impuls, im Jahr 1926 der Einladung zu einer Reise in den Süden zu folgen. Den Großteil seines Aufenthaltes verbrachte Hanny Franke dabei jedoch nicht an einem jener „klassischen" Reiseziele wie Rom und Umgebung, sondern in den Abruzzen, einem Gebiet, welches um 1926 noch nicht zu den touristisch erschlossenen und beliebten Anziehungspunkten des Landes gehörte.

„Von meinem Kollegen J. Kranz erhielt ich aus Italien einen Brief mit einer Einlage von meinem italienischem Schwager bei dem der Kollege als Gast weilte und der mich wie meine Frau zum Besuch einlud", erinnerte sich der Künstler an den Ausgangspunkt seines Reisevorhabens zurück.[105] Zielort war das an der Adriaküste gelegene abruzzesische Städtchen Giulianova. Die damaligen aktuellen Reiseführer taten das Gebiet der Abruzzen mit wenigen Zeilen ab. So hielt der Baedeker-Reiseführer von 1929 nur den Gran Sasso, das einzige hochalpine Gebirgsmassiv Italiens außerhalb der Alpen, für einen Besuch wert, ansonsten stünde dieses Gebiet in geschichtlicher wie in landschaftlicher Hinsicht hinter der Westhälfte Italiens zurück.[106] Trotzdem trat Hanny Franke im Sommer 1926 zusammen mit seiner Frau und einer älteren Dame, einer alten Bekannten des Hauses, die von allen nur „Tante Anna" genannt

Abb. 26 G63

wurde, und die ihre Schwester in Florenz besuchen wollte, die Reise mit dem Zug an. Mit Zwischenaufenthalten verlief die Fahrt über München und Innsbruck nach Padua und Venedig. Von da aus reiste man nach Ravenna und Classe bis nach Giulianova, dem Zielort. Unter den genannten Städten war es Ravenna, das auf den Künstler den größten Eindruck machte. Während der Fahrt nach Giulianova fand der Maler keine Zeit zum Malen, fertigte aber einige Bleistiftzeichnungen, wie zum Beispiel eine Ansicht von Innsbruck (Z237), der Kirche St. Lucia in Venedig (Z238) oder dem Glockenturm des Domes von Ravenna (Z239). Auch in Giulianova selbst hielt er Eindrücke sowohl in Bleistift als auch in Aquarelltechnik fest.

Giulianova - Die Adria - Ancona

Auf einer römischen Siedlung basierend, wurde die Stadt 1470 von Giulio Antonio Auquaviva, einem Herzog aus Atri, gegründet und benannt und gilt heute als Industrie- und Landwirtschaftszentrum ihres Landstrichs. *„Für einen Maler bot das Städtchen nicht viel was des Malens wert wäre, doch habe ich einige Studien gemacht mehr als Erinnerung, so einen Blick von einem Wehrturm, der Eigentum des Schwagers ist, über die Türme und Dächer hinweg auf die Adria in der Morgensonne. (...) Den meisten Teil des Tages verbrachten wir am Strand mit See- und Sonnenbädern"* erinnerte sich der Künstler.[107]

In Aquarelltechnik hielt er die Silhouette Giulianovas vom Strand aus gesehen fest (A458). Eine andere Arbeit in Öl präsentiert die Stadt von der Landseite aus gesehen (G1009).

Beim „Blick vom Balkon" (Z243) stand die weniger spektakuläre Aussicht auf die Hinterhöfe der Nachbarhäuser im Interesse des Künstlers. Ein graphisch wirkendes Balkongitter nimmt dabei über die Hälfte des Bildes ein und bildet eine filigrane Barriere zwischen dem Außen- und Innenbereich.

Die besondere Wirkung von Licht und Schatten standen beim „Adria-Seebad" (G63, Abb. 26) wohl im Mittelpunkt des künstlerischen Interesses. Strandhäuser - nebeneinander in regelmäßigen Abständen platziert - werfen lange

Schatten, welche den Strandgästen Schutz vor dem gleißenden Sonnenlicht bieten. Hanny Franke erzielte hier eine interessante Wirkung, indem er die Schattenpartien der Strandhäuser hintereinander gestaffelt anordnete und so den Eindruck von perspektivischem Tiefenraum erzeugte. Weitere Landschaftseindrücke der Adriagegend hielt der Maler in Aquarellen (A17) und Ölbildern fest. Bei hochangesetztem Horizont bietet die „Adriaküste am Morgen" (G56) einen Blick von der grünbewaldeten Küste direkt auf das Meer.

Gemeinsam mit Jakob Kranz besuchte Hanny Franke auch die in der Nähe von Giulianova gelegene alte Hafenstadt Ancona und zeichnete im dortigen Hafen alte Fischerbarken (Z259), hielt den Blick, der sich vom Hafen aus auf die Stadt (Z246) bot, sowie die alte Gasse hinter dem Rathaus in Bildern fest (A459), ehe er sich zusammen mit seinem Kollegen zu einem mehrtägigen Aufenthalt in den Abruzzen entschloss.

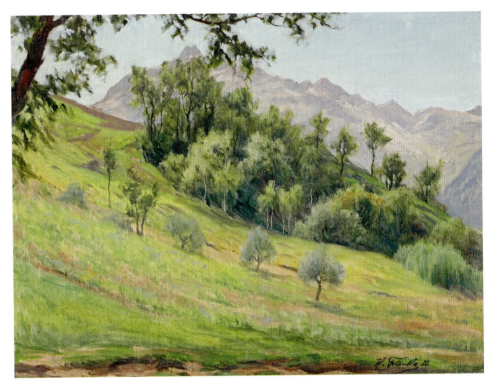

Abb. 27 G59

Die Abruzzen

Für Jakob Kranz war es im Gegensatz zu Hanny Franke nicht die erste Begegnung mit der charakteristischen Landschaft der Abruzzen. Zusammen mit seiner Frau Tilly hatte er bereits zwei Jahre zuvor zusammen mit den Künstlerfreunden Eduard und Valerie Bäumer das Land Italien längere Zeit bereist. In Rom begegnete die Gruppe damals den Frankfurter Kunsthistoriker Dr. Albert Wolters, welcher ihnen besonders einen Besuch der Abruzzen empfahl. Auf seine Anregung hin bereisten sie die kleine Stadt Cervara di Roma, einen Ort, 900 m hoch in den Abruzzen gelegen, in dem auch Ludwig Richter einige Zeit verbracht hatte.[108] Bei seinem zweiten Italienbesuch unternahm Jakob Kranz zusammen mit Hanny Franke drei weitere Touren in die ihnen von Wolters empfohlene Gegend:

1. Tour (genaues Datum unbekannt): Teramo - Montorio - Tossicia - Isola del Gran Sasso - Castelli - durch das Vormonatal zurück nach Giulianova.
2. Tour (Juli): Popoli - Sulmona - L'Aquila - zurück durch das Gran Sasso Gebirge nach Giulianova.
3. Tour (10. - 14. August): 1. Tag: Teramo - Tossicia - Mte. Comicio, 2.- 4. Tag: Isola del Gran Sasso; 5. Tag: über Teramo zurück nach Giulianova.[109]

Für Eduard Bäumer, der nach seinem Studium am Städelschem Kunstinstitut (1912-1914) dort von 1919 - 1923 ein Meisteratelier bezogen hatte, wurden die Eindrücke der Abruzzenlandschaft nachweisbar zum einschneidenden künstlerischen Erlebnis, reiste er doch von da an regelmäßig nach Italien, bevorzugt in den Abruzzenort Tropea. Auch Jakob Kranz muss die Umgebung im positiven Sinne beeindruckt haben, hätte er die Gegend doch sonst sicher nicht ein weiteres Mal in Begleitung von Hanny Franke bereist. Diesem selbst sagte der fremdartige Landschaftscharakter jedoch wenig zu. Auch zum Malen bot sie ihm laut seiner Aufzeichnungen wenig Anreiz: *„Die Landschaft hatte etwas imposantes, eine Bergwelt alpinen Charakters, ohne Nadelholz und von Laubwald konnte man nicht reden, es bestand nur ein Anflug davon. Samtgrüne Matten fehlten, ebenso Wild und Vogelgezwitscher. (...) Helle kalkige Felsen und Berge, die je nach der Tageszeit andere, leuchtende Farben zeigten, schäumende Bäche, kühne Bergnester, einzelne Steinhütten der Berghirten und die steilen Saumpfade für lasttragende Maultiere, das bot uns diese für uns so fremde Landschaft. Wölfe gab es, jedoch kam uns keiner zu Gesicht. Die Luft war erfüllt vom eintönigen Laut der Zickaden. Für mich hatte diese Landschaft etwas Starres, fast Seelenloses, hier könnte man dem Kubismus verfallen. Das geheimnisvolle Weben der deutschen Märchenwälder mit dem tausendstimmigen Gesang der Vögel, das Lispeln und Murmeln der kleinen Bäche zwischen bemoostem Gestein, durch blu-*

migen Wiesen, die wandernden Wolken mit ihren Schatten auf Feldern und Auen, das alles fehlte mir hier unter dem tiefblauen Himmel und der sengenden Sonne."[110]

Obwohl er sich in der fremden Umgebung nicht so recht heimisch fühlen konnte, fertigte der Maler einige Landschaftseindrücke in Öl an. Neben einer Ansicht des Gran Sasso (G57), einem Maultiersteg auf den Weg dorthin (G58) und dem Monte Comicio vor dem Gran Sasso (G59) zog auch ein Gebirgsbach (G62) die Aufmerksamkeit des Künstlers auf sich.

Fahrt nach Rom – Rückreise

Zurück in Guilianova begleitete Hanny Franke seinen Schwager auf einige Geschäftsreisen in die umliegenden Ortschaften, bevor er mit seiner Frau Margarethe weiter nach Rom reiste. Nur wenige Skizzen entstanden hier. *„Malen wollte ich nichts in Rom nur sehen und nochmals sehen..."[111]*, notierte er später in seinen Lebenserinnerungen. Sowohl am Titusbogen (Z249) als auch am Palatin (Z250) zückte der Maler nachweislich den Zeichenstift.

Nach dem kurzen Aufenthalt in Rom ging die Reise zurück in Richtung Heimat nach Assisi (Z251, Z252), Florenz (Z253, Z254), Bologna, Mailand, Chiano und Luzern. Über Basel trafen die Reisenden im Herbst des Jahres wieder in ihrer Heimatstadt Frankfurt ein.

Ähnlich wie bei seinem Skizzenbuch der Kriegserinnerungen (SKB1) klebte der Künstler nach seiner Italienreise Zeichnungen und ein Aquarell auf 32 Blätter auf und fasste diese nachträglich zu einem Italienskizzenbuch zusammen (SKB2). Auch eine Ansicht von Assisi (DG52), welche er in Lithographietechnik erstellte, dürfte erst kurz nach seiner Rückkehr in Frankfurt entstanden sein. Noch im gleichem Jahr stellte der Künstler eine Auswahl seiner in Italien entstandenen Landschaftsbilder in der Galerie J.P. Schneider in Frankfurt aus. Ebenso ein Jahr später, in welchem er auch in der Bingener Kunsthandlung Hilsdorf einige seiner Italienbilder ausstellte.

Im Herbst des Jahres 1926 überschattete mit dem Tod der Mutter ein weiterer Sterbefall – ein Jahr zuvor war mit der 23-jährigen Christine Franke bereits die jüngste Schwester des Künstlers verstorben – die in Italien gewonnen Eindrücke. Ein Jahr später konnten sich Hanny und Margarethe Franke im familiären Zusammenhang über ein positiveres Ereignis freuen: Im Oktober 1927 kam ihr Sohn Michael zur Welt.

---

104 Vgl. Eichler 1988, S. 11
105 LE VIII, S.128 ff; lt. Interview vom 2.7.2003 mit Stadtarchivar Gerhard Raiss, Eschborn, laut diesem handelte es sich bei erwähntem Schwager, „Onkel Giuliano" um einen Verwandten von Hanny Frankes Frau Margarethe.
106 Vgl. Furrer 1931, S. IV
107 LE II, S. 205
108 Vgl. Bäumer 1977, S. 427
109 Vgl. LE III, S. 1 ff.
110 LE II, S.211-212
111 LE II, S. 222

5.4. Hanny Franke als Heimatforscher

5.4.1. Das römische Nida

Im Jahr 1927 begann die Stadt Frankfurt mit dem Bau eines neuen Stadtteils zwischen Praunheim und Heddernheim, einem Gelände, auf dem einst die römische Stadt „Nida" lag. Vor Baubeginn versuchten Archäologen, die Grundrisse der Römerstadt zu dokumentieren und etwaige Funde zu bergen. Beim Malen in dieser Gegend lernte Hanny Franke den Grabungsleiter Professor Friedrich Gündel und dessen Mitarbeiter kennen und unterstützte diese oft bei der Arbeit, indem er freigelegte Gegenstände mit Bleistift und Feder festhielt. Mit der Zeit wurden die Männer gute Freunde und der Maler nahm an dem wöchentlich stattfindenden Stammtisch der „Talpa Nidensis", der „Maulwürfe von Nida", im Heddernheimer Gasthaus

Abb. 28 Die „Maulwürfe von Nida"

„Zur Saalburg" teil (Abb. 28). Professor Drexel regte ihn an zu einigen Rekonstruktionszeichnungen u. a. von den Toren der Römerstadt (Z489 – Z492), Resten einer römischen Fußbodenheizung (Z486) sowie von altrömischen Töpferöfen an (Z482). Daneben entstanden Zeichnungen einer Jupiter-, Juno- und Gigantensäule sowie von (Z484 – Z486), Sigilatta- und Ziegelstempeln (Z487, Z488). Einige dieser Zeichnungen wurden später im Zusammenhang mit einer wissenschaftlichen Veröffentlichung von Professor Gündel publiziert.¹¹² Auch der Künstler selbst veröffentlichte 1927 zwei Zeitungsartikel, die die römische Stadt Nida thematisierten.¹¹³

Hanny Franke hielt die Gegend der einstigen Römerstadt „Nida" schon Jahre zuvor in unversehrtem Zustand, d. h. vor Beginn der archäologischen Ausgrabungen und vor Beginn ihrer Bebauung bildlich fest. (Z25) Zwei Aquarelle „Die römische Villa - Schloss Heddernheim" (A20) und „Am Schloss Heddernheim" (A21) zeigen dann eine Landschaft, in der die ersten Planierungsarbeiten in Form brauner Erdfurchen ihre Spuren hinterließen. Eine Ansicht, die der Maler nochmals in Öl festhielt (G67, G68). In einer Gruppe aquarellierter Federzeichnungen brachte der Maler Blicke in das Gelände der ehemaligen Römerstadt zu Papier (Z53, Z54). Eine andere Zeichnung ließ den Blick in Richtung Taunus, ins Heidenfeld zwischen Praunheim und Heddernheim, zu (Z52). Auch der Grabungsleiter Professor Gündel und seine Mitarbeiter wurden während der Arbeit vom Künstler mit Feder und Bleistift skizziert (Z369, Z370, Z372).

5.4.2. Das sogenannte „Bonifatiuskreuz"

Im Jahr 1919 fiel dem Künstler Hanny Franke während einer Wanderung entlang der alten Römerstraße zwischen Eschborn und Sossenheim, später Elisabethenstraße genannt, erstmals eine Steingruppe am Wegesrand auf. Die Steingruppe bestand aus einem Steinkreuzstumpf, einem Bildstock und einem Steinkreuz aus schwarzem Basalt. Erst neun Jahre später begann der Maler sich näher für die Steingruppe zu interessieren und deutete die eingeritzten Zeichen als Buchstaben. Die Inschrift des Hochkreuzes lautete seiner Ansicht nach: „Hic Bonifatius quievit" (Hier ruhte Bonifatius). In den Jahren zwischen 1928 und 1931 hielt der Künstler die Steine und deren Umgebung mehrmals im Bild fest, sowohl als Ölbilder als auch als Zeichnungen (G1126 - G1128, Z493 - Z501). Der Versuch des Heimatforschers, seine Entdeckung, die Deutung der Inschrift, mit einer Veröffentlichung in der Frankfurter Zeitung der Öffentlichkeit kund zu tun, scheiterte zunächst. Sein Schreiben vom 6. Mai 1930 wurde von der Redaktion abgelehnt. *„Dieselbe F.Z. Morgenblatt vom 5.3.1934 brachte nach vier Jahren die Entdeckung des Bonifaciusdenkmals von dem ‚Herrn' der vor 4 Jahren meine Entdeckung abgelehnt hatte"*, notierte er gekränkt auf die Rückseite einer seiner Zeichnungen, die die drei Steinmale darstellte (Z501). 1932 erschien seine Veröffentlichung dann doch und prägte somit die Bezeichnung „Bonifatiuskreuz" für dieses Flurdenkmal.¹¹⁴

Hanny Franke brachte das Steinmal mit dem Trauerzug um das Jahr 754 in Verbindung, welcher den Leichnam des von den Friesen erschlagenen Bonifatius über Fluss- und Landwege nach Fulda geleitete. Der Überlieferung nach wurden dabei besonders an Stellen, wo der Leichenzug rastete, Kapellen und Kreuze errichtet. Schon vor dem Ersten Weltkrieg begannen Historiker den Landweg des historischen Leichenzuges des Bonifatius von Mainz nach Fulda zu rekonstruieren. Im Jahr 2004 eröffnete man zur Erinnerung an den 1250. Todestages des Missionars die sogenannte „Bonifatius-Route", welche den Weg des Trauerzuges nachvollziehbar macht. Die Route des Zugs führte demnach im Abschnitt zwischen Sulzbach und Niederursel auch an Eschborn vorbei.¹¹⁴ᵃ Ob der damals eingeschlagene Weg des historischen Leichenzuges jedoch genau identisch ist mit dem Weg, an dem die Kreuze im Jahr 1934 während der Bauarbeiten für die Umgehungsstraße entfernt wurden, lässt sich nicht mehr eindeutig festlegen.

Sicher ist, dass die Steine bzw. die „Kreuze gen Eschborn" selbst - als Gruppe - nach einem Güterverzeichnis des Reichsschultheißen von Sachsenhausen bereits im Jahr 1339 genannt wurden.¹¹⁴ᵇ Auch ob das Hochkreuz tatsächlich als ein den Rastplatz des historischen Bonifatiuszuges markierendes Erinnerungsmal eingeordnet werden kann, ist nicht mehr eindeutig festzustellen, die noch vorhandenen eingeritzten Zeichen sind einfach zu undeutlich.

Die neuere Forschung steht der Deutung Hanny Frankes kritisch gegenüber. So bestehe auch die Möglichkeit, das sogenannte „Bonifatiuskreuz" als Sühnekreuz zu deuten. Die eingeritzten Zeichen wären somit nicht als Buchstaben sondern als Zeichen zu deuten, die auf den Stifter des Kreuzes hinweisen. Dieser verpflichtete sich, nachdem er einen Mord oder Totschlag begangen hatte, neben einer Wallfahrt zur mahnenden Erinnerung an seine Tat ein „Sühnekreuz" zu errichten. Die eingeritzten Zeichen, welche auch als Messer oder Kettenglieder gedeutet werden könnten, könnten somit auch als Bezug zur begangenen Tat oder zum Opfer gelten.¹¹⁵

1934 mußte das Kreuz aufgrund des Autobahnbaus von seinem ursprünglichem Standort entfernt werden. Das sogenannte „Bonifatiuskreuz" befindet sich heute im Museum der Stadt Eschborn, dem es als Dauerleihgabe des Frankfurter Historischen Museums zur Verfügung gestellt wurde. Der Steinstumpf und der Bildstock gelten als verschollen. Ein weiteres Mal hat sich der Künstler Hanny Franke hier als Dokumentarist erwiesen.

5.4.3. Kloster Rupertsberg

Im Jahr 1929, als man in Bingen den 750. Todestag der Hildegard von Bingern feierte, glaubte Hanny Franke nachweisen zu können, dass es sich bei einem auf dem Isenheimer Altar abgebildeten Kirchenkomplex um einen Teil des Klosters Rupertsberg handelt. In einer Veröffentlichung machte er seine Entdeckung publik.¹¹⁶ Eine Feststellung, die, wie er später stolz vermerkte *„inzwischen auch von der deutschen wie ausländischen Grünewaldforschung angenommen wurde."*¹¹⁷

Die Abbildung auf dem Gemälde von Matthias Grünewald findet sich im Hintergrund auf der rechten Seite des Menschwerdungsbildes, auf den Außenseiten der Innenflügel. Der Vordergrund zeigt die Madonna mit ihrem Kind in einem umfriedeten Garten sitzend. Ein Vergleich

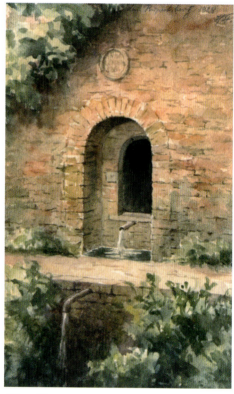

Abb. 29 A87

mit älteren Zeichnungen des Klosters Rupertsberg - 1632 wurde es in den Wirren des 30jährigen Krieges in Brand gesteckt und zerstört - regten Hanny Franke dazu an, auch den Standpunkt zu rekonstruieren, von dem aus Matthias Grünewald das Kloster im Bild erfasst haben könnte. Nach Hanny Frankes Ansicht gab der Künstler den Blick auf das Kloster und dessen Südpartie so wieder, wie man ihn von der Burg Klopp aus um 1510 gehabt haben musste.

Die eindeutige Identifizierung der Kirche auf dem Grünewaldbild bzw. die Frage, ob es sich bei dem abgebildetem Bau überhaupt um die Wiedergabe eines realen Ortes handelt, ist noch heute umstritten. Einige Forscher glauben in dem Bau eine Ansicht des Stephansmünsters in Breisach wiederzuerkennen.[118] Andere ziehen Parallelen zur Klosteranlage in Seligenstadt.[119] Aber auch Hanny Frankes Argumente sind in diesem Zusammenhang noch aktuell.[120]

Dieser erhielt noch im gleichen Jahr seiner kunsthistorischen Entdeckung, gleichsam als Anerkennung dafür, die Einladung, dem Festausschuss der Bingener Jubiläumsausstellung beim Aufbau der historischen Ausstellung hilfreich zur Hand zu gehen. Den Grünewald-Altar selbst im Original sollte der Künstler erst 1954 im Rahmen einer Fahrt zusammen mit dem Frankfurter Kunstverein nach Colmar und Straßburg zu Gesicht bekommen.

Eine von Hanny Franke in Feder gezeichnete Kopie aus dem Rheinalbum von John Gardener aus dem Jahre 1791 (Z474) gibt den Blick von Nordost und von Südost auf die ehemalige Klosterruine wieder. Die Kopie gilt neben seiner Sammlung von alten Drucken und Stichen als nur eine von vielen Quellen, mit deren Hilfe der Künstler das ursprüngliche Aussehen des alten Klosters zu rekonstruieren versuchte. So fertigte Hanny Franke auch eine Rekonstruktion der Turmarchitektur von Kloster Rupertsberg nach Abbildungen von Sebastian Funck (um 1620) und nach Matthäus Merian (um 1635) an (Z476). Ein Gouachebild von J. J. Ackermann von Ende des 18. Jahrhunderts und eine Zeichnung von Christian Georg Schütz wurden für Hanny Franke zu Vorlagen für Federzeichnungen der Klosterruine Rupertsberg (Z478, Z480). Zwei Ölbilder dokumentieren, wie sich der Künstler die Rekonstruktion von Kloster Rupertsberg vorstellte (G1129, G1130). Grundlagen dafür, wie auch für die dazugehörende Federzeichnung (Z475) bildete die zugeschriebene Darstellung des Klosters auf dem Isenheimer Altar.

In einer aquarellierten Zeichnung wiederum hielt er die Reste der zum Kloster gehörenden alten Nikolauskapelle fest (Z470), eine Ansicht, der möglicherweise ein Kupferstich von Heinrich Franz Schalck zugrunde liegt.[121] In einer Federzeichnung und in zwei Aquarellen beschäftigte sich Hanny Franke auch mit dem Hildegardisbrünnchen (Z465, A486, A487, Abb. 29).

Wie seine zahlreichen Veröffentlichungen verrieten, interessierte den Künstler das Thema „Kloster Rupertsberg", bzw. alles, was mit dem Leben der Heiligen Hildegard von Bingen zu tun hatte, noch über viele Jahre.[122] So fertigte er neben der Kopie eines Gnadenbildes von Kloster Rupertsberg (G1134) auch eine Lithographie an, die die Hl. Hildegard und die vier großen Stationen ihres Lebens abbildet (DG63).

---

112 Vgl. Friedrich Gündel: Der Mainübergang, Leipzig 1933.
113 Vgl. Franke 1927, Franke 1927a
114 Vgl. Franke 1932
114a Vgl. Wamers 2004, S. 20
114b Johann Friedrich Böhmer/Friedrich Lau: Urkundenbuch der Reichsstadt Frankfurt, Bd. 2, 1905, Nr. 685
115 Vgl. Raiss 1995, S. 65 ff.
116 Vgl. Franke 1929; Mittelrheinische Volkszeitung, 14.1.1929
117 Franke 1957b; vgl. Franke 1930; vgl. Heitz-Michel 1930, S. 14-17
118 Vgl. Rainer Marquard: Mathis Grünewald und der Isenheimer Altar - Erläuterungen, Erwägungen, Deutungen, Stuttgart 1996, S. 75, Anm. 200; Wilhelm Nyssen: Choral des Glaubens - Meditationen zum Isenheimer Altar, Freiburg 1984, S. 42
119 Vgl. Wilhelm Fraenger: Matthias Grünewald, Dresden 1983, S. 115
120 Vgl. Berta Reichenauer: Grünewald, Thaur, Wien, München 1992, S. 85
121 Heinrich Franz Schalck, Kupferstecher (geb. 1791, gest. 1893)
122 Vgl. Franke 1929, Franke 1929a, Franke 1930, Franke 1933, Franke 1934, Franke 1934a, Franke 1934c, Franke 1934d, Franke 1934g, Franke 1934h, Franke 1935, Franke 1936, Franke 1947, Franke 1957b

5.5. Freundschaften

Georg Poppe

Schon während seiner Zeit als Student an der Städelschule, mussten Georg Poppe und Hanny Franke miteinander bekannt gewesen sein, hatte der Erstgenannte doch dort ein eigenes Atelier. Die enge Freundschaft zwischen den beiden entwickelte sich erst später, um 1924, und hielt, wie auch die Korrespondenz zeigt, bis zum Tode Georg Poppes im Jahr 1963. In seinen Lebenserinnerungen schrieb Hanny Franke: *„(...) Auch mein Kollege Poppe hatte schwer zu kämpfen, um seine Familie von fünf Köpfen durchzubringen. Unsere Freundschaft gestaltete sich immer enger, ich ward Firmpate seines Sohnes und wir unterstützten und halfen uns gegenseitig wo wir nur konnten. (...) An Samstagnachmittagen ging ich regelmäßig zu ihm ins Städelatelier wo wir dann bis zur Dunkelheit plauderten. Der Abschluss bestand meist darin, dass Poppe die Laute nahm und einige der Schlesischen Lieder sang, die er selbst gedichtet und komponiert, zum Teil waren es Wiegenlieder die er für seine Kinder geschaffen. (...) In dieser Zeit begann er einige seiner schönsten Bilder zu malen, ‚Das Mahl des heiligen Franziskus'. Es war ein Auftrag für das Kapuzinerkloster auf dem Liebfrauenberg. Ich vermittelte damals die Finanzierung. (...) Einige Male saß ich ihm wenige Stunden Modell, so einmal zeichnete er mich mit der Violine, als Skizze für ein mittelgroßes Ölbild. Auch meine Hände zeichnete er einmal sorgfältig mit Weisshöhung, die er für einen überlebensgroßen Christus verwendete"*[123]

Wie Hanny Franke, so lassen sich auch die künstlerischen Arbeiten Georg Poppes der traditionalistischen Malweise zuordnen. Sein *„(...) tief religiöses, von Konfessionen unabhängiges Grundgefühl und gewisse romantische Sicht auf den zu überliefernden Gegenstand"*[124] mochten ihn mit der Kunstauffassung Hanny Frankes verbinden. Eine künstlerische Beeinflussung durch Georg Poppe indessen ist im Werk Hanny Frankes nicht abzulesen. Ein Manuskript im Nachlass/Museum Eschborn verrät jedoch, dass die Freunde zeitweise zu gemeinsamen Studienreisen aufbrachen. So reisten sie 1927 in Begleitung von Georg Poppes elfjährigem Sohn nach Lindenfels in den Odenwald.[125] In zwei Bleistiftzeichnungen hielt Hanny Franke den Freund am Zeichentisch künstlerisch fest (Z326). Im Nachlass/Museum Eschborn befindet sich außerdem eine von Georg Poppe gefertigte Radierung mit dem Titel „Da klopft was".

Dr. J. Siebert

Zum Personenkreis, mit dem Hanny Franke freundschaftlich verbunden war, zählte auch der Frankfurter Dr. J. Siebert. Er lernte ihn im Atelier Georg Poppes kennen, wo sich der Arzt häufig und regelmäßig zum Besuch einfand. Der Mediziner galt - *„trinkfest und voll von Einfällen und Witz"*[126] - als Original unter den Frankfurter Ärzten. Viele Maler zählten zu seinen Patienten und eine mit Bildern überladene Wohnung in Sachsenhausen kennzeichnete sein großes Interesse an Kunst. Die meisten seiner Maler-Patienten verewigten sich in seinem Gästebuch. Auch Hanny Franke war laut eigener Angabe darin mehrmals vertreten, einmal sogar mit einem Selbstbildnis. Im Sommer 1928 lud ihn der Arzt zu einem Studienaufenthalt nach Schwarzbach bei Salzburg ein. Aufnahmen im persönlichen Fotoalbum geben Zeugnis von diesem Aufenthalt. Zu weiteren gemeinsamen Reisen ins Fischbachtal im Odenwald entschloss man sich 1946 (G325, A37, A38, A46 - A49) und 1947.[127]

Johann Belz

Ebenfalls zunächst zu Georg Poppes und später auch zu Hanny Frankes Freunden zählte der Bildhauer Johann Belz, ein Alters- und Studiengenosse Fritz Böhles. Karten und Brief belegen, dass Hanny Franke auch mit ihm bis mindestens 1957 in freundschaftlicher Verbindung stand. Im Nachlass des Künstlers befindet sich das Hochrelief einer Krippendarstellung aus Lindenholz, eine Arbeit aus den Händen von Johann Belz.

Niklas Manskopf

Aufzeichnungen in seinen Lebenserinnerungen verraten, dass auch Niklas Manskopf, der „Gründer des Musikhistorischen Museums" um 1925 zum Freundeskreis Hanny Frankes zählte. Der Weinhändler, der für seine musikhistorische Sammlung berühmt und zudem noch der Neffe des Malers Carl Theodor Reiffenstein war, erhielt von dem Künstler im Jahr 1925 eine Ölporträtstudie des damals 80-jährigen Domkapellmeisters Hartmann zum Geschenk.[128]

Beim Malen in den Ginnheimer Wiesen lernte Hanny Franke im Spätsommer 1924 Dr. H.N., den Direktor der Raiffeisenverbände für Hessen und Pfalz, kennen. Dieser gab ihm nicht nur zwei Bilder in Auftrag, sondern blieb ihm bis zu seinem Tode in enger Freundschaft verbunden und wurde *„(...) ein grosser Freund und Helfer, wo ich nicht mehr ein und aus wusste."*[129]

---

123 LE IV, S. 22
124 Christa von Helmolt: Die gerettete Legende, in FAZ, 16.2.1983
125 Manuskript o. J. im Nachlass/Museum Eschborn
126 LE II, S. 194
127 Vgl. LE VI, S. 2
128 Nikolas Manskopf (geb. 1869, gest. 1928) Die musikhistorische Sammlung von Niklas Manskopf wurde 1929 nach dessen Tod der Stadt Frankfurt vermacht und wird heute in der Stadtbibliothek verwahrt. Die besagte Ölporträtstudie von Hanny Franke befindet sich nicht mehr darunter.
129 LE IV, S. 22

6. Die Jahre zwischen 1933 und 1938

6.1. Machtergreifung der Nationalsozialisten

Mit seiner konservativen und traditionellen Kunstauffassung und seinem bevorzugten Sujet Landschaft passte Hanny Franke in die Richtung der von den Nationalsozialisten propagierten neuen Kunst. Distanzierte er sich mit den Äußerungen in seinen Lebenserinnerungen auch mehrfach von der Politik der neuen Machthaber, so war die Anerkennung seiner Kunst durch diese unumstritten. Dem Künstler wurde nicht nur die Teilnahme an den „Großen Deutschen Kunstausstellungen" in den Jahren 1942 und 1943 ermöglicht, sondern er erfuhr zwischen 1934 und 1942, auch nach „Gleichschaltung" der Stadtverwaltung, durch den Erwerb einiger seiner Arbeiten von Seiten der Stadt eine regelmäßige Förderung durch die Frankfurter Künstlerhilfe. Durch Ankauf von Kunstwerken erhielt der Maler in den genannten Jahren mehr als 1055 Reichsmark an Zuwendungen. Die meisten seiner Arbeiten erwarb die Stadt dabei im Jahr 1934. Im gleichen Jahr erhielt er außerdem eine Einladung zu einem Aufenthalt im Künstlererholungsheim auf Schloss Neuburg am Inn.[130]

An die Monate vor der endgültigen Machtergreifung der Nationalsozialisten im Frankfurter Römer, dem 13. März 1933, erinnerte sich Hanny Franke in seinen Lebenserinnerungen folgendermaßen: *„Der Winter kam mit einer Unruhe die schon lange in der Luft lag und die alle Gemüter erregte. Von unserem Haus am Börsenplatz sahen wir schon seit Jahren herab auf Versammlungen und Aufmärsche der verschiedensten politischen Verbände. Musik und Redeschwall, mit Drohungen und Versprechungen, Fluch- und Heilrufen wurden wir oft in den Schlaf gewiegt. Eine einst kleine Gruppe in braunen Hemden und Fahnen schwoll von Monat zu Monat immer mehr an. Prügeleien waren an der Tagesordnung und die Polizei war selten zu sehen. Wir hörten oft in unserer Wohnung die Reden und Versprechungen von der Börsenvorhalle her, die der Postbeamte Sprenger über die Volksmenge ergehen liess wobei er den Propagandatrick immer wieder anwendete, kein Ministergehalt über 1000 Mark. (...) Der sogenannte Tag der „Machtübernahme" kam mit viel Lärm, Musik, Aufmärschen und Parolen und man kann sagen, dass ein grosser Teil der Massen trunken war vor Begeisterung. Die Umzüge aller Berufsgruppen nahmen kein Ende mehr, aus ihrer Mitte vernahm man Rufe wie „wer hat uns verraten?". Die Menge antwortete „die Sozialdemokraten, „wer macht uns dumm?", „Das Zentrum", „wer macht den grössten Mist?", „Der Kommunist". Männer die ich vor kurzem noch mit dem „Reichsbanner" marschieren sah, marschierten jetzt schon, in gewechselter Uniform, mit der S.A.*

In diesen Tagen kam zu mir der Goldschmied B. [Anm.: Karl Berthold][131] mit einem Kollegen, und sie baten mich, mit zum Parteibüro zu gehen, um mich als Mitglied anzumelden, da an diesem Tag die Aufnahmeliste geschlossen würde. Ich antwortete ihnen, dass ich mich bis jetzt noch nicht für diese Sache interessiert habe und ich auch in Zukunft mich von politischen Dingen fernzuhalten gedenke. Nach weiterem Verrichten gingen sie, noch zurückwerfend, ich würde dies einmal bitter bereuen. Am Tage darauf brannte der Reichstag und mir ging ein weiteres Licht auf. Mit diesem Brand begann neben Unterdrückungen auch der endlose Reigen der politischen Witze, die man sich heimlich in die Ohren flüsterte. Viele meiner Bekannten stiegen auf zu Ämtern und Würden, bei Gehältern über tausend Mark. Ich bin weiter „vogelfrei" als Maler geblieben wie seither. Wohl stand ich noch mit den alten Freunden und Kollegen in Verbindung, die sich jedoch später durch die Gegensätze lockerte."[132]

Der Maler sprach nur mit wenigen Leuten offen über seine Ansichten zum politischen Geschehen. So pflegte er in dieser schweren Zeit u. a. besonders enge Freundschaft zu dem Direktor einer ländlichen Genossenschaftskasse. Da dieser die gleichen Ansichten wie er selber hegte, konnte er in dessen Gegenwart offen über alles sprechen, was ansonsten mit großer Gefahr verbunden gewesen wäre.

Als nach einem Erlass vom 1. November 1933 das Reichskulturkammergesetz ins Leben gerufen wurde, musste auch Hanny Franke der Kunstkammer beitreten, um ein drohendes Berufsverbot zu vermeiden. Wie die anderen Mitglieder auch, entrichtete er von da an eine Sondersteuer, die prozentual von seinem Einkommen aus berechnet wurde.[133]

In diesem Zusammenhang erinnerte sich der Maler auch an „Schulungsabende", zu denen die Künstler aller Berufszweige befohlen wurden: *„Zu diesem Zweck wurden abgerichtete Redner der Partei aufgeboten, die nicht einmal richtiges Deutsch sprachen und die wissenschaftliche Themen behandelten, von denen sie keinen Dunst hatten. Die meisten der Anwesenden schüttelten die Köpfe über den verzapften Stumpfsinn. Meist klang die Rede aus mit dem üblichen Geschimpfe auf die ‚überstaatlichen Mächte', Juden, Katholiken, Freimaurer und Klöster. Ein blutjunger Mensch ohne Bildung und Erfahrung ergoss sich einmal über die Pfaffen, die die Erde zu einem Jammertal stempelten, ich sagte zu meinem Nachbarn, er wird wohl die Welt als Jammertal in nicht allzuferner Zeit noch kennen lernen. Die ganze Schulungsgeschichte wurde auch bald abgeblasen, da dafür kein Interesse vorhanden war und weil auch zu viel Beschwerden einliefen."*[134]

Auch im Zusammenhang mit der Organisation von Ausstellungen gerieten die Künstler in den Verantwortungsbereich von zwar fachfremden, aber durch ihre Mitgliedschaft in der Partei, auf einflussreiche Posten gelangten Personen. Als sich Hanny Franke 1933 im Kunstverein an der ersten Kunstausstellung im „Dritten Reich" beteiligte, sowohl als Aussteller als auch als Juror, der über die auszustellenden Bilder entschied, begannen Unannehmlichkeiten. Ein ehemaliger Fabrikwerksmeister, der unter den neuen Machthabern eine hohe Funktion erhalten hatte, ließ vor Eröffnung der Ausstellung etwa siebzig Bilder abhängen, da sie ihm persönlich nicht zusagten. Erst als sich der Vorstand des Kunstvereins daraufhin in Berlin an zuständiger Stelle darüber beschwerte, wurde ein Kunstvertreter gesandt, auf dessen Anweisung hin der größte Teil der Bilder wieder aufgehängt wurde.

Neben der Ausstellung im Kunstverein nahm Hanny Franke im Jahr 1933 auch an Ausstellungen in Wiesbaden und in Darmstadt teil. Auf die Ausstellung in Darmstadt - von der Hans-Thoma-Gesellschaft organisiert und zuvor im Frankfurter Städel zu sehen - erfolgte zwei Jahre später auch eine positive Reaktion von Seiten einer französischen Kunstzeitschrift. Bei der Ausstellungsbesprechung hob der Journalist Hanny Frankes Werk lobend hervor und verglich ihn mit Camille Corot.[135] Die daraufhin folgende Einladung des Kunstzeitschriftenverlages, seine Werke im Pariser Kunstsalon Bernheim et Jeune auszustellen, konnte der Künstler aufgrund der strengen Devisenbestimmungen nicht annehmen.

Abb. 30 G114

6.2. Studienfahrten

6.2.1. Künstlererholungsheim in Neuburg am Inn

1934 erhielt Hanny Franke die Einladung zu einem 14-tägigen Aufenthalt im Künstlererholungsheim Neuburg am Inn. Den Grundstein für dieses Bauwerk - zwischen Passau und Schärding direkt am Inn - legten die Grafen von Vornbach bereits vor 1050. Das endgültige Erscheinungsbild der Burg prägten schließlich die Baupläne von Herzog Friedrich dem Schönen, der den Bau nach 1310, nachdem die Burg in weiten Teilen durch Brandlegung und Unterminierung der Mauern zerstört worden war, wieder neu aufbaute.[136] Im Jahr 1908 wurde die Burg, inzwischen „Schloss Neuburg" genannt, vom Bayerischen Verein für Volkskunst und Volksunde (später „Bayerischer Verein für Heimatschutz") erworben, welcher den Bau 1922 als Schenkung an den Münchner Künstlerunterstützungsverein übertrug. Der Münchner Künstlerunterstützungsverein richtete in der Burg ein Erholungsheim für Künstler ein. Nachdem die Nationalsozialisten den Verein aufgelöst hatten, übernahm die Kunstkammer das Erholungsheim und führte die Einrichtung eine kurze Zeit lang fort. Die Förderung wurde schließlich eingestellt, da man hoffte, durch Verpachtung der Stätte höhere finanzielle Einnahmen zu erwirtschaften.

Hanny Franke lehnte die Einladung in das Künstlererholungsheim zunächst ab, um den Aufenthalt einem älteren Bildhauer zukommen zu lassen. Als dieser am Tage vor seiner Abreise bei einem Verkehrsunfall ernstliche Verletzungen erlitt, nahm er statt seiner dann doch die Einladung nach Neuburg an.

Während seines Aufenthaltes in Neuburg am Inn - Ende April/Anfang Mai des genannten Jahres - befanden sich dort noch 60 weitere Künstler zu Gast. Neben dem wohl prominentesten Vertreter, dem Bildhauer Arno Breker, traf Hanny Franke u. a. auf Prof. Hüther, den Maler List, sowie auf die Professoren Richard Peiffer und Reinhard.[137] Im persönlichem Fotoalbum versah der Maler eine Aufnahme von weiteren Gästen mit deren Namen: Malerin Kleinert, Maler Tillberg, Schütz, Weinert, R. Eschke, Voegele, Nagel, H. Schultz und Dorschfeld. Das Zimmer auf der Neuburg teilte er sich mit dem aus Höchst am Main stammenden Maler und Bildhauer Richard Biringer.

Hanny Franke schloss in diesen Tagen Freundschaft mit dem Maler Georg Broel, einem rheinischen Landsmann, der sich in München angesiedelt hatte. Arbeiten von diesem mussten Hanny Franke bereits ein Jahr zuvor aufgrund von dessen Teilnahme an der Kunstausstellung der Hans-Thoma-Gesellschaft im Städelschen Kunstinstitut bekannt gewesen sein.[138] Laut Hanny Frankes Lebenserinnerungen hielten die beiden Künstler von 1934 an bis zu Tode Broels im Jahr 1940 ihren Kontakt schriftlich aufrecht.[139]

Zwei Ölbilder aus Hanny Frankes Hand zeugen von seinem Aufenthalt auf Burg Neuburg am Inn. Die „Innberge nach dem Regen" (G115) geben den Blick von den Burgmauern herab in eine sommerliche Landschaft wieder. Die Burgmauer setzte der Maler dabei parallel, einer schmalen Barriere zwischen Betrachter und Landschaft gleich, ins Bild. Auch die „Erinnerung an die Künstlerburg Neuburg am Inn" (G114, Abb. 30) gibt den Blick von der Burgmauer auf die Landschaft hin frei. Der Maler setzte die Mauern hier jedoch schräg in das Bild. Während bei dem vorherigen Bild eher die Landschaft im Mittelpunkt steht, räumte er bei dem anderen den ruinösen Mauern - mit grünen Pflanzen teilweise malerisch überwuchert - mehr Raum ein.

Der Vermerk „...an erinnerungsreiche Kaffeestunden mit dem Malergrafiker Alfred Kubin" (vgl. G115a) auf der Rückseite eines ebenfalls während dieses Aufenthaltes in Neuburg am Inn entstandenen Gemäldes verrät, dass Hanny Franke während dieser Zeit auch Bekanntschaft mit dem österreichischem Grafiker, Schriftsteller und Buchautoren gemacht hat. Der Österreicher - u. a. auch Mitbegründer der Neuen Künstlervereinigung München - aus der 1911 die Redaktion des Blauen Reiters hervorging -, ließ sich bereits 1906 in der Nähe der Neuburg in Wernstein am Inn auf dem alten Herrensitz Zwickledt bis zu seinem Lebensende häuslich nieder. Hier in der Umgebung von dessen Domizil hielt Hanny Franke den Blick auf den Inn in einem kleinen Ölbild fest. Die Werke der beiden Künster - auf der einen Seite die Arbeiten des Graphikers Kubin mit ihrem Hang zum Phantastischen und Dämonischen und auf der anderen Seite der Maler Franke mit seiner Intention, die Schönheit der Natur festzuhalten, sind von Inhalt und Form nicht miteinander zu vergleichen. Beide Künstler verband aber eine Leidenschaft für die literarischen Werke Adalbert Stifters, ebenso die Begeisterung für die (Ur-)Landschaft des Böhmerwaldes. Seit 1922 bereiste Alfred Kubin den Böhmerwald fast jeden Sommer und möglicherweise waren seine Schilderungen ja mit ausschlaggebend, dass sich auch Hanny Franke einige Jahre später zu einer Reise in das Gebiet im Dreiländereck zwischen Österreich, Bayern und der CSR entschloss.[139a]

6.2.2. Groß-Gerau

Im Jahr 1934 lud die Kreisverwaltung von Groß-Gerau alle deutschen Künstler dazu ein, bei kostenfreiem Aufenthalt innerhalb des Kreises zu malen. Die Ergebnisse dieser Einladung sollten anschließend in einer großen Ausstellung der Öffentlichkeit präsentiert werden. *„Solchen Einladungen folgen im allgemeinen Künstler, die einen finanziellen Erfolg suchen, daher kamen viele aus weiter Ferne zugereist, ganz gleich ob ihnen die Gegend zusagt oder nicht. Landschaftlich besitzt diese Gegend nichts besonderes, ebenes Land, Wiesen, Äcker und wenig Wald. Die vom Odenwald kommenden Bäche sind schnurstrack kanalisiert oder reguliert"*[140], kommentierte Hanny Franke die Aktion. Trotz seiner Kritik nahm auch er, ohne das Gastrecht in Anspruch zu nehmen, daran teil. Für ein größeres Bild mit dem Titel „Zwischen Rhein und Bergstrasse" fertigte er vor Ort einige Studien an, um das Bild zuhause im Atelier auszuführen. Das Ergebnis fand positiven Anklang. Nachdem das Gemälde fertiggestellt war, wurde es von der Kreisverwaltung Groß-Gerau erworben.[141] Außerdem erwarb der Hanfstaengel-Verlag in München das Reproduktionsrecht und brachte es als großen Druck sowie als Künstlerpostkarte heraus.

130 IfSG, Mag.-Akte, Sign. 7859, Blatt 203; Im Zusammenhang mit dieser Empfehlung des Landesgerichtsrates Dr. Bruno Beuss, der F. W. Mook für einen Aufenthalt in einem Künstlererholungsheim vorschlägt, wird ersichtlich, dass der Verantwortliche für Entscheidungen in diesen Angelegenheiten der Reichskammer der bildenden Künste unmittelbar unterstellte Landesleiter Hessen-Nassau, Prof. Dr. Ing. Lieser war. Dass der Name eines Künstler-Gönners genannt wird, ist selten der Fall. Ansonsten blieben die Entscheidungen des Komitees, das über die zu fördernden Künstler der Frankfurter Künstlerhilfe entschied, vertraulich. Rein spekulativ bleibt auch die Überlegung, ob nicht der Einfluss von Georg Poppe - 1933 kommissarisch zum Bezirksvorsitzenden des Fachverbandes der Reichskammer der bildenden Künste ernannt - bei der Unterstützung seines Freundes Hanny Franke eine Rolle gespielt haben könnte.

131 Vgl. Müller 2002, S. 230, Goldschmied Karl Berthold aus Hanau wurde nach der Machtergreifung vom neuen Oberbürgermeister als kommissarischer Direktor der Städelschule eingesetzt. Er war für die Entlassung „politisch missliebiger" oder „rassisch Untragbarer" verantwortlich. Dazu zählten u. a. Dr. Fritz Wichert, Willi Baumeister, Max Beckmann, Jacob Nussbaum. Am 12. August 1933 wurde Karl Berthold durch Richard Lisker ersetzt.

132 LE II, S. 268-269

133 Hanny Franke war zu keiner Zeit Mitglied der NSDAP. Eine Anfrage zu personenbezogenen Unterlagen in den einschlägigen Sachakten des ehemaligen Berlin Document Center (Bundesarchiv) verlief negativ. Geprüft wurden die Akten in Zusammenhang „Reichskulturkammer", „Reichsministerium für Volksaufklärung und Propaganda" und Akten des „Beauftragten des Führers für die Überwachung der gesamten geistigen und weltanschaulichen Schulung und Erziehung der NSDAP"; Schreiben vom 18.11.1997 vom Bundesarchiv/Berlin an das Stadtarchiv/Museum Eschborn.

134 LE II, S.276

135 Vgl. Revue Moderne, 30.11.1935, S.15

136 Vgl. Schäffer 1979, S. 2 ff.

137 Vgl. LE II, S. 271-276

138 Vgl. Ausst. Kat. Frankfurt/M. 1933; S. 5, S. 8

139 Georg Broel, geb. 8.5.1884, gest. 11.1.1940, Studium an der Münchner Kunstgewerbeschule bei M. Dasio und H. Groeber, an der Münchner Akademie bei Becker-Grundahl und Habermann.

139a Vgl. Ausst. Kat. Wien 1977, Alfred Kubin und Böhmen, Sudetendeutscher Tag 1977

140 LE II, S. 278

141 Laut Auskunft von Stadtarchivar Jürgen Volkmann/Groß-Gerau befindet sich das Bild heute nicht mehr in Besitz der Stadt. Der Verbleib ist unbekannt.

6.2.3. Die Rhön

Im Jahre 1937 reiste der Maler Hanny Franke erstmals auf Einladung von Wilhelm Wolfshohl, einem Freund und Freizeitmaler, nach Kleinsassen in die Rhön. Von diesem Zeitpunkt

Abb. 31 In der Rhön - 1957

an hielt er sich bis 1949 regelmäßig für einige Wochen im Jahr dort auf. Nach einer mehrjährigen Unterbrechung, in der er Fahrten in den Schwarzwälder Raum bevorzugte, bereiste er das vertraute Gebiet in den Jahren 1957, 1958 und ein letztes Mal 1959 erneut. Im Gegensatz zur Frankfurter Umgebung und dem Taunus besitzt die Rhön einen sehr uneinheitlichen Landschaftscharakter, der Hanny Franke beeindruckt haben muss. Ein von Grünflächen durchbrochenes, gering bewaldetes Gebiet - die Glasverhüttung reduzierte die ursprünglich vollständige Bewaldung - gilt als genauso typisch für die Rhön wie Hochplateauflächen auf Basaltmassiven und sanft gerundete Bergkegel vulkanischen Ursprungs. In der Hohen Rhön befinden sich außerdem einige der wenigen Moorlandschaften (A372, Abb. Tafel III, A390) in Mitteleuropa, welche nicht durch Torfabbau beeinflusst sind und die schon 1939 unter Naturschutz gestellt wurden. *„Ich hatte die Gegend und Landschaft gefunden, die ich lange gesucht hatte,"*[142] stellte Hanny Franke nach seinem ersten Besuch fest.

Sowohl seine Frau Margarethe als auch sein Sohn Michael begleiteten den Künstler in den Folgejahren manchmal bei seinen Studienfahrten in die Rhön und fanden sich später in einigen Bildern auch als Staffagefiguren wieder (G147, G159). In den Jahren 1946 und 1947 schloss sich ihm sein Freund Eberhard Gildemeister an. Der Architekt aus Bremen hatte 1943 mit dem Malen begonnen und von Hanny Franke bei seinen ersten künstlerischen Versuchen Unterstützung erhalten, für die er sich noch ein Jahr später in einem Schreiben bedankte. Ein anderes Schreiben verriet außerdem seine Verbindung zu Fritz Wucherer, der durch ihn an Hanny Franke „freundliche Grüße" ausrichten ließ.[143]

Auch Fritz Wucher zählte zu denjenigen Frankfurter Zeitgenossen - unter ihnen auch Ferdinand Lammeyer - die sich wie Hanny Franke regelmäßig in der Rhön einfanden und von der Landschaft künstlerisch inspirieren ließen.

Das Künstlerdorf Kleinsassen

In Kleinsassen bezog der Maler meistens im unter Künstlern beliebtem Gasthaus Schmitt Quartier. Inhaber der Unterkunft war der Maler Julius von Kreyfelt, welcher als Student der Düsseldorfer Akademie von 1883 an regelmäßig den Ort Kleinsassen besuchte und sich 1887 nach einer Heirat mit der Erbin des Gasthauses Schmitt schließlich ganz dort niederließ. Wie Hanny Franke, gehörte auch er der Frankfurter Künstlergesellschaft an, die den Maler 1927 als außerordentliches Mitglied in ihre Reihen aufgenommen hatte. Ein Brief von Julius von Kreyfelt an Hanny Franke aus dem Jahre 1946 belegt den persönlichen Kontakt der beiden Künstler ebenso wie ein Vermerk in den Lebenserinnerungen Hanny Frankes, in denen er einem Besuch beim damals 85-Jährigen notierte.[144]

Kleinsassen konnte zu der Zeit, als Hanny Franke den Ort erstmals aufsuchte, bereits auf eine Tradition als bevorzugt von Künstlern aufgesuchter Ort zurückblicken. Die am frühesten nachweisbaren Maler, welche das Dorf aufsuchten, stammten wie er aus Frankfurt.[145] Nachdem die Landschaftsmalerei Mitte des 19. Jahrhunderts infolge der Schule von Barbizon einen höheren künstlerischen Stellenwert gewinnen konnte, suchten auch immer mehr Studenten und Professoren der deutschen Akademien ihre Motive im ländlichen Bereich. Von Düsseldorf, Dresden, Weimar und Berlin aus reisten die Maler - unter ihnen in den sechziger Jahren des 19. Jahrhunderts auch Arnold Böcklin - an. Seine Blütezeit als bevorzugtes Künstlerreiseziel erlebte Kleinsassen im letzten Viertel des 19. Jahrhunderts. Noch bis zum 1. Weltkrieg galt der Ort als nationaler Treffpunkt der Kunstakademien, danach schwand seine Bedeutung. Andere, avantgardistisch geprägtere Zentren traten in Konkurrenz.

Vor allem in der Region beheimatete Künstler wie Julius von Kreyfelt, Paul Klüber, Pedro Schmiegelow u. a. hielten danach in Kleinsassen die Tradition der Landschaftsmalerei in naturalistisch geprägter Malweise aufrecht. Eine Tradition, die nach dem 2. Weltkrieg nochmals einen Einbruch erlitt. Viele der genannten Künstler überlebten diesen nicht und mit dem Tode Julius von Kreyfelts (1947) kam der letzte Vertreter des naturalistischen, realistischen, kunstästhetisch eher konservativ geprägten Leitbildes der Landschaftsmalerei abhanden.[146] Möglicherweise war dieser Verlust, dieser nun auch abhanden gekommene persönliche Bezug, mit ein Grund dafür, weshalb Hanny Franke, dessen Kunstauffassung auch Paul Birkenbach noch zur „Kreyfelt-Klüber-Ära" zählte, Kleinsassen von 1949 an für mehrere Jahre nicht mehr aufsuchte.¹⁴⁷

Einen Blick auf Kleinsassen selbst hielt der Künstler in einem Aquarell künstlerisch fest, die Ansicht einer sommerliche Dorfstraße (A107). Außerdem fertigte er eine Lithographie. Hinter einer schmalen Baumreihe mit dünnen Stämmen bietet sich dem Betrachter ein Blick auf die mit sonnenbeschienen roten Dächern bekrönten Gebäude des kleinen Ortes. (DG42)

Motivwahl

*„Mit dem Malen ging es die erste Zeit etwas langsam, ich musste mich in die etwas satteren Farben und die Gebirgsatmosphäre, gegenüber der silbrigen Maingauluft umstellen",*¹⁴⁸ erinnerte sich Hanny Franke rückblickend an seine ersten Eindrücke. Er fand jedoch schnell zu seinen für ihn typischen Rhönmotiven.

Die Darstellung von Bachläufen nehmen innerhalb der in der Rhön entstandenen Arbeiten den größten Raum in der künstlerischen Ausbeute ein. *„(...) Hier bot sich vor allem eine große Abwechslung im Studium des bewegten Wassers, von der kristallhell sprudelnden Felsenquelle, zu kleinen Rinnsalen bis zu tosenden Bergbächen",* erinnerte sich der Maler später.¹⁴⁹ Der Bieberbach bei Kleinsassen wurde eines seiner Lieblingsmotive, den er aus verschiedenen Blickrichtungen aus der Nähe oder aus der Ferne immer wieder malte. Die detaillierte Sicht auf am Bach liegende Steine (G334, Abb. Tafel III) reizte ihn genauso zum Malen wie die einen weiten Bildausschnitt umfassende Sicht auf größere Abschnitte des Gewässers (G311, G331, G348, G360, G361). Ein im hohem Gras versteckter schmaler Bachlauf (G267) fesselte seine Aufmerksamkeit ebenso wie eine Felsenquelle (G192, G299, G312) oder, wiederum eine detailliertere Sichtweise, die „Pestwurz am Rhönbach" (G304, Abb. Tafel III). Eine Felsenquelle hielt der Künstler auch in lithographischer Form fest (DG27).

Abb. 31 Milseburg - Rhön

Auch dem Charme der Milseburg konnte sich der Maler Hanny Franke nicht entziehen. Die Milseburg gilt als der am meisten gemalte Berg der Rhön. Als Motiv in der Kunst des 19. Jahrhunderts fand sie so häufig Verwendung, dass die Künstler zu Beginn des 20. Jahrhunderts mit kritischen und ironischen Darstellungen auf das vermeintlich „abgedroschene" Motiv reagierten. Ferdinand Lammeyer, der oft in Kleinsassen verweilte, mied das Motiv sogar ganz.¹⁵⁰ Nicht so der Maler Hanny Franke. Sein Werkverzeichnis umfasst mehr als 16 Ansichten des Bergrückens, der sich östlich von Fulda und 1,7 km südöstlich der Ortschaft Kleinsassen erhebt. Die „Milsiburg" wurde in Zusammenhang mit einer Schenkung von Kaiser Otto II. an das Kloster Fulda erstmals im Jahre 980 urkundlich erwähnt. Die Herkunft des Namens ist bisher noch nicht eindeutig geklärt. Möglicherweise ist „Milsi" ein vor- oder altgermanischer Volks- oder Personenname. Um 1900 entdeckte Ringwälle ließen darauf schließen, dass die Milseburg vormals den Mittelpunkt einer großen prähistorischen Siedlung bildete.¹⁵¹ Seit 1968 zählte die Milseburg zu den ältesten deklarierten Naturschutzgebieten in Hessen, seit 1991 mit dem gesamten Rhöngebiet zu einem von der UNESCO anerkannten Biosphärenreservat.

Bereits im erstem Jahr seines Aufenthaltes in der Rhön wählte der Maler für eine Ansicht der Milseburg den Blick vom Westen her, welcher als der „klassische" von Malern vorwiegend gewählte galt (G153, Abb. Tafel III). Von leicht erhöhtem Standpunkt aus fällt der Blick des Betrachters auf eine sommerliche Landschaft. Über einem Tal mit spärlichem Baumbestand erhebt sich dunkel und fast vollständig bewaldet der berühmte Berg. Von dieser Ansicht fertigte der Künstler noch im gleichen Jahr eine weitere Version an, die der Münchner Hanfstängel-Verlag als Postkarte reproduzierte (G154, Abb. Tafel III). Im Vergleich zur ursprünglichen Fassung gestaltete er hier den Vordergrund unterschiedlich, indem er auf der linken Seite einen Hügel einfügte, der vor Ort so wohl nicht vorhanden war, aber in der Bildkomposition den Eindruck von räumlicher Tiefenwirkung steigerte. Im Vergleich mit einer Fotografie aus dem Jahr 1938, welche die Milseburg ebenfalls von ihrer „Paradeseite" zeigt, lässt sich erkennen, dass der Maler in beiden Fällen den rechts abfallenden Berghang etwas steiler abfallend angelegt hat (Abb. 31). Hanny Franke hielt den Blick auf die Milseburg in unterschiedlichen Wettersituationen, etwa bei klarem, fast wolkenlosem Himmel (G536) oder an einem diesigen Tag (G537, A339), fest. Eine andere Ansicht zeigt die Milseburg mit von Nebelschwaden verhangener Bergspitze (G372). Den Maler interessiert nicht nur die Schauseite des berühmten Berges, sondern er erfasste ihn von verschiedenen Seiten aus. Er hielt den „Blick vom Schackauer Berg auf die Milseburg" (G326), den Blick von der Maulkuppe aus (G571) und vom Biebertal aus (G310) oder durch Bäume verborgen (G541) für bildwürdig.

Mit der im Jahr 1946 gemalten „Milseburg-Madonna" (G1133, Abb. Tafel III) räumte der Maler dem Berg einen besonderen Stellenwert ein, indem er eine Madonna mit dem Christuskind direkt vor einer Ansicht der Milseburg von Westen her platzierte.

Neben der Milseburg hielt der Künstler auch andere typische Rhönberge im Bild fest. Um 1939 thematisierte der Maler die Wasserkuppe, ein Bild, für das der Münchner Hanfstängel-Verlag kurz darauf das Reproduktionsrecht erwarb und Postkarten drucken ließ (G180). Aber auch der Stellberg (G147, G539), der Schackauer Berg

Tafel III

(G326) und die Maulkuppe (A362, A364) wurden von Franke als malenswert empfunden.

Im Werk Hanny Frankes lassen sich auch etliche für die Hohe Rhön typische Hochplateaulandschaften finden. Hoch aufragende Gesteinsbrocken aus Basalt prägen die Landschaft seiner „Morgenstimmung in den Rhönbergen" (G148, Abb. Tafel III) und dem „Blick von der Hohen Rhön" (G149). Einzelne Felsstudien (G163) charakterisieren die Umgebung ebenso, wie jene „Quelle und Viehtränke" (G145) inmitten der kargen hochgelegenen Wiese, aus der Basaltbrocken herausragen.

Wie einige Pflanzenstudien verraten, widmete der Maler seine Aufmerksamkeit aber auch den kleinen Besonderheiten des Rhöngebietes. In Einzelstudien schenkte er einer Glockenblume (A481) und einem Rhön-Enzian künstlerische Beachtung. (A483)

G153

---

142 LE II, S. 295
143 Eberhard Gildemeister/HF, 27.8.1944; Eberhard Gildemeister/HF, 7.8.1947
144 Julius von Kreyfelt/HF, 1946; Vgl. LE VI, S. 10
145 Vgl. Steinfeld 1996, S. 27 ff.
146 Vgl. Feld/Englert 2002, S. 117
147 Vgl. Birkenbach 1994, S. 125
148 LE II, S. 295
149 LE II, S. 292
150 Vgl. Feld/Englert 2001, S. 119
151 Vgl. Feld/Englert 2001, S. 18; S. 67 ff.

G154

Tafel III

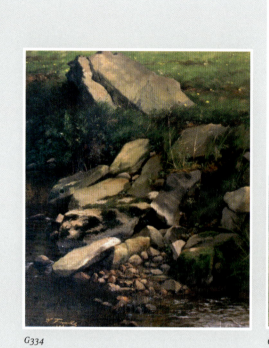

G334

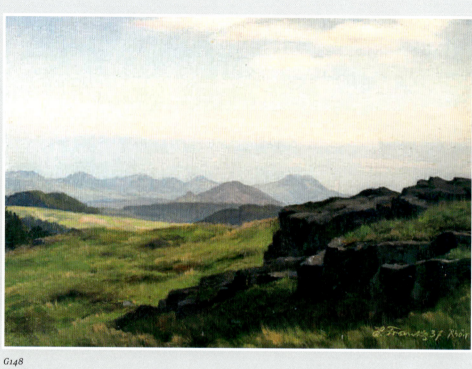

G148

G145

G304

G1133

A372

6.3. Vorkriegsjahre

Das Jahr 1935 verlief für Hanny Franke erfolgreich. Er nahm an sechs wichtigen Ausstellungen teil und auch die finanzielle Lage verbesserte sich für ihn. Auf seine Anregung hin lud die Stadt Bingen am 22. September des Jahres die Mitglieder der Frankfurter Künstlergesellschaft zum Winzerfest ein (Abb. 32). Den Anlass gab ein vom Künstler verfasster Aufsatz, in dem er an die große Künstlertagung in Bingen erinnerte, auf der neben vielen örtlichen Künstlervereinigungen 80 Jahre zuvor auch die Frankfurter Künstlergesellschaft gegründet wurde.[152] Seinen künstlerischen Gesichtskreis erweiterte der Maler in diesem Jahr mit Ausflügen in das Lahntal, in den Westerwald und nach Waldeck-Sachsenberg (G117 - G119, G121).

Der künstlerische Erfolg hielt auch ein Jahr später an. Hanny Franke unternahm im Frühjahr 1936 eine Studienfahrt in den Odenwald nach Amorbach (G129, G134), Michelstadt und Lindenfels (G135). Neben der Landschaft hielt der historisch Interessierte auch architektonische Reste der Vergangenheit fest. Aus seiner Hand entstanden eine Ansicht der Einhardsbasilika in Steinbach (G1015), des Torgebäudes (G1016) und des Palas-Saales von Burg Wildensberg (G1017). Die künstlerische Ausbeute dieser Fahrt stellte er in einer Einzelausstellung im Kunstverein aus. Zusammen mit seinen Kollegen Wilhelm Kalb, Georg Poppe, Friedrich Wilhelm Mook und Richard Schoenfeld stellte er eine Auswahl seiner Arbeiten in der Frankfurter Galerie Schumann aus. Eine weitere Kollektion sandte er für eine Ausstellung nach Hamburg in den Kunstsalon Commeter. Außerdem verarbeitete der Maler seine Landschaftseindrücke der Odenwaldfahrt auch in einem größeren, später im Atelier entstandenem Bild „Vorfrühling im Odenwald" (G138). Die Frankfurter Künstlergesellschaft betraute den Maler mit dem Amt des Schriftführers. Aber trotzdem es den Künstlern zu diesem Zeitpunkt allgemein gut ging und sie manches Fest arrangierten „(...) zeigten sich für jeden denkenden Menschen die ersten, dunklen Schatten, kommender furchtbarer Ereignisse. (...) Luftschutzkurse wurden unter dem Polizeiknüppel für die Zivilbevölkerung eingerichtet und Luftschutzräume wurden geschaffen. Man merkte, dass die Kriegsvorbereitungsmaschinerie auf vollen Touren lief. (...) Nach aussen schien noch Frieden zu*

Abb. 32 Künstlerfahrt nach Bingen - 1935

herrschen, aber ein schwerer Druck legte sich auf die Gemüter der Menschen. (...) Scheinbarer Wohlstand herrschte, jeder hatte Geld, aber eine Verknappung der Lebensmittel, vor allem an Fleisch und Butter trat ein. Dafür kam das Vergnügen zu seinem Recht, und das Reisen der Massen."[153]

Im Mai 1936 verlangte die Kunstkammer von ihren Mitgliedern und deren Ehepartnern den Nachweis eines arischen Stammbaums. Für Hanny Franke war es einfach, seine familiäre Herkunft zurückzuverfolgen. Seine Frau Margarethe hingegen, deren Vorfahren nicht aus Deutschland stammten, musste die Hilfe des Außenministeriums in Anspruch nehmen. Bei den Nachforschungen ergab sich der Kontakt zu dem Komponisten und Direktor der Musikhochschule in Zagreb Franz Lhotka, einem bisher unbekanntem Verwandten, der den Künstler und seine Frau im Jahr 1939 aus Anlass der internationalen Musikwoche in Frankfurt besuchte.[154] Einen zu späterer Zeit vorgesehenen

7. Weltkrieg II (1939 - 1945)

weiteren Besuch vereitelten die Ereignisse der kommenden Jahre.

Den aus England stammenden Familienzweig seiner Frau lernte Hanny Franke einige Zeit vorher, um 1937, kennen. Eine Fotografie aus dieser Zeit belegt das Zusammentreffen mit deren Bruder Josef Lhotka und dessen Familie.¹⁵⁵ In einer Bleistiftzeichnung hielt der Künstler das Konterfei ihres Neffen Geoffrey fest (Z343). Im Frankfurter Raum durchstreifte der Künstler in diesem Jahren bei seiner Suche nach künstlerischen Motiven die nähere Umgebung wie Berkersheim (G137), Alt-Eschersheim (G140) sowie den Schwanheimer Wald (G151, G152, G155). Er unternahm aber auch Ausflüge in den etwas weiter entfernten Taunus und Vordertaunus (G131), hielt dabei auch einen „Feldweg bei Eschborn" (G136) malerisch fest. Der Grundstein für die Sympathie die Gegend um Eschborn - seinen späteren Wohnort - mag möglicherweise schon in dieser Zeit gelegt worden sein.

---

152 Vgl. LE II, S. 183
153 LE II, S. 289
154 Franz Lhotka (geb. 25.12.1883 in Südböhmen, Tschechien; gest. 26.1.1962 in Zagreb) komponierte u.a. das Ballett „Der Teufel im Dorf", welches auch in Deutschland beifällig aufgenommen wurde, daneben Orchesterwerke und Kammermusik.
155 Die Fotografie befindet sich in Peterborough/Grossbritannien - Privatbesitz

7.1. Kriegsausbruch

Im April 1938 trennten sich Hanny und Margarethe Franke von ihrer Innenstadtwohnung am Börsenplatz Nr. 11, der ein Jahr zuvor in Platz der S.A. umbenannt worden war. Sie zogen in eine ruhigere Straße im Frankfurter Westend um. Die neue Wohnung in einem Reihenhaus der späten Gründerzeit lag in direkter Nachbarschaft zum Grüneburgpark. Dieser war erst zwei Jahre zuvor eröffnet worden und bot dem Landschaftsmaler Motive en mas in unmittelbarer Nähe (G162, G170). Sein neues Wohnhaus in der Wiesenau Nr. 48 betrachtete der Künstler nicht als malenswert, die Umgebung, in der es stand, hielt er jedoch in allen Jahres- und Tageszeiten immer wieder im Bild fest. Der „Blick aus dem Fenster der Wohnung in der Wiesenau" wurde eines seiner Lieblingsmotive (vgl. hierzu Kapitel IV. 1.2.).

Viele Jahre nach dem Umzug bot sich einer Journalistin ein kurzer Blick in das Atelier im Westend, dessen auffallend ordentlicher Zustand auch einiges über die Persönlichkeit des Malers verriet: *„Der große Frankfurter Schrank, in dem er seine Farbtöpfe, seine Tuben und die vielen feinhaarigen Pinsel, die wie Sträuße säuberlich in Töpfen und Gläsern stehen, aufbewahrt, lässt fast an eine Apotheke denken. Jede Unordnung ist ihm fremd. Da ist auch nichts, was nach Boheme aussähe"*¹⁵⁶

Im Sommer 1938 reiste der Maler ein zweites Mal in die Rhön. Die Ausbeute dieser Studienfahrt stellte er sowohl in der Herbstausstellung der Frankfurter Künstlergesellschaft als auch auf der Gau-Ausstellung in Wiesbaden aus. *„In Frankfurt gab es nicht viel Neues, oder ich ging Allen aus dem Wege, am meisten mied ich jene Kollegen, die sich der Partei verschrieben hatten, die schon so viel Unglück gebracht und noch viel grösseres Leid bringen wird. Nur mit einigen Vertrauten kam ich zusammen, wo ich noch offen, hinter verschlossener Tür, reden konnte. Es war vor allem mein Freund, Direktor einer kleinen Bank, er stand noch mit anderen ein-*

*wandfreien Menschen in Verbindung",*¹⁵⁷ fasste Hanny Franke sein damaliges persönliches Umfeld und die äußeren politischen Umstände zusammen.

In künstlerischer Hinsicht verliefen dieses und das folgende Jahr für ihn jedoch zunächst erfolgreich. Der Münchner Verlag Franz Hanfstängel reproduzierte sechs seiner Bilder, welche sowohl als große Drucke als auch als Künstlerpostkarten erschienen (G142, G154, G197, G180, G181, G182). *„Auf Reisen begrüssten mich oft aus Schaufenstern meine Bilder und Kunstkarten. Oft sah ich auch schlechte Kopien von Dilletanten, auch selbst Plagiate in Kunsthandlungen und einmal gar ein Wandbild, Plagiat in einem grossen Kaffee",* erinnerte sich Hanny Franke an diese Zeit zurück.¹⁵⁸

Neben einer weiteren Studienreise in die Rhön und einem kurzen Ausflug an die Bergstraße dehnten sich seine Studienfahrten um Frankfurt herum im Jahr 1939 etwas aus. Zusammen mit seinem Kollegen Friedrich Wilhelm Mook, der mit dem Sanitätsrat Dr. K. befreundet war und dessen Frau unter Mooks Leitung malte, wurde er zweimal wöchentlich mit dem Auto mitgenommen.¹⁵⁹

Die persönlichen Eindrücke bei Kriegsausbruch im September, die den Maler schließlich in eine künstlerische Schaffenskrise führten, schilderte Hanny Franke folgendermaßen: *„Die Nervosität stieg aufs höchste in den letzten Augusttagen, an Schlafen war kaum noch zu denken. Am ersten September brach der Krieg aus, von Verbrechern und Dilletanten angezettelt (...) In Schweiss gebadet war ich bei Tag und in der Nacht (...) Kann man angesichts, des Ausbruchs der grössten Tragödie der Menschheitsgeschichte noch an Kunst denken? Ich hatte nicht mehr malen können und verpackte all mein Malgerät und stellte es weit weg, wo ich es nicht mehr sah. Der Krieg brach aus am Vorabend meines Geburtstages, so fing für mich das 50. Lebensjahr an. (...) Diese furchtbaren Tage hatten meine Nerven so überreizt, dass ich kaum des Nachts noch schlafen konnte. Zudem trugen noch die ver-*

schiedensten Aufrufe, Bekanntmachungen und nicht zuletzt die polizeilich, diktatorischen Verordnungen, die zum grössten Teile falsch und übereilt waren, zur Beunruhigung und Nervenüberreizung bei. (...) Nach vielen aufregenden Wochen, mit Luftschutzkursen und den sich daraus ergebenden Massnahmen, wobei ich Luftschutzhauswart, mit allen möglichen Dingen belastet wurde, fasste ich den Entschluss mit der ganzen Familie aufs Land zu gehen und Weiteres abzuwarten."[160]

Trotz allem nahm der Künstler seine Malsachen in die Rhön mit und es gelang ihm nach einigen Tagen, seine psychische Verfassung wieder ins Gleichgewicht zu bringen und zu malen. „Eine Beruhigung legte sich über uns in der geliebten Landschaft, doch auch hier waren die Menschen, die alle einer Gesinnung waren, sehr erregt über die verbrecherische Tat. Wir hörten hier alle die fremden Sender und sprachen offen über alles"[161], beschrieb er die Situation. Im November entschloss sich das Ehepaar Franke schweren Herzens dazu, nach Frankfurt zurückzureisen.

---

156 FAZ, 2.9.1955
157 LE IV, S. 116
158 LE II, S. 284
159 Vgl. LE II, S. 300; Zur Freundschaft zwischen Hanny Franke und Friedrich Wilhelm Mook siehe außerdem: Edith Valdivieso: Der Maler Friedrich Wilhelm Mook, Dissertation in Vorbereitung.
160 LE IV, S. 121
161 LE IV, S. 121

7.2. Jubiläumsausstellung – 1940

Die Frankfurter Galerie J.P. Schneider eröffnete am 1. September 1940 aus Anlass des 50. Geburtstages von Hanny Franke für vier Wochen ihre Pforten zu einer Jubiläumsausstellung zu Ehren des Malers. Etwa fünfzig mittelgroße und kleinere Bilder zeigten die Spannbreite seines Schaffens. Bis auf ein Selbstbildnis aus dem Jahre 1925 und ein kleineres figürliches Bild stellte die Kunsthandlung ausschließlich Landschaftsdarstellungen aus, größtenteils Ölbilder. Die Motive der ausgestellten Bilder entstammten, neben der Frankfurter Umgebung, allen Landschaften, die er bis dahin auf seinen Studienreisen besuchte.

Die Gesichtspunkte, nach denen der Maler selber die Bilder auswählte, die er in dieser Ausstellung zeigte, verraten, welchen seiner Arbeiten er selbst künstlerisch qualitativen Vorrang einräumte: „Über die Auswahl der Bilder habe ich mir keine Minute den Kopf zerbrochen, in knapp zwei Stunden waren diese ausgewählt und gehängt. Ich hatte nur „prima" gemalte Bilder, die frisch nach der Natur, oder die aus dem Gedächtnis frei gemalten Bilder, ohne Übermalungen oder Lasieren gewählt."[162]

Der Erfolg der Ausstellung übertraf alle Erwartungen des Künstlers. Mehrere Tageszeitungen widmeten ihr wohlwollend Aufmerksamkeit. So berichtete Ernst Benkhard von der Frankfurter Zeitung: (...) Hanny Franke verfügt über eine subtile Witterung. Es darf daran erinnert werden, dass seine Kunst einen Zusammenhang aufweist mit der besten Frankfurter Überlieferung eines Louis Eysen, Scholderer und Thoma. So sehr Franke eine Beziehung zu diesen Meistern pflegt, so wenig darf er als einer ihrer Nachahmer gelten. Eher einer, der sich durch angeborene Verwandtschaft zu ihnen gesellt. (...) Das Kabinettformat dieser Bilder ist bescheiden, jedoch das Wie, mit dem der Künstler seine kurzen Strophen formuliert, erfordert die volle Hellhörigkeit des Auges. Ein Sehender durchstreift diese Welt; was er mit weiser Beschränkung einheimst, besitzt eine so echte Substanz, dass hier die Enge für die Weite steht."[163] Auch H. Th. Wüst zieht in seinem Artikel Parallelen zwischen der Kunst Hanny Frankes und der von Peter Burnitz, Louis Eysen, Otto Scholderer und Anton Burger. „Es ist die seelische Kraft eines auf der Höhe seines Könnens angelangten Künstlers, die in seinem Werk lebt, es ist das unverbildete Naturgefühl, die Wärme der Empfindung und die souveräne Beherrschung aller Mittel, die den Bildern Hanni Frankes ihre Bedeutung geben",[164] fasste der Journalist seine Meinung zusammen.

Noch Monate später erhielt Hanny Franke in Zusammenhang mit der Ausstellung Zuschriften und Glückwünsche. Da mehr als die Hälfte der Bilder Käufer fanden, konnte der Maler neben der künstlerischen auch in finanzieller Hinsicht zufrieden sein. Kurz nach Ende der Ausstellung brach der Künstler zu einer erneuten Studienreise in die Rhön auf. Auch hier war er mit dem Verlauf seines künstlerischen Wirkens zufrieden. Die Zufriedenheit im künstlerischen Bereich stand jedoch in starkem Kontrast zu der Tatsache, dass sich das Kriegsgeschehen auch immer mehr auf den Alltag auswirkte: „In den Abendstunden ging ich nur selten aus, teils der verdunkelten Strassen wegen und weiter ging ich nicht gern in fremde Keller wenn die Sirenen Luftalarm gaben. Die Kriegslage ward nun auch in der Heimat zusehends ernster, einzelne kleinere Luftangriffe mit Bombenabwurf waren schon zu verzeichnen und mit größeren musste man rechnen. Mehr und mehr distanzierten sich die Menschen von denen die die Diktatur vertraten. Man lernt jetzt die wirklichen Freunde kennen mit denen man hinter verschlossenen Türen wenige glückliche Stunden verbrachte",[165] erinnerte sich der Künstler zurück.

An den langen Winterabenden im Krieg, an denen auch der Maler länger als gewöhnlich aufblieb, da in den späten Stunden mit Luftalarmen gerechnet wurde, versuchte er seine

Gedanken abzulenken, indem er Leinwände grundierte, für die Herstellung von Firnis Harzkörner im Mörser zerrieb und die Malmittel für das kommende Jahr zurecht machte.

162 LE IV, S. 134
163 FZ, 10.9.1940
164 Frankfurter Volksblatt 3.9.1940
165 LE IV, S. 138

7.3. Böhmerwaldreise 1941 – Hanny Franke und das Werk Adalbert Stifters

Schon seit seiner Jugendzeit konnte sich Hanny Franke für die Erzählungen des Dichters Adalbert Stifter begeistern. Als Auslöser für diese Begeisterung galt ein Freund, welcher ihm während seiner Lehrzeit zwei Bücher mit Studien von Adalbert Stifter schenkte. Er las *„(...) den ‚Hochwald', ‚Bunte Steine', ‚Feldblumen', und eine neue Welt tat sich auf. Ich lernte einen Malerpoeten, einen Dichter der mit Worten malte, kennen, den ich bis heute die Treue bewahrt habe, denn er gab mir viel Kraft auf dem Wege zur Kunst mit".*[166] Auch an den Winterabenden während des 2. Weltkriegs, wenn der Maler wie alle anderen in den Abendstunden länger aufbleiben musste, da man mit Luftalarm rechnete, bot ihm das Lesen von Stifters Studien eine Möglichkeit sich *„aus der Zeit entführen zu lassen."*[167]

Abb. 33 G217

In den Erzählungen des Dichters standen häufig Landschaftsmaler im Mittelpunkt des Geschehens. Auch als Maler selbst - die Fähigkeiten hierzu eignete er sich autodidaktisch an - widmete sich Adalbert Stifter größtenteils der Produktion von Landschaften und Naturstudien. Seine malerischen Kenntnisse wiederum flossen in seine literarischen Landschaftsschilderungen mit ein. In mehreren seiner Werke, u. a. in „Hochwald" und „Witiko" spielte die Atmosphäre des Böhmerwaldes eine große Rolle. Das Gebiet galt um 1850/1860, der Zeit als Adalbert Stifter dort weilte, als eine den Zeitgenossen weitgehend unbekannte Landschaft. Einen Gesamteindruck des Böhmerwaldes zu Adalbert Stifters Zeiten, der in dieser Art wohl auch in sein dichterisches Werk einfloss, schilderte 1855 der Geologe Ferdinand Hochstetter: *„Der südliche Teil des Böhmerwaldes ist der landschaftlich schönste. (...) Hier ist noch bis in unsere Tage ein Stück Deutschland erhalten wie es Tacitus schilderte. (...) Alles ist Wald und Moor und Fels, kaum da und dort eine armselige Holzhackerkolonie oder ein einzeln stehendes Forsthaus (...) Alle die Gegenden enthalten noch große Urwaldstrecken. (...) Die Urwälder sind hier überall ziemlich gleich: wilder an den Gehängen der Berge, wenn zu dem Gewirr der Vegetation noch das Gewirr der Felsmassen sich gesellt und die Waldbäche schäumend über die Baum- und Felstrümmer hinwegstürzen; üppiger in Talgründen, oder auf niedrigeren Plateaus, am üppigsten zwischen 2000 - 3500 Fuß Meereshöhe, wo neben der Fichte auch die Tanne und Buche noch weiter gedeiht (...) auf den Hochplateaus von 4000 Fuß bleibt nur noch die Fichte übrig bis an den Hochgipfeln sie verschwindet, und nur noch krüppeliges Holz, Kniekiefer und isländisches Moos die nackten Felsen ärmlich bedecken."*[168]

Der Eindruck des Böhmerwaldes, den ihm die Werke Stifters vermittelten, erweckte in Hanny Franke den Wunsch, dieses Waldgebiet selber kennen zu lernen und dort zu malen. Der Wunsch erfüllte sich, als er 1941 in einem Antiquariat die Bekanntschaft mit der Münchnerin Lotte Wölfle sowie mit deren Verlobten Dr. Anton Roth machte. Durch Vermittlung der beiden erhielt der Maler eine Adresse für eine Unterkunft im Bayerischen Böhmerwald und nahm für einige Wochen Quartier im sogenannten Höllbachgespreng. *„Die satten Farben des Grüns der Nadelwälder, der schweren Moospolster, der modernden Baumriesen, der Felsen und Farne neben den Fernsichten über ausgedehnte Wälder, Nebelschwaden und Wolken, das waren für mich Probleme mit denen ich mich auseinandersetzen musste, was mir am Anfang schwer fiel"*,[169] erinnerte er sich rückblickend an die Eindrücke, welche das Gebiet, das am Osthang des Großen Falkensteins lag, auf ihn machte. Der Urwald und das moosbewachsene Felsgewirr (G229) im Höllbachgespreng faszinierten den Maler. Es entstand eine Reihe von Gemälden, in denen er seinen Blick vor allem auf das weitverzweigte Wurzelwerk der Bäume lenkte, die sich auf felsigem moosbewachsenen Untergrund gleichsam festkrallen. (G235) Die zwischen den Felsen hervortretenden Urwaldfarne und Moose (G216, G225, G228, G230, G237) reizten ihn ebenso zum Malen wie auf felsigem Untergrund wachsendes Leuchtmoos (G217, Abb. 33). Aber auch die charakteristischen Monolithe des Dreisessels hielt der Maler im Bild fest (G219), ebenso wie den Blick auf den Arber (G234) und den Plöckensteinsee (G212, G224).

Nach einigen Wochen verließ er das Gebiet, zumal die Feuchtigkeit und anormale Kälte sich auch gesundheitlich negativ bemerkbar machte. Im südlicher gelegenen Gebiet an der böhmischen Grenze bei Haidmühle fand er andere Arbeits- und Landschaftsbedingungen vor: *„Der Landschaftscharakter ist hier ein anderer, Hochmoor, saftige, blumige Wiesen, Sümpfe und Quellen, Granitfelsen und alles umgeben von einem Kranz mächtiger Wälder. Hier war weniger Regen, mehr Sonne und bedeutend wärmer. (...) Die Landschaft der Haidmühle, das Hochmoor, hatte eine interessante Vegetation doch war es gefährlich hineinzugehen. (...) Die Flora zeigt eine Üppigkeit wie man sie in dieser Höhe selten finden und dazu das bunte Heer der Schmetterlinge, am Horizont wenige dunkle Holzhäuser, finstere Tannen und darüber ein dunkles Blau mit weissen Sommerwolken.*[170] Hier malte er u. a. „Die junge Moldau" (G231, G232), Fernblicke wie „Den Arber von Ruckowitzschachten gesehen" (G234) und „Den Blick vom großen Falkenstein" (G218). Nach einem Besuch des Adalbert-Stifter-Hauses in Oberplan reiste der Künstler über Passau, Wien und München wieder zurück nach Frankfurt am Main.

In den Dichtungen Adalbert Stifters spielen oft Formulierungen eine Rolle, die das „Geheimnisvolle und das Dichterische der Nacht" zum Inhalt haben. Auch in seinem malerischen Werk verarbeitete er die seinem romantischem Naturgefühl entspringendem Formulierungen in mehreren seiner um 1850 entstandenen Mondlandschaften.[171] Diese Vorliebe wirkte sich möglicherweise auch inspirierend auf das Werk Hanny Frankes aus. Dieser hielt bereits 1917 in einer Federzeichnung eine „Nachtlandschaft bei Neubeelitz" (Z17) fest und befasste sich kurze Zeit später während seiner Studienzeit auch in zwei Radierungen mit dem Thema „Mondaufgang" (DG6, DG7).

Im Jahr 1927 illustrierte er den ersten Teil von Adalbert Stifters Stück „Der Condor" (Z507). Die Katze, welche darin am Fenster sitzt und auf vom Mond beschienene Dächer einer nächtliche Stadtlandschaft blickt, könnte der Vorläufer zu weiteren Nachtlandschaften gewesen sein, in denen der Künstler den nächtlichen Blick aus dem Fenster nochmals aufgriff. In den Jahren zwischen 1940 und 1967 entstanden drei Bilder, die nächtliche Blicke aus dem Fensters seines Hauses in der Wiesenau wiedergaben (G971, G988, G993,). Auch bei zwei in Holz geschnittenen kleinen Landschaftsdarstellungen fügte er den Mond hinzu. (DG70, DG71)

Im Spätherbst 1941 stellte der Künstler einen Teil seiner künstlerischen Ausbeute, die er auf seiner Studienfahrt in den Böhmerwald gemacht hatte, in den Räumen der Frankfurter Galerie Schumann aus. Alle 25 Bilder wurden, bis auf die unverkäuflichen Arbeiten – darunter auch einige von seiner Studienfahrt – verkauft. Wie auch zur Zeit der Inflation, kaufte ein großer Teil der Leute aber nicht um der Kunstwerke selbst willen, sondern man hoffte auf eine sichere Kapitalanlage. So wollte ein Fabrikant gleich bei der Eröffnung die ganze Ausstellung auf einmal erwerben. *„(...) ein Mann der vielleicht an einem anderen Tag einen Waggon Schmierseife gekauft hätte. Die Kunst sinkt zur gemeinen Ware herab"*,[172] stellte der Maler resigniert fest. Hanny Franke betrachtete den Erfolg der Ausstellung mit gemischten Gefühlen und nahm sich vor, in nächster Zeit erst einmal keine Einzelausstellung mehr zu unternehmen.

166 Vgl. LE IV, S. 140; Im Nachlass/Museum Eschborn befindet sich eine von Hanny Franke erstellte Bibliographie, gesammelte Zeitungsausschnitte, Postkarten und Fotos zum Thema „Adalbert Stifter".
167 Vgl. LE IV, S. 163
168 Rosenberger 1967, S. 11; Der Geograph und Geologe Ferdinand Hochstetter (1829-1884) beteiligte sich an geologischen Arbeiten im Böhmerwald. Der zitierte Textausschnitt stammt aus einem 1855 in Wien gehaltenen Vortrag.
169 LE IV, S. 148
170 LE IV, S. 150
171 Vgl. Baumer 1994, S. 11
172 LE IV, S. 162

7.4. Weitere Ausstellungserfolge 1942 - 1943

Mit seiner Teilnahme an der „Großen Deutschen Kunstausstellung" im Jahr 1942 wurde Hanny Franke in die Riege der Künstler aufgenommen, die nach der nationalsozialistischen Definition eine speziell „deutsche" Kunst vertraten. Dabei bewarb er sich um eine Teilnahme an dieser Ausstellung nicht selbst. Die Einladung dazu erfolgte vermutlich auf Veranlassung des Hanfstängel-Verlages.[173] Der Münchner Verlag erwarb einige Jahre vorher das Reproduktionsrecht für einige Arbeiten Hanny Frankes (G142, G154, G197, G180, G181, G182) und war deshalb sicher daran interessiert, die Bilder des Künstlers mit Hilfe der Ausstellung möglichst populär zu machen, um so den Absatz von Kunstdrucken und Postkarten zu steigern.

Bereits ein Jahr zuvor erhielt der Maler die Einladung, an der Großen Deutschen Kunstausstellung teilzunehmen. In seiner Abwesenheit, er weilte gerade zum Malen in der Rhön, trug eine Delegation seiner in Frankfurt verbliebenen Frau das Anliegen persönlich vor: (...) *Von Frankfurt aus rief meine Frau an, anlässlich des Besuchs einiger Herren aus dem Hause der deutschen Kunst in München, die mich persönlich zur Ausstellung einladen wollten. Meine Frau sagte ihnen, dass ich kein Interesse an Ausstellung in diesem Hause hätte, wo auch sicherlich meine mehr lyrischen Malereien nicht hinpassten, da die intimen Räume dazu fehlten. Sie baten, ich möge einmal zu einer Besprechung nach München kommen und meine Frau möge sich bemühen, dass ich mich zum Ausstellen entschließen würde. Einige Bilder suchten sie gleich in Frankfurt aus, die in Betracht kämen.*"[174] Als sich Hanny Franke dann doch bereit erklärte, drei seiner Bilder in die Ausstellung zu geben, wurden diese zurückgewiesen. Sein in München ansässiger Verleger, Edgar Hanfstängel, dem er zu einem späteren Zeitpunkt die ausgewählten Bilder vorlegte, behauptete jedoch,

Abb. 34 G262

dass die Bilder von der Jury angenommen worden waren und auch schon im „Haus der Kunst" gehangen hätten. Warum der Künstler die Bilder dennoch vorzeitig wieder zurückhielt, blieb rätselhaft.

Für die gleichnamige Ausstellung ein Jahr später wählte der Maler zwei große („Vorfrühling" und „Sommerabend") und sechs kleine Bilder (darunter „Huflattich", „Forellenbach in der Sonne", „Im Juni", „Odenwaldhöhe im März") aus. Wie sehr die Landschaftsmalerei Hanny Frankes im Trend der Zeit lag, verriet die Tatsache, dass sich gleich drei Verlage um Reproduktionsrechte bemühten. Obwohl Hanny Franke die Reproduktionsrechte für die beiden größeren Bilder bereits an den Hanfstängel-Verlag veräußert hatte, versuchten auch die Münchner Verlage Hofmann und Hirmer ein Vervielfältigungsrecht zu erhalten. Trotz Absage von Seiten des Malers reproduzierte der Hofmann-Verlag das Vorfrühlingsbild (G262, Abb. 34). An den Hirmer-Verlag verkaufte Hanny Franke mit dem Einverständnis des Hanfstängel-Verlages schließlich die Reproduk-

tionsrecht für eines der kleinen Bilder. Von den acht eingereichten Bildern wählte die Jury nur fünf zur Hängung. Eine im Rahmen der Zeit besondere „Würdigung" erfuhr der Maler Hanny Franke in diesem Zusammenhang, als alle fünf Bilder vom damaligen Rüstungsminister Albert Speer persönlich erworben wurden.[175] Zusammen mit seinem Freund Anton Roth besuchte der Künstler die Ausstellung in München, über die er folgendermaßen urteilte: *„Ich sah die Ausstellung und fand meine Bilder gut gehängt. (...) Die Ausstellung war auch nicht besser und auch nicht schlechter wie die des vergangenen Jahres. Tendenziöse und militärische Bilder beherrschten die Ausstellung neben viel ‚Fleischbeschau'. Man hätte mit etwa 300 Bildern aus diesem Bildermarkt eine beachtenswerte Ausstellung zustandebringen können, denn es war doch manches gute Bild darunter, ebenso stand es mit der Plastik.*"[176]

Ende September 1943 reiste der Maler erneut zum Malen nach Kleinsassen. Nach seiner Rückkehr im Oktober erfolgten die ersten Luftangriffe auf das Frankfurter Stadtgebiet. „*Die*

Nerven wurden auf eine harte Probe gestellt und an ein Arbeiten zuhause war kaum noch zu denken. Der Kreis der Parteifreunde ward immer kleiner, die Stimmung gegen den Krieg ward grösser und die Verhaftungen mehrten sich von Tag zu Tag",[177] erinnerte sich der Künstler später an diese Zeit. In den Abendstunden dieses Kriegswinters begann er - auch um sich selber abzulenken und zu beschäftigen - seine Lebenserinnerungen niederzuschreiben.

---

173 Vgl. Wistrich 1983, S. 109, Der Bruder des Kunstverlegers Edgar Hanfstängel, Ernst Hanfstängel, galt als persönlicher Freund Hitlers, nahm am Hitlerputsch 1923 teil, bot diesem in seinem Landhaus Schutz, als das Unternehmen fehlschlug, war bis 1937 Leiter des Auslandpresseamtes der NSDAP.

174 Vgl. LE IV, S. 160

175 Vgl. handschriftlicher Vermerk des Künstlers in einem Katalogexemplar des Ausst. Kat. München Ergänzung 1942, welches sich im Nachlass/Eschborn befindet; Die von A. Speer erworbenen Gemälde gelten als verschollen, in den Nachlass-Unterlagen seiner Erben fand sich kein Hinweis auf deren Verbleib; lt. schriftlicher Mitteilung vom 7.11.2005 von Dr. Hilde Schramm an die Autorin.

176 LE IV, S. 169

177 LE IV, S. 170

7.5. Die letzten Kriegsmonate

Flucht an den Rhein

Das Jahr 1944 fing mit schweren Luftangriffen an. Während des Tages flogen 500 - 600 Flugzeuge einen Großangriff auf das gesamte Stadtgebiet. Im März erhöhte sich die Zahl der Luftangriffe auf bis zu 1000 täglich. Die Angriffe in diesem Monat galten als die schwersten Luftangriffe auf die Stadt Frankfurt im 2. Weltkrieg überhaupt.[178] Als im Februar eine Bombe vor dem Keller von Hanny Frankes Wohnhaus in der Wiesenau als Blindgänger liegen blieb, wurden die Bewohner für einige Tage in ein anderes Haus umgesiedelt, bis diese entschärft worden war. Der Maler selbst berichtete, wie er Ende März dieses Jahres einmal eine ganze Nacht auf dem Dach seines Hauses stand, um die Funken abzuwehren, die sich von den brennenden Häusern der Umgebung durch die Luft ergossen: *„Hoch auf dem Dach sah ich die große brennende Stadt, hörte die Explosionen der Zeitzünder, das Bersten und Einstürzen großer Gebäude. Der beizende Rauch entzündete die Augen und die Schleimhäute. Das Grauen jener Tage will ich nicht weiter schildern, nur blutete das Herz, angesichts der zerstörten Stadt."*[179] Die Tage im März waren so furchtbar - u.a. musste sein 16-jähriger Sohn Michael beim Bergen von Leichen helfen - dass die Familie beschloss, auf einige Zeit der Stadt zu entfliehen. Trotz schwieriger Verkehrslage gelangten sie nach Bingerbrück am Rhein zu Vater und Schwester Hanny Frankes. Dort, abseits der schwelenden Großstadt, versuchte der Künstler zu malen. Doch es fiel ihm schwer. *„Wie kann ich mich noch mit der Kunst beschäftigen, wo eine große Kultur niedergeht",* machte er sich Gedanken.[180] Nachdem Ende April in Frankfurt eine scheinbare Beruhigungsphase hinsichtlich der Luftangriffe eintrat, verließen die Frankes den geschützten Ort am Rhein und fuhren nach Frankfurt zurück.

Das Künstlerdorf Willingshausen

Anfang Mai dieses Jahres unternahm der Künstler eine Studienfahrt nach Willingshausen in die Schwalm. Sein Freund Eberhart Gildemeister weilte zu diesem Zeitpunkt ebenfalls dort und hatte ihm in einer alten Künstlerpension bereits ein Zimmer reservieren lassen. Zeitgleich wie in Kleinsassen in der Rhön entwickelte sich um Mitte des 19. Jahrhunderts auch Willingshausen zu einem besonders bei Künstlern beliebten und gerne besuchten Ort. In der Folge von Gerhardt von Reutern kamen u. a. Ludwig Emil Grimm, Johann Fürchtegott Dielmann, Jakob Becker sowie der Wiesbadener Ludwig Knaus in den Schwälmer Ort, um dort zu malen. Im Gegensatz zu den Malern in der Rhön, deren Interesse vor allem der Landschaft galt, waren es bei den Künstlern, die nach Willingshausen kamen, in erster Linie die Menschen und ihre farbenfrohen Trachten und danach erst die Landschaft, welche die Künstler zur Wiedergabe reizten.

„Die Landschaft wollte mir nicht recht zusagen, ein welliges Hügelgelände, fast zu lieblich, dazu stand sie im ersten weichen Maigrün und die Bäume begannen zu blühen. Bald jedoch hatte ich das gefunden was mir einigermaßen zusagte, kleine Ausschnitte am Wasser, an Waldrändern, stille Heckenwege, sowie einige uralte Baumriesen, waren die Motive die ich festhielt"[181], erinnerte sich der Künstler an seine ersten Eindrücke. Die „Jul-Eiche" (G295) sowie „Der Gänsesteg" (G296) sind die einzigen im Nachlass vorhandenen Arbeiten dieses Besuchs. In einem Aquarell hielt er außerdem die Dorfkirche von Willingshausen künstlerisch fest (A35). Während des Malens flogen täglich große Kampfverbande über die Landschaft. Einige Male tobten über den beiden Künstlern heftige Luftkämpfe und sie sahen, wie fünf deutsche Flugzeuge brennend zur Erde stürzten. Die Reise im Mai 1944 sollte Hanny Frankes einziger Besuch in Willingshausen bleiben. Daran war möglicherweise nicht nur der Landschafts-

charakter schuld, der dem Maler wenig zusagte. Die Abneigung gegenüber der Gegend hing vielleicht auch mit der Tatsache zusammen, dass Franke den ersten Eindruck der Landschaft in Zusammenhang mit den schweren Luftkämpfen erleben musste.

Atelierbrand

Aber auch in Kleinsassen in der Rhön, wohin er im August des gleichen Jahres zu einer weiteren Studienfahrt aufbrach, holte ihn der Krieg ein, sodass auch hier beim Malen keine rechte Freude aufkommen konnte: *„(...) Tag und Nacht, ja fast stündlich war der Himmel bedeckt von unzähligen Flugzeugen. Die Luft bebte förmlich, der Felsenboden zitterte von fernen Einschlagen der Bomben."*[182]

Nach seiner Rückreise aus der Rhön – die Fahrt hatte 17 Stunden gedauert – erlebte der Künstler in Frankfurt am 10. September 1944 dann eine böse Überraschung. Sein Wohnhaus war kurz zuvor bei einem Bombenangriff getroffen worden und stand in Flammen. Das Feuer zerstörte dabei u. a. viele Arbeiten aus der Studienzeit, bzw. der Vorkriegszeit, des Künstlers.

„Es war eine böse Nacht, da ich im Herbst 1944 müde und abgespannt von einer Reise zurückkehrte und am brennendem Haus eintraf. Alle Müdigkeit überwindend griff ich bei der Brandbekämpfung sofort zu. Wir löschten bis spät in den anderen Tag hinein. Da von zwei Männern des Hauses einer infolge einer Augenverletzung, die er sich dabei zuzog ausfiel, wurde die Anforderung für mich schwerer, denn eine ganze Woche flammte das Feuer immer wieder auf, bis die letzte der 24 Stabbrandbomben, die in Mauern und Gebälk saßen sowie der Brandkanister, der aufgerollt war, verlöschten. Dach und Obergeschoß waren mit Inhalt vernichtet, dabei verlor ich unersetzliche Werke."[183]

Der Maler zog sich bei den Löscharbeiten Verletzungen an den Händen zu. Vor allem die Rechte war fast unbeweglich geworden und zwei Ärzte bemühten sich noch lange nach dem Krieg darum, die geschwollenen Fingerglieder wieder gelenkig zu machen. Mit viel Pflege und Geduld gelang dieses erst nach Jahren.

Wenige Tage nach dem Brand in seinem Wohnhaus in Frankfurt geriet auch das Landesmuseum in Darmstadt aufgrund eines Luftangriffes in Brand. Der Maler verlor drei weitere Bilder, die in einer dortigen Ausstellung, der einzigen an der er in diesem Jahr teilnahm, gezeigt wurden.

Im Alter von 54 Jahren musste sich Hanny Franke in den letzten Tagen des Krieges noch zur Musterung melden, als der sogenannte Volkssturm gebildet wurde. Seine Hände waren noch verschwollen und er konnte den Dienst selten mitmachen. Dennoch blieb auch ihn sinnlose Schikane nicht erspart: *„Da mich der Kreis- und der Blockleiter an einem Sonntag vom Kirchgang kommen sahen, hörte ich gerade eine Bemerkung fallen, die sie auch ausführten. Jeden Sonntag Vormittag musste ich zum Räumen antreten, trotz meiner Hände, wenn ich auch nichts tun konnte, ich musste da sein."*[184]

Bei den wenigen Appellen, die der Künstler beim Volkssturm mitmachen musste, lernte er seinen Malerkollegen Franz Karl Delavilla kennen. Erst kurz zuvor war dieser aus politischen Gründen aus seinem Amt als Leiter der Klasse für Freie Graphik an der Städelschule in den vorzeitigen Ruhestand entlassen worden. Bombenschäden hatten außerdem seine gesamten Werke an der Städelschule und in seiner Wohnung vernichtet. Obwohl die Arbeiten und Kunstauffassung von Franz Karl Delavilla im Gegensatz zu den Werken Hanny Frankes eher der Modernen Richtung zuzuordnen waren, mit Tendenzen, die von Expressionismus zu Jugendstil und Neuer Sachlichkeit reichten, schlossen die Künstler in dieser schweren Zeit Freundschaft, besuchten sich gegenseitig und tauschten in künstlerischen und technischen Dingen Erfahrungen aus.[185]

An Weihnachten 1944 wurde Hanny Frankes Sohn Michael zum Heeresdienst nach Weimar einberufen und die Eltern nahmen am Weihnachtsabend schmerzlich von ihm Abschied. *„In diesem Jahr konnten wir keine Weihnachtsfreude und nicht den Weihnachtsfrieden finden. Zudem sehen wir lawinenartig den Zusammenbruch kommen, die Hiobsbotschaften überschlugen sich."*[186], erinnerte sich der Maler später zurück.

Kriegsende

Als die Alliierten am 17. März 1945 die Stadt Frankfurt zur Räumung aufforderten, verließen Hanny und Margarethe Franke zu Fuß und mit wenig Gepäck ihren Wohnort. Ein befreundeter Apotheker in Bad Vilbel nahm die Flüchtenden herzlich auf. Unruhig erwartete man von dort aus den angekündigten letzten großen Angriff auf Frankfurt. *(...) Ich fühlte mich verpflichtet irgendetwas zu tun, nur nicht Malen, das konnte ich nicht. Im großen Hausgarten beschäftigte ich mich so gut es ging. (...) Mit meinen kranken Händen wollte das nicht recht gehen, doch mit der Zeit gings besser und besser,"*[187] berichtete der Künstler von seiner Suche nach Ablenkung. Nachdem nicht nur der angekündigte Großangriff auf Frankfurt ausblieb, sondern die Angriffe im Allgemeinen ein Ende gefunden hatten, reisten die Frankes in ihr Domizil nach Frankfurt zurück.

---

178 Vgl. http://www.ffmhist.de/ffm33-45/porta101/mitte.php?t_hm_lkaltstadt&PHPSESSID=f1; Zugriff 5.1.2005
179 LE IV, S. 171
180 LE IV, S. 173
181 LE IV, S. 175
182 LE IV, S. 174
183 Franke 1963
184 LE IV, S. 179
185 Vgl. Constanze Neuendorf-Müller: Franz Karl Delavilla (1884-1967), Maler, Grafiker, Kunstgewerbler und Bühnenbildner, Frankfurt/M. 2000 (Dissertation).
186 LE V, S. 55
187 LE IV, S. 185

8. Nachkriegszeit – Wiederaufbau (1945-1949)

8.1. Malen in Frankfurt und Umgebung

„Da die Welt im Frühlingsglanze strahlte, wollte und musste ich auch wieder malen",[188] frohlockte der Künstler, als die schrecklichen Zeiten des Krieges vorbei waren. Zusammen mit seinen Freunden Eberhard Gildemeister und Wilhelm Wolfshohl traf er sich zum Malen in den Ginnheimer Wiesen (G314, G315, G317 – G319). Zeitweise unternahm die Truppe zu diesem Zweck auch Abstecher nach Steinbach und Berkersheim. *„In dieser Tätigkeit fand ich die alte Ruhe bald wieder und vergaß die zertrümmerte Welt. Mir gelangen fast alle meine Studien wie selten"*,[189] stellte der Maler rückblickend fest. Neben seinem Sohn Michael, der vom Heeresdienst in Weimar wieder zu Hause eintraf, kamen auch viele Künstlerkollegen, die der Stadt den Rücken gekehrt hatten oder die als Soldat im Krieg waren, in die Stadt zurück. Im Unterschied zu Hanny Franke hatten viele von ihnen alles verloren und konnten zunächst nicht mehr arbeiten, weswegen ihnen der Künstler zur Unterstützung verschiedenes von seinem Material abgab.

8.1.1. Trümmerbilder

Dr. Peter Richter, seit 1935 Pfarrer der St. Leonhardsgemeinde in Frankfurt, bat den Künstler im Jahr 1945 darum, ein kleines Bild der vom Kriege mitgenommenen Leonhardskirche zu malen, bevor diese wieder eine Bedachung erhielt. Das Gewölbe des Baus brannte im Vorjahr infolge der Bombardierung völlig aus und Teile des Westgiebels brachen heraus. Bereits 1946 konnte die Kirche aber wieder für den Gottesdienst benutzt werden und drei Jahre später schloss man die Wiederaufbauarbeiten vollständig ab. Zuvor malte Hanny Franke insgesamt vier Ansichten der Kirche im zerstörten Zustand. Das Werkverzeichnis erfasste eine Ansicht auf den Bau von der Mainseite aus von Os-

Abb. 35 G995

ten nach Westen gesehen (G995, Abb. 35) sowie einen entgegengesetzten Blick von der Stadtseite aus von Westen nach Osten gesehen (G996). Der Wunsch von Pfarrer Richter nach einem Abbild der Leonhardskirche inspirierte den Maler dazu, weitere Ansichten der zerstörten Stadt festzuhalten: *„Für mich war das etwas vollkommen Neues, die Arbeiten gelangen mir, nur beanspruchten diese mehr Zeit zum Malen. Einmal ward ich das Trümmermalen satt und verlegte mein Arbeitsfeld wieder in die offene Landschaft."*[190] Neben Ansichten des Karmeliterklosters (G1004), dem Dominikanerkloster und dem Arnsburger Hof (G1002), der Ruine der Liebfrauenkirche (G1000, A457) und des Steinernen Hauses sowie den Ruinen der alten Staufermauer (G994), hielt der Maler auch den Zustand des zerstörten Doms in einer Reihe von Bildern fest (G999, G1001, G1003, Abb. 36; G1006, Z223). Eine Lithographie des Doms (DG61) zeigte, dass er mit größerem Publikumsinteresse an diesem Motiv rechnete. Die Bauten der historischen Altstadt überwiegen bei diesen Darstellungen der zerstörten Stadt. Der Zustand von moderneren Gebäuden interessierte den Maler in künstlerischer Hinsicht weniger.[191] Die Bleistiftzeichnung von Häuserruinen in der Freiherr-vom-Stein-Straße (Z224) und „Das vom Krieg mitgenommene Haus" (A453) bilden Ausnahmen.

Ebenso die Aquarelle, welche durch Zweige eines Baums hindurch den „Blick auf das ausgebrannte Haus" (A451) und den Blick auf ein „Zerstörtes Gartenhaus in Frankfurt" (A452) wiedergeben. Die zerstörte Architektur wird bei den zuletzt genannten Werken erst auf den zweiten Blick ersichtlich. Das eigentliche Interesse des Malers schien dem dichten Grün im Vordergrund zu gelten, weniger der Architektur, die durch dessen lichte Partien nur hindurchschimmert. Die in dieser Zeit entstandenen Bilder besitzen aufgrund des rar gewordenen Künstlermaterials durchweg ein kleineres Format.

Hanny Franke war nicht der einzige Maler, der sich darum bemühte, das vom Krieg zerstörte Frankfurt im Bild festzuhalten. Das künstlerische Thema der zerstörten und wiederherzustellenden Stadt „lag in der Luft". So konnten 1946 die Studenten während ihrer Aufnahmeprüfung für die Städelschule zwischen den Kompositionsthemen „Herbst" und „Wiederaufbau" wählen.[192] Und auch Künstler, die sich ansonsten für ganz andere Motive interessierten, dokumentierten den ruinösen Zustand der Stadt. Auf dem Kunstmarkt herrschte eine erhöhte Nachfrage nach diesen Bildern, was sich auch damit begründen ließ, dass die amerikanische Besatzungsmacht aus militärischen Sicherheitsgründen private fotografische Aufnahmen der Innenstadt verbot, viele Frankfurter aber trotzdem eine Ansicht ihres zerstörten Wohnhauses im Bild festgehalten wünschten.

Lina von Schauroth zum Beispiel, ansonsten eher für ihre Tierdarstellungen und Glasmalereien bekannt, hielt 1948 in einer Serie verschiedene von Bomben beschädigte Gebäude der Innenstadt fest.[193] Auch Karl Luckhardt, dessen Werk bis dahin hauptsächlich ländliche und bäuerliche Sujets prägten, befasste sich mit dem Thema. Seine „Mainfront nach der Zerstörung 1948" zeigt eine Ansicht der vom Krieg beschädigten Häuser vom Sachsenhäuser Ufer aus gesehen.[194]

Ein anderer Künstler, welcher sich über lange Zeit Ansichten des zerstörten Frankfurts zum Thema machte, war der Maler Wilhelm Raab. Seine Pastellzeichnung aus dem Jahr 1944 dokumentierte die Ansicht des Roßmarktes nach dem Bombenangriff.[195] Ein Jahr später malte er 1945 u. a. die Mainpartie am Eisernen Steg nach der Zerstörung[196] und hielt noch sieben Jahre später eine Ansicht des Nürnbergerhofes[197] sowie der Kleinmarkthalle im zerstörtem Zustand fest.[198] Im Gegensatz zu den menschenleeren Bildern Hanny Frankes sind die Trümmerlandschaften Wilhelm Raabs oft mit Staffagefiguren belebt, mit Menschen, deren Aktivitäten das Bemühen andeuten, Ordnung in das brach liegende Umfeld zu bringen.

„In den Bildern aus der Ruinenstadt spürt man im Glanz des Vergehens eine Spur von Hoffnung",[199] charakterisierte der Autor eines Zeitungsartikels treffend, was die in den Trümmern der Altstadt gemalten Bilder Hanny Frankes von denen der anderen Maler unterscheidet. Seinen Bildern haftet nichts Düsteres oder Anklagendes an. Mit den bunten Blumen, die sich zwischen Trümmerbrocken hindurchdrängen, lässt sich die Stimmung auf einigen fast als heiter und optimistisch bezeichnen.

8.1.2. Grüneburgpark 1948

Während Hanny Franke in den ersten beiden Nachkriegsjahren noch Studienfahrten in die Rhön, in den Odenwald oder in die nähere Umgebung in das Hessische Ried nach Biblis (G338, G339, A44, A45) oder nach Dieburg unternehmen konnte, verhinderten die finanziellen Umstände der Währungsreform im Jahr 1948 das Reisen jeglicher Art. Im gleichem Jahr öffnete jedoch der Grüneburgpark erstmals seit längeren Jahren wieder seine Pforte und bot dem Künstler malenswerte Motive vor Ort. Die Besatzungsmacht hatte den Park 1945 be-

Abb. 36 G1003

Abb. 37 Z77

schlagnahmt und der Stadt Frankfurt zunächst das Verfügungsrecht über das sich vor 1936 in jüdischem Besitz befindende Grundstück entzogen. Erst im Juni 1952 übertrugen die Amerikaner die Verwaltung des Grüneburgparks wieder an die Stadt Frankfurt mit dem Auftrag, ihn als Volkspark herzurichten. Im Winter des gleichen Jahres begannen Mitarbeiter des Gartenamtes den Wildwuchs zu beseitigen.[200] Bis dahin bot die völlig verwilderte Parkanlage den Frankfurtern den Anblick eines von Menschenhand scheinbar unbeeinflussten Stückes Natur: „(...) Er war zu einer Wildnis geworden und ein Leckerbissen für einen Landschafter. Rasenflächen waren seit vielen Jahre nicht mehr gemäht worden, altes verwelktes Gras, Blumen und Distelknoten standen gelb und braun neben frischen Grün und leuchtenden Blumen. Verfilzt waren die Büsche, von abgestorbenen Bäumen hingen gebrochene Zweige und die Wege waren von Moos und Pflanzenwuchs überzogen."[201] Der „Spätsommerliche Winkel" (G408), „Am Rande des Grüneburgparks" (G394) und die Ansicht „Aus dem Grüneburgpark vor dem Regen"(G399) vermitteln Eindrücke des verwilderten Parks. Der Maler zeigt eine Landschaft mit blühenden Disteln, hochgewachsenem Gras und undurchdringlichen Dickicht von Büschen und Bäumen, die man keinesfalls in direkter Nähe zur Stadt vermutet. (G412)

Einen bestimmten Feldbaum im Grünburgpark hielt Hanny Franke in dieser Zeit gleich zwei mal, jeweils als Aquarell (A135) und als Federzeichnung (Z)77, Abb. 37), bildlich fest. Während die rechte Seite des Baums ein dichtes Laubkleid trägt, recken sich auf der linken Hälfte dürre und kahle Äste in den Himmel. „Den Krieg überstanden" betitelte der Künstler selbst die Federzeichnung. Mit dieser Titulierung lässt sich die kleine Zeichnung inhaltlich mit Arbeiten von Caspar David Friedrich in Verbindung setzen, in dessen Werk kahle Bäume immer mit dem Vanitasgedanken verbunden sind. Auch Hanny Franke, dessen Naturdarstellungen bis auf diese Ausnahme ansonsten ohne symbolische Bedeutung gesehen werden müssen, hatte sicher Ähnliches im Sinn. Sein Baum

Abb. 38 G946

188 LE IV, S. 190
189 dto.
190 LE IV, S. 192
191 Laut einer Mitteilung von Margarethe Franke an Gerhard Raiss/Stadtarchiv/Museum Eschborn erhielt auch Hanny Franke einige Aufträge von Hausbesitzern, die Ansichten ihrer im Krieg beschädigten Gebäude in Frankfurt zu malen. Für das vorliegende Werkverzeichnis konnte jedoch keine dieser Auftragsarbeiten ausfindig gemacht werden; Interview der Autorin/April 2005 mit Stadtarchivar Gerhard Raiss.
192 IfSG, Kulturamt, Sign. 479, Blatt 210
193 Vgl. Schembs 1989, S. 216-218
194 Vgl. Schembs 1989, S. 223
195 Wilhelm Raab, Der Rossmarkt nach dem Bombenangriff, Pastell, 1944, 30 cm x 45 cm, sign. l. u. und dat., Privatbesitz, Ausst. Kat. Frankfurter Sparkasse 1997, Abb. S. 49
196 Wilhelm Raab, Mainpartie am Eisernen Steg nach der Zerstörung, 1954 Öl/Lwd., 37 cm x 52 cm, sign. r. u. und dat., Privatbesitz, Ausst. Kat. Frankfurter Sparkasse 1997, S. 77
197 Wilhelm Raab, Der Nürnberger Hof nach der Zerstörung, 1952, 30 cm x 46 cm, l. u. sign. und dat., Privatbesitz, Ausst. Kat. Frankfurter Sparkasse 1997, Abb. S. 50
198 Wilhelm Raab, Die zerstörte Kleinmarkthalle im Winter, 1952, Tempera auf Holz, 36 cm x 47 cm, l. u. dat., Privatbesitz, Ausst. Kat. Frankfurter Sparkasse 1997, Abb. S. 51
199 FAZ, 2.9.1955
200 IfSG, S3/E307, Merkblatt: Bauverwaltung - Tiefbau Gartenamt, 7.2.1953.
201 LE VI, S. 30

ist nur zur Hälfte kahl, und dieser halb kahle und halb bewachsene Baum kann auch als Sinnbild für die Menschen stehen, die ebenfalls den Krieg überstanden und von diesem arg gebeutelt, dennoch einen zuversichtlichen Blick in die Zukunft wagten.

Im Jahr 1948 machte sich der Künstler die Mühe, einzelne Pflanzen und Pflanzengruppen detaillierter im Bild festzuhalten. Zwar lenkte er auch schon in den vorherigen Jahren seine Aufmerksamkeit auf kleinere Pflanzenausschnitte (G942, G943), der Schwerpunkt der Entstehungszeit einzelner Pflanzenstücke lag jedoch im Jahr der Währungsreform. Seine Wiesenstücke mit Wollkraut (G946, Abb. 38), Großem Huflattich (G947) und Blühendem Habichtskraut (G951) entstanden zu einem Zeitpunkt, an dem der Maler an Studienreisen gehindert, sich dadurch neue Motive erschloss, indem er stattdessen seinen Blick verstärkt auf den ihn umgebenden Mikrokosmos lenkte.

8.2. Administratives Engagement in der Nachkriegszeit

Als besondere Leistung des Künstlers Hanny Franke muss die aktive Beteiligung am Wiederaufbau des kulturellen Lebens nach dem 2. Weltkrieg in Frankfurt/M. hervorgehoben werden. Seine Mitarbeit erstreckte sich dabei auf verschiedene Institutionen gleichzeitig.

Als Mitbegründer des Berufsverbandes Bildender Künstler arbeitete er mehr als zehn Jahre in dessen Vorstand mit. Der Verband fußte auf dem um 1910 gegründeten Wirtschaftsverband Bildender Künstler, der im September 1927 in den Reichswirtschaftsverband der Bildenden Künstler überführt wurde. Die NSDAP löste diesen 1933 auf und legte den Mitgliedern nahe, der Reichskulturkammer beizutreten.

Im Dezember 1945 beantragten Fritz Fischer, Oscar Ufert und Wilhelm Kesting die Gründung des Berufsverbandes bei der Militärregierung.[202] Die endgültige Genehmigung dazu erfolgte am 2. Mai 1947. Bei einer demokratischen Wahl wurden bereits ein Jahr zuvor, am 14. Juni, neben Hanny Franke auch die Maler Fritz Fischer, Franz. K. Delavilla, Gottfried Diehl, Wilhelm Heise, Wilhelm Kesting, Oscar Ufert, Heinrich Kreuchen und Rudolf Agricola in den Vorstand gewählt.[203]

Die endgültige Zulassung des Verbandes hatte sich zunächst verzögert, da die Militärregierung auch das Einverständnis des Kultusministeriums erhalten wollte. Dieses äußerte anfangs jedoch Bedenken, den Verband zuzulassen, weil nach dem vorgelegtem Programm die Gefahr bestehe, dass der Berufsverband für den Stadtkreis Frankfurt/M. eine Monopolstellung erhalte. Da der Verband laut seinem Programm beabsichtige, für seine Mitglieder Bescheinigungen auszustellen (z.B. für das Arbeitsamt, Beschäftigungsnachweise, für Kohlenbezug und Atelierbeschaffung), hätten diese gegenüber anderen, nicht organisierten Künstlern, erhebliche Vorteile.[204] Dass diese Ängste jedoch völlig unbegründet waren, belegte ein Schreiben von Ernst Holzinger an das Kulturamt. Er versicherte darin, dass der Berufsverband keineswegs eine Monopolstellung anstrebe und es den Mitgliedern auch frei stehe, sich gleichzeitig anderen Organisationen anzuschließen.[205]

Eine seiner dringlichsten Aufgaben sah der Verband zunächst darin, dem seinerzeit herrschenden Mangel an Künstlerbedarfsmaterial entgegenzuwirken und seinen Mitgliedern bei der Beschaffung zu helfen. Auch wollte man mit der Stadt Frankfurt über ein Ausstellungsforum für die Frankfurter Künstler verhandeln. Die juristische Beratung stand ebenso auf dem Programm wie die Veranstaltung von Ausstellungen, Vortrags- und Diskussionsabenden. Außerdem wollte der Verband dafür sorgen, dass Kollegen, die Nationalsozialisten waren, nicht in den Vordergrund traten.

Der Verband sah sich auch als Gutachterstelle, die in der Lage sei zu beurteilen, ob die Arbeit eines Künstlers als künstlerisch wertvoll angesehen werden könne. Erst wenn dieser aufgrund seiner Ausbildung und Fähigkeiten auch als solcher zu bezeichnen sei, könne er auch dem zu erwartendem Lizenzierungsgesetz für gewerbliche Unternehmen unterliegen. Hanny Franke gehörte der Jury an, die über die Aufnahme der Bewerber entschied. Der Andrang der Aspiranten war groß und deren Beurteilung nahm viel Zeit in Anspruch. (...) *„eine verantwortungsvolle, schwierige Sache. Das Gros der sich Meldenden sind Dilletanten die die Zeit aus ihrem bisherigem Berufe geworfen und die nun glauben, da sie sich nebenbei mit Farben und Pinsel betätigt, sie seien zum Künstler geboren"*, stellte Hanny Franke rückblickend in seinen Lebenserinnerungen fest.[206] Der Berufsverband Bildender Künstler konnte zum Gründungszeitpunkt im Jahr 1945/46 eine Mitgliederzahl von 40 Künstlern, darunter vier ehemalige Parteigenossen, vorweisen. Die Mitgliederzahl stieg 1946 auf 136, 1948 auf 350 und 1950 auf 400 an. Im Jahr 1966, als Hanny Franke seine mehr als zehn Jahre während Mitarbeit längst aufgegeben hatte, verzeichnete der Berufsverband schließlich 500 Personen als Mitglieder.[207]

Zur gleichen Zeit wie sich der Berufsverband Bildender Künstler formierte, bestand auch das Betreben, den Kunsthochschulbetrieb an der Frankfurter Städelschule wieder aufzunehmen. In diesem Zusammenhang bat Prof. Wilhelm Heise darum, dass sich Hanny Franke in den neuentstehenden Beirat der Städelschule wählen ließe.[208] Zusammen mit dem Fabrikanten Hartmann von der Bauer'schen Gießerei sollte der Künstler als Vertreter der Bürgerschaft bei den Arbeiten des Beirats mitwirken. Neben Prof. Wilhelm Heise, dem Direktor des Beirats, gehörten der Amtsleiter des Kulturamts und Dr. Alfred Wolters, der Direktor der Städtischen Galerie, mit zum Gremium.[209] Zur vorrangigsten Aufgabe des Beirats gehörte es zunächst, sich in den Sitzungen über die Anstellung von Direktor und Lehrbeauftragten der zukünftigen Kunsthochschule zu einigen. Da das Gebäude der alten Städelschule im Krieg völlig vernichtet wurde, befasste sich der Beirat anfangs auch mit der Organisation von geeigneten Unterrichtsräumen sowie mit dem Beschaffen von Heiz- und Arbeitsmaterial für Lehrende und Studenten. Später standen neben dem allgemeinem Haushaltsplan, Jahresrechnung, Finanz-, Vermögens- und Grundstücksangelegenheiten auch Themen auf der Tagesordnung, welche Unterrichtsangelegenheiten von grundsätzlicher Bedeutung betrafen. In seiner Eigenschaft als Mitglied im Beirat der Städelschule wirkte Hanny Franke bis zum Jahr 1961 am Entstehen der neuen Kunsthochschule mit.

Ein Brief Hanny Frankes an die Frankfurter Künstlergesellschaft gibt darüber Aufschluss, dass sich der Künstler nach dem Krieg darum bemühte, die verschollene Kunstsammlung der Künstlergesellschaft wieder ausfindig zu machen.[210] Als Kurator der Kunstsammlung musste er kurz vor Kriegsausbruch einen Bestandskatalog beim Polizeipräsidium einreichen. Der

Bestand wurde daraufhin zum „unveräußerlichen nationalen Kulturgut" erklärt und „sichergestellt". Die Recherche Hanny Frankes nach den seit dieser Zeit verschwundenen Kunstwerken verlief trotz aller Bemühungen, auch mit Hilfe des Städelschen Instituts und staatlicher Behörden, erfolglos.

Neben seinen administrativen Tätigkeiten - er stand zu dieser Zeit noch auf der Liste der in der Verwaltung des Frankfurter Kunstvereins Tätigen - trug der Künstler nach Kriegsende auch auf andere Weise zur kulturellen Belebung bei. So fanden in seiner Wohnung Künstlerabende statt, an denen befreundete Opernsänger wie Xaver Weibel und W. Stein italienische Arien und Stücke von Wagner vortrugen. Der Pianist Eugen Imhoff (Z361/1) begleitete sie dabei auf dem Klavier. Auch bereicherten manches Mal Schauspieler mit Rezitationen die Abende. Hanny Franke selbst besuchte außerdem auch von anderen organisierte periodisch stattfindende Veranstaltungen, wie die Künstlerabende der Heussenstammstiftung. In der Arndtstraße in Frankfurt, der Wohnung der Initiatorin Frau Kurtz, versammelten sich Künstler aller Kunstzweige. Diese Veranstaltung sollte dazu beitragen, dass sich die bekannten Künstler der Stadt näher kennenlernen können.

Erste Frankfurter Kunstausstellungen nach dem Krieg

Für den Februar 1947 lässt sich Hanny Frankes Mitarbeit als Juror für die erste Kunstausstellung in Frankfurt/M. nach dem Krieg nachweisen.[211] Die Ausstellung fand einen Monat später in den Räumen des Städelmuseums statt. Der Künstler selber beteiligte sich daran mit drei kleineren Arbeiten. Eine davon, eine „Birke im März" fand besonderen Gefallen bei einem Journalisten, der für die amerikanische „New York Herald Tribune" schrieb: *„Of the hundred works of art displayed in the Staedel Museum, two small, delicate oil paintings stand out, in the opinion of this reviewer. Hanni Franke's „Birchtree in March" and Dickel-Salvius's „Mother with Children" reveal a delicacy, purity of line and sensitivity that would bear display in any major international gallery."*[212]

Gemeinsam mit Dr. Holzinger besuchte in diesen Tagen auch der hessische Kultusminister das Atelier des Künstlers, um im Auftrag des Ministerpräsidenten ein Bild zu erwerben. Der Oberkommandierende der amerikanischen Streitkräfte in Europa und Militärkommandeur der amerikanischen Zone, General McNarney, übergab am 15. März 1947 seine Ämter an seinen Nachfolger Lucius D. Clay und sollte als Abschiedgeschenk ein Gemälde von Hanny Franke erhalten.

Am 14.3.1948 eröffnete der Frankfurter Kunstverein in der Eschersheimer Anlage 35 mit der Ausstellung „Frankfurter Kunst der Gegenwart" sein neues Ausstellungsdomizil. Zusammen mit Franz K. Delavilla, Richard Enders, Fritz Fischer, Theo Garvé, Prof. Wilhelm Heise, Wilhelm Kesting, Prof. Vanoli und R. M. Werner wurde Hanny Franke darum gebeten, der Jury anzugehören, welche die auszustellenden Kunstwerke auswählen sollte.[213]

Von April bis Mai des gleichen Jahres erhielt der Künstler dann die Gelegenheit zu seiner ersten Einzelausstellung nach dem Krieg. In der Frankfurter Galerie Koch in der Myliusstraße präsentierte er 60 Arbeiten kleineren oder mittleren Formats. Professor Holzinger übernahm die Ausstellungseröffnung. Etwa 30 Besucher täglich interessierten sich für die Ausstellung des kleinen Kunstsalons.

Ein Jahr nach der Währungsreform blieb die wirtschaftliche Lage der Künstler angespannt. Für Hanny Franke blieben die Auftragsarbeiten aus, nur wenige der fertigen Bilder fanden Käufer. Ende des Jahres 1949 erhielt der Künstler die Möglichkeit zu einer zweiten Einzelausstellung im amerikanischem „Lotusclub". Von den 38 ausgestellten Bildern wurde zwar keines verkauft, aber dafür eines gestohlen.

202 IfSG, Kulturamt Sign. 515, Brief W. Kesting an Kulturamt in Frankfurt/M., 22.6.1946
203 IfSG, Kulturamt Sign. 377, Brief W. Kesting an Stadtrat Dr. Keller, 22. 6.1945
204 IfSG, Kulturamt Sign. 515, Brief Kultusministerium an Oberbürgermeister der Stadt Frankfurt/M., 29.8.1946
205 IfSG, Kulturamt Sign. 515, Brief E. Holzinger an Kulturamt in Frankfurt/M., 25.9.1946
206 Vgl. LE VI, S. 6
207 FNP, 22.11.1966
208 Vgl. LE VI, S. 11
209 IfSG, Kulturamt Sign. 479, Magistratsbeschluß vom 27.9.1946
210 Archiv Frankfurter Künstlergesellschaft, Brief HF/Frankfurter Künstlergesellschaft, 26.9.1950.
211 Vgl. LE VI, S. 15
212 Herald Tribune, 12.3.1947
213 Frankfurter Kunstverein/HF, 26.1.1948

9. Die Jahre von 1950 bis 1973

9.1. Jubiläumsausstellung 1950

Auch 1950 war es infolge der finanziellen Situation dem Maler immer noch nicht möglich, eine Studienreise anzutreten und auch ein in Aussicht gestellter größerer Auftrag, der den Künstler erwartungsvoll für zwei Tage nach Heidelberg reisen ließ, zerschlug sich. Der Erfolg einer Jubiläumsausstellung im Kunstverein anlässlich seines 60. Geburtstages konnte in dieser Zeit jedoch als Lichtblick gelten. Hanny Franke bestritt die Ausstellung gemeinsam mit elf Frankfurter Künstlern, darunter, neben Franz K. Delavilla selbst, dessen Schüler Hanns Benner und Theo Garvé sowie Georg Heck, Otto Schuch und Siegfried Reich. Mit seiner sich eher am 19. Jahrhundert orientierenden Malerei stand das Geburtstagskind im Kontrast zu den anderen Künstlern, deren Arbeiten mehr der modernen Richtung zuzuordnen waren. Professor Holzinger eröffnete die Ausstellung im August. 22 gerahmte Bilder, 33 Bilder und Studien im Passepartout, in einer Vitrine aufgeschlagene Skizzenbücher sowie eine Anzahl farbiger Reproduktionen gaben einen umfangreichen Überblick des bisherigen Schaffens von Hanny Franke.

Gleich am Tag der Eröffnung fanden einige seiner ausgestellten Bilder Käufer. Dass die Arbeiten des Künstlers trotzdem nicht uneingeschränkten Beifall genossen, zeigte ein Presseartikel. Der Journalist Edwin Möhrke hob zwar die „(...) *subtile Sicherheit der Pinselführung (...)*" hervor, die neben intuitiver Raumerfassung die Landschaften Hanny Frankes prägen würden. Dennoch vermisse er die individuelle Aussage - zumindest würde sie mit einer Akribie verdeckt, mit der die jeweilige Stimmung der Tag- und Jahreszeiten in feinster Strichführung nachgeschaffen seien. Sogar die Selbstbildnisse seien „objektiv" gemalt. Einzig der Nebel und das Licht einer „Waldwiese im Morgentau" sowie die Skizzen- und Wanderbücher ließen ureigene Empfindungen ahnen. Die naturalistische realistische Auffassung der Malerei Hanny Frankes bildete seiner Ansicht nach eine „Antithese" zu den ebenfalls ausgestellten Bildern F. K. Delavillas, welcher die Landschaft mit breiter Strichführung individuell als Form erfasse.[214] Einen wohlwollenderen Ton schlug die Journalistin Doris Schmidt an: „*Er ist der letzte Repräsentant einer Kunst, die ihre schönsten Blüten zu Ende des vorigen und zu Beginn dieses Jahrhunderts getrieben hat. Alles, was nach dieser Zeit an qualitätsvoller Malerei in Frankfurt geleistet wurde, hat den Rahmen des ‚Frankfurtischen', wenn man einmal so sagen darf, gesprengt.*"[215]

Mit zwei Reproduktionen, einem „Vorfrühlingsbild" und einem „Rosenstillleben", die in der neu herausgegebene Monatszeitschrift „Du und die Welt" erfolgten, konnte der Maler 1950 auf ein weiteres Bekanntwerden seiner Arbeiten hoffen.

---

214 FR, 22.8.1950
215 FAZ, 26.8.1950

9.2. Malen in der Umgebung von Frankfurt und im Taunus

9.2.1. Schwanheimer Eichen

Auch die Schwanheimer Eichen galten als klassische Frankfurter Motive, die nicht nur unter den ortsansässigen Malern von Hanny Franke vorhergehenden Generationen - darunter Fritz Wucherer, Peter Burnitz, Adolf Hoeffler - besonders beliebt waren. Jahrhundertelang, noch bis zum 1. Weltkrieg, nutzten die Bauern den Schwanheimer Wald als Waldweide. Indem die Tiere dabei alles Grüne, einschließlich der Sämlinge, abweideten und sich der Wald nicht selbst verjüngen konnte, bildete sich die charakteristische Umgebung, welche die Künstler so anziehend fanden: ein lichter Eichenwald mit dickstämmigen mächtigen, besonders knorrigen und bizarr geformten Bäumen und grasbedecktem Untergrund. Unter den über 30 Künstlern, die sich von ca. 1800 an bis in die sechziger Jahre des 20. Jahrhunderts mit dem Thema beschäftigten, befanden sich auch Maler aus Darmstadt, Düsseldorf, München und Dresden.[216]

Hanny Franke selbst entdeckte das Motiv erst um 1952 für sich und hielt die beeindruckenden Bäume mit Pinsel und Stift auf Leinwand und Papier fest. Mit souveränem Pinselstrichen zeigte der Maler 1952 in zwei Aquarellen sommerliche Ansichten von Eichen aus dem Schwanheimer Wald (A235, A236). Zwei abgestorbene Eichen mit ihrem kahlen Geäst vor dem Hintergrund einer mit gesundem Grün bewachsenen Baumgruppe stehen in einem Bild aus dem Jahre 1954 fast im Mittelpunkt (G484/21). Der Vordergrund des parallel aufgebautem Bildes nimmt ein Drittel der Bildfläche ein. Der Künstler versah ihn mit einem leicht hügeligen, sandigen Weg, den grüne Wiesenflächen teilweise unterbrechen. Drei Jahre später hielt er Eindrücke aus dem Schwanheimer Wald in herbstlicher Stimmung mit dem Pinsel fest (G524). Den parallelen Bildaufbau behielt er bei, doch setzte er den Horizont tiefer an. Der

Vordergrund nimmt nur noch ein Viertel der Bildfläche ein. Auf diese Weise gab er der Kontrastwirkung zwischen den kahlen Ästen und dem hellen Himmel mehr Raum.

Neben dem künstlerischen sollten die Bilder Hanny Frankes auch dokumentarischen Wert besitzen, indem er den Anblick der alten Bäume für die Nachwelt konservierte. In einer Zeitungsveröffentlichung gab der Maler seiner Befürchtung Ausdruck, dass die Eichen aufgrund von sinkendem Grundwasserspiegel sowie der Großstadtausdehnung nicht mehr lange existieren würden.[217] Dass seine Befürchtung in diesem Zusammenhang unbegründet war, konnte er damals nicht ahnen, ebenso wenig wie die Tatsache, dass die Stadt Frankfurt sich darum bemühen würde, den Grüngürtel und mit diesem die Schwanheimer Alteichen zu erhalten.

Hanny Franke glaubte außerdem im Jahr 1957 unter den alten Eichen einen Baum ausfindig gemacht zu haben, welcher 95 Jahre zuvor von Ludwig Richter gezeichnet worden war und hielt seine Entdeckung in einer Feder- und Bleistiftzeichnung fest (Z435, Z436). Unter diesem Baum, welcher in seiner Grundstruktur noch zu erkennen sei, habe Ludwig Richter in seiner Zeichnung eine Hirtenszene platziert. Hanny Franke verriet nicht, auf welche Ludwig-Richter-Zeichnung er sich genau bezog. Von den vier erhaltenen Zeichnungen Ludwig Richters, die sich von seinem Besuch im Schwanheimer Wald erhalten haben, lässt sich aber eine der in der Berliner Nationalgalerie befindliche am ehesten mit seiner Entdeckung in Verbindung bringen.[218] Die Stammform des Baums im Hintergrund rechts scheint annähernd ähnlich mit dem in seiner in Feder- und Bleistiftzeichnung zu sein.

---

216 Vgl. Eichler 1994
217 Franke 1957
218 Ludwig Richter, Alte Eiche in Schwanheim, August 1862, Graphit, weiß gehöht, 16,2 cm x 22 cm, Berlin, Nationalgalerie, Inv.-Nr. 155. Neidhardt 1991, Abb. Nr. 153

9.2.2. Die Nidda

Die Nidda gehörte zu den Lieblingsmotiven des Malers, das er in fast seiner gesamten Schaffenszeit in immer wieder verschiedenen Variationen und von verschiedenen Standorten aus im Bild festhielt. So malte er zum Beispiel 1925 die Niddalandschaft bei Nied (G48), 1931 den

Abb. 39 Beim Malen an der Nidda - 1933

Nidda-Altarm bei Hausen (G86) sowie in den Niddawiesen bei Praunheim und Berkersheim und 1933 die Nidda mit Taunus (G96). Die meisten seiner Nidda-Bilder stammen jedoch aus dem Jahr 1961, einem Jahr, in dem die Regulierungsarbeiten an dem Flüsschen, mit welchen man schon 1927 begonnen hatte, ihren Höhepunkt erreichten. Schon 1914 plante die Stadt Frankfurt den Verlauf der Nidda im Stadtbereich zu begradigen, um damit Landüberschwemmungen zu verhindern, bzw. um somit neues Bauland zu erhalten. Die sich vielfach windenden Flussschlingen des Niddaflüsschens sollten mit Durchstichen abgeschnürt werden, die Bereiche um die abgetrennten Altarme als Naherholungsgebiet nutzbar gemacht und erhalten bleiben. Die begradigte Hauptader des Flüsschens sollte tiefer und breiter angelegt, die Ufer mit Stein befestigt werden. Mit Hilfe neu errichteter Wehre sollten große Wassermengen mit erhöhter Fließgeschwindigkeit unter Kontrolle gehalten werden. Der ausbrechende 1. Weltkrieg machte die Pläne zunichte. Erst 1926 wurden sie trotz vieler Proteste von Naturfreunden und Malern wieder aufgenommen und man begann, sie in leicht veränderter

Abb. 40 G98

Form in die Tat umzusetzen. Aufgrund der Weltwirtschaftskrise mussten die Arbeiten ein weiteres Mal unterbrochen werden. Von der Nachkriegszeit an bis 1957/58 erfuhr die Nidda dann verschiedene Veränderungen, bei denen einige ihrer Altarme völlig abgetrennt oder zugeschüttet wurden. 1961 sollten die im Stadtge-

Abb. 41 Jakob Maurer

Abb. 42 G903

biet verbliebenen Flusswindungen im Rahmen einer Gesamtregulierung dann endgültig korrigiert werden. *„Die Einheit des Flusslaufes mit seinen Tausenden von Bäumen und Sträuchern ist restlos vernichtet, dieses Idyll kann nie mehr geschaffen werden"*,[219] äußerte sich damals das opponierende aber weisungsgebundene Gartenamt der Stadt Frankfurt kritisch zu diesen Plänen. Wie er schon im Jahr 1927, als er von den beginnenden Regulierungsabsichten erfuhr, die betroffenen Flussabschnitte noch malte, so versuchte Hanny Franke auch 34 Jahre später, einige der schönsten Landschaftspartien noch möglichst oft vor deren Vernichtung bildlich festzuhalten. Von einen bestimmten Abschnitt am Ulmenrück erfasst das Werkverzeichnis mehrere Versionen, die Landschaftseindrücke im Vorfrühling (G641, G626) und im Sommer (G617, G639) wiedergeben. Ein anderer Flussabschnitt wiederum reizte den Maler sowohl an einem bewölken Sommertag (G637) als auch einem nebeligen Septembertag (G39) zum Malen. Die unterschiedliche Atmosphäre an den verschiedensten Tages- und Jahreszeiten und zu den verschiedenen Wetterlagen war es, was den Maler die gleiche Landschaft immer wieder in neuem Licht erscheinen ließ.

Dabei war er nicht der einzige Frankfurter Maler, der eine besondere Vorliebe für Nidda-Motive hatte. Die Niddaauen zwischen Rödelheim und Nied galten als klassisches Motiv der Frankfurter Maler der vorhergehenden Generation. So wählte Jakob Maurer für eine „Landschaft an der Nied"[220] (Abb. 41) den gleichen Bildausschnitt, wie ihn Hanny Franke in einer späteren Arbeit ebenfalls wählte (G903, Abb. 42). Aber nicht nur Jakob Maurer, Peter Burnitz oder Adolf Hoeffler wurden von der Niddalandschaft angezogen.[221] Auch unter Hanny Frankes Zeitgenossen erfreute sich der Flusslauf großer Beliebtheit. Ein Foto aus dem persönlichen Fotoalbum Hanny Frankes zeigt ihn, wie er im Jahr 1933 mit mehreren Malerkollegen gemeinsam an der Nidda malte (Abb. 39). Der Standort, an dem die Aufnahme gemacht wurde, befand sich am Ulmenrick in Berkersheim, etwas unterhalb der Bahnlinie, die nach Bad Vilbel führte und war von Frankfurt aus zu Fuß gut zu erreichen. Für viele Frankfurter Künstler galt diese Stelle als ein besonders bevorzugter Malerwinkel, so hielt zum Beispiel auch Karl Mergell eine Ansicht der Nidda von diesem Standort aus im Bild fest.[222] Von den vier Kollegen auf dem Foto wird mit Georg Herold nur einer namentlich in der Bildunterschrift erwähnt. Eine Arbeit Hanny Frankes aus dem gleichen Jahr (G98, Abb. 40), möglicherweise bei diesem gemeinsamen Ausflug entstanden, zeigt eine Ansicht der Nidda im gleichen Bildausschnitt wie auf dem Foto.

In seinen Lebenserinnerungen stellte er rückblickend fest: *„Mein Lieblingsgebiet war der Lauf der Nidda, von der Mündung bei Höchst bis hinauf nach Vilbel. Die Nidda war zu dieser Zeit noch nicht reguliert und kanalisiert und floss noch träge in vielen Windungen durch Wiesen und Wald. An Ihren Ufern standen noch prächtige alte Pappeln, Weiden und Erlen und sie hatte an vielen Stellen Hochufer die mit Weißdornhecken, Holunderbüschen und wilden Rosen bewachsen waren. Besonders reizvoll war die Nidda innerhalb des Nieder Waldes. Dieser Wald, dessen Bäume urwaldähnlich mit einem dichten Geflecht von Waldreben um- und überwuchert waren, barg mehrere, abgeschlossenen Altarme, in denen alte Baumleichen lagen, dazwischen eine reiche Wasserflora mit weisse und gelben Seerosen. (...) Schöne Hochufer hatte ferner die Nidda bei Hausen, Praunheim und Berkersheim. (...) Unter den vielen Malern die oft in diesem Gebiet malten ragen Peter Burnitz und Hans Thoma hervor. Den Vorfrühling habe ich an dem Niddaflüsschen oft ausgekostet. Leicht erreichbar bot sich hier ein Studiengebiet, wie ich es besser kaum finden konnte. Das klare Wasser mit den geröteten Erlen, den in der Frühlingssonne leuchtenden Silber- und Goldglanz der blühenden Weiden, den hellen Sandbüschen der Ufer, mattgrüne Wiesen und in der Ferne die rauchblaue Silhouette der Taunuskette. Wenn da noch der Schäfer mit seiner Herde über das Wiesenland zog, dann war die Pastorale des Frühlings gegeben.(...) Auch Sommer und Herbst bot soviel des Schönen, dass von Kollegen das Wort Barbizon ausgesprochen wurden, angesichts dieser Landschaft, die auch einem Corot oder Dupré etwas gegeben hätte.*[223]

Die Nidda-Landschaft so wie sie Hanny Franke in Worten und Bildern schilderte, existiert heute so nicht mehr. Seine Bilder können deshalb auch als Dokumentationen gelten, die die Niddalandschaft in ihrer Ursprünglichkeit zeigen.

---

219 Vgl. Gotta 1993, Anm. 25
220 Jakob Maurer, Landschaft an der Nied, Öl/Lwd., undatiert, 91 cm x 150 cm, Privatbesitz, Wiederspahn 1971, Abb. 297.
221 Vgl. Andreas 1981, S. 80.
222 IfSG, Sign. S3/E1713, Sammlung - Dokumentation Ortsgeschichte: Nidda: - 1979; Niddaknie, Karl Mergell (geb. 1870 - gest. 1944), Öl/Lwd., 38 cm x 46 cm, Kalenderblatt, Frankfurter Sparkasse von 1822, Monat August, ohne Jahresangabe.
223 LE II, S. 174

9.2.3. Eschborn

Im Jahr 1963 beschlossen Hanny Franke und seine Frau, sich von ihrer Frankfurter Wohnung im Westend zu trennen und ein eigenes Haus in dem ehemaligen Bauerndorf Eschborn im Vordertaunus zu beziehen. Dass ihnen der Entschluss nicht ganz leicht fiel, verriet ein kurzer Aufsatz, den Hanny Franke anlässlich dieses Ereignisses veröffentlichte.[224] Der Grund für den Umzug mochte die Tatsache sein, dass sich die Gegend im Frankfurter Westend im Laufe von 25 Jahren völlig verändert hatte. Auch vor der ehemals ruhigen Gegend, deren Baumbestand sich innerhalb dieser Zeit immer mehr reduziert hatte, machte der Einfluss des städtischen Verkehrs mit zunehmendem Lärm und Abgasen auf Dauer nicht Halt.

Das neue Domizil der Frankes befand sich in der Eschborner Pfingstbrunnenstraße. Von hier aus brach der Maler von 1963 an zu Studienausflügen in Eschborn und Umgebung auf, ein Umfeld, welches ihm nicht ganz unbekannt war, hatte er dieses doch schon Jahre zuvor mit seiner Malerausrüstung durchwandert (vgl. G136, G342). Die ihm vertrauten Wiesen und Bäume am Westerbach, die Blicke auf den Taunus mit Altkönig und Feldberg boten dem Künstler auch jetzt immer noch zahlreiche malenswerte Motive.

Sein ausgeprägtes Interesse an Heimatgeschichte ließ aber auch ab dem Zeitpunkt seines Umzuges nach Eschborn nicht nach und schlug sich in seinem Werk nieder. So hielt der Künstler in einigen kleinen Ölbildern die unspektakuläre Ansicht des „Kleinen Pfingstborns" fest, jener kleinen Wiesenquelle, nach der die Straße benannt war, in der sein Haus stand, bevor das Wasserloch 1965 endgültig zugeschüttet wurde (G703, G715, G745, G763). Mit Hilfe einer Bleistiftskizze von Friedrich Eugen Peipers aus dem Jahr 1830 versuchte er, das ursprüngliche Aussehen des gemauerten Brunnens zu rekonstruieren[225] (G1113, G1114, A484, A485, Z449).

Daneben galt Hanny Frankes Interesse auch der Rekonstruktion der alten Turmburg, um welche sich in frühmittelalterlicher Zeit die Vorläufersiedlung von Eschborn anordnete. Seine Fantasielandschaften (G1115, G1116, G1117, Z450 - Z456) mit Rekonstruktionen der ehemaligen Niederungsburg basierten dabei ausschließlich auf schriftlichen Aufzeichnungen; Reste der Architektur waren zu der Zeit, als sich der Künstler mit dem Thema beschäftigte, nicht mehr vorhanden.[226]

In zwei Bleistiftzeichnungen (Z446, Z447) befasste sich der Künstler mit dem Aussehen von Eschborn um 1500 sowie um 1801. Aber auch Eindrücke des moderneren Eschborn, so wie es

Abb. 43 G772

sich dem Maler damals zeigte, wurden von diesem immer wieder künstlerisch verarbeitet. Die charakteristische Silhouette des Ortes von Südost aus gesehen (G779) oder das „Vortaunusdorf im herbstlichen Dunst - von Nordwest aus gesehen (G757) fand er genauso malenswert wie den Anblick einiger Häuser am Bachgrund in der Karlsbader Straße (G796), einem Bild, bei dem die Architektur im Gegensatz zum erstgenannten nur durch die Bäume hindurchschimmert und das eigentliche Augenmerk des Künstlers eher der Landschaft galt. Auch bei der „Blumenwiese vor Eschborn" (G800) stand die Darstellung der Natur an erster Stelle, obgleich auch hier unverkennbar der charakteristische Kirchturm und die Gebäude Eschborns am Horizont ganz klar zu erkennen sind. Sein „Blick in die Neugasse" (G1019) wiederum, bei der die Architektur diesmal im Vordergrund steht, kann als Reminiszenz des Künstlers an die Ortschaft Eschborn gelten. Eine ganz andere Intention verfolgte er mit dem wiederholten Blick auf eine Häuserzeile in der Wiesenstraße: Die Ansicht der kleinen Dorfstraße, jeweils im Frühling (G764), im Sommer (G750), im Herbst (G749) und im Winter (G806) fügt sich zu einer Jahreszeitenzyklus-Darstellung zusammen.

Ansichten der alten Römerstraße mit dem Zollhaus (G759), das 1968 abgerissen wurde, zeugen vom Interesse des Malers an geschichtsträchtigen Orten ebenso wie Ansichten des Streitplackens. Verschiedene Abschnitte der alten römischen Heerstraße hielt der Künstler mit dem Pinsel im Bild fest und versäumte es nicht, auf der Bildrückseite sorgfältig die genaue dargestellte Position und den geschichtlichen Hintergrund in Worten zu notieren (G709, G710, G711, G788).

Schon 1946 interessierte sich der Maler für den „Streitplacken" (G342), jenes Gebiet, welches im Mai 1389 als Schlachtfeld für die Frankfurt-Kronberger-Fehde diente. 1966 malte der Künstler in der gleichen Gegend nochmals. Ruhig und friedlich zeigt sich die Landschaft mit blühenden Wiesen, reifem Getreidefeld, Taunus-Silhouette, und einzig die Titulierung des Künstlers weist auf den geschichtsträchtigen Ort hin (G771). Der „Streitplacken bei Gewitter" (G772, Abb. 43) lässt sich mit dem 1924 entstandenem „Getreidefeld bei Gewitter - im Vogelsberg/Birstein" (G40, Abb. 44) vergleichen. Die in beiden Bildern identische Anordnung der drei Getreidegarben im Vordergrund lässt vermuten, dass der Künstler hier auf ein

Abb. 44 G40

Abb. 45 Fritz Wucherer

Abb. 46 G1121

Repertoire an Versatzstücken zurückgriff, die sich ihm vor Ort in der Realität so wohl nicht darstellten.

Das sogenannte „Römerbrückchen" über den Westerbach fiel dem Künstler schon im Jahr 1928 auf. Der Bleistiftskizze folgte drei Jahre später ein Abbild in Öl, welches als Postkarte reproduziert wurde (G1118). Detailliert untersuchte er in Feder und Bleistiftskizzen die genaue Konstruktion der kleinen Brücke (Z459 - Z462). Noch Jahre später hielt er das Römerbrückchen aus verschiedenen Blickwinkeln im Bild fest (G1118 - G1125). Neben der Postkartenreproduktion verriet eine Auftragsarbeit aus dem Jahr 1965 von Seiten der Stadt Eschborn, dass sich das Motiv auch beim Publikum besonderer Beliebtheit erfreute (G1121, Abb. 46). Eine ähnliche Ansicht auf das kleine Bauwerk, wie sie von Hanny Franke für das Auftragswerk gewählt wurde, war seinem Publikum möglicherweise aufgrund einer Lithographie von Fritz Wucherer vertraut[227] (Abb. 45). Das mit 120 cm x 150 cm für Hanny Franke ungewöhnlich großformatige Bild zeigt den Blick auf Eschborn vom Römerbrückchen aus gesehen. Vergleicht man das Bild mit einer kleinformatigen Ausführung, welche die gleiche Blickführung zeigt (G1122), so fällt auf, dass der Maler bei der größeren Fassung die Ortschaft leicht nach links verschoben und von der Römerbrücke aus etwas weiter entfernt ins Bild setzte.

Auch in diesem Bild - wie in allen anderen auch - ließ der Maler mögliche Spuren der modernen Zeit, wie zum Beispiel Strom- oder Telegraphenmasten, außen vor.

---

224 Vgl. Franke 1963
225 Friedrich Eugen Peipers, geb. 1805, gest. 1885, in Frankfurt/M. Zeichenlehrer am Städelschen Kunstinstitut.
226 Vgl. Ament 1989, S. 211 ff., Zur ehemaligen Eschborner Turmburg im Allgemeinen.
227 Fritz Wucherer, Römerbrückchen bei Eschborn, Lithographie, 24 cm x 32 cm, u. l. bez.: „Fritz Wucherer", Weber-Mittelstaedt 1982, Abb. S. 43

9.3. Studienreisen

9.3.1. Der Schwarzwald

Im Sommer des Jahres 1951 reist der Künstler erstmals nach Emmendingen im Schwarzwald und folgte damit einer Einladung seines Freundes Hans Bührer. Als Museumsdirektor war dieser von September 1945 an für die Betreuung der Städtischen Sammlung zuständig, die von Dezember 1950 an wieder der Öffentlichkeit zugänglich gemacht werden konnte. Bei den Vorbereitungen zu einer Fritz Böhle-Ausstellung, die zwei Jahre später stattfand, sollte er in Hanny Franke eine tatkräftige Unterstützung erhalten. Hans Bührer stand auch mit den in Emmendingen noch lebenden Verwandten des Malers Fritz Böhle in Verbindung und machte diese mit Hanny Franke bekannt. Das Konterfei seines Freundes Hans hielt der Frankfurter in zwei Federzeichnungen im Bild fest (Z348, Z349).

Während seines ersten Aufenthaltes im Schwarzwald lernte der Maler außerdem den Leiter eines größeren Werkes kennen. Der sich daraus entwickelnden Freundschaft verdankte er neben weitern Einladungen in den folgenden Jahren auch mehrere Aufträge. Noch im November des gleichen Jahres erhielt er die Aufgabe, für eine Werkskantine einige Wandbilder auszuführen: *„Nur war mir dafür eine etwas kurze Frist vorgeschrieben, da der Einweihungstag festgesetzt war. (...) Von der geplanten Malerei direkt auf die Wand wurde abgesehen, ich sollte die Bilder in Öl auf Leinwand, die auf die Wände geklebt wurde, malen. Ohne besondere Vorbereitung oder Studien und dergleichen malte ich darauf los. Grosse Landschaften mit grösserer figürlicher Staffage, wozu ich einige flüchtige Figurenskizzen ohne Modell machte. Für jede Malfläche standen mir etwa zweieinhalb Tage zur Verfügung, außer dem Aufkleben der Leinwand, das vorrangegangen und von einem Handwerker besorgt wurde. Für eine solche Arbeit hätte man zwei Monate Zeit haben müssen, um das Resultat zu erreichen was ich mir gewünscht, denn ich verwendete zu dieser Malerei die besten Mussinifarben, und Halbkreidegrund. Bis auf einige nachträgliche Retuschen an Figuren, wurde die Arbeit in der vorgeschriebenen Zeit fertig, die dann nach Monaten mit Firnis überzogen wurden."*[228] (G1137)

Vor seiner Heimreise erhielt der Künstler über den Landrat von Emmendingen eine weitere Anfrage über ein Bild für ein Altersheim, mit dessen Ausführung er Anfang 1952 in der Wohnung seines Freundes begann. Hanny Franke wählte als Thema die „Hl. Elisabeth einen durstigen Greis tränkend" und bettete die Szene in eine Schwarzwaldlandschaft ein. Die Nichte Hans Bührers stand ihm für die Figur der Hl. Elisabeth zu einer Bleistiftzeichnung Modell. Den betreuenden Schwestern des Altenheimes gefiel die Arbeit so gut, dass sie gerne ein weiteres Bild in Auftrag gegeben hätten, es fehlten ihnen jedoch die dafür nötigen finanziellen Mittel.

Im Auftrag des Emmendinger Bürgermeisters restaurierte der Maler im gleichen Jahr ein Gemälde von Fritz Böhle und kopierte ein Bildnis des Erzherzoges Carl.[229]

Abb. 47 Hans Thoma

Von 1951 an bis 1970 reiste der Maler regelmäßig zum Malen in den Schwarzwald. Der mittelgebirgsartige Landschaftscharakter gefiel ihm. Sein Aktionsradius um Emmendingen herum weitete sich von 1954 an aus, da ihm ein Auto zur Verfügung stand. Er malte einige Male im Elztal bei Elsach, Waldkirch, im Tal der Glotter sowie im Simonswäldertal. Aus seiner Hand entstanden Ansichten aus dem Breisgau und dem Nagoldtal. Hanny Franke war sich bewusst, dass er in dieser Gegend vielen Motiven, wie zum Beispiel dem Mauracher Berg, begegnete, die achtzig Jahre zuvor auch Emil Lugo für bildwürdig befunden hatte.[230]

Auf den Spuren von Hans Thoma

1952 entschloss sich der Maler zu einer Reise nach Bernau im Schwarzwald, um dem Geburtsort von Hans Thoma aufzusuchen. Durch Vermittlung von Frau Bergman-Küchler - eine der Initiatorinnen zur Gründung der Frankfurter Hans-Thoma-Gesellschaft - fand er in dem von Sommerfrischlern überlaufenen Bernau ein Quartier. Über den Eindruck, welchen die Landschaft auf ihn machte, äußerte er sich: *„Es bedeute für mich einige Tage Umstellung, 900 m Höhe, diese herben Farben und die dünnere Luft waren etwas völlig anderes wie das Malen in den tiefgelegenen Gebieten des Rhein- oder Maintales. Das herbe Bernauer Hochtal mit den ausgedörrten Wiesen, umgrenzt von dunklen Tannenkuppen, über denen meist ein tiefblauer Himmel stand, war für mich etwas völlig Neues. Hier erst verstand ich die tiefsatten Himmel in den Landschaften Thomas, es war ja seine Heimat. Überall tauchten Erinnerungen an ihn auf, nicht nur seine Bildmotive."*[231] In Bernau hielt der Künstler sowohl den Blick auf den Ort selbst mit seinen typischen Bauernhäusern mit den riesigen tief heruntergezogen Dächern (G449) als auch einige Ansichten des Bernauer Hochtales mit Pinsel und Farbe fest (G451, G452). Die karge Hochschwarzwaldgegend mit ihrem fel-

Abb. 48 G335

Abb. 49 Hans Thoma

sigem Untergrund, hauptsächlich mit Nadelhölzern bewachsen, boten dem Maler einen bis dahin völlig neuen Landschaftseindruck.

Die Arbeiten seines berühmten Kollegen Hans Thoma schätzte Hanny Franke schon seit seiner Studienzeit. Er lernte ihn zwar nicht mehr persönlich kennen – weilte der Ältere doch schon einige Jahre in Karlsruhe – gratulierte ihm jedoch im Oktober 1924 schriftlich zum Geburtstag. Zusammen mit einem Dankesbrief, geschrieben von Hans Thomas Schwester Agathe, erhielt er daraufhin aus dessen Händen eine kleine Originalradierung. Als Mitglied im Frankfurter Kunstverein, der in seiner Gesamtheit gleichzeitig Mitglied der Hans-Thoma-Gesellschaft war, gehörte der Künstler außerdem einem Zusammenschluss an, dessen Ziel es war, „(...) *das Verständnis für das Wesen der Thomaschen Kunst und Denkart zu fördern und zu vertiefen, das Lebenswerk des Malers durch geeignete Maßnahmen (Ausstellungen, Veröffentlichungen, Vorträge) im Bewusstsein des deutschen Volkes immer lebendig zu machen.*"[232] Die Initiative zur Gründung der Hans-Thoma-Gesellschaft ging von den Nachkommen des Hans Thoma-Förderers und Freundes Dr. Otto Eiser aus. Seiner Witwe Elise Eiser-Küchler und ihrer Tochter Sophie Bergman-Küchler war es gelungen, die Gesellschaft im Jahr 1925 ins Leben zu rufen. Für das Amt des Ehrenvorsitzenden gewann man sogar den Reichspräsidenten von Hindenburg. Die Unterstützung dieser Interessensgemeinschaft machte es den Damen Küchler möglich, die über 40 Arbeiten Hans Thomas, die sich in ihrem Besitz befanden, in ihrem Haus im Frankfurter

Abb. 50 G1054

Oederweg Nr. 116 der Öffentlichkeit zur Besichtigung zugänglich zu machen.²³³ Im Gegenzug dazu garantierten die beiden, dass die Werke nach ihrem Ableben in den Besitz der Stadt Frankfurt übergehen würden. 1939 wurden die Werke der Sammlung Eiser-Küchler der Städtischen Galerie Frankfurt im Städelschen Kunstinstitut übereignet. Hanny Franke selbst nahm im Jahr 1933 mit einem Ölgemälde mit dem Titel „Wälder" an einer Ausstellung der Hans-Thoma-Gesellschaft im Frankfurter Städelmuseum teil.²³⁴

Auch in künstlerischer Hinsicht lassen einige Arbeiten in Hanny Frankes Werk eine Verbindung zum Werk Hans Thomas erkennen. Seine „Frühlingsstudie aus der Rhön" (G335, Abb. 48), 1946 entstanden, lässt von Themenwahl und Bildaufbau her den Einfluss des von Hans Thoma 1876 gemaltem Bildes „Auf der Waldwiese" (Abb. 47) aus der ehemaligen Sammlung Eiser-Küchler erkennen.²³⁵ Beide Arbeiten haben das blumenpflückende Mädchen im weißen Kleid zum Thema. Eine sommerliche Wiesenlandschaft, durch die sich ein kleiner Bach schlängelt, nimmt beim Gemälde Hans Thomas zwei Drittel des Bildraums ein. In den Vordergrund platzierte er ein junges Mädchen im weißen Kleid, welches sich nach vorne über beugt und gerade im Begriff zu sein scheint, eine Blume zu pflücken. Den Hintergrund bildet eine Waldlandschaft, die in der linken Ecke einen Blick auf den Himmel freilässt. Im Vergleich dazu besitzt das Gemälde von Hanny Franke nicht nur ein wesentlich kleineres Format; der Künstler wählte auch einen kleineren Bildausschnitt. Seine Blumenpflückerin steht an einem Wiesenhang, an dessen linker oberer Ecke, wie bei dem Bild Thomas, ein kleiner Teil des Himmels sichtbar bleibt. Fast in Profilansicht dargestellt, wie die junge Dame in dem zu vergleichenden Bild, nimmt das Mädchen auch die gleiche Körperhaltung ein.

Für das frühromantische Motiv der Rückenfigur die Landschaft betrachtend, welches im Schaffen von Hans Thoma häufig Verwendung fand, lassen sich Parallelen im Werk Hanny Frankes finden. Die Radierung „Mühle im Hellenbachtal" (DG11) aus dem Jahr 1922 lässt den Vergleich mit Hans Thomas Gemälde „Blick auf das Taunustal" zu[236]. In beiden Fällen blickt der Betrachter der Rückenfigur eines rastenden Wanderers - in einer Ecke des Bildvordergrundes platziert - über die Schulter und genießt mit diesem von der Anhöhe aus den Blick in das Tal. Der „Wanderer bei der Rast" (Z27) deutet zusätzlich mit seiner Rechten erklärend in das Landschaftspanorama. Auch in seiner Lithographie „Volkslied" (DG48) besetzte Hanny Franke die linke Bildecke mit einer - diesmal flötespielenden - Rückenfigur.

In zwei Selbstbildnissen, eines aus dem Jahr 1925 (G1026) und eines anderen aus dem Jahr 1926 (A465), wendet der Künstler selbst den Betrachter in Dreiviertelansicht den Rücken zu. Einer Einladung gleich soll ihm dieser wohl folgen und die Landschaft mit den Augen des Künstlers erfassen.

Als Hanny Franke 1925 seine Frau Margarethe lesend und vor einem Fenster sitzend porträtierte (G1054, Abb. 50), griff er einen Bildtypus auf, dessen Ursprung im Holland des 17. Jahrhunderts lag.[237] Das Motiv einer tätigen oder nachdenklichen Person am Fenster erfreute sich noch im 19. Jahrhundert großer Beliebtheit und die Lesende am geöffneten Fenster wählte sich auch Hans Thoma gerne zum Thema. 1861 malte er seine Mutter beim Lesen in einer Schwarzwaldstube (Abb. 49). Die alte Dame sitzt in ein Buch vertieft mit dem Rücken vor dem geöffneten Fenster.[238] Mit Sicherheit kannte Hanny Franke das Bild aus der ehemaligen Sammlung Eiser-Küchler und möglicherweise diente es ihm als Anregung für das Porträt seiner Frau. Im Gegensatz zu Hans Thoma erfasste Hanny Franke seine Lesende nur als Halbfigur. Aber auch Margarethe Franke sitzt in ein Schriftstück vertieft mit dem Rücken zum - in diesem Fall geschlossenen - Fenster. Der Schreibtisch auf ihrer rechten Seite und die Zimmerpflanzen auf der Fensterbank im Hintergrund weisen auf die häusliche Umgebung hin. Während das Thoma'sche Modell leicht schräg vor dem Fenster sitzt, platzierte Hanny Franke seine Lesende mit dem Rücken frontal vor das Fenster. Das hereinscheinende Licht vom rückwärtigem Fenster bewirkte so den Effekt, dass Margarethe Frankes Konturen in Schulter-, Arm- und Kopfbereich von einem hellem durchgehenden Lichtreflex nachgezeichnet wurden.

Neben einem von Hans Thoma gemalten „Flötendem Faun" und einem „Putto", beides in Öl, besaß Hanny Franke auch zwei Radierungen aus dessen Hand, jeweils eine Maria mit Christuskind und ein Selbstbildnis.[239]

---

228 LE VII, S. 50
229 Bürgermeister von Emmendingen/HF, 15.2.1952
230 Vgl. LE VII, S. 66
231 LE VII, S. 53
232 IfSG, Mag.-Akte 8.4.51, Blatt 15
233 IfSG, Mag.-Akte, S1555, Schreiben von Justizrat Adolf Fuld an den Frankfurter Oberbürgermeister Voigt, die Gründung der Hans-Thoma-Gesellschaft betreffend, Blatt 11
234 Ausst.-Kat. Frankfurt/M. 1933, S. 3, Nr. 21
235 Hans Thoma, Auf der Waldwiese, Öl/Lwd., 1876, 47,2 cm x 37,5 cm, Städt. Galerie Frankfurt, ehemlg. Slg. Eiser-Küchler, Museumsgesellschaft Kronberg 1983, Abb. S. 64.
236 Hans Thoma, Blick auf das Taunustal, Öl/Lwd., 1890, 112 cm x 88 cm, Neue Pinakothek München, Museumsgesellschaft Kronberg 1983, Abb. S. 49.
237 Vgl. Schmoll, gen. Eisenwerth 1970, S. 96
238 Hans Thoma, Hans Thomas Mutter im Schwarzwaldstübchen, Öl/Lwd., 46,5 cm x 34,5 cm, Städelsches Kunstinstitut, Inv. Nr. SG898, Ziemke 1972, Abb. Tafel 161
239 Der Verbleib der beiden Gemälde und des radierten Selbstbildnisses ist unbekannt. Die „Hl. Maria mit Christuskind" befindet sich im Nachlass/Museum Eschborn.

9.3.2. Burg Schöneck im Hunsrück – Hanny Franke und

Wilhelm Steinhausen

Im Jahr 1922 leistete Hanny Franke einer Einladung seines Schwagers nach Wien Folge und erhielt er dort die Gelegenheit, sich in Lainz, einem ehemaligen Jagdanwesen von Maria Theresia, einige Tage zum Malen aufzuhalten. Als er erfuhr, dass sich der Frankfurter Wilhelm Steinhausen von 1895 bis 1897 ebenfalls hier aufgehalten hatte, um für den Grafen Karl Lanckoronski eine Gedächtniskapelle in der Nähe von Lainz (Ober St. Veit) mit Fresken auszumalen, war sein Interesse an dem Maler geweckt.[240] Ein Interesse welches sich verstärkte, als er nach seiner Rückkehr in Frankfurt feststellte, dass im Städel derzeit Studienfriese und Tagebuchblätter von Wilhelm Steinhausen ausgestellt wurden. Den Kontakt zu den Nachkommen von Wilhelm Steinhausen nahm Hanny Franke erst nach dessen Tod im Januar 1924 auf. Von einer der Töchter, ob von Rose oder von Ida-Luise ist nicht belegt, ließ er sich dann Näheres über den Aufenthalt des Vaters in Lainz berichten.[241] Briefe und Karten der Geschwister Rose, Ida-Luise und August Steinhausen an Hanny Franke verrieten, dass die Geschwister dem Künstler von da an bis in die 60er Jahre freundschaftlich verbunden blieben. Ob Hanny Franke dabei auch die Bekanntschaft mit Marie Paquet-Steinhausen machte, kann nicht belegt werden. Die einzige von Wilhelm Steinhausens Töchtern die künstlerisch in die Fußstapfen ihres Vaters trat und die nach dessen Schlaganfall 1918 sein Atelier in der Städelschule nutzte, musste Hanny Franke zumindest vom Sehen her, bekannt gewesen sein.

Im Jahr 1958 erhielt Hanny Franke von den Steinhausen-Geschwistern erstmals die Einladung zum Aufenthalt auf Burg Schöneck, eine Einladung die im darauffolgendem Jahr wieder-

Abb. 51 G557

Abb. 52 W. Steinhausen

Abb. 54 W. Steinhausen

holt ausgesprochen und auch genutzt wurde. Die im Hunsrück gelegene Burg war 1910 von Wilhelm Steinhausen als Sommersitz erworben worden, den er in den folgenden acht Jahren immer wieder zum Malen aufsuchte. Ansichten der Burg und der sie umgebenden Landschaft prägte von diesem Zeitpunkt an sein Schaffen. Blicke auf die Burg (G577, G581) oder von der Burg her (G582, A353, A379) und die sie umgebende Landschaft boten auch Hanny Franke etliche malenswerte Motive. Einige während seiner Aufenthalte auf Burg Schöneck gemalten Landschaften, lassen sich sowohl motivisch als auch vom Bildaufbau her mit Arbeiten von Wilhelm Steinhausen vergleichen. Der „Blick auf Burg Schöneck" (G557, Abb. 51) zeigt eine Ansicht auf einen hochgelegenen Teil der Burg, so wie man ihn vom Tal aus haben konnte. Bäume nehmen zwei Drittel der Bildfläche ein. Die Wahl des hochformatigen Bildträgers steigerte dabei die Bildwirkung der in Untersicht wiedergegebenen Architektur. Wilhelm Steinhausen malte 1917 in einem seiner Tagebuchblätter einen Blick auf Burg Schöneck, in dem er den von Hanny Franke gewählten Bildaufbau vorwegnahm[242] (Abb. 52). Laut Maraike Bückling hielt er sich dabei nicht an die topographischen Gegebenheiten.[243] Wilhelm Steinhausen stellte den Burgberg steiler und höher dar, indem er eine weite Mulde, die sich zwischen Burg und Betrachter erstrecken müsste, im Bild stark verkürzt darstellte; eine Bildkonstruktion, die sich auch Hanny Franke in seiner Darstellung zu eigen machte.

Den Blick zur „Ehrenbachklamm", jener Talfurche zur Mosel hin, die sich vor dem Bergrücken erstreckt, auf der Burg Schöneck steht, hielt Hanny Franke mehrmals bildnerisch fest. In verschieden Wettersituationen boten sich ihm das Tal in immer wieder wechselnden Lichtwirkungen dar: im Frühdunst gelegen (G558), in herbstlicher Abendsonne (G559, G574) oder während des Tages im Sommer (A358, Abb. 53). Auch für Wilhelm Steinhausen bot der Blick in die Reichbachklamm malerischen Anreiz. In einem Tagebuchblatt von 1916 malte er eine Ansicht auf das Tal an einem Sommertag, eine Arbeit in der die Atmosphäre mit derjenigen in Hanny Frankes Aquarell vergleichbar ist.[244] (Abb. 54)

Mit dem Bild „Landschaft mit Heiliger Familie - Ruhe auf der Flucht" (G1131, Abb. 55) schuf Hanny Franke eine Hommage an W. Steinhausen. Er griff hier dessen neuartige Auffassung einer religiösen Landschaft auf, in der biblisches Geschehen in heimischer Umgebung dargestellt wird. Das Bild im Hochformat zeigt die Heilige Familie, während einer Rast im Schutz eines hohen Baums in einer Landschaft, wie sie auch in Umgebung von Frankfurt und Taunus vorkommt. Die Figuren fügte er staffagenhaft klein in das Gemälde ein. Die kleine Menschengruppierung hebt sich jedoch dank ihrer leuchtend farbigen Gewandung auffallend vor dem Hintergrund ab. Zum Vergleich eignet sich das von Wilhelm Steinhausen um 1915/16 gemalte Bild „Flucht nach Ägypten". Auch hier bildet eine heimische Landschaft - in diesem Falle eine Hunsrücklandschaft - die Kulisse, in der Künstler die Heilige Familie staffagenhaft klein in das Bild eingefügt hatte. Im Gegensatz zu der Darstellung Hanny Frankes hebt sich die wandernde Familie auf der Flucht für den Betrachter erst auf den zweiten Blick vor dem Landschaftshintergrund ab (Abb. 56). Das in thematischer Anlehnung stehende Bild von Hanny Franke entstand um 1944. Laut Margarethe Franke muss dessen Entstehen im Zusammenhang mit dem Kriegsgeschehen und wohl auch als Ausdruck des damaligen seelischen Zustandes ihres Mannes zu sehen sein. Sie setzte es gleichbedeutend mit der inneren Unruhe der Fliehenden, die er selbst durchleben musste.[245] In einer kleineren Fassung verarbeitete der Künstler das Thema nochmals (G1132). Auch hier fügte er die Hl. Familie in eine in eine sommerliche heimische Landschaft ein, rückte sie jedoch im Vergleich zum vorhergenannten Bild mehr in den Mittelpunkt. Die kleine Familie ließ sich vor einer Baumgruppe an einem See nieder, um Rast zu machen. Der bewaldete

Abb. 53 A358

Abb. 56 Wilhem Steinhausen

Hügel im Hintergrund und auch die Umgebung in der vorderen Bildebene könnten gut eine Landschaft im Taunus zum Vorbild gehabt haben. Aber mehr als in dem größeren Bild scheinen hier die Figuren - und nicht die Landschaft - das eigentliche Bildthema zu sein.

Aus Anlass seines fünfzigsten Geburtstags erhielt Hanny Franke aus der Hand von Rose Steinhausen ein radiertes Selbstbildnis ihres Vaters.[246] Im Nachlass von Hanny Franke befinden sich neben einem von Wilhelm Steinhausen gemaltem Ölbild eines „Gelehrten mit dem Todesengel" - 1879 gemalt und „aus dem Besitz von Otto Scholderer" - auch eine Ölskizze zur Bergpredigt sowie die Bleistiftskizze einer Mutter mit Kind.

---

240 Wilhelm Steinhausen belegte ein Atelier am Städelschen Kunstinstitut, welches er seit seinem Schlaganfall 1918, der zu teilweisen Lähmungen geführt hatte, nicht mehr nutzte. Von 1919 an fesselte ihn die Krankheit bis zu seinem Tode 1924 ans Bett; Vgl. Bückling 1987, S. 74; Dass Hanny Franke den Maler deshalb zumindest vom Sehen her gekannt hat, kann deshalb als sehr unwahrscheinlich gelten.

241 Vgl. LE II, S.165

242 Wilhelm Steinhausen, Blick auf Burg Schöneck, Öl/Holz, 29,5 cm x 19 cm, u. l. sign.: „WSt", Privatbesitz; Bückling 1987, Abb. Nr. 37

243 Vgl. Bückling 1987, S. 77

244 Wilhelm Steinhausen, Reichbachklamm, Öl/Holz, 29 cm x 29,7 cm, u. r. sign.: „WSt", Privatbesitz; Ausst. Kat. Frankfurt 2001a, Abb. S. 215

245 Vgl. BBK Rundbrief 1970, S.17

246 Vgl. LE VI, S. 41; Verbleib der Radierung unbekannt. Das Gemälde befindet sich im Nachlass/Museum Eschborn.

Abb. 55 G1131

9.4. Jubiläumsausstellungen 1955 und 1960

Aus Anlass ihres 65. Geburtstages richtete der Frankfurter Kunstverein den Künstlern Hanny Franke und Mateo Christiani eine Gemeinschaftsausstellung im Kunstverein aus. Etliche Zeitungsartikel betonten im Rahmen ihrer Ausstellungsbesprechungen die ihrer Meinung nach entfernte Verwandtschaft von Hanny Frankes Werk zur „Kronberger Schule"[247] und namentlich zur Bilderwelt eines Peter Burnitz, Anton Burger oder Louis Eysen.[248]

Godo Remszhardt zog in einem Feuilleton-Beitrag nicht nur Parallelen vom Werk Hanny Frankes zu dem von Gustave Courbet, sondern bescheinigte dem Frankfurter mit seiner naturalistischen und realistischen Malweise *„schon durch sein bloßes Dasein abseits der aktualistischen Debatte eigentümlich und unbestrittene Werte"*[249] kundzutun.

An seinem 70. Geburtstag ehrten ihn die Freunde und Kollegen aus dem Kunstverein dann mit einer Einzelausstellung im Frankfurter Haus Limpurg im Römer. Mit diesen Referenzen brachten die Künstlerkollegen dem Maler öffentlich ihre Anerkennung und Würdigung seines Lebenswerkes zum Ausdruck. Professor Holzinger eröffnete die Ausstellung, in der Bilder aus vier Jahrzehnten zu bewundern waren und bezeichnete Hanny Franke in seiner Eröffnungsrede als Nachfahren der Frankfurter Maler des 19. Jahrhunderts. *„Franke hat keine Ambitionen zum Artistischen, er will weder stilisieren noch aufregende Sensationen individueller Phantasieakte vorführen, ihm ist das Wesen wichtiger als der Effekt,"*[250] fasste ein Journalist seine Eindrücke zusammen.

Auch in einem weiteren Zeitungsartikel wird nicht nur seine Verbundenheit mit der Tradition der Frankfurter Malerei des 19. Jahrhunderts lobend hervorgehoben, sondern gleichzeitig betont, dass seine Bilder zwar altmeisterlich gemalt seien, ihnen aber gleichzeitig trotzdem nichts Antiquiertes anhänge. Auch seien seine Bilder frei von jeglicher Sentimentalität und wirkten deshalb so herzerfrischend und wohltuend auf den Betrachter.[251]

Die ausgestellten Bilder waren hauptsächlich kleinformatig, woraus ein anderer Autor den Rückschluss auf Hanny Frankes Einstellung zur Welt ableitete die *„von Naturliebe, Zurückhaltung und einem sicheren Wissen um den Wert des Verborgenen und Unspektakulären mitgeformt ist."*[252]

---

247 Vgl. HKB, 21.9.1955
248 Vgl. , FAZ, 2.9.1955
249 FR, 27.9.1955
250 FR, 2.9.1960
251 Vgl. FAZ, 12.9.1960
252 FR, 30.9.1960

9.5 Der Alters-„Stil"

Aufgrund seines gesundheitlichen Zustandes waren in den letzten drei Lebensjahren größere Exkursionen für Hanny Franke nicht mehr möglich. Eine Fahrt in den Schwarzwald im August 1970 sollte seine letzte größere Reise werden. Die acht Bleistiftzeichnungen (Z177-Z184) und eine Baumstudie (Z437) sind der einzigen überlieferten künstlerischen Arbeiten aus diesem Jahr. In einem Schreiben an den Magistratsrat Lotz bekannte der Maler, dass seine labile Gesundheit ihm seit einem Jahr so zu schaffen mache, dass er seinen Beruf teilweise nicht mehr ausüben könne.[253]

Von 1971 an ging es dem Künstler gesundheitlich soweit besser, dass er wieder zu Pinsel und Palette griff. Seine Mobilität war jedoch eingeschränkt und die landschaftliche Motivwahl musste auf seinen Garten in Eschborn eingegrenzt werden, in dem er nun zu jeder Jahreszeit malte. „Aus meinem Ateliergarten" (G843) kann als typische Arbeit dieser Zeit gelten. Hanny Franke hielt in diesem Bild den Ausblick in seinem Garten im Mai fest. Der tüpfelartige Pinselduktus ist ein charakteristisches Merkmal dieser Zeit. Hierin ist jedoch keinen stilistisch neuer Weg zu sehen, den der Maler nun einschlug, sondern der Grund für die neuartige Pinselführung steht in Zusammenhang mit dem schlechten gesundheitlichen Zustand. Es machten sich u. a. auch Spätfolgen der Verletzungen bemerkbar, die er sich während des 2. Weltkrieges bei den Löscharbeiten an seinem Haus zugezogen hatte.

So habe er, neben sich ablösenden Hautfetzen, zeitweise Schmerzen in den Händen gehabt, die es ihm schwer machten, den Pinsel zu halten. Mit den Menschen in seiner Umgebung sprach er darüber aber offenbar selten. *„Probleme, gab es für ihn nicht, darüber hat er nicht gesprochen,"* berichtete eine zeitgenössische Beobachterin in diesem Zusammenhang.[254]

---

253 IfSG, Kulturamt, Sign. 1260, Blatt 32
254 Interview der Autorin mit Frau Raab, der Witwe des Malers Wilhelm Raab, im Dezember 1997

9.6. Nachrufe

Am 21. Dezember 1972 musste Hanny Franke in ein Frankfurter Krankenhaus eingeliefert werden. Nur drei Wochen zuvor hatte Margarethe Franke damit begonnen, Tagebuch zu schreiben. Zwischen Bangen und Hoffen dokumentierte sie darin den immer schlechter werdenden Gesundheitszustand ihres Mannes.[255] Nach schwerer Krankheit verstarb der Künstler Hanny Franke am 15. Januar 1973 im Alter von 82 Jahren. Die Beisetzung fand am 18. Januar 1973 statt. Seine letzte Ruhestätte fand er auf dem Friedhof in Eschborn.

Einen Tag nach seinem Tode brachte der Hessische Rundfunk einen Nachruf in der Hessenrundschau. Der Maler wurde hierin als *„letzter Vertreter der Kronberger Malerschule"* geehrt und in seiner Eigenschaft als Kunstsammler erwähnt.[256]

Auch in verschiedenen Tageszeitungen wurde der Künstler posthum gewürdigt. Die Frankfurter Neue Presse sowie die Frankfurter Rundschau brachten gleichfalls an diesem Tag eine kurze Meldung, bevor sie den Künstler wenige Tage später mit einem längeren Artikel würdigten.[257]

Am 17.1.1973 erschien anlässlich seines Todes ein größerer Artikel in der Frankfurter Allgemeinen Zeitung von Christa von Helmholt. Auch sie bezeichnete den Künstler als *„letzten legitimen Nachfolger der Frankfurter-Kronberger Malerschule"* der *„als treuer Hüter und Bewahrer sowohl der bildnerischen Tradition seiner Wahlheimat Frankfurt wie ihrer geschichtlichen Zeugnisse"* wirkte. Sie betonte in ihrem Artikel außerdem, dass er neben seiner Tätigkeit als Sammler auch erfolgreich am Wiederaufbau des kulturellen Lebens nach 1945 in Frankfurt mitwirkte.[258]

Kulturdezernent Hilmar Hoffmann bezog sich in seinem Kondolenzschreiben auf folgende Aussage von Professor Holzinger, einem Freund Hanny Frankes und Kenner des Werkes:

„(...) Hanny Franke war ‚sich selbst treu' geblieben, er hatte seinen Stil, den er aus der Tradition der Frankfurter und Kronberger Malerei um die Jahrhundertwende entwickelte, immer weiter verfolgt und damit ein bedeutendes Erbe Frankfurter Kunstgeschichte überliefert."[259] Er wies auch darauf hin, dass der Maler, als Frankfurt nach dem Krieg in Ruinen lag und er die zerstörte Altstadt in Bildern festhielt, auf diese Weise eine wertvolle Dokumentation für die ersten Jahre nach dem Krieg geschaffen habe.

In ihrem Kondolenzschreiben würdigte die Frankfurter Künstlergesellschaft außerdem den *„voll Idealismus geprägten jahrelangen Einsatz"* des Künstlers für die Gesellschaft, der durch seine Beteiligung an Ausstellungen auch das künstlerische Niveau des Zusammenschlusses geprägt habe.[260]

Seine Frau Margarethe überlebte den Maler um 18 Jahre. Um den Nachlass ihres Mannes diversen Organisationen und Institutionen zugänglich zu machen, richtete sie noch im Jahr seines Todes in ihrem Wohnhaus in Eschborn ein „Hanny-Franke-Archiv" ein.[261] Hanny Franke wollte auf keinen Fall, dass seine Sammlung, seine persönlichen Aufzeichnungen sowie seine künstlerischen Arbeiten nach seinem Tode in den Handel kommen.[262] Um diesen Wunsch Genüge zu tun, vereinbarte die Witwe mit der Stadt Eschborn einen Ankauf seines gesamten künstlerischen Nachlasses auf Rentenbasis.

Von 1988 an fiel die Verwaltung des gesamten Nachlasses in den Aufgabenbereich des Stadtarchivs und Museums Eschborn. Schon einige Jahre zuvor wurden die Leistungen des Malers von Seiten der Stadt Eschborn in den Blickpunkt gerückt. Im Jahre 1975 veranstaltete die Stadt erstmals eine Gedächtnisausstellung zu Ehren des Künstlers. Sechs Jahre später beschloss der Magistrat der Stadt Eschborn, eine zwischen dem Wohngebiet Stadtpfad und Gewerbegebiet Ost entstehende Grünanlage „Hanny-Franke-Anlage" zu nennen.[263] Von September 1989 an machte die Stadt Eschborn in ihrem neueröffneten Museum dann einen Teil des künstlerischen Nachlasses der Öffentlichkeit in einer Dauerausstellung zugänglich.

Aus Anlass seines 100. Geburtstages fand 1990 in der Galerie Opper/Kronberg eine Ausstellung mit seinen Arbeiten statt. In einem Zeitungsartikel gedachte man in diesem Jahr seiner kunsthistorischen Leistung im Zusammenhang mit Kloster Rupertsberg, zwei weitere Zeitungsartikel würdigten und erinnerten außerdem an seine Arbeit als Künstler.[264] Wie aus dem Ausstellungsverzeichnis und dem Pressespiegel zu ersehen, geriet der Maler Hanny Franke aber auch nach diesem Jubiläumsjahr nicht in Vergessenheit.

---

255 Das Tagebuch befindet sich im Nachlass/Eschborn
256 Eine Abschrift befindet sich im Nachlass/Eschborn
257 FNP, 16.1.1973; FR, 16.1.1973
258 FAZ, 17.1.1973
259 IfSG, Kulturamt, Sign. 1260, Blatt 6
260 IfSG, Sign. V2/285
261 FR, 22.9.1983
262 IfSG, Kulturamt, Sign. 1260, Blatt 79
263 FR, 26.5.1983
264 Rheingau-Echo, 13.12.1990; Rhein-Main-Presse, 18.10.1990; Rhein-Zeitung, 17.11.1990

10. Hanny Franke als Sammler

Die Tätigkeit Hanny Frankes als Sammler war bekannt, wurde diese doch in einigen Nachrufen besonders hervorgehoben. Die verschiedensten Sammelbereiche interessierten ihn. Der Bekanntschaft mit dem Bingener Verleger Karl Hilsdorf verdankte er einen Grundstock an Weingläsern und Keramik, den er um 1924/1925 erwarb. Seine Glassammlung, die auf eine beträchtliche Größe angewachsen sein musste, wurde um 1953 zu Gunsten einer neuen Heizungsanlage für sein Haus in der Pfingstbrunnenstraße in Eschborn verkauft.[265] Exemplare der Sammlung, wie verschiedene gotische Noppengläschen (G1080, G1084, G1090) und venezianisches Glas (G1081), flossen künstlerisch in seine Blumenstillleben mit ein. Einige der gotischen Gläschen stammten aus dem Bestand, den der Künstler nach Kriegsende 1945 in den Trümmern der Frankfurter Altstadt fand. Aus den riesigen Bombentrichtern im Erdboden holte er zahlreiche Funde aus historischer Zeit hervor, die er zwar „rucksackweise" im Historischen Museum abgab, das eine oder andere Stück aber auch für seine Sammlung behielt.[266]

Eine größere Sammlung alter Ansichten, Stiche und Bilder seiner Heimat hat ihren Ursprung ebenfalls in der Bekanntschaft mit Karl Hilsdorf. Die Stiche der alten Ansichten von Burg Klopp in Bingen regten den Künstler zu Rekonstruktionsentwürfen der historischen Architektur an. Des Weiteren gehörte eine kleine Serie von Miniaturen und Inkunabeln mit Blättern aus mittelalterlichen Evangeliaren und Stundenbüchern sowie eine Anzahl von Votivbildchen zu den Sammelbereichen, für die sich der Künstler interessierte.[267] Durch seinen Freund Anton Roth angeregt, begann der Künstler außerdem um 1941 mit dem Sammeln kleiner Andachtsbilder sowie alter deutscher Holzschnitte. Vor allem an den Winterabenden während des Krieges suchte der Künstler in der Beschäftigung mit seinen kleinen Sammlungen Ablenkung und Zerstreuung.[268]

Sein besonders großes Interesse am Leben und Wirken der Heiligen Hildegard von Bingen veranlasste den Maler, alles damit in Zusammenhang stehende zu sammeln. Seine Bibliothek beinhaltete mehr als 40 Veröffentlichungen zu diesem Thema. In seinem persönlichen „Hildegardis Archiv" fanden sich außerdem diverse Zeichnungen, Aquarelle, Stiche, Fotos und Drucke welche die Heilige, bzw. deren Wirkungsstätten betrafen, außerdem die Kopie der Hildegardisfahne, deren Original sich im Berliner Schloss befand und die von Margarethe Franke nach einer fotografischen Vorlage angefertigt wurde.

Verschiedene Erinnerungsstücke wie Fußbodenfliese, Eisenschlüssel, Siegelabgüsse und Sechseckglasscherbe, allesamt Funde aus dem Klosterbezirk Rupertsberg, ergänzten die Sammlung. Ein rotes Sandsteinköpfchen, ein Petruskopf, der ebenfalls aus dem Bezirk um Rupertsberg stammte, hielt der Maler in zwei Ölstudien sogar künstlerisch fest (G1143, G1144).

Der größte Part von Hanny Frankes Kunstsammlung bestand in Zeichnungen, Graphiken und einigen Ölbildern aus dem 18. und 19. Jahrhundert. Die Werke sollten auf Rentenbasis an die Stadt Frankfurt verkauft werden. Die Verhandlungen dazu begannen 1969 und zogen sich bis 1971 hin. Aufgrund von Missstimmigkeiten wurden sie abgebrochen.[269]

Die nachfolgende Liste im Anhang (Vgl. Kapitel VII, 2.) beruht sowohl auf einem Schreiben vom 20.9.1970 an den Kulturdezernenten Hilmar Hoffmann, in dem der Künstler einen Teil seiner Kunstsammlung auflistete, als auch auf den tatsächlich im Nachlass/Museum Eschborn vorhandenen Werken.[270] Neben Arbeiten aus dem Kreis der Kronberger Malerkolonie, darunter ein Skizzenbuch von Philip Rumpf, lag der Schwerpunkt der Sammlung bei Arbeiten der Nazarener und deren Umkreis. Die Sammlung beinhaltet neben einen größeren Konvolut von Arbeiten von Moritz von Schwind auch eine größeres Ansammlung von Arbeiten des Romantikers Ludwig Emil Grimm.

---

265 Lt. Interview vom 2.7.2003 mit dem Stadtarchivar Gerhard Raiss, Eschborn, der die Information darüber von Margarethe Franke persönlich erhielt.
266 Vgl. Anm. 1
267 Vgl. FAZ, 25. 8. 1973
268 Bilder, Stiche, Miniaturen, Inkunabeln und Holzschnitte befinden sich im Nachlass/Museum Eschborn.
269 IfSG, Kulturamt, Sign. 1260
270 IfSG, Kulturamt, Sign. 1260, Blatt 38, In dem Schreiben listete der Künstler seinen Kunstbesitz auf, im Rahmen einer Verhandlung mit der Stadt Frankfurt/M. bezüglich einer Rente auf Lebenszeit.

IV. Das Werk

1. Die Motivwahl

1.1. Landschaften

1.1.1. Atelier- und Pleinairbilder

„Dem Künstler gelingt das Malwerk am besten, wenn er mit der Feldstaffelei in der Landschaft steht (...) Nicht in gleicher Weise gelangen die „Atelierbilder" wo Erinnerung und Vorstellung zusammenwirken müssen"[271], urteilte der Journalist Günther Herzberg anlässlich der Ausstellung zum 60. Geburtstag von Hanny Franke über Arbeiten, die der Künstler im Atelier gemalt hatte. Der Maler selbst zog die Arbeit in der Natur dem Arbeiten im Atelier vor. Ihm war sehr wohl bewusst, dass die im Atelier gemalten Bilder die Naturfrische und die Ursprünglichkeit der in der freien Natur gemalten Bildern in nichts gleichen.[272]

Bilder, die im Atelier entstanden, bilden deshalb einen gesonderten Bereich in seinem Schaffen. Mit dem Anfertigen der Atelierbilder kam der Maler den Wünschen einer Käuferschaft nach, die sich besonders repräsentative und größere Arbeiten wünschte.[273]

Während die Leinwand der kleineren Bilder während des Schaffensprozesses mit Reißzwecken auf Holzuntergrund befestigt und nach ihrer Fertigstellung auf Pappe aufgezogen wurde, diente bei diesen großen Arbeiten ausnahmslos die auf Keilrahmen gespannte Leinwand als Bildträger. Die feinkörnige Leinwand wurde in diesem Zusammenhang bereits als fertig grundiert im Geschäft erworben, während der Künstler bei seinen anderen Werken Wert darauf legte, das Grundieren selber zu erledigen.[274] Die Atelierbilder unterscheiden sich teilweise in der Malweise von den vor Ort entstandenen Bildern. Während in den zuletzt genannten Bildern die unmittelbaren Eindrücke in Nass-in-Nasstechnik festgehalten wurden, arbeitete der Maler bei den Atelierbildern auch lasierend. Eine Fotografie aus dem Nachlass des Künstlers, die ein großformatiges Bild in unvollendetem Zustand zeigt, lässt Rückschlüsse auf die Arbeitsweise bei einem Atelier-

Abb. 57

bild zu, welches er in Al-prima-Technik anlegte (Abb. 57). Ähnlich einem geknüpften Teppich scheint die Leinwand im oberen Bereich zu drei Viertel ihrer Fläche mit dem offenbar fertigem Gemälde bedeckt, während vom restlichen Viertel der weiße noch nicht übermalte Leinwanduntergrund zu sehen ist.

Auch in den Bildmaßen unterschieden sich die Pleinair- von den Atelierbildern. Die Atelierbilder besitzen ein größeres Format – in der Regel um 60 x 80 cm – Maße, welche für direktes Arbeiten in der Landschaft relativ unhandlich scheinen. Die bevorzugten Bildkompositionen müssen als weitere wesentliche Unterschiede zwischen den im Innenraum und den in freier Natur entstandenen Kunstwerkern genannt werden. Während der Maler bei den zuletzt genannten Arbeiten die „paysage intime", den kleinen unbedeutenden Naturausschnitt bevorzugt thematisierte, lag den Atelierbildern oft ein teilweise sich wiederholender Bildaufbau zugrunde. So richtete der Künstler zum Beispiel gerne die Komposition auf die Bildmitte aus. In einer 1939 entstandenen Sommerlandschaft lenken in der vorderen Bildebene zwei links und rechts angeordnete keilartige Landschaftselemente den Blick des Betrachters in die dahinterliegenden Bildebenen (G179, Abb. 58). Ein Prinzip, welches in einer im gleichen Jahr gemalten „Rhönlandschaft" nochmals zu erkennen ist (G180). Eine andere Art, den Blick in die Bildmitte zu lenken, erreichte der Maler durch Einbeziehung eines vom Vordergrund aus mittig in die Bildtiefe hinein verlaufenden Baches (G105, G528, G875, G852). Bei einer Darstellung der Lahnberge kombinierte er diese beiden Gestaltungsmöglichkeiten (G914).

Bei der Gestaltung seiner Atelier-Landschaften hielt sich der Künstler nicht an die genauen topographischen Gegebenheiten, sondern setzte seine Bilder aus verschiedenen Versatzstücken der Landschaft zusammen. Ein fast bühnenkulissenartiger Effekt – bei seinem „Woogtal" (G875, Abb. 59) besonders ausgeprägt – ist nicht selten. Der links oder rechts in der vorderen Bildebene platzierte Abschnitt eines reifen Getreidefeldes wurde vom Künstler besonders gerne als Landschaftsversatzstück angewendet (G864, G862, G863). *„Oft hatte ich versucht, nach dem Studium größere Bilder zu malen,*

Abb. 58 G179

Abb. 59 G875

81

*doch blieben diese Versuche meist unbefriedigt. Einmal hatte ich ein größeres Bild über Wälder gemalt, zu dem mir nur eine kleine flüchtige Bleistiftskizze die Anregung gegeben. Es machte mir viel Mühe, deshalb befriedigte mich dieses Bild nicht und doch gefiel es wegen des Stimmungsgehaltes wegen, und es wurde allseits gelobt"*²⁷⁵, erinnerte sich der Künstler später an seine ersten Versuche, größerformatige Bilder zu schaffen. Dass diese Arbeiten aber nicht nur bei den Kunden, sondern auch bei den Künstlerkollegen Zustimmung fanden, zeigt die Tatsache, dass die Malerin Ottilie Röderstein das erwähnte Bild als Geschenk für einen Freund erwarb.

1.1.2. Auftragsarbeiten

Der Erfolg, welchen die größerformatigen Arbeiten beim Publikum genossen, regte Hanny Franke schließlich zu weiteren eigenständigen Arbeiten in diesem Format an und zogen Auftragsarbeiten nach sich. Bei diesen Auftragsarbeiten musste nachweislich zum Teil auch der Einfluss der Auftraggeber bei der Bildgestaltung mit berücksichtigt werden. Bei der Bestellung einer in Öl gemalten Stadtansicht von Seiten der Fa. J. A. Henckels Zwillingswerk in Solingen zum Beispiel, wünschten die Auftraggeber ausdrücklich, den Ton des Bildes nicht zu dunkel zu halten, damit es besser mit der hellen Ladeneinrichtung, der silbergrauen Tapete, dem kornblumenblauen Stoffbelag der Vitrinen

Abb. 60 G520

und dem grünen Fußboden harmoniere. Der Auftraggeber legte dem Schreiben sogar ein Stoffmuster bei.²⁷⁶

In einem anderen Fall wünschte ein Auftraggeber eine Ansicht seiner Heimatstadt Emmendingen zur Zeit der Baumblüte gemalt. Obwohl Hanny Franke dieses für ein leicht ins kitschig-sentimentale reichendes Unterfangen hielt, führte er den Auftrag wunschgemäß aus. Seiner Meinung nach würde jedoch die Ansicht einer eng begrenzten, blühenden Ecke oder ein einzelner Baum mehr von der Schönheit des Frühlings vermitteln, als jener weitgefasste Naturausschnitt mit Blütenmeer und in der Sonne glänzenden Dächern.²⁷⁷

Auch der „Blick auf den Grüneburgpark vom Balkon aus des 1. Stockwerkes in einem Haus in der Sebastian-Rinzstr." (G286) wurde auf besonderen Wunsch eines Auftraggebers gemalt. Der Blick vom leicht erhöhten Standpunkt auf eine Baumgruppe des Grüneburgparks ist ungewöhnlich. Die Färbung der Bäume ist noch sommerlich grün, doch einzelne gelbliche Partien in den Baumspitzen, sowie die Blätter eines ganzen Baumes rechts im Hintergrund künden schon den Herbst an.

Es fällt auf, dass der Maler Bilder, die im Atelier entstanden, zwar meistens signierte, aber selten mit einem Datum versah. Bei den kleineren Bildern die in der freien Natur entstanden waren, schien ihm der Vermerk des entstandenen Jahres dagegen wichtiger zu sein. Stilistisch oder aufgrund ihrer Malweise sind die Atelierbilder deshalb oft nur in einem sehr großen Zeitrahmen nachträglich zu datieren.

Doubletten besitzen in Hanny Frankes Schaffen Seltenheitswert. Die Kopie der „Alten Weide an der Nidda" (G520, Abb. 60) muss wohl als Auftragsarbeit gelten, die auf Kundenwunsch in der „Niddalandschaft" (G479) ihr identisches Gegenstück fand. Ebenso der „Herbstwald" aus dem Jahr 1952 (G463) und der „Herbstwald" aus dem Jahr 1958. (G564)

271 FNP, 21.8.1950
272 Vgl. LE II, S. 258
273 Vgl. LE II, S. 256; die Anregung, einmal ein größeres Bild zu malen, erhielt der Künstler laut seiner Lebenserinnerungen „von einem bekannten Frankfurter Herrn A.v.W". Es handelte sich dabei vermutlich um Artur von Weinberg. Laut einem Interview der Autorin vom Sept. 1997 mit Hr. Andreas, sen. galten die Mitglieder der Familie von Weinberg als große Förderer der Kunst Hanny Frankes.
274 Interview der Autorin mit dem Maler Klaus Kappel im Dezember 1997
275 LE II, S.256
276 J. A. Henckels Zwillingswerk - Solingen, Auftrag an Hanny Franke vom 26.9.1952, Nachlass/Museum Eschborn.
277 Vgl. LE VI, S. 59

1.1.3. Landschaften mit Staffage

In den Landschaften Hanny Frankes finden sich Staffagefiguren über alle zeitlichen Perioden hinweg. Im Gesamtumfang der Landschaftsgemälde machen diejenigen mit Staffage jedoch den geringeren Teil aus. Die Figuren beleben die Landschaft, indem sie mit ihrer bunten Kleidung farbige Akzente zur Umgebung setzen (G366), machen Größenunterschiede zu den umliegenden Bäumen und Sträuchern deutlich (G64) und wurden vom Künstler wohl auch als Reminiszenz an die Wünsche des Publikums eingefügt (G261, G262). Seine 1919 gemalte „Rödelheimer Mühle" (G8) belebte er bereits mit zwei Figuren, ebenso wie seine im gleichen Jahr entstandene Ansicht vom „Binger Wald" (G12). Die blumenpflückende oder spazieren gehende Frau mit Kind im letztgenannten sollte eine seiner Lieblingsstaffagen werden, die er auch noch 44 Jahre später in Bilder einfügte (G661, G712). Bildtitel bzw. Vermerke auf der Bildrückseite – „Waldlichtung mit Margret" (G411), „Juniwiese mit Michael" (G147), „Erinnerung an Kleinsassen mit Margrit" (G159) - verrieten in manchen Fällen den persönlichen Bezug. Nur selten fügte er arbeitende Menschen in seine Landschaften ein. Menschen bei der Heuernte, wie sie von ihm in einer Nidda-Ansicht wiedergegeben wurden (G48), bilden ebenso die Ausnahme wie ein Schäfer mit seinen Schafen (G123, G268) oder gar Kühe auf der Weide (G241). Bei einigen Arbeiten wie der „Erinnerung an Sachenberg" (G121) fällt eine klare Abgrenzung zu Staffage oder Nicht-Staffage schwer. Die drei Kinder in diesem Bild wurden im Vergleich zu anderen Staffagefiguren nicht nur etwas größer dargestellt, sondern nehmen mit ihrer Anordnung in der mittleren Position der vorderen Bildebene auch einen auffälligen Platz ein.

Auch die beiden Kinder der „Erinnerung an Kleinsassen" (G270) nehmen für Staffagefiguren mit ihrer Größe und ihrer Platzierung im Bildvordergrund eine mehr als landschaftsbelebende Bedeutung ein.

1.2. Stadtlandschaften und Architektur

Im Gegensatz zu seiner Serie von Trümmerbildern, bei denen die Gebäude der historischen Altstadt im Mittelpunkt standen (vgl. Kapitel III. 8.1.1.), bevorzugte Hanny Franke beim Thema „Frankfurt - Stadtlandschaft und Architektur" vor allem die kleinen und unspektakulären Bildausschnitte, bei denen die Architektur im Gegensatz zur Naturdarstellung eher zweitrangig war. Wie beim „Blick auf die Rückseite des Opernhauses" (G990, Abb. Tafel IV) oder „Gartenbäume im Mai" (G987, Abb. Tafel IV) spielten die spärlichen architektonischen Elemente neben dem satten Grün der Bäume nur eine Nebenrolle. Altstadtansichten wie „Sachsenhausen - Blick über den Main zur Dreikönigskirche" (G967) oder der „Blick vom Römer zum Dom" (G968) bildeten eher die Ausnahme. Auch die „Alte Brücke" (G969) und der „Blick vom Frankfurter Goetheturm" (G970) stellen in diesen Zusammenhang Ausnahmen dar. Während es sich beim erstgenannten Bild um eine Auftragsarbeit für den Industriellen Dué handelte, entstand die zweite Arbeit im Zusammenhang mit der Teilnahme eines Wettbewerbs im Frankfurter Goethejahr. Um seine Chancen zu erhöhen, wählte der Künstler bewusst eine typische „Francofurtensie" als Motiv.

Der Blick aus dem Fenster der Wohnung seines Hauses im Westend wurde von 1938 an zu einem von Hanny Frankes Lieblingsthemen und bildete das Gros seiner Stadtlandschaften. Der Hofeingang des gegenüberliegenden Hauses in der Myliusstraße (G974, Abb. Tafel IV) oder der Blick auf den Kastanienbaum vor seinem Atelierfenster, durch dessen Zweige die Konturen des dahinterliegenden Hauses zu sehen sind (G991, Abb. Tafel IV), reizten ihn immer wieder zum Malen. Dem Teil eines Jahreszeitenzyklusses gleich - das Sommer-Motiv fehlt - hielt er die gleiche Ansicht des Baumes vor seinem Fenster sowohl im Frühling (G991), im Herbst (G989), als auch im Winter (G992) fest. Die Blicke aus dem Fenster in den winterlichen Garten (G976, G977, G980, Abb. Tafel IV, G983, G985) lassen sich ebenso zu einer Gruppe zusammenfassen wie die Blicke aus dem Fenster bei Nacht (G993, Abb. Tafel IV, G988, G993) Das Motiv des figurenlosen Blickes aus dem Fenster zählt zu jenem Thema, welches in der deutschen Malerei des 19. Jahrhunderts neben Adolf Menzel auch von Hans Thoma häufig gewählt wurde.[278] Hans Thomas „Die Öd bei Frankfurt", „Blick in die Öd" und „Blick durchs offene Fenster" dürften auch Hanny Franke bekannt gewesen sein.[279] In allen drei Gemälden unterstreicht die Darstellung des Fensterrahmens den Standpunkt des Betrachters. Die Fensterblicke Hanny Frankes sind durchweg rahmenlos, stehen so auch einem Werk von Adolf Menzel näher, der bei seinem „Blick auf den Anhalter Bahnhof im Mondschein" ebenfalls auf die Darstellung des Fensterrahmens verzichtete.[280] Auch für die in diesem Bild vorherrschende romantische Nachtstimmung lassen sich Parallelen im Werk Hanny Frankes finden. Der von Adolf Menzel gewählte Blick auf die Bahnhofsgebäude bildete allerdings einen starken Kontrast zu den von Hanny Franke bevorzugten Naturausblicken. Mit Friedrich Wilhelm Mook lässt sich ein zeitgenössischer Frankfurter Maler aus Hanny Frankes direkten Umkreis nennen, welcher sich in einer Bilderserie ebenfalls intensiv mit dem Thema „Blick aus dem Fenster in den Hinterhof-Garten" auseinandersetzte.[281]

Im Sommer des Jahres 1922 malte Hanny Franke eine „Baustelle an der Notbrücke mit Blick auf den Dom in Frankfurt" (G966, Abb. Tafel IV). Die Holzbrücke sollte zwischen 1912 und 1926 während des Neubaus der Alten Brücke übergangsweise für die Verbindung zwischen Frankfurt und Sachsenhausen sorgen. Der Künstler wählte für seine Arbeit die Ansicht vom Sachsenhäuser Ufer aus. Der Bildaufbau erfolgte parallel. Über einen sandigen Vordergrund, in dem das noch für die Brücke zu verarbeitende Holz in Stapeln angeordnet liegt, spannt sich das Gerüst der hölzernen Notbrücke über die ganze Breite des Bildes. Im Hintergrund wird die Silhouette der Stadt mit sich am rechten Bildrand markant hervorhebendem Domturm erkennbar. Von dem Motiv fertigte der Künstler auch eine Radierung mit identischem Bildaufbau (DG14).

Als ein extrem kalter Winter im Jahr 1924 dazu führte, dass die Notbrücke durch Eisgang teilweise einstürzte, dokumentierte der Künstler den Zustand in drei Bleistiftzeichnungen. In einer Zeichnung gab er die Brücke von jenem Sachsenhäuser Standpunkt aus wieder, von dem er zwei Jahre zuvor auch das Ölbild anfertigte (Z207). Zeichnung und Gemälde gleichen sich im Bildaufbau. Auch die zweite Zeichnung (Z209) hält den Blick - diesmal etwas näher am Geschehen und mit detaillierter ausgearbeiteter Stadtsilhouette - vom gleichen Betrachterstandpunkt aus fest. Mit der dritten Zeichnung (Z208) machte er das Ausmaß der Zerstörung deutlich, so wie es vom Frankfurter Ufer aus zu sehen war.

Hanny Franke griff mit seiner Brückendarstellung ein Bildthema auf, dem sich der Frankfurter Fritz Wucherer schon einige Jahre früher ausführlich widmete, indem er den Abriss der Alten Brücke von 1913 bis 1915 in eine Serie von 35 Arbeiten künstlerisch dokumentierte, darunter auch einige Ansichten der Notbrücke.[282] Mit der Ansicht des „Heddernheimer Kupferwerkes" (G1020, Abb. 61) aus dem Jahr 1927 liegt das einzige von Hanny Franke bekannte Gemälde vor, in dem er sich mit der Darstellung von Industriearchitektur beschäftigte - abgesehen von der ein Jahr später gemalten „Schaltstation der Firma EMAG", einer Auftragsarbeit des Industriellen Dué (G1142). Über einem parallel im Bild angeordneten grünen Wiesenstreifen - der Künstler hob am vorderen Rand mit bunten Farbtupfern den Pflanzenwuchs hervor - der ungefähr ein Viertel der Bildfläche einnimmt, ziehen sich über die ganze Breite des Bildes hin angelegt die Gebäude des Kupferwerkes. Fabrikschlote von verschiedener Länge recken sich in den grau-blauen, fast wolkenlosen Himmel. Auch bei diesem Thema bieten sich Arbeiten aus dem Werk Fritz Wucherers als mögliche Inspirationsquelle an. Der an technischen und industriellen Themen interessierte Künstler hielt bereits 1910 in zwei Bildern die Anlage eines Hochofens Haspe in Westfalen künstlerisch fest.[283] Das Bild Hanny Frankes lässt sich aber auch mit Ottilie Rödersteins „Ansicht der Farbwerke Hoechst von Sindlingen her"[284] (Abb. 62) vergleichen. Ähnlich wie bei seinen Heddernheimer Kupferwerken ziehen sich auch hier die Fabrikgebäude mit ihren Schloten über die ganze Bildbreite hinweg. Im

nen Ansichten von Bingen standen historische Gebäude wie Schloss Klopp (G1011), die Nikolauskapelle (G1010) und die Drususbrücke (G1012) im Mittelpunkt seines Interesses.

278 Vgl. Schmoll, gen. Eisenwerth 1970, S. 126 ff.
279 Hans Thoma, Die Oed bei Frankfurt a. M, 1887, Städelsches Kunstinstitut Frankfurt/M., Schmoll, gen. Eisenwerth 1970, Abb. S. 127;
Hans Thoma, Blick durchs offene Fenster, 1896, Städelsches Kunstinstitut Frankfurt/M., Schmoll, gen. Eisenwerth 1970, Abb. S. 128;
Hans Thoma, Blick in die Oed, um 1875, Stiftung Oskar Reinhart Winterthur, Schmoll, gen. Eisenwerth 1970, Abb. S. 127
280 Adolf Menzel, Anhalter Bahnhof, vor 1845, Stiftung Oskar Reinhart, Winterthur, Schmoll, gen. Eisenwerth 1970, Abb. S. 125
281 Vgl. Ausst. Kat. Frankfurt 2001a, S. 184; Zur Verbindung F. W. Mook und H. Franke siehe außerdem: Edith Valdivieso, Der Maler Friedrich Wilhelm Mook, Dissertation in Vorbereitung.
282 Vgl. Ausst. Kat. Frankfurt/M. 1996, S. 24, Nr. 31; Schembs 1989, S. 134
283 Vgl. Ausst.-Kat. Frankfurt/M. 1996, S. 23, Nr. 25, Nr. 26
284 Ottilie Röderstein, Ansicht der Farbwerke Hoechst von Sindlingen her 1911, 53,5 cm x 93 cm, Hoechst AG Frankfurt/M., Schembs 1989, Abb. S. 148

Abb. 61 G1020

Abb. 62 Ottilie Röderstein

Unterschied zu Hanny Frankes Arbeit, bei der der Vordergrund relativ einfach gehalten war, erhielt die Fabrikansicht von Ottilie Röderstein ihren zusätzlichen Reiz durch die besondere Vordergrundgestaltung. Die Künstlerin ließ die Fabrikanlage sich auf der Wasseroberfläche spiegeln. Zusätzlich wurden die Vertikalen der sich auf diese Art und Weise gleichsam verdoppelnden Fabrikschlote mit Hilfe der Bootsmasten im Vordergrund in ihrer Wirkung betont.

Bei den wenigen Architekturdarstellungen und Stadtlandschaften, welche Themen außerhalb des Frankfurter Raums betrafen, wählte Hanny Franke hauptsächlich Motive mit historischem Hintergrund. Neben dem Limburger Dom (G1013, G1014), der Einhardsbasilika (G1015, Abb. Tafel IV) und Wildensberg (G1016, G1017) im Odenwald hielt er auch ein Kronberger Fachwerkhaus (G1018) malerisch fest. Auch bei sei-

Tafel IV

G990

G987

G991

G980

G993

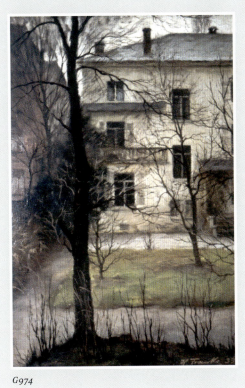

G974

G966

G1015

1.3. Menschen

1.3.1 Selbstporträts

Bereits während seiner Lehrzeit erfolge der erste Versuch, ein Selbstbildnis nach dem Spiegelbild zu malen. Vom Ergebnis zeigte sich der Künstler enttäuscht.[285] Dass er dennoch nicht aufgab, belegen die zahlreichen Selbstbildnisse, die er während der Jahre zwischen 1915/1916 (G1021) und 1950 (G1040, Z270) von sich anfertigte: 20 Selbstbildnisse in Öl, neun Zeichnungen und ein Aquarell. Das am frühesten überlieferte Selbstbildnis entstand während seiner Stationierung im Riesengebirge und zeigt den Künstler in einem Doppelporträt zusammen mit einem Kameraden (G1021). Das einzige Doppelporträt – dem Anlass entsprechend verwendete der Künstler einen querformatigen Bildträger – bleibt auch vom Format her die Ausnahme. Die Maße des ansonsten verwendeten Hochformats liegen bei den Gemälden zwischen 16 cm x 15 cm (G1034) und 47 cm x 38 cm (G1026). Die Selbstporträts, die den Künstler vor monochromen Hintergrund zeigen überwiegen (G1022, G1025, G1027, G1030, G1033, G1034, G1035, G1037, G1038, G1040). An zweiter Stelle folgen die Selbstbildnisse vor einer Landschaft (G1023, G1024, G1026, G1029). Selbstbildnisse in Innenräumen bilden eine Minderheit (G1028, G1039).

In nur zwei Fällen blickt der Künstler den Betrachter direkt „en face" an (G1023, G1030), ansonsten bevorzugte er die Dreiviertelansicht. Auch die Blickrichtung des Porträtierten ist unterschiedlich. Während er auf einigen Bildern den Betrachter direkt anschaut, wirkt der Blick auf einigen anderen Darstellungen mehr nach innen gerichtet, so als konzentriere sich der Künstler mehr auf sich selbst. In zwei Fällen – einer Profilansicht und einer Ansicht, die Hanny Franke fast im Profil wiedergibt – wendet er den Blick ganz vom Betrachter ab (G1026, G1038). Der Maler bevorzugte bei seinen Selbstdarstellungen Brustbildnis und Schulterstück.

Abb. 63

Nur einmal zeigt er sich in seiner ganzen Person beim Malen im Atelier, vor der Staffelei sitzend (G1028). Zusammen mit einer 1936 und einer 1949 entstandenen Arbeit (G1034, G1037) gehörte das Werk zur Gruppe der Selbstporträts, auf der sich Hanny Franke als Maler zu erkennen gab.

Im Unterschied zu einigen fotografischen Aufnahmen, die der Künstler über die Jahre hin von sich anfertigen ließ, haftet den gemalten Selbstporträts wenig Repräsentatives an. Die persönliche Selbstbefragung war wohl eher der Grund, dass sich der Künstler von Zeit zu Zeit selber bildhaft festhielt, möglicherweise zu Zeitpunkten, an denen für ihn persönliche Änderungen anstanden und deren genauer Anlass dem Betrachter verschlossen bleiben wird. Während man dem jungen Hanny Franke auf einem Foto von 1919, welches den „frischgebackenen" Städelschulstudenten mit dunklem Anzug, locker übereinander geschlagenen Beinen, der obligatorischen Pfeife in der Rechten und dunklem Ring an der Linken, den Willen nach repräsentativer Wirkung ansieht, besitzt ein 1922 gemaltes Selbstporträt eine andere Aussage (G1024). Das Schulterstück zeigt den Künstler im Viertelprofil, mit Pfeife im Munde, vor einer hellen Landschaft im Hintergrund. Ernst blickt er den Betrachter an. Oder sieht er gedankenverloren durch ihn hindurch? Die helle Landschaft bildet einen starken Kontrast zur auffällig im dunklen Schatten liegenden Gesichtspartie. Der Lichteinfall von rechts strahlt nur einen kleinen Teil des Gesichtes an. Im gleichen Jahr entstand ein weiteres Selbstbildnis (G1023), auf welchem sich der Maler ebenfalls mit sehr nachdenklichem Gesichtsausdruck – mit sehr viel eindeutiger nach innen gewendetem Blick – künstlerisch festhielt. Der Lichteinfall von links bewirkt einen schmalen Reflex auf der einen Gesichtshälfte. Die Farbe wurde an dieser Stelle besonders pastos aufgetragen. Wie der Künstler auf der Rückseite vermerkte, malte er das Bild im Atelier, der Bildhintergrund verweist jedoch auf seine Passion als Landschaftsmaler.

Beide Bilder entstanden in einem Jahr, welches für den Künstler entscheidende Veränderungen der persönlichen Lebensumstände brachte. Ende der Studienzeit, Heirat und Gründen eines eigenen Hausstandes sowie die gleichzeitigen Bemühungen, mit seinem Verdienst als freier Künstler ein Auskommen für seine Familie zu erwirtschaften, ließen den Künstler bei anschwellender Inflation möglicherweise manches Mal sorgenvoll in die Zukunft blicken. Eine Tatsache, die sich vielleicht auch in den genannten Selbstbildnissen widerspiegelte.

Auch im Jahr 1927 ließ sich der Maler in einer repräsentativ wirkenden Pose fotografisch festhalten. (Abb. 63) Das Kniestück zeigt ihn, wie er in Dreiviertelansicht leicht nach rechts gewendet in seinem Atelier steht, sich mit seinem rechtem Arm an der Staffelei abstützt, während er die linke Hand in seiner Hosentasche vergraben hält. Mit weißem Hemd, dessen gestärkten Kragen eine „Fliege" sorgfältig zusammenhält, dunkler Hose, Weste und Uhrenkette, stellte sich der Künstler hier dem Betrachter fern von jeglicher bohemehafter Attitüde vor. Und doch hinterlässt er auf diesem Foto den Eindruck eines Bürgers, der mit Stolz auf das bisher Erreichte zurückblickt.

Anders das im gleichem Jahr gemalte Selbstporträt (G1030). Vor neutralem Hintergrund, mit dunkelblauem Hemd, dunkelgrüner Jacke und passender dunkelgrüner Fliege blickt er den Betrachter frontal entgegen. Dem Bild haftet im Gegensatz zur Fotografie nichts Repräsentatives an, ähnlich wie auch dem Selbstporträt, welches er in seinem 50. Geburtsjahr schuf (G1035). In heller Jacke, im Vergleich zu den vorherigen Selbstbildnissen relativ locker gekleidet, blickt er den Betrachter auch hier direkt an. Der Maler feierte im Entstehungsjahr des Bildes seinen 50. Geburtstag in einer Jubiläumsausstellung wurde sein Schaffen gewürdigt, er befand sich auf dem Höhepunkt seines Erfolges. Und doch stand der Erfolg in künstlerischer Hinsicht in Kontrast zu den äußeren politischen Umständen. Mehr als die Fotografie schafft es das gemalte Porträt, den Eindruck eines sich selbst Befragenden zu vermitteln. Von jeglicher Repräsentationsabsicht entfernt, blickt der Maler den Betrachter mit ernstem Gesichtsausdruck direkt an.

――――――――――――――――――――
285 Vgl. LE I, S. 71

1.3.2. Porträts und Einzelpersonendarstellungen

Die Modelle für seine Porträts und Einzelpersonendarstellungen stammten überwiegend aus dem Kreis seiner Familie, bzw. aus der Familie seiner Frau. Porträtauftragsarbeiten wie für seinen Freund in Berlin, den er im August 1932 extra dort aufsuchte, um ein Porträt der Tochter anzufertigen, bleiben eher die Ausnahme.[286] Aus dem Kreis seiner Familie malte Hanny Franke bevorzugt seine Frau Margarethe - deren gemaltes Konterfei sich sechsmal im Werkverzeichnis erfassen ließ - nachdenklich aus dem Fenster sehend (G1005), lesend in ein Buch vertieft (G1054) oder auf einer Wiese sitzend (G1064). In einem anderen Halbporträt hielt er Margarethe Franke in merkwürdig steif sitzender Haltung und mit starrem Blick in einem Sessel sitzend fest (G10061). Aber auch seine jüngste Schwester Christine saß dem Künstler Modell. Neben einer Profilansicht (G1047) hielt er die Schwester handarbeitend und am offenen Fenster sitzend künstlerisch fest (G1048). In fast impressionistischer Manier spiegelte sich die dem Gebäude gegenüberliegende Häuserfassade in der Fensterscheibe, vor der die junge Frau Platz genommen hat, wieder. Die wenigen überlieferten Bildnisse Hanny Frankes belegen, dass dem Landschaftsmaler die Porträtmalerei weniger lag. Die Gesichter der Personen wirken oft flach und wenig durchmoduliert (G1060, G1061, G1064). Mit seinen Zeichnungen gelang es dem Künstler oft, einen viel lebendigeren Eindruck der Dargestellten zu vermitteln.

Rein quantitativ nehmen bei den Zeichnungen seine Frau und seine Schwiegermutter unter den abgebildeten Personen den größten Raum ein. Meist mit Lesen oder Handarbeiten beschäftigt, boten sie dem Künstler Gelegenheit, sie zu zeichnen. Konturenbetonende Zeichnungen stehen neben sorgfältig ausgearbeiteten Studien, bei denen er mit Schraffierungen die Plastizität herausgearbeitet hatte. Bei einigen Arbeiten wendete er Kreide-, bzw. Deckweisshöhungen an, um die plastische Wirkung zu steigern (Z309, Z314, Z328). Die Bleistiftzeichnungen überwiegen. Nur selten nutzte er das Medium der Federzeichnung. Der Vergleich zwischen den frühen Porträts seiner Kriegszeit (Z275) mit einer Arbeit, die um 1952 entstand und die ein Kniestück seines Freundes Hans Bührer (Z348) zeigt, belegt, wie sehr die Souveränität der Strichführung im Laufe der Zeit gewachsen war. An die Stelle der schematisch wirkenden parallelen Schraffuren war eine lockere Strichführung getreten.

――――――――――――――――――――
286 Vgl. LE II, S. 266

1.3.3. Aktdarstellungen

In keiner anderen Schaffensphase des Künstlers nahmen Aktdarstellungen einen so breiten Raum ein wie in seiner Studienzeit. Bei allen vier Schüler-Ausstellungen der Städelschule reichte er neben Landschaften und Porträts auch Akte mit ein. Gleich bei seiner ersten Ausstellung waren vier von insgesamt elf ausgestellten Bildern Akte. Kleine fotografische Abbildungen im persönlichen Fotoalbum von Hanny Franke geben als Einziges Zeugnisse dieser Frühwerke jeweils eines stehenden (G1076) und eines sitzenden (G1077) weiblichen Aktes sowie eines sitzenden (G1078) und stehenden männlichen Aktes (G1079). Bei drei der erwähnten Arbeiten befindet sich die Person in einem Innenraum, bei einem der Frauenakte (G1076) ist das Umfeld unklar. *„Von Freilichtmalern beeinflusst, malte ich im Schulatelier die Akte am liebsten im Gegenlicht (...) an Sommertagen malten wir auch Freilichtakte im Städelgarten"*, erinnerte sich der Maler zurück.[287] Das Aktzeichnen und -malen im Städelschulgarten führte Wilhelm Trübner an der Städelschule ein und es wurde von Emil Gies beibehalten. Im Winterhalbjahr wurde das Abendaktzeichnen, welches unter der Leitung des Bildhauers Georg Bäumler stattfand, durch Anatomieunterricht ergänzt.[288] Außerdem ermöglichte die offene Hand eines Frankfurter Mäzens, dass die fortgeschrittenen Städelschüler im Städtischen Krankenhaus unter der Leitung des international bekannten Anatoms Professor Dr. Herman H. Blunschli an Kursen in plastischer Anatomie teilnehmen konnten.[289]

Auch nach seiner Studienzeit behielt Hanny Franke die Beschäftigung mit Aktstudien bei. In seinen Lebenserinnerungen berichtete er aus der Zeit um 1931 von jener kleinen Arbeitsgemeinschaft von Malern, Bildhauern und Graphikern, die sich in den Wintermonaten zum Aktzeichnen zusammenfanden und sich so die Kosten für Modell und Raum teilten.[290] Es erfolgt keine genaue Zeitangabe, wie lange sich die Arbeitsgruppe *„viele Jahre"* und *„in den Wintermonaten"*[291] traf. Als Grund für die Auflösung der Gruppe gab Hanny Franke die Schwierigkeit an, einen geeigneten Raum zu finden.

Eine Aktennotiz vom 21.5.1935 verrät, dass der damalige Frankfurter Oberbürgermeister auf eine mündliche Anfrage einer Gruppe freier Künstler für den Betrag von 1 RM pro Stunde und einmal wöchentlich am Abend im 1. Stock des Hauses Lichtenstein am Römerberg einen Raum zum allgemeinen Aktzeichen überließ.[292] Um wen es sich bei der Gruppe freier Künstler handelte, wurde namentlich nicht erwähnt, doch möglicherweise war sie mit jenem Arbeitskreis identisch, dem auch Hanny Franke angehörte.

„Ich betrachtete dieses Aktzeichnen als eine Art Fingerübung und von sehr grossen Nutzen für jeden Kunstschaffenden. Einmal wurde eine Aktstellung gründlich durchgezeichnet, andermal wurde eine Stellung in zehn oder in fünf Minuten skizziert, oder man zeichnete aus einer Bewegung heraus", begründete der Maler sein Interesse.[293]

Die Zeichnung eines dem Betrachter frontal gegenübersitzenden Mannes mit übereinandergeschlagenen Beinen und sich überkreuzenden Händen scheint eine jener Skizzen zu sein, die in nur wenigen Minuten gezeichnet wurden (Z414). Der Künstler hielt die Umrisslinien mit unterbrochenem, tastendem Strich fest. Mit spärlicher Schraffur deutete er die Schattenpartien im Bereich von Hals, Oberkörper und Beinen an. Der Punkt in Kniehöhe an dem Hände und Beine aufeinandertreffen ist anatomisch unklar.

Auch das Bild einer jungen Frau, die sich leicht nach vorne beugt, dabei mit beiden Händen in Kniehöhe abstützt, wirkt wie eine in kurzer Zeit angefertigte Arbeit (Z383). Auch hier bilden tastende, teilweise doppelt übereinanderliegende Striche den Umriss. Ansonsten arbeitete er die Partien im Kopfbereich etwas mehr aus und setzte auch die Schattenwirkung gezielter ein, als beim vorher beschriebenen Männerakt.

Die Ansicht einer auf den Boden Sitzenden, die sich mit ihrem linken Arm dabei abstützt, kann als Beispiel für einen gründlicher durchgezeichneten Akt gelten (Z390). Fast frontal wendet sie dem Betrachter den Oberkörper zu, während sie sich mit ihren Beinen nach rechts hin abstützt. Mit Schraffuren arbeitete Hanny Franke hier detailliert die plastische Körperwirkung heraus. Ein männlicher Akt, welcher fast porträthaften Charakter besitzt (Z380), kann als weiteres Beispiel für einen gründlich durchgezeichneten Akt gelten.

Inwieweit die gezeichneten Akte Hanny Frankes quantitativ mit den gemalten vergleichbar waren, lässt sich nicht mehr feststellen, da viele Gemälde aus der Frühzeit des Künstlers im Krieg verbrannten. Den vier nachweisbaren Gemälden lassen sich derzeit 40 gezeichnete Akte gegenüberstellen. Neben Blei- und in selteneren Fällen Rötelstift verwendete der Künstler häufig den Kohlestift als Zeichenmittel, wobei er oft mit Deckweiß oder Kreide die am hellsten hervorzuhebenden Partien betonte. Bei einigen Zeichnungen nutzte Franke grünes (Z401), gelbes (Z407), rot- und braungetöntes (Z402, Z406, Z408) Papier als Bildträger, was den Arbeiten auch einen experimentellen Charakter verlieh.

---

287 LE VI, S. 89
288 Vgl. LE I, S. 158
289 Vgl. Wagner 1979, S. 20
290 R. Petraschke/HF, Karte: 17.11.1930; Die Karte Nachricht des Bildhauers R. Petraschke an Hanny Franke bezieht sich auf ein Treffen der Künstler zum Abendaktzeichnen im Hause Lichtenstein ab dem 18.11. 1930, Dienstag, Donnerstag und Freitag, jeweils von 6-8 Uhr.
291 LE II, S. 262
292 IfSG, Mag.-Akte, Sign. 7858, Blatt 47
293 LE II, S. 262-263

1.4. Stillleben

Stillleben spielen insgesamt eine untergeordnete Rolle im Gesamtwerk Hanny Frankes. Unter den Stillleben nehmen die Blumenstillleben den zahlenmäßig größten Raum ein und ihre Entstehungszeit liegt zwischen 1926 und 1972. Einzelne Blumensorten in wechselnden Vasen, neben denen manchmal noch ein Buch platziert wurde, bilden das Gros dieser Stillleben. Zu den bevorzugten Blumen zählten neben dem Veilchen die Rose, aber auch Maiglöckchen und Goldlack hielt der Künstler im Bild fest. Bis auf zwei Ausnahmen, den „Blumenstrauß im Glas" (G1104) und den „Frühlingsblumen" (G1097) ordnete der Maler ausschließlich eine einzige Blumensorte, in einheitlichem Farbton gehalten, im Gefäß an. Der „Violettfarbene Blumenstrauß in Vase auf einem Tisch im Freien" (G1102) bildet ebenfalls eine Ausnahme, da Hanny Franke ansonsten alle anderen Stillleben im Innenraum anordnete.

In seinem am frühesten vorliegenden Stillleben aus dem Jahr 1926 wählte er schon sein auch später bevorzugtes Modell, das Veilchen, bzw. die violettfarbene Blume im gotischem Glasväschen (G1080). Die Perspektive des Glases erscheint hier noch etwas verzerrt dargestellt. Die gotischen Noppengläschen stammten aus der Glassammlung des Künstlers und wurden von ihm gerne in die Stillleben mit eingefügt (G1084, G1090, Abb. 67).

Ein Exponat seiner Glassammlung präsentiert sich wohl auch bei den „Teerosen im venezianischem Glas", 1937 gemalt (G1081, Abb. 64). Sowohl der einfache Bildaufbau als auch die Motivwahl lassen an Blumenstillleben von Otto Scholderer denken. Auch dieser bevorzugte einen dunklen Hintergrund, um auf diese Weise die Leuchtkraft der Blüten hervorzuheben. In seinen „Maréchel-Niel Rosen in einer Glasvase"[294], entstanden um 1895, drapierte dieser allerdings ein ganzes Bouqett einer einzigen gelben Rosensorte in einer gläsernen Vase (Abb. 65). Wie bei dem Werk Hanny Frankes, bilden die hellen Blüten einen starken Kontrast zum Hintergrund in dunklem Braun. Auch die Betonung der Plastizität des Glases durch einen aufgesetzten Glanzpunkt ist vergleichbar. Mit den „Drei Nelken im venezianischem Glas" (G1082) griff Hanny Franke das Thema im gleichen Jahr nochmals auf. Der Bildaufbau gleicht dem der „Teerosen im venezianischem Glas". Mit der Anordnung einer ungeraden Anzahl von Blütenköpfen war er hier jedoch gezwungen, mit der leicht nach links abknickenden Blüte eine weniger symmetrische Lösung zu wählen.

Abb. 64 G1081

Abb. 65 O. Scholderer

Die Stillleben mit Trauben, Äpfeln und Nüssen in verschiedenen Variationen erinnern aufgrund der schlichten Anordnung der Bildgegenstände und dem horizontalen Bildaufbau ebenfalls an Arbeiten von Otto Scholderer. Wie dieser, versah außerdem auch Hanny Franke seine im Stillleben dargestellten Gegenstände meistens mit von links einfallendem Licht. In der frühesten Version, dem 1935 entstanden „Früchtestilleben", ordnete der Künstler grüne Trauben und drei Äpfel auf braunem Untergrund vor dunkelgrünem Hintergrund fast parallel an (G1108). Die Früchte spiegeln sich auf dem Untergrund wider. Den Unterschied zwischen der Oberfläche der Trauben und der Äpfel arbeitete der Künstler differenziert heraus. Das Motiv der Weintrauben kombinierte er 1941 in einem mit „Zwei Jahrgänge" tituliertem Bild mit einem zur Hälfte gefülltem Weinglas (G1109). Die leicht mehlige Oberfläche der Weintrauben, das Weinglas auf dem mit heller Farbe gesetzte Lichtreflexe den plastischen Akzent verstärken, der helle Kontrast von Obst und mit Flüssigkeit gefülltem Glas zum dunklem Hintergrund, machen den Reiz dieser Arbeit aus. In seiner später entstandenen dritten Version der „Weintrauben mit Walnüssen" verzichtete er auf ein die Vertikale betonendes Element und wählte einen etwas engeren Bildausschnitt als beim „Früchtestilleben" (G1110).

Die Motivwahl des „Toten Dompfaffes" (G1111), 1944 entstanden, sowie des „Toten Meisleins mit Bruch" (G1112, Abb. 66), 1948 gemalt, wirkt ungewöhnlich im Werk Hanny Frankes und lässt an eine Darstellung ähnlichen Themas von Louis Eysen denken. Das Vanitasmotiv in

Abb. 66 G1112

2. Zur Technik

2.1. Gemälde

„Mir fiel die Sicherheit auf, mit der er die Farben mischte und setzte. Das ging so zügig, als würde er schreiben. Niemals gab es hinterher ein Verbessern oder gar ein Abkratzen ganzer Flächen", erinnerte sich Margarethe Franke an die bei ihrem Mann beobachtete Arbeitsweise.[296] Beim Malen in freier Natur sahen dem Künstler auch manchesmal Kinder bei der Arbeit zu, unter ihnen auch einmal ein kleiner Junge, welcher in späteren Jahren als Galerist die Bilder des Malers anbot. Als Erwachsener erinnerte dieser sich später daran, wie Hanny Franke, ohne vorher zu skizzieren, in einer Ecke der Leinwand anfing zu malen und innerhalb von ungefähr zwei Stunden ein Bild kleineren Formats fertigstellte.[297] Diese Art und Weise, ohne Vorzeichnungen zu malen, setzte eine große Sicherheit voraus. Wie Zeitzeugen berichteten, verfuhr auch der Maler Louis Eysen nach diesem Schema. Er arbeitete im Gegensatz zu Hanny Franke jedoch viel langsamer und war deswegen einige Male sogar dazu gezwungen, Kompositionen aus dem Gedächtnis zu vollenden.[298]

Verbindung mit dem Entstehungsjahr kann bei dem zuerst genannten Bild in Zusammenhang mit den seinerzeit vorhandenen politischen Zuständen und dem Kriegstreiben gesehen werden. Das Städelmuseum erwarb den „Toten Vogel mit zwei Rosen auf einer Tischplatte"[295] (Abb. 67) von Louis Eysen 1947, der Kunstverein stellte das Bild u. a. bereits 1932 in Frankfurt aus, sodass das Bild Hanny Franke deshalb mit Sicherheit bekannt war. Auch in seiner Version, dem „Toten Meislein mit Bruch", ist der Rand der Tischplatte auf welchem der Vogel liegt, noch zu erkennen, er wählte an Stelle des runden Tisches allerdings einen eckigen. Anstelle der zwei Rosen fügte er dem Meislein aber einen Tannenbruch hinzu. Außerdem positionierte er sein Motiv im Gegensatz zu Louis Eysen direkt in der Bildmitte.

Dass der Künstler auch mit Vorzeichnungen arbeitete, belegt eine Fotografie aus den Jahren um 1947, die Hanny Franke beim Malen in der Freien Natur zeigt (Abb.31). Die Fotografie entstand während eines Aufenthaltes in der Rhön. Sie zeigt den Maler, wie er gerade an einem Bild der Milseburg arbeitet und dabei über einer Skizze die Farbe in der Al-prima-Technik, nass-in-nass, in horizontaler Fläche vom Mittelpunkt des Bildes her aufträgt.

Auch zwei unvollendete Ölbilder im Nachlass/ Eschborn dokumentieren, dass der Künstler mit leichten Vorskizzen auf den Maluntergrund arbeitete. Bei dem einen Porträt, welches Margarethe Franke auf einer Bank im Grünen sitzend zeigt, begann er zuerst mit dem Wichtigsten, dem Gesicht, um dann gleichzeitig mit der Arbeit an Hintergrund und Oberkörper fortzu-

---

294 Otto Scholderer, Maréchal-Niel Rosen in einer Glasvase, um 1895, Öl/Pappe, 39,5 cm x 33,4 cm, Kunsthandlung J.P.Schneider, Ausst. Kat. Frankfurt 2002, Abb. S. 137

295 Louis Eyen, Toter Vogel und zwei Rosen auf einer Tischplatte, Öl/Holz, 19 cm x 24,8 cm, Städelsches Kunstinstitut Frankfurt/M., Inv.-Nr. SG 1116, Ausst. Kat. Frankfurt 1990, Abb. S. 4

Abb. 67 Louis Eysen

Abb. 67 G1090

fahren (G1065). Der unvollendete Studienkopf einer Sandsteinfigur lässt erkennen, dass der Maler die Schattierungen in der Vorzeichnung mit Schraffuren andeutete (G1143).

Grundlagen für die verschiedensten Grüntöne bildeten Chromoxydgrün feurig, bzw. Chromoxydgrün stumpf. Sämtliche Grünnuancierungen wurden durch Beimischen mit anderen Farbtönen erreicht. Das Kolorit des Grüns werde laut Hanny Franke im Allgemeinen besser, wenn man weniger Grüntuben zur Verfügung habe. Auch sei es für die Qualität der Bilder von Vorteil, da sich unterschiedliche Farben im Laufe der Zeit unterschiedlich verändern, wenige aber qualitativ wertvolle Farben einem Kunstwerk dagegen längere Dauer verliehen.[299] Die Grüntöne seiner Palette waren das Ergebnis eingehender Studien und technischer Versuche. So stellte er in rechteckigen Feldern die Grundtöne in sehr differenzierten Nuancen den von ihm ermittelten Komplementärfarben gegenüber. Dabei gab es einen bestimmten Farbton, den der Künstler aus maltechnischen Gründen grundsätzlich nicht anwendete: Zinnoberrot. Laut einer anekdotischen Aussage seiner Frau Margarethe hegte er gegen dieses gelbstichige Rot sogar eine so große Abneigung, dass er zeitlebens nie Karotten aß.[300] Die genaue Anzahl der Grüntöne - vierundzwanzig verschiedene Nuancen - glaubte ein unbekannter Zuschauer festzustellen, welcher einmal während des Malens beobachtend hinter dem Künstler stand.[301] Größere Mengen eines gewünschten Grüntones mischte sich der Künstler nicht nur ausschließlich selber, sondern ließ sich beim Kauf den Farbton teilweise im Künstlerbedarfgeschäft extra anrühren.[302]

---

296 BBK - Rundbrief 1970, S. 16
297 Lt. einem Interview der Autorin mit Hr. Andreas sen., Galerie J.P. Schneider, Sept. 1997
298 Vgl. Andreas 1998, S. 772
299 Vgl. LE IV, S. 171 ff.
300 Vgl. Verzeichnis Frankfurter Sparkasse 1984, S. 2
301 Vgl. Anm. 5
302 Lt. Interview der Autorin vom Februar 1998 mit Frau Gab, deren Vater früher Mitarbeiter der Firma Farben Jenisch in Frankfurt war, dem Geschäft, in dem der Künstler regelmäßig seine Farben, Leinwände, etc. erwarb.

2.2. Skizzenbücher

Im Nachlass Hanny Frankes befinden sich insgesamt 28 Skizzenbücher. Nur 26 dieser Bücher sind Skizzenbücher im eigentlichen Sinn, die zwei ältesten Exemplare (SKB1, SKB2) stellte der Künstler nachträglich zusammen, indem er Skizzen auf Papier aufklebte und diese zusammenband.

Die Arbeiten in den Büchern datieren zwischen 1914 und 1972. Der Künstler arbeitete in ihnen in Aquarell, Blei- und Buntstift und Feder. Zahlenmäßig überwiegen jedoch die Aquarelle. Die Bücher besitzen sowohl eine Bindung im Querformat (SKB2, SKB18, SKB25, SKB27) als auch im Hochformat. Letzt genanntere befinden sich in der Mehrzahl.

Die Skizzenbücher lassen sich nicht eindeutig chronologisch anordnen, da der Künstler sie teilweise im gleichen Zeitraum verwendete. Auf seinen Streifzügen durch die Natur hatte der Maler oft mehr als ein Buch zum Skizzieren dabei. So hielt er zum Beispiel 1951 ein Motiv im Grüneburgpark am gleichen Tag sowohl in SKB7 (A180) als auch in SKB21 (A181) fest. Auch das Motiv der Schwanheimer Eichen 1952 entstand am gleichen Tag sowohl in SKB9 (A236) als auch in SKB12 (A235).

Mit den verschiedenen Formaten geht eine unterschiedliche Papierqualität einher. Die Herkunft des Papiers, aus dem das jeweilige Skizzenbuch gefertigt wurde, vermerkte der Maler oft in der Innenseite des Einbanddeckels. Die Aquarelle, die der Künstler auf dem Papier vergangener Jahrhunderte anfertigte, wirken noch heute so frisch wie am Tag ihrer Entstehung, da das holzhaltige Papier, welches schneller vergilbt, erst eine Erfindung des 19. Jahrhunderts ist und Hanny Franke darum bemüht war, möglichst altes Papier zu verwenden. Gute Papierqualität war dem Künstler so wichtig, dass er, wie er einer Journalistin verriet „(...)am liebsten sein eigenes Papier herstellen würde"[303]. Um möglichst hochwertiges Papier zu erhalten, erwarb er u. a. alte Landkarten, von denen er die

weißgebliebenen Ränder entfernte und daraus seine Skizzenbücher zusammenstellte.
Die folgende Aufstellung zeigt, dass der Künstler durchgehend an einer besonders hohen Papierqualität interessiert war:

303 Vgl. FNP, 27.6.1965

Skizzenbuch	Herkunft bzw. Alter des Papiers
SKB4	Papier aus dem Jahr 1630
SKB5	„Antikpapier"
SKB6	Zanders Handbüttenpapier vom Jahre 1892
SKB7	Englisches Whatmanpapier aus den Jahren 1892 und 1913
SKB8	Handgeschöpftes italienisches Aquarellpapier aus dem 18. Jahrhundert
SKB9	Altes Papier vom Jahre 1630
SKB10	Zander Bütten aus dem Jahr 1892
SKB11	Handgeschöpftes Papier aus der Zeit um 1800, Papier um 1800 aus einer Straßburger Papiermühle
SKB12	Englisches Whatmanpapier von 1902 - 1904 und 1938
SKB14	Antik-Papier, 17. Jhd.
SKB15	Antik-Papier aus dem 17. Jhd.
SKB17	Antik-Papier
SKB19	Papier aus dem 16. - 17. Jhd.
SKB21	Englisches Whatman-Papier von 1904
SKB22	Englisches Whatman-Papier von 1860
SKB23	Antik-Papier - 18. Jhd. Straßburg
SKB25	Basler und Straßburger Papier Anfang 17. Jhd.
SKB27	Zanderpapier - 1860, 1875, z. T. 18. Jhd.
SKB28	Handbüttenpapier 1630, Baseler Papiermühle

Die teilweise sorgsame Gestaltung der Einbände - oft ziert diese ein Monogramm - verriet die Freude des Künstlers, auch Gegenstände ästhetisch zu gestalten, die nur für den persönlichen Gebrauch und nicht für die Öffentlichkeit bestimmt waren. So besteht der Einband von SKB17 aus einem mit Blumen geprägtem Muster auf goldenem Grund und SKB16 erhielt einen Einband aus rotem Leder und mit geprägter Goldbordüre. SKB4, dessen Einband schwarze Rauten auf gelb-weiß gestreiftem Grund zieren, versah der Künstler mit einem passend gemusterten Einbandschuber.

2.3. Zur Aquarellmalweise

Das am frühesten erhaltene Aquarell von Hanny Franke stammt aus dem Jahr 1918, zeigt den „Jesuitersee bei Bromberg" (A1) und befindet sich, wie der größte Teil der Aquarelle, im Nachlass des Künstlers im Museum Eschborn. Der Maler arbeitete über seine gesamte Schaffenszeit hinweg mit Aquarellfarben. Wie auch die Zeichnungen, waren die Ergebnisse im Allgemeinen jedoch nicht für den Handel bestimmt. Die Aquarelle dienten eher dazu, sich Notizen von Landschaftseindrücken festzuhalten - die Landschaftsdarstellungen innerhalb der Aquarelle überwiegen - und sich ein Repertoire an Bildideen zu schaffen. Die Auflistung der im Werkverzeichnis erfassten Aquarelle ist zeitlich lückenhaft. Da wohl ein großer Teil während des 2. Weltkrieges verloren ging, umfasst der Schwerpunkt der erhaltenen Aquarelle die Zeitspanne von 1946 an.
Keines seiner Aquarelle setzte der Künstler anschließend in Öl um. Selbst bei gleichem Bildmotiv erfolgte ein völlig unterschiedlicher Bildaufbau. 1945 hielt er einen bestimmten Baum im Grüneburgpark sowohl in Aquarell (A135) als auch in Öl (G394) fest. Im hochformatigen Aquarell konzentrierte er sich ganz auf die Darstellung des Baumes. Im querformatig angelegtem Ölbild setzte er den Baum zwar auch fast in die Bildmitte, schnitt ihn im oberen Teil jedoch an und legte gleichzeitig ein größeres Augenmerk auf dessen Umgebung.
Ähnlich wie bei den Ölbildern verfuhr Hanny Franke auch bei Bildern in Aquarelltechnik. Eines der wenigen unvollendeten Aquarelle, eine „Landschaft im Schwarzwald" (A299) aus dem Jahr 1953, gab darüber Aufschluss: Über einer zarten Vorskizze mit Bleistift trug er die Farbe von einer Ecke des Blattes her auf. Dabei verteilte er die Farben nicht wie bei der klassischen Aquarelltechnik üblich von hell nach dunkel arbeitend über das ganze Bild, sondern setzte in der Art des „Teppichknüpfens" von der Ecke her alle Farben gleichzeitig. Ein Beispiel für

diese besondere Maltechnik bietet auch ein unvollendetes Blatt im persönliche Fotoalbum des Künstlers.

2.4. Zeichnungen

Der umfangreichste Teil von Hanny Frankes Zeichnungen befindet sich in seinem Nachlass im Museum/Stadtarchiv in Eschborn. Nur wenige fanden den Weg in Handel und Privatbesitz, da der Künstler die Zeichnungen in erster Linie eher für den eigenen Gebrauch, bzw. zur eigenen Übung, als für die Öffentlichkeit anfertigte. Laut Aussage seiner Frau Margarethe sei Zeichnen etwas gewesen, das er eigentlich nicht gerne gemacht habe.[304] Das Anfertigen von Zeichnungen diente ihm wohl vorrangig dazu, Auge und Hand zu schulen.

Die Landschaftsdarstellungen nehmen innerhalb der Zeichnungen den größten Raum ein. Dabei bereitete der Maler seine Ölbilder nicht direkt an Hand von Zeichnungen vor. Eine Reihe von Zeichnungen, die Berg- und Landschaftskonturen belegen (Z44, Z47, Z58, Z61, Z62, Z65, Z66, Z67), dass er sich die charakteristischen Landschaftsformen zwar notierte, diese Notizen sich aber keinem Bild als Vorentwurf zuordnen ließen.

Auch einzelne gezeichnete Baumstudien (Z420 - Z444), die der Künstler während seiner gesamten Schaffenszeit anfertigte, finden keine direkte Zuordnung innerhalb seiner Gemälde. Mit Hilfe des Zeichnens prägte sich der Künstler die typischen Formen ins Gedächtnis, um sie beim Malen freier und lockerer wiedergeben zu können. Die Zeichnungen selbst besaßen für ihn eine eigenständige Bedeutung. Eine 1939 in Bleistift gezeichnete Kastanie im Frühling (Z434) gibt den Baum wieder, welchen der Künstler über 22 Jahre später in einer Serie von Ölgemälden festhielt (G989, G991, G992). Die Grundstrukturen des Baums sind in Zeichnung und Gemälden zwar ähnlich, aber in den verschiedenen Arbeiten nicht identisch ausgearbeitet.

Die Bleistiftzeichnung „Blick zum Feldberg" (Z124) bildet eine Ausnahme, da sie sich gleich zwei Ölgemälden zuordnen lässt (G480, G481). Die beiden Ölgemälde gleichen sich im Bildaufbau, unterscheiden sich jedoch in der Gestaltung des Vordergrundes. Während bei dem einem ein Wiesenrand den Abschluss bildet (G481), soll bei dem anderen (G480) ein schmaler Bachlauf vom vorderen Bildmittelgrund aus den Betrachter in das Bild einführen. Zwei Bäume links und rechts schließen den Bildraum zur Seite hin ab. Die Bleistiftzeichnung bietet eine dritte Variante, indem sie den Blick auf die in das Tal hinabführende Wiese frei lässt. Zusammen mit der erstgenannten Variation wirkt die Vordergrundgestaltung in der Zeichnung wesentlich natürlicher als die Kombination von Bachlauf und seitlicher Begrenzung durch Bäume.

Auch die Ansicht von Stornfels bei Schotten (Z168), eine lavierte Federzeichnung, bildet eine Ausnahme. Sie wirkt wie ein Ausschnitt aus einem dazugehörendem Ölgemälde (G816). Es lässt sich nicht eindeutig klären, ob die Zeichnung vor Ort in der Natur entstand oder ob es sich bei ihr um eine Nachzeichnung des Gemäldes handelt. Die mit einem Datum versehene Zeichnung verriet, dass sie sechs Tage später als das Bild entstand.

Eine eindeutige Datierung der Zeichnungen ausschließlich anhand der Strichführung ist oftmals nicht möglich, da der Künstler sich offenbar auch nicht scheute, die Arbeiten noch Jahre später zu überarbeiten. So vermerkte er auf einer Feder-/Bleistiftzeichnung aus dem Jahr 1920 (Z24), dass er die ursprüngliche Bleistiftzeichnung erst 20 Jahre später mit der Feder überzeichnet habe.

---

[304] Lt. Interview der Autorin im April 2005 mit Stadtarchivar Gerhard Raiss, demgegenüber Margarethe Franke zu ihren Lebzeiten diese Aussage gemacht hatte.

2.5. Druckgraphik

2.5.1. Radierungen

Hanny Franke befasste sich nur während seiner Studienzeit mit der Radiertechnik, einem graphischen Verfahren, für welches zu seiner Zeit am Städelschen Kunstinstitut kein offizieller Unterricht mehr stattfand. Als die Klasse für Radierung – ursprünglich von Prof. Mannfeld geleitet – aufgrund von dessen Krankheit schließen musste, bemühten sich die Studenten, den Kunstzweig weiterhin zu pflegen, indem sie im Selbstunterricht ihre Kenntnisse untereinander austauschten.

Da ihm Kupfer- und Zinkplatten zu teuer waren, verwendete Hanny Franke für das Anfertigen der Druckplatten starke Zinkblechabfälle. Das erste Versuchsblatt, eine Weihnachtskarte, gelang zu seiner Zufriedenheit. Später radierte er eine „Stadtansicht von Bingen" (DG24), die er auf eine Bestellung hin anfertigte und von einer Künstlerdruckerei in Karlsruhe drucken ließ. Das Werkverzeichnis erfasst 26 unterschiedliche Motive: 12 Landschaften (DG1 - DG12), 10 Stadt-/bzw. Architekturansichten (DG13 - DG16, DG21 - DG26), einen Eremiten vor seiner Klause (DG17), einen Knaben auf einer Mondsichel (DG19) sowie eine Heiligendarstellung (DG18). Die Ansicht von Dallberg (DG16) sowie der Eremit sind überdies koloriert. Für diese beiden Motive ließ sich außerdem die Auflagenhöhe feststellen: Sowohl die Ansicht von Dallberg als auch der Eremit entstanden in 50-facher Auflagenhöhe.

Die „Frankfurter Ansicht von Sachsenhausen aus auf den Dom" (DG14) gibt die Fassung eines Ölgemäldes wieder, in dem der Maler 1922 die Baustelle an der Notbrücke bildlich festhielt (vgl. G966). Auch der Eremit wurde vom Maler in der Ölmaltechnik thematisiert (vgl. G1041). Die unvollendete Studie zu einem Gemälde zeigt den Eremiten ohne äußeren Zusammenhang. Die Radierung gibt möglicherweise den Eindruck wieder, den das fertige Gemälde hatte oder haben sollte.

Das Format der kleinsten Radierung beträgt 10 cm x 7 cm, das der größten 19 cm x 24,5 cm. Die Signatur in Form der Initialen in Druckbuchstaben, bei der sich das „F" unmittelbar an das „H" anfügt, verwendete der Künstler sowohl bei den Radierungen als auch bei Holzschnitten. Die Signatur sieht der des Malers Heinrich Funke ähnlich.

Mit dem „Fluß, welcher sich zwischen zwei Bäumen hindurch schlängelt" (DG5) griff Hanny Franke eine Thema auf, welches der von Hans Thoma 1913 angefertigten Radierung „Wanderndes Bächlein"[305] verwandt war. Während sich der Bach in der Thoma´schen Ausführung jedoch in starken Windungen durch die Landschaft schlängelt, verlaufen die Krümmungen in Hanny Frankes Bild wesentlich verhaltener. Auch für den Bildaufbau der kleinen Radierung, die einen Mondaufgang genau in der Mitte zwischen zwei nebeneinander stehenden Bäumen zeigt (DG6), könnte eine Arbeit von Hans Thoma - der „Kastanienhain in Oberursel"[306] - als Anregung gedient haben.

2.5.2. Lithographie

Auch mit der Technik der Lithographie befasste sich der Künstler schon von Beginn seines Studiums an. Im Gegensatz zur Radierung wendete er diese graphische Technik jedoch über einen längeren Zeitraum hinweg an. Dabei interessierte sich der Künstler im Zusammenhang mit der Lithographietechnik weniger für das künstlerische Mittel selbst, sondern die Lithographien dienten in erster Linie zur Vermarktung, waren die Druckwerke für die Käufer doch günstiger zu erwerben als Bilder in Öl.[307] Beim Zeichnen auf Stein verwendete Hanny Franke ausschließlich (Lithographie-)Kreide. Ein Teil der Arbeiten blieb nach dem Druckvorgang in unkoloriertem Zustand, während der Künstler einen anderen Teil anschließend von Hand mit Aquarellfarben überarbeitete, sodass unterschiedliche Drucke mit dem gleichem Motiv ihre Individualität beibehielten. Das Werkverzeichnis umfasst insgesamt 36 unterschiedliche Lithographiemotive mit Massen zwischen 9,5 cm x 11,5 cm (DG28) und 44 cm x 33 cm (DG63). Der Künstler hielt Landschaftsausschnitte aus dem Vogelsberg (DG28), der Rhön (DG27, DG29, DG32, DG36, DG42, DG43), dem Westerwald (DG33), dem Odenwald (DG37, DG41) und auch der Frankfurter Umgebung (DG34, DG35, DG39, DG40, DG44, DG47, DG49) lithographisch fest. Die Bildmotive sind zum größten Teil eigenständig. Mit dem „Bergweg in Franken" (DG30; vgl. hierzu G253), dem „Vorfrühling bei Enkheim" (DG35; vgl. hierzu G198, G271), dem „Sommerabend" (DG36; vgl. hierzu G306), der „Birke im März" (DG39; vgl. hierzu G470) und „In der Rhön - Bergquelle" (DG27; vgl. hierzu G192, G299, G312) zeigt sich aber, dass der Künstler auch einige seiner Landschaften in Öl, die er offenbar für besonders gelungen hielt, nochmals in lithographischer Form nachvollzog.

Aber auch mit architektonischen Motiven, wie der „Frankfurter Paulskirche" (DG50), dem „Willemer Häuschen" (DG53) - die mit 1921 am frühesten datierte Lithographie - oder einer Ansicht von Assisi (DG52) versuchte Hanny Franke das Interesse von Käufern zu wecken. 1929 fertigte er im Auftrag von Pater Ignatius eine Mappe mit sechs Detailansichten des Klosters Ilbenstadt in der Wetterau (DG54 - DG59) an. Mit einer Ansicht des Frankfurter Doms mit abgedecktem Dach aus dem Jahr 1945 fügte er seiner Trümmerbilder-Serie eine lithographische Version hinzu (DG61).

Für die Signatur der Lithographien verwendete der Maler eine ausschließlich für diese Arbeiten vorgesehene Art in Form zweier verschlungener Initialien.

2.5.3. Holzschnitte

Die Holzschnitte nehmen mit acht Exemplaren den geringsten Anteil innerhalb der Druckgraphik ein (DG64 - DG71). Hanny Franke entdeckte diese Art von Druckgraphik für sich erst spät. Der jüngste Druck trägt die Jahreszahl 1957 (DG64). Die kleinformatigen Arbeiten fanden ausschließlich in Zusammenhang mit dem Erstellen von Grußkarten ihre Verwendung. Mit dem „Blick aus dem Fenster - Wiesenau" (DG71) fertigte der Künstler unter den kleinen Landschaften auch eines seiner Lieblingsmotive als Holzdruck an. Die Vorlage dafür bildete eine 1938 in Öl gemalte Nachtlandschaft. (G971).

---

305 Hans Thoma, Das wandernde Bächlein, Radierung, 19,9 cm x 16 cm, Galerie und Kunstantiquariat Joseph Fach, Frankfurt/M., Museumsgesellschaft Kronberg 1983, Abb. S. 107

306 Hans Thoma, Kastanienhain in Oberursel, Lithographie, 44,2 cm x 57,3 cm, Städelsches Kunstinstitut, Frankfurt/M., Museumsgesellschaft Kronberg 1983, Abb. S. 83

307 Vgl. LE IV, S. 150

V. Zusammenfassung

Bedingt durch den Ausbruch des 1. Weltkrieges begann Hanny Franke erst im Alter von 29 Jahren mit dem Kunststudium an der Frankfurter Städelschule. Seine vorherige Ausbildung zum Dekorationsmaler erlaubte ihm jedoch schon vorher, sich mit maltechnischen Grundlagen auseinander zu setzen und sich so handwerkliches Grundwissen anzueignen, dessen mangelnde Vermittlung an der Städelschule später von ihm kritisiert wurde. Wenn auch die figurative Malerei während seines Studiums einen größeren Raum einnahm als in seinem späteren Schaffen – der Grund dafür war die Tatsache, dass er der Figurenklasse zugeteilt worden war – so lag schon damals der Schwerpunkt seines Interesses bei der Landschaftsdarstellung. Der Maler Hanny Franke fand schon früh in seiner Laufbahn nicht nur „sein" Sujet die Landschaftsmalerei, sondern von Beginn an vertrat er eine Kunstauffassung, die die naturalistische und realistische Darstellung vertrat. Konsequent behielt er diese Richtung während seiner gesamten künstlerischen Schaffenszeit bei. In Öl gemalte Bilde nehmen den größten Raum innerhalb seines Werkes ein. Einzig die Bilder seiner frühen Zeit, d. h. die Zeit bis kurz nach Beendigung der Studienzeit, unterscheiden sich maltechnisch von den späteren. Dicke pastos aufgetragene Farbflächen stehen neben extrem dünnflüssig aufgetragenen Partien. Kurze Zeit darauf findet der Maler jedoch zu jener souveränen und gleichmäßig glatten Malweise, die er von da an zeitlebens beibehält. Eine Einteilung seines gesamten Schaffens in stilistische Phasen ist nicht möglich.

Nachrufe bezeichneten den Künstler gerne als einen der letzten Vertreter des Künstlerkreises um die Kronberger Malerkolonie. Von Hanny Franke ist laut seiner Aufzeichnungen keine gleichlautende Aussage über sich selbst nachzuweisen. Schriftliche Quellen und künstlerischer Vergleich machten aber deutlich, dass neben Arbeiten von Hans Thoma, Wilhelm Steinhausen, Otto Scholderer auch das Werk von Louis Eysen, den Künstler beeindruckten und inspirierten. Der Maler selbst gab als eigentliche Anregung und als Quelle für sein Schaffen die unmittelbaren Natureindrücke an. Seine Landschaften müssen frei von jeglichen symbolischen Inhalten gesehen werden. Die Intention des Malers war es, die Natur so darzustellen wie er sie sah. Die verschiedenen Einflüsse der Tages- oder Jahreszeit, die jeweilige unterschiedliche Wetterlage, das Typische und Charakteristische einer bestimmten Umgebung, das alles versuchte der Künstler möglichst naturgetreu und realistisch ins Bild zu setzen. Die künstlerische Freiheit, sich dabei nicht immer an genaue topographische Gegebenheiten zu halten und teilweise mit Versatzstücken zu arbeiten, nahm er sich natürlich trotzdem. Moderne zeitgenössische Kunstströmungen nahm er dagegen mit Unverständnis zur Kenntnis. Die Konsequenz, mit der er die Kunstauffassung der vorhergehenden Malergeneration vertrat, machte ihn im Rahmen der allgemeinen zeitgenössischen Kunstströmung zwar zu einem Außenstehenden, gleichzeitig nahmen die Arbeiten des Malers aber innerhalb des Frankfurter Raumes einen feststehenden und allseits anerkannten Stellenwert ein. Diese Tatsache belegen nicht nur seine ständige Präsenz in Ausstellungen und die regelmäßige Beachtung und Würdigung seines Werkes durch die Presse. Ungeachtet der wechselnden politischen Machtverhältnisse erfuhr Hanny Franke von 1924 bis 1963 durchgehend Förderungen von Seiten der Frankfurter Künstlerhilfe. Deren Richtlinien verlangten in diesem gesamten Zeitraum unverändert, dass nur diejenigen Künstler Unterstützung finden sollten, deren Leistungen vom jeweiligen Komitee als für von besonderem kulturellem Nutzen für das Gemeinweisen eingestuft wurden.[308]

Die Stellung des Werkes von Hanny Franke innerhalb der Frankfurter Malerei der ersten Hälfte des 20. Jahrhunderts läßt sich mit folgenden Punkten zusammenfassen:

— Seine Kunstauffassung, die naturalistische und realistische Umsetzung des Gesehenen, fand beim Publikum ebenso konsequent Anerkennung wie sie vom Maler selbst vertreten wurde. Im Publikumsgeschmack spiegelte sich so auch ein allgemeiner Zeitgeschmack wider, der verriet, dass über einen längeren Zeitraum hinweg parallel eine unveränderte Nachfrage der Käufer sowohl nach innovativen Werken als auch nach traditioneller Kunst bestand und noch besteht. Hanny Frankes Malweise kam diesen Wünschen entgegen. Um den Kunstgeschmack seines Publikums zu entsprechen, musste sich der Maler in künstlerischer Hinsicht nicht verbiegen lassen, aber auch er schloss Kompromisse. Der Maler, der seine unspektaku-

VI. Schlusswort

lären Landschaftsmotive am liebsten unmittelbar in kleineren Formaten direkt in der Natur festhielt, schuf den Auftraggebern zuliebe auch großformatige, konstruierte, im Atelier entstehende Arbeiten.

— Neben dem künstlerischen besitzen die Werke des Malers auch dokumentarischen Wert. So hielt er in einigen Ansichten die nach dem 2. Weltkrieg zerstörte Frankfurter Altstadt ebenso im Bild fest wie verschiedene Eindrücke von sich im Laufe der Jahre verändernden Landschaften. Der Zustand der Flusslandschaft der Nidda zum Beispiel, so wie sie vor ihrer Regulierung aussah, lässt sich mit Hilfe einiger Bilder Hanny Frankes heute noch erahnen. Auch der sich seither verändernde Baumbestand der alten Eichen im Schwanheimer Wald, ein traditionelles Frankfurter Motiv, oder der Blick auf Schwanheim selbst, so wie er sich dem Künstler zu seiner Zeit darbot, können als Zeitdokumente gelten.

— Nicht zuletzt lassen auch die administrativen Beiträge zum kulturellem Neubeginn der Stadt Frankfurt/M. nach dem 2. Weltkrieg den Maler Hanny Franke zu einer festen Größe im Frankfurter Kunstgeschehen werden. Als Mitbegründer des Berufsverbandes bildender Künstler leistete er nach 1945 ebenso seinen Beitrag für das Entstehen des allgemeinen Kunstlebens, wie er im Beirat der wiederentstehenden Städelschule den Neubeginn der Kunsthochschule entscheidend mitgestaltete.

„Ich will eine Kunst des Ausgeglichenseins und der Einheit, eine Kunst, die weder beunruhigt noch verwirrt, ich will, das der müde, abgehetzte, überarbeitete Mensch vor meiner Malerei Ruhe und Stille empfindet." Einen Zettel mit diesem Zitat von Henri Matisse, welches die Absicht und das Ziel seines Kunstschaffens zusammenfasste, entdeckte ein Besucher auch in Hanny Frankes Maleratelier in Eschborn.[309] Hanny Franke brachte innerhalb der kunstgeschichtlichen Entwicklung keine technische oder kunsttheoretische Neuerung hervor. Seine naturalistische Malweise wurde einerseits von seinen Bewunderern als in der Tradition des 19. Jahrhunderts stehend positiv hervorgehoben, andererseits erhielt sie von seinen Kritikern den Vorwurf des Anachronismus. Die Tatsache jedoch, dass sich das Betrachten einer als harmonisch empfundenen Landschaft - sowohl in der Natur selbst als auch in einem Kunstwerk - wohltuend auf die menschliche Seele auswirkt, ist wissenschaftlich längst genauso belegt wie das fundamentale Bedürfnis des Menschen, die Natur zu genießen.[310] Mit der realistischen und naturalistischen Malweise, mit der Hanny Franke seine Landschaften wiedergab, wurde er deshalb nicht nur seiner eigenen Absicht gerecht, welche sich in dem o. g. Zitat von Matisse widerspiegelte. Seine Landschaftsgemälde bleiben in diesem Zusammenhang für viele Betrachter auch zukünftig zeitlos aktuell.

---

308 IfSG, Mag.-Akte S 1802, Bd. 2, Blatt 121, Richtlinien der Frankfurter Künstlerhilfe, Absatz A, Punkt 2.
309 Vgl. Lauter 1973, S. 31
310 Vgl. Edward O. Wilson: Biophilia, Cambridge 1984.

VII. Anhang

1. Biographisches

1.1. Tabellarischer Lebenslauf

2.9.1890	Johann („Hanny") Emil Franke kommt als Sohn des Zugführers Hubert Franke und dessen Frau Margaretha, geb. Bach, in Koblenz-Horchheim/Rh. zur Welt.
1899 - 1902	Die Familie siedelt um von Bernkastel-Cues nach Neunkirchen und von da aus schließlich nach Bingerbrück/Rh. Von 1899 an besucht Hanny Franke die Volksschule in Bernkastel.
1904 - 1907	Lehre als Dekorationsmaler bei Max Schmolling in Bingerbrück/Rh.
1907 - 1909	Kurzer Besuch der Kunstgewerbeschule in Straßburg. Arbeitet als Dekorationsmaler in Straßburg und Umgebung, am Bodensee, in Zürich, Trier, Koblenz.
1909 - 1913	Wieder in der Werkstatt von Max Schmolling tätig.
1913 - 1914	Besucht die Kunstgewerbeschule in Köln. Entschließt sich zum Studium der Freien Kunst und bewirbt sich erfolgreich an der Münchner Akademie.
1915	Bewirbt sich nach Ausbruch des 1. Weltkrieges im Freiwilligen Sanitätscorps in Metz. Einberufung als Soldat zum Garderegiment nach Berlin. Einberufung von der Gebirgstruppe in Schmiedeberg/Riesengebirge direkt an die Front nach Douaumont.
1916 - 1917	Bei Gasangriff körperlich und psychisch schwer angeschlagen. Nach Genesung im Braunschweiger Lazarett erfolgt eine Versetzung in die Fliegerabteilung Bromberg-Schwedenhöhe (Polen). Einsatz als Kartograph und Beobachter.
November 1918	Aus dem Militärdienst entlassen.
1919 - 1922	Student am Städelschen Kunstinstitut in Frankfurt/M. Besucht Figurenklasse von Emil Gies. Studienreisen in den Hunsrück, den Westerwald und den Harz. Wohnt zunächst in der Seilerstraße in Frankfurt/M., dann durch Vermittlung seiner Schwester im Pfarrhaus im damaligen Frankfurter Vorort Nied.
1920	Lernt Margarethe Lhotka kennen.
15.6.1921	Die Frankfurter Künstlergesellschaft nimmt Hanny Franke als außerordentliches Mitglied auf.
1922	Heiratet Margarethe Lhotka und bezieht mit ihr im Juni die Wohnung der Schwiegereltern am Börsenplatz Nr.11 in Frankfurt/M. Die Frankfurter Künstlergesellschaft nimmt ihn als ordentliches Mitglied in ihre Reihen auf. (Mitglied-Nr. 250)
1925	Tod der jüngsten Schwester.
1926	Tod der Mutter. Italienreise.
11.10.1927	Geburt von Sohn Michael.
1929	Glaubt zu entdecken, dass die Hintergrundlandschaft des Isenheimer Altars das Kloster Rupertsberg darstellt.
1935	Erhält die Einladung im Pariser Kunstsalon Bernheim et Jeune auszustellen. Kann die Einladung aufgrund der Devisensperre aber nicht annehmen.
1937	Fährt erstmals in die Rhön nach Kleinsassen. Verfasst Essay über den Maler Louis Eysen (wird 1978 posthum veröffentlicht).
1.1.1938	Umzug innerhalb Frankfurts: vom Börsenplatz Nr. 11/Stadtmitte in die Wiesenau/Westend Nr 48.

1.9.1939	Kriegsausbruch ist der Grund für eine künstlerische Krise. Mehrere Wochen lang ist der Künstler unfähig zum Malen.
1942	Teilnahme an der „Großen Deutschen Kunstausstellung" in München.
Winter 1943/44	Beginnt seine Lebenserinnerungen niederzuschreiben.
1944	Schwere Luftangriffe veranlassen den Maler, mit seiner Familie an den Rhein zu fliehen; nach kurzer Zeit kehren sie wieder nach Frankfurt/M. zurück. Brand des Wohnhauses aufgrund eines Bombeneinschlages. U.a. werden dabei viele Werke aus der Studienzeit zerstört. Hanny Franke zieht sich bei den Löscharbeiten schwere Verletzungen an den Händen zu.
Dez. 1944	Sohn Michael wird zum Heeresdienst nach Weimar einberufen.
17.3.1945	Flucht aus Frankfurt/M. nach Bad Vilbel.
Kriegsende	Sohn Michael kommt aus dem Krieg nach Hause.
1945	Pfarrer Richter, der Seelsorger der Frankfurter Gemeinde St. Leonhard, bittet den Künstler, die vom Krieg angeschlagene Leonhardskirche im Bild festzuhalten. Malt von da an weitere Bilder der zerstörten Stadt. Der Frankfurter Kunstverein wählt ihn in den Vorstand.
1946	Der neugegründete Berufsverband Bildender Künstler beruft ihn in den Vorstand, außerdem erhält er einen Sitz im Beirat der wieder neuentstehenden Staatshochschule der Bildenden Künste. Hanny Franke beteiligt sich als Juror und Mitarbeiter bei der ersten Kunstausstellung im Städel nach dem Krieg.
15.3.1947	Der Oberkommandierende der amerikanischen Streitkräfte in Europa, der Militärgouverneur General McNarney, erhält als Abschiedsgeschenk von seiten der Stadt Frankfurt ein Hanny-Franke-Gemälde.
14.6.1951	Tod des Vaters.
1951	Erste Studienreise nach Währungsreform: Fahrt nach Emmendingen/Schwarzwald, wohin er von da an regelmäßig reist.
Winter 1952	Hilft bei den Vorbereitungen zur Fritz-Böhle-Ausstellung in Emmendingen.
1953	Reise nach Frankreich. Die Münchner Künstlergenossenschaft nimmt ihn als Mitglied in ihrem Kreise auf.
1957	Erhält für seinen Verdienst um die Frankfurter Künstlergesellschaft als Auszeichnung eine Plakette und eine Urkunde.
1963	Verlegt den Wohnsitz von Frankfurt/M. nach Eschborn im Taunus
1968	Die Frankfurter Künstlergesellschaft ernennt Hanny Franke zum Ehrenmitglied.
1970	Sein labiler Gesundheitszustand macht es dem Künstler teilweise unmöglich, seinen Beruf auszuüben.
21.12.1972	Einlieferung des Künstlers in ein Frankfurter Krankenhaus.
15.1.1973	Stirbt nach schwerer Krankheit in Frankfurt/M. und wird auf den Friedhof in Eschborn/Taunus beigesetzt.

Stammtafel Hanny Franke

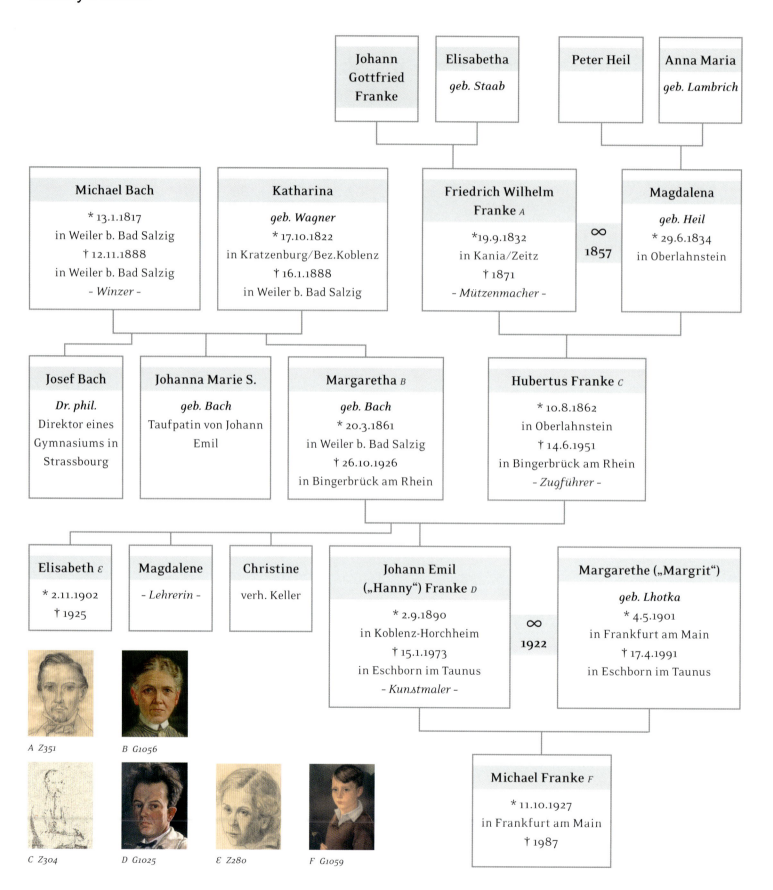

Stammtafel Margarethe Franke

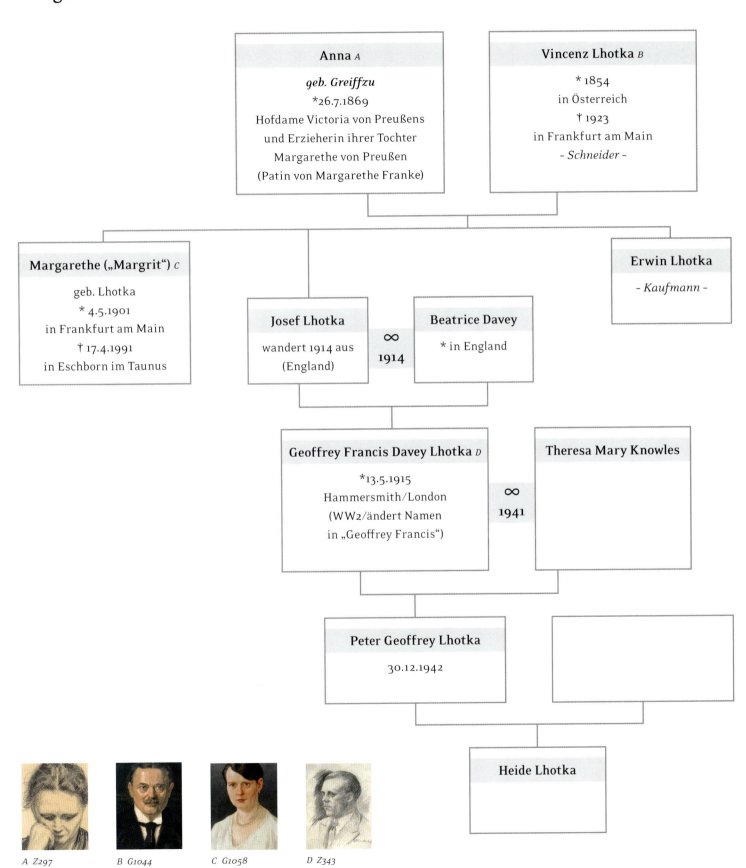

A Z297   B G1044   C G1058   D Z343

1.3. Reisen

Jahr	Ort	Schriftliche Quelle	Bildquelle
1920	Ockenheim/Rheingau		
	Einbeck, Solling/Harz	LE I, S. 160; LE VIII, S. 91; HF/MF, Sept.	G16
	Wetterau		Z22
	Hunsrück		Z24
1921	Hunsrück	LE I, S. 160; LE VIII, S.97/98.	Z26
	Bernkastel		
	Idar-Oberstein		
	Bingen	HF/MF, April/August.	
1922	Bingerbrück	HF/MF, April.	
	Schmiedeberg/Riesengebirge		A13
	Zweibrücken		Z36, Z38
	Wien – Lainz	LE II, S. 165 ff; LE VIII, S.106 ff.	A5-A9, Z28-Z34, Z230
	Perchtolsdorf (bei Wien)	LE II, S. 165 ff.	
	Starnberger See	LE II, S. 165 ff.	A11, A12
	Hallstatt/Salzkammergut	LE II, S. 165 ff.	Z231-Z234
	Passau	LE II, S. 165 ff.	Z235
1923	Riesengebirge	LE II, S. 179 ; LE VIII, S. 114.	G34-G36, Z39, Z41
	Dresden		
	Weimar		
	Naumburg		
	Harz		
1924	Birstein/Vogelsberg	LE II, S. 183 ff.; LE VIII, S. 117 ff.	G40, G41, Z43-Z45
	Disibodenberg/Neckar		A15
1925	Birstein/Vogelsberg	LE II, S. 183 ff.; LE VIII, S.120	
	Bacharach/Rhein		
	Nahetal		
	Idar-Oberstein		
	Westerwald		Z47
1926	Birstein/Vogelsberg	LE II, S. 183 ff.; LE VIII, S. 120; HF/MF 1926.	
	Bingen/Rhein		Z255
	Innsbruck		Z237
	Italien:	LE VIII, S. 128 ff.; LE III, S.4 ff.	Z48-Z49
	Giulianova/Adria	LE II, S. 197 ff.	G56-G63, G1009, A17, A458, Z241-Z244
			A16
	Abruzzen/Gran Sasso	LE II, S. 208; LE III, S.1 ff.	
	Monte Corno		
	Padua	LE II, S. 200.	Z238
	Venedig	LE II, S. 200.	Z239, Z240
	Ravenna	LE II, S. 200.	A459, Z246-Z248
	Ancona	LE II, S. 208.	Z249, Z250
	Rom	LE II, S. 222.	Z251, Z252
	Assisi	LE II, S. 225.	Z253-Z254
	Florenz	LE II, S. 225.	

Jahr	Ort	Schriftliche Quelle	Bildquelle
1927	Birstein/Vogelsberg	LE II, S. 183 ff; LE VIII, S. 120.	
	Miltenberg/Main		
	Lindenfels/Odenwald	Manuskript o.J./Nachlass/Museum Eschborn	
1928	Schwarzenbach i. Oberbayern b. Salzburg	LE II, S. 284; HF/MF, Juli.	
	Reichenhall		
	Berchtesgaden		G57,Z57
	Königsee		
	Waldeck-Sachsenberg		G71
	Bozen	LE II, S. 255.	G71,G73,G74,Z58
1929	Bingerbrück		
	Ilbenstadt/Wetterau	LE II, S. 255.	
1930	Limburg		
	Hoher Westerwald		
	Mosel		
	Waldeck-Sachsenberg		
	Bingerbrück	HF/MF 1930.	
	Ehrenberg a. Neckar		A23
1931	Mosel	LE II, S. 259.	
1932	Westerwald		G88-G90
	Berlin	LE II, S. 267.	
1933	Limburg		G101
	Thüringen/Eisenach		
	Werratal	LE II, S. 271 ff.	Z59
	Hildburghausen		
1934	Limburg		G109,G1014
	Westerwald		G113
	Neuburg am Inn	LE II, S. 271 ff.	G114,G115
	Passau		
1935	Lahntal		
	Westerwald		
	Sachsenberg/Westfalen		G116-G119,G121
	Bingen		A24
1936	Amorbach/Odenwald	LE II, S. 268, HF/MF, März.	G129,G134,G141
	Steinbach/Odenwald	LE II, S. 268, HF/MF, März.	G1015
	Michelstadt/Odenwald	LE II, S. 268, HF/MF, März.	
	Lindenfels/Odenwald	LE II, S. 268, HF/MF, März.	G133,G135,Z60
	Wildensburg/Odenwald		G1016,G1017,Z61,Z62
	Bonn	LE II, S. 287.	
	Köln	LE II, S. 287.	
	Eifel	LE II, S. 287.	
	Ahrtal/Niederrhein		
	Schwarzrheindorf		

Jahr	Ort	Schriftliche Quelle	Bildquelle
1937	Kleinsassen/Rhön	LE II, S. 291 ff.; HF/MF, Juli.	G143-G145,G148, G149, G153,G154, G158
1938	Lorchhausen/Rhein		Z64
	Rheintal b. Assmannshausen		G166
	Rhön	LE II, S. 297; LE IV, S. 111.	G159,G161,G163,G164
1939	Rhön	LE IV, S. 118; HF/MF, Mai/August.	G169, G172, G174, G175, G177, G178,Z65-Z68;Z433
	Bergstraße	LE IV, S. 120.	
1940	Amorbach/Odenwald	LE IV, S. 126; HF/MF, Mai.	G188,G189,G194,G196
	Würzburg	LE IV, S. 126.	
	Rhön	LE IV, S. 137.	G184,G185,G187,G190-G192, G197
1941	Bayr. Böhmerwald	LE IV, S. 140.	G212, G216-G237
	Passau		
	Regensburg		
	München	LE IV, S. 165; HF/MF, April.	
	Rhön	LE IV, S. 158.	G208,G209,G211
1942	Mainfranken/Gemünden		G253,G254
	Adelsberg/Gemünden		
	Isartal		G256
	Lindach/Neckartal	LE IV, S. 168.	G251,G255
	München	LE IV, S. 165.	
	Irschenhausen b. München	HF/MF, April.	
	Rhön	LE IV, S. 169.	
1943	Vorarlberg	LE IV, S. 175; HF/MF, Sept.	G272-G275,A25,Z71
	Konstanz		A26
	Bregenz		
	Alpen		
	Rhön	LE IV, S. 174.	G266,G267,G269,G270
1944	Willingshausen/Schwalm	LE IV, S. 173; HF/MF, Mai.	G295,G296,A35
	Bingen		
	Rhön	LE IV, S. 174; HF/MF, Juni/Sept.	G297-G301,G304-G311, A28-A34
1946	Hess. Ried (Biblis)	LE V, S. 3.	G328,G338,G339A39, A44,A45
	Fischbachtal/Odenwald	LE V, S. 1.	G325,A37,A38,A46-A49
	Rhön	LE V, S. 1 + S. 7; HF/MF, Sept.	G326,G327,G331-G337,G340,G350,G352, A50-A65,A79
1947	Odenwald	LE V, S. 16 + S. 20; HF/MF, Mai.	A89-A98
	Dieburg	LE V, S. 16 + S .20.	A87,A88,A101
	Rhön	LE V, S. 16 + S. 20.	G360-G366,G372,G373,G377, A102-A125

Jahr	Ort	Schriftliche Quelle	Bildquelle
1949	Odenwald Rhön	HF/MF, Mai.	G429
1950	Heidelberg	LE V, S. 36.	
1951	Schwarzwald	LE V, S. 45.	G440-G442,A184-A192,A196-A198,A200-A205,Z94-Z98
1952	Hunsrück Breisgau/Schwarzwald	LE V, S. 51 ff.; HF/MF, April/Mai/Aug/Okt; HF/Sohn, Mai 1953; LE V, S. 53.	G447 G449,G451- G462,G464,G465,G467, A212-A229,A234-A253,A260-A269,A270-A280,Z106,Z107,Z110-Z113
1953	Breisgau/Schwarzwald	LE V, S. 59.	G468-G478, G480, A285-A298
	Emmendingen/Schwarzwald Frankreich:	HF/MF, Jan./Mai/Aug.	G481,Z119,Z120
	Nancy	LE V, beiliegendes Blatt, S. 6.	
	Reims	LE V, beiliegendes Blatt, S. 6.	
	Paris	LE V, beiliegendes Blatt, S. 6.	
	Versailles	LE V, beiliegendes Blatt, S. 6.	
	Chartres	LE V, beiliegendes Blatt, S. 6.	
1954	Breisgau/Schwarzwald	LE V, S. 68; HF/MF, Mai/Juni.	G484/1- G484/20, A300-A304,A308,A309
	Colmar	LE V, S. 67.	
	Straßburg	LE V, S. 67.	
	München	HF/MF, Oktober.	
1955	Breisgau/Schwarzwald	HF/MF, Juli.	G484/30, G484/31,G484/35 - G487,A315,A316,
	Titisee/Schwarzwald		Z122
	Breisach		
1956	Bickensahl/Kaiserstuhl		G498,G503,A321
	Oberrottweil		G499
	Oberrhein		G500,G501
1957	Lützel/Spessart	HF/MF, Juli.	G508-G510,G512,G515-G518,G525,G30,A323-A329,Z125
	Rhön		G532
1958	Ehrenbachtal/Hunsrück (Burg Schöneck) Rhön Odenwald		G552-G553,G556-G559 A352-A355,A358 G534-G551,A334-A351,Z131 A330,A332

Jahr	Ort	Schriftliche Quelle	Bildquelle
1959	Hunsrück		G574-G584,A376-A379,A385,A393,A394,Z142
	Schwarzwald/St. Peter		A380-A384
	Rhön		G566-G568
			G569-G573,A362-A372,A387-A392,Z139-Z141
1960	Bad Orb/Spessart		G601,G604,A397-A401,Z145
1961	Schwarzwald/St. Peter		G618,G620,G621,G625, G629,G649,A402-A405
1962	Schwarzwald		G650,G651,G656,G663, G670-G673,G675,A407, A408
1965	Lüneburger Heide		
	Görde an der Elbe		Z158-Z160
1969	Kreis Büdingen		
	Stornfels b. Schotten/Hessen		G816,Z168,Z437
1970	Schwarzwald		Z177-Z184

1.4. Ausstellungen

Jahr	Ort	Institution	Quelle
1920	Frankfurt/M.	Ausstellung der Frankfurter Städelschule (Akt, Porträts, Landschaften)	Hanny Frankes persönliches Fotoalbum/Nachlass; Manuskript o.J./Nachlass; FN, 16.4.1920; LE VIII, S.91
1921	Frankfurt/M.	Ausstellung der Frankfurter Städelschule (Akt, Porträts, Landschaften, Radierungen)	Manuskript o.J./Nachlass; FZ, 14.4.1921
		Galerie J.P. Schneider (Landschaften)	Manuskript o.J./Nachlass
		Kunstverein, Herbst-Ausstellung der Frankfurter Künstler (1 Landschaft)	Manuskript o.J./Nachlass; Ausst.Kat. Frankfurt/M.1921, S. 3, Nr. 34; FN, 11.10.1921
	Bingen/Rhein	Kunsthandlung Karl Hilsdorf: Aquarelle und Studien	Zeitungsartikel/o.J. aus dem Nachlass/Museum Eschborn
1922	Frankfurt/M.	Ausstellung der Frankfurter Städelschule (Akt, Porträts, Landschaften)	Manuskript o.J./Nachlass; FN, 7.6.1922
		1. Künstler-Weihnachtsmarkt im Frankfurter Römer (Ölbilder, Graphik)	Manuskript o.J./Nachlass; LE II, S.173; LE VIII, S. 111
		Galerie J.P. Schneider	Manuskript o.J./Nachlass; HF/M.Lhotka, 28.4.1922; FZ,22.5.1922
		Herbstausstellung Frankfurter Künstler im Frankfurter Kunstverein (1 Bild)	Ausst. Kat. Frankfurt/M. 1922, Nr. 33
1923	Frankfurt/M.	Ausstellung der Frankfurter Städelschule (Akt, Porträts, Landschaften)	Manuskript o.J./Nachlass
		Galerie J.P. Schneider	Manuskript o.J./Nachlass; LE VIII, S. 114
1924	Frankfurt/M.	Galerie J.P. Schneider (Kollektion „Frühling")	Manuskript o.J./Nachlass
1925	Frankfurt/M.	Galerie J.P. Schneider (Vogelsberglandschaften)	Manuskript o.J./Nachlass; Verzeichnis Schneider 1925
		Kunstverein: „Das Frankfurter Bildnis" (Porträt des Domkapellmeisters Hartmann)	Manuskript o.J./Nachlass; FZ, 16.1.1925; Ausst. Kat. Frankfurt/M. 1925, Nr. 28
	Bingen/Rhein	Ausstellung (Landschaften, Selbstbildnis)	Manuskript o.J./Nachlass
1926	Frankfurt/M.	Galerie J.P. Schneider (Landschaften, Italienlandschaften)	Manuskript o.J./Nachlass; FN, 30.11.1926
1927	Frankfurt/M.	Galerie J.P. Schneider (Kollektion)	Manuskript o.J./Nachlass; FP, 25.9.1927; FN, 25.9.1927; Frankf. Volksblatt 4.10.1927
	Bingen/Rhein	Kunsthandlung Karl Hilsdorf (Landschaften, Italienlandschaften)	Manuskript o.J./Nachlass; Mittelrheinische Volkszeitung, 25.5.1927; Rhein-Nahe-Zeitung, 1927
1928	Frankfurt/M.	Galerie J.P. Schneider	Manuskript o.J./Nachlass; FP, 20.4.1928; FN, 21.4.1928
		Galerie J.P. Schneider (Kollektion)	Manuskript o.J./Nachlass; FN 7.12.1928
1929	Frankfurt/M.	Galerie J.P. Schneider (Kollektion)	Manuskript o.J./Nachlass; LE II, S. 256/257
	Wiesbaden	Galerie Banger: „Westdeutsche Künstler" (2 Bilder)	Manuskript o.J./Nachlass; FN, 4.5.1929
1930	Frankfurt/M.	Galerie J.P. Schneider (Kollektion)	Manuskript o.J./Nachlass
1931	Frankfurt/M.	Galerie J.P. Schneider	Manuskript o.J./Nachlass
1932	Frankfurt/M.	Galerie J.P. Schneider	Manuskript o.J./Nachlass
	Berlin	Schloss-Ausstellung (3 Bilder)	Manuskript o.J./Nachlass
1933	Frankfurt/M.	Kunstverein: „Deutsche Kunst" (1 Bild)	Manuskript o.J./Nachlass; LE II,S.271
	Frankfurt/M./ Darmstadt	Hans-Thoma-Gesellschaft (1 Bild)	Manuskript o.J./Nachlass; FN, 29.10.1933; Ausst. Kat. Frankfurt/M. 1933, S. 3, Nr. 21
	Wiesbaden	Ausstellung „Deutsche Kunst in Hessen und Hessen-Nassau" (1 Bild)	Manuskript o.J./Nachlass; FN, 10.9.1933; Ausst. Kat. Wiesbaden 1933
1934	Frankfurt/M.	Kunstverein (1 Bild)	Manuskript o.J./Nachlass
		Ausstellung der Frankfurter Künstlergesellschaft	Manuskript o.J./Nachlass; Berliner Tageblatt, 4.8.1934
1935	Frankfurt/M.	Galerie J.P. Schneider	Manuskript o.J./Nachlass; Frankf. Volksblatt, 6.10.1935

Jahr	Ort	Institution	Quelle
		Kunstverein, Jahresausstellung Frankfurter Künstler (2 Bilder)	Manuskript o.J./Nachlass
		NS-Kulturgemeinde Städelmuseum (1 Bild)	Manuskript o.J./Nachlass; Berliner Tageblatt, 17.5.1935; Städel Archiv, Sign. 675, Niederschrift 18.5.1935, S. 8
	Darmstadt	„Deutsche Meister" (1 Bild)	Manuskript o.J./Nachlass; LE II, S.277
	Groß-Gerau	Kreisverwaltung: „Ausstellung Deutscher Künstler" (3 Bilder)	Manuskript o.J./Nachlass; LE II, S.278-280
	Wiesbaden	Weihnachtsausstellung: „Westdeutsche Künstler"	Manuskript o.J./Nachlass
1936	Frankfurt/M.	Kunstverein: Frankfurter Künstlergesellschaft (2 Bilder der Odenwaldfahrt)	Manuskript o.J./Nachlass; LE II, S. 286; Frankfurter Volksblatt, 19.11.1936
		Galerie W. Schumann (Kollektion)	Manuskript o.J./Nachlass; LE II, S. 286
		Kunstverein (Landschaftsstudien)	Manuskript o.J./Nachlass; LE II, S. 286; Frankfurter Volksblatt, 19.11.1936; IfSG, Mag.-Akte Nr. 6024, Bd. 1, Sign. 7874, Blatt 249
		Karmeliterkirche: „Kunstschaffen in Hessen-Nassau" (3 Bilder)	Manuskript o.J./Nachlass; FG, 29.5.1936
		Galerie J.P. Schneider: „Deutsche Landschaften im Bild"	Manuskript o.J./Nachlass; Frankfurter Volksblatt, 13.12.1936
		I. Gau-Ausstellung (3 Bilder)	Manuskript o.J./Nachlass
	Hamburg	Kunstsalon Commeter, Inh. Wilh. Suhr (Kollektion)	Manuskript o.J./Nachlass; LE II, S. 286
1937	Frankfurt/M.	Kunstverein: Ausstellung der Frankfurter Künstlergesellschaft (2 Bilder)	Manuskript o.J./Nachlass; LE II, S. 296
		Galerie J.P. Schneider (größere Kollektion)	Manuskript o.J./Nachlass
	Frankfurt/M., Mainz, Wiesbaden, Giessen, Darmstadt	Gau-Ausstellung (3 Bilder)	Manuskript o.J./Nachlass
1938	Frankfurt/M.	Kunstverein: Frankfurter Künstlergesellschaft (3 Bilder)	Manuskript o.J./Nachlass; LE IV, S. 112
	Wiesbaden	Landesmuseum: Gau-Ausstellung für bildende Künste (3 Bilder)	Manuskript o.J./Nachlass; LE IV, S. 112; Ausst. Kat. Frankfurt/M. 1938, S. 5, Nr. 47, Nr.48, Nr. 49
1939	Frankfurt/M.	Kunstverein: „Maler auf Reisen"	Manuskript o.J./Nachlass; LE IV, S. 118
		Kunstverein: Frankfurter Künstlergesellschaft (3 Bilder)	Manuskript o.J./Nachlass
		Neues Ausstellungshaus Frankfurt a. M.: Gau-Ausstellung für bildende Künste (3 Bilder)	Manuskript o.J./Nachlass, Ausst. Kat. Frankfurt/M. 1939, S. 6, Nr. 63, Nr. 64, Nr. 65
1940	Frankfurt/M.	Galerie J.P. Schneider - Jubiläumsausstellung (50 Bilder)	Manuskript o.J./Nachlass; LE IV, S. 125 ff.; FZ, 10.9.1940; Öffentlicher Anzeiger Kreuznach, 18.9.1940; Kunst im Deutschen Reich, November 1940; Frankfurter General Anzeiger, 6.9.1940; Frankfurter Volksblatt, 3.9.1940
		Städelgalerie: Gau-Ausstellung (2 Bilder)	Manuskript o.J./Nachlass
1941	Frankfurt/M.	Galerie Schumann (25 Bilder)	Manuskript o.J./Nachlass; LE IV, S. 162; Manuskript, Schumann, 1941/Nachlass; FG, 20.10.1941
		Städelgalerie: Gau-Ausstellung für bildende Künstler (2 Bilder)	Kat. Ausst. Frankfurt 1941, S. 6
1942	Frankfurt/M.	Städelgalerie: Frankfurter Künstlergesellschaft (3 Bilder)	Manuskript o.J./Nachlass; LE IV, S. 166, S. 169
		Städelgalerie: Gau-Ausstellung für bildende Künstler (4 Bilder)	Kat. Ausst. Frankfurt 1942, S. 9
	München	Haus der Deutschen Kunst: Große Deutsche Kunstausstellung (1 großes, 5 kleine Bilder)	Manuskript o.J./Nachlass; LE IV, S. 165; FG, 22.7.1942; Ausst. Kat. München 1942, S. 32, Nr. 299; Ausst. Kat. München Ergänzung 1942, S. 9, Nr. 139, Nr. 140, Nr. 141, Nr. 142, Nr. 143
1943	Frankfurt/M.	Städel: Herbstausstellung der Frankfurter Künstlergesellschaft (3 Bilder)	LE IV, S. 175
		Städelgalerie: Gau-Ausstellung für bildende Künstler (3 Bilder)	Kat. Ausst. Frankfurt 1943, S. 8
	München	Haus der Kunst (1 Bild)	Manuskript o.J./Nachlass
	Wiesbaden	Nassauischer Kunstverein (Kollektion)	Manuskript o.J./Nachlass

Jahr	Ort	Institution	Quelle
1944	Darmstadt	Landesmuseum (3 Bilder - angekauft vom Museum/Darmstadt, verbrannten bei Luftangriff)	Manuskript o.J./Nachlass; LE IV, S. 180
1947	Frankfurt/M.	Städel-Galerie: Frankfurter Kunst der Gegenwart (3 Bilder)	Manuskript o.J./Nachlass; LE V, S. 15; Herald Tribune, 12.3.1947; Ausst. Kat. Frankfurt 1947, Nr.62, Nr.63, Nr.64
1948	Frankfurt/M.	Galerie Koch/Myliusstraße (60 Bilder)	Manuskript o.J./Nachlass; LE V, S.20/21; Manuskript, Koch, 1948/Nachlass
		Kunstverein: Weihnachtsausstellung	Manuskript o.J./Nachlass
		Städel-Galerie: Frankfurter Kunst der Gegenwart (1 Bild)	Ausst. Kat. Frankfurt 1948, Nr. 28
1949	Frankfurt/M.	Kunstverein: Weihnachtsausstellung (3 Bilder)	Manuskript o.J./Nachlass; LE V, S. 35;
	Bingen/Rhein	Binger Kunststube (25 Bilder)	Manuskript o.J./Nachlass; LE V, S. 32/33; Typoskript Bingen 1949
1949/50	Frankfurt/M.	Amerikanischer „Lotusclub" (38 Bilder)	Manuskript o.J./Nachlass; LE V, S. 35
1950	Frankfurt/M.	Kunstverein: Jubiläumsausstellung zum 60. Geburtstag	Manuskript o.J./Nachlass; LE V, S. 38ff.; Manuskript Frankfurt/M.1950;FNP, 1.8.1950; FR, 22.8.1950;
		Weihnachtsausstellung im Römer	Manuskript o.J./Nachlass
1952	Wiesbaden	Ausstellung (3 Bilder)	Manuskript o.J./Nachlass
	Darmstadt	Ausstellung (2 Bilder)	Manuskript o.J./Nachlass
1953	Frankfurt/M.	Weihnachtsausstellung im Römer (1 Bild)	LE V, S. 65
	München	Haus der Kunst: Herbstausstellung der Münchner Künstlergenossenschaft (3 Bilder)	Manuskript o.J./Nachlass; LE V, S. 65; Ausst. Kat. München 1953, S. 12, Nr. 85, Nr. 86, Nr. 87
1954	Frankfurt/M.	Kunstverein: Ausstellung anlässlich des 125-jährigen Bestehens (2 Bilder)	Manuskript o.J./Nachlass; LE V, S. 66; Ausst. Kat. Frankfurt/M. 1954
		Weihnachtsausstellung im Römer	Manuskript o.J./Nachlass
	München	Haus der Kunst: Herbstausstellung der Münchner Künstlergenossenschaft (3 Bilder)	Manuskript o.J./Nachlass, Ausst. Kat. München 1954, S. 25, Nr. 79, Nr. 80, Nr. 81
1955	Frankfurt/M.	Kunstverein: „M. Cristiani und H. Franke, anlässlich des 65. Geburtstages beider Künstler"	Manuskript o.J./Nachlass; Mainzer Allgemeine Zeitung, 3.9.1955; FAZ, 10.9.1955; FAZ, 2.9.1955; FR, 21.10.1955; HKB, 21.9.1955;
1956	München	Haus der Kunst: Herbstausstellung der Münchener Künstlergenossenschaft (1 Bild)	Manuskript o.J./Nachlass; Ausst. Kat. München 1956, S. 12, Nr. 54
1957	Frankfurt/M.	Karmeliterkloster (3 Bilder)	Manuskript o.J./Nachlass; FNP, 18.7.1957; FR, 21.10.1957
	München	Haus der Kunst: Herbstausstellung der Münchner Künstlergenossenschaft (2 Bilder)	Manuskript o.J./Nachlass; Ausst. Kat. München 1957, S. 11, Nr. 44, Nr. 45
1958	Frankfurt/M.	Frankfurter Künstlergesellschaft: „Jahresausstellung im Jubiläumsjahr" (1 Bild)	Ausst. Kat. Frankfurt/M. 1958, S. 4, Nr. 24
	München	Haus der Kunst: Herbstausstellung der Münchner Künstlergenossenschaft (2 Bilder)	Manuskript o.J./Nachlass; Ausst. Kat. München 1958, S. 11, Nr. 52, S. 12, Nr. 53
1959	Frankfurt/M.	Karmeliterkloster: Jahresausstellung der Frankfurter Künstlergesellschaft (4 Bilder)	Manuskript o.J./Nachlass; Faltblatt Frankfurt 1959, S. 2, Nr. 40, Nr. 41, Nr. 42, Nr. 43
		Berufsverband Bildender Künstler (3 Bilder)	Manuskript o.J./Nachlass
	München	Haus der Kunst: Herbstausstellung Münchner Künstlergenossenschaft (2 Bilder)	Manuskript o.J./Nachlass
1960	Frankfurt/M.	Kunstverein: „Jubiläumsausstellung anlässlich des 70. Geb. von H. Franke", Haus Limpurg-Römer	Manuskript o.J./Nachlass; Manuskript Frankfurt/M. 1960; FR, 9.7.1960; FNP, 21.6.1960; FR, 1.9.1960; Öffentl. Anzeiger Bad Kreuznach, 28.8.1960; Mitteilg. der Stadtverwaltg. Frankfurt/M., Nr. 34; Faltblatt Frankfurt 1960
1962	Frankfurt/M.	Nebbienisches Gartenhaus	Manuskript o.J./Nachlass
		Künstlerweihnachtsmarkt	Manuskript o.J./Nachlass

Jahr	Ort	Institution	Quelle
1963	Frankfurt/M.	Haus Dornbusch: Ausstellung der Künstlerwohlfahrt „Gebende Hände e. V."	IfSG, Sign.Abt. S2/652
	München	Haus der Kunst: Frühjahrsausstellung der Münchener Künstlergenossenschaft (3 Bilder)	Manuskript o.J./Nachlass; Ausst. Kat. München 1963, S. 12, Nr. 59, Nr. 60, Nr. 61
1964	Frankfurt/M.	Auktionshaus Heinz O. Hauenstein, Inh. Stephan List (Bilder von 1942 bis 1964)	Manuskript Hauenstein 1964; Faltblatt Frankfurt 1964
1967	Frankfurt/M.	Frankfurter Künstlergesellschaft: „Galerie im Rahmhof" (3 Bilder)	FNP, 4.12.1967; IfSG, V2/410, Blatt 5, Nr. 45, Nr. 46, Nr. 47
1971	Oberursel/Taunus	Verein für Geschichte und Heimatkunde	Typoskript Oberursel 1971
1972	Eschborn/Taunus	Stadt Eschborn - Stadthalle: „Eschborner Künstler stellen aus"	Typoskript Eschborn 1972; Eschborner Stadtnachrichten, 13.3.1972; Faltblatt Eschborn 1972
1975	Eschborn/Taunus	Stadt Eschborn: „Gedächtnisausstellung Hanny Franke"	Ausst. Kat. Eschborn 1975
1981	Frankfurt/M. Nied	Kirchengemeinde St. Markus	Höchster Wochenblatt, 14.5.1981
1982	Frankfurt/M.	Karmeliterkloster: Jahresausstellung Frankfurter Künstlergesellschaft	Ausst. Kat. Frankfurt/M. 1982, S. 14, Nr. 24
1984	Frankfurt/M.	Frankfurter Sparkasse von 1822	Verzeichnis Frankfurter Sparkasse 1984
		Kirchengemeinde St. Markus	HKB, 17.1.1984
1990	Kronberg/Taunus	Galerie U. Opper	Faltblatt Kronberg 1990
1993	Kronberg/Taunus	Galerie U. Opper	Faltblatt Kronberg 1993
	Frankfurt/M.	Historisches Museum	Ausst. Kat. Frankfurt/M. 1993, S. 59, Nr. 24
1994	Montgeron/Frankreich	Montgeron (Partnerstadt von Eschborn) Centre Jean Hardouin	Verzeichnis Montgeron 1994
	Kronberg/Taunus	Galerie U. Opper, Einzelausstellung Hanny Franke	Faltblatt Kronberg 1994
1995	Hanau/M.	Hanau/M., Museum Schloss Philippsruhe	Ausst. Kat. Frankfurt/M. 1995, S. 49, Nr. 34
	Kronberg/Taunus	Galerie U. Opper	Faltblatt Kronberg 1995
1996	Kleinsassen/Rhön	Die Rhön in der Malerei (2 Bilder)	Steinfeld 1996, S. 29
	Kronberg/Taunus	Galerie U. Opper	Faltblatt Kronberg 1996
1997	Frankfurt/M.	Sparkasse von 1822: „Das Frankfurter Stadtbild im Wandel" (4 Bilder)	Ausst. Kat. Frankfurter Sparkasse 1997, S. 77
	Kronberg/Taunus	Galerie U. Opper	Faltblatt Kronberg 1997
1998	Kronberg/Taunus	Galerie U. Opper	Faltblatt Kronberg 1998
1999	Frankfurt/M.	Frankfurter Sparkasse von 1822: „Das 20. Jhd. im Blick" (4 Bilder)	Ausst. Kat. Frankfurter Sparkasse 2000, S. 57
	Eschborn/Taunus	Volksbank Eschborn (41 Bilder)	Eschborner Stadtspiegel, 24.6.1999; HKB, 9.7.1999; FR, 22.9.1999; Verzeichnis Eschborn 1999
	Kronberg/Taunus	Galerie U. Opper	Faltblatt Kronberg 1999
2003	Zabbar (Malta)	Rathaus von Zabbar (40 Bilder)	Eschborner Stadtspiegel, 25.9.2003
2005	Neu-Anspach/Taunus	Freilichtmuseum Hessenpark (3 Bilder)	Faltblatt Neu Anspach 2005
	Frankfurt/M.	Frankfurter Sparkasse von 1822: Frankfurter Künstlerclub 1955 - 2005 (1 Bild)	Ausst. Kat. Frankfurter Sparkasse 2005, S. 29

1.5. Mitgliedschaften in künstlerischen Zusammenschlüssen

Jahr	Institution	Quelle
15.6.1921	Aufnahme als **außerordentliches Mitglied** (d.h. als noch nicht selbstständiger Künstler) in die **Frankfurter Künstlergesellschaft**	Mitglieder-Verzeichnis der Frankfurter Künstlergesellschaft 1936/Nachlass (die gedruckte Liste gibt fälschlicherweise 1933 als Eintrittsdatum an und wurde vom Künstler handschriftlich korrigiert); IfSG, Sign. V2/285; Hanny Frankes persönliches Fotoalbum/Nachlass, Abb. von 1934 zeigt den Künstler im Kollegenkreis; Handschriftl. Notiz/Nachlass, o.J.
1922	Aufnahme als **ordentliches Mitglied** der **Frankfurter Künstlergesellschaft**.	
	1936 zum 2. Schriftführer gewählt	
	Mehrere Jahre bis Kriegsende Kustos der Kunstsammlung	
	1968 zum Ehrenmitglied ernannt	
1922 bis 1933	Mitglied im **Wirtschaftsverband der bildenden Künstler**.	LE I, S. 159/160; IfSG, Kulturamt 515, Brief W. Kersting an Kulturamt Ffm., 22.6.1946
	Der Verband wurde 1927 in den Reichsverband Bildender Künstler überführt und 1933 durch die NSDAP aufgelöst. Den Mitgliedern wurde nahegelegt der Kunstkammer beizutreten.	
1933	Beitritt zur **Kunstkammer**	LE II, S. 271
1941 bis 1968	Zwischen 1941 und 1950 in der Verwaltung des **Frankfurter Kunstvereins** aktiv	Ausst.-Kat. Frankfurt/M. 1954, S. 53-54; Handschriftl. Notiz/Nachlass, o.J.
	Stadtrat Dr. Reinert bat ihn im Oktober 1945, als Vertreter für die bildenden Künstler in den Vorstand des Kunstvereins.	Reinert/HF, 31.10.1945
	Trat aus gesundheitlichen Gründen 1968 vom Vorstand zurück.	HF/H. Troeger, 14.2.1968
	Die Mitgliedschaft im Frankfurter Kunstverein schließt automatisch die Mitgliedschaft in der **Hans-Thoma-Gesellschaft** ein. Diese wurde 1925 gegründet und der Frankfurter Kunstverein gehörte ihr in seiner Gesamtheit als Mitglied an.	FN, 29.10.1933; IfSG Sign. S3/P3457, Mitgliederverzeichnis o.J.; Ausst. Kat. Frankfurt/M. 1933, S. 3
23.11.1945	Mitbegründer des **Berufsverbandes bildender Künstler**. Mehr als zehn Jahre im Vorstand.	IfSG, Kulturamt Sign. 515/Brief W. Kersting an Dr. Keller, 22.6.1946; Mitglieds-Ausweis des Berufsverbandes/Nachlass/ Museum Eschborn
1946 bis 1961	Wird von Prof. Heise gebeten, sich in den **Beirat der neu entstehenden Städelschule** wählen zu lassen. Juror der ersten Kunstausstellung im Städel nach dem Krieg.	Handschriftl. Notiz/Nachlass, o.J.; LE VI, S. 11; IfSG, Kulturamt Sign. 479, Blatt 196
1953	Folgt der Aufforderung, Mitglied der **Münchner Künstlergenossenschaft** zu werden.	Notiz/Nachlass, o.J.; Daumiller, A./HF, 22.6.1953
um 1955	Mitglied im Frankfurter Künstlerclub e.V.	Archiv - Frankfurter Künstlerclub e.V.; Mitgliederliste, o.J.; Ausst. Kat. Frankfurter Sparkasse 2005

1.6 Förderung durch die Frankfurter Künstlerhilfe

Jahr des Erwerbs durch Stadt Ffm.	Kaufpreis	Bild (Entstehungsjahr),Wv-Nr.	Quelle
1924	200,-- RM	3 Skizzen	IfSG, Mag.-Akte Sign. S1802, Bd. 1, Protokoll Stadtverordnetenversammlg., 26.8.1924, Blatt 5
1924	unbekannt	Preungesheim (1924), G39	Karteiblatt d.Hist. Museums Ffm.
1927	25,--RM	1 Zeichnung, 1 Aquarell	IfSG, Mag.-Akte Sign. S1802, Bd. 2, Blatt 34
1930	unbekannt	Am Schloss (1927), G67	Karteiblatt d.Hist. Museums Ffm.; Städel Archiv, Sign. 623, Schreiben 18.11.1930
1930/31	50,-- RM	1 Zeichnung	IfSG, Mag.-Akte Sign. S1802, Bd. 2, Blatt 133
1932	50,-- RM	Blick auf Frankfurt vom Süden vom Goetheturm aus (1932), G970	Karteiblatt d.Hist. Museums Ffm.; IfSG, Mag.-Akte Nr. 6020, Bd. 1, Sign. 7857; Blatt 280
1934	100,-- RM	Hügel bei Preungesheim (1929), G77	Karteiblatt d.Hist. Museums Ffm.; IfSG, Mag.-Akte Nr. 6020, Bd. 1 Sign. 7857, Blatt 203; Städel Archiv, Sign. 675, Niederschrift 14.4.1934, S. 2
1934	100,-- RM	Blick auf die alte Elisabethenstraße bei Frankfurt (1933), G93	Karteiblatt d.Hist. Museums Ffm.; IfSG, Mag.-Akte Nr. 6020, Bd. 1 Sign. 7857, Blatt 203; Städel Archiv, Sign. 675, Niederschrift 14.4.1934, S. 2
1934	100,-- RM	Die Nidda am Ulmenrick (1933), G98	Karteiblatt d.Hist. Museums Ffm.; IfSG Mag.-Akte Nr. 6020, Bd. 1 Sign. 7857, Blatt 203; Städel Archiv, Sign. 675, Niederschrift 14.4.1934, S. 2
1934	200,-- RM	Stadtansicht	Städel Archiv, Sign. 675, Niederschrift 6.7.1934, S. 1
1934	10,-- RM	Typenstraßenkreuze - Zeichnung	Städel Archiv, Sign. 675, Niederschrift 10.2.1934, S. 1
1935	120,-- RM	Blick von der Bergener Höhe nach Osten in das Maintal (1934), G110	Karteiblatt d.Hist. Museums Ffm.; Städel Archiv, Sign. 675, Niederschrift 13.4.1935, S. 9
1935	250,--RM	Eichelbachtal im Taunus bei Rod a.d. Weil (1935), G122	Karteiblatt d.Hist. Museums Ffm.; Städel Archiv, Sign. 675, Niederschrift 18.5.1935, S. 8
1936	62,50 RM	Waldrand (1933), G97	Schulze 1998, S. 56; IfSG, Mag.-Akte Nr. 6020, Bd. 2, Sign. 7858, Blatt 199
1936	62,50 RM	Lahnhöhen (1934), G109	Schulze 1998, S. 56; IfSG, Mag.-Akte Nr. 6020, Bd. 2, Sign. 7858, Blatt 199
1937	unbekannt	Vorfrühling auf dem Sachsenhäuser Berg (1937), G146	Karteiblatt d.Hist. Museums Ffm.
1938	400,--RM	Taunusblick	LE II, S. 298
1940	unbekannt	Hecke im Grüneburgpark (1938), G162	Schulze 1998, S. 56
1942	unbekannt	Knospende Bäume (1942), G978	Schulze 1998, S. 57
1950	unbekannt	Trümmerbild mit Dom (um 1945), G999	Karteiblatt d.Hist. Museums Ffm.
1951	unbekannt	Scheidender Märztag (1934), G111	Karteiblatt d.Hist. Museums Ffm.
1955	unbekannt	Nidda am Morgen, G900	Karteiblatt d.Hist. Museums Ffm.
1960	unbekannt	Blick aus dem Fenster (1939), G974	Karteiblatt d.Hist. Museums Ffm.
1960	unbekannt	An der Nidda im März (1959), G595	Karteiblatt d.Hist. Museums Ffm.
1962	unbekannt	Sonniger Wiesenhang (1962), G684	Schulze 1998, S. 57
1963	unbekannt	Am Lohrberg (1959), G596	Schulze 1998, S. 57

2. Die Kunstsammlung Hanny Frankes

Die nachfolgende Liste im Anhang beruht sowohl auf einem Schreiben vom 20.9.1970 an den Kulturdezernenten Hilmar Hoffmann, in dem der Künstler einen Teil seiner Kunstsammlung auflistete, als auch auf den tatsächlich im Nachlass/ Museum Eschborn vorhandenen Werken.[1]

Künstler	Bild (Technik)	Verbleib
Ahlborn, Wilhelm August	Landschaft bei Olveano (Bleistift)	Nachlass/Museum Eschborn
Balzer, Ferdinand	Begegnung mit dem Schäfer (Öl)	unbekannt
Becker, Peter	Landschaft (Öl)	Nachlass/Museum Eschborn
Ders.	Schweineherde in der Rhön - Skizzenbuchblatt (?)	unbekannt
Ders.	Hirschhorn am Neckar (Bleistift, Aquarell)	Nachlass/Museum Eschborn
Becker, Jakob	Vorstudie zu „Landleute vom Gewitter erschreckt", Original im Historischen Museum Frankfurt/M. (Feder + Tusche, weiß gehöht)	Nachlass/Museum Eschborn
Bromeis, August Wilhelm	Landschaft bei Olveano (Bleistift)	Nachlass/Museum Eschborn
Burnitz, Peter	Studie aus Spanien (?)	unbekannt
Ders.	Bildnis (Bleistift)	Nachlass/Museum Eschborn
Ders.	Felsenstudie (Bleistift)	Nachlass/Museum Eschborn
Cornelius, Peter von	Rebecca und Eleazar am Brunnen (Bleistift)	Nachlass/Museum Eschborn
Ders.	Junges Mädchen am Tisch sitzend und lesend (Feder und Pinsel)	unbekannt
Ders.	Aus dem Spessart (?)	unbekannt
Crola, G. Heinrich	Baumstudie (Feder, Bleistift, Tusche)	Nachlass/Museum Eschborn
Ders.	Waldlandschaft	Nachlass/Museum Eschborn
Danhauser, Josef	Dame mit Kavalier (Bleistift)	Nachlass/Museum Eschborn
Dillis, Georg von	Waldlandschaft (Bleistift)	Nachlass/Museum Eschborn
Ders.	Landschaft mit Fluss (Bleistift)	Nachlass/Museum Eschborn
Ders.	Landschaft am Fluss (Bleistift)	Nachlass/Museum Eschborn
Dorner, Joh. Jakob	Baumstudie, Bayr. Voralpen (Feder)	Nachlass/Museum Eschborn
Ders.	Landschaftsstudie im Gebirge (Bleistift, Feder, Pinsel)	Nachlass/Museum Eschborn
Fellner, Ferdinand A.M.	Großer Huflattich (Feder)	Nachlass/Museum Eschborn
Ders.	Hagen (Feder + Tusche)	Nachlass/Museum Eschborn
Ders.	Junges Mädchen lesend am Fenster (Tusche)	Nachlass/Museum Eschborn
Ders.	Studie zum Nibelungenzyklus (Feder, Tusche)	Nachlass/Museum Eschborn
Feuerbach, Anselm (?)	Paar (Bleistift)	Nachlass/Museum Eschborn
Fohr, Carl Philipp (?)	Italienlandschaft (Feder, Tusche, Bleistift)	Nachlass/Museum Eschborn
Ders.	Römische Ruinen (Tusche, Feder, Pinsel)	Nachlass/Museum Eschborn
Ders.	Rom, bei Porta San Giovanni (Tusche, Pinsel)	Nachlass/Museum Eschborn
Ders.	Die Reiter vor einer Ruine begegnen einer Trägerkolone (Rötel)	Nachlass/Museum Eschborn
Führich, Joseph von	Johannes tauft Jesu im Jordan (Bleistift)	Nachlass/Museum Eschborn
Grimm, Ludwig Emil	Skizzenblatt (Feder)	Nachlass/Museum Eschborn
Ders.	Mädchenbildnis (Bleistift)	Nachlass/Museum Eschborn
Ders.	Kopf eines Mädchens (Bleistift)	Nachlass/Museum Eschborn
Ders.	Sitzende Frau (Feder)	unbekannt

Künstler	Bild (Technik)	Verbleib
Ders.	Zwei Männer an einem Tisch (Bleistift)	Nachlass/Museum Eschborn
Ders.	Gerh. v. Reutern zeichnend (Feder)	unbekannt
Ders.	Künstler im Atelier (Feder)	Nachlass/Museum Eschborn
Ders.	Männerkopf (Bleistift)	Nachlass/Museum Eschborn
Ders.	St. Michaelskapelle in Witzenhausen (Feder, Bleistift)	Nachlass/Museum Eschborn
Ders.	Mädchen mit Blumen (?)	unbekannt
Ders.	Bildnis Christian Brentano (Radierung)	Nachlass/Museum Eschborn
Ders.	Steinau an der Straße (Bleistift)	Nachlass/Museum Eschborn
Harveng, F.	Etschtal (Öl)	unbekannt
Ders.	Abend am Oberrhein (Öl)	Nachlass/Museum Eschborn
Heerdt, Christian	Burg am Neckar (Öl)	unbekannt
Horny, Franz Th.	Iris (Kreide)	Nachlass/Museum Eschborn
Ders.	Obststillleben (Bleistift)	Nachlass/Museum Eschborn
Ders.	Pflanzenstudie (Bleistift)	Nachlass/Museum Eschborn
Kesting, Georg Friedrich	Strickende Frau	Nachlass/Museum Eschborn
Klein, Johann Adam	Mauthausen an der Donau (Bleistift)	Nachlass/Museum Eschborn
Ders.	Gesatteltes Reitpferd (Bleistift)	Nachlass/Museum Eschborn
Ders.	Reiter (Bleistift)	Nachlass/Museum Eschborn
Ders.	Ruine Rabeneck, Fränk. Schweiz (Bleistift)	Nachlass/Museum Eschborn
Kobell, Ferdinand von	Landschaft (Feder)	Nachlass/Museum Eschborn
Ders.	Berge bei Subiaco (Feder)	Nachlass/Museum Eschborn
Ders.	Baumgeäst	Nachlass/Museum Eschborn
Koch, Josef Anton	Landschaft bei Olveano (Tusche, Feder, Bleistift)	Nachlass/Museum Eschborn
Ders.	Olveano mit Ziegenhütten (Tusche)	Nachlass/Museum Eschborn
Leibl, Wilhelm	Der Maler Johann Sperl (Radierung)	Nachlass/Museum Eschborn
Lucas, August	Am Brunnen (Feder, Bleistift)	Nachlass/Museum Eschborn
Lugo, Emil	Landschaft bei Bernau (Radierung)	Nachlass/Museum Eschborn
Ders.	Olveano (Öl)	Nachlass/Museum Eschborn
Mannfeld, Bernhard	Eberbacher Hof, Frankfurter Dom (Radierung)	Nachlass/Museum Eschborn
Meyer, Ernst	Selbstbildnis (Bleistift)	Nachlass/Museum Eschborn
Morgenstern, Carl	S. Francesco Civitella (Bleistift)	Nachlass/Museum Eschborn
Morgenstern, Christian	Landschaft im Alten Land (Bleistift)	Nachlass/Eschborn
Müller, Carl Friedrich Moritz (Feuermüller)	Tiroler im Freiheitskampf (Bleistift, Tusche)	Nachlass/Museum Eschborn
Nadorp, Franz	St. Georg (Feder laviert)	Nachlass/Museum Eschborn
Nerlich, Friedrich	Pflanzenstudie (Bleistift)	Nachlass/Museum Eschborn
Olivier, Friedrich	Salzburger Landschaft (Bleistift)	Nachlass/Museum Eschborn
Ders.	Porträt einer jungen Frau (Bleistift)	Nachlass/Museum Eschborn
Ders.	Albano (Bleistift)	Nachlass/Museum Eschborn
Oesterley, C.	Elisabetta Zanetti (Bleistift)	Nachlass/Museum Eschborn

Künstler	Bild (Technik)	Verbleib
Overbeck, Friedrich	Das Hohelied (Bleistift)	Nachlass/Museum Eschborn
Passavant, Johann David	Kopfstudie (Bleistift)	Nachlass/Museum Eschborn
Peschel, Carl	Die Weisen auf den Weg nach Bethlehem (Bleistift)	Nachlass/Museum Eschborn
Poppe, Georg	Da klopft was (Radierung)	Nachlass/Museum Eschborn
Pose, Eduard Wilhelm	Aquädukt bei Tivoli (?)	unbekannt
Ders.	Stein Kallenfels an der Nahe (Bleisitft)	Nachlass/Museum Eschborn
Ders.	Römische Campagna (Öl)	Nachlass/Museum Eschborn
Ders.	Olveano (Öl)	Nachlass/Museum Eschborn
Preller d. J., Friedrich	Selbstbildnis (Bleistift)	Nachlass/Museum Eschborn
Rethel, Alfred	Figurenskizzen (Bleistift, Feder)	Nachlass/Museum Eschborn
Reinhart, Johann Christian	Bäume in der Sabina (Sepia, Feder + Pinsel über Bleistift)	Nachlass/Museum Eschborn
Ders.	Baumgruppe bei Olveano (Sepia, Feder, Pinsel über Bleistift)	Nachlass/Museum Eschborn
Reinhold, Heinrich	Die Loferer (Bleistift)	Nachlass/Museum Eschborn
Reutern, Georg von	Bacharach a. Rh. Wernerkapelle (Radierung)	Nachlass/Museum Eschborn
Rhoden, Johann Martin von	Zypressengruppe (Bleistift)	Nachlass/Museum Eschborn
Ders.	Pflanzenstudie aus Tivoli (Bleistift)	Nachlass/Museum Eschborn
Richter, August	Bildnis eines jungen Mädchens, Handstudie (Bleistift)	Nachlass/Museum Eschborn
Richter, Ludwig	Gebirgsbach (Tusche, Bleistift)	Nachlass/Museum Eschborn
Ders.	Skizze für Holzschnitt „Genovefa" (Bleistift)	Nachlass/Museum Eschborn
Röth	Blick aus dem Atelierfenster (Öl)	Nachlass/Museum Eschborn
Rumpf, P. Ph.	Baum in Kronberg (?)	unbekannt
Ders.	Thekla (Radierung)	Nachlass/Museum Eschborn
Ders.	Thekla - Version 2 (Radierung)	Nachlass/Museum Eschborn
Ders.	Skizzenbuch von 1890	Nachlass/Museum Eschborn
Salini, Lino	Der Maler Gustav Schraegle (Bleisift)	Nachlass/Museum Eschborn
Sandhaas, Carl	Skizze für Darmstädter Almanach (Bleistift)	Nachlass/Museum Eschborn
Scheffer von Leonhardshoff, Johann Evang.	Putti (Feder)	Nachlass/Museum Eschborn
Ders.	Männliche Aktstudie (Bleistift)	Nachlass/Museum Eschborn
Schirmer, J. W.	Bergbach (Öl)	Nachlass/Museum Eschborn
Schmitt, Philipp	Rastende Heidelberger Studenten (Bleistift, Feder, Tusche)	Nachlass/Museum Eschborn
Schnorr von Carolsfeld, Julius	Mädchen mit Gitarre (Bleistift)	Nachlass/Museum Eschborn
Schwind, Moritz von	Porträtskizze (Bleistift)	Nachlass/Museum Eschborn
Ders.	Zwei Kopfskizzen auf einem Blatt (Bleistift)	Nachlass/Museum Eschborn
Ders.	Vier Kopfskizzen auf einem Blatt (Feder)	Nachlass/Museum Eschborn
Ders.	Heiliger Georg (Bleistift)	Nachlass/Museum Eschborn
Ders.	Kostümstudien (Bleistift)	Nachlass/Museum Eschborn
Ders.	Sitzender Mann und Kostümstudie (Bleistift)	Nachlass/Museum Eschborn
Ders.	Männerskizze und Kostümstudie (Bleistift)	Nachlass/Museum Eschborn
Ders.	Skizzen zu Opernhausmalereien in Wien (Feder)	Nachlass/Museum Eschborn

Künstler	Bild (Technik)	Verbleib
Ders.	Skizzen für Münchner Bilder (Bleistift)	Nachlass/Museum Eschborn
Ders.	Blatt mit Figurenskizzen (Bleistift)	Nachlass/Museum Eschborn
Ders.	Kopfstudien zu Wartburgfresken und zur „schönen Lau" (Feder + Bleistift)	Nachlass/Museum Eschborn
Ders.	Kopfskizzen zu Wartburgfresken (Bleistift)	Nachlass/Museum Eschborn
Ders.	Kreuzritter, Skizze für Wartburgfresken (Feder, Bleistift)	Nachlass/Museum Eschborn
Ders.	Die schöne Melusine (Bleistift)	Nachlass/Museum Eschborn
Speckter, Otto	Der verlorene Sohn (Feder)	Nachlass/Museum Eschborn
Stanfield, J.	Feste Rheinfels mit St. Goar (Tusche)	Nachlass/Museum Eschborn
Steinle, Edvard von	Die vier Jahreszeiten in einem Ornament (Bleistift)	Nachlass/Museum Eschborn
Ders.	Madonna (Bleistift)	Nachlass/Museum Eschborn
Ders.	Frauenporträt (Bleistift)	Nachlass/Museum Eschborn
Steinhausen, Wilhelm	Gelehrter mit dem Todesengel (Öl)	Nachlass/Museum Eschborn
Ders.	Skizze zur Bergpredigt - Gagerngymnasium (Öl)	Nachlass/Museum Eschborn
Ders.	Mutter mit Kind (Bleisitft)	Nachlass/Museum Eschborn
Ders.	Selbstbildnis (Radierung)	unbekannt
Stüler, Friedrich August	Selbstbildnis (Bleistift)	Nachlass/Museum Eschborn
Thoma, Hans	Flötende Faune (Öl)	unbekannt
Ders.	Putto (Öl)	unbekannt
Ders.	Hl. Maria mit Christuskind (Radierung)	Nachlass/Museum Eschborn
Ders.	Selbstbildnis (Radierung)	unbekannt
Veit, Philip	Salzburger Landschaft (?)	unbekannt
Ders.	Die heiligen drei Könige (Bleistift)	Nachlass/Museum Eschborn
Ders.	Darbringung Jesu im Tempel (?)	unbekannt
Verhas, Theodor	Gebirgsbach (Bleistift)	Nachlass/Museum Eschborn
Wagner, Otto	Kachelofen (Feder auf Bleistift)	Nachlass/Museum Eschborn
Wagner, Carl	Basaltfelsen Rhön (Feder)	Nachlass/Museum Eschborn
Wasmann, August Rud. Friedrich	Skizzenblatt: Rucksack, Seil, Früchte (Bleistift)	Nachlass/Museum Eschborn
Ders.	Männerbildnis (Bleistift)	Nachlass/Museum Eschborn
Wiegemann, Rud.	Thermen des Diokletian (Bleistift)	Nachlass/Museum Eschborn
Ders.	Bildnis des Malers Philipp Schilgen (Bleistift)	Nachlass/Museum Eschborn

1 IfSG, Kulturamt, Sign. 1260, Blatt 38, In dem Schreiben listete der Künstler seinen Kunstbesitz auf, im Rahmen einer Verhandlung mit der Stadt Frankfurt/M. bezüglich einer Rente auf Lebenszeit.

3. Signaturtafel

G1

Die trockene Signatur, als voll ausgeschriebener Name und in Druckbuchstaben, kennzeichnet Arbeiten aus der frühen Zeit bis hin zu Arbeiten aus dem ersten Drittel seiner Schaffenszeit.

G2

Die trockene Signatur als voll ausgeschriebener Name und in großen Druckbuchstaben findet ebenfalls in der frühen Zeit bis hin in das erste Drittel der Schaffenszeit Verwendung.

G1071

Parallel dazu, ebenfalls bis ins erste Drittel seiner Schaffenszeit, signierte der Maler trocken, mit vollem Namen und in Schreibschrift.

G148

Die Signatur mit abgekürztem Vornamen, trocken oder in die feuchte Farbe geritzt, verwendete er während seiner gesamten Schaffenszeit. Der größte Teil der im Werkverzeichnis erfassten und signierten Arbeiten trägt diese Art Signatur.

G704

Das in die feuchte Farbe geritzte Monogramm verwendete der Künstler selten und wenn, dann bei Arbeiten mit studienhaften Charakter. Seltene Signatur.

DG44

Die verschlungenen Initialen verwendete der Maler ausschließlich als Signatur bei Lithographien.
Einzige Ausnahme: Ölgemälde „Milseburg-Madonna".

DG6

Direkt ineinander übergehende Initialen in Druckbuchstabenform verwendete er bei einer Radierung aus dem Jahr 1921 (DG6) sowie bei einem Holzschnitt 1971 (DG71)
Die Art der Signatur gleicht der des Landschaftsmalers Heinrich Funke (* 1807 in Westfalen † 1877 in Frankfurt/M.).
Seltene Signatur.

4. Literatur

4.1. Archivalien

1. Stadtarchiv und Museum Eschborn
2. Institut für Stadtgeschichte - Frankfurt/Main
3. Städelsches Kunstinstitut/Städtische Galerie - Archiv
4. Archiv Frankfurter Künstlergesellschaft
5. Archiv Frankfurter Künstlerclub e.V.
6. Koblenz - Archiv des kath. Pfarramtes St. Maximin
7. Bingen - Archiv des kath. Pfarramtes St. Martin
8. Limburg - Diözesanarchiv
9. Mainz - Privatbesitz
10. Peterborough/Grossßbritannien - Privatbesitz

1. Eschborn/Taunus - Museum und Stadtarchiv:

1.1. Unveröffentlichte Manuskripte der Lebenserinnerungen von Hanny Franke

Lebenserinnerungen I
Erinnerungen 1. Teil, erster Lebensabschnitt 1890 - 1922.

Lebenserinnerungen II
Erinnerungen 2. Teil, 1922 - 1936.

Lebenserinnerungen III
Notizbuch der Italienreise, 1926.

Lebenserinnerungen IV
Studienfahrten, Westerwald - Einbeck - Mosel, 1924.

Lebenserinnerungen V
Erinnerungen 1937 - 1946.

Lebenserinnerungen VI
Fahrten in den Bayerischen Wald, Sommer 1941.

Lebenserinnerungen VII
Rhön - Breisgau - Bodensee - Schwarzwald - Basel - Paris - Colmar - Straßburg, 1946 - 1954.

Lebenserinnerungen VIII
Zusammenfassung der Erinnerungen 1890 - 1954.

1.2. Manuskripte und Typoskripte von Ausstellungslisten

Manuskript Schumann 1941
Aufstellung der Gemälde für eine Ausstellung in der Kunsthandlung Schumann in Frankfurt/M., Oktober 1941.

Manuskript Koch 1948
Auflistung der Bilder für die Ausstellung in der Galerie Koch am 10. April 1948.

Typoskript Bingen 1949
Auflistung von Ölgemälden, Lithographien und Aquarellen für eine Ausstellung in der Binger Kunststube, Bingerbrück, April/Mai 1949.

Manuskript Frankfurt/M. 1950
Auflistung für die Ausstellung im Frankfurter Kunstverein im Aug./Sept. 1950.

Manuskript Frankfurt/M. 1960
Auflistung für die Ausstellung im Frankfurter Kunstverein, 1960.

Typoskript/?, nach 1962
Auflistung für eine Ausstellung nach 1962, da die jüngsten Bilder der Liste aus diesem Jahr stammen.

Manuskript Hauenstein 1964
Aufstellung der Bilder für ein Ausstellung in der Kunsthandlung H. O. Hauenstein in Frankfurt/M, November 1964.

Typoskript Oberursel 1971
Auflistung für die Ausstellung im Verein für Geschichte und Heimatkunde Oberursel (Taunus) e.V.
Am 6./7. November 1971.

Typoskript Eschborn 1972
Liste für die Ausstellung in der Stadthalle von Eschborn, 17. - 23.5.1972.

1.3. Korrespondenz

1.3.1. Briefe und Postkarten von Familie, Freunden, Kollegen und Kunden - alphabetisch

Bach, Josef, 2 Karten: 28.5.1900, 10.11.1900.
Bagge, Berta, 2 Briefe: 3.7.1944, 13.7.1944.
Belz, Johann (Bildhauer), Brief: o.J.
Belz, Johann, 2 Karten: 2.9.1955, 1.1.1957.
Bischoff, August (Bildhauer), Karte: 14.5.1956
Bührer, Hans, 3 Briefe: 26.9.1951, 30.6.1955, 20.9.1958.
Bührer, Hans, 3 Karten: 15.9.1952, 19.3.1953, 15.8.1955.
Bürgermeister, Emmendingen, Brief: 15.2.1952.
Corregio, Josef , 3 Karten: Januar 1935, April 1955.
Christiani, Mateo, Brief : 13.10.1960.
Daumiller, A., Schatzmeister, Münchner Künstlergenossenschaft, Brief: 22.6.1953.
Delavilla, Franz Karl., 2 Briefe : 1.1.1949, 31.8.1955.
Franke, Magdalena (Großmutter), Karte: Weihnachten 1901.
Franke, Wilhelm , Karte: 27.5.1935.
Frankfurter Kunstverein, Brief: 26.1.1948.
George, Anna, Brief: 8.8.1927.
Gies, Emil, 4 Briefe: 9.10.1919, 4.4.1920, 25.8.1920, 11.10.1920.
Gildemeister, Eberhard, 4 Briefe: Juli 1945, Oktober 1945.
Gildemeister, Eberhard , 7 Karten: 1944, 1947, 1948, 1949.
Gottlieb, Josef , 2 Briefe: 23.10.1940, 10.10.1943.
Gündel, Friedrich, 2 Briefe: 4.12.1928, 23.4.1929.
Gündel, Friedrich, 5 Karten: 6.8.1928, 26.10.1927, 27.3.1930, November 1927, 1.9.1932.
Gudden, B., Brief: 24.8.1933.
Haag, August, Karte: 30.1.1928.
Happ, Hans, Brief und Karte: o. J. (nach 1945).
Hanfstaengl, Edgar, 2 Karten: 13.1.1937, 6.1.1938.
Hilsdorf, Karl, Karte: 7.6.1925.
Hinds, H., Brief: 1952.
Hoff, Joh. Friedrich (Musiker), 4 Karten: 24.2.1939, 19.10.1951, 30.5.1952, 19.12.1957.
Holzinger, Ernst, Brief: 30.8.1970.
Imhoff, Eugen, 2 Briefe: 4.7.1959, 29.1960.
Kaltwasser-Riedelbach, Friedrich, 4 Briefe: 24.2.1947, 20.11.1948, 16.12.1948, 10.6.1957.
Kesting, Wilhelm, Brief: 16.11.1945.
Kranz, Jakob, 6 Briefe: 15.11.1927, 13.7.1928, 31.12.1929, 1.1.1934, 14.1.1940, 7.8.1941.

Kreyfelt, Julius von, Brief: 1946.
Kaufmann, Karl Maria, Brief: 28.11.1934.
Kittmann, Erich, 3 Briefe: 26.9.1940, 8.11.1940, 13.10.1943.
Luckard, Karl, Karte: 14.9.1940.
Lübbecke, Fried, Karte: Juli 1958.
Lammeyer, Ferdinand, 3 Briefe: 22.10.1940, 21.12.1949, 21.12.1959.
Lefébre, Wilhelm, Karte: 1944.
Möller, Theo von, 4 Karten: Juni/Juli 1947, Juli/August 1949.
Nebhut, Ernst, Karte: o.J.
Nahrgang, Karl, Karte: 12.9.1950.
Nahm, Paul, Brief: 31.8.1960.
Panse, Friedrich, 3 Briefe: 7.10.1936, 1940, 17.9.1960.
Petraschke, R., Karte: 17.11.1930.
Poppe, Georg, 2 Briefe: 8.11.1928, 1.10.1920.
Poppe, Georg, 10 Karten: 26.8.1929, 2.12.1935, 13.2.1936, 5.7.1937, 21.7.1938, 1955, 1958.
Poppe, Maria, Brief: 15.2.1932.
Reinert, Dr. (Stadtrat), Brief: 31.10.1945.
Reischauer Lotte, 4 Karten (z. T. im Auftrag von Georg Poppe): 11.9.1925, 23.12.1928, 4.11.1929, 1961.
Remszhardt, Godo, Brief: 7.9.1960.
Runze, Wilhelm, Brief: o.J; Karte: 1930.
Richter, Peter (Pfarrer St. Leonhard), Brief: 2.9.1960.
Roth, Anton, 5 Briefe: 11.9.1941, 18.10.1941, 12.12.1941, 21.12.1943, 20.4.1944.
Schauroth, Lina von, 3 Karten: 1959, 1960.
Schwerin, Ludwig von, 4 Briefe: 14.5.1959, 11.2.1960, 14.1.1961, August 1962.
Schmid, Doris, 7 Karten: 31.8.1955, August 1960.
Schweinsberg, Eberhard Frhr. zu, Brief: 1.4.1967.
Steinhausen, August, 3 Briefe: 31.12.1958, 9.1.1960, 1960.
Steinhausen, Rose, Karte: 1949.
Steinhausen, Rose und Idel, 3 Karten: o. J.
Voigtländer-Tetzner, Bertha, 2 Briefe: 2.9.1960, 17.6.1960.
Wagner, Karl, 2 Karten: 31.12.1958, 1965.

1.3.2. Briefe und Postkarten von Hanny Franke an seine Frau Margarethe - chronologisch

Bingerbrück, 16 Briefe, 3 Karten: 1919/1920.
Einbeck, 3 Briefe, 2 Karten: Sept./Okt. 1920.
Bingerbrück, 9 Briefe: April + August 1921.
Bingerbrück, 3 Briefe: April 1922.
Birstein/Vogelsberg, Brief, 6 Karten: 1926.
Frankfurt/M., Brief: Feb. 1926.
Schwarzbach/Oberbayern, 2 Briefe: Juli 1928
Bingerbrück, Brief: 1930.
Frankfurt/M., 2 Briefe: Feb. 1921.
Frankfurt/M., 3 Briefe: Juli 1935.
Amorbach/Odenwald, Brief: März 1936.
Lindenfels/Odenwald, Brief: März 1936.
Kleinsassen/Rhön, Brief: Juli 1937.
Kleinsassen/Rhön, 2 Briefe: Mai + August 1939.
Kleinsassen/Rhön, 2 Karten: 2.6.1939.
Amorbach/Odenwald, Brief: Mai 1940.
München, 2 Karten: 18.4.1941, 2.9.1941.
Irschenhausen, Brief: April 1942.
Dornbirn-Kehlegg/Vorarlberg, 3 Briefe: Sept. 1943.
Willingshausen/Schwalm, Karte: 6.5.1944.
Kleinsassen/Rhön, Brief: Juni 1944.
Kleinsassen/Rhön, Karte: 2.9.1944.
Kleinsassen/Rhön, Brief: Sept. 1946.
Kleinsassen/Rhön, Brief: Mai 1946.
Kleinsassen/Rhön, Brief: 18.5.1947.

Emmendingen/Schwarzwald, 3 Briefe: 22.4.1952, 26.4.1952, 1.5.1952.
Bernau/Schwarzwald, 2 Briefe: August 1952, 3.8.1952.
Emmendingen/Schwarzwald, 4 Briefe: Okt. 1952.
Emmendingen/Schwarzwald, 3 Briefe: Jan. 1953.
Emmendingen/Schwarzwald, 2 Briefe: 2.5.1953, 7.5.1953.
Frankfurt/M., 3 Briefe: Juli 1953.
Emmendingen/Schwarzwald, Brief: August 1953.
Emmendingen/Schwarzwald, 6 Briefe: Mai-Juni 1954.
Emmendingen/Schwarzwald, 3 Briefe: 3.6.1954, 27.6.1954, 3.10.1954.
München, Karte: 9.10.1954.
Emmendingen/Schwarzwald, Karte: 17.7.1955.
Frankfurt/M., 2 Briefe: August 1955.
Frankfurt/M., 2 Briefe: Mai 1957, 1.5.1957.
Lüzel-Spessart/Kreis Gelnhausen, Brief: Juli 1957.

1.3.3. Sonstige Korrespondenz

Margrit Franke an ihren Mann, Brief: Mai 1940.
Ilse-Meuer-Kuhlmann an Margrit Franke, Brief: 25.7.1940.
Hanny Franke an seinen Sohn, Brief aus Emmendingen: Mai 1952.
Hanny Franke an Frau von Doernen, Brief: 13.10.1961.
Poppe, Georg an Franke, Margrit, Karte: 5.5.1962.
Hanny Franke an Dr. h.c. Heinrich Troeger, Brief (Durchschlag), 14.2.1968.

1.4. Diverse Manuskripte und Typoskripte ohne Jahresangabe

Liste zu Ausstellungsteilnahmen,
Ein altes Naturdenkmal (Anm. d. Verf.: Über die Schwanheimer Eichen)
Manuskript: Ausflug mit Georg Poppe 1927 nach Lindenfels/Odenwald
Textentwürfe zu erfolgten Veröffentlichungen
Allgemeine Gedanken zur Kunst
Gedichte

1.5. Sonstiges

Hanny Frankes persönliches Fotoalbum

Tagebuch von Margarethe Franke, 29.11.1972 - 15.1.1974

Mitglieds-Ausweis des Berufsverbandes Bildender Künstler Frankfurt a. M. e. V. Aufnahmedatum: 29.8.1946, Ausweis-Nr. 62.

Von Hanny Franke persönlich erstellte Bibliographie und Sammlung diverser Veröffentlichungen und Fotos zum Thema „Adalbert Stifter".

Auftrag der Fa. J.A. Henckels Zwillingswerk Solingen über ein Ölbild, 26. 9. 1952.

2 Schulhefte: Zeichenheft für den Zeichenunterricht in den Preußischen Volksschulen - Heft 2 - Zeichnen nach Wandtafeln.

Übungsheft Perspektive - 1919-20 - Unterricht Wintersemester Hanny Franke - Staedel Kunstinstitut - Figuren-Klasse.

2. Frankfurt am Main - Institut für Stadtgeschichte

Sign. S2/652
Sammlung diverser Zeitungsartikel, Ausstellungskataloge/-listen und Faltblätter, welche Hanny Franke betreffen.

Sign. S3/P3457
Betrifft die Hans-Thoma-Gesellschaft; Mitgliederverzeichnis o.J.

Sign. V2//285 - Biographische Mappe - Hanny Franke
Kondolenzschreiben der Frankfurter Künstlergesellschaft an Familie Hanny Franke, 18.1.1973
Brief von Hanny Franke an die Frankfurter Künstlergesellschaft, Dank für Geburtstagsglückwünsche, 14.9.1955
Notizen die Mitgliedschaft Hanny Frankes in der Frankfurter Künstlergesellschaft betreffend, o.J.

Manuskripte von Hanny Franke:
Gedicht über „Die Maler", 1933
Die Geister des Steinernen Hauses, Mai 1934
Gedicht auf das Bingener Schloss, 22.9.1935

Sign. V2/410
Manuskript zur Ausstellung der Frankfurter Künstlergesellschaft e.V. „Galerie im Rahmhof", vom 3.12.1967 bis 6.1.1968.

Mag.-Akte Nr. 6020 Band 1-3, Sign. 7857-7859
Die Magistratsakten „Ankäufe von Kunstwerken, Künstlerhilfe, Künstlerförderung" betreffen unter anderem den Ankauf einiger Werke Hanny Frankes von seiten der Stadt Frankfurt/M., im Rahmen der Künstlerförderung.

Mag.-Akte Nr. 6024 Band 1, Sign. 7874
Die Akte betrifft den Frankfurter Kunstverein 1932 - 1939 und belegt eine Sonderausstellung Hanny Frankes im Jahr 1936.

Mag.-Akte 8451
Die Magistratsakte betrifft die Hans-Thoma-Gesellschaft zwischen 1931 - 1954

Mag.-Akte S1555
Die Magistratsakte betrifft die Gründung der Hans-Thoma-Gesellschaft.

Mag.-Akte Sign. S1802, Band 1-2
Die Magistratsakte betrifft die „Unterstützung notleidender Künstler".

Kulturamt Sign. 479
Die Akte betrifft Angelegenheiten der Städelschule, insbesondere Wiedereröffnung nach dem Krieg, ab 1945.

Kulturamt Sign. 515
Die Akte betrifft die Gründung des Berufsverbandes Bildender Künstler Frankfurt a. M. 1946 e. V.

Kulturamt Sign. 1260
Die Akte enthält Dokumente, in denen die Kunstsammlung von Hanny Franke genau aufgelistet und bewertet wurde; ursprüngliche Absicht des Malers war es, diesen Besitz der Stadt Frankfurt am Main zu überlassen, die dem Künstler dafür Rente auf Lebenszeit gewähren sollte. Der Plan wurde nicht in die Tat umgesetzt.

3. Frankfurt am Main - Städelsches Kunstinstitut/Städtische Galerie Archiv

Sign. 623
Die Akte enthält u. a. ein Schreiben, welches die Vermittlung einer Ölstudie „Am Schloss" von Hanny Franke an das Historische Museum durch Dr. Wolters betrifft, 18.11.1930.

Sign. 675
Die Akte enthält Niederschriften über die Sitzungen des „Ausschusses der Frankfurter Künstlerförderung" die u.a. den Ankauf von Werken von Hanny Franke betreffen.

Sign. 694
Die Akte enthält Korrespondenz von Georg Swarzenski mit dem Anwalt Dr. Rau, den Nachlass des Malers Emil Gies betreffend.

Sign. 730
Die Akte enthält u. a. ein Schreiben, welches die Restaurierung eines Bildes durch Emil Gies betrifft, 24.2.1930.

4. Frankfurt am Main - Archiv Frankfurter Künstlergesellschaft

Brief Hanny Frankes vom 26.7.1950 an die Künstlergesellschaft; Betrifft erfolglose Recherchen nach der verschollenen Kunstsammlung der Künstlergesellschaft.

5. Frankfurt am Main - Archiv Frankfurter Künstlerclub e.V.

Verzeichnis der ehemaligen Mitglieder, ohne Jahresangabe.

6. Koblenz - Archiv des kath. Pfarramtes St. Maximin

Taufbuch der Pfarrei St. Maximin in Horchheim/Rh.

7. Bingen - Archiv des kath. Pfarramtes St. Martin

Totenschein Hubert Franke.

8. Limburg - Diözesanarchiv:

Kath. Kirchenbücher von Oberlahnstein:
Proklamation/Trauung, Signatur O-La K 14, Nr. 17/1857.
Geburt, Signatur O-La K8, Nr. 32/1834.
Geburt, Signatur O-La K9, Nr. 67/1862.

9. Mainz - Privatbesitz

Brief vom 2.8.2001 von Heide Lhotka an die Verfasserin.

10. Peterborough/Großbritannien - Privatbesitz

Porträtfoto von Vincenz, Erwin und Joseph Lhotka.
Foto, welches Hanny Franke im Kreise der englischen Verwandten seiner Frau zeigt, um 1937 entstanden.

4.2. Veröffentlichungen von Hanny Franke

Franke 1927
Hanny Franke: Der Stadtteil Nida, in: Frankfurter Nachrichten, 9.7.1927.

Franke 1927a
Hanny Franke: Von einer römischen Stadt bei Frankfurt, in: Rhein-Nahe-Zeitung, 2.12.1927.

Franke 1928
Hanny Franke: Vom handwerklichen in der Kunst, in: Kunst & Wirtschaft, Heft 4, 15.2.1928.

Franke 1929
Hanny Franke: Der Rupertsberg auf dem Isenheimer Altar, in: Volk und Scholle. 7., 1929, S. 298-300, 7 Abb.

Franke 1929a
Hanny Franke: Disibodenbergerinnerung, in: Volk und Scholle. 7., 1929, S. 300-301, 1 Abb.

Franke 1929b
Hanny Franke: Das Kloster Rupertsberg auf dem Isenheimer Altar, in: Festschrift zur St. Hildegardis-Jubelfeier, Johannes Kohl (Hrsg.), Bingen/Rh. 1929, S. 50-51.

Franke 1930
Hanny Franke: Isenheimer Altar und Kloster Rupertsberg, in: Katholischer Kirchenkalender der Pfarrei Bingen/Rh., 1930, S. 33.

Franke 1932
Hanny Franke: Das schwarze Kreuz an der Heerstraße, in: Rhein-Main-Volkszeitung, 30.8.1932.

Franke 1933
Hanny Franke: St. Hildegard und der Rupertsberg im Spiegel der Legende, in: Katholischer Kirchenkalender für die Pfarreien Bingen/Rh. Bingen-Büdesheim 17., 1933, S. 24-26.

Franke 1934
Hanny Franke: Eine Rupertsberger Klosterarbeit im Berliner Schlossmuseum, in: Rheinische Heimat. Heimatkundliche Beilage der Mittelrheinischen Volkszeitung (Kreuznacher Zeitung), 9. Jg., Januar 1934, S. 5.

Franke 1934a
Hanny Franke: Hildegard im Steigerwald, in: Rheinische Heimat. Heimatkundliche Beilage der Mittelrheinischen Volkszeitung (Kreuznacher Zeitung), 9. Jg., Feburar 1934, S. 8.

Franke 1934b
Hanny Franke: Sagen vom „Alten Kloster" im Binger Wald, in: Rheinische Heimat. Heimatkundliche Beilage der Mittelrheinischen Volkszeitung (Kreuznacher Zeitung), 9. Jg., März 1934, S. 8.

Franke 1934c
Hanny Franke: Legenden um die heilige Hildegard, in: Rheinische Heimat. Heimatkundliche Beilage der Mittelrheinischen Volkszeitung (Kreuznacher Zeitung), 9. Jg., April 1934, S. 8.

Franke 1934d
Hanny Franke: Das Ende der Liebfrauenkapelle, in: Rheinische Heimat. Heimatkundliche Beilage der Mittelrheinischen Volkszeitung (Kreuznacher Zeitung), 9. Jg., Juni 1934, S. 8.

Franke 1934e
Hanny Franke: Das Geläute der Glocken von Bingen, in: Rheinische Heimat. Heimatkundliche Beilage der Mittelrheinischen Volkszeitung (Kreuznacher Zeitung), 9. Jg., Juli 1934, S. 8.

Franke 1934f
Hanny Franke: Der Einsiedler von Lendersbrunnen, in: Rheinische Heimat. Heimatkundliche Beilage der Mittelrheinischen Volkszeitung (Kreuznacher Zeitung), 9. Jg., August 1934, S. 8.

Franke 1934g
Hanny Franke: Hildegard sieht zukünftige Geschehen, in: Rheinische Heimat. Heimatkundliche Beilage der Mittelrheinischen Volkszeitung (Kreuznacher Zeitung), 9. Jg., Dezember 1934, S. 7-8.

Franke 1934h
Hanny Franke: Das Weihnachtsfest 1105 auf Schloß Böckelheim, in: Rheinische Heimat. Heimatkundliche Beilage der Mittelrheinischen Volkszeitung (Kreuznacher Zeitung), 9. Jg., Dezember 1934, S. 1.

Franke 1935
Hanny Franke: Was ist von Kloster Rupertsberg übriggeblieben?, in: Katholischer Kirchenkalender für die Pfarreien Bingen und Bingen-Büdesheim. 10., 1935, S. 12-13.

Franke 1936
Hanny Franke: Das Rupertsberger Antependium, in: Katholischer Kirchenkalender für die Pfarreien Bingen und Bingen-Büdesheim. 20., 1936, S. 18-19.

Franke 1947
Hanny Franke: 800 Jahre Rupertsberg (1147-1947), in: Katholischer Kirchenkalender der Pfarreien des Dekanats Bingen. 27., 1947, S. 23-24.

Franke 1947a
Hanny Franke: Römische Ruinen im Binger Wald: „Am Sulg", in: Allgemeine Zeitung-Bingen Rh. 1./2.7.1947.

Franke 1955
Hanny Franke: Ein Vorschlag, in: Frankfurter Rundschau, 10.2.1955.

Franke 1955a
Hanny Franke: Frankfurter Maler, in: Der Frankfurter Antiquarius – Mitteilungen aus dem Antiquariat August Hase, 1955, Heft 12, S. 3-4.

Franke 1957
Hanny Franke: Die Schwanheimer Eichen, in: Frankfurter Neue Presse, 30.11.1957.

Franke 1957a
Hanny Franke: Hundert Jahre Frankfurter Künstlergesellschaft 1857-1957, Frankfurt/M. 1957.

Franke 1957b
Hanny Franke: Das Bild des Klosters Rupertsberg auf dem Isenheimer Altar, in: Naheland-Kalender, 1957, S. 53-55.

Franke 1963
Hanny Franke: Abschied von einem Haus, in: Frankfurter Neue Presse, 1.6.1963.

Franke 1965
Hanny Franke und Joseph Plenk: Bertha Voigtlaender-Hildebrand zum 90. Geburtstag am 2. Februar 1965. Hrsg.: Galerie F.A.C. Prestel, Frankfurt/M. 1965.

Franke 1966
Hanny Franke: Unter der Bronzelampe im Salon, in: Frankfurter Neue Presse, 31.12.1966.

Franke 1966a
Hanny Franke: Das Pfingstfest bei Fort Douaumont – vor 50 Jahren tobte die Schlacht, in: Frankfurter Neue Presse, 30.5.1966.

Franke 1978
Hanny Franke: Louis Eysen, Ein Frankfurter Maler, o. J. (posthum veröffentlicht von Margarethe Franke).

4.3. Monographien, Aufsätze in Fachzeitschriften und Jahrbüchern

Ament 1989
Hermann Ament (Hrsg.): Führer zu archäologischen Denkmälern in Deutschland - Frankfurt am Main und Umgebung, Stuttgart 1989.

Andreas 1981
Christoph Andreas: Adolf Hoeffler, Mainz 1981.

Andreas 1998
Christoph Andreas: Louis Eysen - Ein lang vergessener Frankfurter Maler, in: Weltkunst, Heft 4, April 1998, S. 770-772.

Bantzer 1993
Carl Bantzer: Hessen in der deutschen Malerei, Marburg 1993.

Bätschmann 1989
Oskar Bätschmann: Entfernung der Natur - Landschaftsmalerei 1750 - 1920, Köln 1989.

Baumer 1994
Franz Baumer: Adalbert Stifter als Zeichner und Maler, Passau 1994.

Bäumer 1977
Angelica Bäumer/Bettina Bäumer (Hrsg.): Eduard Bäumer, Salzburg 1977.

Birkenbach 1994
Paul Birkenbach: Künstlerleben - Lebenskünstler. Paul Klüber, Julius von Kreyfelt und das Malerdorf Kleinsassen, Fulda 1994.

Birnbaum 1936
Lotte Birnbaum: Schloß Neuburg am Inn, Passau 1936.

Böhmer/Lau 1905
Friedrich Böhmer/Friedrich Lau: Urkundenbuch der Reichsstadt Frankfurt, Bd. 2, 1905, Nr. 685

Bückling 1987
Maraike Bückling: Wilhelm Steinhausen (1846 - 1924) als Landschaftsmaler, Frankfurt/M./Bern/New York/Paris 1987.

Eichler
Inge Eichler: Aufbruch in die Landschaft - Die Entstehung der Künstlerkolonien im 19. Jahrhundert unter besonderer Berücksichtigung der Kronberger Malerkolonie, Museumsgesellschaft Kronberg e. V. (Hrsg.), Kronberg o. J.

Eichler 1994
Inge Eichler: Die Schwanheimer Eichen, in: Weltkunst, Heft 12, Juni 1994, S. 1634-1636.

Eichler 1998
Inge Eichler: Rhön-Landschaften, in: Weltkunst, Heft 4, April 1998, S. 773-775.

Feld/Englert 2001
Marion Feld/Dirk Englert (Hrsg.): Milseburg - Ein Berg mit Profil, Petersberg 2001.

Frankfurter Kunstverein 1954
Frankfurter Kunstverein (Hrsg.): Rückblick auf Geschichte und Tätigkeit des Frankfurter Kunstvereins vom Jahre 1829 bis zum Jahre 1954 - Zur Feier seines 125-jährigen Bestehens, Frankfurt/M. 1954.

Furrer 1931
Ernst Furrer: Die Abruzzen, Freiburg 1931.

Geller 1951
Hans Geller: 150 Jahre deutsche Landschaftsmalerei - Ihre Entwicklung von 1800 bis zur Gegenwart, Erfurt 1951.

Gerteis 1961/63
Walter Gerteis: Das unbekannte Frankfurt, Band 1-3, Frankfurt/M. 1961-1963.

Gotta 1993
Frank Gotta: Die Nidda, Frankfurt/M. 1993.

Heitz-Michel 1930
Bernhard Heitz-Michel: A propos du retable d'Ísenheim , in: Bulletin Religieux des Catholiques Français dans les Provinces Rhénanes, 9. Année., No 6, Juin 1930, S. 14-17.

Helmolt 1986
Christa von Helmolt: Mit Hanny Franke durch die Jahreszeiten, in: Jahreskalender der Frankfurter Sparkasse von 1822 (Polytechnische Gesellschaft), Frankfurt/M. 1986.

Hock 1997
Sabine Hock: Frankfurt am Main zur Stunde Null 1945 - Zwei Briefe von Walter H. Rothschild, in: Archiv für Frankfurts Geschichte und Kunst, Band 63 Frankfurt/M. 1997, S. 535-565.

Kernert 1985
Bianca Kernert: Der Landschaftsmaler Johann Emil Franke (1890 - 1973), ungedruckte Magisterarbeit, Universität Hamburg 1985.

Laubhütte/Mösender 1996
Hartmut Laubhütte/Karl Mösender: Adalbert Stifter - Dichter und Maler, Denkmalpfleger und Schulmann, Tübingen 1996.

Lauter 1970
Werner Lauter: Hildegard-Bibliographie: Wegweiser zur Hildegard-Literatur, Band 1, Alzey 1970, S. 34.; Band 2, Alzey 1984, S.44, S.85.

Lauter 1973
Werner Lauter: Hanny Franke, in: Binger Annalen, Heft 2, Bingen 1973, S. 29-32.

Lauter 1974
Werner Lauter: Ein Brief von Anna George an Hanny Franke, in: Binger Annalen, Heft 3, Bingen 1974, S. 73-74.

Lauter 1990
Werner Lauter: In memoriam Hanny Franke, Frankfurt/M. 1990.

Lammeyer 1982
Ferdinand Lammeyer: Die letzten Jahre der alten Städelschule, in: Städelschule Frankfurt am Main - Aus der Geschichte einer deutschen Kunsthochschule, Frankfurt/M. 1982.

Lippert 1962
Fritz Lippert: Hanny Franke. Ein heimischer Künstler, in: Heimatjahrbuch 1962 Landkreis Bingen, 6. Jg., S. 74 - 77.

Lorei/Kirn 1962
Madlen Lorei/Richard Kirn: Frankfurt und die drei wilden Jahre, Frankfurt/M. 1962.

Lorei/Kirn 1966
Madlen Lorei/Richard Kirn: Frankfurt und die goldenen zwanziger Jahre, Frankfurt/M. 1966.

Maubach 1938
Fritz Maubach: Jagdhorn, Schall und frühe Wehmut, Fulda 1938.

Meurer 1960
A. Meurer: Hessischer Kulturspiegel, in: Monatszeitschrift für Kunst, Wissenschaft, Wirtschaft und Volksbildung, 2. Jahrg., Gießen, September 1960.

Müller 2002
Claudia C. Müller: Jakob Nussbaum (1873 - 1936) Ein Frankfurter Maler im Spannungsfeld der Stilrichtungen, Studien zur Frankfurter Geschichte Bd. 47, Frankfurt/M. 2002.

Museumsgesellschaft Kronberg 1983
Museumsgesellschaft Kronberg e.V. (Hrsg.): Hans Thoma in Frankfurt und im Taunus, Dokumentation der Museumsgesellschaft Kronberg e.V., Schriften Band 3, Frankfurt/M. 1983.

Nahrgang 1938
Karl Nahrgang: Dr. Friedrich Hermann Gündel zum Gedächtnis, in: Archiv für Frankfurts Geschichte und Kunst, 4. Folge/5. Band, 1. Heft, Frankfurt/M. 1938, S. 1-10.

Neidhardt 1991
Hans Joachim Neidhardt: Ludwig Richter, Leipzig 1991.

Ost 1970
Hans Ost: Einsiedler und Mönche in der deutschen Malerei des 19. Jahrhunderts, in: Beiträge zur Motivkunde des 19. Jahrhunderts - Studien zur Kunst des neunzehnten Jahrhunderts, Band 6, Forschungsunternehmen der Fritz Thyssen Stiftung Arbeitskreis Kunstgeschichte (Hrsg.), Ansbach 1970, S. 199-210.

Paul 1969
Adolf Paul: Vom Vorgestern zum Heute - Eschborn und seine Geschichte, Eschborn 1969.

Raiss 1995
Gerhard Raiss: Das Eschborner Bonifatiuskreuz, in: Zwischen Main und Taunus - Jahrbuch des Main-Taunus-Kreises, 1995, 3. Jahrgang, Kreisausschuß des Main-Taunus-Kreises (Hrsg.), Hofheim am Taunus 1994, S. 65 ff.

Rebentisch/Hils-Brockhoff 2003
Dieter Rebentisch/Evelyn Hils-Brockhoff (Hrsg.): Archiv für Frankfurts Geschichte und Kunst 69 - Aufsätze zum Thema: Kunst und Künstler in Frankfurt am Main im 19. und 20. Jahrhundert, Frankfurt/M. 2003.

Reber/Bückling 1984
Horst Reber/Maraike Bückling (Hrsg.): Der Maler Wilhelm Steinhausen, Mainz 1984.

Rohrandt 1972
Klaus Rohrandt: Wilhelm Trübner (1851-1917). Kritischer und beschreibender Katalog sämtlicher Gemälde, Zeichnungen und Druckgraphik. Biographie und Studien zum Werk, Kiel 1972.

Rosenberger 1967
Ludwig Rosenberger: Adalbert Stifter und der Bayerische Wald, München 1967.

Salden 1995
Hubert Salden: Die Städelschule Frankfurt am Main 1817 bis 1995, Mainz 1995.

Schäffer 1979
Gottfried Schäffer: Schloss Neuburg/Inn, München 1979.

Schembs 1989
Hans-Otto Schembs: Frankfurt wie es Maler sahen, Würzburg 1989.

Schmidt-Fürnberg 2000
Dana Schmidt-Fürnberg: Gottfried Diehl: die Kraft der Farben - Virtuosität und Anspruch eines Künstlers der verschollenen Generation, Weimar 2000.

Schmitt 1985
Franz Schmitt: Bernkastel im Wandel der Zeiten, Bernkastel-Kues 1985.

Schmoll, gen. Eisenwerth 1970
J. A. Schmoll, gen. Eisenwerth: Fensterbilder - Motivketten in der europäischen Malerei, in: Beiträge zur Motivkunde des 19. Jahrhunderts - Studien zur Kunst des neunzehnten Jahrhunderts, Band 6, Forschungsunternehmen der Fritz Thyssen Stiftung Arbeitskreis Kunstgeschichte (Hrsg.), Ansbach 1970, S. 13-166.

Schoenberger 1933
Guido Schoenberger: Julius Hülsen, in: Archiv für Frankfurts Geschichte und Kunst, 4. Folge/4. Band, Frankfurt/M. 1933, S. 9-10.

Schulze 1998
Sabine Schulze: Das 20. Jahrhundert im Städel, Ostfildern-Ruit 1998.

Simon 1927
Karl Simon: Wilhelm Altheim - Sein Leben und sein Werk, Frankfurt/M. 1927.

Stadt Frankfurt 2002
Stadt Frankfurt am Main (Hrsg.): Die Schwanheimer Alteichen im Frankfurter Grüngürtel/Regionalpark Rhein-Main, Frankfurt/M. 2002.

Steinhausen/Paquet 1933
Wilhelm Steinhausen/Alfons Paquet: Die Burg eines Malers - Schloß Schöneck im Hunsrück, in: Jahrbuch der Selektenschule, Karl Breuer (Hrsg.), Frankfurt/M. 1932-33, S. 41-58.

Steinfeld 1996
Ludwig Steinfeld: Die Rhön in der Malerei: Bilder der Landschaft aus zwei Jahrhunderten, Hünfeld 1996.

Tilger/Woog 1986
Annemarie Tilger/Carl Woog: Chronik von Bingerbrück, Bingen 1986.

Urban 1970
Christian Urban: Hanny Franke - Das Porträt, in: Frankfurt - Lebendige Stadt, Heft 3, Sept. 1970.

Wagner 1979
Friedrich A. Wagner: Der Maler Ferdinand Lammeyer, München 1979.

Wamers 2004
Egon Wamers: Bonifatius in Germanien, in: „Auf Spurensuche - Die Bonifatius-Route von Mainz nach Fulda", Verein Bonifatius-Route e.V. (Hrsg.) Fulda 2004, S. 5 ff.

Weber 1974
Irma Gerda Weber: Die Themenkreise im Schaffen Hans Thomas, Halle/Saale 1974.

Weber-Mittelstaedt 1982
Andrea Weber-Mittelstaedt: Fritz Wucherer - Das graphische Werk, Kronberg 1982.

Wiederspahn 1976
August Wiederspahn/Helmut Bode (Hrsg.): Die Kronberger Malerkolonie, Frankfurt/M. 1976.

Wollmann 1992
Jürgen A. Wollmann: Die Willingshäuser Malerkolonie und die Malerkolonie Kleinsassen, Schwalmstadt-Treysa 1992.

Zimmermann 1963
Werner Zimmermann: Der Maler Louis Eysen, Frankfurt/M. 1963.

4.4. Allgemeine Nachschlagewerke

Dessoff/Weizäcker 1909
Albert Dessoff/Heinrich Weizäcker: Kunst und Künstler in Frankfurt am Main im neunzehnten Jahrhundert, Frankfurt/M. 1909.

Dressler 1930
Willy Oskar Dressler: Dresslers Kunsthandbuch. Bd. 9. Teil 2: Bildende Kunst, das Buch der lebenden deutschen Künstler, Altertumsforscher, Kunstgelehrten und Kunstschriftsteller, Berlin 1930.

Gorenflo 1988
Roger M. Gorenflo: Verzeichnis der bildenden Künstler von 1880 bis heute, Bd. 1, Darmstadt 1988, S. 272.

Groeg 1975
Otto J. Groeg (Hrsg.): Who´s Who in the Arts, München 1975, S. 166.

Klötzer 1996
Wolfgang Klötzer (Hrsg.): Frankfurter Biographie - Personengeschichtliches Lexikon, Frankfurt/M. 1996.

Schomann 1977
Heinz Schomann: 111 Frankfurter Baudenkmäler, Frankfurt/M. 1977.

Schweers 1994
Hans F. Schweers: Gemälde in deutschen Museen, Bd. 1, München 1994, S. 572.

Thieme/Becker 1907
U. Thieme/F. Becker: Allgemeines Lexikon der bildenden Künstler von der Antike bis zur Gegenwart, Leipzig 1907.

Vollmer 1953-1962
Hans Vollmer (Hrsg.): Allgemeines Lexikon der bildenden Künstler des 20. Jahrhunderts, Leipzig 1953-1962, S. 147.

Wistrich 1983
Robert Wistrich: Wer war wer im Dritten Reich, München 1983.

Ziemke 1972
Hans-Joachim Ziemke: Städelsches Kunstinstitut zu Frankfurt am Main, Die Gemälde des 19. Jahrhunderts, E. Holzinger (Hrsg.), Frankfurt/M. 1972

Ausstellungskataloge

Ausst. Kat. Bielefeld 1986
Die Landschaft - Meisterwerke des 16.- 20. Jahrhunderts aus dem Von der Heydt-Museum Wuppertal, Bielefeld 1986.

Ausst. Kat. Bingen 2001
Prominenz in Bildern - Die Brüder Hilsdorf in der Geschichte der Fotografie, Binger Museumshefte, Nr.1, Matthias Schmandt (Hrsg.), Bingen/Rh. 2001.

Ausst. Kat. Eschborn/Ts. 1975
Hanny-Franke-Gedächtnisausstellung im Foyer der Stadthalle Eschborn, Eschborn/Taunus 1975.

Ausst. Kat. Fach 1972
Frankfurter Maler, Katalog Nr. 5, Galerie und Kunstantiquariat Joseph Fach, Frankfurt/M. 1972.

Ausst. Kat. Fach. 1975
Radierung und Lithographien, Galerie und Kunstantiquariat Joseph Fach, Frankfurt/M. 1975.

Ausst. Kat. Fach 1988
Frankfurter Malerei seit der Jahrhundertwende, Katalog Nr. 43, Galerie und Kunstantiquariat Joseph Fach, Frankfurt/M. 1988.

Ausst. Kat. Fichter 1993
Finderglück IV, Kunsthandlung H.W. Fichter, Frankfurt/M. 1993.

Ausst. Kat. Frankfurt/M. 1921
Herbstausstellung der Frankfurter Künstler im Kunstverein, 9. bis 27. Oktober 1921, Frankfurt/M. 1921.

Ausst. Kat. Frankfurt/M. 1922
Herbstausstellung der Frankfurter Künstler im Frankfurter Kunstverein, 7. bis 29. Oktober 1922.

Ausst. Kat. Frankfurt/M. 1925
Das Frankfurter Bildnis 1901-1925, Ausstellung im Frankfurter Kunstverein, 3. bis 31. Januar 1925.

Ausst. Kat. Frankfurt/M. 1933
Katalog zur Ausstellung der Hans Thoma-Gesellschaft 1933 in den Räumen des Städel´schen Kunstinstituts Frankfurt am Main vom 8. Oktober bis 8. November, Frankfurt/M. 1933.

Ausst. Kat. Frankfurt/M. 1938
Gauausstellung für bildende Künste 1938, Malerei-Graphik-Plastik, Kunsthandwerk, Kunsthandel, Nassauisches Landesmuseum Wiesbaden, 22.Oktober bis 6. November 1938, Wiesbaden 1938.

Ausst. Kat. Frankfurt/M. 1939
Gauausstellung für bildende Künste 1939, Malerei-Graphik-Plastik, Kunsthandwerk, Kunsthandel, im neuen Ausstellungshaus Frankfurt a. M. Bockenheimer Landstraße 8, 7. bis 21. Mai 1939, Frankfurt/M. 1939.

Ausst. Kat. Frankfurt/M. 1941
Gauausstellung für bildende Künste 1941, Malerei-Graphik-Plastik, Kunsthandwerk, Kunsthandel, im neuen Ausstellungshaus Frankfurt a. M. Bockenheimer Landstraße 8, 6. September bis 5. Oktober 1941, Frankfurt/M. 1941.

Ausst. Kat. Frankfurt/M. 1942
Gauausstellung für bildende Künste 1942, Malerei-Graphik-Plastik, Kunsthandwerk, Kunsthandel, im neuen Ausstellungshaus Frankfurt a. M. Bockenheimer Landstraße 8, Frankfurt/M. 1942.

Ausst. Kat. Frankfurt/M. 1943
Gauausstellung für bildende Künste 1943, Malerei-Graphik-Plastik, Kunsthandwerk, Kunsthandel, im neuen Ausstellungshaus Frankfurt a. M. Bockenheimer Landstraße 8, 5. September bis 3. Oktober 1941, Frankfurt/M. 1943.

Ausst. Kat. Frankfurt/M. 1947
Frankfurter Kunst der Gegenwart im Städelschen Kunstinstitut, 2. bis 30. März 1947.

Ausst. Kat. Frankfurt/M. 1948
Frankfurter Kunst der Gegenwart in der Eschenheimer Anlage, 14. März bis 4. April 1947.

Ausst. Kat. Frankfurt/M. 1954
Frankfurter Maler und Bildhauer der Gegenwart, Ausstellung aus Anlass des 125-jährigen Bestehens des Frankfurter Kunstvereins, Frankfurt/M. 1954.

Ausst. Kat. Frankfurt/M. 1958
Jahresausstellung der Frankfurter Künstlergesellschaft, Frankfurt/M. 1958.

Ausst. Kat. Frankfurt/M. 1979
Wilhelm Altheim - Bilder aus dem Volksleben, Eine Ausstellung der Frankfurter Sparkasse von 1822 (Polytechnische Gesellschaft) 1. Oktober bis 9. November 1979, Bearbeitung des Katalogs: Inge Eichler, Frankfurt/M. 1979.

Ausst. Kat. Frankfurt/M. 1983
125 Jahre Frankfurter Künstlergesellschaft e. V. 1857 - 1982, Frankfurt/M. 1983.

Ausst. Kat. Frankfurt/M. 1983a
Georg Poppe Gedächtnisausstellung, Galerie Heussenstamm-Stiftung, Frankfurt/M. 1983.

Ausst. Kat. Franfurt/M. 1988
Unterwegs in Italien - Reisestudien Frankfurter Künstler - Ein Beitrag zur Frankfurter Kunstgeschichte, Bearbeitung des Katalogs: Inge Eichler, Ausstellung vom 28. Nov. - 30. Dez. in der 1822 Galerie, Neue Mainzer Straße 49-53, Frankfurt/M. 1988.

Ausst. Kat. Frankfurt/M. 1990
Louis Eysen, Ausstellung vom 5. November - 1. Dezember 1990 in der Galerie J.P. Schneider, Frankfurt/M. 1990.

Ausst. Kat. Frankfurt/M. 1993
Frankfurter Malerei des 19. und frühen 20. Jahrhunderts, Kleine Schriften des Historischen Museums Frankfurt Band 47, Franfurt/M. 1993.

Ausst. Kat. Frankfurt/M. 1995
Kunstbegegnung Frankfurt - Hanau, Schriftenreihe der Gesellschaft zur Förderung Frankfurter Malerei des 19. und 20. Jahrhunderts e. V., Frankfurt/M. 1995.

Ausst. Kat. Frankfurt/M. 1996
Fritz Wucherer (1873-1948) - Von der Seine an den Main, Zur Eröffnung des Kunstforum Gesellschaft zur Förderung der Frankfurter Malerei vom 1. Sept. - 30. Nov. 1996 in der Barckhausstraße 10, Gesellschaft zur Förderung der Frankfurter Malerei e. V. (Hrsg.), Frankfurt/M. 1996.

Ausst. Kat. Frankfurt 2000
Kunstlandschaft Rhein-Main, Malerei im 19. Jahrhundert 1806 - 1866, Haus Giersch Museum Regionaler Kunst, Frankfurt/M. 2000.

Ausst. Kat. Frankfurt 2001
Wilhelm Trübner - Die Frankfurter Jahre 1896-1903, Haus Giersch Museum Regionaler Kunst, Frankfurt/M. 2001.

Ausst. Kat. Frankfurt 2001a
Kunstlandschaft Rhein-Main, Malerei im 19. Jahrhundert 1867 - 1918, Haus Giersch Museum Regionaler Kunst, Frankfurt/M. 2001.

Ausst. Kat. Frankfurt 2002
Otto Scholderer - 1834 - 1902 - Die neue Wirklichkeit des Malerischen, Haus Giersch Museum Regionaler Kunst, Frankfurt/M. 2002.

Ausst. Kat. Frankfurt 2005
Bilder aus dem Leben - Genremalerei im Rhein-Main-Gebiet, Haus Giersch Museum Regionaler Kunst, Frankfurt/M. 2005.

Ausst. Kat. Frankfurter Sparkasse 1997
Das Frankfurter Stadtbild im Wandel, bearb. v. Inge Eichler, Frankfurter Sparkasse von 1822 (Hrsg.), Frankfurt/M. 1997.

Ausst. Kat. Frankfurter Sparkasse 2000
Das 20. Jahrhundert im Blick, bearb. v. Inge Eichler, Frankfurter Sparkasse von 1822 (Hrsg.) , Frankfurt/M. 2000.

Ausst. Kat. Frankfurter Sparkasse 2002
Wilhelm Steinhausen und seine Tochter Marie Steinhausen - ein Doppelporträt, bearb. v. Esther Walldorf, Frankfurter Sparkasse von 1822 (Hrsg.), Frankfurt/M. 2002.

Ausst. Kat. Frankfurter Sparkasse 2005
Frankfurter Künstlerclub 1955 - 2005, bearb. v. Otto Winzen, Frankfurter Sparkasse von 1822 (Hrsg.), Frankfurt/M. 2005.

Ausst. Kat. Kronberg 2000
Im Lichte von Barbizon - Landschaften aus den Künstlerkolonien Tervuren, Kronberg und Oosterbeek, Katalog der Ausstellung in Kronberg, 18. Juni - 27. August 2000, Art Projects Den Haag (Hrsg.), Rotterdam 2000.

Ausst. Kat. Mainz 1987
Theodor Hilsdorf 1868-1944 - Königlich-Bayerischer Hofphotograph, Mainz 1987.

Ausst. Kat. München 1942
Große Deutsche Kunstausstellung 1942 im Haus der Deutschen Kunst zu München - Juli bis auf weiteres, München 1942.

Ausst. Kat. München Ergänzung 1942
Ergänzungsteil zum offiziellen Ausstellungskatalog der Großen Deutschen Kunstausstellung 1942 im Haus der Deutschen Kunst zu München, München 1942.

Ausst. Kat. München 1953
Herbstausstellung der Münchener Künstlergenossenschaft - Kgl. Priv. v. 1868 im Haus der Kunst in München, 18. September bis 13. Dezember 1953, München 1953.

Ausst. Kat. München 1954
Herbstausstellung der Münchener Künstlergenossenschaft - Kgl. Priv. v. 1868 im Haus der Kunst in München, 8. Oktober bis 19. Dezember 1954, München 1954.

Ausst. Kat. München 1956
Herbstausstellung der Münchener Künstlergenossenschaft - Kgl. Priv. v. 1868 im Haus der Kunst in München, 12. Oktober bis 16. Dezember 1956, München 1956.

Ausst. Kat. München 1957
Herbstausstellung der Münchener Künstlergenossenschaft - Kgl. Priv. v. 1868 im Haus der Kunst in München, 20. September bis 24. November 1957, München 1957.

Ausst. Kat. München 1958
Herbstausstellung der Münchener Künstlergenossenschaft - Kgl. Priv. v. 1868 im Haus der Kunst in München, 10. Oktober bis 14. Dezember 1958, München 1958.

Ausst. Kat. München 1963
Frühjahrsausstellung der Münchener Künstlergenossenschaft - Kgl. Priv. v. 1868 im Haus der Kunst in München, 28. März bis 19. Mai 1963, München 1963.

Ausst. Kat. Wien 1977
Alfred Kubin und Böhmen, Sudetendeutscher Tag, Wien; eine Ausstellung der Sudetendeutschen Landsmannschaft, Bundesverband, Kultur und Volkstumspflege, in Verbindung mit der Künstlergilde (Esslingen), 22. Mai bis 3. Juni 1977, Palais Palffy.

Ausst. Kat. Wiesbaden 1933
Ausstellung: Deutsche Kunst in Hessen und Hessen-Nassau - Gemälde - Bildwerke - Zeichnungen, ohne Monatsangabe, 1933.

4.5. Pressespiegel

Es sind jene Presseartikel aufgeführt, die sich direkt auf den Künstler und dessen Werk beziehen, bzw. Artikel, in denen er namentlich erwähnt wird.

BBK-Rundbrief 1970
Margrit Franke: Hanny Franke aus der Sicht seiner Ehefrau Margrit, in: BBK(Berufsverband Bildender Künstler)-Rundbrief 24, Sept/Okt. 1970.

Berliner Tageblatt 4.8.1934
W. Sch.: Landschaftsmaler in Frankfurt, in: Berliner Tageblatt, Beiblatt der Abendausgabe, 4.8.1934.

Berliner Tageblatt 17.5.1935
W. Sch.: Frankfurter Künstler - Frühjahrsausstellung im Städel, Berliner Tageblatt, 17.5.1935.

Der Frankfurter 1952
N.N.: Künstler der Woche - Hanny Franke - Der letzte Meister naturnaher Frankfurter Mal-Tradition, in: Der Frankfurter, 11.10.1952.

Du und die Welt 1950
N.N.: Hanny Franke, in: Du und die Welt, September 1950.

Eschborner Stadtspiegel 19.1.1973
N.N.: Hanny Franke ist tot, in: Eschborner Stadtspiegel, 19.1.1973.

Eschborner Stadtspiegel 24.6.1999
N.N.: Ausstellung des Malers Hanny Franke, in: Eschborner Stadtspiegel, 24.6.1999.

Eschborner Stadtspiegel 7.5.1981
st.: Ehrenmünze für Margarethe Franke, in: Eschborner Stadtspiegel, 7.5.1981.

Eschborner Stadtnachrichten 8.5.1981
N.N.: Ehrenmünze der Stadt Eschborn für Margarethe Franke, in: Eschborner Stadtnachrichten, 8.5.1981.

Eschborner Stadtspiegel 25.9.2003
N.N.: Speckhardt eröffnet Hanny-Franke-Ausstellung auf Malta, in: Eschborner Stadtspiegel, 25.9.2003.

FAZ 26.8.1950
Doris Schmid: Der letzte Frankfurter, in: Frankfurter Allgemeine Zeitung, 26.8.1950.

FAZ 10.5.1954
Doris Schmid: Erbe und Gegenwart, in: Frankfurter Allgemeine Zeitung, 10.5.1954.

FAZ 2.9.1955
Doris Schmid: Hanny Franke zum 65. Geburtstag, in: Frankfurter Allgemeine Zeitung, 2.9.1955.

FAZ 10.9.1955
Godo Remszhardt: Christiani und Franke, in: Frankfurter Allgemeine Zeitung, 10.9.1955.

FAZ 14.1.1958
N.N.: Mit der Tradition verhaftet, in: Frankfurter Allgemeine Zeitung 14.1.1958.

FAZ 26.9.1959
N.N.: Alte Bilder – alte Themen, in: Frankfurter Allgemeine Zeitung, 26.9.1959.

FAZ 12.9.1960
Doris Schmid: Der Maler Hanny Franke, in: Frankfurter Allgemeine Zeitung, 12.9.1960.

FAZ 24.2.1962
G.V.: Frankfurter Gesichter, in: Frankfurter Allgemeine Zeitung, 24.2.1962.

FAZ 31.8.1970
R.U.: Maler, Sammler, Amateur-Archäologe, in: Frankfurter Allgemeine Zeitung, 31.8.1970.

FAZ 17.1.1973
C.v.H. (Christa von Helmolt): Der letzte „Frankfurter" Maler – Zum Tode von Hanny Franke, in: Frankfurter Allgemeine Zeitung, 17.1.1973.

FAZ 25.8.1973
evh: Dokumente gründlicher Arbeit – Hanny-Franke-Archiv in Eschborn – Das Lebenswerk eines Malers für die Öffentlichkeit, in: Frankfurter Allgemeine Zeitung, 25.8.1973.

FAZ 8.12.1984
Christa von Helmolt: Romantischer Sinn, realistischer Blick, in: Frankfurter Allgemeine Zeitung, 8.12.1984.

FN 19.4.1920
N.N.: Ausstellung der Kunstschule im Städel, in: Frankfurter Nachrichten, 19.4.1920.

FN 7.6.1922
N.N.: Aus der Kunstschule im Städel, in: Frankfurter Nachrichten, 7.6.1922.

FN 30.11.1926
N.N.: Frankfurter Kunstausstellungen, in: Frankfurter Nachrichten, 30.11.1926.

FN 6.9.1927
Friedrich Gündel: Die Ausgrabungen in Nida-Heddernheim, in: Frankfurter Nachrichten, 6.9.1927.

FN 25.9.1927
N.N.: Kunst in Frankfurt a. M., in: Frankfurter Nachrichten, 25.9.1927.

FN 21.4.1928
N.N.: Kunst in Frankfurt, in: Frankfurter Nachrichten, 21.4.1928.

FN 4.5.1929
N.N.: Westdeutsche Kunstausstellung in Wiesbaden, in: Frankfurter Nachrichten, 4.5.1929.

FN 31.8.1929
N.N.: Kunst in Frankfurt, in: Frankfurter Nachrichten, 31.8.1929.

FN 2.10.1929
N.N.: Kunst in Frankfurt, in: Frankfurter Nachrichten, 2.10.1929.

FN 25.5.1932
N.N.: Kunst in Frankfurt, in: Frankfurter Nachrichten, 21.5.1932.

FN 25.9.1932
N.N.: Kunst in Frankfurt, in: Frankfurter Nachrichten, 25.9.1932.

FN 10.9.1933
N.N.: Deutsche Kunst in Hessen und Hessen-Nassau, in: Frankfurter Nachrichten, 10.9.1933.

FN 29.10.1933
N.N.: Die Ausstellung der Hans-Thoma-Gesellschaft, in: Frankfurter Nachrichten, 29.10.1933.

FNP 23.10.1949
G.M.: Seltsames Wiedersehen mit einem Bild in Russland, in: Frankfurter Neue Presse 23.10.1949.

FNP 21.8.1950
Günther Herzberg: Ausstellung zum 60. Geburtstag von Hanny Franke, in: Frankfurter Neue Presse, 21.8.1950.

FNP 8.4.1952
N.N.: Frankfurter Künstler, in: Frankfurter Neue Presse, 8.4.1952.

FNP 21.6.1960
Ernst Nebhut: Sein Atelier ist die Natur, in: Frankfurter Neue Presse, 21.6.1960.

FNP 2.9.1960
Ernst Nebhut: Ein Maler, der lächelnd am Treiben der Welt vorbeigeht, in: Frankfurter Neue Presse, 2.9.1960.

FNP 24.3.1962
M.R.: Ein Maler ist unterwegs, in: Frankfurter Neue Presse, 24.3.1962.

FNP 27.7.1965
Christa von Helmolt: Das heitere Licht von Eschorn, in: Frankfurter Neue Presse, 27.7.1965.

FNP 6.4.1968
N.N.: Kunstverein zog Bilanz, in: Frankfurter Neue Presse, 6.4.1968.

FNP 6.11.1969
Margrit Franke: Als man noch aus dem fahrenden Taxi stieg, in: Frankfurter Neue Presse, 6.11.1969.

FNP 12.11.1969
N.N.: Gäste beleben die Szene – Jahresausstellung der Frankfurter Künstlergesellschaft, in: Frankfurter Neue Presse, 12.11.1969.

FNP 16.1.1973
N.N.: Hanny Franke gestorben, in: Frankfurter Neue Presse, 16.1.1973.

FNP 22.8.1973
N.N.: Hanny-Franke-Archiv, in: Frankfurter Neue Presse, 22.8.1973.

FNP 27.12.1978
Werner Lauter: Den schönen Künsten zugetan – Margrit Franke und das Erbe ihres Mannes, in: Frankfurter Neue Presse, 27.12.1978.

FNP 27.12.1984
JW. T.: Alte Weiden an der Nidda, in: Frankfurter Neue Presse, 27.12.1984.

FR 22.8.1950
Edwin Möhrke: Zwölf Frankfurter Künstler, in: Frankfurter Rundschau, 22.8.1950.

FR 22.8.1950
Edwin Möhrke: Der Kunstverein ehrt Hanny Franke, in: Frankfurter Rundschau, 22.8.1950.

FR 18.9.1953
F. E.: Frankfurter Künstler – und wie sie leben, in: Frankfurter Rundschau, 18.9.1953.

FR 27.9.1955
N.N.: Zwei Frankfurter Maler, in: Frankfurter Rundschau, 27.9.1955.

FR 10.2.1958
N.N.: In ein neues Jahrhundert, in: Frankfurter Rundschau 10.2.1958.

FR 1.9.1960
NO.: Ein Maler namens Hanny, in: Frankfurter Rundschau, 1.9.1960.

FR 2.9.1960
N.N.: Landschaft, Blumen und Bäche, in: Frankfurter Rundschau, 2.9.1960.

FR 30.9.1960
H.R.: Ein liebenswerter Maler, in: Frankfurter Rundschau, 30.9.1960.

FR 2.9.1970
E.S.: Natur unvergänglich gemacht, in: Frankfurter Rundschau, 2.9.1970.

FR 16.1.1973
FR: Hanny Franke gestorben, in: Frankfurter Rundschau, 16.1.1973.

FR 19.1.1973
dks: Malerei war sein Beruf, Heimatforschung sein Hobby, in: Frankfurter Rundschau, 19.1.1973.

FR 12.6.1982
N.N.: Margarethe Franke geehrt, in: Frankfurter Rundschau, 12.6.1982.

FR 22.9.1983
N.N.: Seit zehn Jahren besteht das Hanny-Franke-Archiv in Eschborn, in: Frankfurter Rundschau, 22.9.1983.

FR 13.10.1997
N.N.: Hanny Franke, Chronist mit Farbe und Pinsel, in: Frankfurter Rundschau, 13.10.1997.

FR 2.1.1998
N.N.: Chronist einer verlorengegangenen Zeit, in: Frankfurter Rundschau, 2.1.1998.

FR 20.8.1999
N.N.: Römerbrücke, in: Frankfurter Rundschau, 20.8.1999.

FR 22.9.1999
N.N.: Bachlandschaft, in: Frankfurter Rundschau, 22.9.1999.

Frankfurter 11.10.1952
G.M.: Hanny Franke der letzte Meister naturnaher Malerei, in: Der Frankfurter, 11.10.1952.

Frankfurter General Anzeiger 6.9.1940
Otto Peters: Hanny Franke 50 Jahre alt - Eine Jubiläumsausstellung in Frankfurt, in: Frankfurter General Anzeiger, 6.9.1940.

Frankfurter Presse 1.9.1955
N.N.: Der Herbst ist seine liebste Zeit, in: Frankfurter Presse, 1.9.1955.

Frankfurter Presse 10.12.1959
N.N.: Strenge Auswahl lohnte sich, in: Frankfurter Presse 10.12.1959.

Frankf. Volksblatt 4.10.1927
qt: Kleine Kunstnachrichten, in: Frankfurter Volksblatt 4.10.1927.

Frankf. Volksblatt 6.10.1935
W.: Aus den Frankfurter Kunstsälen, in: Frankfurter Volksblatt 6.10.1935.

Frankf. Volksblatt 2.11.1936
H.Th.W.: Die Heimat, in: Frankfurter Volksblatt, 2.11.1936.

Frankf. Volksblatt 9.11.1941
H.Th.W.: Jahresausstellung der Frankfurter Künstlergesellschaft, in: Frankfurter Volksblatt, 9.11.1941.

Frankf. Volksblatt 3.9.1940
H.Th. Wüst: Lebensraum in künstlerischer Darstellung - Der Frankfurter Landschaftsmaler Hanni Franke stellt aus, in: Frankfurter Volksblatt, 3.9.1940.

Frankf. Volksblatt 19.11.1936
N.N.: Zweite Leistungsschau der Frankfurter Künstlerschaft, in: Frankfurter Volksblatt, 19.11.1936.

Frankf. Volksblatt 13.12.1936
N.N.: Deutsche Landschaften im Bild, in: Frankfurter Volksblatt, 13.12.1936.

FZ 22.5.1922
W.K.Zülch: Frankfurter Künstler bei Schneider-Roßmarkt, in: Frankfurter Zeitung, 22.5.1922.

FZ 20.11.1937
N.N.: Frankfurter Malerei, in: Frankfurter Zeitung, 20.11.1937.

FZ 25.11.1937
Ernst Benkard : Kunst in Frankfurt, in: Frankfurter Zeitung, 25.11.1937.

FZ 7.9.1940
N.N.: Hanny Franke, in: Frankfurter Zeitung, 7.9.1940.

FZ 10.9.1940
Ernst Benkard: Der Maler Hanni Franke, in: Frankfurter Zeitung, 10.9.1940.

FZ und Morgenblatt 24.10.1941
Ernst Benkard: Frankfurter Malerei heute und einst, in: Frankfurter Zeitung und Morgenblatt, 24.10.1941.

Heimat am Mittelrhein 1977
N.N.: Die Menschwerdungsszene im Isenheimer Altar, in: Heimat am Mittelrhein 22., Nr. 6, 1977.

Heimat am Mittelrhein 1978
Margrit Franke: Das Kreuz als Blüte. Gedanken über ein Hildegardisbildnis in Filetguipure, in: Heimat am Mittelrhein. 23. 1978. Nr. 2.

Herald Tribune 12.3.1947
N.N.: German Art is Demilitarized Exibit at Frankfurt Indicates New York, in: Herald Tribune, European Edition, 12.3.1947.

Hess. Hefte 10, 1955
Gottfried Schweizer: Hanny Franke zum 65. Geburtstag, in: Hessische Hefte, Heft 10, 1955.

HKB 21.9.1955
N.N.: Hanny Franke und Mateo Christiani, in: Höchster Kreisblatt, 21.9.1955.

HKB 17.1.1983
U.T: Feine Bilder, schöne Musik - Hanny-Franke-Ausstellung in Sankt Markus, Nied, in: Höchster Kreisblatt, 17.1.1983.

HKB 28.2.1986
Rolf Fröhling: Hanny Franke liebte die heile Welt, aber er wußte, daß sie bedroht war, in: Höchster Kreisblatt, 28.2.1986.

HKB 18.2.1988
N.N.: Margarethe Franke und das Hanny-Franke-Archiv, in: Höchster Kreisblatt, 18.2.1988.

HKB 9.7.1999
Jürgen Dehl: Hanny Franke legte viel Weltgefühl in sympathisch schlichte Bilder, in: Höchster Kreisblatt, 9.7.1999.

HKB 4.4.2005
Andrea Senze-Kiko: Er liebte die Farbe der Hoffnung - Das Volksbildungswerk widmet dem Eschborner Maler Hanny Franke eine Vortragsreihe, in: Höchster Kreisblatt, 4.4.2005.

Höchster Wochenblatt 14.5.1981
Hö/md: Ein Landschaftsmaler als Nieder Künstler mit Weltruf, in: Höchster Wochenblatt, 14.5.1981.

Kölnische Volkszeitg. 16.9.1940
A. Meurer: Der Maler der deutschen Wiese, in: Kölnische Volkszeitung, 16.9.1940.

Kunst i. dt. Reich November 1940
A. Meurer: Jubiläumsausstellung Hanny Franke, in: Kunst im deutschen Reich, November 1940.

Lokal Rundschau Eschborn 26.10.1978
N.N.: 30 Bilder angekauft, in: Lokal Rundschau, Eschborn, 26.10.1978.

Main-Nidda-Echo 18.3.1950
G.B.: Hanny Franke – Meister der Landschaftsmalerei, in: Main-Nidda-Echo, 18.3.1950.

Main-Nidda Echo 26.8.1950
G. Sch.: Hanny Franke sechzig Jahre, in: Main-Nidda Echo, 26.8.1950.

Main-Taunus-Ost 6.9.1983
N.N.: Um Hanny Franke zu verstehen, ist kein Übersetzen nötig, in: Main-Taunus-Ost, 6.9.1983.

Mainzer Allgem. Zeitg. 3.9.1955
N.N.: Ausstellung Hanny Franke, in: Mainzer Allgemeine Zeitung, 3.9.1955.

Mittelrheinische Volkszeitg. 14.1.1929
N.N.: Eine bedeutende heimatgeschichtliche Entdeckung? Hanny Franke erkennt auf dem Isenheimer Altar Grünewalds das Kloster Rupertsberg, in: Mittelrheinische Volkszeitung, 14.1.1929.

Mittelrheinische Volkszeitung 25.5.1927
- m- : Hanny-Franke-Ausstellung, in: Mittelrheinische Volkszeitung, 25.5.1927.

Mittlg. Stadtverwaltg. Frankfurt/M. 20.8.1960
A.M.: Hanni Franke – ein Frankfurter Landschaftsmaler, in: Mitteilungen der Stadtverwaltung Nr. 34 Frankfurt/M., 20.8.1960.

Neuer Binger Anzeiger 28.12.1978
N.N.: Bilddokumentation Hildegard von Bingen, in: Allgemeine Zeitung. Neuer Binger Anzeiger, 28.12.1978.

Öffentl. Anzeiger Kreuznach 18.9.1940
F. Rector: Ein Maler stellt aus, in: Öffentlicher Anzeiger Kreuznach, 18.9.1940.

Öffentl. Anzeiger Kreuznach 28.8.1960
N.N.: Als Landschaftsmaler bekannt, in: Öffentlicher Anzeiger Bad Kreuznach, 28.8.1960.

Offenbacher Zeitg. 7.8.1940
F.H. Ryssel: Hanny Franke, in: Offenbacher Zeitung, 7.8.1940.

Revue Moderne 30.11.1935
N.N.: Exposition des Beaux-Arts de Darmstadt, in: Revue Moderne – Illustrée des Arts et de la Vie, 35e Année - No. 22, Paris, 30.11.1935.

Rheingau-Echo 13.12.1990
Werner Lauter: Zum Gedenken an den Kunstmaler Hanny Franke – Kloster Rupertsberg und Isenheimer Altar, in: Rheingau-Echo, 13.12.1990.

Rhein-Main-Presse 18.10.1990
N.N.: Das Wesen der Dinge transparent gemacht, in: Rhein-Main-Presse, 18.10.1990.

Rhein-Nahe-Zeitg. 1927
N.N.: Neue Aquarelle von Hanny Franke, in: Rhein-Nahe-Zeitung, o. Monatsangabe, 1927.

Rhein-Nahe-Zeitg. Bingen 18.9.1940
F. Rector: Hanny Franke – 50 Jahre alt, in: Rhein- und Nahe-Zeitung Bingen a. Rh., 18.9.1940.

Rhein-Zeitung 17.11.1990
Michael Stoll: Er beschönigte die Wirklichkeit nicht.-Vor über 100 Jahren wurde der Maler und Zeichner Hanny Franke in Horchheim geboren, in: Rhein-Zeitung, 17.11.1990.

Taunusanzeiger 5.9.1950
G. Sch.: Aus dem Frankfurter Kulturleben, in: Taunusanzeiger, 5.9.1950.

4.6. Auktionskataloge und Kunstpreis-Jahrbücher

Aufgeführt sind die Kataloge, in denen Arbeiten von Hanny Franke erwähnt, bzw. abgebildet sind.

Kat. Verst. Arnold Sept. 1973
Katalog der Versteigerung am 29. September 1973 im Auktionshaus Arnold in Frankfurt/M.

Kat. Verst. Arnold Nov. 1973
Katalog der Versteigerung am 24. November 1973 im Auktionshaus Arnold in Frankfurt/M.

Kat. Verst. Arnold 1974
Katalog der Versteigerung am 25. Mai 1974 im Auktionshaus Arnold in Frankfurt/M.

Kat. Verst. Arnold März 1976
Katalog der Versteigerung am 6. März 1976 im Auktionshaus Arnold in Frankfurt/M.

Kat. Verst. Arnold Mai 1976
Katalog der Versteigerung am 22. Mai 1976 im Auktionshaus Arnold in Frankfurt/M.

Kat. Verst. Arnold Sept. 1976
Katalog der Versteigerung am 25. September 1976 im Auktionshaus Arnold in Frankfurt/M.

Kat. Verst. Arnold 1977
Katalog der Versteigerung am 3. Dezember 1977 im Auktionshaus Arnold in Frankfurt/M.

Kat. Verst. Arnold 1978
Katalog der Versteigerung am 30. September 1978 im Auktionshaus Arnold in Frankfurt/M.
Kat. Verst. Arnold I 1979
Katalog der Versteigerung am 10. März 1979 im Auktionshaus Arnold in Frankfurt/M.

Kat. Verst. Arnold III 1979
Katalog der Versteigerung am 8. September 1979 im Auktionshaus Arnold in Frankfurt/M.

Kat. Verst. Arnold IV 1979
Katalog der Versteigerung am 17. November 1979 im Auktionshaus Arnold in Frankfurt/M.

Kat. Verst. Arnold I 1980
Katalog der Versteigerung am 8. März 1980 im Auktionshaus Arnold in Frankfurt/M.

Kat. Verst. Arnold IV 1980
Katalog der Versteigerung am 29. November 1980 im Auktionshaus Arnold in Frankfurt/M.

Kat. Verst. Arnold I 1981
Katalog der Versteigerung am 14. März 1981 im Auktionshaus Arnold in Frankfurt/M.

Kat. Verst. Arnold II 1981
Katalog der Versteigerung am 27. Juni 1981 im Auktionshaus Arnold in Frankfurt/M.

Kat. Verst. Arnold III 1981
Katalog der Versteigerung am 26. September 1981 im Auktionshaus Arnold in Frankfurt/M.

Kat. Verst. Arnold I 1982
Katalog der Versteigerung am 6. März 1982 im Auktionshaus Arnold in Frankfurt/M.

Kat. Verst. Arnold II 1982
Katalog der Versteigerung am 15. Mai 1982 im Auktionshaus Arnold in Frankfurt/M.

Kat. Verst. Arnold IV 1982
Katalog der Versteigerung am 27. November 1982 im Auktionshaus Arnold in Frankfurt/M.

Kat. Verst. Arnold II 1983
Katalog der Versteigerung am 28. Mai 1983 im Auktionshaus Arnold in Frankfurt/M.

Kat. Verst. Arnold III 1983
Katalog der Versteigerung am 10. September 1983 im Auktionshaus Arnold in Frankfurt/M.

Kat. Verst. Arnold IV 1983
Katalog der Versteigerung am 26. November 1983 im Auktionshaus Arnold in Frankfurt/M.

Kat. Verst. Arnold I 1984
Katalog der Versteigerung am 10. März 1984 im Auktionshaus Arnold in Frankfurt/M.

Kat. Verst. Arnold II 1984
Katalog der Versteigerung am 26. Mai 1984 im Auktionshaus Arnold in Frankfurt/M.

Kat. Verst. Arnold III 1984
Katalog der Versteigerung am 8. September 1984 im Auktionshaus Arnold in Frankfurt/M.

Kat. Verst. Arnold I 1985
Katalog der Versteigerung am 16. März 1985 im Auktionshaus Arnold in Frankfurt/M.

Kat. Verst. Arnold II 1985
Katalog der Versteigerung am 1. Juni 1985 im Auktionshaus Arnold in Frankfurt/M.

Kat. Verst. Arnold III 1985
Katalog der Versteigerung am 14. September 1985 im Auktionshaus Arnold in Frankfurt/M.

Kat. Verst. Arnold IV 1985
Katalog der Versteigerung am 30. November 1985 im Auktionshaus Arnold in Frankfurt/M.

Kat. Verst. Arnold I 1986
Katalog der Versteigerung am 15. März 1986 im Auktionshaus Arnold in Frankfurt/M.

Kat. Verst. Arnold II 1986
Katalog der Versteigerung am 14. Juni 1986 im Auktionshaus Arnold in Frankfurt/M.

Kat. Verst. Arnold III 1986
Katalog der Versteigerung am 13. November 1986 im Auktionshaus Arnold in Frankfurt/M.

Kat. Verst. Arnold IV 1986
Katalog der Versteigerung am 22. November 1986 im Auktionshaus Arnold in Frankfurt/M.

Kat. Verst. Arnold I 1988
Katalog der Versteigerung am 5. März 1988 im Auktionshaus Arnold in Frankfurt/M.

Kat. Verst. Arnold II 1988
Katalog der Versteigerung am 11. Juni 1988 im Auktionshaus Arnold in Frankfurt/M.

Kat. Verst. Arnold I 1990
Katalog der Versteigerung am 10. März 1990 im Auktionshaus Arnold in Frankfurt/M.

Kat. Verst. Arnold I 1991
Katalog der Versteigerung am 9. März 1991 im Auktionshaus Arnold in Frankfurt/M.

Kat. Verst. Arnold II 1991
Katalog der Versteigerung am 8. Juni 1991 im Auktionshaus Arnold in Frankfurt/M.

Kat. Verst. Arnold I 1994
Katalog der Versteigerung am 5. März 1994 im Auktionshaus Arnold in Frankfurt/M.

Kat. Verst. Arnold II 1994
Katalog der Versteigerung am 11. Juni 1994 im Auktionshaus Arnold in Frankfurt/M.

Kat. Verst. Arnold IV 1994
Katalog der Versteigerung am 21. November 1994 im Auktionshaus Arnold in Frankfurt/M.

Kat. Verst. Arnold II 1997
Katalog der Versteigerung am 7. Juni 1997 im Auktionshaus Arnold in Frankfurt/M.

Kat. Verst. Arnold III 1997
Katalog der Versteigerung am 13. September 1997 im Auktionshaus Arnold in Frankfurt/M.

Kat. Verst. Arnold VI 1997
Katalog der Versteigerung am 29. November 1997 im Auktionshaus Arnold in Frankfurt/M.

Kat. Verst. Arnold II 1998
Katalog der Versteigerung am 6. Juni 1998 im Auktionshaus Arnold in Frankfurt/M.

Kat. Verst. Arnold III 1998
Katalog der Versteigerung am 5. September 1998 im Auktionshaus Arnold in Frankfurt/M.

Kat. Verst. Arnold VI 1998
Katalog der Versteigerung am 21. November 1998 im Auktionshaus Arnold in Frankfurt/M.

Kat. Verst. Arnold III 1999
Katalog der Versteigerung am 4. September 1999 im Auktionshaus Arnold in Frankfurt/M.

Kat. Verst. Arnold VI 1999
Katalog der Versteigerung am 21. November 1999 im Auktionshaus Arnold in Frankfurt/M.

Kat. Verst. Arnold I 2000
Katalog der Versteigerung am 11. März 2000 im Auktionshaus Arnold in Frankfurt/M.

Kat. Verst. Arnold II 2000
Katalog der Versteigerung am 3. Juni 2000 im Auktionshaus Arnold in Frankfurt/M.

Kat. Verst. Arnold III 2000
Katalog der Versteigerung am 2. September 2000 im Auktionshaus Arnold in

Frankfurt/M.

Kat. Verst. Arnold IV 2000
Katalog der Versteigerung am 18. November 2000 im Auktionshaus Arnold in Frankfurt/M.

Kat. Verst. Arnold IV 2001
Katalog der Versteigerung am 17. November 2001 im Auktionshaus Arnold in Frankfurt/M.

Kat. Verst. Arnold III 2002
Katalog der Versteigerung am 7. September 2002 im Auktionshaus Arnold in Frankfurt/M.

Kat. Verst. Arnold IV 2002
Katalog der Versteigerung am 23. November 2002 im Auktionshaus Arnold in Frankfurt/M.

Kat. Verst. Arnold II 2003
Katalog der Versteigerung am 14. Juni 2003 im Auktionshaus Arnold in Frankfurt/M.

Kat. Verst. Arnold III 2003
Katalog der Versteigerung am 6. September 2003 im Auktionshaus Arnold in Frankfurt/M.

Kat. Verst. Arnold IV 2003
Katalog der Versteigerung am 22. November 2003 im Auktionshaus Arnold in Frankfurt/M.

Kat. Verst. Arnold II 2004
Katalog der Versteigerung am 5. Juni 2004 im Auktionshaus Arnold in Frankfurt/M.

Kat. Verst. Arnold III 2004
Katalog der Versteigerung am 4. September 2004 im Auktionshaus Arnold in Frankfurt/M.

Kat. Verst. Döbritz 1981
Katalog der 76. Kunstauktion am 30. Mai 1981 im Auktionshaus Wilhelm M. Döbritz in Frankfurt/M.

Kat. Verst. Döbritz 1984
Katalog der 89. Kunstauktion am 29. September 1984 im Auktionshaus Wilhelm M. Döbritz in Frankfurt/M.

Kat. Verst. Döbritz 1985
Katalog der 91. Kunstauktion am 23. März 1985 im Auktionshaus Wilhelm M. Döbritz in Frankfurt/M.

Kat. Verst. Döbritz 1986
Katalog der 97. Kunstauktion am 20. September 1986 im Auktionshaus Wilhelm M. Döbritz in Frankfurt/M.

Kat. Verst. Döbritz 1988
Katalog der 104. Kunstauktion am 19. März 1988 im Auktionshaus Wilhelm M. Döbritz in Frankfurt/M.

Kat. Verst. Döbritz 1989
Katalog der 108. Kunstauktion am 11. März 1989 im Auktionshaus Wilhelm M. Döbritz in Frankfurt/M.

Kat. Verst. Döbritz 1989
Katalog der 109. Kunstauktion am 27. Mai 1989 im Auktionshaus Wilhelm M. Döbritz in Frankfurt/M.

Kat. Verst. Döbritz 1989
Katalog der 110. Kunstauktion am 23. September 1989 im Auktionshaus Wilhelm M. Döbritz in Frankfurt/M.

Kat. Verst. Döbritz 1989
Katalog der 111. Kunstauktion am 25. November 1989 im Auktionshaus Wilhelm M. Döbritz in Frankfurt/M.

Kat. Verst. Döbritz 1990
Katalog der 112. Kunstauktion am 17. März 1990 im Auktionshaus Wilhelm M. Döbritz in Frankfurt/M.

Kat. Verst. Döbritz 1990
Katalog der 115. Kunstauktion am 27.Oktober 1990 im Auktionshaus Wilhelm M. Döbritz in Frankfurt/M.

Kat. Verst. Döbritz 1991
Katalog der 118. Kunstauktion am 23. November 1991 im Auktionshaus Wilhelm M. Döbritz in Frankfurt/M.

Kat. Verst. Döbritz 1992
Katalog der 120. Kunstauktion am 30. Mai 1992 im Auktionshaus Wilhelm M. Döbritz in Frankfurt/M.

Kat. Verst. Döbritz 1992
Katalog der 121. Kunstauktion am 24. Oktober 1992 im Auktionshaus Wilhelm M. Döbritz in Frankfurt/M.

Kat. Verst. Döbritz 1993
Katalog der 123. Kunstauktion am 22. Mai 1993 im Auktionshaus Wilhelm M. Döbritz in Frankfurt/M.

Kat. Verst. Döbritz 1993
Katalog der 124. Kunstauktion am 16. Oktober 1993 im Auktionshaus Wilhelm M. Döbritz in Frankfurt/M.

Kat. Verst. Döbritz 1994
Katalog der 125. Kunstauktion am 19. März 1994 im Auktionshaus Wilhelm M. Döbritz in Frankfurt/M.

Kat. Verst. Döbritz 1995
Katalog der 128. Kunstauktion am 13. Mai 1995 im Auktionshaus Wilhelm M. Döbritz in Frankfurt/M.

Kat. Verst. Döbritz 1996
Katalog der 131. Kunstauktion am 22. Juni 1996 im Auktionshaus Wilhelm M. Döbritz in Frankfurt/M.

Kat. Verst. Döbritz 1997
Katalog der 133. Kunstauktion am 19. April 1997 im Auktionshaus Wilhelm M. Döbritz in Frankfurt/M.

Kat. Verst. Döbritz 1998
Katalog der 135. Kunstauktion am 25. April 1998 im Auktionshaus Wilhelm M. Döbritz in Frankfurt/M.

Kat. Verst. Döbritz 1998
Katalog der 136. Kunstauktion am 24. Oktober 1998 im Auktionshaus Wilhelm M. Döbritz in Frankfurt/M.

Kat. Verst. Döbritz 2000
Katalog der 140. Kunstauktion am 21. Oktober 2000 im Auktionshaus Wilhelm M. Döbritz in Frankfurt/M.

Kat. Verst. Döbritz 2005
Katalog der 153. Kunstauktion am 29. Oktober 2005 im Auktionshaus Wilhelm M. Döbritz in Frankfurt/M.

Kat. Verst. Nagel 1999
Katalog der 373. Versteigerung am 24./25. September 1999 im Auktionshaus Nagel in Stuttgart.

Kat. Verst. Winterberg 2003
Katalog der 66. Auktion am 11./12. April 2003 im Kunstantiquariat Arno Winterberg in Heidelberg.

Kunstpreis Jahrbuch 1978-1979
Auktionspreise im Kunstpreis Jahrbuch 1978-1979, Band XXXIV, Zusammengestellt von: Hertha Wellensiek, Robert Keyszelitz, München 1980.

Kunstpreis Jahrbuch 1981
Auktionspreise im Kunstpreis Jahrbuch 1981, Band XXXVI A, zusammengestellt von: Hertha Wellensiek, Robert Keyszelitz, München 1982.

Kunstpreis Jahrbuch 1985
Auktionspreise im Kunstpreis Jahrbuch 1985, Band 1, Band XLI, zusammengestellt von: G. Geiselbrecht, W. Kasper, G. Kliesch-Groh, Ch. Kupper, München 1986.

Kunstpreis Jahrbuch 1986
Auktionspreise im Kunstpreis Jahrbuch 1986, Band 1, Band XLI, zusammengestellt von: N. Damrich, K. Honnef, G. Honnef-Harling, G. von Kern, H.J. König, Ch. Madlener, S. Wolf, München 1987.

Kunstpreis Jahrbuch 1994
Auktionspreise im Kunstpreis Jahrbuch 1994, Band 1, 49. Jahrgang, zusammengestellt von: G. Geiselbrecht, W. Kasper, G. Kliesch-Groh, Ch. Kupper, B. Wauer, München 1995.

Kunstpreis Jahrbuch 1997
Auktionspreise im Kunstpreis Jahrbuch 1997, Band 1, 52. Jahrgang, zusammengestellt von: G. Geiselbrecht, W. Kasper, G. Kliesch-Groh, Ch. Kupper, München 1998.

Kunstpreis Jahrbuch 1998
Auktionspreise im Kunstpreis Jahrbuch 1998, Band 1, 53. Jahrgang, zusammengestellt von: G. Geiselbrecht, W. Kasper, G. Kliesch-Groh, Ch. Kupper, München 1999.

Kunstpreis Jahrbuch 1999
Auktionspreise im Kunstpreis Jahrbuch 1999, Band 1, 54. Jahrgang, zusammengestellt von: G. Geiselbrecht, W. Kasper, G. Kliesch-Groh, Ch. Kupper, München 2000.

Kunstpreis Jahrbuch 2000
Auktionspreise im Kunstpreis Jahrbuch 2000, Band 1, 55. Jahrgang, zusammengestellt von: G. Geiselbrecht, W. Kasper, G. Kliesch-Groh, Ch. Kupper, München 2001.

Kunstpreis Jahrbuch 2002
Auktionspreise im Kunstpreis Jahrbuch 2002, Band 1, 57. Jahrgang, zusammengestellt von: G. Geiselbrecht, G. Mohr, M. Telekamp, E. Pichelkostner, München 2003.

4.7. Verzeichnisse, Faltblätter

Die graue Literatur wurde mit berücksichtigt, da sie zum Teil die Abbildungen von Arbeiten des Malers mit einschließt, deren Original sich in Privatbesitz befindet, bzw. deren Verbleib unbekannt ist.

Faltblatt Eschborn
Museum und Stadtarchiv Eschborn (Hrsg.): Hanny Franke, Werke und Sammlung, o.J.

Faltblatt Eschborn Franke-Sammlung
Renate Fritz: Hanny-Franke-Sammlung, Magistrat der Stadt Eschborn – Kulturamt (Hrsg.), o. J.

Faltblatt Eschborn 1972
Einladung zur Ausstellung „Eschborner Künstler stellen aus – Hanny Franke, Archibald Bajonet, Peter Anton Jung, Wolfgang Schlick", 13. Mai bis 24. Mai, Foyer der Stadthalle, Eschborn 1972.

Faltblatt Frankfurt 1959
Jahresausstellung der Frankfurter Künstlergesellschaft e.V. im Karmeliterkloster, 12. September bis 11. Oktober, Frankfurt/M. 1959.

Faltblatt Frankfurt 1960
Einladung zu einer Hanny-Franke-Ausstellung, Frankfurter Kunstverein, 10. Sept. bis 10. Okt., Frankfurt/M. 1960.

Faltblatt Frankfurt 1964
Einladung zu einer Hanny-Franke-Ausstellung (Bilder aus den Jahren 1942 – 1964), Dezember, Antiquariat Heinz O. Hauenstein, Inhaber Stephan List, Frankfurt/M. 1964.

Faltblatt Kronberg 1990
Einladung zu einer Hanny-Franke-Ausstellung, 27. Januar bis 25. Februar, Galerie Uwe Opper, Kronberg im Taunus 1990.

Faltblatt Kronberg 1993
Einladung zu einer Ausstellung mit Gemälden und Aquarellen der Kronberger Malerkolonie, 6. März bis 28. März, Galerie Uwe Opper, Kronberg im Taunus 1993.

Faltblatt Kronberg 1994
Einladung zu einer Einzelausstellung von Hanny Franke, 5. März bis 27. März, Galerie Uwe Opper, Kronberg im Taunus 1994.

Faltblatt Kronberg 1995
Einladung zu einer Ausstellung mit Neuerwerbungen, 4. Februar bis 26. Februar, Galerie Uwe Opper, Kronberg im Taunus 1995.

Faltblatt Kronberg 1996
Einladung zu einer Ausstellung von Gemälden, Aquarellen und Graphiken der Kronberger Malerkolonie, 16. November bis 30. November, Galerie Uwe Opper, Kronberg im Taunus 1996.

Faltblatt Kronberg 1997
Einladung zur Ausstellung „Gemälde, Aquarelle und Graphiken der Kronberger Malerkolonie", 1. Februar bis 15. Februar, Galerie Uwe Opper, Kronberg im Taunus 1997.

Faltblatt Kronberg 1998
Einladung zu einer Ausstellung mit Gemälden, Aquarellen und Lithographien von Fritz Wucherer und Hanny Franke, 14. März bis 28. März, Galerie Uwe Opper, Kronberg im Taunus 1998.

Faltblatt Kronberg 1999
Einladung zu einer Ausstellung mit Gemälden, Aquarellen und Graphiken der Kronberger Malerkolonie, 30. Januar bis 13. Februar, Galerie Uwe Opper, Kronberg im Taunus 1999.

Faltblatt Neu Anspach 2005
Einladung zur Ausstellung „Hessische Künstlerkolonien - Willingshausen in der Schwalm - Kronberg im Taunus - Kleinsassen in der Rhön", Freilichtmuseum Hessenpark e. V, 4. September bis 30. Oktober 2005, Neu Anspach 2005.

Faltblatt Witten 1958
Ausstellung von Werken des Malers und Graphikers Hanns Brasch im Märkischem Museum Witten, 28. September bis 19. Oktober 1958.

Verzeichnis Frankfurter Sparkasse 1984
Hanny Franke 1890 - 1973 Gemälde, Aquarelle, Zeichnungen, Frankfurter Sparkasse von 1822, Frankfurt/M. 1984.

Verzeichnis Schneider 1925
Verzeichnis der Bilder, welche im Oktober 1925 in der Galerie Schneider, Frankfurt/M., ausgestellt wurden.

Verzeichnis Montgeron 1994
Hanny Franke - peintre eschbornois, Centre Jean Hardouin, Montgeron/Frankreich 1994.

Verzeichnis Eschborn 1999
Verzeichnis der von Juni 1999 bis Dezember 1999 ausgestellten Gemälde von Hanny Franke in der Frankfurter Volksbank, Eschborn.

Verzeichnis Frankfurter Künstlergesellschaft 1936
Mitglieder-Verzeichnis und Satzung der Frankfurter Künstlergesellschaft e.V., Frankfurt/M. 1936.

Internet

Aufgeführt sind die Internetadressen, unter denen zum Zeitpunkt des Zugriffs Arbeiten von Hanny Franke erwähnt, bzw. abgebildet wurden.

Auktionsh. Arnold (Hrsg.): http://www.auktionshaus-arnold.de/sites/is_katalog.php?mode=2&auction=A149,
Zugriff am 21.6.2003

Auktionsh. Arnold (Hrsg.): http://www.auktionshaus-arnold.de/sites/is_katalog.php?mode=2&auction=A150,
Zugriff am 22.8.2003

Auktionsh. Arnold (Hrsg.): http://www.auktionshaus-arnold.de/sites/is_katalog.php?mode=3&auction=A151,
Zugriff am 20.11.2003

Auktionsh. Arnold (Hrsg.): http://www.auktionshaus-arnold.de/sites/is_katalog.php?mode=1&auction=A153,
Zugriff am 6.4.2004

Auktionsh. Arnold (Hrsg.): http://www.auktionshaus-arnold.de/sites/is_katalog.php?mode=3&auction=A154,
Zugriff am 1.9.2004

Auktionsh. Arnold (Hrsg.): http://www.auktionshaus-arnold.de/sites/is_katalog.php?mode=3&auction=A155,
Zugriff am 15.11.2004

Auktionsh. Arnold (Hrsg.): http://www.auktionshaus-arnold.de/sites/is_katalog.php?mode=3&auction=A156,
Zugriff am 24.2.2005

Auktionsh. Arnold (Hrsg.): http://www.auktionshaus-arnold.de/sites/is_katalog.php?mode=3&auction=A158,
Zugriff am 30.8.2005

Auktionsh. Arnold (Hrsg.): http://www.auktionshaus-arnold.de/sites/is_katalog.php?mode=3&auction=A159,
Zugriff am 8.11.2005

Kunst- und Auktionshaus Wilhelm M. Döbritz (Hrsg.): http://www.lot-tissimo.com/start.php?cmd=d&o=24000002&auk=149&P,
Zugriff am 9.3.2004

Kunst- und Auktionshaus Wilhelm M. Döbritz (Hrsg.): http://www.lot-tissimo.com.start.php?PHPSESSID=217a130a196e10099594479&P,
Zugriff am 6.11.2004

Kunst- und Auktionshaus Wilhelm M. Döbritz (Hrsg.): http://www.lot-tissimo.com/start.php?cmd=d&o=24002807000003&auk=151&P,
Zugriff am 19.2.2005

Kunst- und Auktionshaus Wilhelm M. Döbritz (Hrsg.): http://www.lot-tissimo.com/start.php?PHPSESSID=217a247a130a136e112998923&cmd,
Zugriff am 21.10.2005

Jacksons's International Auctionees: http://www.jacksonsauchtion.com/June03_catalog/ArtistList_JPEGs/DSCF0145_A.jpg,
Zugriff am 16.12.2005

Krause, Helmut (Hrsg.): http://www.galerie.de/krause/,
Zugriff am 6.7.2000

Auktionshaus Julius Jäger (Hrsg.): http://www.auktionshaus-jaeger.de,
Zugriff am 3.11.2005

Auktionshaus van Ham (Hrsg.): http://www.lotissiomo.com/9/bilder/gross/29194-1.jpg.,
Zugriff am 8.11.2005

Winterberg, Arno (Hrsg.): http://www.Winterberg-Kunst.de,
Zugriff am 18.4.2005

Wollmann, Jürgen: http://www.juergen.wollmann.de,
Zugriff am 15.2.2005

5. Abkürzungen

Abb.	Abbildung
Aukth.	Auktionshaus
Ausst.	Ausstellung
Ausst. Kat.	Ausstellungskatalog
bez.	bezeichnet
dat.	datiert
Ders.	Derselbe
Ffm.	Frankfurt am Main
HF/MF	Brief von Hanny Franke an Margrit Franke
i. d. Pl.	In der (Druck-)Platte/bzw. auf dem Lithographiestein
IfSG	Institut für Stadtgeschichte, Frankfurt/M.
Inv.-Nr.	Inventar-Nummer
Kat.	Katalog
Kat.-Nr.	Katalognummer
Kat. Verst.	Versteigerungskatalog
l.	links
LE+röm.Ziffer	Manuskripte der Lebenserinnerungen von Hanny Franke, römische Ziffern (I - VIII) geben die genaue Quelle an
Lit.	Literatur
Lwd.	Leinwand
M.	Mitte
MF/HF	Brief von Margrit Franke an Hanny Franke
monogr.	monogrammiert
N.N.	Verfasser nicht feststellbar
o.	oben
o.a.A.	ohne ausreichende Angaben
o. Bez.	ohne Bezeichnung
o. J.	ohne Angabe des Erscheinungsjahres
o. Dat.	ohne Datierung
r.	rechts
S.	Seite
s.S.	saubere Seiten
sign.	signiert
SKB	Skizzenbuch
Slg.	Sammlung
u.	unten
Verst.	Versteigerung
vgl.	vergleiche
WV	Werkverzeichnis
*	Bild ist auf beiliegender CD abgebildet

Abkürzungen Tageszeitungen

FAZ	Frankfurter Allgemeine Zeitung
FG	Frankfurter Generalanzeiger
FN	Frankfurter Nachrichten
FNP	Frankfurter Neue Presse
FP	Frankfurter Post
FR	Frankfurter Rundschau
FVZ	Frankfurter Volkszeitung
FW	Frankfurter Wochenschau
FZ	Frankfurter Zeitung
HKB	Höchster Kreisblatt

6. Abbildungsnachweis

6.1. Abbildungs- und Fotonachweis (auch die beiliegende CD betreffend)

Alte Pinakothek, München: Abb. 17, Jacob Isaacksz van Ruisdael, Blauel/Gnamm -ARTHOTHEK

Auktionshaus Arnold, Frankfurt/Main: A4, A35, A125, A126, A448, G9, G10, G23, G27, G29, G30, G31, G38, G44, G47, G53, G64, G65, G66, G69, G70, G72, G80, G92, G115, G123, G143, G177, G187, G202, G205, G206, G293, G302, G312, G317, G320, G321, G371, G372, G376, G492, G493, G494, G507, G533, G563, G564, G597, G641, G683, G712, G718, G853, G854, G857, G858, G859, G860, G861, G867, G870, G871, G876, G877, G879, G880, G881, G902, G907, G911, G912, G914, G932, G943, G966, G969, G1014, G1063, G1108, G1124, G1125, Z27, Z200, Z217, DG31, DG37, DG38, DG39, DG42, DG44, DG47, DG52, DG63, Abb. 10, Abb.11

Auktionshaus Döbritz, Frankfurt/Main: G43, G81, G84, G103, G138, G139, G167, G188, G248, G318, G379, G479, G532, G717, G863, G868, G869, G872, G890, G901, G904, G910, G913, G915, G928, G929, G967, G996, G997

Auktionshaus Nagel, Stuttgart: G495

Galerie Fach GmbH, Frankfurt/Main: G941

Galerie Uwe Opper, Kronberg: Abb. 42/G903, Abb. 59/G875

Historisches Museum, Frankfurt /Main: G68, G111, G112, G974, G998, G999, G1000, G1020, Abb.7/G1072; Abb.22/G970, Abb.23

Museum/Stadtarchiv, Eschborn: Abb.1/Z256, Abb.2/Z502, Abb.3, Abb.4, Abb. 5, Abb.6, Abb.8/G1073, Abb.9, Tafel I/Z11/Z15/Z271/Z272/Z276/Z277/Z505, Abb.12/G1067, Abb.14, Abb.15/G1141, Tafel II/A6/A13/A458/G9/G12/Z36/Z232, Abb.19/G341, Abb. 21/G506, Abb. 24/Z45, Abb25/G1029, Abb. 26/G63, Abb.27/G59, Abb. 28, Abb.29, Abb.30/G114, Abb.31, Tafel III/A327/G145/G148/G153/G154/G304/G334/G1133, Abb.32, Abb. 33/G217, Abb.36/G1003, Abb.37/Z77, Abb. 38/G946, Abb. 39, Abb. 40/G98, Abb.43/G772, Abb.44/G40, Abb. 46/G1121, Abb.48/G335, Abb.50/G1054, Abb. 51/G557, Abb. 53/A358, Abb. 55/G1131, Abb. 57, Abb.60/G520, Abb.61/G1020, Abb.63, Abb.64/G1081, Abb. 66/G1112, Abb. 68/G1090, Tafel IV/G966/G971/G974/G980/G987/G990/G991/G1015

Ursula Seitz-Gray, Frankfurt/Main: Abb. 52, Abb. 54, Abb.56, Wilhelm Steinhausen, Privatbesitz

Städel Museum, Frankfurt/Main: Abb. 18, Louis Eysen, Städel-Museum-ARTHOTHEK; Abb. 20, Louis Eysen, U. Edelmann - Städel Museum - ARTOTHEK; Abb.47, Hans Thoma, Städel Museum - ARTOTHEK; Abb. 67, Louis Eysen, U. Edelmann - Städel Museum - ARTOTHEK

Winterberg Kunst, Heidelberg: A164, A395, G889

Autorin und Herausgeber haben sich bemüht, alle Rechte des Bildmaterials einzuholen und zu wahren. Falls ein Anspruch auf Rechte jeglicher Art unabsichtlich nicht berücksichtigt wurde, möge sich der Rechteinhaber bitte an den Verlag wenden.

6.2. Verzeichnis und Nachweis der Abbildungen nicht von Hanny Franke stammender Werke

Anton Burger, Blick auf die Stadt vom Mühlberg aus, um 1865, 82 cm x 129 cm, Öl/Lwd., Frankfurt/M., Historisches Museum, Schembs 1989, Abb. S. 93

Louis Eysen, Toter Vogel und zwei Rosen auf einer Tischplatte, 1882, Öl/Holz, 19 cm x 24,8 cm, Städelsches Kunstinstitut Frankfurt/M., Inv. Nr. SG 1116, Ausst. Kat. Frankfurt 1990, Abb. S. 4

Louis Eysen, Sommerlandschaft, undatiert, Öl/Lwd., 49,5 cm x 67,5 cm, Städelsches Kunstinstitut Frankfurt/M., Inv. Nr. SG 1089, Ausst. Kat. Frankfurt 1990, Abb. S. 3

Emil Gies Kinderbildnis, 1898, 62 cm x 51 cm, Öl/Lwd., Privatbesitz, Kat. Verst. Arnold 2000/III, Abb. S. 90

Emil Gies, Kleine Künstlerin mit Palette, undatiert, 92 cm x 73 cm, Öl/Lwd., Privatbesitz, Kat. Verst. Arnold 2004/II, Abb. S. 80

Jacob Maurer, Landschaft an der Nied, undatiert, 91 cm x 150 cm, Öl/Lwd., Privatbesitz, Wiederspahn 1976, Abb. S. 297

Ottilie Röderstein, Ansicht der Farbwerke Hoechst von Sindlingen her, 1911, 53,5 cm x 93 cm, Öl/Lwd, Hoechst AG, Frankfurt/M., Schembs 1989, Abb. S. 148/149

Jacob van Ruisdael, Ansicht von Ootmarsum, um 1670/75, 59,1 cm x 73,2 cm, Öl/Lwd., München, Bayerische Staatsgemäldesammlungen, Alte Pinakothek, Bätschmann, 1989, Abb. S. 42

Otto Scholderer, Maréchal-Niel Rosen in einer Glasvase, um 1895, Öl/Pappe, 39,5 cm x 33,4 cm, Kunsthandlung J.P.Schneider, Ausst. Kat. Frankfurt 2002, Abb. S. 137

Wilhelm Steinhausen, Burg Schöneck, 1917, 29,5 cm x 19 cm, Öl/Holz, Privatbesitz, Bückling 1987, Abb. Nr. 37

Wilhelm Steinhausen, Flucht nach Ägypten, um 1915/16, 41,8 cm x 6 cm, Öl/Holz, Privatbesitz, Ausst. Kat. Frankfurter Sparkasse 2002, Abb. S. 31

Hans Thoma, Auf der Waldwiese, 1876, 47 cm x 37,5 cm, Öl/Lwd., Sammlung Eiser-Küchler, Städtelsches Kunstinstitut Franfurt/M., Museumsgesellschaft Kronberg 1983, Abb. S. 64

Hans Thoma, Hans Thoma, Hans Thomas Mutter im Schwarzwaldstübchen, Öl/Lwd., 46,5 cm x 34,5 cm, Städelsches Kunstinstitut, Inv. Nr. SG898, Ziemke 1972, Abb. Tafel 161

Werkverzeichnis

Inhalt

Werkverzeichnis

I. Einführung	141
II. Erläuterungen zum Werkverzeichnis	142
III. Werkverzeichnis	145
1. Gemälde (G)	146
1.1. Landschaften	146
1.1.1. Datiert (G1-G484, G484/1-G484/36, G485-G851)	146
1.1.2. Undatiert	199
1.1.2.1. Taunus (G852-G898)	199
1.1.2.2. Nidda (G899-G908)	201
1.1.2.3. Andere Orte/ohne Ortsangabe (G909-G941)	201
1.1.3. Pflanzenstücke (G942-G959)	203
1.1.4. Wolkenstudien (G960-G964)	204
1.2. Stadtlandschaften und Architektur	204
1.2.1. Frankfurt am Main (G965-G993)	204
1.2.2. Frankfurt am Main – Trümmerbilder (G994-G1007)	206
1.2.3. Andere Städte (G1008-G1020)	208
1.3. Menschen	209
1.3.1. Selbstporträts (G1021-G1040)	209
1.3.2. Porträts und Einzelpersonendarstellungen (G1041-G1066)	211
1.3.3. Mehrfigurige Personenszenen (G1067-G1075)	213
1.3.4. Akte (G1076-G1079)	213
1.4. Stillleben	214
1.4.1. Blumenstillleben (G1080-G1107)	214
1.4.2. Anderes (G1108-G1112)	216
1.5. Historisierendes/Rekonstruktionen	216
1.5.1. Eschborn im Taunus (G1113-G1117)	216
1.5.2. Römerbrückchen (G1118-G1125)	216
1.5.3. Bonifatiuskreuz (G1126-G1128)	217
1.5.4. Kloster Rupertsberg (G1129-G1130)	217
1.6. Sonstiges	218
1.6.1. Religiöses (G1131-G1135)	218
1.6.2. Wandmalereien (G1136-G1137)	218
1.6.3. Verschiedenes (G1138-G1144)	218
2. Skizzenbücher (SKB1-SKB28)	222
3. Aquarelle (A)	224
3.1. Landschaften	224
3.1.1. Datiert (A1-A426)	224
3.1.2. Undatiert (A427)	246
3.1.3. Wolkenstudien (A428-A430)	246

3.2. Stadtlandschaften und Architektur	247
3.2.1. Frankfurt am Main (A431-A450)	247
3.2.2. Frankfurt am Main – Trümmerbilder (A451-A457)	248
3.2.3. Andere Städte (A458-A464)	248
3.3. Menschen	249
3.3.1. Selbstporträt und Einzelpersonendarstellungen (A465)	249
3.3.2. Mehrfigurige Personendarstellungen (A466)	249
3.4. Stillleben und einzelne, nicht in eine Landschaft eingebundene Pflanzen	249
3.4.1. Stillleben (A467-A485)	249
3.4.2. Einzelne Pflanzen (A470-A483)	249
3.5. Historisierendes/Rekonstruktionen	250
3.5.1. Eschborn im Taunus (A484-A485)	250
3.5.2. Kloster Rupertsberg (A486-A490)	250
3.5.3. Römerstadt Nida (A491)	250
3.6. Sonstiges (A492-A496)	250

4. Zeichnungen (Z)   252

4.1. Landschaften	252
4.1.1. Datiert (Z1-Z184)	252
4.1.2. Undatiert (Z185-Z204)	263
4.2. Stadtlandschaften und Architektur	264
4.2.1. Frankfurt am Main (Z205-Z221)	264
4.2.2. Frankfurt am Main – Trümmerbilder (Z222-Z226)	265
4.2.3. Andere Städte (Z227-Z261)	265
4.3. Menschen	267
4.3.1. Selbstporträts (Z262-Z270)	267
4.3.2. Porträts und Einzeldarstellungen von Personen	268
4.3.2.1. Datiert (Z271-Z350)	268
4.3.2.2. Undatiert (Z351-Z361,Z361/1)	272
4.3.3. Mehrfigurige Personendarstellungen (Z362-Z374)	273
4.3.4. Akte (Z375-Z414)	273
4.4. Einzelne, nicht in eine Landschaft eingebundene Pflanzen und Bäume	275
4.4.1. Datiert (Z415-Z439)	275
4.4.2. Undatiert (Z440-Z445)	276
4.5. Historisierendes/Rekonstruktionen	277
4.5.1. Eschborn im Taunus (Z446-Z458)	277
4.5.2. Römerbrückchen (Z459-Z462)	278
4.5.3. Kloster Rupertsberg (Z463-Z481)	278
4.5.4. Römerstadt Nida (Z482-Z492)	279
4.5.5. Bonifatiuskreuz (Z493-Z501)	280
4.6. Sonstiges (Z502-Z511)	280

5. Druckgraphik (DG) — 282
5.1. Radierungen — 282
5.1.1. Landschaften (DG1-DG13) — 282
5.1.2. Architektur und Sonstiges (DG14-DG26) — 282
5.2. Lithographien — 283
5.2.1. Landschaften — 283
5.2.1.1. Datiert (DG27-DG43) — 283
5.2.1.2. Undatiert (DG44-DG49) — 285
5.2.2. Architektur und Sonstiges (DG50-DG63) — 285
5.3. Holzschnitte — 286
5.3.1. Landschaften (DG64-DG71) — 286

I. Einführung

Das Werkverzeichnis führt insgesamt 2261 Arbeiten auf: 1181 Gemälde (G), 496 Aquarelle (A), 513 Zeichnungen (Z) und 71 Druckgraphiken (DG). Die 28 Skizzenbücher (SKB), die sowohl Zeichnungen und Aquarelle als auch Arbeiten in Mischtechnik enthalten, bilden eine eigene Rubrik. Da der Maler einzelne Skizzenbücher oft über Jahre hinweg verwendete, wurden die Werke darin außerdem den entsprechenden Gattungen zugeordnet, gekennzeichnet mit der Angabe, aus welchem Skizzenbuch sie stammen. Arbeiten in Mischtechnik wurden der vorherrschenden Technik zugeordnet.

Innerhalb der ersten drei Gattungen wurden die einzelnen Werke thematisch-chronologisch angeordnet und in folgende Kategorien eingeteilt: Landschaften, Stadtlandschaften und Architektur, Menschen, Stillleben, Historisierendes/Rekonstruktionen und Sonstiges.

Verschiedene Unterkategorien geben eine detailliertere Übersicht. Landschaftsbilder, die nicht exakt chronologisch zuzuordnen waren, wurden extra zusammengefasst. Bei den Ölgemälden handelt es sich hierbei vor allem um Auftragsarbeiten. Eine Datierung aufgrund des Stils oder anhand des Motivs ist bei diesen oft den Kundenwünschen angepassten Arbeiten nicht möglich. Auch bei den Aquarellen und Zeichnungen waren Arbeiten vorhanden, die nicht exakt zu datieren waren, da Vergleichbares fehlte und die „Handschrift" des Künstlers den Zeitrahmen des möglichen Entstehens zu sehr ausweitete. In diesem Fall wurden die Arbeiten in einer Unterrubrik „undatiert" zusammengefasst.

Grundlage für das Werkverzeichnis bildeten die Werke im Besitz öffentlicher Sammlungen sowie Arbeiten, die sich in Privatbesitz, bzw. im Handel befanden. Fotografische Reproduktionen aus dem Nachlass des Künstlers wurden ebenso in das Werkverzeichnis mit eingearbeitet wie Bilder, deren Existenz sich nur aus den Angaben von schriftlichen Quellen aus dem Nachlass herleiten ließ. Bilder mit unzureichenden Angaben verrät der Zusatz „o.a.A." (ohne ausreichende Angaben).

Die dem Werkverzeichnis beigefügte CD soll den Handbuchcharakter des Werkverzeichnisses unterstützen. 1475 Werke des Verzeichnisses sind darauf bildlich erfasst. Mit Hilfe des Windows-Explorers lassen sich die Bilder nach Eingabe von Jahrezahl oder Stichwort sortiert auf dem Computerbildschirm aufzeigen. Anordnung und Bezeichnung der Dateien sind den Kapiteln im Werkverzeichnis angepasst. Wurden die Arbeiten auf der CD nicht abgebildet, war entweder kein Bildmaterial vorhanden oder die Originale befinden sich im Nachlass/Museum Eschborn, bzw. wurden bereits in einer Veröffentlichung abgebildet.

II. Erläuterungen zum Werkverzeichnis

1. Anordnung der Legende

Nr. Bildtitel (*)
    Datierung
    Technik, Maße, Bezeichnungen
    Standort
    Anmerkungen
    Ausstellungen
    Literatur/Quelle

2. Erläuterungen zur Legende

Titel

Der Künstler hat den größten Teil seiner Werke selbst mit Titeln versehen. War dies nicht der Fall, wurde den Bildern ein beschreibender Titel von der Verfasserin zugeordnet. Bei den Skizzenbüchern befinden sich die Titulierungen oftmals in Listenform auf dem Inneneinband. Bei untitulierten Arbeiten aus dem Handel wurde der von dem jeweiligen Händler vergebene Titel übernommen. Die mit einem Stern (*) gekennzeichneten Titel befinden sich als Abbildung auf der beiliegenden CD.

Datierung

Die Jahreszahl gibt das gesicherte bzw. das angenommene Entstehungsjahr an. Der größte Teil der Arbeiten wurde vom Künstler datiert. Undatierte Werke wurden anhand stilistischen Vergleichs chronologisch eingeordnet. War die Einordnung nur annähernd möglich, so wurde der Jahreszahl ein „um"/„nach"/„zwischen" vorangesetzt. Bei einigen Arbeiten war eine genaue Datierung aus stilistischen oder motivischen Gründen nicht möglich. Entweder fehlte Vergleichbares oder die über lange Zeit kontinuierliche Handschrift des Künstlers ließ den zeitlichen möglichen Rahmen als zu weit erscheinen. Diese undatierten Werke wurden gesondert zusammengefasst.

Technik

Technik und Malmittel werden angegeben. Bilder in Mischtechnik wurden der Sparte zugeordnet, deren Technik überwog. Bei Bildern mit unzureichenden Angaben wurde die vermutete Technik mit einem eingeklammerten Fragezeichen versehen.

Maße

Die Maße werden in Zentimeter angegeben, auf einen halben Zentimeter gerundet. Es erfolgt die Angabe der Höhe vor der Breite. Bei Bildern mit unzureichenden Angaben, d. h. mit unbekannten Maßen, wird wenn möglich vermerkt, ob es sich dabei jeweils um Hoch- oder Querformat handelt. Soweit als möglich wurden die Messungen von der Verfasserin selbst vorgenommen. In einigen Fällen wurden die Maße der verfügbaren Literatur entnommen oder beruhen auf den Aussagen von Bildbesitzern. Bei der Druckgraphik beziehen sich die Maßangaben auf das Format des Motivs.

Bezeichnungen

Bezeichnungen umfassen sowohl die Signatur als auch alle anderen Beschriftungen. Es wurden dabei die Bezeichnungen auf der Vorderseite, wenn möglich auch die der Rückseite, angegeben. Ritzte der Künstler die Signatur in die feuchte Farbe, so wurde dies mit „ritzsign." vermerkt.

Standort

Befand sich die Arbeit nicht in privatem Besitz, so wurden Standort und Provenienz angegeben, soweit diese zu ermitteln waren. Befanden sich die Arbeiten zum Zeitpunkt der Aufnahme in das Werkverzeichnis im Handel, so wurden zur genaueren Identifikation jeweiliges Datum und Händler mit aufgeführt. Befanden sich die Arbeiten in öffentlichen Sammlungen, so wurde die Inventarnummer des sie besitzenden Hauses angegeben. Einige der Bilder in Besitz des Stadtmuseums/Stadtarchivs Eschborn tragen die Bezeichnung „ehemalige städtische Sammlung". Es handelt sich dabei um Bilder, welche von Seiten der Stadt käuflich erworben wurden, bevor die Stadt den gesamten Nachlass von der Witwe des Künstlers auf Rentenbasis erwarb.

Anmerkungen

Falls erforderlich, wurden hier erklärende Vermerke eingefügt, die über die übrigen genannten Punkte hinausgingen. Angaben darüber, warum ein nicht vom Künstler datiertes Werk von mir einen bestimmten Zeitpunkt zugeordnet wurde; Anmerkungen zum Inhaltlichen des dargestellten Motivs; Verweise auf Zusammenhänge mit anderen Arbeiten.

Ausstellungen

Jahr, Ort und Institution, welche das Werk in einer Ausstellung präsentierte. In Ausnahmefällen konnte auch die Nummer angegeben werden, die ein Werk innerhalb der jeweiligen Ausstellung erhielt. Die Auflistung erfolgt chronologisch. Details zu den Ausstellungen verrät die Liste im Anhang.

Literatur/Quelle

Hierbei handelt es sich um die Auflistung aller Veröffentlichungen, in denen das einzelne Bild erwähnt, eventuell auch abgebildet wurde. Die Aufzählung erfolgt chronologisch. Die Verwendung der Bezeichnung „Quelle" erfolgt, wenn der Verfasserin das vorliegende Bild nicht im Original bzw. als fotografische Abbildung vorlag und nur aufgrund von schriftlichem Material nachgewiesen werden konnte.

Gemälde

Gemälde

1.1. Landschaften

1.1.1. Landschaften 1910 – 1920

G1   Obersee (bei Königssee) – bei Berchtesgaden*
1917
Öl/Pappe, 25,5 cm x 35 cm; u. r. sign. und dat.: „Hanny Franke 17", verso: „Nr. 22".
Privatbesitz
Die Titulierung erfolgte laut Auskunft des Besitzers, der das Gemälde aus der Hand von Christine Keller, der Schwester Hanny Frankes erwarb.

G2   Spätsommerliche Studie*
1918
Öl/Holz, 34 cm x 24 cm; u. l. sign. und dat.: „Hanny Franke 18", verso: „Spätsommerliche Studie aus der Bromberger Gegend, Prov. Posen, gemalt im letzten Kriegssommer, da ich als Soldat Flieger bei der Fea 13 in Bromberg war", „Nr. 800".
Privatbesitz

G3   Abend am großen Jesuitensee bei Bromberg – Hopfengarten Nr. 23*
1918
Öl/Pappe, 23,5 cm x 33 cm, u. r. trocken monogr. und dat.: „HF 18", u. l. trocken sign.: „HANNY FRANKE 19", verso: Titel, Mai 1918.
Im gleichem Jahr fertigte der Künstler auch eine Ansicht des Jesuitersees in Aquarell. Vergleiche hierzu A1.
Ehemals aus dem Nachlass von Hanny Frankes Schwester Christine Keller stammend;
Privatbesitz

G4   Sommertag bei Mühltal – Bezirk Bromberg*
1918
Öl/Pappe, 23,5 cm x 33 cm; u. l. trocken sign. und dat.: „HANNY FRANKE 18", verso: Titel.
Ehemals aus dem Nachlass von Hanny Frankes Schwester Christine Keller stammend;
Privatbesitz

G5   Bäume am See – o.a.A.*
um 1918
Öl/(?)
Das Bild ist auf einem Foto zu sehen, welches das Atelier des Künstlers im 1. Weltkrieg in Bromberg zeigt.
Quelle: Hanny Frankes persönliches Fotoalbum, Abb. S. 9

G6   Waldlandschaft – o.a.A.*
um 1918
Öl/(?)
Das Bild ist auf einem Foto zu sehen, welches das Atelier des Künstlers im 1. Weltkrieg in Bromberg zeigt.
Quelle: Hanny Frankes persönliches Fotoalbum, Abb. S. 9

G7   Blick in eine Waldlandschaft – o.a.A.*
um 1918
Öl/(?)
Das Bild ist auf einem Foto zu sehen, welches das Atelier des Künstlers im 1. Weltkrieg in Bromberg zeigt.
Quelle: Hanny Frankes persönliches Fotoalbum, Abb. S. 9

G8   Rödelheimer Mühle*
1919
Öl/Pappe, 40 cm x 50 cm, u. l. trocken sign. und dat.: „H. Franke 1919".
Ehemals aus dem Nachlass von Hanny Frankes Schwester Christine Keller stammend;
Privatbesitz

G9   Waldlichtung*
1919
Öl/Holz, 24 cm x 32 cm; u. l. ritzsign.: „H. Franke", verso sign. und dat.: „H. Franke 1919".
Aukth. Arnold, Frankfurt/M., 7.8.1979; Aukth. Döbritz, Frankfurt/M., 24.10.1998; Aukth. Döbritz, Frankfurt/M., 17.4.1999
Literatur: Kat. Verst. Arnold III, Ffm. 1979, Abb. S. 114

G10   Waldstück*
1919
Öl/Karton, 23 cm x 31 cm; u. r. sign. und dat.: „Hanny Franke 19".
Aukth. Arnold, Frankfurt/M., 14.9.1985
Ausstellung: 1920, Frankfurt/M., Schülerausstellung, Städelschule
Quelle/Literatur: Kat. Verst. Arnold III, Ffm. 1985, Abb. S. 82; Hanny Frankes persönliches Fotoalbum, Abb. S.13

G11   Waldbach im Herbst
1919
Öl/Lwd., 39 cm x 32 cm; u. l. sign. und dat.: „Hanny Franke 1919 Bingerbrück".
Aukth. Döbritz, Frankfurt/M., 16.3.2002

G12   Vorfrühling im Binger Wald*
1919
Öl/Lwd., 37,5 cm x 25,5 cm; u. l. sign. und dat.: „H. Franke 3.19", verso: sign., Titel, „im oberen Morgenbachtal bei dem Jägerhaus gemalt Anfang März 1919, erste Ölstudie nach dem Weltkrieg 1914 -1918", „Nr. 598", „Nr. 247".
Nachlass/Museum Eschborn
Ausstellung: 1994, Montgeron/Frankreich
              1999, Eschborn/ Ts.
              2003, Zabbar/Malta
Literatur: Kernert 1985, Nr. 2; Verzeichnis Montgeron, Nr. 7; Verzeichnis Eschborn 1999, Nr. 32

G13   Skizze aus dem Frankfurter Stadtwald*
1919
Öl/Lwd., 20,5 cm x 16 cm; u. l. sign. und dat.: „H. Franke 1919", verso: sign., Titel, „Nr. 233".
Nachlass/Museum Eschborn

G14   Hessische Gärten und Wald*
1919
Öl/Malpappe, 25 cm x 39 cm, u. l. sign. und dat.: „Hanny Franke 1919".
Privatbesitz
Literatur: http://www.juergen-wollmann.de/frha01-1g-jpg; Zugriff am 15.2.2005, Abb.

G15   Waldlandschaft*
1920
Öl/Pappe, 34 cm x 24 cm; u. r. sign. und dat.: „Hanny Franke 20", verso: sign., Titel, „Nr. 233".
Privatbesitz

G16 Erinnerung and den Herbstaufenthalt und Studien in Einbeck und im Solling - Sept./Okt. 1920

1920
Öl/Lwd., 12 cm x 18 cm; u. l. sign. und dat.: „H. Franke 1920", verso: sign., Titel, sign., dat., „Nr. 714", „Nr. 18", „Nr. 229".
Nachlass/Museum Eschborn
Literatur: Kernert 1985, Nr. 4

G17 Blick über den Rhein auf Assmannshausen*

um 1920
Öl/Karton, 24 cm x 32 cm; u. l. ritzsign.: „H. Franke".
Aukth. Döbritz, Frankfurt/M., 24.2.1998
An manchen Stellen pastoser und an anderer Stelle extrem dünnflüssiger Farbauftrag sind der Grund dafür, das Bild in die frühe Schaffenszeit des Künstlers einzuordnen.

G18 Waldlichtung*

um 1920
Öl/Pappe, 23,5 cm x 33,5 cm, o. Bez.
Privatbesitz
Laut Auskunft der Besitzerin, erhielt ihr Vater das Bild um 1920 von Hanny Franke geschenkt.

G19 Wald und Wiesenlandschaft*

um 1920
Öl/Holz, 40 cm x 51 cm, u. r. trocken monogr.: „HF".
Ehemals aus dem Nachlass von Hanny Frankes Schwester Christine Keller stammend;
Privatbesitz.

G20 Wiesenlandschaft mit Bäumen - o.a.A.*

um 1920
Öl/(?), querformatig
Ausstellung: 1920, Frankfurt/M., Schülerausstellung, Städelschule
Quelle: Hanny Frankes persönliches Fotoalbum, S. 13, Abb.

G21 Landschaft mit Bäumen am Fluss - o.a.A.*

um 1920
Öl/(?), querformatig
Ausstellung: 1920, Frankfurt/M., Schülerausstellung, Städelschule
Quelle: Hanny Frankes persönliches Fotoalbum, S. 13, Abb.

G22 Waldlandschaft mit Fluss - o.a.A.*

um 1920
Öl/(?), hochformatig
Ausstellung: 1920, Frankfurt/M., Schülerausstellung, Städelschule
Quelle: Hanny Frankes persönliches Fotoalbum, S. 13, Abb.

1.1.1. Landschaften 1921 - 1922

G23 Landschaft mit Schafherde*

1921
Öl/Holz, 28 cm x 38 cm; u. r. sign. und dat.: „Hanny Franke 21".
Aukth. Arnold, 27.6.1981
Literatur: Kat. Verst. Arnold II, Ffm. 1881, Abb. S. 111; Kernert 1985, Nr. 8;

G24 Waldrand - Schwanheim

1921
Öl/Lwd., 36 cm x 25 cm; u. l. sign. und dat.: „Hanny Franke 21", verso: sign., dat., Titel, „Nr. 398", „Nr. 159".
Nachlass/Museum Eschborn

G25 Wolkiger Himmel über dem Taunus im Licht des frühen Abends - o. a. A.

1921
Öl/Lwd., 19 cm x 27,5 cm; u. l. sign. und dat.: „Hanny Franke 21".
Standort unbekannt
Quelle: Ausst. Kat. Fach 1972, Nr. 147

G26 Weide in der Sonne*

1921
Öl/Lwd., 30,5 cm x 21,5 cm; u. r. sign. und dat.: „Hanny Franke 21", verso: sign., Titel, dat., „Nr. 2", „VE", „Nr. 238".
Nachlass/Museum Eschborn
Literatur: Kernert 1985, Nr. 19

G27 Partie an der Ginnheimer Woog

1922
Öl/Karton., 17 cm x 27 cm; u. l. sign. und dat.: „Hanny Franke 22".
Aukth. Arnold, 27.11.1982
Literatur: Kat. Verst. Arnold IV, Ffm. 1982, Abb. S. 71; Kernert 1985, Nr. 13

G28 Herbstliche Landschaft*

1922
Öl/Lwd., 24 cm x 30 cm; u. r. sign. und dat.: „H. Franke 22", verso: „Nr. 2055".
Privatbesitz

1.1.1. Landschaften 1923

G29 Sommerlicher Hügel mit Kapelle*

1923
Öl/Holz, 40 cm x 50 cm; u. l. sign. und dat.: „H. Franke 23".
Aukth. Arnold, Frankfurt/M., 1.9.2000
Literatur: Kat. Verst. Arnold III, Ffm. 2000, Abb. S. 85

G30 Sommerliche Hügellandschaft mit Kapelle und Staffage*

um 1923
Öl/Holz, 29 cm x 30 cm; u. l. sign.: „H. Franke".
Aukth. Arnold, Frankfurt/M., 2.9.1999
Datierung erfolgt aufgrund des Vergleichs mit G29
Literatur: Kat. Verst. Arnold III, Ffm. 1999, Abb. S. 77; Kunstpreis Jahrbuch 2000, S. 509.

G31 Blick auf Dornholzhausen bei Langgöns*

1923
Öl/Holz, 49 cm x 35 cm; u. r. ritzsign. und dat.: „H. Franke 23", verso: „oberhessisches Dörfchen bei Langgöns".
Aukth. Arnold, Frankfurt/M., 1.9.2000; Aukth. Döbritz, Frankfurt/M., 18.10.2001
Vgl. auch G32
Literatur: Kat. Verst. Arnold III, Ffm. 2000, Abb. S. 85.

G32 Dornholzhausen bei Langgöns*
1923
Öl/Karton, 30 cm x 22 cm; u. r. sign. und dat.: „H. Franke 23".
Privatbesitz
Bildausschnitt ist identisch mit dem von G31. Aufgrund der weniger detaillierten Ausarbeitung könnte es sich hier um eine Vorskizze für G31 handeln.

G33 Landschaft bei Seckbach mit Lohrberg - Blick von den Wiesen im Staffel*
1923
Öl/Pappe, 24 cm x 33 cm; u. r. sign. und dat.: „Hanny Franke 23", verso: sign., Titel, „Januar 1923", „Nr. 4", „Nr. 8", „Nr. 237", „VE".
Nachlass/Museum Eschborn
Literatur: Kernert 1985, Nr. 18

G34 Aus Schlesien - Blick auf Riesengebirgs- und Iserkamm vom Buchwald - Hohenwiese*
1923
Öl/Pappe, 21 cm x 32 cm; u. r. sign. und dat.: „H. Franke 23", verso: sign., Titel, „Nr. 6", „Nr. 253".
Nachlass/Museum Eschborn
Literatur: Kernert 1985, Nr. 16

G35 Schlesisches Riesengebirge - Blick auf Seidorf nach dem Warmbrunner Teich*
1923
Öl/Lwd., 22 cm x 32 cm; u. l. sign. und dat.: „H. Franke 23", verso: sign., Titel, „Nr. 792", „Nr. 257".
Nachlass/Museum Eschborn

G36 Skizze vom kleinem Teich im Riesengebirge
1923
Öl/Holz., 22,5 cm x 31,5 cm; u. r. sign. und dat.: „H. Franke 23", verso: sign., Titel, „Juni 1923", „Nr. 593", „Nr. 248".
Nachlass/Museum Eschborn
Literatur: Kernert 1985, Nr. 20

G37 Die Falkenberge bei Fischbach mit Bober - Katzbachgebirge - Schlesien
1923
Öl/Holz., 23 cm x 31,5 cm; u. l. sign. und dat.: „H. Franke 23", verso: sign., Titel, „Nr.7", „Nr. 258".
Nachlass/Museum Eschborn
Literatur: Kernert 1985, Nr. 17

1.1.1. Landschaften 1924

G38 Blick auf Berkersheim
1924
Öl/Lwd., 40 cm x 50 cm; u. l. sign. und dat.: „H. Franke 1924".
Aukth. Arnold, Frankfurt/M., 6.3.1982
Literatur: Kat. Verst. Arnold I, Ffm. 1982, Abb. S. 64; Kernert 1985, Nr. 21.

G39 Preungesheim*
1924
Öl/Lwd., 44 cm x 35 cm; u. r. sign. und dat.: „H. Franke 24".
Frankfurt am Main/Historisches Museum, Inv.-Nr. B1319
Das Gemälde wurde 1924 von der Frankfurter Künstlerhilfe erworben.

G40 Getreidefelder bei Gewitter - im Vogelsberg/Birstein*
1924
Öl/Lwd., 20 cm x 31 cm; u. l. sign. und dat.: „H. Franke 24", verso: Titel, dat., „Nr. 647", „Nr. 242".
Nachlass/Museum Eschborn
Literatur: Kernert 1985, Nr. 22

G41 Vogelsberglandschaft bei Fischborn*
1924
Öl/Lwd., 22,5 cm x 31,5 cm; u. l. sign. und dat.: „H. Franke 24", verso: Titel, dat., „Nr. 10", „Nr. 267".
Nachlass/Museum Eschborn
Literatur: Kernert 1985, Nr. 26

G42 Bahndamm - Frankfurt-Berkersheim*
1924
Öl/Holz., 31 cm x 20 cm; u. r. ritzsign. und dat.: „H. Franke 24", verso: Titel, „Nr. 9", „Nr. 269".
Nachlass/Museum Eschborn
Literatur: Kernert 1985, Nr. 24

G43 Taunuslandschaft bei Bad Vilbel
1924
Öl/Karton, 23 cm x 33 cm, u. l. sign. und dat.: „H. Franke 24".
Aukth. Döbritz, Frankfurt/M., 6.11.2004
Literatur: http://www.lot-tissimo.com/start.php?PHPSESSID=217a247a130a196e1099594479&,; Zugriff am 6.11.2004, Abb.

G44 Blick von der Bergener Höhe auf Seckbach*
1924
Öl/Lwd., 31 cm x 37 cm, u. l. trocken sign. und dat.: „H. Franke 24".
Ehemals aus dem Nachlass von Hanny Frankes Schwester Christine Keller stammend; Auktionsh. Arnold, Frankfurt/M., 19.11.2005
Literatur: http://www.auktionshaus-arnold.de/sites/is_katalog.php?mode=3&auction=A159; Abb.,
Zugriff am 8.11.2005

G45 Taunuslandschaft - o. a. A.
1924
Öl/Lwd., 28 cm x 23 cm; u. l. sign. und dat.: „H. Franke 24".
Aukth. Döbritz, Frankfurt/M., März 1985
Quelle: Kernert 1985, Nr. 25

G46 Villa Bräuning im Vogelsberg/Birstein - o. a. A.
1924
Öl
Im Auftrag des Amtsgerichtsrats R. fertigte der Maler von dessen Fenster aus eine Ansicht des Nachbarhauses, der Villa Bräuning. Die Arbeit war als Weihnachtsgeschenk für den gleichnamigen Kammerdirektor vorgesehen.
Quelle: HF/MF, 29.10.1924

1.1.1. Landschaften 1925

G47 Vorfrühling*
1925
Öl/Karton, 40 cm x 50 cm; u. r. sign. und dat.: „H. Franke 25",
verso: Titel.
Aukth. Arnold, Frankfurt/M., 1.9.2000
Literatur: Kat. Verst. Arnold III. Ffm. 2000, Abb. S. 85

G48 Nidda - Landschaft bei Nied*
1925
Öl/Lwd., 44 cm x 59 cm; u. r. sign. und dat.: „H. Franke 1925".
Galerie Uwe Opper, Kronberg/Ts., 15.3.1998

G49 Wald- und Wiesenlandschaft*
1925
Öl/Holz, 22,5 cm x 30 cm; u. l. ritzsign. und dat.: „H. Franke 25".
Aukth. Döbritz, Frankfurt/M., 16.3.2002

G50 Feldweg bei Berkersheim - 1925 - Vorfrühling - o. a. A.
1925
Öl/Lwd., u. sign.
Quelle: Kernert 1985, Nr. 29

G51 Altkönig vom Vortaunus aus gesehen - o. a. A.
1925
Öl/Lwd., u. sign. und dat.: „H. Franke 25".
Quelle: Kernert 1985, Nr. 27

1.1.1. Landschaften 1926

G52 Spaziergänger am Waldrand*
1926
Öl/Holz, 30 cm x 40 cm; u. l. sign. und dat.: „Hanny Franke 26".
Aukth. Döbritz, Frankfurt/M., 24.10.1998

G53 Landschaft am Diebesgrund*
1926
Öl/Karton, 22,5 cm x 32,5 cm; u. l. ritzsign. und dat.: „Hanny Franke
Okt. 1926".
Aukth. Arnold, Frankfurt/M., 26.9.1981; Aukth. Arnold,
Frankfurt/M., 18.11.2000
Literatur: Kernert 1985, Nr. 33; Kat. Verst. Arnold III, Ffm. 1981,
Abb. S. 96; Kat. Verst. Arnold 2000 IV, Abb. S. 88

G54 Frühlingstag*
1926
Öl/Lwd., 33 cm x 46 cm; u. l. sign. und dat.: „H. Franke 1926".
Aukth. Döbritz, Frankfurt/M., 25.3.2000

G55 Herbstliche Felder vor der Stadt gesehen gegen den im Nebel
liegenden Taunus*
1926
Öl/Lwd., 27,5 cm x 37,5 cm; u. l. ritzsign. und dat.: „H. Franke 1926",
verso: sign., Titel, „Ginnheimer Höhe, links im Nebel Bockenheim
- Ende Oktober 1926", „Nr. 22".
Nachlass/Museum Eschborn
Ausstellung: 1975, Eschborn/Ts.
　　　　　　 1984, Frankfurt am Main, Frankfurter Sparkasse von
　　　　　　 1822
Literatur: Ausst. Kat. Eschborn 1975, Nr. 4; Verzeichnis Frankfurter
Sparkasse 1984, Nr. 4; Kernert 1985, Nr. 34

G56 Adriaküste am Morgen*
1926
Öl/Lwd., 23,5 cm x 32,5 cm; u. r. ritzsign. und dat.: „H. Franke 26",
verso: sign., Titel, „Juli 1926", „Nr. 20", „Nr. 252", „Nr. 27".
Nachlass/Museum Eschborn
Ausstellung: 1994, Montgeron/Frankreich
　　　　　　 2003, Zabbar/Malta
Literatur: Kernert 1985, Nr. 37; Verzeichnis Montgeron 1994

G57 Abruzzenlandschaft mit Gran Sasso und Monte Corno*
1926
Öl/Lwd., 22 cm x 32 cm; u. l. sign.: „H. Franke", verso: sign., Titel,
und dat.: „1926", „Nr. 16", „Nr. 97", „Nr. 262".
Nachlass/Museum Eschborn
Der Gran Sasso gilt als das einzige hochalpine Gebirgsmassiv
Italiens außerhalb der Alpen. Mit seinen 9000 Fuß Höhe ist er
zugleich die höchste Erhebung des Apennins.
Literatur: Kernert 1985, Nr. 39

G58 Maultiersteg zum Gran Sasso - Abruzzen - Italien*
1926
Öl/Lwd., 21,5 cm x 30 cm; u. l. ritzsign. und dat.: „H. Franke 26",
verso: sign., Titel, sign. und dat., „Nr. 17", „Nr. 264".
Nachlass/Museum Eschborn
Literatur: Kernert 1985, Nr. 43

G59 Monte Camicia vor dem Gran Sasso*
1926
Öl/Lwd., 22,5 cm x 30 cm; u. r. sign. und dat.: „H. Franke 26",
verso: sign., Titel, und dat., „Nr. 18", „Nr. 256", „Nr. 28".
Nachlass/Museum Eschborn
Literatur: Kernert 1985, Nr. 41

G60 Berglandschaft vor dem Gran Sasso - Abruzzen*
1926
Öl/Lwd., 22,5 cm x 32,5 cm; u .l. sign. und dat.: „H. Franke 26",
verso: sign., Titel, und dat., „Nr. 14", „Nr. 263".
Nachlass/Museum Eschborn
Literatur: Kernert 1985, Nr. 40

G61 Gebirgslandschaft im Gebiet des Monte Corno*
1926
Öl/Lwd., 22,5 cm x 32,5 cm; u. l. sign. und dat.: „H. Franke 26", u. r.:
„Gran Sasso", verso: sign., Titel, und dat., „Nr. 19", „Nr. 259".
Nachlass/Museum Eschborn
Literatur: Kernert 1985, Nr. 44

G62 Gebirgsbach vor dem Gran Sasso - Abruzzen*
1926
Öl/Lwd., 21 cm x 30,5 cm; u. r. sign. und dat.: „H. Franke 26", verso: sign., Titel, und dat., „Nr. 15", „Nr. 29", „Nr. 260".
Nachlass/Museum Eschborn
Literatur: Kernert 1985, Nr. 46

G63 Adria-Seebad - Giulianova - Italien*
1926
Öl/Lwd., 24,5 cm x 35 cm; u. r. sign. und dat.: „H. Franke 26", verso: sign., Titel, „Nr. 629", „Nr. 262".
Nachlass/Museum Eschborn
Ausstellung: 1999, Eschborn/Ts., Volksbank
Literatur: Kernert 1985, Nr. 36; Verzeichnis Eschborn 1999, Nr. 2

1.1.1. Landschaften 1927

G64 Alter Weg Seckbach*
1927
Öl/Holz, 44 cm x 55 cm; u. r. sign. und dat.: „Hanny Franke 1927", verso: Titel.
Aukth. Arnold, Frankfurt/M., 1.9.2000
Literatur: Kat. Verst. Arnold III, Ffm. 2000, Abb. S. 84

G65 Vogelsberger Bach im Frühling 1927*
1927
Öl/Lwd., 44 cm x 54 cm; u. l. sign.: „H. Franke", verso: Titel.
Aukth. Arnold, Frankfurt/M., 21.11.1999
Literatur: Kat. Verst. Arnold VI, Ffm. 1999, Abb. S. 86

G66 Sommer im Vortaunus*
1927
Öl/Karton., 22,5 cm x 32 cm; u. r. sign. und dat.: „H. Franke 27".
Aukth. Arnold, Frankfurt/M., 5.9.1998
Literatur: Kat. Verst. Arnold III, Ffm. 1998, Abb. S. 74; Kunstpreis Jahrbuch 1999, S. 547.

G67 Am Schloss*
1927
Öl/Lwd., 23 cm x 31 cm; u. r. ritzsign. und dat.: „H. Franke 1927".
Frankfurt am Main/Historisches Museum, Inv.-Nr. B1469
Im gleichem Jahr entstand ein Aquarell mit dem identischen Motiv. Vgl A20. Das Gemälde wurde 1930 durch die Vermittlung von Alfred Wolters von der Frankfurter Künstlerhilfe erworben.
Ausstellung: 1975, Eschborn/Ts.
           1984, Frankfurt am Main, Frankfurter Sparkasse von 1822
Literatur: Ausst. Kat. Eschborn, 1975, Nr. 5; Verzeichnis Frankfurter Sparkasse 1984, Nr. 5; Städel Archiv, Sign. 623, Schreiben vom 18.11.1930

G68 Im Heidenfeld - Römerstadt*
1927
Öl/Pappe., 21,5 cm x 30,5 cm; u. r. sign. und dat.: „H. Franke 1927".
Frankfurt am Main/Historisches Museum, Inv.-Nr. B1823a
Das Gemälde wurde 1940 erworben. Im gleichem Jahr entstand ein Aquarell mit dem identischen Motiv. Vgl A21.

G69 Landschaft im Vordertaunus*
um 1927
Öl/Karton, 22,5 cm x 33 cm; u. r. sign.: „H. Franke".
Aukth. Arnold, Frankfurt/M., 8.3.1980
Von diesem Motiv existiert ein Aquarell aus dem Jahr 1927. Vgl. A22.
Literatur: Kat. Verst. Arnold I, 1980, Abb. S. 78

G70 Landschaft mit Kirche und Staffage*
um 1927
Öl/Holz, 31 cm x 22 cm; u. l. sign.: „H. Franke".
Aukth. Arnold, Frankfurt/M., 26.11.1983
Das Motiv der Kirche von Praunheim wurde vom Künstler vier Jahre zuvor auch in einem Aquarell festgehalten. Vgl. A14.
Literatur: Kat. Verst. Arnold IV, 1983, Abb. S. 107

1.1.1. Landschaften 1928

G71 Der Königsee am frühen Morgen*
1928
Öl/Lwd., 24,5 cm x 32 cm; u. r. ritzsign. und dat.: „H. Franke 28".
Nachlass/Museum Eschborn
Literatur: Kernert 1985, Nr. 52

G72 Blick auf die Loferer Steinberge mit Keiteralm und Lattengebirge*
1928
Öl/Lwd., 37,5 cm x 48,5 cm; u. l. sign. und dat.: „H. Franke 28", verso: Titel.
Privatbesitz
Literatur: Kernert 1985, Nr. 52; Kat. Verst. Arnold III, Ffm. 1986, Abb. S. 76

G73 Das Aartal in Waldeck (Sachsenberg) im Spätsommer*
1928
Öl/Lwd., 22 cm x 31,5 cm; u. l. ritzsign. und dat.: „H. Franke 28", verso: Titel, „Studie zu einem grossen Bild für Frau A. von Weinberg", „Nr. 30", „Nr. 254".
Nachlass/Museum Eschborn
Literatur: Kernert 1985, Nr. 53

G74 Sonniges Tälchen im Herbst - Sachsenberg - Waldeck*
1928
Öl/Lwd., 22 cm x 32 cm; u. l. sign. und dat.: „H. Franke 28", verso: Titel, „Oktober 1928", „Nr. 31", „Nr. 255".
Nachlass/Museum Eschborn
Literatur: Kernert 1985, Nr. 53

G75 Marzoll bei Reichenhall vor dem Untersberg - im Hintergrund der Watzmann
1928
Öl/Lwd., 22 cm x 32 cm; u. l. sign. und dat.: „H. Franke 28", verso: Titel, „August 1928", „Nr. 39", „Nr. 29", „Nr. 251".
Nachlass/Museum Eschborn
Literatur: Kernert 1985, Nr. 54

G76   Teich in Frankfurt am Main - Niederwald am frühen Morgen 1928 - o. a. A.

1928
Öl/Lwd., 54 cm x 70 cm; u. r. sign. und dat.: „H. Franke 28".
Nachlass/Museum Eschborn
Quelle: Kernert 1985, Nr. 51

1.1.1. Landschaften 1929

G77   Partie bei Preungesheim*

1929
Öl/Lwd., 37 cm x 48 cm; u. l. sign. und dat.: „H. Franke 29", verso: auf dem Keilrahmen eigenhändig mit Titel, Sign. und Dat. bez.
Frankfurt am Main/Historisches Museum, Inv.-Nr. B1544
Das Bild wurde 1934 von der städt. Künstlerförderung für 100 RM erworben.
Literatur: IfSG, Mag. Akte Sign. 7857, Blatt 203; Städel Archiv, Sign. 675, Niederschrift vom 14.4.1934, S. 2.

G78   Landschaft im November*

1929
Öl/Lwd., 23,5 cm x 32 cm; u. l. ritzsign. und dat.: „H. Franke 29", verso: Titel, sign.,dat., „Nr. 34", „Nr. 265".
Nachlass/Museum Eschborn
Literatur: Kernert 1985, Nr. 58

1.1.1. Landschaften 1930

G79   Über den Lahnbergen*

1930
Öl/Lwd., 20,5 cm x 30 cm; u. r. sign.: „H. Franke", verso: sign., Titel, „1930 August", „Nr. 35", „Nr. 52".
Nachlass/Museum Eschborn
Literatur: Kernert 1985, Nr. 63

G80   Blick von der Elisenhöhe bei Bingen am Rhein*

1930
Öl/Lwd., 36 cm x 47 cm; u. r. sign. und dat.: „H. Franke 30", verso: sign., Titel, „1930 August", „Nr. 35", „Nr. 52".
Aukth. Arnold, Frankfurt/M., 14.3.1981
Literatur: Kat. Verst. Arnold I, 1981, Abb. S. 110; Kernert 1985, Nr. 62

1.1.1. Landschaften 1931

G81   Abend über den Moselbergen

1931
Öl/Lwd., 30 cm x 50 cm, u. l. sign.: „H. Franke", verso: sign., dat., bez. „H. Franke 1931".
Aukth. Döbritz, Frankfurt/M., 6.11.2004
Literatur: http://www.lot-tissimo.com/start.php?PHPSESSID=217a2 ...96e1099594479&, Zugriff am 6.11.2004, Abb.

G82   Sommerliche Landschaft*

1931
Öl/Lwd., 24,5 cm x 30 cm; u. l. sign. und dat.: „H. Franke 31".
Privatbesitz

G83   Altkönig vom Vordertaunus aus gesehen*

1931
Öl/Holz., 31 cm x 43 cm; u. l. sign.: „H. Franke 31".
Privatbesitz
Lt. Besitzer wurde das durch Möbellack verdorbene Bild 1971 von Hanny Franke selbst restauriert, der Himmel wurde neu gemalt.

G84   Sonnenuntergang bei Eppstein

1931
Öl/Lwd., 71 cm x 81 cm; u. l. sign. und dat.: „H. Franke 31".
Aukth. Döbritz, Frankfurt/M., 19.3.1988
Literatur: Kat. Verst. Döbritz, 1988, Abb. S. 92

G85   Feldweg bei Berkersheim*

1931
Öl/Holz, 26,5 cm x 37 cm, u. l. sign.: „H. Franke".
Datierung aufgrund eines Manuskriptes o. J./Nachlass.
Privatbesitz

G86   Nidda-Altarm bei Hausen - o. a. A.

1931
Öl/Lwd., 31 cm x 41 cm, u. l. sign. und dat.: „H. Franke 31".
Quelle: Kernert 1985, Nr. 66

1.1.1. Landschaften 1932

G87   Baumblüte bei Enkheim mit Margrit und Michael*

1932
Öl/Lwd., 37 cm x 29 cm; u. r. ritzsign. und dat.: „H. Franke 32", verso: Titel, sign., dat.
Nachlass/Museum Eschborn

G88   Westerwald in der Morgendämmerung*

1932
Öl/Lwd., 22 cm x 30,5 cm; u. r. ritzsign. und dat.: „H. Franke 32".
Privatbesitz
Literatur: Kernert 1985, Nr. 69

G89   Regnerischer Junimorgen - Westerwald - frühmorgens um 4 Uhr*

1932
Öl/Lwd., 21 cm x 30 cm; u. r. ritzsign. und dat.: „H. Franke 32", verso: sign., Titel, dat., „Nr. 41", „Nr. 57".
Nachlass/Museum Eschborn

G90   Westerwald - früher Junimorgen zwischen 3 und 4 Uhr früh*

1932
Öl/Lwd., 21 cm x 26 cm; u. l. sign. und dat.: „H. Franke 32", verso: sign., Titel, dat., „Nr. 41", „Nr. 102", „Nr. 168".
Nachlass/Museum Eschborn
Literatur: Kernert 1985, Nr. 70

G91   Taunuslandschaft bei Usingen - o. a. A.

1932
Öl/Lwd., 70 cm x 90 cm; u. l. sign. und dat.: „H. Franke 32".
Literatur: Kernert 1985, Nr. 67

G92 Hohlweg im Taunus*
1932
Öl/Lwd., 60 cm x 77 cm; u. l. sign. und dat.: „H. Franke 32".
Aukth. Arnold, Frankfurt/M., 8.3.1980; Aukth. Döbritz,
Frankfurt/M., 27.10.1990
Literatur: Kat. Verst. Arnold I, 1980, Abb. S. 102; Kat. Verst. Döbritz
115. Kunstauktion, 1990, Abb.

1.1.1. Landschaften 1933

G93 Blick auf die alte Elisabethenstraße bei Frankfurt - gemalt 1933*
1933
Öl/Pappe, 37 cm x 48 cm; o. Bez., verso:"Die Elisabethenstraße
zwischen Westerbach und Sossenheim-Eschbornerstraße (gegen
Westen)".
Historischem Museum Frankfurt/M., Inv.-Nr. B1543
Das Bild wurde 1934 für 50 RM von seiten der Stadt Frankfurt/M.
im Rahmen der Künstlerförderung erworben.
Literatur: IfSG, Mag. Akte Nr. 6020, Bd. 1, Sign. 7857, Blatt 203;
Städel Archiv, Sign. 675, Niederschrift vom 14.4.1934, S. 2.

G94 Taunuslandschaft - Panorama
1933
Öl/Lwd., 68 cm x 99 cm; u. l. sign. und dat.: „H. Franke 33".
Aukth. Arnold, Frankfurt/M., 14.3.1981
Literatur: Kat. Verst. Arnold I, 1981, Abb. S. 111; Kunstpreis Jahrbuch
1981, S. 520; Kernert 1985 Nr. 79

G95 Taunuslandschaft
1933
Öl/Lwd., 36 cm x 46,5 cm; u. r. sign. und dat.: „H. Franke 33".
Aukth. Arnold, Frankfurt/M., 14.3.1981
Literatur: Kat. Verst. Arnold I, 1981, Abb. S. 113; Kernert 1985 Nr. 76

G96 Nidda im Taunus im Frühling, im Hintergrund Bonames und
Bad Homburg
1933
Öl/Lwd., 43 cm x 57 cm; u. r. sign. und dat.: „H. Franke 1933".
Aukth. Arnold, Frankfurt/M., 26.11.1983
Literatur: Kat. Verst. Arnold IV, 1983, Abb. S. 108; Kernert 1985 Nr. 77

G97 Waldrand
1933
Öl/Pappe., 22 cm x 32 cm; u. l. sign.: „H. Franke", verso: Titel, dat.
Städelmuseum Frankfurt/M., Inv.-Nr. SG 585
Das Bild wurde 1936 von Seiten der Stadt Frankfurt/M. im Rahmen
der Künstlerhilfe erworben. Gemeinsam mit G109 kostete der
Erwerb 125 RM. In der Mitteilung vom 10.2.1936 von Bürgermeister
Dr. Keller an das Kulturamt ist der Wunsch Hanny Frankes
vermerkt, dass die Bilder ausschließlich für die Städtische Galerie
bestimmt seien.
Ausstellung: 1984, Frankfurt/M., Frankfurter Sparkasse von 1822
Literatur: Kernert 1985 Nr. 74; Verzeichnis Frankfurter Sparkasse
1984, Nr. 26; Schweers 1994, S. 572; IfSG, Mag. Akte Sign. 7858,
Blatt 199; Schulze 1998, S. 56, Abb.

G98 Die Nidda am Ulmenrick*
1933
Öl/Lwd., 37 cm x 48 cm; u. l. sign. und dat.: „H. Franke 33",
verso: Titel, dat.
Historisches Museum, Frankfurt/M., Inv.-Nr. B1542
Das Bild wurde 1934 von seiten der Stadt Frankfurt/M. im Rahmen
der Künstlerhilfe erworben.
Ausstellung: 1984, Frankfurt/M., Frankfurter Sparkasse von 1822
Literatur: Verzeichnis Frankfurter Sparkasse 1984, Nr. 7; IfSG,
Mag.-Akte Nr. 6020, Bd. 1, Sign. 7857, Blatt 203; Städel Archiv, Sign.
675, Niederschrift vom 14.4.1934, S. 2.

G99 Reifes Getreide*
1933
Öl/Lwd., 23 cm x 31,5 cm; u. l. ritzsign. und dat.: „H. Franke 33",
verso: Titel, dat., „Nr. 614", „Nr. 10", „Nr. 384".
Nachlass/Museum Eschborn
Ausstellung: 1994, Montgeron/Frankreich
1999, Eschborn/Ts.
2003, Zabbar/Malta
Literatur: Kernert 1985, Nr. 75; Verzeichnis Montgeron 1994, Nr. 12;
Verzeichnis Eschborn 1999, Nr. 19

G100 Blick vom rechtsseitigen Lahnufer über das Flusstal zum Taunus
mit Schloss Schumburg*
1933
Öl/Lwd., 22 cm x 30,5 cm; u. r. sign.: „H. Franke", verso: Titel, dat.,
„Nr. 42", „Nr. 9", „Nr. 356".
Nachlass/Museum Eschborn
Literatur: Kernert 1985, Nr. 80

G101 Sommerlandschaft - Blick über die Lahnberge von Greifenberg bei
Limburg an der Lahn*
1933
Öl/Lwd., 22,5 cm x 31,5 cm; u. r. sign. und dat.: „H. Franke 33", verso:
sign.,Titel, dat., „Studie für ein von Hanfstaengel München reprod.
grosses Bild und eine Künstlerpostkarte 1936 - Das Originalbild
befindet sich in Moskau", „Nr. 640", „Nr. 50".
Nachlass/Museum Eschborn
1934 entstand ein etwas größeres Bild der gleichen Ansicht mit
Staffagefiguren. Vgl. G103
Literatur: Kernert 1985, Nr. 81

1.1.1. Landschaften 1934

G102 Sommerliche Wiesenlandschaft mit Bachlauf
1934
Öl/Lwd., 62 cm x 80 cm; u. r. sign. und dat.: „H. Franke 34",
verso: Klebezettel der Fa. J.P.Schneider
Aukth. Döbritz, Frankfurt/M., 21.10.2000
Literatur: Kat. Verst. Döbritz 140. Kunstauktion 2000, Abb. S. 8

G103 Hochsommer*
1934
Öl/Lwd., 41 cm x 63 cm; u. l. sign. und dat.: „H. Franke 34", verso: bez.
Aukth. Döbritz, Frankfurt/M., 27.5.1989
Die gleiche Ansicht, ohne Staffagefiguren, entstand im Jahr 1933.
Vgl. G101
Literatur: Kat. Verst. Döbritz, 109. Kunstauktion 1989, Abb.

G104 Sommerliche Waldidylle*
1934
Öl/Lwd., 36,5 cm x 26 cm; u. r. ritzsign. und dat.: „H. Franke 34".
Privatbesitz

G105 Frühling im Vortaunus - Blick auf den Altkönig und Kronberg*
1934
Öl/Lwd., 74 cm x 100 cm; u. l. sign. und dat.: „H. Franke 1934",
verso: Titel.
Galerie Opper Kronberg/Ts., 15.3.1998

G106 Ernte im Taunus - Sommer im Taunus
1934
Öl/Lwd., 61 cm x 81 cm; u. r. sign. und dat.: „H. Franke 1934".
Aukth. Arnold, Frankfurt/M., 26.11.1983; Aukth. Arnold, Frankfurt/M., 20.11.2003
Literatur: Kat. Verst. Arnold IV, 1983, Abb. S. 107; Kernert 1985, Nr. 83; Kat. Verst. Arnold IV, 2003, Abb. S. 73; http://www.auktionshaus-arnold.de/sites/is_katalog.php?mode=3&auction=A51, Zugriff am 20.11.2003, Abb.

G107 Frühlingstag - o. a. A.*
1934
Öl, u. l. sign. und dat.: „H. Franke 1934".
Quelle: Repro aus Nachlass/Museum Eschborn

G108 Blick zum Feldberg und Altkönig über die Niddaebene - 1934 - o. a. A.*
1934
Öl, u. l. sign.: „H. Franke".
Quelle: Repro aus Nachlass/Museum Eschborn

G109 Lahnhöhen
1934
Öl/Pappe., 22 cm x 32 cm; u. r. sign. und dat.: „H. Franke 34",
verso: Titel, sign.
Städelmuseum Frankfurt/M., Inv.-Nr. SG 584
Das Bild wurde 1936 von Seiten der Stadt Frankfurt/M. im Rahmen der Künstlerförderung erworben. Gemeinsam mit G97 kostete der Erwerb 125 RM. In der Mitteilung vom 10.2.1936 von Bürgermeister Dr. Keller an das Kulturamt ist der Wunsch Hanny Frankes vermerkt, dass die Bilder ausschließlich für die Städtische Galerie bestimmt seien.
Literatur: Kernert 1985, Nr. 82; Schweers 1994; Schulze 1998, S. 56, Abb.; IfSG, Mag. Akt. Sign. 7858, Blatt 199.

G110 Blick von der Bergener Höhe nach Osten in das Maintal - Mainlandschaft*
1934
Öl/Lwd., 44 cm x 53 cm; u. l. sign. und dat.: „H. Franke 34",
verso: „Bischofsh., Dörnigheim, Gegend um Hanau".
Historisches Museum Frankfurt/M., Inv.-Nr. B 1600
Das Bild wurde 1935 von Seiten der Stadt Frankfurt/M. im Rahmen der Künstlerförderung erworben.
Literatur: Städel Archiv, Sign. 675, Niederschrift vom 13.4.1935, S. 9.

G111 Scheidender Märztag*
1934
Öl/Lwd., 53,5 cm x 70,5 cm; u. l. sign. und dat.: „H. Franke 34",
verso: „Blick über Taunusberge".
Historisches Museum Frankfurt/M., Inv.-Nr. B 50:7
Das Bild wurde 1951 von Seiten der Stadt Frankfurt/M. im Rahmen der Künstlerförderung erworben.

G112 Frühlingslandschaft mit Dorfhäusern*
1934
Öl/Pappe., 23,5 cm x 33 cm; u. l. sign. und dat.: „H. Franke 34".
Historisches Museum Frankfurt/M., Inv.-Nr. B 85:3

G113 Westerwaldlandschaft mit Taunusblick, links oben Feldberg, unten rechts Horbach*
1934
Öl/Lwd., 20,5 cm x 31 cm; u. l. sign. und dat.: „H. Franke 34",
verso: sign., Titel, „Sommer 1934", „Nr. 566", „Nr. 12", „Nr. 357", „VE".
Nachlass/Museum Eschborn
Literatur: Kernert 1985, Nr. 88

G114 Erinnerung an die Künstlerburg Neuburg am Inn*
1934
Öl/Lwd., 19,5 cm x 26 cm; o. Bez., verso: sign., Titel, „April/Mai 1934", „Nr.835", „Nr.668", „Nr. 13".
Nachlass/Museum Eschborn
1908 wurde die Burg vom Bayerischen Verein für Volkskunst und Volkskunde (später „Bayerischer Landesverein für Heimatkunde) erworben. Das Schloss ging 1922 als Schenkung an den Münchner Kunstunterstützungsverein über und wurde als Künstlererholungsheim genutzt.
Ausstellung: 1994, Montgeron/Frankreich
         2003, Zabbar/Malta
Literatur: Birnbaum 1936; Schäffer 1979; Verzeichnis Montgeron 1994, Nr. 2

G115 Innberge nach dem Regen*
1934
Öl/Holz, 22 cm x 31 cm; u. l. ritzsign. und dat.: „H. Franke 34",
verso: Neuburg bei Passau - Inn".
Aukth. Arnold, Frankfurt/M., 13.9.1997
Literatur: Kat. Ausst. Arnold III, 1997, Abb. S. 90

G115a Innlandschaft bei Wernstein-Neuburg
1934
Öl/Lwd., 23 cm x 33 cm, u. r. sign. Und dat.: „H. Franke 34",
verso: „Innlandschaft bei Wernstein-Neuburg - Erinnerung an den Frühlingsstudien-Aufenthalt mit dem Malergrafiker Alfred Kubin. Das Zimmer auf der Neuburg a. Inn teilte ich mit meinem Kollegen Richard Biringer aus Höchst a. Main, geb. 24.4.1877, mit dem ich täglich an der schönen Main-Landschaft malte."
Privatbesitz
Ausstellung: 1940, Frankfurter Kunstverein
         1950, Frankfurter Kunstverein
         1960, Frankfurter Kunstverein
Aukth. Arnold, Frankfurt/M., 20.9.2008
Literatur: http://auktionshaus-arnold.de/detail.php?id=80448; Abb.; 22.9.2008

1.1.1. Landschaften 1935

G116 Land der roten Erde - Waldeck - Westfalen*
1935
Öl/Lwd., 22 cm x 31 cm; u. r. ritzsign. und dat.: „H. Franke 1935",
verso: Titel
Privatbesitz
Literatur: Kernert 1985, Nr. 94

G117   Waldecker Landschaft bei Sachsenberg*
        1935
        Öl/Lwd., 22,5 cm x 30 cm; u. r. sign. und dat.: „H. Franke 35",
        verso: Titel, sign., dat., „Nr. 615", „Nr. 48".
        Nachlass/Museum Eschborn
        Literatur: Kernert 1985, Nr. 93

G118   Landschaftsstudie aus Waldeck*
        1935
        Öl/Lwd., 22 cm x 30,5 cm; u. r. ritzsign. und dat.: „H. Franke 1935",
        verso: Titel, „August 1935", „Nr. 789", „Nr. 44".
        Nachlass/Museum Eschborn
        Literatur: Kernert 1985, Nr. 91

G119   Ederbergland - Waldeck bei Sachsenberg*
        1935
        Öl/Lwd., 22,5 cm x 31,5 cm; u. r. ritzsign. und dat.: „H. Franke 35",
        verso: Titel, sign., dat., „Nr. 43", „Nr. 13", „Nr. 355".
        Nachlass/Museum Eschborn
        Literatur: Kernert 1985, Nr. 95

G120   Reifes Getreide bei Berkersheim mit Russenwäldchen*
        1935
        Öl/Lwd., 22,5 cm x 31 cm; u. l. ritzsign. und dat.: „H. Franke 35",
        verso: Titel, sign., dat., „Nr. 641", „Nr. 14", „Nr. 376", „VE".
        Nachlass/Museum Eschborn
        Literatur: Kernert 1985, Nr. 90

G121   Erinnerung an Sachsenberg*
        1935
        Öl/Lwd., 10,5 cm x 14,5 cm; o. Bez., verso: Titel, sign., dat., „in der
        Mitte Michael".
        Nachlass/Museum Eschborn

G122   Eichelbachtal im Taunus bei Rod an der Weil
        1935
        Öl/Lwd., 70 cm x 60 cm, u. r. sign. und dat.: „H. Franke 35"
        Historisches Museum Frankfurt/M., Inv.-Nr. B 1621
        Das Bild wurde 1935 von Seiten der Stadt Frankfurt/M. im Rahmen
        der Künstlerförderung erworben.
        Literatur: Städel Archiv, Sign. 675, Niederschrift vom 18.5.1935, S.8.

G123   Sommerlandschaft mit Schafherde und Wiesenquelle*
        1935
        Öl/Lwd., 69 cm x 59 cm, u. r. sign. und dat.: „H. Franke 35"
        Aukth. Arnold, Frankfurt/M., 21.11.1998; Galerie Opper, Kronberg/
        Ts., Febr. 1999
        Literatur: Kat. Verst. Arnold IV, 1998, Abb. S. 94; Faltblatt Kronberg
        1999, Abb.

G124   Sommerlandschaft im Vortaunus*
        1935
        Öl/Lwd., 38 cm x 48 cm, verso: sign. und dat.: „H. Franke 1935", Titel,
        „Nr.1".
        Galerie Blehle, Seligenstadt, 28. 6. 2003

G125   Sommerliche Landschaft mit Getreidefeld*
        1935
        Öl/Lwd., 52 cm x 88 cm, u. r. trocken sign. und dat.: „H. Franke 1935"
        Privatbesitz

G126   Land der roten Erde 1935 - o. a. A.
        1935
        Öl/Lwd., 22 cm x 30,5 cm; u. r. sign.: „H. Franke".
        Quelle: Kernert 1985, Nr. 89

G127   Sommertag in Hessen-Nassau - o. a. A.
        1935
        Öl, u. r. sign. und dat.: „H. Franke 35"
        Quelle: Foto aus dem Nachlass/Museum Eschborn

1.1.1. Landschaften 1936

G128   Großer Huflattich im Westerwaldbach*
        1936
        Öl/Lwd., 15 cm x 22,5 cm; u. r. ritzsign. und dat.: „H. Franke 1936",
        verso: Titel, sign., dat., „Nr. 644", „Nr. 60".
        Nachlass/Museum Eschborn
        Literatur: Kernert 1985, Nr. 102

G129   Erinnerung an Amorbach im Vorfrühling - Bayr. Odenwald*
        1936
        Öl/Lwd., 14 cm x 21,5 cm; u. r. sign. und dat.: „H. Franke 1936",
        verso: Titel, sign., „März 1936", „Nr. 58", „Margrit z. Erinnerung".
        Nachlass/Museum Eschborn
        Literatur: Kernert 1985, Nr. 105

G130   Melibokus*
        1936
        Öl/Lwd., 22,5 cm x 31 cm; u. l. ritzsign., dat und Titel.: „H. Franke
        1936 Melibokus".
        Privatbesitz

G131   Waldeingang im Taunus bei Eppenhain*
        1936
        Öl/Lwd., 23,5 cm x 31,5 cm; u. l. ritzsign. und dat.: „H. Franke 36",
        verso: Titel, sign., dat., „Nr. 49".
        Nachlass/Museum Eschborn
        Literatur: Kernert 1985, Nr. 100

G132   Sonniger Talgrund im Odenwald bei Amorbach*
        1936
        Öl/Lwd., 23 cm x 32 cm; u. r. ritzsign. und dat.: „H. Franke 36",
        verso: Titel, sign., „März 1936", „Nr. 5".
        Nachlass/Museum Eschborn
        Ausstellung: 1960, Frankfurt/M., Kunstverein
                     1984, Frankfurt/M., Frankfurter Sparkasse von 1822
        Literatur: Manuskript Frankfurt/M. 1960; Verzeichnis Frankfurter
        Sparkasse 1984, Nr. 11; Kernert 1985, Nr. 104;

G133   Odenwaldlandschaft bei Lindenfels im März 1936*
        1936
        Öl/Lwd., 23,5 cm x 31,5 cm; u. r. ritzsign., dat und Titel.: „H. Franke
        36 Odenwald", verso: Titel.
        Privatbesitz

G134 **Vorfrühling bei Amorbach***

1936

Öl/Karton., 22 cm x 32 cm; u. l. ritzsign. und dat.: „H. Franke 36",
verso: Alter Klebezettel der Fa. J.P. Schneider, Nr. 114
Auktionshaus Döbritz, Frankfurt/M., 16.3.2002

G135 **Bergweg im Odenwald bei Lindenfels***

1936

Öl/Lwd., 22 cm x 31 cm; u. r. ritzsign., dat.: „H. Franke 36",
verso: Titel, sign, „März 1936", „Nr. 56", „Nr. 51".
Nachlass/Museum Eschborn
Literatur: Kernert 1985, Nr. 98

G136 **Feldweg bei Eschborn***

1936

Öl/Lwd., 21,5 cm x 30 cm; u. r. ritzsign., dat.: „H. Franke 36",
verso: Titel, sign, dat., „Nr. 45", „Nr. 9102", „Nr. 19".
Nachlass/Museum Eschborn, ehem. Städt. Slg. Inv.-Nr. 020
Ausstellung: 1980, Eschborn/Ts.
Literatur: Kernert 1985, Nr. 103

G137 **Erinnerungen an Berkersheim***

1936

Öl/Holz, 21,5 cm x 30 cm; u. l. ritzsign., dat. und Titel: „Erinnerung an Berkersheim H. Franke 1936", verso: Titel, dat., „Nr. 746".
Nachlass/Museum Eschborn
Literatur: Kernert 1985, Nr. 97

G138 **Vorfrühling im Odenwald***

1936

Öl/Lwd., 60 cm x 80 cm; u. l. sign. und dat.: „H. Franke 36".
Auktionshaus Döbritz, Frankfurt/M., 19.3.1988
Literatur: Kat. Verst. Döbritz, 1988, Abb.

G139 **Taunustälchen im Vorfrühling**

1936

Öl/Lwd., 60 cm x 81 cm; u. l. sign. und dat.: „H. Franke 36",
verso: sign., dat.
Auktionshaus Döbritz, Frankfurt/M., 22.5.1993
Literatur: Kat. Verst. Döbritz, 123. Kunstauktion, 1993, Abb.

G140 **Alt-Eschersheim an der Mühle***

1936

Öl/Lwd., 22 cm x 31,5 cm; u. l. ritzsign., dat.: „H. Franke 36",
verso: Titel, sign, dat., „Nr. 50", „Nr. 221/238", „Nr. 588".
Nachlass/Museum Eschborn
Ausstellung: 1999, Eschborn/Ts.
Literatur: Kernert 1985, Nr. 101; Verzeichnis Eschborn 1999, Nr. 37

G141 **Erinnerung an Amorbach***

1936

Öl/Lwd., 22 cm x 31 cm; u. l. ritzsign. und dat.: „H. Franke 36 Amorbach", verso: sign., „Ostern 1936", „Nr. 47".
Nachlass/Museum Eschborn
Literatur: Kernert 1985, Nr. 99.

G142 **Sommerlandschaft o.a.A.***

1936

Öl, Format vermutlich um 60 cm x 80 cm, u. l. sign. und dat.: „H. Franke 36".
Quelle: Kunstdruck im angegebenen Format (Privatbesitz),
Herausgeber: Hanfstängel-Verlag, um 1939; Standort des Originalgemäldes unbekannt.

1.1.1. Landschaften 1937

G143 **Bachlauf in der Rhön***

1937

Öl/Karton., 31 cm x 23 cm; u. l. ritzsign. und dat.: „H. Franke 37 Rhön".
Aukth. Arnold, Frankfurt/M., 6.6.1998
Literatur: Kat. Verst. Arnold II, 1998, Abb. S. 97

G144 **Bieberbach bei Kleinsassen – Rhön**

1937

Öl/Karton., 32 cm x 29 cm; u. l. sign. und dat.: „H. Franke 37".
Aukth. Arnold, Frankfurt/M., 26.11.1983
Literatur: Kernert 1985, Nr. 118; Kat. Verst. Arnold VI, 1983, Abb. S. 106

G145 **Quelle und Viehtränke in der Rhön bei der Milseburg – Weide von Danzwiesen***

1937

Öl/Karton., 22 cm x 31 cm; u. l. ritzsign. und dat.: „H. Franke 37 Rhön", verso: Titel, sign., dat., „Nr. 588", „Nr. 46".
Nachlass/Museum Eschborn
Literatur: Kernert 1985, Nr. 111

G146 **Vorfrühling auf dem Sachsenhäuser Berg am Friedhof***

1937

Öl/Lwd., 37 cm x 48 cm; u. r. sign. und dat.: „H. Franke 37",
verso: Rahmen sign. und dat.
Historisches Museum, Frankfurt/M., Inv.-Nr. B 1666
Das Bild wurde 1937 von Seiten der Stadt Frankfurt/M. im Rahmen der Künstlerförderung erworben.
Ausstellung: 1984, Frankfurt/M., Frankfurter Sparkasse von 1822
Literatur: Verzeichnis Frankfurter Sparkasse 1984, Nr. 9; Kernert 1985, Nr. 109;

G147 **Juniwiese mit Michael***

1937

Öl/Lwd., 22 cm x 30,5 cm; u. l. ritzsign. und dat.: „H. Franke 37",
verso: Titel, sign., dat., „Nr. 600".
Nachlass/Museum Eschborn
Literatur: Kernert 1985, Nr. 116

G148 **Morgenstimmung in den Rhönbergen – Milseburg – Danzwiesen***

1937

Öl/Lwd., 22 cm x 31 cm; u. r. ritzsign. und dat.: „H. Franke 37 Rhön",
verso: Titel, sign., dat., „Nr. 52", „Nr. 47".
Nachlass/Museum Eschborn
Literatur: Kernert 1985, Nr. 112

G149 **Blick zur hohen Rhön mit Wachküppel**

1937

Öl/Lwd., 22 cm x 31 cm; u. r. ritzsign. und dat.: „H. Franke 37 Rhön",
verso: Titel, sign., dat., „Nr. 51", „Nr. 12".
Nachlass/Museum Eschborn
Ausstellung: 1975, Eschborn/Ts.
          1984, Frankfurt/M., Frankfurter Sparkasse von 1822
Literatur: Ausst. Kat. Eschborn 1975, Nr. 12; Verzeichnis Frankfurter Sparkasse 1984, Nr. 10; Kernert 1985, Nr. 114;

G150　Sommerliche Taunuslandschaft
1937
Öl/Lwd., 65 cm x 90 cm; u. l. sign. und dat.: „H. Franke 37".
Aukth. Döbritz, Frankfurt/M., 13.5.1995
Literatur: Kat. Verst. Döbritz, 1995, Abb. S. 9

G151　Im Schwanheimer Wald bei der Unterschweinstiege*
1937
Öl/Holz., 22,5 cm x 33 cm; u. l. ritzsign. und dat.: „H. Franke 37",
verso: Titel, sign., „Mai 1937", „Nr. 795".
Nachlass/Museum Eschborn
Ausstellung: 1994, Montgeron/Frankreich
　　　　　　　2003, Zabbar/Malta
Literatur: Kernert 1985, Nr. 113; Verzeichnis Montgeron 1994; Nr. 8

G152　Im Schwanheimer Wald bei der Unterschweinstiege - o. a. A.
1937
Öl/Holz., 22 cm x 33 cm; u. sign. und dat.: „H. Franke 37".
Quelle: Kernert 1985, Nr. 117

G153　Rhön - Die Milseburg*
1937
Öl/Lwd., 22 cm x 31 cm; u. l. ritzsign. und dat.: „H. Franke 37 Rhön",
verso: Titel, sign., dat., „Nr. 53", „Nr. 56".
Nachlass/Museum Eschborn
Zu diesem Bild existiert eine Version, die für den Hanfstängel-Verlag in München als Postkarte reproduziert wurde. Die Gestaltung des Vordergrundes wurde da jedoch mit einem leicht ansteigendem Hügel auf der linken Seite kompositionell geändert. Vgl. G154. Die Ansicht der Burg von Westen hält der Maler 1958 nochmals im Aquarell fest. Vgl. A339
Literatur: Kernert 1985, Nr. 110

G154　Die Milseburg in der Rhön - o. a. A.*
1937
Öl; u. l. sign. und dat.: „H. Franke 37".
Zu diesem Bild, das für den Hanfstängel-Verlag in München als Postkarte reproduziert wurde, existiert eine Version mit leicht abgeänderter Vordergrundgestaltung. Der leicht ansteigendem Hügel auf der linken Seite fehlt. Vgl. G153.
Quelle: Postkarte aus dem Nachlass/Museum Eschborn

G155　Im Schwanheimer Wald - o. a. A.
1937
Öl/Holz, 10 cm x 15 cm; u. l. sign. und dat.: „H. Franke 37".
Quelle: Kernert 1985, Nr. 115

G156　Waldlichtung
1937
Öl/Lwd., 12,5 cm x 15,5 cm; u. l. sign. und dat.: „H. Franke 37 Rhön".
Städelmuseum Frankfurt/M., Graphische Slg. Inv.-Nr. 2380

G157　Felsen
1937
Öl/Lwd., 16 cm x 12 cm; u. r. sign. und dat.: „H. Franke 37 Rhön".
Städelmuseum Frankfurt/M., Graphische Slg. Inv.-Nr. 2382

G158　Die Milseburg vom Bieberstein aus
um 1937
Öl/Lwd., 23 cm x 31 cm, u. l. trocken sign.: „H.Franke"
Aukth. Arnold, Frankfurt/M., 4.9.2004
Literatur: Kat. Verst. Arnold 2004/III, S. 80, Abb.; http://www.auktionshaus-arnold.de/sites/is_katalog.php?mode=3&auction=A154, Zugriff am 1.9.2004, Abb.

1.1.1. Landschaften 1938

G159　Erinnerung an Kleinsassen - Rhön - Margrit auf der Bergwiese*
1938
Öl/Lwd., 22 cm x 31 cm; u. r. ritzsign. und dat.: „H. Franke 38 Rhön",
verso: Titel, sign., „Mai/Juni ´38", „Nr. 602", „VE".
Nachlass/Museum Eschborn
Literatur: Kernert 1985, Nr. 123

G160　Blühende Wiese im Taunus
1938
Öl/Karton., 24 cm x 33 cm; u. r. ritzsign. und dat.: „H. Franke 38".
Aukth. Arnold, Frankfurt/M., 9.3.1991
Literatur: Kat. Verst. Arnold I, 1991, Abb. S. 93

G161　Rhön
1938
Öl/Karton., 22 cm x 29,5 cm; u. l. sign. und dat.: „H. Franke 38".
Aukth. Arnold, Frankfurt/M., 29.11.1980
Literatur: Kat. Verst. Arnold IV, 1980, Abb. S. 136; Kernert 1985, Nr. 125;

G162　Hecke am Grüneburgpark
1938
Öl/Karton., 29,5 cm x 39,5 cm; u. l. sign. und dat.: „H. Franke 38".
Städelmuseum Frankfurt/M., Inv.-Nr. 1008
Das Bild wurde 1940 anlässlich des Geburtstages von Hanny Franke im Rahmen der Künstlerförderung von Seiten der Stadt Frankfurt/M. erworben.
Literatur: Kernert 1985, Nr. 122; Schweers 1994, S. 572; Schulze 1998, S. 56, Abb.

G163　Felsstudie - Rhön im Juli*
1938
Öl/Lwd., 22 cm x 31 cm; u. r. ritzsign. und dat.: „H. Franke 38 Rhön",
verso: Titel, sign., „Juli 1938", „Nr. 56", „Nr. 53".
Nachlass/Museum Eschborn
Literatur: Kernert 1985, Nr. 121

G164　Bergwaldlichtung - Rhön*
1938
Öl/Lwd., 23,5 cm x 32,5 cm; u. l. sign. und dat.: „H. Franke 1938",
verso: Titel, sign., dat., „Nr. 55", „Nr. 49".
Nachlass/Museum Eschborn
Ausstellung: 1996, Kleinsassen/Rhön
Literatur: Kernert 1985, Nr. 120; Ausst. Kat. Kleinsassen 1996

G165 Taunuslandschaft - Blick gegen Westen über den Kellerskopf zu den Pfalzbergen*

1938

Öl/Lwd., 21,5 cm x 31 cm; u. l. ritzsign. und dat.: „H. Franke 1938", verso: Titel, sign., „Sommer 1938", „Nr. 57", „Nr. 15", „Nr. 354".
Nachlass/Museum Eschborn
Ausstellung: 1996, Kleinsassen/Rhön
Literatur: Kernert 1985, Nr. 126; Ausst. Kat. Kleinsassen 1996

G166 Blick ins Rheintal bei Assmannshausen, von den Felsen des Prinzenkopfes - linksrheinisch

1938

Öl/Lwd., 18 cm x 22,5 cm; u. r. sign. und dat.: „H. Franke 1938", verso: Titel, sign., dat., „Nr. 806", „Nr. 24".
Nachlass/Museum Eschborn
Ausstellung: 1975, Eschborn/Ts.
1984, Frankfurt/M., Frankfurter Sparkasse von 1822
Literatur: Ausst. Kat. Eschborn 1975, Nr. 2; Verzeichnis Frankfurter Sparkasse 1984, Nr. 14; Kernert 1985, Nr. 124;

G167 Forellenbach*

1938

Öl//Lwd, 60 cm x 46 cm, u. l. ritzsign. und dat.: „H. Franke 38".
Auktionsh. Döbritz, Frankfurt/M., 29.10.2005
Literatur: Kat. Verst. Döbritz 2005, Abb. S. 6; http://www.lot-tissimo.com/start.php?PHPSESSID=217a247a130a136e112998923&cmd, Zugriff am 21.10.2005; Abb.

1.1.1. Landschaften 1939

G168 Bergquelle im Schwarzwald bei Nagold*

1939

Öl/Lwd., 15,5 cm x 23 cm; u. l. sign. und dat.: „H. Franke 1939", verso: Titel, sign., dat., „Nr. 39", „Nr. 5", „Nr. 61".
Nachlass/Museum Eschborn
Literatur: Kernert 1985, Nr. 129

G169 Waldwiese in der Rhön bei Kleinsassen - Biebertal*

1939

Öl/Lwd., 15,5 cm x 23 cm; u. l. ritzsign. und dat.: „H. Franke 1939 Rhön", verso: Titel, sign., dat., „Nr. 773", „Nr. 5", „Nr. 201".
Nachlass/Museum Eschborn
Literatur: Kernert 1985, Nr. 134

G170 Apfelbaum - aus dem Grüneburgpark*

1939

Öl/Holz., 27 cm x 22,5 cm; u. r. sign. und dat.: „H. Franke 39", verso: Titel, sign., verschlungenes Monogramm, dat., „Nr. 753".
Nachlass/Museum Eschborn
Literatur: Kernert 1985, Nr. 130

G171 Vorfrühling im Mühetal*

1939

Öl/Lwd., 15 cm x 23 cm; u. r. ritzsign. und dat.: „H. Franke 39", verso: Titel, „(Ansonisstr.)Bingen a. Rh.", „März 1939", „Nr. 772".
Nachlass/Museum Eschborn
Literatur: Kernert 1985, Nr. 133

G172 Rhön*

1939

Öl/Karton, 24 cm x 31 cm; u. r. ritzsign. und dat.: „H. Franke 1939 Rhön".
Galerie Blehle, Seligenstadt, Januar 2001

G173 Sommerliches Idyll an der Nidda*

1939

Öl/Karton, 38 cm x 28 cm; u. l. sign. und dat.: „H. Franke 1939".
Aukth. Döbritz, Frankfurt/M., 21.10.1999

G174 Stellberg - Rhön*

1939

Öl/Lwd., 23,5 cm x 16 cm; u. l. ritzsign. und dat.: „H. Franke 1939".
Privatbesitz

G175 Rhönbach im Frühling - o. a. A.*

1939

Öl/Lwd., 25 cm x 33 cm; u. r. ritzsign. und dat.: „H. Franke 1939 Rhön".
Quelle: Kernert 1985, Nr. 135; Repro aus dem Nachlass/Museum Eschborn.

G176 Odenwaldlandschaft*

1939

Öl/Lwd., 60 cm x 80 cm; u. l. sign. und dat.: „H. Franke 39".
Galerie Opper, Kronberg/Ts. Februar 1999

G177 Bachlauf in der Rhön

1939

Öl/Lwd., 24 cm x 32 cm; u. l. sign. und dat.: „H. Franke 1939".
Aukth. Arnold, Frankfurt/M., 8.9.1984
Literatur: Kat. Verst. Arnold III, 1984, Abb. S. 73; Kernert 1985, Nr. 128;

G178 Letzte Garben aus der Rhön*

1939

Öl/Lwd., 32,5 cm x 23 cm; u. r. ritzsign. und dat.: „H. Franke 1939 Rhön", verso: sign., Titel, dat., „Nr. 58", „Nr.13", „Nr. 15".
Nachlass/Museum Eschborn

G179 Sommerlandschaft mit reifem Getreide - o. a. A.*

um 1939

Öl, u. l. trocken sign.: „H. Franke"
Das Gemälde wurde 1939 vom Hanfstaengel-Verlag als Postkarte reproduziert.
Quelle/Literatur: Postkarte aus dem Nachlass/Museum Eschborn; LE II, S. 284.

G180 Wasserkuppe - o. a. A.*

um 1939

Öl, u. l. trocken sign.: „H. Franke"
Das Gemälde wurde 1939 vom Hanfstaengel-Verlag als Postkarte reproduziert.
Quelle/Literatur: Postkarte aus dem Nachlass/Museum Eschborn; LE II, S. 284.

G181 Taunusblick mit Feldberg - o. a. A.*

um 1939

Öl, u. l. trocken sign.: „H. Franke"
Das Gemälde wurde 1939 vom Hanfstaengel-Verlag als Postkarte reproduziert.
Quelle/Literatur: Postkarte aus dem Nachlass/Museum Eschborn; LE II, S. 284.

G182 Sommerlandschaft mit reifem Getreide - o. a. A.*
um 1939
Öl, u. l. trocken sign.: „H. Franke"
Das Gemälde wurde 1939 vom Hanfstaengel-Verlag als Postkarte reproduziert.
Quelle/Literatur: Postkarte aus dem Nachlass/Museum Eschborn; LE II, S. 284.

1.1.1. Landschaften 1940

G183 Bachlauf im Sommer*
1940
Öl/Karton, 32 cm x 24 cm; u. r. ritzsign.: „H. Franke 40";
Kratzspuren und Farbfehlstellen.
Autkh. Arnold, Frankfurt/M., 2.11.2001

G184 Rhönlandschaft*
1940
Öl/Lwd., 24 cm x 32 cm; u. l. ritzsign.: „H. Franke 40 Rhön".
Galerie Nüdling, Fulda, März 1999

G185 Herbst in der Rhön*
1940
Öl/Lwd., 24 cm x 32 cm; u. l. ritzsign.: „H. Franke 40 Rhön".
Privatbesitz

G186 Erntezeit im Odenwald - o.a.A.*
1940
Öl, u. r. sign.: „H. Franke 1940".
Quelle: Kunstkalender 1986, Frankfurter Sparkasse von 1822, Abb.

G187 Waldbach - Rhön*
1940
Öl/Lwd., 31 cm x 22 cm, u. r. sign. und dat.: „H. Franke 1940 Rhön", verso: Titel.
Aukth. Arnold, Frankfurt/M., 8.9.1984
Literatur: Kat. Verst. Arnold III, 1984, Abb. S. 73; Kernert 1985, Nr. 146

G188 Frühling im Odenwald*
1940
Öl/Lwd., 60 cm x 80 cm, u. l. sign.: „H. Franke", verso: dat.
Aukth. Döbritz, Frankfurt/M., 19.3.1994
Literatur: Kat. Verst. Döbritz, 1994, Abb. S. 12

G189 Im Talgrund bei Amorbach*
1940
Öl/Holz., 27 cm x 40 cm, u. l. ritzsign. und dat.: „H. Franke 40", verso: Alter Aufklebezettel der Fa. J.P. Schneider No. 111
Aukth. Döbritz, Frankfurt/M., 16.3.2002

G190 Bergbach in der Rhön - oberes Biebertal*
1940
Öl/Lwd., 22,5 cm x 32 cm, u. l. ritzsign.: „H. Franke 1940 Rhön", verso: Titel, sign., „Juni 1940", „Nr. 51".
Nachlass/Museum Eschborn
Literatur: Kernert 1985, Nr. 138

G191 Der Bieberbach in der Rhön - Kleinsassen*
1940
Öl/Lwd., 20,5 cm x 26 cm, u. r. sign.: „H. Franke 1940", verso: Titel, sign., dat., „Nr. 654", „Nr. 167".
Nachlass/Museum Eschborn
Ausstellung: 1950, Frankfurt/M., Kunstverein
Literatur: Manuskript Frankfurt/M. 1950; Kernert 1985, Nr. 142

G192 Bergquelle in der Rhön - Kleinsassen*
1940
Öl/Lwd., 31 cm x 22,5 cm, u. r. ritzsign.: „H. Franke 1940 Rhön", verso: Titel, sign., dat., „Nr. 567", „Nr. 17", „Nr. 19".
Nachlass/Museum Eschborn
Ausstellung: 1940, Frankfurt/M., J.P. Schneider
1948, Frankfurt/M., Galerie Koch
1950, Frankfurt/M., Kunstverein
1955, Frankfurt/M., Kunstverein
1960, Frankfurt/M., Kunstverein
1975, Eschborn/Ts.
1984, Frankfurt/M., Frankfurter Sparkasse von 1822
994, Montgeron/Frankreich
1999, Eschborn/Ts.
2003, Zabbar/Malta
Vom gleichen Motiv fertigte der Künstler eine Lithographie an. Vgl. DG27. Außerdem hielt er 1944 das gleiche Motiv nochmals in Öl fest. Vgl. G299 und G312.
Literatur: Manuskript Koch 1948/Nachlass; Manuskript Frankfurt/M. 1950; Manuskript Frankfurt/M. 1960, Nr. 9; Ausst. Kat. Eschborn 1975, Nr. 17; Verzeichnis Frankfurter Sparkasse 1984, Nr. 19; Kernert 1985, Nr. 140; Verzeichnis Montgeron 1994, Nr. 3; Verzeichnis Eschborn 1999, Nr. 8

G193 Waldwiese im Morgentau*
1940
Öl/Lwd., 47 cm x 64 cm, u. l. sign.: „H. Franke", verso: Titel, sign., „Mai 1940", „Nr. 19a".
Nachlass/Museum Eschborn
Ausstellung: 1948, Frankfurt/M., Galerie Koch
1950, Frankfurt/M., Kunstverein
1955, Frankfurt/M., Kunstverein
1960, Frankfurt/M., Kunstverein,
1975, Eschborn/Ts.
1984, Frankfurt/M., Frankfurter Sparkasse von 1822
1999, Eschborn/Ts.
Literatur: Manuskript Koch 1948/Nachlass; Manuskript Frankfurt/M. 1950; Manuskript Frankfurt/M. 1960, Nr. 8; Ausst. Kat. Eschborn 1975, Nr. 17; Verzeichnis Frankfurter Sparkasse 1984, Nr. 22; Kernert 1985, Nr. 147; Verzeichnis Eschborn 1999, Nr. 22

G194 Waldwiese im Morgentau - Bayr. Odenwald
1940
Öl/Lwd., 24 cm x 33 cm, u. l. sign. und dat.: „H. Franke 1940", verso: Titel, sign., „Mai 1940", „Nr. 808", „Nr. 18".
Nachlass/Museum Eschborn
Literatur: Kernert 1985, Nr.

G195　Apfelbaum am Berghang - Mainfranken*

1940
Öl/Lwd., 32 cm x 23 cm, u. l. sign.: „H. Franke", verso: Titel, sign., „1940", „Nr. 59", „Nr. 37", „Nr. 15", „Nr. 3".
Nachlass/Museum Eschborn
Ausstellung: 1975, Eschborn/Ts.
　　　　　　1984, Frankfurt/M., Frankfurter Sparkasse von 1822
Literatur: Ausst. Kat. Eschborn 1975, Nr. 17; Verzeichnis Frankfurter Sparkasse 1984, Nr. 22

G196　Erinnerung an Amorbach - Odenwald - Pfingsten*

1940
Öl/Lwd., 30,5 cm x 22 cm, u. r. ritzsign. und dat: „H. Franke 1940", verso: Titel, sign., „Nr. 60", „Nr. 71", „Nr. 27".
Nachlass/Museum Eschborn
Literatur: Kernert 1985, Nr. 149

G197　Abendliche Studie aus der Rhön*

1940
Öl/Lwd., 16 cm x 23,5 cm, u. l. ritzsign. und dat: „H. Franke 1940", verso: Titel, sign., „Herbst 1940", „Nr. 688", „Nr. 1", „Nr. 342".
Nachlass/Museum Eschborn
Literatur: Kernert 1985, Nr. 137

G198　Dorf (Enkheim) bei Frankfurt im Vorfrühling - o. a. A.*

1940
Öl/Lwd,
Die gleiche Ansicht auf Enkheim schuf der Maler im Jahr 1943 mit reduzierter Staffagefigur nochmals. Vgl. G271. Außerdem fertigte er eine Lithografie an, bei der er ganz auf Staffage verzichtete. Vgl. DG35
Literatur: Geller 1951, Abb. S. 255

G199　Wiesenbusch - o. a. A.*

vor 1940
Öl, u. l. sign.: „H. Franke".
Quelle: Repro aus dem Nachlass/Museum Eschborn; Vermerk: „1940 Ausstg. J.P. Schneider/ Bes. Slg. G. Hartmann".

G200　Blühende Obstbäume - o. a. A.*

Vor 1940
Öl,
Quelle: Repro aus dem Nachlass/Museum Eschborn; Vermerk: „1940 Ausstg. J.P. Schneider/ Bes. Slg. G. Hartmann".

1.1.1. Landschaften 1941

G201　In den Ginnheimer Wiesen im Mai 1941*

1941
Öl/Pressplatte., 26 cm x 37 cm; u. l. ritzsign. und dat.: „H. Franke 1941", verso: Titel
Privatbesitz
Literatur: Kernert 1985, Nr. 183

G202　Am Altwasser - Motiv bei Ginnheim*

1941
Öl/Lwd., 38 cm x 56 cm; u. l. sign. und dat.: „H. Franke 1941", verso: Titel
Aukth. Arnold, Frankfurt/M., 17.11.2001
Literatur: Kat. Verst. Arnold IV, Abb. S. 109; Kunstpreis Jahrbuch 2002, S. 440

G203　Wasserloch im Taunus*

1941
Öl/Karton., 27 cm x 33 cm; u. l. ritzsign. und dat.: „H. Franke 1941", verso: Aufkleber der Fa. J.P. Schneider
Aukth. Döbritz, Frankfurt/M., 17.4.1999

G204　Westerwaldlandschaft - Taunusberge*

1941
Öl/Lwd., 60 cm x 80 cm; u. l. sign. und dat.: „H. Franke 1941".
Galerie Opper, Kronberg/Ts., 15.3.1998

G205　Blick in den Hintertaunus bei Glashütten*

1941
Öl/Lwd., 24 cm x 32,5 cm; u. l. sign. und dat.: „H. Franke 1941".
Aukth. Arnold, Frankfurt/M., 26.9.1981
Literatur: Kat. Verst. Arnold III, 1981, Abb. S. 97; Kernert 1985, Nr. 158

G206　Sommerhaus an einem Wiesenhang bei Glashütten*

1941
Öl/Lwd., 31 cm x 22,5 cm; u. r. sign. und dat.: „H. Franke 1941".
Aukth. Arnold, Frankfurt/M., 26.9.1981
Literatur: Kat. Verst. Arnold III, 1981, Abb. S. 96; Kernert 1985, Nr. 170

G207　Waldlichtung in der Morgensonne

1941
Öl/Lwd., 47 cm x 36 cm; u. l. sign. und dat.: „H. Franke 1941".
Aukth. Arnold, Frankfurt/M., 15.5.1982
Literatur: Kat. Verst. Arnold II, 1982, Abb. S. 89; Kernert 1985, Nr. 159

G208　Rhönhaus - Kleinsassen*

1941
Öl/Lwd., 31 cm x 22 cm; u. l. ritzsign. und dat.: „H. Franke 1941 Rhön", verso: Titel, sign., dat., „Nr. 79", „Nr. 283".
Nachlass/Museum Eschborn
Literatur: Kernert 1985, Nr. 174

G209　Rhön - die Wasserkuppe vor einem Gewitter

1941
Öl/Lwd., 22,5 cm x 31 cm; u. l. sign.: „H. Franke Rhön", verso: Titel, sign., „Juli 1941", „Nr. 80" .
Nachlass/Museum Eschborn
Ausstellung: 1975, Eschborn/Ts.
　　　　　　1984, Frankfurt/M., Frankfurter Sparkasse von 1822
Literatur: Ausst. Kat. Eschborn 1975, Nr. 21; Verzeichnis Frankfurter Sparkasse 1984, Nr. 24; Kernert 1985, Nr. 176

G210　Holunderblüte im Mai - Grüneburgpark*

1941
Öl/Holz, 32 cm x 22,5 cm; u. l. ritzsign. und dat.: „H. Franke 1941", verso: Titel, sign., „Mai 1941", „Nr. 81", „Nr. 284".
Nachlass/Museum Eschborn
Literatur: Kernert 1985, Nr. 175

G211 Rhön - Forellenbach - o. a. A.*
1941
Öl, u. r. sign. und dat.: „H. Franke 41".
Quelle: Repro aus dem Nachlass/Museum Eschborn

G212 Blick auf den Plöckensteinsee vor der Seewand - Böhmerwald*
1941
Öl/Holz, 22,5 cm x 31,5 cm; u. r. ritzsign. und dat.: „H. Franke 1941",
verso: Titel, sign., dat., „Nr.648", „Nr. 1001".
Nachlass/Museum Eschborn
Ausstellung: 1999, Eschborn/Ts.
Literatur: Kernert 1985, Nr. 168; Verzeichnis Eschborn 1999, Nr. 20

G213 Im Mai*
1941
Öl/Lwd., 32 cm x 36 cm; u. l. sign. und dat.: „H. Franke 1941".
Aukth. Döbritz, Frankfurt/M., 16.3.2002

G214 Waldinneres
1941
Öl/Lwd., 24 cm x 31 cm; u. m. sign. und dat.: „H. Franke 1941".
Aukth. Döbritz, Frankfurt/M., 16.3.2002

G215 Herbstlicher Wiesengrund - Kleinsassen Rhön im Oktober*
1941
Öl/Lwd., 31 cm x 22,5 cm; u. r. ritzsign. und dat.: „H. Franke 1941 Rhön", verso: Titel, sign., dat., „Nr.21", „Nr. 78", „Nr. 321", „VE".
Nachlass/Museum Eschborn
Literatur: Kernert 1985, Nr. 173

G216 Urwaldstudie aus dem Böhmerwald - Erinnerung an den Dreisattel*
1941
Öl/Lwd., 31 cm x 22 cm; u. l. ritzsign. und dat.: „H. Franke 1941", verso: Titel, sign., „Sommer 1941", „Nr.646", „Nr. 21", „Nr. 1002", „Nr. 17".
Nachlass/Museum Eschborn
Literatur: Kernert 1985, Nr. 161

G217 Leuchtmoos im Urwald - Höllbachgespreng - Bayerisch-Böhmerwald*
1941
Öl/Lwd., 15 cm x 20 cm; u. r. monogr. und dat.: „H. F. 1941", verso: Titel, sign., „August 1941", „Nr. 70", „Nr. 18".
Nachlass/Museum Eschborn
Literatur: Kernert 1985, Nr. 156

G218 Blick vom Großen Falkenstein auf Rachel-Lusen und Moorberg - Bayerisch-Böhmerwald*
1941
Öl/Lwd., 27 cm x 33,5 cm; u. l. ritzsign. und dat.: „H. Franke 1941", verso: Titel, sign., „Juli/August 1941", „Nr. 64", „Nr. 35".
Nachlass/Museum Eschborn
Literatur: Kernert 1985, Nr. 151

G219 Großer Falkenstein - Bayerisch-Böhmerwald*
1941
Öl/Lwd., 22 cm x 31 cm; u. l. ritzsign. und dat.: „H. Franke 1941", verso: Titel, sign., „Juli 1941", „Nr. 66", „Nr. 24".
Nachlass/Museum Eschborn
Literatur: Kernert 1985, Nr. 179

G220 Bayerisch-Böhmerwald - Urwald im Höllbachgespreng - blühendes Alpenmilchlattich in Felsgewirr - o. a. A.
1941
Öl/Lwd., 22,5 cm x 27,5 cm; u. r. sign. und dat.: „H. Franke 1941".
Quelle: Kernert 1985, Nr. 152

G221 Bayr. Böhmerwald - Gebirgsbach - Sommer 1941 - o. a. A.
1941
Öl/Lwd., 22,5 cm x 32 cm; u. l. sign. und dat.: „H. Franke 1941".
Quelle: Kernert 1985, Nr. 177

G222 Studien aus dem Höllbachgespreng - o. a. A.
1941
Öl/Lwd., 22,5 cm x 31 cm; u. sign. und dat.: „H. Franke 1941".
Quelle: Kernert 1985, Nr. 155

G223 An der jungen Moldau - Böhmerwald - o. a. A.
1941
Öl/Lwd., 15 cm x 23,5 cm; u. l. sign. und dat.: „H. Franke 1941".
Quelle: Kernert 1985, Nr. 163

G224 Blick auf den Plöckensteinsee von der Seewand - o. a. A.
1941
Öl/Lwd., 23,5 cm x 32,5 cm; u. r. sign. und dat.: „H. Franke 1941".
Quelle: Kernert 1985, Nr. 160

G225 Bayr. Böhmerwald - Urwaldfarn und Moos 1941 - o. a. A.
1941
Öl/Lwd., 30 cm x 22,5 cm; u. l. sign. und dat.: „H. Franke".
Quelle: Kernert 1985, Nr. 153

G226 Waldstudie aus dem Bayerisch-Böhmerwald - Dreisessel
1941
Öl/Lwd., 23 cm x 16 cm; u. l. sign.: „H. Franke", verso: sign., „1941","Nr. 10".
Nachlass/Museum Eschborn

G227 Im Urwald des Höllbachgespreng - Bayerisch-Böhmerwald*
1941
Öl/Lwd., 33,5 cm x 27 cm; u. r. ritzsign.: „H. Franke 1941", verso: Titel, sign., „Juli 1941", „Nr. 72", „Nr. 1003", „VE".
Nachlass/Museum Eschborn
Literatur: Kernert 1985; Nr. 157

G228 Urwald - Höllbachgespreng - Bayerisch-Böhmerwald - Felsstudie*
1941
Öl/Lwd., 30 cm x 22,5 cm; u. l. ritzsign.: „H. Franke 1941", verso: Titel, sign., „Juli-August 1941", „Nr. 72", „Nr. 326", „Nr. 20", „VE".
Nachlass/Museum Eschborn
Literatur: Kernert 1985, Nr. 154

G229 Urwaldfelsgewirr - Höllbachgespreng - Bayerisch-Böhmerwald - Felsstudie*
1941
Öl/Lwd., 34 cm x 27 cm; u. l. ritzsign.: „H. Franke 1941", verso: Titel, sign., „Juli 1941", „Nr. 75", „Nr. 112".
Nachlass/Museum Eschborn
Literatur: Kernert 1985, Nr. 169

G230   Studie aus dem Höllbachgespreng - Urwald des Bayerisch-Böhmerwaldes*

1941

Öl/Lwd., 22,5 cm x 31 cm; u. l. ritzsign.: „H. Franke 1941", verso: Titel, sign., „Juli 1941", „Nr. 71", „Nr. 25".
Nachlass/Museum Eschborn
Ausstellung: 1984, Frankfurt/M., Frankfurter Sparkasse von 1822
Literatur: Verzeichnis Frankfurter Sparkasse 1984, Nr. 25; Kernert 1985, Nr. 162

G231   Die junge Moldau - Die Kalte*

1941

Öl/Lwd., 23 cm x 32 cm; u. l. ritzsign.: „H. Franke 1941", verso: Titel, sign., „Juli 1941", „Nr. 67".
Nachlass/Museum Eschborn
Literatur: Kernert 1985, Nr. 178

G232   Die junge Moldau*

1941

Öl/Lwd., 23 cm x 32 cm; u. l. ritzsign.: „H. Franke 1941", verso: Titel, sign., „Böhmerwald Sommer 1941 - Die kalte Moldau, Grenze Bayern-Böhmen", „Nr. 699", „Nr. 69".
Nachlass/Museum Eschborn
Ausstellung: 1994, Montgeron/Frankreich
            2003, Zabbar/Malta
Literatur: Kernert 1985, Nr. 165; Verzeichnis Montgeron 1994, Nr. 1

G233   Bayerisch-Böhmerwald mit Rachel*

1941

Öl/Lwd., 32,5 cm x 23 cm; u. l. sign.: „H. Franke 1941", verso: Notiz auf der Beschriftung „Ausstellg. 1960, 1975".
Städelmuseum Frankfurt/M., Inv.-Nr. SG 1201
Ausstellung: 1960, Frankfurt/M., Kunstverein
            1975, Eschborn/Ts.
            1984, Frankfurt/M., Frankfurter Sparkasse von 1822
Literatur: Manuskript Frankfurt/M. 1960, Nr. 37; Typoskript/?, nach 1962, Nr. 20; Ausst. Kat. Eschborn 1975, Nr. 18; Verzeichnis Frankfurter Sparkasse 1984, Nr. 20; Schweers 1994, S. 572

G234   Der Arber von Rukowitzschachten gesehen*

1941

Öl/Lwd., 22,5 cm x 31 cm; u. r. ritzsign.: „H. Franke 1941", verso: sign., Titel, „Juli 1941", „Nr. 65", „Nr. 39".
Nachlass/Museum Eschborn
Literatur: Kernert 1985, Nr. 180

G235   Bayr.- Böhmerwald - Urwaldstudie aus dem Höllbachgespreng*

1941

Öl/Lwd., 20 cm x 22,5 cm; u. r. ritzsign.: „H. Franke 41", verso: sign., Titel, dat., „Nr. 76", „Nr. 289".
Nachlass/Museum Eschborn
Literatur: Kernert 1985, Nr. 171

G236   Flussufer mit Hütte

1941

Öl/Lwd., 23,5 cm x 33 cm; u. l. sign.: „H. Franke 1941".
Aukth. Arnold, 13.9.1997

G237   Bayerisch - Böhmerwald - Urwaldfarne und Moose

1941

Öl/Lwd., 29 cm x 22 cm; u. l. ritzsign.: „H. Franke 1941
Aukth. Arnold, Frankfurt/M., 26.5.1984
Literatur: Kat. Verst. Arnold II, 1984, Abb. S. 67; Kernert 1985, Nr. 181

G238   Blühende Obstbäume*

1941

Öl/Malpappe, 39 cm x 29 cm, u. l. ritzsign. und dat.: „H. Franke 1941".
Privatbesitz

1.1.1. Landschaften 1942

G239   Landschaft

1942

Öl/Karton, 22 cm x 30 cm; u. r. sign. und dat: „H. Franke 1942".
Aukth. Arnold, Frankfurt/M., 10.3.1990
Literatur: Kat. Verst. Arnold I, 1990, Abb. S. 98

G240   Mainlandschaft*

1942

Öl/Lwd., 74 cm x 71 cm; u. r. sign.: „H. Franke 42".
Galerie Opper, Kronberg/Ts., 15.3.98

G241   Taunuslandschaft*

1942

Öl/Lwd., 61 cm x 81 cm; u. l. sign. und dat.: „H. Franke 1942".
Aukth. Döbritz, Frankfurt/M., 17.4.1999

G242   Waldlichtung

1942

Öl/Karton, 49 cm x 38 cm; u. r. sign. und dat.: „H. Franke 42".
Aukth. Döbritz, Frankfurt/M., 16.3.2002

G243   Sommerwiese*

1942

Öl/Karton, 25 cm x 19 cm; u. l. sign. und dat.: „H. Franke 42".
Aukth. Arnold, Frankfurt/M., 18.11.2000

G244   Wiesenlandschaft mit zwei Bäumen*

1942

Öl/Lwd., 24 cm x 16 cm; u. r. sign. und dat.: „H. Franke 1942".
Aukth. Döbritz, Frankfurt/M., 21.10.2000

G245   Sommerliche Flusslandschaft

1942

Öl/Lwd., 24 cm x 17 cm; u. l. ritzsign. und dat.: „H. Franke 42".
Aukth. Döbritz, Frankfurt/M., 21.10.2000

G246   An der Nidda*

1942

Öl/Lwd., 58 cm x 40 cm; u. r. sign. und dat.: „H. Franke 42".
Aukth. Döbritz, Frankfurt/M., 25.3.2000

G247   Waldstück

1942

Öl/Lwd., 15 cm x 23 cm; u. l. ritzsign. und dat.: „H. Franke 1942".
Aukth. Arnold, Frankfurt/M., 13.9.1997

G248   Sommer im Taunus*
       1942
       Öl/Lwd., 60 cm x 80 cm; u. r. sign. und dat.: „H. Franke 1942".
       Aukth. Döbritz, Frankfurt/M., 16.10.1993
       Literatur: Kat. Verst. Döbritz, 124. Kunstauktion, 1993, Abb. S. 8

G249   Die Nidda bei Ginnheim*
       1942
       Öl/Karton, 29 cm x 40 cm; u. r. ritzsign. und dat.: „H. Franke 1942".
       Aukth. Döbritz, Frankfurt/M., 24.10.1998

G250   Am Waldrand*
       1942
       Öl/Karton, 28 cm x 34 cm; u. l. ritzsign. und dat.: „H. Franke 42".
       Aukth. Döbritz, Frankfurt/M., 24.10.1998

G251   Aus dem Neckartal*
       1942
       Öl/Lwd., 32 cm x 23 cm; u. r. ritzsign. und dat.: „H. Franke 42",
       verso: Titel, „C/608", „Nr. 4".
       Privatbesitz

G252   Felsen*
       1942
       Öl/Lwd., 19 cm x 27 cm; u. l. ritzsign. und dat.: „H. Franke 1942".
       Privatbesitz

G253   Bergweg Mainfranken in Gemünden*
       1942
       Öl/Lwd., 24 cm x 34 cm; u. l. ritzsign. und dat.: „H. Franke 42",
       verso: Titel, sign., „Aug. 42", „Nr. 84".
       Privatbesitz
       Das Bild wurde vom Künstler lithographisch umgesetzt. Vgl. DG30
       Literatur: Kernert 1985, Nr. 191

G254   Sommerlicher Berghang - Mainfranken*
       1942
       Öl/Lwd., 32 cm x 22 cm; u. r. ritzsign. und dat.: „H. Franke 42",
       verso: Titel, sign, „Spätsommer 1942", „Nr. 587", „Nr. 288".
       Nachlass/Museum Eschborn
       Literatur: Kernert 1985, Nr. 186

G255   Morgensonne im Neckartal - Lindach*
       1942
       Öl/Lwd., 31,5 cm x 22,5 cm; u. r. ritzsign. und dat.: „H. Franke 42",
       verso: Titel, sign, dat., „Nr. 3", „Nr. 278".
       Nachlass/Museum Eschborn
       Literatur: Kernert 1985, Nr. 193

G256   Vorfrühling im Isartal oberhalb Grünwald*
       1942
       Öl/Lwd., 22,5 cm x 30,5 cm; u. r. ritzsign. und dat.: „H. Franke 1942",
       verso: Titel, sign, „März 1942", „Nr. 59", „Nr. 279".
       Nachlass/Museum Eschborn

G357   Ginnheimer Woog*
       1942
       Öl/Lwd., 26 cm x 44 cm; u. l. ritzsign. und dat.: „H. Franke 1942",
       verso: Titel, sign, verschlungenes Monogramm auf dem Rahmen
       Nachlass/Museum Eschborn

G258   Taunuslandschaft über den Lorsbacher Tal mit dem Rossert im Hintergrund*
       1942
       Öl/Lwd., 30,5 cm x 23 cm; u. r. ritzsign. und dat.: „H. Franke 42",
       verso: Titel, sign, „Mai 42", „Nr. 22", „Nr. 87", „Nr. 359", „VE".
       Nachlass/Museum Eschborn
       Ausstellung: 1999, Eschborn/Ts.
       Literatur: Kernert 1985, Nr. 194; Verzeichnis Eschborn 1999, Nr. 36

G259   Berghang über dem Neckar bei Lindach*
       1942
       Öl/Lwd., 31 cm x 22 cm; u. r. ritzsign. und dat.: „H. Franke 42",
       verso: Titel, sign, „August 1942", „Nr. 85", „Nr. 41".
       Nachlass/Museum Eschborn
       Literatur: Kernert 1985, Nr. 192

G260   Brombeerranken
       1942
       Öl/Lwd., 18 cm x 25 cm; u. r. sign. und dat.: „H. Franke 42".
       Städelmuseuem Frankfurt/M., Inv.-Nr. 2943

G261   Frühlingslandschaft*
       um 1942
       Öl/Lwd., 60 cm x 79 cm; u. r. sign.: „H. Franke".
       Datierung aufgrund des Vergleiches mit „Vorfrühling o. a. A.",
       Vgl. G262
       Privatbesitz

G262   Vorfrühling - o. a. A.*
       1942
       Öl, u. l. sign. und dat.: „H. Franke 1942".
       Ausstellung: 1942, München, Haus der Kunst, Große Deutsche Kunstausstellung
       Das Gemälde wurde vom Verlag Heinrich Hoffmann reproduziert.
       Literatur: LE IV, S. 168; Ausst. Kat. Ergänzung 1942, Nr. 139

G263   Felsenquelle - o. a. A.*
       1942
       Öl/Lwd., 17 cm x 26 cm; u. l. sign. und dat.: „H. Franke 42".
       Aukth. Döbritz, Frankfurt/M., 23.3.1985
       Quelle: Kernert 1985, Nr. 185

G264   Ginnheimer Woog im März - o.a.A.*
       1942
       Öl/(?), u. l. trocken sign. und dat.: „H. Franke 1942".
       Quelle: Hanny Frankes persönliches Fotoalbum, Abb.

G265   Bachlauf*
       1942
       Öl/Hartfaserplatte, 35 cm x 26,5 cm, u. r. ritzsign. und dat.:
       „H. Franke 1942".
       Privatbesitz

1.1.1. Landschaften 1943

G266   Rhön - Bieberbachtal bei Kleinsassen*
       1943
       Öl/Lwd., 22,5 cm x 31,5 cm; u. r. sign. und dat.: „H. Franke 43 Rhön",
       verso: Titel, sign., „Juni 1943", „Nr. 93", „Nr. 280".
       Nachlass/Museum Eschborn
       Literatur: Kernert 1985, Nr. 208

G267 **Waldbach in der Rhön***
1943
Öl/Lwd., 22 cm x 31 cm; u. r. sign. und dat: „H. Franke 43",
verso: Titel, sign., dat., „Nr. 619", „Nr. 277".
Nachlass/Museum Eschborn
Literatur: Kernert 1985, Nr. 198

G268 **Märztag mit Schafen***
1943
Öl/Holz, 24,5 cm x 37 cm; u. l. ritzsign. und dat: „H. Franke 43",
verso: „Vorfrühlingslandschaft mit Schafen", „Märztag mit
Schafen", sign., dat., „Nr. 101", „Nr.1", „Nr. 30".
Nachlass/Museum Eschborn
Ausstellung: 1948, Frankfurt/M., Galerie Koch
1950, Frankfurt/M., Kunstverein
1960, Frankfurt/M., Kunstverein
1984, Frankfurt/M., Frankfurter Sparkasse von 1822
Literatur: Manuskript Koch 1948/Nachlass, Nr. 4; Manuskript
Frankfurt/M 1950, Nr. 1; Manuskript Frankfurt/M. 1960, Nr. 1;
Verzeichnis Frankfurter Sparkasse 1984, Nr. 30; Kernert 1985, Nr. 203

G269 **Aus der Rhön - Kleinsassen***
1943
Öl/Holz, 24 cm x 32 cm; u. l. ritzsign. und dat: „H. Franke 43",
verso: Titel, sign., „Juni", „Nr. 92".
Nachlass/Museum Eschborn
Ausstellung: 1996, Kleinsassen/Rhön
Literatur: Kernert 1985, Nr. 209; Ausst. Kat. Kleinsassen 1996,
Abb. S. 141

G270 **Rhön - Erinnerung an Kleinsassen***
1943
Öl/Lwd., 23 cm x 15,5 cm; u. r. ritzsign. und dat: „H. Franke 43",
verso: Titel, sign., dat., „Nr. 94", „Nr. 2", „Nr. 20".
Nachlass/Museum Eschborn
Literatur: Kernert 1985, Nr. 207

G271 **Enkheim***
1943
Öl/Holz, 23,5 cm x 33,5 cm; u. r. sign. und dat: „H. Franke 43",
verso: Titel,, dat., „Nr.573", „Nr. 34".
Nachlass/Museum Eschborn
Von diesem Bild fertigte der Maler eine lithographische Fassung an.
Vgl. DG35. Die gleiche Ansicht auf Enkheim hielt er außerdem im
Jahr 1940 fest. Vgl. G198.
Literatur: Kernert 1985, Nr. 204

G272 **Bergwiese - Vorarlberg***
1943
Öl/Lwd., 22,5 cm x 31,5 cm; u. r. ritzsign. und dat: „H. Franke 43".
Nachlass/Museum Eschborn
Literatur: Kernert 1985, Nr. 198

G273 **Die Mörzelspitze - Vorarlberg**
1943
Öl/Lwd., 24,5 cm x 37 cm; u. r. sign.: „H. Franke", verso: Titel, sign.,
„August 1943", „Nr. 99", „Nr. 5".
Nachlass/Museum Eschborn
Literatur: Kernert 1985, Nr. 199

G274 **Aus dem Vorarlberg - Blick ins Hochrheintal - St. Galler Land***
1943
Öl/Lwd., 22,5 cm x 31,5 cm; u. r. ritzsign. und dat: „H. Franke 43",
verso: Titel, sign., dat., „Nr. 612", „Nr. 33".
Nachlass/Museum Eschborn
Literatur: Kernert 1985, Nr. 197

G275 **Vorarlberg - Blick in die Ruppenbachklamm**
1943
Öl/Lwd., 22 cm x 31 cm; u. r. sign. und dat: „H. Franke 43",
verso: Titel, sign., dat., „Nr. 98", „Nr. 28".
Nachlass/Museum Eschborn
Ausstellung: 1975, Eschborn/Ts.
1984, Frankfurt/M., Frankfurter Sparkasse von 1822
Literatur: Ausst. Kat. Eschborn 1975, Nr. 25; Verzeichnis Frankfurter Sparkasse 1984, Nr. 28; Kernert 1985, Nr. 195

G276 **Haus im Vorarlberg - Kehlegg bei Dornbirn***
1943
Öl/Lwd., 18,5 cm x 19 cm; u. r. ritzsign.: „H. Franke", verso: Titel,
sign., „1943", „Nr. 665", „Nr. 21", „Nr. 16".
Nachlass/Museum Eschborn

G277 **Sonne im Wald**
1943
Öl/Lwd., 46 cm x 37 cm; u. r. sign. und dat: „H. Franke 1943".
Aukth. Arnold, Frankfurt/M., 16.11.1996
Literatur: Kunstpreis Jahrbuch 1997, S. 529

G278 **Bachstudie***
1943
Öl/Lwd., 22 cm x 32 cm; u. r. sign. und dat: „H. Franke 43".
Aukth. Döbritz, Frankfurt/M., 16.3.2002

G279 **Sommerlandschaft***
1943
Öl/Lwd., 34 cm x 44 cm; u. l. ritzsign. und dat: „H. Franke 43".
Aukth. Döbritz, Frankfurt/M., 25.10.1997

G280 **Im Vorarlberg***
1943
Öl/Lwd., 23 cm x 32,5 cm; u. l. ritzsign. und dat: „H. Franke 43".
Privatbesitz

G281 **Alpenlandschaft**
1943
Öl/Karton, 25 cm x 34 cm; u. r. sign. und dat: „H. Franke 43".
Aukth. Arnold, Frankfurt/M., 14.6.1986
Literatur: Kat. Verst. Arnold II, Abb. S. 88

G282 **Vortaunus mit Feldberg**
1943
Öl/Karton, 28 cm x 37 cm; u. l. ritzsign. und dat: „H. Franke 43".
Aukth. Arnold, Frankfurt/M., 3.7.2000
Literatur: Kat. Verst. Arnold II, 2000, Abb. S. 94

G283 **Landschaft bei Dornbirn***
1943
Öl/Karton, 27 cm x 34 cm; u. r. ritzsign. und dat: „H. Franke 43".
Aukth. Döbritz, Frankfurt/M., 21.10.2000

G284   Birke im März
1943
Öl/Lwd., 35 cm x 25 cm; u. r. sign.: „H. Franke".
Privatbesitz
Ausstellung: 1948, Frankfurt/M., Galerie Koch
1950, Frankfurt/M., Kunstverein
1960, Frankfurt/M., Kunstverein
1975, Eschborn/Ts.
1984, Frankfurt/M., Frankfurter Sparkasse von 1822
Literatur: Manuskript Koch 1948/Nachlass, Nr. 8; Manuskript Frankfurt/M 1950, Nr. 18; Manuskript Frankfurt/M. 1960, Nr. 11; Ausst. Kat. Eschborn 1975, Nr. 26; Verzeichnis Frankfurter Sparkasse 1984, Nr. 29; Kernert 1985, Nr. 200

G285   Bachstudie*
um 1943
Öl/Karton, 16 cm x 26 cm; u.l. monogr.: „H. F.".
Aukth. Döbritz, Frankfurt/M., 24.10.1998; Aukth. Döbritz, Frankfurt/M., 17.4.1999
Vom Bildaufbau her ist die Arbeit mit der „Bachstudie" vergleichbar. Vgl.G278

G286   Grüneburgpark*
zwischen 1936 und 1943
Öl/Lwd., 60 cm x 80 cm; u. l. sign.: „H. Franke".
Privatbesitz
Das Bild zeigt dem Blick in den Grüneburgpark von einem Balkon im ersten Stock eines Wohnhauses in der Sebastian-Rinz-Straße. Laut Auskunft des Bildeigentümers entstand das Gemälde zwischen 1936 und 1943.

G287   Blühender Schleedorn am Ginnheimer Woog – o. a. A.
1943
Öl/Pappe, 26,5 cm x 35 cm; u. l. sign. und dat.: „H. Franke 43".
Quelle: Kernert 1985, Nr. 201

G288   Maiwiese am frühen Morgen 1943 – o. a. A.
1943
Öl/Lwd., 24 cm x 35 cm; u. r. sign.: „H. Franke".
Quelle: Kernert 1985, Nr. 202

G289   Sumpfwiese mit Pestwurz – o. a. A.
1943
Öl/Lwd., 22,5 cm x 30,5 cm; u. l. sign. und dat.: „H. Franke 43".
Quelle: Kernert 1985, Nr. 206

1.1.1. Landschaften 1944

G290   Baumstudie im Taunus*
1944
Öl/Karton, 27 cm x 36 cm; u. r. ritzsign. und dat.: „H. Franke 44".
Aukth. Döbritz, Frankfurt/M., 24.10.1998

G291   Sommerliche Taunuslandschaft*
1944
Öl/Lwd., 33 cm x 23 cm; u. r. ritzsign. und dat.: „H. Franke 44".
Aukth. Döbritz, Frankfurt/M., 21.10.2000

G292   Vorfrühling im Taunus
1944
Öl/Karton, 31 cm x 22 cm; u. r. sign. und dat: „H. Franke 44".
Aukth. Arnold, Frankfurt/M., 14.3.1981
Literatur: Kat. Verst. Arnold I, 1981, Abb. S. 113

G293   Landschaft mit Staffagen*
1944
Öl/Lwd., 59 cm x 79 cm; u. l. sign. und dat: „H. Franke 44".
Aukth. Arnold, Frankfurt/M., 5.3.1988
Literatur: Kat. Verst. Arnold I, 1988, Abb. S. 93

G294   Blühende Bäume im Wiesengrund – o. a. A.
1944
Öl/Karton, 27 cm x 36 cm; u. r. sign. und dat: „H. Franke 1944".
Quelle: Repro aus dem Nachlass/Museum Eschborn

G295   Die Jul-Eiche in Willingshausen in der Schwalm*
1944
Öl/Lwd., 30,5 cm x 23 cm; u. l. sign. und dat: „H. Franke 44 Willingshausen".
Nachlass/Museum Eschborn
Literatur: Kernert 1985, Nr. 221

G296   Der Gänsesteg über die Antrifft Willingshausen – Schwalmgebiet*
1944
Öl/Lwd., 24 cm x 33 cm; u. r. sign. und dat: „H. Franke 44",
verso: sign., „Mai 1944", Titel, „Erinnerung an d. Studienfahrt mit dem Bremer Architekten und Maler Eberhard Gildemeister", „Nr. 109", „Nr. 29".
Nachlass/Museum Eschborn

G297   Sonnenuntergang – Rhön oberes Biebertal*
1944
Öl/Lwd., 16 cm x 23 cm; u. r. ritzsign.: „H. Franke", verso: Titel, sign., „Sommer 1944", „Nr. 578", „Nr. 190".
Nachlass/Museum Eschborn
Literatur: Kernert 1985, Nr. 222

G298   Rhönlandschaft im Regen – Kleinsassen*
1944
Öl/Lwd., 22,5 cm x 30,5 cm; u. r. ritzsign.: „H. Franke 44",
verso: Titel, sign., dat., „Nr. 107", „Nr. 177".
Nachlass/Museum Eschborn
Literatur: Kernert 1985, Nr. 219

G299   Felsenquelle – Kleinsassen Rhön*
1944
Öl/Lwd., 21,5 cm x 32,5 cm; u. r. ritzsign.: „H. Franke 44",
verso: Titel, sign., „Sept. 1944", „Nr. 105", „Nr. 36".
Nachlass/Museum Eschborn
Vom gleichem Motiv fertigte der Maler eine Lithographie. Vgl. DG27; Außerdem hielt er die Felsenquelle in zwei Ölbildern 1940, vgl. G192 und um 1944 vgl. G312 fest.
Literatur: Kernert 1985, Nr. 217

G300   Bergwiese – Rhön*
1944
Öl/Lwd., 23 cm x 32,5 cm; u. r. ritzsign.: „H. Franke 44", verso: Titel, sign., „Sommer 1944", „Nr. 108", „Nr. 32", „Nr. 11".
Nachlass/Museum Eschborn
Ausstellung: 1984, Frankfurt/M., Frankfurter Sparkasse von 1822
Literatur: Verzeichnis Frankfurter Sparkasse 1984, Nr. 32

G301 Biebertal - Rhön im Regen
1944
Öl/Lwd., 23 cm x 31 cm; u. r. ritzsign.: „H. Franke 44".
Städelmuseum Frankfurt/M., Inv.-Nr. 1202
Ausstellung: 1960, Frankfurt/M., Kunstverein
1975, Eschborn/Ts.
1984, Frankfurt/M., Frankfurter Sparkasse von 1822
Literatur: Manuskript Frankfurt/M. 1960, Nr. 38; Ausst. Kat. Eschborn 1975, Nr. 27; Verzeichnis Frankfurter Sparkasse 1984, Nr. 21; Schweers 1994, S. 572

G302 Sommerwiese*
1944
Öl/Lwd., 25 cm x 37 cm; u. r. sign. und dat.: „H. Franke 44".
Aukth. Arnold, Frankfurt/M., 7.6.1997
Literatur: Kat. Verst. Arnold II, 1997, Abb. S. 69; Kunstpreis Jahrbuch 1997, S. 529

G303 Feldweg im Vorfrühling
1944
Öl/Lwd., 23 cm x 32 cm; u. l. ritzsign. und dat.: „H. Franke 44".
Aukth. Arnold, Frankfurt/M., 23.11.2002
Literatur: Kat. Verst. Arnold IV, 2002, Abb. S. 92

G304 Pestwurz am Rhönbach*
1944
Öl/Lwd., 36 cm x 26,5 cm; u. l. ritzsign.: „H. Franke 44", verso: Titel, sign., dat., „Nr. 106", „Nr. 35".
Nachlass/Museum Eschborn
Ausstellung: 1996, Kleinsassen/Rhön
1984, Frankfurt/M., Frankfurter Sparkasse von 1822
Literatur: Verzeichnis Frankfurter Sparkasse 1984, Nr. 35; Kernert 1985, Nr. 218; Ausst. Kat. Kleinsassen 1996

G305 Pestwurz am Rhönbach*
1944
Öl/Lwd., 36,5 cm x 26,5 cm; u. r. ritzsign.: „H. Franke 44".
Privatbesitz

G306 Rhönlandschaft*
zwischen 1937 und 1944
Öl/Lwd., 16 cm x 23,5 cm; u. l. ritzsign.: „H. Franke".
Privatbesitz
Laut Auskunft des Bildeigentümers erwarb die Familie das Bild vor 1945. Von diesem Bild existiert eine Fassung als aquarellierte Lithographie. Vgl. DG36

G307 Getreidegebinde*
zwischen 1937 und 1944
Öl/Lwd., 15 cm x 12 cm; u. l. monogr.: „H. F.".
Privatbesitz
Laut Auskunft des Bildeigentümers erwarb die Familie das Bild vor 1945.

G308 Oberes Biebertal - Blick Richtung Bieberstein*
zwischen 1937 und 1944
Öl/Lwd., 15,5 cm x 18 cm; u. l. ritzsign.: „H. Franke".
Privatbesitz
Laut Auskunft des Bildeigentümers erwarb die Familie das Bild vor 1945.

G309 Frühling - Rhön*
zwischen 1937 und 1944
Öl/Lwd., 21,5 cm x 15,5 cm; u. r. ritzsign.: „H. Franke".
Privatbesitz
Laut Auskunft des Bildeigentümers erwarb die Familie das Bild vor 1945.

G310 Milseburg vom Biebertal
zwischen 1937 und 1944
Öl/Lwd., 17,5 cm x 14,5 cm; u. r. ritzsign.: „H. Franke".
Privatbesitz
Laut Auskunft des Bildeigentümers erwarb die Familie das Bild vor 1945.

G311 Bieberbach - Landschaft*
zwischen 1937 und 1944
Öl/Lwd., 16 cm x 23,5 cm; u. r. ritzsign.: „H. Franke".
Privatbesitz
Laut Auskunft des Bildeigentümers erwarb die Familie das Bild vor 1945.

G312 Die Quelle*
zwischen 1937 und 1944
Öl/Karton, 32 cm x 23 cm; u. l. sign.: „H. Franke".
Aukth. Arnold, Frankfurt/M., 5.3.1994
Zum gleichem Bildmotiv existiert eine Lithographie, die vor 1945 entstand. Vgl. DG27. Das gleiche Motive hielt der Künstler außerdem 1940, vgl. G192 und 1944, vgl. G299, in Öl fest.
Literatur: Kat. Verst. Arnold I, 1994, Abb. S. 86; Kunstpreis Jahrbuch 1994, S Abb. S. 531

G313 Felssteine im Grünen*
zwischen 1937 und 1944
Öl/Lwd., 22,5 cm x 32 cm; u. r. ritzsign.: „H. Franke".
Nachlass/Museum Eschborn

1.1.1. Landschaften 1945

G314 Baumgruppe am Ginnheimer Wäldchen*
1945
Öl/Karton, 24 cm x 31 cm; u. r. sign. und dat: „H. Franke 45", verso: Titel, sign., „Mai 1945", „Nr. 112", „Nr. 274".
Nachlass/Museum Eschborn
Literatur: Kernert 1985, Nr. 228

G315 Herbststudie am Ginnheimer Wald*
1945
Öl/Lwd., 23,5 cm x 16,5 cm; u. l. ritzsign. und dat: „H. Franke 45", verso: Titel, sign., dat., „Nr. 114", „Nr. 176", „Nr. 22".
Nachlass/Museum Eschborn
Literatur: Kernert 1985, Nr. 226

G316 Schwanheimer Eichen*
1945
Öl/Lwd., 27 cm x 33 cm; u. r. ritzsign. und dat: „H. Franke 45".
Städelmuseum Frankfurt/M., Inv.-Nr. C 40991
Literatur: Franke 1957

G317 Alte Weiden bei Ginnheim*
1945
Öl/Karton, 40 cm x 31 cm; u. l. sign. und dat: „H. Franke 45".
Aukth. Arnold, Frankfurt/M., 6.3.1976
Literatur: Kat. Verst. Arnold, März 1976, Abb. S. 31; Kernert 1985, Nr. 231

G318 Spätherbst - Motiv bei Ginnheim*
1945
Öl/Holz, 28 cm x 40 cm; u. l. sign. und dat: „H. Franke 45".
Aukth. Döbritz, Frankfurt/M., 20.9.1986
Literatur: Kat. Verst. Döbritz, 1986, Abb.

G319 Alte Weide an der Ginnheimer Woog*
1945
Öl/Lwd., 26 cm x 36 cm; u. l. ritzsign. und dat: „H. Franke 45",
verso: Titel, sign, „Nr. 111".
Privatbesitz
Literatur: Kernert 1985, Nr. 229

G320 Sommerlandschaft*
1945
Öl/Lwd., 30 cm x 40 cm; u. l. sign. und dat: „H. Franke 45".
Galerie Opper, Kronberg/Ts., Juni 1973; Aukth. Arnold, Frankfurt/M., 11. März 2006
Literatur: www.auktionshaus-arnold.de/katalog.php?myaction=aukt&auktion=28&searchtype=bytext&search=Franke&mysubmit=suche; Zugriff am 7. 3. 2006

G321 Sommerstimmung von Schmitten gesehen*
1945
Öl/Karton, 21 cm x 30 cm; u. l. sign.: „H. Franke", verso: Titel, „1945".
Aukth. Arnold, Frankfurt/M., 16.3.1985
Literatur: Kernert 1985, Nr. 230; Kat. Verst. Arnold I, 1985, Abb. S. 64

G322 Wintertag*
1945
Öl/Lwd., 34 cm x 26 cm, u. l. trocken sign. und dat.: „H. Franke 1945".
Privatbesitz
Literatur: Kunstkalender 1986, Frankfurter Sparkasse, Abb.

G323 Im Weidenbruch - o. a. A.*
1945
Öl, u. l. sign. und dat: „H. Franke 45".
Quelle: Repro aus dem Nachlass/Museum Eschborn

G324 Früher Maimorgen am Wiesenbach - Ginnheimer Woog 1945- o. a. A.
1945
Öl/Lwd., 34,5 cm x 26,5 cm, u. l. sign.: „H. Franke".
Quelle: Kernert 1985, Nr. 227

1.1.1. Landschaften 1946

G325 Frühling im Reichenbachtal - Odenwald - unterhalb der Burg Lichtenberg*
1946
Öl/Lwd., 32,5 cm x 23 cm; u. r. ritzsign. und dat: „H. Franke 1946".
Nachlass/Museum Eschborn
Literatur: Kernert 1985, Nr. 247

G326 Blick vom Schackauer Berg auf die Milseburg - Rhön*
1946
Öl/Lwd., 33,5 cm x 25,5 cm; u. l. ritzsign.: „H. Franke", verso: Titel, sign., „1946", „Nr. 121", „Nr. 4".
Nachlass/Museum Eschborn
Literatur: Kernert 1985, Nr. 244

G327 Bergbächlein im Frühling - Kleinsassen*
1946
Öl/Lwd., 30 cm x 22 cm; u. l. ritzsign. und dat. „H. Franke 46", verso: Titel, sign., „April 1946", „Nr. 119", „Nr. 270".
Nachlass/Museum Eschborn
Literatur: Kernert 1985, Nr. 246

G328 Blick zur Bergstrasse mit Melibokus vom Hessischen Ried*
1946
Öl/Lwd., 19 cm x 29,5 cm; u. r. ritzsign. und dat. „H. Franke 1946", verso: Titel, sign., „Juni 1946", „Nr. 116", „Nr. 9".
Nachlass/Museum Eschborn
Literatur: Kernert 1985, Nr. 234

G329 Aus dem Frankfurter Stadtwald*
1946
Öl/Lwd., 35 cm x 24,5 cm; u. l. ritzsign.: „H. Franke", verso: Titel, sign., „Juni 1946", „Nr. 131", „Nr. 340".
Nachlass/Museum Eschborn
Literatur: Kernert 1985, Nr. 249

G330 Herbstlicher Waldrand bei Ginnheim*
1946
Öl/Lwd., 31,5 cm x 22,5 cm; u. r. sign. und dat.: „H. Franke 46", verso: Titel, sign., „Nr. 23", „Nr. 322", „VE".
Nachlass/Museum Eschborn
Literatur: Kernert 1985, Nr. 253

G331 Forellenbach in der Rhön - Bieberbach bei Kleinsassen*
1946
Öl/Lwd., 35 cm x 33 cm; u. r. ritzsign. und dat.: „H. Franke 46", verso: Titel, sign., „Sommer 1946", „Nr. 613".
Nachlass/Museum Eschborn
Ausstellung: 1948, Frankfurt/M., Galerie Koch
1949, Bingen/Rh.
1999, Eschborn/Ts.
Literatur: Manuskript Koch 1984/Nachlass, Nr. 36; Typoskript Bingen 1949, Nr. 16; Kernert 1985, Nr. 266; Verzeichnis Eschborn 1999, Nr. 28

G332 Herbstlicher Waldwiesengrund in der Rhön*
1946
Öl/Lwd., 24,5 cm x 32 cm; u. r. ritzsign. und dat.: „H. Franke 1946", verso: Titel, sign., „Oktober 1946", „Nr. 793", „Nr. 14".
Nachlass/Museum Eschborn
Literatur: Kernert 1985, Nr. 261

G333 Blick ins Biebertal - Rhön*
1946
Öl/Lwd., 19,5 cm x 27 cm; u. r. ritzsign. und dat.: „H. Franke 1946", verso: Titel, sign., dat., „Nr. 653", „Nr. 40".
Nachlass/Museum Eschborn
Literatur: Kernert 1985, Nr. 237

G334 Steinstudie eines Rhönbaches im Mai - unterhalb der Milseburg*
1946
Öl/Lwd., 31 cm x 26 cm; u. l. ritzsign. und dat.: „H. Franke 1946",
verso: Titel, sign., dat., „Nr. 125", „Nr. 1".
Nachlass/Museum Eschborn
Literatur: Kernert 1985, Nr. 256

G335 Frühling - Studie aus der Rhön*
1946
Öl/Lwd., 19 cm x 16 cm; u. l. sign. und dat.: „H. Franke 1946",
verso: Titel, sign., dat., „Nr. 675", „Nr. 23".
Nachlass/Museum Eschborn
Literatur: Kernert 1985, Nr. 236

G336 Frühlingshügel in der Abendsonne - Kleinsassen Rhön*
1946
Öl/Lwd., 22 cm x 31,5 cm; u. l. ritzsign. und dat.: „H. Franke 1946",
verso: Titel, sign., dat., „Nr. 658", „Nr. 38".
Nachlass/Museum Eschborn
Ausstellung: 1975, Eschborn/Ts.
          1984, Frankfurt/M., Frankfurter Sparkasse von 1822
Literatur: Ausst. Kat. Eschborn 1975, Nr. 33; Verzeichnis Frankfurter Sparkasse 1984, Nr. 38; Kernert 1985, Nr. 235

G337 Berghang im Vorfrühling - Rhön*
1946
Öl/Lwd., 31,5 cm x 22 cm; u. r. ritzsign. und dat.: „H. Franke 46",
verso: Titel, sign., „März 1946", „Nr. 120", „Nr. 272".
Nachlass/Museum Eschborn
Literatur: Kernert 1985, Nr. 245

G338 Alte Weide in Hessischen Ried bei Biblis*
1946
Öl/Lwd., 18 cm x 12 cm; u. r. ritzsign. und dat.: „H. Franke 46",
verso: Titel, sign., „Juni 1946", „Nr. 705", „Nr. 19".
Nachlass/Museum Eschborn
Literatur: Kernert 1985, Nr. 239

G339 Waldtümpel im Hessischen Ried bei Biblis*
1946
Öl/Lwd., 12 cm x 18 cm; u. l. ritzsign. und dat.: „H. Franke 1946",
verso: Titel, sign., „Juni 1946", „Nr. 774", „Nr. 6", „Nr. 59".
Nachlass/Museum Eschborn
Literatur: Kernert 1985, Nr. 262

G340 Pestwurz am Waldeck in der Rhön*
1946
Öl/Lwd., 25 cm x 31,5 cm; u. r. ritzsign. und dat.: „H. Franke 1946".
Nachlass/Museum Eschborn
Ausstellung: 1975, Eschborn/Ts.
          1984, Frankfurt/M., Frankfurter Sparkasse von 1822
Literatur: Ausst. Kat. Eschborn 1975, Nr. 32; Verzeichnis Frankfurter Sparkasse 1984, Nr. 37; Kernert 1985, Nr. 242

G341 Südliche Parkecke des Rödelheimer Schlosses*
1946
Öl/Lwd., 24,5 cm x 32,5 cm; u. r. ritzsign. und dat.: „H. Franke 1946".
Nachlass/Museum Eschborn
Literatur: Kernert 1985, Nr. 268

G342 Streitplacken bei Eschborn*
1946
Öl/Pappe, 17,5 cm x 26 cm; u. r. ritzsign. und dat.: „H. Franke 22.8.1946".
Privatbesitz

G343 Frühling in den Ginnheimer Wiesen - 1946*
1946
Öl/Lwd., 26 cm x 35 cm; u. l. ritzsign. und dat.: „H. Franke 22.8.1946".
Privatbesitz
Literatur: Kernert 1985, Nr. 254

G344 Alter Baumstamm*
1946
Öl/Lwd., 18,5 cm x 13,5 cm; u. l. ritzsign. und dat.: „H. Franke 46".
Privatbesitz

G345 Im Weidenbruch zwischen Hausen und Praunheim*
1946
Öl/Lwd., 32,5 cm x 26,5 cm; u. l. ritzsign. und dat.: „H. Franke 1946",
verso: „Nr. 130".
Privatbesitz
Literatur: Kernert 1985, Nr. 250

G346 Maiwiese bei Ginnheim*
1946
Öl/Lwd., 26,5 cm x 33 cm; u. l. ritzsign. und dat.: „H. Franke 1946",
verso: „Nr. 129", „Nr. 65".
Privatbesitz
Literatur: Kernert 1985, Nr. 240

G347 Maiwiese am frühen Morgen - Ginnheim*
1946
Öl/Lwd., 24 cm x 35 cm; u. r. ritzsign.: „H. Franke", verso: Titel, sign., dat., „Nr. 103", „Nr. 13".
Nachlass/Museum Eschborn

G348 Bieberbach bei Kleinsassen im Vorfrühling*
1946
Öl/Lwd., 18,5 cm x 26 cm; u. r. ritzsign. und dat.: „H. Franke 46",
verso: „Nr. 769".
Privatbesitz
Literatur: Kernert 1985, Nr. 263

G349 Im Herbstwald
1946
Öl/Lwd., 22 cm x 32 cm; u. l. sign. und dat.: „H. Franke 46", verso: Titel.
Aukth. Arnold, Frankfurt/M., 28.5.1983
Literatur: Ausst. Kat. Arnold II, 1983, Abb. S. 81; Kernert 1985, Nr. 243

G350 Stellberg in der Rhön - o. a. A.*
1946
Öl/Lwd., 22 cm x 32 cm; u. l. ritzsign. und dat.: „H. Franke 46".
Literatur: Kat. Ausst. Eschborn 1975, Nr. 31, Abb.; Kernert 1985, Nr. 243; Repro aus dem Nachlass/Museum Eschborn

G351 Drei blühende Bäume - o. a. A.*
1946
Öl/Lwd., 32 cm x 24 cm; u. r. sign. und dat.: „H. Franke 46".
Quelle: Repro aus dem Nachlass/Museum Eschborn

G352　　Vorfrühling in der Rhön - Blick zum Vogelsberg - o. a. A.
1946
Öl/Lwd., 22 cm x 31 cm; u. r. sign. und dat.: „H. Franke 1946".
Quelle: Kernert 1985, Nr. 267

G353　　Im Weidenbruch zwischen Hausen und Praunheim - o. a. A.
1946
Öl/Lwd., 33 cm x 27 cm; u. l. sign. und dat.: „H. Franke 1946".
Quelle: Kernert 1985, Nr. 256

G354　　Riedlandschaft mit Bergstraße - o. a. A.
1946
Öl/Lwd., 19,5 cm x 30 cm; u. l. sign. und dat.: „H. Franke 1946".
Quelle: Kernert 1985, Nr. 248

G355　　Feldrain im März - o. a. A.
1946
Öl/Lwd., 21,5 cm x 31 cm; u. l. sign. und dat.: „H. Franke 1946".
Quelle: Kernert 1985, Nr. 257

G356　　Alte Weiden im März - Ginnheimer Woog - o. a. A.
1946
Öl/Lwd., 24,5 cm x 32,5 cm; u. l. sign. und dat.: „H. Franke 1946".
Quelle: Kernert 1985, Nr. 255

G357　　Heckenrosenbusch - 1946 - o. a. A.
1946
Öl/Holz., 32,5 cm x 25 cm; u. sign.: „H. Franke".
Quelle: Kernert 1985, Nr. 259

G358　　Juniabend - o. a. A.
1946
Öl/Lwd., 59 cm x 68 cm; o. Bez., verso: bez.
Quelle: Kernert 1985, Nr. 251

1.1.1. Landschaften 1947

G359　　Frühlingshügel*
1947
Öl/Lwd., 44 cm x 30 cm; u. r. sign.: „H. Franke", verso: Titel, „1947",
„Nr.11", „Nr. 152", „Nr.189", „Nr. 46".
Nachlass/Museum Eschborn
Ausstellung: 1975, Eschborn/Ts.
　　　　　　1984, Frankfurt/M., Frankfurter Sparkasse von 1822
Literatur: Ausst. Kat. Eschborn 1975, Nr. 39; Verzeichnis Frankfurter Sparkasse 1984, Nr. 46; Kernert 1985, Nr. 280

G360　　Bachgrund im Mai aus der Rhön*
1947
Öl/Lwd., 24,5 cm x 31,5 cm; u. l. ritzsign. und dat.: „H. Franke 1947",
verso: Titel, sign., „Nr.136", „Nr. 275".
Nachlass/Museum Eschborn
Literatur: Kernert 1985, Nr. 283

G361　　Rhön - Bieberbach im Frühling*
1947
Öl/Lwd., 31 cm x 23 cm; u. l. ritzsign. und dat.: „H. Franke 1947",
verso: Titel, sign., dat., „Nr.620", „Nr. 271".
Nachlass/Museum Eschborn
Literatur: Kernert 1985, Nr. 274

G362　　Im oberen Biebertal - Rhön bei Kleinsassen*
1947
Öl/Lwd., 32 cm x 24 cm; u. l. ritzsign. und dat.: „H. Franke 1947",
verso: Titel, sign., dat., „Nr.137", „Nr. 10".
Nachlass/Museum Eschborn
Literatur: Kernert 1985, Nr. 282

G363　　Kleiner Waldbach - Rhön im Mai*
1947
Öl/Lwd., 34 cm x 23,5 cm; u. r. ritzsign. und dat.: „H. Franke 1947",
verso: Titel, sign., „Mai 1947", „Nr.138", „Nr. 91", „Nr. 6".
Nachlass/Museum Eschborn
Literatur: Kernert 1985, Nr. 291

G364　　Waldbach in der Rhön*
1947
Öl/Lwd., 21,5 cm x 31,5 cm; u. r. ritzsign. und dat.: „H. Franke 1947",
verso: Titel, sign., dat., „Nr. 601", „Nr. 276".
Nachlass/Museum Eschborn
Literatur: Kernert 1985, Nr. 275

G365　　Herbstliches Bieberbachtal in der Rhön*
1947
Öl/Lwd., 32,5 cm x 22 cm; u. r. ritzsign. und dat.: „H. Franke 1947",
verso: Titel, sign., „Sept. 1947", „Nr. 134", „Nr. 281".
Nachlass/Museum Eschborn
Literatur: Kernert 1985, Nr. 284

G366　　Frühling in der Rhön - Kleinsassen*
1947
Öl/Lwd., 32,5 cm x 25 cm; u. l. ritzsign. und dat.: „H. Franke 1947",
verso: Titel, sign., „Nr. 135".
Nachlass/Museum Eschborn
Literatur: Kernert 1985, Nr. 287

G367　　Getreidegarben - Eschborn bei der Elisabethenstrasse*
1947
Öl/Lwd., 22 cm x 31,5 cm; u. r. ritzsign. und dat.: „H. Franke 1947",
verso: Titel, sign., dat., „Nr. 133", „Nr. 32".
Nachlass/Museum Eschborn
Literatur: Kernert 1985, Nr. 286

G368　　Waldteich am Morgen nach dem Regen*
1947
Öl/Lwd., 35 cm x 26,5 cm; u. l. sign.: „H. Franke", verso: Titel, sign.,
„Mai 1947", „Nr. 153", „Nr. 336", „VE".
Nachlass/Museum Eschborn
Literatur: Kernert 1985, Nr. 296

G369 Blühender Schlehdorn in den Ginnheimer Wiesen
1947
Öl/Holz, 27 cm x 20 cm; u. l. sign. und dat.: „H. Franke 1947",
verso: Titel, sign., „Mai 1947", „Nr. 751", „Nr. 42".
Nachlass/Museum Eschborn
Ausstellung: 1984, Frankfurt/M., Frankfurter Sparkasse von 1822
1999, Eschborn/Ts.
Literatur: Verzeichnis Frankfurter Sparkasse 1984, Nr. 42; Kernert 1985, Nr. 227; Verzeichnis Eschborn 1999, Nr. 14

G370 Frankfurter Vorfrühling - Ginnheimer Wiesen gegen Bockenheim*
1947
Öl/Holz, 26 cm x 33 cm; u. r. ritzsign. und dat.: „H. Franke 47",
verso: Titel, sign., dat., „Nr. 147", „Nr. 41", „VE".
Nachlass/Museum Eschborn
Ausstellung: 1975, Eschborn/Ts.
1984, Frankfurt/M., Frankfurter Sparkasse von 1822
Literatur: Ausst. Kat. Eschborn 1975, Nr. 36; Verzeichnis Frankfurter Sparkasse 1984, Nr. 41; Kernert 1985, Nr. 295

G371 Waldstück im Taunus*
1947
Öl/Lwd., 30,5 cm x 22 cm; u. r. sign. und dat.: „H. Franke 47".
Aukth. Arnold, Frankfurt/M., 30.9.1978
Literatur: Kat. Verst. Arnold, 1978, Abb. S. 75; Kernert 1985, Nr. 272

G372 Milseburg in der Rhön*
1947
Öl/Lwd., 19 cm x 24,5 cm; u. r. ritzsign. und dat.: „H. Franke 47".
Aukth. Arnold, Frankfurt/M., 2.9.2000
Literatur: Kat. Verst. Arnold III, 2000, Abb. S. 86

G373 Herbst in der Rhön*
1947
Öl/Lwd., 16,5 cm x 22,5 cm; u. r. ritzsign. und dat.: „H. Franke 47",
verso: Titel.
Privatbesitz

G374 Wiese mit Bäumen*
1947
Öl/Lwd., 30 cm x 23 cm; u. l. ritzsign. und dat.: „H. Franke 47".
Galerie Opper, Kronberg/Ts., Febr. 1999; Galerie Krause, Mörfelden, Juli 2000
Literatur: http://www.galerie.de/krause/,6.7.2000, Zugriff am 6.7.2000, Abb.

G375 Winterlandschaft an der Nidda*
1947
Öl/Lwd., 33,5 cm x 28 cm; u. r. ritzsign. und dat.: „H. Franke 47"
Privatbesitz

G376 Getreidegarben im Taunus*
1947
Öl/Lwd., 35,5 cm x 28,5 cm; u. r. ritzsign. und dat.: „H. Franke 47".
Aukth. Arnold, Frankfurt/M., 3.12.1977
Literatur: Kat. Verst. Arnold, 1977, Abb. S. 61; Kernert 1985, Nr. 271

G377 Baumblüte in der Rhön*
1947
Öl/Lwd., 31,5 cm x 24 cm; u. r. ritzsign. und dat.: „H. Franke 47".
Privatbesitz
Literatur: Kernert 1985, Nr. 289

G378 Getreidefelder bei Eschborn an der Elisabethenstrasse*
1947
Öl/Lwd., 24,5 cm x 33 cm; u. l. ritzsign. und dat.: „H. Franke 1947",
verso: Titel, dat., sign.
Privatbesitz

G379 Obstbäume*
1947
Öl/Lwd., 27 cm x 36 cm, u. l. ritzsign. und dat.: „H. Franke 47",
verso: Aufklebezettel der Fa. J.P. Schneider mit Nr. 0313
Aukth. Döbritz, 29.10.2005
Literatur: http://www.lot-tissimo.com/start.php?PHPSESSID=217a2 47a130a136e112998923&cmd, Zugriff am 21.10.2005; Abb.

G380 Sommerliche Landschaft*
1947
Öl/Karton, 37 cm x 25 cm; u. r. ritzsign. und dat.: „H. Franke 1947".
Aukth. Döbritz, Frankfurt/M., 13.6.2002

G381 Baum an der Nidda bei Frankfurt*
um 1947
Öl/Lwd., 24 cm x 17 cm; u. l. ritzsign.: „H. Franke".
Privatbesitz
Vom Bildaufbau her lässt sich die Arbeit mit dem „Waldteich am Morgen nach dem Regen" vergleichen. Vgl. G368. Lt. Besitzer gelangte das Bild um 1965 in dessen Familienbesitz.

G382 Auf der Höhe - o. a. A.*
1947
Öl/Lwd., 23 cm x 18 cm; u. r. sign. und dat.: „H. Franke 47".
Quelle: Repro aus dem Nachlass/Museum Eschborn

G383 Frühling im Taunus - o. a. A.
1947
Öl/Lwd., 34 cm x 24 cm; u. r. sign. und dat.: „H. Franke 47",
verso: Titel.
Quelle: Repro aus dem Nachlass/Museum Eschborn

G384 Waldlandschaft - o. a. A.
1947
Öl/Lwd., 27 cm x 34 cm; u. r. sign. und dat.: „H. Franke 47".
Quelle: Repro aus dem Nachlass/Museum Eschborn

G385 Sonniges Waldinneres - o. a. A.
1947
Öl/Lwd., 35 cm x 24 cm; u. r. sign. und dat.: „H. Franke 47".
Quelle: Kernert 1985, Nr. 279

G386 Schwanheimer Eichen - o. a. A.
1947
Öl/Lwd., 23,5 cm x 35,5 cm; u. r. sign. und dat.: „H. Franke 47".
Quelle: Kernert 1985, Nr. 281

G387 Flieder - o. a. A.
1947
Öl/Lwd., 30,5 cm x 20 cm; u. r. sign. und dat.: „H. Franke 47".
Quelle: Kernert 1985, Nr. 270

G388 Abendlicher Berggipfel 1947 - o. a. A.
1947
Öl/Lwd., 50 cm x 60 cm; u. r. sign.: „H. Franke".
Quelle: Kernert 1985, Nr. 294

1.1.1. Landschaften 1948

G389 Im Grüneburgpark - Spätsommer*
1948
Öl/Lwd., 21,5 cm x 32,5 cm; u. r. ritzsign. und dat.: „H. Franke 1948",
verso: Titel, sign., dat.
Nachlass/Museum Eschborn
Literatur: Kernert 1985, Nr. 326

G390 Blühende Apfelbäume im morgendlichen Gegenlicht*
1948
Öl/Lwd., 33 cm x 26,5 cm; u. l. ritzsign. und dat.: „H. Franke 1948",
verso: Titel, sign., dat., „Nr. 739".
Nachlass/Museum Eschborn
Literatur: Kernert 1985, Nr. 299; Kunstkalender Frankfurter Sparkasse 1986, Abb.

G391 Baumstudie - Grüneburgpark
1948
Öl/Lwd., 28,5 cm x 22,5 cm; u. r. sign. und dat.: „H. Franke 48",
verso: Titel, sign., dat., „Nr. 159", „Nr. 72", „Nr. 30", „Nr. 323", „VE".
Nachlass/Museum Eschborn
Literatur: Kernert 1985, Nr. 336

G392 Berghang im Spätsommernebel*
1948
Öl/Lwd., 24,5 cm x 34 cm; u. r. ritzsign. und dat.: „H. Franke 48",
verso: Titel, sign., „Sept. 1948", „Nr. 160".
Nachlass/Museum Eschborn
Ausstellung: 1975, Eschborn/Ts.
Literatur: Ausst. Kat. Eschborn 1975, Nr. 41; Kernert 1985, Nr. 338

G393 Nidda im Frühnebel*
1948
Öl/Lwd., 25,5 cm x 36,5 cm; u. r. ritzsign. und dat.: „H. Franke 48",
verso: Titel, sign., „Okt. 1948", „Nr. 570".
Nachlass/Museum Eschborn
Ausstellung: 1994, Montgeron/Frankreich
2003, Zabbar/Malta
Literatur: Kernert 1985, Nr. 325; Verzeichnis Montgeron 1994, Nr. 6;

G394 Ziehende Wolken nach dem Regen - Rand des Grüneburgparks - links Taunusrand*
1948
Öl/Lwd., 22 cm x 32 cm; u. r. ritzsign. und dat.: „H. Franke 48",
verso: Titel, sign., „August 1948", „Nr. 189", „Nr. 31".
Nachlass/Museum Eschborn
Denselben Baum hielt der Künstler 1948 auch in einer Federzeichnung fest. Vgl. Z77
Literatur: Kernert 1985, Nr. 298

G395 Taunuswaldwiese bei Cronberg*
1948
Öl/Lwd., 26,5 cm x 33 cm; u. l. ritzsign. und dat.: „H. Franke 48",
verso: Titel, sign., „Mai 1948", „Nr. 184", „Nr. 37".
Nachlass/Museum Eschborn
Literatur: Kernert 1985, Nr. 314

G396 Waldrandstudie - Hochsommer - Schwanheim*
1948
Öl/Lwd., 36,5 cm x 24,5 cm; u. l. ritzsign. und dat.: „H. Franke 48",
verso: Titel, sign., „Juli 1948", „Nr. 188", „Nr. 16".
Nachlass/Museum Eschborn
Literatur: Kernert 1985, Nr. 300

G397 Im Schwanheimer Wald*
1948
Öl/Lwd., 34 cm x 25,5 cm; u. l. ritzsign. und dat.: „H. Franke 48",
verso: Titel, sign., „Sommer 1948", „Nr. 170", „Nr. 11".
Nachlass/Museum Eschborn
Literatur: Kernert 1985, Nr. 328

G398 Alte Weiden im März an der Ginnheimer Woog*
1948
Öl/Lwd., 28,5 cm x 25 cm; u. l. ritzsign. und dat.: „H. Franke 48",
verso: Titel, sign., dat, „Nr. 155", „Nr. 360", „Nr. 29".
Nachlass/Museum Eschborn
Ausstellung: 1994, Montgeron/Frankreich
2003, Zabbar/Malta
Literatur: Kernert 1985, Nr. 332; Verzeichnis Montgeron 1994, Nr. 2

G399 Aus dem Grüneburgpark vor dem Regen*
1948
Öl/Lwd., 30 cm x 22 cm; u. l. ritzsign. und dat.: „H. Franke 48",
verso: Titel, sign., „September 1948", „Nr. 158", „Nr. 96", „Nr. 12".
Nachlass/Museum Eschborn
Literatur: Kernert 1985, Nr. 335

G400 Waldecke in der Abendsonne*
1948
Öl/Lwd., 31 cm x 24 cm; u. l. ritzsign.: „H. Franke", verso: Titel, sign., „1948", „Nr. 186", „Nr. 2".
Nachlass/Museum Eschborn
Literatur: Kernert 1985, Nr. 302

G401 Fliederbusch*
1948
Öl/Lwd., 35 cm x 27,5 cm; u. l. ritzsign.: „H. Franke", verso: Titel, sign., „1948", „Nr. 163a".
Nachlass/Museum Eschborn

G402 Blühender Flieder im Park - Grüneburg*
1948
Öl/Lwd., 34,5 cm x 26 cm; „H. Franke", verso: Titel, sign., „Mai 1948", „Nr. 163".
Nachlass/Museum Eschborn
Ausstellung: 1994, Montgeron/Frankreich
1999, Eschborn/Ts.
2003, Zabbar/Malta
Literatur: Kernert 1985, Nr. 316; Verzeichnis Montgeron 1994, Nr. 3; Verzeichnis Eschborn 1999, Nr. 11

G403 Junger Wald im Mai*
1948
Öl/Lwd., 27,5 cm x 30 cm; u. r. ritzsign.: „H. Franke", verso: Titel, „Nordwestende Grüneburgpark", „1948", „Nr. 171", „Nr. 358", „Nr. 32", „VE".
Nachlass/Museum Eschborn
Literatur: Kernert 1985, Nr. 329

G404 Schwarzdornblüte - Ginnheim - am Ginnheimer Wald*
1948
Öl/Lwd., 35 cm x 28 cm; u. r. ritzsign.: „H. Franke", verso: Titel, „April 1948", „Nr. 20", „Nr. 179".
Nachlass/Museum Eschborn
Literatur: Kernert 1985, Nr. 323

G405 Parktreppe im Grüneburgpark*
1948
Öl/Lwd., 15 cm x 20,5 cm; u. r. ritzsign. und dat.: „H. Franke 48", verso: Titel, sign., dat. „Nr. 175".
Nachlass/Museum Eschborn
Literatur: Kernert 1985, Nr. 306

G406 Im herbstlichen Park - Grüneburgpark*
1948
Öl/Lwd., 31,5 cm x 22,5 cm; u. r. ritzsign.: „H. Franke", verso: „1948".
Nachlass/Museum Eschborn
Literatur: Kernert 1985, Nr. 327

G407 Herbstliche Au bei Frankfurt*
1948
Öl/Lwd., 29 cm x 21,5 cm; u. l. sign.: „H. Franke", verso: Titel, sign., „Oktober 1948", „Nr. 167", „Nr. 99", „Nr. 285".
Nachlass/Museum Eschborn
Literatur: Kernert 1985, Nr. 320

G408 Grüneburgpark - Spätsommerlicher Winkel*
1948
Öl/Lwd., 32 cm x 21,5 cm; u. r. ritzsign.: „H. Franke", verso: Titel, sign., „Sept. 1948", „Nr. 166", „Nr. 98", „Nr. 287".
Nachlass/Museum Eschborn
Literatur: Kernert 1985, Nr. 319

G409 Wald im ersten Grün - Ginnheimer Wald im Mai*
1948
Öl/Lwd., 26,5 cm x 33 cm; u. r. ritzsign. und dat.: „H. Franke 1948", verso: Titel, sign., „Mai. 1948", „Nr. 185", „Nr. 87", „Nr. 28", „VE".
Nachlass/Museum Eschborn
Literatur: Kernert 1985, Nr. 303

G410 Studie vom Rande des Grüneburgparks*
1948
Öl/Lwd., 33,5 cm x 25,5 cm; u. r. ritzsign.: „H. Franke", verso: Titel, sign., „Juni 1948", „Nr. 183", „Nr. 2", „Nr. 69", „Nr. 8".
Nachlass/Museum Eschborn
Literatur: Kernert 1985, Nr. 313

G411 Sonnige Waldlichtung mit Margrit*
1948
Öl/Lwd., 24 cm x 35 cm; u. l. ritzsign. und dat.: „H. Franke 48", verso: Titel, sign., „Juni 1948", „Nr. 180", „Nr. 47".
Nachlass/Museum Eschborn
Ausstellung: 1975, Eschborn/Ts.
    1984, Frankfurt/M., Frankfurter Sparkasse von 1822
Literatur: Kat. Ausst. Eschborn 1975, Nr. 40; Verzeichnis Frankfurter Sparkasse 1984, Nr. 47; Kernert 1985, Nr. 269

G412 Am Rande des Grüneburgparks - Nr. 1*
1948
Öl/Lwd., 25 cm x 34 cm; u. l. ritzsign. und dat.: „H. Franke 48", verso: Titel, dat.
Privatbesitz
Literatur: Kernert 1985, Nr. 333

G413 Spätsommerliche Waldwiese*
1948
Öl/Lwd., 30 cm x 24 cm; u. r. ritzsign. und dat.: „H. Franke 1948".
Privatbesitz
Literatur: Kernert 1985, Nr. 311

G414 Blühende Gartenecke Ginnheim*
1948
Öl/Lwd., 34 cm x 27 cm; u. l. ritzsign. und dat.: „H. Franke 1948".
Privatbesitz

G415 Blühende Waldwiese
1948
Öl/Malkarton, 34 cm x 27,5 cm; u. r. ritzsign. und dat.: „H. Franke 48".
Aukth. Arnold, Frankfurt/M., 5. 6.2004
Literatur: Kat. Verst. Arnold II/2004, Abb. S. 79; http://www.auktionshaus-arnold.de/images/katalog/A153/big/575-b.jpg

G416 Sommerwiese im Taunus mit Pärchen*
um 1948
Öl/Karton, 42 cm x 52 cm; u. l. sign.: „H. Franke".
Aukth. Döbritz, Frankfurt/M., 21.10.2000
Vom Bildaufbau her ist die Arbeit mit dem Bild „sonnige Waldlichtung mit Margrit" zu vergleichen. Vgl. G411

G417 Sommerlandschaft mit Schafgarben*
um 1948
Öl/Lwd., 37 cm x 26 cm; u. r. ritzsign.: „H. Franke".
Privatbesitz
Vom Bildaufbau her ist die Arbeit mit dem Bild „Am Rande des Grüneburgparks - Nr. 1" zu vergleichen. Vgl. G412

G418 Ginnheimer Woog - o. a. A.
1948
Öl/Lwd., 32 cm x 23 cm, u. r. sign. und dat.: „H. Franke 1948".
Quelle: Kernert 1985, Nr. 318

G419 Distel am Waldrand - o. a. A.*
1948
Öl, u. r. sign. und dat.: „H. Franke 1948".
Ausstellung: 1950, Frankfurt/M., Kunstverein
    1960, Frankfurt/M., Kunstverein
Quelle: Repro aus dem Nachlass/Museum Eschborn; Manuskript Frankfurt/M. 1960, Nr. 41; Manuskript Frankfurt/M. 1950, Nr. 28

G420 Brombeerranken an der Baumwurzel 1948- o. a. A.*
1948
Öl, u. l. sign.: „H. Franke".
Quelle: Repro aus dem Nachlass/Museum Eschborn

G421 Blühende Gärten - Frankfurt am Main - o. a. A.
1948
Öl/Lwd., 36 cm x 25 cm, u. r. sign. und dat.: „H. Franke 48".
Quelle: Kernert 1985, Nr. 341

G422 Apfelbaum am Berghang - o. a. A.
1948
Öl/Lwd., 32 cm x 23 cm, u. l. sign. und dat.: „H. Franke 1948".
Quelle: Kernert 1985, Nr. 342

G423 Spätsommersonne - o. a. A.*
1948
Öl/Lwd.
1951 im Besitz des Künstlers.
Literatur: Geller 1951, Abb. S. 254

1.1.1. Landschaften 1949

G424 Kleiner Teich im März
1949
Öl/Lwd., 32,5 cm x 23 cm; u. l. sign. und dat.: „H. Franke 1949".
Nachlass/Museum Eschborn
Literatur: Kernert 1985, Nr. 350

G425 Waldteich am frühen Morgen im Wald bei Nied
1949
Öl/Lwd., 27 cm x 37 cm; u. l. sign.: „H. Franke", verso: Titel, sign., „1949", „Nr. 575".
Nachlass/Museum Eschborn

G426 Teich in Frankfurt - Nieder Wald am frühen Morgen*
1949
Öl/Lwd., 54 cm x 70 cm; u. r. sign.: „H. Franke", verso: Titel, „1949".
Privatbesitz
Ausstellung: 1984, Frankfurt/M., Frankfurter Sparkasse von 1822
Literatur: Verzeichnis Frankfurter Sparkasse 1984, Abb.

G427 Bach im Vorfrühling - o. a. A.*
1949
Öl, u. l. sign. und dat.: „H. Franke 1949".
Quelle: Repro aus dem Nachlass/Museum Eschborn

G428 Am Grüneburgpark vor der Erneuerung - o. a. A.
1949
Öl/Lwd., 24,5 cm x 36 cm; u. l. sign. und dat.: „H. Franke 49".
Nachlass/Museum Eschborn
Quelle: Kernert 1985, Nr. 345

G429 Die Milseburg bei Gewitterstimmung
zwischen 1937 und 1949
Öl/Lwd., 15 cm x 23,5 cm; u. r. sign.: „H. Franke Rhön".
Städelmusuem Frankfurt/M., Inv.-Nr. 2379

1.1.1. Landschaften 1950

G430 Schwanheimer Wald*
1950
Öl/Lwd., 35,5 cm x 24,5 cm; u. r. sign. und dat.: „H. Franke 1950", verso: Titel, sign., dat., „Nr. 199", „Nr. 99".
Nachlass/Museum Eschborn
Literatur: Kernert 1985, Nr. 359

G431 Herbstlicher Waldrand bei Ginnheim*
1950
Öl/Lwd., 26,5 cm x 36 cm; u. l. ritzsign. und dat.: „H. Franke 1950", verso: Titel, sign., dat., „Nr. 197", „Nr. 70", „Nr. 298".
Nachlass/Museum Eschborn
Literatur: Kernert 1985, Nr. 357

G432 Reifes Getreide am frühen Morgen - bei Berkersheim *
1950
Öl/Lwd., 25 cm x 33,5 cm; u. r. sign. und dat.: „H. Franke 1950", verso: Titel, sign., dat., „Nr. 636", „Nr. 37", „Nr. 377".
Nachlass/Museum Eschborn
Literatur: Kernert 1985, Nr. 361

G433 Aus einem alten Park - Grüneburgpark Frankfurt - mit Margrit*
1950
Öl/Lwd., 24 cm x 35 cm; u. r. ritzsign.: „H. Franke", verso: Titel, sign., „1950", „Nr. 196", „Nr. 66".
Nachlass/Museum Eschborn
Literatur: Kernert 1985, Nr. 356

G434 Blühende Hecken*
1950
Öl/Lwd., 36 cm x 25 cm; u. r. ritzsign. und dat.: „H. Franke 50".
Privatbesitz

G435 Abendlicher Wald im März 1950 - o. a. A.
1950
Öl/Lwd., 22 cm x 33,5 cm, u. r. sign.: „H. Franke".
Quelle: Kernert 1985, Nr. 355

1.1.1. Landschaften 1951

G436 Am Stadtrand*
1951
Öl/Holz, 30 cm x 22 cm; u. l. sign. und dat.: „H. Franke 26.2.51", verso: Titel, sign., dat., „Nr. 207", „Nr. 180".
Nachlass/Museum Eschborn

G437 Erstes Grün am Stadtrand *
1951
Öl/Holz, 22 cm x 30 cm; u. l. sign.: „H. Franke", verso: Titel, sign., „April 1951", „Nr. 206", „Nr. 178".
Nachlass/Museum Eschborn
Literatur: Kernert 1985, Nr. 367

G438 Vorfrühlingsfarben am Stadtrand*
1951
Öl/Lwd., 30 cm x 22,5 cm; u. r. ritzsign.: „H. Franke", verso: Titel, sign., „1951", „Nr. 208", „Nr. 101", „Nr. 50".
Nachlass/Museum Eschborn
Ausstellung: 1975, Eschborn/Ts.
1984, Frankfurt/M., Frankfurter Sparkasse von 1822
1999, Eschborn/Ts.
Literatur: Ausst. Kat. Eschborn 1975, Nr. 43; Kat. Verzeichnis Frankfurter Sparkasse 1984, Nr. 50; Kernert 1985, Nr. 365; Verzeichnis Eschborn 1999, Nr. 40

G439 **Waldrand im Februar - am Taunus**
1951
Öl/Lwd., 16,5 cm x 23,5 cm; u. r. sign. und dat.: „H. Franke 1951",
verso: Titel, sign., dat., „Nr. 689", „Nr. 4", „Nr. 345".
Nachlass/Museum Eschborn
Literatur: Kernert 1985, Nr. 363

G440 **Nussbäume am Waldrand - Breisgau**
1951
Öl/Lwd., 36 cm x 26 cm; u. r. sign. und dat.: „H. Franke 51",
verso: Titel, sign., „August 1951", „Nr. 201", „Nr. 93", „Nr. 97".
Nachlass/Museum Eschborn
Literatur: Kernert 1985, Nr. 372

G440 a **Oberrheinische Landschaft vor dem Schwarzwald - August 1951 - o. a. A.**
1951
Öl/Lwd., 25,5 cm x 35,5 cm; u. r. sign.: „H. Franke".
Quelle: Kernert 1985, Nr. 371

G441 **Wald in der Morgensonne - Schwarzwald 1951 - o. a. A.**
1951
Öl/Lwd., 35 cm x 27 cm; u. l. sign.: „H. Franke".
Quelle: Kernert 1985, Nr. 370

G442 **Büsche in der Abendsonne - Oktober 1951 - o. a. A.**
1951
Öl/Lwd., 26,5 cm x 36 cm; u. l. sign.: „H. Franke".
Quelle: Kernert 1985, Nr. 368

G443 **Waldwinkel am Abend - o. a. A.**
1951
Öl/Lwd., 34 cm x 23,5 cm; u. l. sign. und dat.: „H. Franke 51".
Quelle: Kernert 1985, Nr. 364

G444 **Blühender Sauerkirschbaum - Seckbach im Mai 1951 - o. a. A.**
1951
Öl/Lwd., 35,5 cm x 25 cm; u. r. sign. und dat.: „H. Franke 51".
Quelle: Kernert 1985, Nr. 369

G445 **Wiesensumpf im März 1951 in den Ginnheimer Wiesen - o. a. A.**
1951
Öl/Lwd., 24,5 cm x 34,5 cm; u. l. sign.: „H. Franke".
Quelle: Kernert 1985, Nr. 362

1.1.1. Landschaften 1952

G447 **Hunsrücktal im Frühnebel***
1952
Öl/Pappe, 15,5 cm x 23 cm; u. r. ritzsign. und dat.: „H. Franke 1952",
verso: Titel, sign., „Oktober 1952", „Nr. 707", „Nr. 191".
Nachlass/Museum Eschborn
Literatur: Kernert 1985, Nr. 385

G448 **Blühender Rain - Juni***
1952
Öl/Lwd., 35,5 cm x 26,5 cm; u. r. ritzsign. und dat.: „H. Franke 52".
Nachlass/Museum Eschborn

G449 **Bernau - Hochschwarzwald - Blick vom Altan meines Quartiers***
1952
Öl/Lwd., 17,5 cm x 25,5 cm; u. r. ritzsign.: „H. Franke", verso: Titel,
sign., „Sommer 1952", „Nr. 210", „Nr. 158", „Nr. 170".
Nachlass/Museum Eschborn

G450 **Das Woogtal bei Königstein im Taunus***
1952
Öl/Lwd., 17,5 cm x 25,5 cm; u. r. ritzsign. und dat.: „H. Franke 52",
verso: Titel, sign., dat., „Nr. 231", „Nr. 172".
Nachlass/Museum Eschborn
Literatur: Kernert 1985, Nr. 399

G451 **Berge bei Bernau - oberes Albtal Schwarzwald***
1952
Öl/Lwd., 26,5 cm x 36 cm; u. l. ritzsign. und dat.: „H. Franke Bernau
1952", verso: Titel, sign., „August 1952", „Nr. 212", „Nr. 117".
Nachlass/Museum Eschborn

G452 **Bergkuppe bei Bernau - Schwarzwald von wo man ins Bernauer Oberland sieht***
1952
Öl/Lwd., 25 cm x 36 cm; u. r. ritzsign. und dat.: „H. Franke 1952",
verso: Titel, sign., „August 52", „Nr. 92", „Nr. 214", „Nr. 123".
Nachlass/Museum Eschborn
Literatur: Kernert 1985, Nr. 380

G453 **Breisgaulandschaft im Frühlingsgrün***
1952
Öl/Lwd., 26 cm x 35,5 cm; u. r. ritzsign. und dat.: „H. Franke 52",
verso: Titel, sign., „April 52", „Nr. 220", „Nr. 114".
Nachlass/Museum Eschborn
Literatur: Kernert 1985, Nr. 388

G454 **Bernau - Unterlehen - Schwarzwald***
1952
Öl/Lwd., 26 cm x 35,5 cm; u. l. ritzsign.: „H. Franke", verso: Titel,
sign., „August 1952", „Nr. 219", „Nr. 102".
Nachlass/Museum Eschborn

G455 **Schwarzwald - Bernau - Albtal***
1952
Öl/Lwd., 29,5 cm x 25 cm; u. l. ritzsign. und dat.: „H. Franke 52",
verso: Titel, sign., dat., „Nr. 115", „Nr. 294".
Nachlass/Museum Eschborn

G456 **Sonniger Waldrand - Breisgau***
1952
Öl/Lwd., 25,5 cm x 27 cm; u. r. ritzsign.: „H. Franke", verso: Titel,
sign., „1952", „Nr. 39", „Nr. 229", „Nr. 299".
Nachlass/Museum Eschborn
Literatur: Kernert 1985, Nr. 397

G457 **Aus dem Hochschwarzwald - Bernauer Berge***
1952
Öl/Lwd., 26 cm x 35,5 cm; u. l. ritzsign. und dat.: „H. Franke 52",
verso: Titel, sign., dat., „Nr. 212", „Nr. 78".
Nachlass/Museum Eschborn
Literatur: Kernert 1985, Nr. 378

G458 Winter - Fensterblick - Emmendingen/Baden*
1952
Öl/Lwd., 25 cm x 19 cm; u. l. sign. und dat.: „H. Franke 1952",
verso: Titel, sign., dat., „Nr. 724", „Nr. 2".
Nachlass/Museum Eschborn
Literatur: Kernert 1985, Nr. 386

G459 Winterwald - Breisgau*
1952
Öl/Lwd., 32 cm x 24 cm; u. r. sign. und dat.: „H. Franke 52", verso:
Titel, sign., dat., „Nr. 230".
Nachlass/Museum Eschborn
Ausstellung: 1994, Montgeron/Frankreich
             2003, Zabbar/Malta
Literatur: Kernert 1985, Nr. 398; Verzeichnis Montgeron 1994, Nr. 8

G460 Oberrheinische Landschaft im Oktober mit Blick zum Schwarzwald
1952
Öl/Lwd., 26 cm x 37 cm; u. l. sign. und dat.: „H. Franke 52",
verso: Titel, sign., „Herbst 1952", „Nr. 228", „Nr. 13".
Nachlass/Museum Eschborn
Ausstellung: 1994, Montgeron/Frankreich
             2003, Zabbar/Malta
Literatur: Kernert 1985, Nr. 396; Verzeichnis Montgeron 1994, Nr. 11

G461 Vor Sonnenaufgang - Blick vom Alten Bernau - Schwarzwald - Studie
1952
Öl/Lwd., 17,5 cm x 25,5 cm; u. l. sign. und dat.: „H. Franke 52", u. m.:
Titel, verso: Titel, sign., „Sommer 1952", „Nr. 412", „Nr. 51".
Nachlass/Museum Eschborn
Ausstellung: 1975, Eschborn/Ts.
             1984, Frankfurt/M., Frankfurter Sparkasse von 1822
Literatur: Ausst. Kat. Eschborn 1975, Nr. 44; Verzeichnis Frankfurter Sparkasse 1984, Nr. 51; Kernert 1985, Nr. 401

G462 Frühlingsstudie mit altem Nussbaum - Breisgau
1952
Öl/Lwd., 33 cm x 24 cm; u. l. sign. und dat.: „H. Franke 1952",
verso: Titel, sign., „Mai 1952", „Nr. 223", „Nr. 90".
Nachlass/Museum Eschborn
Literatur: Kernert 1985, Nr. 391

G463 Herbstwald
1952
Öl/Lwd., 32,5 cm x 24,5 cm; u. l. sign. und dat.: „H. Franke 52".
Aukth. Arnold, Frankfurt/M., 25.9.1976
Eines der wenigen Bilder, von denen eine Doublette aus dem Jahr 1958 existiert. Vgl. G564
Literatur: Kat. Verst. Arnold, Sept. 1976, Abb. S. 65

G464 Schwarzwaldlandschaft
1952
Öl/Lwd., 27 cm x 38 cm; u. l. sign. und dat.: „H. Franke 52".
Aukth. Arnold, Frankfurt/M., 8.6.1991
Literatur: Kat. Verst. Arnold II, 1991, Abb. S. 115

G465 Schwarzwaldlandschaft - Bernau
1952
Öl/Lwd., 32 cm x 25 cm; u. l. sign. und dat.: „H. Franke 52".
Privatbesitz

G466 Alter Park im März - Grüneburgpark*
1952
Öl/Lwd., 36,5 cm x 26,5 cm; u. l. ritzsign. und dat.: „H. Franke 52",
verso: Titel, sign., dat.
Privatbesitz

G467 Herbstliche Breisgaulandschaft mit Schwarzwaldbergen*
1952
Öl/Lwd., 26 cm x 36 cm, u. l. ritzsign. und dat.: „H. Franke 1952".
Galerie Fach, Frankfurt/M., 10.2.2005

1.1.1. Landschaften 1953

G468 Blick zur Hohkönigsburg und den Vogesen im September*
1953
Öl/Lwd., 23 cm x 28 cm; u. l. ritzsign. und dat.: „H. Franke 53",
verso: Titel, sign., „Sept. 1952", „Nr. 95", „Nr. 175".
Nachlass/Museum Eschborn
Literatur: Kernert 1985, Nr. 406

G469 Das Sexauertal bei Keppenbach*
1953
Öl/Lwd., 18 cm x 25,5 cm; u. r. ritzsign. und dat.: „H. Franke 53",
verso: Titel, sign., „Sept. 1953", „Nr. 241", „Nr. 171".
Nachlass/Museum Eschborn
Literatur: Kernert 1985, Nr. 413

G470 Landschaftsskizze - Breisgau*
1953
Öl/Lwd., 13,5 cm x 18,5 cm; u. l. ritzsign.: „H. Franke", verso: Titel,
sign., „1953", „Nr. 224".
Nachlass/Museum Eschborn
Literatur: Kernert 1985, Nr. 415

G471 Kleiner Schwarzwaldbach*
1953
Öl/Lwd., 31,5 cm x 22,5 cm; u. l. ritzsign. und dat.: „H. Franke 53",
verso: Titel, sign., „3.9.1953", „Nr. 239", „Nr. 96".
Nachlass/Museum Eschborn
Literatur: Kernert 1985, Nr. 411

G472 Tennebacher Tal - Schwarzwald - Freiamt*
1953
Öl/Lwd., 25 cm x 36 cm; u. l. ritzsign. und dat.: „H. Franke 53",
verso: Titel, sign., „Sept. 1953", „Nr. 245", „Nr. 32", „Nr. 92".
Nachlass/Museum Eschborn
Literatur: Kernert 1985, Nr. 417

G473 Kleiner Bachgrund - Schwarzwald*
1953
Öl/Lwd., 36 cm x 24,5 cm; u. r. ritzsign. und dat.: „H. Franke 53",
verso: Titel, sign., dat., „Nr. 253", „Nr. 87".
Nachlass/Museum Eschborn
Literatur: Kernert 1985, Nr. 405

G474 Keppenbach - Breisgau - Freiamt*
1953
Öl/Lwd., 25 cm x 36 cm; u. r. ritzsign. und dat.: „H. Franke 53",
verso: Titel, sign., dat., „Nr. 240", „Nr. 72".
Nachlass/Museum Eschborn

G475 Breisgau - Frühling am Brettenbach
1953
Öl/Lwd., 27,5 cm x 36 cm; u. l. sign. und dat.: „H. Franke 53".
Nachlass/Museum Eschborn
Literatur: Kernert 1985, Nr. 408

G476 Schwarzwaldtal bei Keppenbach
1953
Öl/Lwd., 17,5 cm x 26 cm; u. l. sign. und dat.: „H. Franke 53",
verso: Titel, sign., dat., „Nr. 241", „Nr. 174".
Nachlass/Museum Eschborn

G477 Schwarzwald - Sexauertal
1953
Öl/Pappe, 17,5 cm x 26 cm; u. l. sign.: „H. Franke", verso: Titel, sign.,
„1953", „Nr. 679", „Nr. 188".
Nachlass/Museum Eschborn
Literatur: Kernert 1985, Nr. 403

G478 Breisgau - Baumstudie
1953
Öl/Pappe, 25 cm x 18 cm; u. r. sign. und dat.: „H. Franke 53",
verso: Titel, sign., „Nr. 12", „Nr. 666", „Nr. 165".
Nachlass/Museum Eschborn
Ausstellung: 1960, Frankfurt/M.
Literatur: Manuskript Frankfurt/M. 1960, Nr. 63; Kernert 1985, Nr. 418

G479 Niddalandschaft*
1953
Öl/Lwd., 28 cm x 36 cm; u. r. ritzsign. und dat.: „H. Franke 53", verso:
„Alte Weide im März".
Aukth. Döbritz, 19.4.1997
Von diesem Motiv fertigte der Künstler im Jahr 1957 eine identische
Version. Vgl. G520
Literatur: Kat. Verst. Döbritz, 133. Kunstauktion, 1997, Abb. S.6

G480 Blühender Berghang - Breisgau*
1953
Öl/Lwd., 34 cm x 25 cm; u. l. ritzsign. und dat.: „H. Franke 53",
verso: Titel, sign., dat.
Privatbesitz
Literatur: Kernert 1985, Nr. 407

G481 Breisgaulandschaft mit Feldbergblick - Schwarzwald*
1953
Öl/Lwd., 27 cm x 36 cm; u. r. ritzsign. und dat.: „H. Franke 53".
Privatbesitz

G482 Park im Vorfrühling*
1953
Öl/Lwd., 37 cm x 26 cm; u. l. ritzsign. und dat.: „H. Franke 53",
verso: Titel, sign., dat., „247".
Privatbesitz

G483 Märzsonne an der Nidda - o. a. A.*
1953
Öl/Pappe., 19 cm x 27 cm; u. l. ritzsign. und dat.: „H. Franke 53".
Quelle: Repro aus dem Nachlass/Museum Eschborn

G484 Sommerlandschaft - o. a. A.*
1953
Öl, u. r. ritzsign. und dat.: „H. Franke 53".
Quelle: Repro aus dem Nachlass/Museum Eschborn

1.1.1. Landschaften 1954

G484/1 Alte Buchen im Frühling bei Emmendingen im Breisgau*
1954
Öl/Lwd., 36 cm x 25 cm; u. r. ritzsign. : „H. Franke", verso: Titel,
sign., „April 1954", „Nr. 248", „Nr. 104".
Nachlass/Museum Eschborn
Literatur: Kernert 1985, Nr. 439

G484/2 Glottertal - Schwarzwald*
1954
Öl/Lwd., 24 cm x 35,5 cm; u. r. ritzsign. und dat.: „H. Franke 54",
verso: Titel, sign., „Juni 1954", „Nr. 253", „Nr. 17", „Nr. 122".
Nachlass/Museum Eschborn
Literatur: Kernert 1985, Nr. 420

G484/3 Grünstudie aus dem Breisgau
1954
Öl/Pappe, 19 cm x 27 cm; u. r. sign. und dat.: „H. Franke 54",
verso: Titel, sign., „Sommer 1954", „Nr. 770", „Nr. 346".
Nachlass/Museum Eschborn
Literatur: Kernert 1985, Nr. 429

G484/4 Oberrheinische Landschaft mit Kaiserstuhl
1954
Öl/Pappe, 19 cm x 14,5 cm; u. l. sign. und dat.: „H. Franke 54",
verso: Titel, sign., dat., „Nr. 728", „Margrit Erinnerung März
1954".
Nachlass/Museum Eschborn
Literatur: Kernert 1985, Nr. 422

G484/5 Bäume und Wolken aus dem Breisgau
1954
Öl/Lwd., 35,5 cm x 24 cm; u. l. sign. und dat.: „H. Franke 54",
verso: Titel, sign., dat., „Nr. 626".
Nachlass/Museum Eschborn
Literatur: Kernert 1985, Nr. 430

G484/6 Waldrand - Breisgaustudie
1954
Öl/Lwd., 35 cm x 24,5 cm; u. r. sign. und dat.: „H. Franke 54",
verso: Titel, sign., dat., „Nr. 262", „Nr. 797".
Nachlass/Museum Eschborn
Literatur: Kernert 1985, Nr. 425

G484/7 Breisgauer Landschaft mit Blick zum Kaiserstuhl
1954
Öl/Lwd., 24 cm x 36 cm; u. l. sign. und dat.: „H. Franke 54", verso: Titel, sign., dat., „Nr. 251", „Nr. 70".
Nachlass/Museum Eschborn
Literatur: Kernert 1985, Nr. 442

G484/8 Herbstliche Breisgaulandschaft
1954
Öl/Lwd., 24,5 cm x 36 cm; u. r. sign. und dat.: „H. Franke 54", verso: Titel, sign., „Oktober 1954", „Nr. 245", „Nr. 88".
Nachlass/Museum Eschborn

G484/9 Alter Friedhof - Emmendingen im Breisgau*
1954
Öl/Lwd., 14,5 cm x 21,5 cm; u. r. sign. und dat.: „H. Franke 54", verso: Titel, sign., dat., „Nr. 249", „Nr. 16", „Nr. 193".
Nachlass/Museum Eschborn
Literatur: Kernert 1985, Nr. 440

G484/10 Weide in der Oberrheinebene vor dem Kaiserstuhl*
1954
Öl/Lwd., 23,5 cm x 33,5 cm; u. l. ritzsign. und dat.: „H. Franke 54", verso: Titel, sign., „Herbst 1954", „Nr. 43", „Nr. 263", „Nr. 320", „VE".
Nachlass/Museum Eschborn
Literatur: Kernert 1985, Nr. 424

G484/11 Kandelblick - Schwarzwald*
1954
Öl/Lwd., 24,5 cm x 36 cm; u. r. ritzsign. und dat.: „H. Franke 54", verso: Titel, sign., „Mai 1954", „Nr. 260", „Nr. 329", „VE 46", Aufkleber der Kunstausstellung München 1963.
Nachlass/Museum Eschborn
Ausstellung: 1963, München

G484/12 Oberrheinische Tiefebene mit dem Kaiserstuhl - Breisgau*
1954
Öl/Lwd., 24,5 cm x 35,5 cm; u. l. ritzsign. und dat.: „H. Franke 54", verso: Titel, sign., „Sept. 1954", „Nr. 258", „Nr. 62".
Nachlass/Museum Eschborn
Literatur: Kernert 1985, Nr. 434

G484/13 Alter Steinbruch aus dem Breisgau*
1954
Öl/Lwd., 36 cm x 24,5 cm; u. r. ritzsign. und dat.: „H. Franke 54", verso: Titel, sign., „Sept. 54", „Nr. 250", „Nr. 35", „Nr. 68".
Nachlass/Museum Eschborn
Literatur: Kernert 1985, Nr. 441

G484/14 Feldstück mit Obstbäumen - Breisgau*
1954
Öl/Lwd., 24,5 cm x 36 cm; u. r. ritzsign. und dat.: „H. Franke 54", verso: Titel, sign., „August 1954", „Nr. 252", „Nr. 71".
Nachlass/Museum Eschborn
Literatur: Kernert 1985, Nr. 443

G484/15 Reifes Getreidefeld - Breisgau- vor dem Kaiserstuhl*
1954
Öl/Lwd., 24,5 cm x 35,5 cm; u. r. sign. und dat.: „H. Franke 54", verso: Titel, sign., dat., „Nr. 257", „Nr. 79".
Nachlass/Museum Eschborn
Literatur: Kernert 1985, Nr. 435

G484/16 Schwarzwaldblick von den Ruinen der Hochburg*
1954
Öl/Lwd., 35,5 cm x 24,5 cm; u. l. ritzsign. und dat.: „H. Franke 54", verso: Titel, sign., „Juni 1954", „Nr. 261", „Nr. 31", „Nr. 77".
Nachlass/Museum Eschborn
Literatur: Kernert 1985, Nr. 426

G484/17 Verwilderte Gartenecke im Breisgau
1954
Öl/Lwd., 25,5 cm x 19,5 cm; u. r. sign. und dat.: „H. Franke 1954".
Nachlass/Museum Eschborn
Literatur: Kernert 1985, Nr. 432

G484/18 Im Sexauertal - Schwarzwald
1954
Öl/Lwd., 16 cm x 21,5 cm; u. r. sign. und dat.: „H. Franke 54", verso: Titel, sign., „Mai 1954", „Nr. 255", „Nr. 10", „Nr. 166".
Nachlass/Museum Eschborn
Literatur: Kernert 1985, Nr. 437

G484/19 Die Glotter in der Breisgauebene - Kaiserstuhl in der Ferne
1954
Öl/Lwd., 19,5 cm x 27 cm; u. r. sign. und dat.: „H. Franke 54", verso: Titel, sign., „1954", „Nr. 608".
Nachlass/Museum Eschborn
Literatur: Kernert 1985, Nr. 433

G484/20 Aus dem Breisgau - In den Wiesen bei Suggenbad*
1954
Öl/Lwd., 16,5 cm x 20,5 cm; u. r. ritzsign. und dat.: „H. Franke 54", verso: Titel, sign., dat., „Nr. 624", „Nr. 187".
Nachlass/Museum Eschborn
Literatur: Kernert 1985, Nr. 431

G484/21 Schwanheimer Eichen*
1954
Öl/Lwd., 24 cm x 34 cm; u. r. ritzsign. und dat.: „H. Franke 54", verso: Titel, sign., „Mai 1954", „Nr. 264", „Nr. 98".
Nachlass/Museum Eschborn
Literatur: Franke 1957; Kernert 1985, Nr. 423; Eichler 1994, Abb. S. 1635

G484/22 Birke im Vorfrühling
1954
Öl/Malkarton, 36 cm x 25 cm; u. r. ritzsign. und dat.: „H. Franke 54".
Aukth. Arnold, Frankfurt/M., 20.11.2003
Vom gleichem Motiv fertigte der Künstler eine Lithographie.
Vgl. DG39
Literatur: Kat. Verst. Arnold IV, 2003, Abb. S. 72; Arnold.(Hrsg.):http://www.auktionshaus-arnold.de/sites/is_katalog.php?mode=3&auction=A151, Zugriff am 20.11.2003, Abb.

G484/23 Sommerliche Landschaft*
1954
Öl/Lwd., 25,5 cm x 36,5 cm; u. r. ritzsign. und dat.: „H. Franke 54".
Privatbesitz

G484/24 Herbstliche Landschaft - o. a. A.*
1954
Öl/Lwd., 25 cm x 36,5 cm; u. r. sign. und dat.: „H. Franke 54".
Quelle: Repro aus dem Nachlass/Museum Eschborn, Vermerk auf dem Repro: „Kunsthandlung J.P. Schneider".

G484/25 Bäume am Hang im Hochsommer
1954
Öl/Lwd., 35cm x 25 cm; u.l. sign. und dat.: „H. Franke 54".
Quelle: Repro aus dem Nachlass/Museum Eschborn, Vermerk auf dem Repro: „Döbritz, Mai 1982".

G484/26 Taunussommer - Taunusblick von Westen - o. a. A.*
1954
Öl
Quelle: Repro aus dem Nachlass/Museum Eschborn, Vermerk auf dem Repro: „1954".

G484/27 Ruine Zähringen bei Freiburg im Breisgau - o. a. A.
1954
Öl/Lwd., 25 cm x 35 cm; u. r. sign. und dat.: „H. Franke 54".
Quelle: Kernert 1985, Nr. 427

G484/28 Schwanheimer Wald - o.a.A.*
1954
Öl(?), u.r. sign. und dat.: „H. Franke 54"
Quelle: Hanny Frankes persönliches Fotoalbum, Abb.

1.1.1. Landschaften 1955

G484/29 Die Nidda bei Eschersheim*
1955
Öl/Lwd., 25 cm x 35 cm; u. l. ritzsign. und dat.: „H. Franke".
Nachlass/Museum Eschborn

G484/30 Erinnerung an Breisach*
1955
Öl/Lwd., 24,5 cm x 36 cm; u. r. sign. und dat.: „H. Franke".
Nachlass/Museum Eschborn
Ausstellung: 1960, Frankfurt/M.
Literatur: Manuskript Frankfurt/M. 1960, Nr. 24; Frankfurter Rundschau, 2.9.1960, Abb.; Kernert 1985, Nr. 453

G484/31 Mauracher Berg bei Freiburg im Breisgau*
1955
Öl/Lwd., 25 cm x 35,5 cm; u. l. ritzsign. und dat.: „H. Franke 55", verso: Titel, sign., „Oktober 1955", „Nr. 267", „Nr. 77", „Nr. 115".
Nachlass/Museum Eschborn
Ausstellung: 1960, Frankfurt/M.
Literatur: Kernert 1985, Nr. 457

G484/32 Feldberg im Taunus mit Oberreifenberg*
um 1955
Öl/Lwd., 28 cm x 38 cm; u. l. ritzsign.: „H. Franke".
Privatbesitz
Im gleichen Jahr entstand eine Version mit abgeänderter Vordergrundgestaltung. Vgl. G484/33;
Vgl auch Bleistiftzeichnung aus dem gleichen Jahr Z124
Die Burgruine Oberreifenberg ist der Rest einer im 12. Jahrhundert errichteten Anlage.
Ausstellung: 1993, Frankfurt/M
1995, Hanau/M.
Literatur: Ausst. Kat. Ffm. 1993, Abb. S. 59; Ausst. Kat. Ffm. 1995, Abb. S. 49

G484/33 Feldbergblick - Taunus mit Oberreifenberg*
1955
Öl/Lwd., 20 cm x 34,5 cm; u. r. ritzsign. und dat.: „H. Franke 55", verso: Titel, sign., dat., „Nr. 630", „Nr. 120".
Nachlass/Museum Eschborn
Im gleichem Jahr entstand eine Version mit abgeänderter Vordergrundgestaltung. Vgl. G484/32;
Vgl. auch Bleistiftzeichnung aus dem gleichen Jahr Z124
Literatur: Kernert 1985, Nr. 452

G484/34 Ruine Festung Königstein im Taunus - Vorfrühling*
1955
Öl/Holz, 17 cm x 23,5 cm; u. r. ritzsign. und dat.: „H. Franke 55", verso: Titel, sign., „März 1955", „Nr. 720", „Nr. 163/74".
Nachlass/Museum Eschborn
Von diesem Motiv existiert eine Version aus dem Jahr 1956.
Vgl. G506
Literatur: Kernert 1985, Nr. 454

G484/35 Breisach am Rhein am Tullapark*
1955
Öl/Pappe, 15,5 cm x 22,5 cm; u. r. ritzsign. und dat.: „H. Franke 55", verso: Titel, sign., dat., „Nr. 680", „Nr. 218".
Nachlass/Museum Eschborn
Ausstellung: 1960, Frankfurt/M.
Literatur: Manuskript Frankfurt/M. 1960, Nr. 24; Kernert 1985, Nr. 456

G484/36 Titisee*
1955
Öl/Lwd., 25 cm x 36 cm; u. l. sign. und dat.: „H. Franke 55", verso: Titel, „Nr. 265", „Nr. 94".
Nachlass/Museum Eschborn
Literatur: Kernert 1985, Nr. 448

G485 Schwarzwald mit dem Kandel*
1955
Öl/Lwd., 24,5 cm x 36,5 cm; u. r. ritzsign. und dat.: „H. Franke 55", verso: Titel, sign., „Nov. 1955", „Nr. 268", „Nr. 379", „Nr. 46".
Nachlass/Museum Eschborn
Ausstellung: 1999, Frankfurt/M., Frankfurter Sparkasse von 1822
Literatur: Kernert 1985, Nr. 450; Ausst. Kat. Frankfurter Sparkasse 2000, S. 57

G486 Herbstsonne - Oberrhein - Breisgau
1955
Öl/Lwd., 24 cm x 33,5 cm; u. l. sign. und dat.: „H. Franke 55", verso: Titel, sign., dat., „Nr. 266", „Nr. 53".
Nachlass/Museum Eschborn
Ausstellung: 1975, Eschborn/Ts.
1984, Frankfurt/M., Frankfurter Sparkasse von 1822
Literatur: Ausst. Kat. Eschborn 1975, Nr. 46; Verzeichnis Frankfurter Sparkasse 1984, Nr. 53; Kernert 1985, Nr. 449

G487 Schwarzwald - Blick auf den Feldberg im Regen von Grafenmatt
1955
Öl/Pappe., 15,5 cm x 23 cm; u. r. sign. und dat.: „H. Franke 55", verso: Titel, sign., „Oktober 1955", „Nr. 717", „Nr. 196".
Nachlass/Museum Eschborn
Literatur: Kernert 1985, Nr. 455

G488 Sommerlandschaft*
1955
Öl/Lwd., 26 cm x 36,5 cm; u. r. ritzsign. und dat.: „H. Franke 1955".
Privatbesitz

G489 Vorfrühlingslandschaft*
1955
Öl/Lwd., 37 cm x 26 cm; u. r. ritzsign. und dat.: „H. Franke 55".
Privatbesitz

G490 Frühlingserwachen - März 1955*
1955
Öl/Lwd., 37 cm x 26 cm; u. r. ritzsign. und dat.: „H. Franke 55".
Privatbesitz
Literatur: Kernert 1985, Nr. 445

G491 Sommer bei den Schwanheimer Eichen*
1955
Öl/Karton, 24 cm x 36 cm; u. r. ritzsign. und dat.: „H. Franke 55".
Aukth. Döbritz, Frankfurt/M., 23.9.1989
Literatur: Franke 1957; Kat. Verst. Döbritz, 110. Kunstauktion, 1989, Abb.

G492 Landschaft*
1955
Öl/Karton, 25 cm x 35 cm; u. l. sign. und dat.: „H. Franke 55".
Aukth. Arnold, Frankfurt/M., 13.9.1986
Literatur: Kat. Verst. Arnold III, 1986, Abb. S. 76

G493 Sonniger Waldweg im Taunus*
1955
Öl/Karton, 36 cm x 24 cm; u. l. sign. und dat.: „H. Franke 55".
Aukth. Arnold, Frankfurt/M., 30.11.1985
Literatur: Kat. Verst. Arnold IV, 1985, Abb. S. 87

G494 Frühlingslandschaft*
1955
Öl/Karton, 35 cm x 23 cm; u. l. sign. und dat.: „H. Franke 55".
Aukth. Arnold, Frankfurt/M., 13.9.1986
Literatur: Kat. Verst. Arnold III, 1986, Abb. S. 77

G495 Vorfrühling - Nidda*
1955
Öl/Lwd., 36,5 cm x 25 cm; u. r. sign. und dat.: „H. Franke 55", verso: sign.
Aukth. Nagel, Stuttgart, 24./25..9.1999
Literatur: Kat. Verst. Nagel 1999, Abb. S. 224; Kunstpreis Jahrbuch 2000, S. 509

G496 Frühling an der Nidda*
1955
Öl/Lwd., 35,5 cm x 25 cm; u. l. sign. und dat.: „H. Franke 55".
Privatbesitz
Literatur: Kunstkalender Frankfurter Sparkasse 1986, Abb.

1.1.1. Landschaften 1956

G497 Sommerlandschaft in der Wetterau*
1956
Öl/Lwd., 15,5 cm x 23 cm; u. l. ritzsign. und dat.: „H. Franke 56", verso: Titel, sign., dat., „Nr. 692", „Nr. 198".
Nachlass/Museum Eschborn
Literatur: Kernert 1985, Nr. 467

G498 Lössweg im Kaiserstuhl bei Bickensohl*
1956
Öl/Lwd., 17,5 cm x 14 cm; u. l. ritzsign. und dat.: „H. Franke 56", verso: Titel, sign., „Juni 1956", „Nr. 683", „Nr. 225".
Nachlass/Museum Eschborn
Literatur: Kernert 1985, Nr. 466

G499 Landschaft im Regen - Studie vom Kaiserstuhl bei Oberrottweil*
1956
Öl/Lwd., 26,5 cm x 35,5 cm; u. r. ritzsign. und dat.: „H. Franke 56", verso: Titel, sign., „Juni 1956", „Nr. 274", „Nr. 290".
Nachlass/Museum Eschborn
Literatur: Kernert 1985, Nr. 463

G500 Aus der Oberrhein Ebene - Gehölz - Studie*
1956
Öl/Pappe, 23 cm x 16,5 cm; u. r. ritzsign.: „H. Franke", verso: Titel, sign., „1956", „Nr. 710", „Nr. 11", „Nr. 343".
Nachlass/Museum Eschborn
Literatur: Kernert 1985, Nr. 468

G501 Oberrheinische Landschaft mit den Vogesen und der Hohkönigsburg*
1956
Öl/Lwd., 24,5 cm x 35 cm; u. l. ritzsign. und dat.: „H. Franke 56", verso: Titel, sign., „August 1956", „Nr. 633", „Nr. 64".
Nachlass/Museum Eschborn
Ausstellung: 1960, Frankfurt/M.
Literatur: Manuskript Frankfurt/M. 1960, Nr. 25

G502 Altweibersommer - Wetterau
1956
Öl/Lwd., 15,5 cm x 23 cm; u. l. sign.: „H. Franke", verso: Titel, sign., „1956", „Nr. 718", „Nr. 50", „Nr. 347", „VE".
Nachlass/Museum Eschborn
Literatur: Kernert 1985, Nr. 469

G503 Kaiserstuhllandschaft - Weg von Bickensohl nach Achkarnen
1956
Öl/Lwd., 24,5 cm x 35 cm; u. l. sign. und dat.: „H. Franke 56", verso: Titel, sign., „Mai/Juni 1956", „Nr. 273", „Nr. 76", „Nr. 56".
Nachlass/Museum Eschborn
Literatur: Kernert 1985, Nr. 464

G504 Nidda*
1956
Öl/Lwd., 29 cm x 38 cm; u. l. ritzsign. und dat.: „H. Franke 56".
Privatbesitz

G505 Ein Altarm der Nidda*
1956
Öl/Lwd., 27,5 cm x 36 cm; u. l. ritzsign. und dat.: „H. Franke 56".
Privatbesitz

G506 Königstein*
1956
Öl/Lwd., 28 cm x 38 cm; u. l. sign. und dat.: „H. Franke 56".
Eine Version des gleichen Motivs entstand 1955. Vgl. G484-34
Privatbesitz

G507 Sommerwiese im Vortaunus*
1956
Öl/Lwd., 25cm x 35 cm; u. r. sign. und dat.: „H. Franke 56".
Aukth. Arnold, Frankfurt/M., 17.11.1979
Literatur: Kat. Verst. Arnold IV, 1979, Abb. S. 112

1.1.1. Landschaften 1957

G508 Nach dem Gewitter im Spessart*
1957
Öl/Lwd., 17,5 cm x 25 cm; u. r. ritzsign. und dat.: „H. Franke 1957".
Nachlass/Museum Eschborn
Literatur: Kernert 1985, Nr. 486

G509 Spessartwälder bei Lützel*
1957
Öl/Lwd., 35,5 cm x 24 cm; u. r. ritzsign. und dat.: „H. Franke 1957",
verso: Titel, sign., „Juli 1957", „Nr. 75", „Nr. 656", „Nr. 105".
Nachlass/Museum Eschborn
Literatur: Kernert 1985, Nr. 476

G510 Kleines Spessarttal bei Lützel*
1957
Öl/Lwd., 32 cm x 24 cm; u. l. ritzsign. und dat.: „H. Franke 1957",
verso: Titel, sign., „Juli 1957", „Nr. 24", „Nr. 281", „Nr. 116".
Nachlass/Museum Eschborn
Literatur: Kernert 1985, Nr. 476

G511 Herbstsonne im Usatal - Taunus*
1957
Öl/Lwd., 32,5 cm x 24 cm; u. l. ritzsign. und dat.: „H. Franke 1957",
verso: Titel, sign., „Oktober 1957", „Nr. 290", „Nr. 8", „Nr. 109".
Nachlass/Museum Eschborn

G512 Getreidegarben aus dem Spessart*
1957
Öl/Lwd., 29 cm x 21,5 cm; u. l. sign. und dat.: „H. Franke 1957", verso: Titel, sign., dat., „Nr. 579", „Nr. 118".
Nachlass/Museum Eschborn

G513 Die Nidda im Februar*
1957
Öl/Lwd., 26 cm x 36,5 cm; u. r. ritzsign. und dat.: „H. Franke 1957",
verso: Titel, sign., dat., „Nr. 788", „Nr. 73".
Nachlass/Museum Eschborn
Ausstellung: 1994, Montgeron/Frankreich
2003, Zabbar/Malta
Literatur: Verzeichnis Montgeron, Nr. 5

G514 Blick über die Rückersbacher Schlucht in die Mainebene vom Spessart nach Südwest*
1957
Öl/Lwd., 16 cm x 23 cm; u. l. ritzsign. und dat.: „H. Franke 57",
verso: Titel, sign., „Oktober 1957", „Nr. 3", „Nr. 194", „Nr. 682".
Nachlass/Museum Eschborn
Literatur: Kernert 1985, Nr. 478

G515 Spessarttal im Regen bei Lützel - Breitenborn*
1957
Öl/Lwd., 27 cm x 36 cm; u. l. ritzsign. und dat.: „H. Franke 1957",
verso: Titel, sign., „Juli 1957", „Nr. 284", „Nr. 79", „Nr. 90".
Nachlass/Museum Eschborn
Literatur: Kernert 1985, Nr. 471

G516 Spessarttal mit Mühle bei Lützel - Breitenborn*
1957
Öl/Lwd., 34 cm x 25 cm; u. r. ritzsign. und dat.: „H. Franke 1957",
verso: Titel, sign., „Nr. 287", „Nr. 127".
Nachlass/Museum Eschborn
Literatur: Kernert 1985, Nr. 470

G517 Mühle im Spessart bei Lützel - Breitenborn*
1957
Öl/Lwd., 33 cm x 25 cm; u. r. ritzsign. und dat.: „H. Franke 1957",
verso: Titel, sign., „Juli 1957", „Nr. 282", „Nr. 65".
Nachlass/Museum Eschborn
Literatur: Kernert 1985, Nr. 472

G518 Nach Sonnenuntergang im Spessart - Lützel
1957
Öl/Lwd., 15,5 cm x 21,5 cm; u. l. sign. und dat.: „H. Franke 57",
verso: Titel, sign., „Juni/Juli 1957", „Nr. 283", „Nr. 217".
Nachlass/Museum Eschborn
Literatur: Kernert 1985, Nr. 473

G519 Sonniger Herbsttag - Ginnheimer Wiesen im Oktober
1957
Öl/Lwd., 23 cm x 32 cm; u. l. sign.: „H. Franke", verso: Titel, sign.,
„1957", „Nr. 51", „Nr. 295", „Nr. 301".
Nachlass/Museum Eschborn
Literatur: Kernert 1985, Nr. 491

G520 Alte Weide an der Nidda*
1957
Öl/Lwd., 28,5 cm x 37 cm; u. r. ritzsign. und dat.: „H. Franke 1957",
verso: Titel, sign., „Nr. 585", „bei Bonames Im Jahre 1962 infolge der Flussregulierung vernichtet".
Nachlass/Museum Eschborn
Von dem Motiv existiert eine Version aus dem Jahre 1953. Vgl. G479
Ausstellung: 1975, Eschborn/Ts.
1984, Frankfurt/M., Frankfurter Sparkasse von 1822
1999, Eschborn/Ts.
Literatur: FNP, 1.9.1955, Abb.; FNP, 2.9.1960, Abb.; Ausst. Kat. Eschborn 1975, Nr. 47, Abb.; FAZ, 8.12.1984, Abb.; FNP, 27.12.1984, Abb.; Verzeichnis Frankfurter Sparkasse 1984, Nr. 54, Abb.; Kernert 1985, Nr. 488; Verzeichnis Eschborn 1999, Nr. 9

G521 Im Taunus - o. a. A.*
1957
Öl, u. l. sign. und dat.: „H. Franke 1957".
Quelle: Repro aus dem Nachlass/Museum Eschborn

G522   Urselbach im Februar bei Heddernheim - o. a. A.
       1957
       Öl/Lwd., 36 cm x 23,5 cm, u. l. monogr. und dat.: „H. F. 57".
       Quelle: Kernert 1985, Nr. 492

G523   Schwanheimer Eichen - o. a. A.
       1957
       Öl/Lwd., 25 cm x 38 cm, u. l. sign. und dat.: „H. Franke 26.2.1957".
       Quelle: Kernert 1985, Nr. 490

G524   Schwanheimer Eichen*
       1957
       Öl/Lwd., 28cm x 36 cm, u. l. sign. und dat.: „H. Franke 27.2.57".
       Galerie Opper, Februar 1997
       Literatur: Franke 1957; Faltblatt Kronberg 1997, Abb.

G525   Reifes Korn im Spessart*
       1957
       Öl/Lwd., 28 cm x 36 cm, u. l. ritzsign. und dat.: „H. Franke 1957".
       Privatbesitz

G526   Blühender Hang*
       1957
       Öl/Lwd., 26 cm x 37 cm, u. r. ritzsign. und dat.: „H. Franke 1957",
       verso: Titel, sign., „Berkersheim".
       Privatbesitz
       Literatur: Kernert 1985, Nr. 482

G527   Kerbelwiese*
       1957
       Öl/Lwd., 26 cm x 37 cm, u. r. ritzsign. und dat.: „H. Franke 1957",
       verso: Titel, sign., „Mai 1957 in Berkersheim gemalt".
       Privatbesitz
       Literatur: Kernert 1985, Nr. 481

G528   Taunusblick vom Sulzbach aus*
       1957
       Öl/Lwd., 60 cm x 80 cm, u. l. sign. und dat.: „H. Franke 1957".
       Privatbesitz

G529   An der Nidda*
       1957
       Öl/Lwd., 27 cm x 36 cm, u. l. ritzsign. und dat.: „H. Franke 1957".
       Privatbesitz

G530   Spessarthäuser bei Lützel*
       1957
       Öl/Lwd., 25 cm x 35,5 cm, u. l. ritzsign. und dat.: „H. Franke 1957",
       verso: Titel, sign., dat., „285", „6".
       Privatbesitz

G531   Sommer an der Nidda
       1957
       Öl/Lwd., 38 cm x 30 cm, u. l. ritzsign. und dat.: „H. Franke 1957".
       Aukth. Arnold, Frankfurt/M., 6. Juli 2003
       Literatur: Kat. Verst. Arnold III, 2003, Abb. S. 64; http://www.
       auktionshaus-arnold.de/sites/is_katalog.
       php?mode=2&auction=A150, Zugriff am 22.8.2003

G532   Rhönlandschaft*
       1957
       Öl/Karton, 20 cm x 30 cm, u. l. ritzsign., dat. und Titel: „H. Franke
       57 Rhön", verso: Titel.
       Aukth. Döbritz, Frankfurt/M., 6.11.2004; Kunsthandlung Julius
       Giessen, Frankfurt/M.
       Ausstellung: 2005, Frankfurt/M. Frankfurter Sparkasse von 1822
       Literatur: : http://www.lot-tissimo.com/start.php?PHPSESSID=217a
       247a130a196e1099594479&; Zugriff am 6.11.2004, Abb.; Ausst. Kat.
       Frankfurter Sparkasse 2005, S. 29

G533   Schwanheimer Eichen*
       um 1957
       Öl/Lwd., 36 cm x 47 cm; u. l. sign.: „H. Franke".
       Aukth. Arnold, Frankfurt/M., 16.3.1985
       Literatur: Kat. Verst. Arnold I, 1985, Abb. S. 65

1.1.1. Landschaften 1958

G534   Rhönlandschaft im Mai bei dem Karhof - Kleinsassen
       1958
       Öl/Lwd., 22,5 cm x 35 cm; u. l. sign. und dat.: „H. Franke 1958",
       verso: Titel, sign., dat., „Nr. 320", „Nr. 121".
       Nachlass/Museum Eschborn
       Literatur: Kernert 1985, Nr. 522

G535   Rhönberge - Blick vom Karhof - Kleinsassen - Skizze
       1958
       Öl/Lwd., 15 cm x 21 cm; u. r. sign. und dat.: „H. Franke 58",
       verso: Titel, sign., dat., „Nr. 317", „Nr. 15", „Nr. 219".
       Nachlass/Museum Eschborn
       Literatur: Kernert 1985, Nr. 494

G536   Die Milseburg in der Rhön*
       1958
       Öl/Lwd., 26,5 cm x 35,5 cm; u. l. ritzsign. und dat.: „H. Franke 58",
       verso: Titel, sign., „August 1958", „Nr. 310".
       Nachlass/Museum Eschborn

G537   Die Milseburg - Rhön*
       1958
       Öl/Lwd., 24 cm x 35 cm; u. r. ritzsign. und dat.: „H. Franke 58",
       verso: Titel, sign., „Mai 1958", „Nr. 311", „Nr. 110".
       Nachlass/Museum Eschborn
       Literatur: Kernert 1985, Nr. 525

G538   Grüne Getreidefelder in der Rhön mit Bieberstein*
       1958
       Öl/Lwd., 24,5 cm x 35,5 cm; u. r. ritzsign. und dat.: „H. Franke 58",
       verso: Titel, sign., „Mai 1958", „Nr. 16", „Nr. 312", „Nr. 86".
       Nachlass/Museum Eschborn
       Literatur: Kernert 1985, Nr. 526

G539   Bergweide vor dem Stellberg bei Kleinsassen - Rhön*
       1958
       Öl/Lwd., 24,5 cm x 34 cm; u. r. ritzsign. und dat.: „H. Franke 58",
       verso: Titel, sign., „Mai 1958", „Nr. 23", „Nr. 82".
       Nachlass/Museum Eschborn
       Literatur: Kernert 1985, Nr. 507

G540 Viehtrift im Regen bei dem Karhof - Rhön*
1958
Öl/Lwd., 24 cm x 35 cm; u. l. ritzsign. und dat.: „H. Franke 58",
verso: Titel, sign., „Juni 1958", „Nr. 322", „Nr. 81".
Nachlass/Museum Eschborn
Literatur: Kernert 1985, Nr. 518

G541 Landschaft mit Milseburg - Rhön*
1958
Öl/Lwd., 34 cm x 24 cm; u. r. ritzsign. und dat.: „H. Franke 58",
verso: Titel, sign., „Mai 1958", „Nr. 314", „Nr. 75".
Nachlass/Museum Eschborn
Literatur: Kernert 1985, Nr. 498

G542 Blick von der Rhön ins Fuldaer Land und Vogelsberg*
1958
Öl/Lwd., 23,5 cm x 34 cm; u. r. ritzsign. und dat.: „H. Franke 58",
verso: Titel, sign., „Juli 1958", „Nr. 309", „Nr. 25", „Nr. 74".
Nachlass/Museum Eschborn
Literatur: Kernert 1985, Nr. 523

G543 Rhön - Guckeihof bei Kleinsassen*
1958
Öl/Lwd., 22 cm x 34 cm; u. r. ritzsign. und dat.: „H. Franke 58",
verso: Titel, sign., „Mai 1958", „Nr. 318", „Nr. 80".
Nachlass/Museum Eschborn
Literatur: Kernert 1985, Nr. 495

G544 Rhönlandschaft bei dem Karhof*
1958
Öl/Lwd., 36 cm x 24,5 cm; u. l. ritzsign. und dat.: „H. Franke 58",
verso: Titel, sign., „Juli 1958", „Nr. 319", „Nr. 11", „Nr. 91".
Nachlass/Museum Eschborn
Literatur: Kernert 1985, Nr. 519

G545 Viehtrift in der Rhön*
1958
Öl/Lwd., 25,5 cm x 36,5 cm; u. l. ritzsign. und dat.: „H. Franke 58",
verso: Titel, sign., dat., „Nr. 84", „Nr. 321".
Nachlass/Museum Eschborn
Ausstellung: 1996, Kleinsassen/Rhön
Literatur: Kernert 1985, Nr. 528; Ausst. Kat. Kleinsassen 1996

G546 Regen in den Rhönbergen vorm Karhof - Kleinsassen mit dem Ziegenberg - Skizze*
1958
Öl/Pappe, 13,5 cm x 21,5 cm; u. r. ritzsign. und dat.: „H. Franke 1958",
verso: Titel, sign., dat., „Nr. 775", „Nr. 8", „Nr. 223".
Nachlass/Museum Eschborn
Literatur: Kernert 1985, Nr. 501

G547 Oberes Biebertal - Rhön*
1958
Öl/Lwd., 24,5 cm x 35 cm; u. l. ritzsign. und dat.: „H. Franke 58",
verso: Titel, sign., dat., „Nr. 315", „Nr. 15", „Nr. 101".
Nachlass/Museum Eschborn

G548 Auf sonniger Höhe - Rhön beim Karhof - Grünes Getreidefeld*
1958
Öl/Lwd., 22 cm x 32 cm; u. l. ritzsign. und dat.: „H. Franke 58",
verso: Titel, sign., dat., „Nr. 625", „Nr. 181".
Nachlass/Museum Eschborn
Literatur: Kernert 1985, Nr. 520

G549 Biebertal in der Rhön bei Kleinsassen*
1958
Öl/Lwd., 23,5 cm x 28 cm; u. l. ritzsign. und dat.: „H. Franke 58",
verso: Titel, sign., „Mai 1958", „Nr. 307", „Nr. 9", „Nr. 179".
Nachlass/Museum Eschborn
Literatur: Kernert 1985, Nr. 517

G550 Biebertal in der Rhön bei Kleinsassen*
1958
Öl/Lwd., 24 cm x 35 cm; u. l. ritzsign. und dat.: „H. Franke 58", verso:
Titel, „Mai 1958".
Privatbesitz
Literatur: Kernert 1985, Nr. 516

G551 Grünes Getreidefeld - Rhön*
1958
Öl/Lwd., 24,5 cm x 35,5 cm; u. r. ritzsign. und dat.: „H. Franke 58",
verso: Titel, sign., dat., „Nr. 313", „Nr. 37", „Nr. 124".
Nachlass/Museum Eschborn
Literatur: Kernert 1985, Nr. 527

G552 Berghöhe - Hunsrück*
1958
Öl/Lwd., 24 cm x 33,5 cm; u. l. ritzsign. und dat.: „H. Franke 1958",
verso: Titel, sign., „Sept. 1958", „Nr. 297", „Nr. 128".
Nachlass/Museum Eschborn
Literatur: Kernert 1985, Nr. 496

G553 Berghöhe bei Burg Schöneck*
1958
Öl/Lwd., 25 cm x 35,5 cm; u. l. ritzsign. und dat.: „H. Franke 58",
verso: Titel, sign., „Sept. 1958", „Nr. 298", „Nr. 10", „Nr. 125".
Nachlass/Museum Eschborn
Literatur: Kernert 1985, Nr. 497

G554 Herbstlicher Waldrand - Schwanheim*
1958
Öl/Lwd., 35 cm x 25,5 cm; u. l. ritzsign. und dat.: „H. Franke 58",
verso: Titel, sign., „Oktober 1958", „Nr. 54", „Nr. 326", „Nr. 300".
Nachlass/Museum Eschborn
Literatur: Kernert 1985, Nr. 505

G555 Frühlingslandschaft bei Berkersheim*
1958
Öl/Lwd., 27,5 cm x 35 cm; u. l. ritzsign. und dat.: „H. Franke 58",
verso: Titel, sign., „April 1958", „Nr. 325", „Nr. 314".
Nachlass/Museum Eschborn

G556 Burg Schöneck - Hunsrück*
1958
Öl/Lwd., 23 cm x 26,5 cm; u. r. ritzsign. und dat.: „H. Franke 1958",
verso: Titel, sign., „Sept. 1958", „Nr. 301", „Nr. 176".
Nachlass/Museum Eschborn
Literatur: Kernert 1985, Nr. 513

G557 Burg Schöneck bei Buchholz - Hunsrück*
1958
Öl/Lwd., 35,5 cm x 25 cm; u. l. ritzsign. und dat.: „H. Franke 58",
verso: Titel, „Nr. 301", „Nr. 18".
Privatbesitz

G558 Abendstimmung über dem Ehrenbachtal - Hunsrück - Blick von Burg Schöneck*
1958
Öl/Lwd., 14,5 cm x 22 cm; u. ritzmonogr. und dat.: „H. F. 58",
verso: Titel, sign., dat., „Nr. 780", „Nr. 17", „Nr. 213".
Nachlass/Museum Eschborn
Literatur: Kernert 1985, Nr. 493

G559 Blick ins Ehrenbachtal von Burg Schöneck*
1958
Öl/Lwd., 25 cm x 35,5 cm; u. r. ritzsign. und dat.: „H. Franke 1958",
verso: Titel, sign., „Oktober 1958", „Nr. 299", „Nr. 63".
Nachlass/Museum Eschborn
Literatur: Kernert 1985, Nr. 515

G560 Preisbachtal im Hunsrück*
1958
Öl/Lwd., 34,5 cm x 23,5 cm; u. l. ritzsign. und dat.: „H. Franke 1958",
verso: Titel, sign., „304".
Privatbesitz

G561 Baumblüte*
1958
Öl/Lwd., 48,5 cm x 42 cm; u. l. ritzsign. und dat.: „H. Franke 1958".
Privatbesitz

G562 Sommerliche Taunuslandschaft*
1958
Öl/Lwd., 26 cm x 37 cm; u. l. ritzsign. und dat.: „H. Franke 1958".
Privatbesitz

G563 Taunuslandschaft*
1958
Öl/Karton, 26 cm x 37 cm; u. l. ritzsign. und dat.: „H. Franke 1958".
Aukth. Arnold, Frankfurt/M., 21.11.1992
Literatur: Kat. Verst. Arnold IV, 1992, Abb. S. 71

G564 Herbstwald*
1958
Öl/Karton, 31 cm x 23 cm; u. l. sign. und dat.: „H. Franke 1958".
Aukth. Arnold, Frankfurt/M., 29.9.1973
Von diesem Motiv existiert eine Version aus dem Jahre 1952. Vgl. G463
Literatur: Kat. Verst. Arnold, Sept 1973, Abb. S. 14

G565 Sommer*
1958
Öl/Lwd., 32 cm x 42 cm, u. l. sign. und dat.: „H. Franke 58".
Kunsthandlung H. O. Hauenstein, Frankfurt/M., 18.12.1964;
Privatbesitz

1.1.1. Landschaften 1959

G566 Oberes Ibental mit dem Schafhof bei St. Peter - Schwarzwald*
1959
Öl/Lwd., 26 cm x 35,5 cm; u. l. ritzsign. und dat.: „H. Franke 1959",
verso: Titel, sign., „Oktober 1959", „Nr. 346", „Nr. 39", „Nr. 85".
Nachlass/Museum Eschborn

G567 Maiwiese im Breisgau mit Kaiserstuhl*
1959
Öl/Lwd., 24 cm x 33 cm; u. r. sign. und dat.: „H. Franke 59",
verso: Titel, sign., dat., „Nr. 256", „Nr. 103".
Nachlass/Museum Eschborn

G568 Vom Hochschwarzwald bei St. Peter*
1959
Öl/Lwd., 35,5 cm x 25 cm; u. l. ritzsign. und dat.: „H. Franke 1959",
verso: Titel, sign., „Oktober 1959", „Nr. 349", „Nr. 113".
Nachlass/Museum Eschborn
Literatur: Kernert 1985, Nr. 547

G569 Blick ins Fuldaer Land von der Rhön zum Vogelsberg*
1959
Öl/Lwd., 24 cm x 35,5 cm; u. l. sign. und dat.: „H. Franke 1959",
verso: Titel, sign., „Nr. 341", „Nr. 83".
Nachlass/Museum Eschborn
Literatur: Kernert 1985, Nr. 538

G570 Getreidefeld im Juni - Rhön - am Weg zur Steinwand von der Fuldaer Hütte „Maulkuppe"*
1959
Öl/Lwd., 20,5 cm x 37 cm; u. r. sign. und dat.: „H. Franke 1959",
verso: Titel, sign., „Juni 1959", „Nr. 17", „Nr. 344", „Nr. 93".
Nachlass/Museum Eschborn
Literatur: Kernert 1985, Nr. 542

G571 Die Milseburg in der Rhön vor der Maulkuppe*
1959
Öl/Lwd., 24,5 cm x 34 cm; u. r. ritzsign. und dat.: „H. Franke 1959",
verso: Titel, sign., „Juni 1959", „Nr. 342", „Nr. 22", „Nr. 95".
Nachlass/Museum Eschborn

G572 Hochwiese - Hohe Rhön
1959
Öl/Lwd., 25 cm x 34,5 cm; u. r. sign. und dat.: „H. Franke 1959",
verso: Titel, sign., „Mai 1959", „Nr. 345", „Nr. 21", „Nr. 100".
Nachlass/Museum Eschborn
Literatur: Kernert 1985, Nr. 543

G573 Die Wasserkuppe - Rhön mit dem Weiherberg*
1959
Öl/Lwd., 25,5 cm x 36,5 cm; u. l. ritzsign. und dat.: „H. Franke 5.1959", verso: Titel, sign., „Nr. 343", „Nr. 107".
Nachlass/Museum Eschborn
Literatur: Kernert 1985, Nr. 541

G574 Blick ins Ehrenbachtal von Burg Schöneck*
1959
Öl/Lwd., 26,5 cm x 37 cm; u. l. ritzsign. und dat.: „H. Franke Schöneck 1959", verso: Titel, sign., „Sept. 1959", „Nr. 331", „Nr. 34", „Nr. 73", „Nr. 66".
Nachlass/Museum Eschborn
Ausstellung: 1960, Frankfurt/M.
Literatur: Manuskript Frankfurt/M. 1960, Nr. 34; Kernert 1985, Nr. 564

G575 Blick ins herbstliche Tal - Erinnerung Burg Schöneck*
1959
Öl/Lwd., 36,5 cm x 25 cm; u. l. ritzsign. und dat.: „H. Franke 1959", verso: Titel, sign., „Sept.-Okt. 1959", „Nr. 332", „Nr. 55", „Nr. 330", „VE".
Nachlass/Museum Eschborn
Ausstellung: 1999, Eschborn/Ts.
Literatur: Kernert 1985, Nr. 565; Verzeichnis Eschborn 1999, Nr. 35

G576 Herbstliche Hunsrückwälder bei Schloss Schöneck - Buchholz*
1959
Öl/Lwd., 25,5 cm x 36 cm; u. l. ritzsign. und dat.: „H. Franke 1959", verso: Titel, sign., „Oktober 1959", „Nr. 58", „Nr. 657", „Nr. 318".
Nachlass/Museum Eschborn
Literatur: Kernert 1985, Nr. 556

G577 Schloss Schöneck - Hunsrück*
1959
Öl/Lwd., 24 cm x 17 cm; u. r. ritzsign. und dat.: „H. Franke 59".
Privatbesitz
Literatur: Kernert 1985, Nr. 556

G578 Kleiner Talgrund - Hunsrück - Schöneck
1959
Öl/Lwd., 23 cm x 30,5 cm; u. l. sign. und dat.: „H. Franke 59", verso: Titel, sign., „Oktober 1959", „Nr. 337", „Nr. 6", „Nr. 180".
Nachlass/Museum Eschborn
Literatur: Kernert 1985, Nr. 535

G579 Herbstliche Farben - Hunsrück bei Schloss Schöneck
1959
Öl/Lwd., 34,5 cm x 23,5 cm; u. r. sign. und dat.: „H. Franke 59", verso: Titel, sign., „Oktober 1959", „Nr. 335", „Nr. 12 6".
Nachlass/Museum Eschborn

G580 Berghang bei Schloss Schöneck überm Ehrenbachtal - Hunsrück
1959
Öl/Lwd., 35,5 cm x 26 cm; u. l. sign. und dat.: „H. Franke 59", verso: Titel, sign., „Oktober 1959", „Nr. 330", „Nr. 295".
Nachlass/Museum Eschborn
Literatur: Kernert 1985, Nr. 563

G581 Burg Schöneck - Hunsrück - bei Boppard - Buchholz*
1959
Öl/Lwd., 26,5 cm x 34,5 cm; u. l. ritzsign. und dat.: „H. Franke 59", verso: Titel, sign., dat., „Nr. 334", „Nr. 129".
Nachlass/Museum Eschborn

G582 Schloss Schöneck - Hunsrück - unterer Bau*
1959
Öl/Pappe, 24 cm x 17 cm; u. l. ritzsign. und dat.: „H. Franke 59", verso: Titel, sign., Sept./Okt. 1959", „Nr. 336", „Nr. 192".
Nachlass/Museum Eschborn

G583 Blick übers Ibntal zum Höllental*
1959
Öl/Lwd., 26 cm x 37 cm; u. l. ritzsign. und dat.: „H. Franke 1959".
Privatbesitz
Literatur: Kernert 1985, Nr. 545

G584 Bäume im Spätsommer bei Schloss Schöneck - Hunsrück*
1959
Öl/Lwd., 37 cm x 25,5 cm; u. r. ritzsign. und dat.: „H. Franke 1959", verso: Titel, sign., dat., „Nr. 328", „Nr. 108".
Nachlass/Museum Eschborn
Literatur: Kernert 1985, Nr. 560

G585 Vortaunuslandschaft mit Frankfurt - Bonames und Bad Homburg v. H.*
1959
Öl/Lwd., 27 cm x 37 cm; u. l. ritzsign. und dat.: „H. Franke 59", verso: Titel, sign., „Juli 1959", „Nr. 360", „Nr. 61", „Nr. 374", „Nr. 57".
Nachlass/Museum Eschborn
Ausstellung: 1999, Eschborn/Ts.
Literatur: Kernert 1985, Nr. 529; Verzeichnis Eschborn 1999, Nr. 10

G586 Birke am Waldrand in Schwanheim*
1959
Öl/Lwd., 37 cm x 25,5 cm; u. r. ritzsign. und dat.: „H. Franke 1959", verso: Titel, sign., dat.., „Nr. 353", „Nr. 89".
Nachlass/Museum Eschborn
Literatur: Kernert 1985,Nr. 551

G587 Dorfrain im März - bei Frankfurt Berkersheim*
1959
Öl/Lwd., 25,5 cm x 35,5 cm; u. l. ritzsign. und dat.: „H. Franke 1959", verso: Titel, sign., dat., „Nr. 356", „Nr. 63".
Nachlass/Museum Eschborn
Ausstellung: 1975, Eschborn/Ts.
1984, Frankfurt/M., Frankfurter Sparkasse von 1822
Literatur: Ausst. Kat. Eschborn 1975, Nr. 48; Verzeichnis Frankfurter Sparkasse 1984, Nr. 55; Kernert 1985,Nr. 554

G588 Diesiger Märztag - Ginnheim
1959
Öl/Lwd., 28 cm x 37 cm; u. r. sign. und dat.: „H. Franke 25.3.1959", verso: Titel, sign., dat., „Nr. 355", „Nr. 64".
Nachlass/Museum Eschborn
Literatur: Kernert 1985,Nr. 553

G589 Sumpfwald in der Frankfurter Landschaft*
1959
Öl/Holz, 33 cm x 25,5 cm; u. l. ritzsign.: „H. Franke", verso: Titel, sign., „Juni 1959", „Nr. 359".
Nachlass/Museum Eschborn
Ausstellung: 1999, Eschborn/Ts.
Literatur: Kernert 1985, Nr. 530; Verzeichnis Eschborn 1999, Nr. 15

G590 Niddaknie bei Berkersheim*
1959
Öl/Lwd., 25,5 cm x 36 cm; u. r. ritzsign. und dat.: „H. Franke 59", verso: Titel, sign., „Juni 1959", „Nr. 14", „Nr. 358", „Nr. 106".
Nachlass/Museum Eschborn
Literatur: Kernert 1985, Nr. 531

G591 Am Schwanheimer Waldrand*
1959
Öl/Lwd., 36,5 cm x 26 cm; u. r. ritzsign. und dat.: „H. Franke 59", verso: Titel, sign., „Sommer 1959", „Nr. 350", „Nr. 111".
Nachlass/Museum Eschborn
Literatur: Kernert 1985, Nr. 548

G592 Vorfrühling - Hang an der Nidda bei Bonames*
1959
Öl/Lwd., 17,5 cm x 26 cm; u. r. ritzsign. und dat.: „H. Franke 1959",
verso: Titel, sign., dat. „Nr. 673", „Nr. 119".
Nachlass/Museum Eschborn
Vom Motiv fertigte der Künstler ein Aquarell. Vergleiche hierzu
A395. Vergleiche auch G593.
Literatur: Kernert 1985, Nr. 557

G593 Vorfrühling - Hang an der Nidda bei Bonames*
um 1959
Öl/Lwd., 16 cm x 24 cm; u. r. monogr.: „H.F."
Version des Bildes „Vorfrühling - Hang an der Nidda bei Bonames".
Vgl. G592
Privatbesitz

G594 Baumgruppe an der Nidda bei Bonames*
1959
Öl/Holz, 37 cm x 30 cm; u. l. ritzsign. und dat.: „H. Franke 5.1959".
Nachlass/Museum Eschborn
Im gleichen Jahr malte der Künstler am gleichen Standort ein
ähnliches Motiv. Vgl. G598
Literatur: Kernert 1985, Nr. 550

G595 An der Nidda im März*
1959
Öl/Lwd., 40 cm x 30 cm; u. l. ritzsign. und dat.: „H. Franke 23.3.1959",
verso: „Ausstellung 1960 Nr. 32".
Historisches Museum Frankfurt/M., Inv.-Nr. B80:8
1960 von Seiten der Stadt Frankfurt/M. im Rahmen der Künstlerförderung erworben.
Ausstellung: 1960, Frankfurt/M.
Literatur: Manuskript Frankfurt/M. 1960, Nr. 32; Kernert 1985, Nr. 550

G596 Am Lohrberg im Vorfrühling
1959
Öl/Lwd., 27,5 cm x 36,5 cm; o. Bez., verso: Titel, sign., „1959"
Städelmuseum Frankfurt/M., Inv.-Nr SG 1223
1963 von Seiten der Stadt Frankfurt/M. im Rahmen der Künstlerförderung erworben.
Literatur: Kernert 1985, Nr. 544; Schweers 1994, S. 572; Schulze
1998, Abb. S. 56

G597 Kapelle im Vordertaunus*
1959
Öl/Lwd., 26, 5 cm x 38 cm; u. l. ritzsign. und dat.: „H. Franke 1959".
Aukth. Arnold, Frankfurt/M., 7. 9. 2002; Galerie Blehle, Seligen-
stadt, 28. 6. 2003
Literatur: Kat. Verst. Arnold III, 2002, Abb. S. 105

G598 Baumgruppe an Flusslandschaft*
um 1959
Öl/Lwd., 35 cm x 24 cm, u. l. sign.: „H. Franke".
Privatbesitz
Die Arbeit ist mit G594 der „Baumgruppe an der Nidda bei Bonames
zu vergleichen.

G599 Oktober - Erinnerungen an St. Peter im Schwarzwald
1959
Öl/Lwd., 26,5 cm x 36,5 cm, u. r. sign.: „1959", verso: Titel, sign.:
„Sept. 1959", „Nr. 348", „Nr. 5", „Nr. 392".
Nachlass/Museum Eschborn
Literatur: Kernert 1985, Nr. 546

G600 Flusslandschaft - o. a. A.*
1959
Öl, u. r. sign. und dat.: „H. Franke 1959".
Quelle: Repro aus dem Nachlass/Museum Eschborn

1.1.1. Landschaften 1960

G601 Bad Orber Erinnerungsblatt - Spessart - Abend auf der Höhe*
1960
Öl/Pappe, 16 cm x 23 cm; u. l. ritzsign. und dat.: „H. Franke
5.11.1960", verso: Titel, sign., dat., „Nr.702", „Nr. 7", „Nr. 220".
Nachlass/Museum Eschborn
Literatur: Kernert 1985, Nr. 584

G602 Wetterau - Landschaft im November*
1960
Öl/Lwd., 23,5 cm x 16,5 cm; u. r. ritzsign. und dat.: „H. Franke
16.11.1960", verso: Titel, sign., dat., „Nr.372", „Nr.157", „Nr. 351", „VE".
Nachlass/Museum Eschborn
Literatur: Kernert 1985, Nr. 571

G603 Frankfurter Landschaft im November - Berkersheim*
1960
Öl/Pappe, 18 cm x 25,5 cm; u. r. ritzsign. und dat.: „H. Franke
16.11.1960", verso: Titel, sign., dat., „Nr.369", „Nr.185".
Nachlass/Museum Eschborn
Literatur: Kernert 1985, Nr. 574

G604 Spessart - Bad Orber Erinnerungsblatt Nr. 3 - Birke - Blick vom
Fenster
1960
Öl/Pappe, 23 cm x 16 cm; u. r. sign. und dat.: „H. Franke 1960".
Nachlass/Museum Eschborn

G605 Die Nidda am Ulmenrück*
1960
Öl/Lwd., 27,5 cm x 36,5 cm; u. l. ritzsign. und dat.: „H. Franke 1960",
verso: Titel, sign., dat., „Landschaftsausschnitt gemalt kurz vor der
völligen Vernichtung", „Nr. 790" .
Nachlass/Museum Eschborn
Ausstellung: 1994, Montgeron/Frankreich
         2003, Zabbar/Malta
Literatur: Verzeichnis Montgeron 1994, Nr. 9

G606 Die Nidda am Ulmenrück
1960
Öl/Lwd., 36,5 cm x 27 cm; u. l. ritzsign. und dat.: „H. Franke
14.11.1960", verso: Titel, sign
Privatbesitz

G607   Spessart*
1960
Öl/Karton, 15,5 cm x 23,5 cm; u. l. ritzsign. und dat.: „H. Franke 1960".
Nachlass/Museum Eschborn

G608   Feldbäume im Spätsommer
1960
Öl/Pappe, 17 cm x 23,5 cm; u. r. sign. und dat.: „H. Franke 1960", verso: Titel, sign., „Spätsommer 1960", „Nr. 691", „Nr. 173".
Nachlass/Museum Eschborn
Literatur: Kernert 1985, Nr. 586

G609   Bewaldeter Bergwiesenhang vor dem Taunus
1960
Öl/Lwd., 36,5 cm x 26 cm; u. l. sign. und dat.: „H. Franke 1960", verso: Titel, sign., dat., „Nr. 365", „Nr. 142".
Nachlass/Museum Eschborn
Literatur: Kernert 1985, Nr. 575

G610   Taunusberge in abendlicher Luft - Studie
1960
Öl/Pappe, 16,5 cm x 24 cm; u. r. sign. und dat.: „H. Franke 1960", verso: Titel, sign., dat., „Nr. 652".
Nachlass/Museum Eschborn
Ausstellung: 1975, Eschborn/Ts.
1984, Frankfurt/M., Frankfurter Sparkasse von 1822
Literatur: Ausst. Kat. Eschborn 1975, Nr. 49; Verzeichnis Frankfurter Sparkasse1984, Nr. 56; Kernert 1985, Nr. 585

G611   Blick über die Niddaniederung zum Feldberg/Ts.*
1960
Öl/Lwd., 25,5 cm x 36 cm; u. l. ritzsign. und dat.: „H. Franke 1960".
Privatbesitz

G612   Die Nidda im Frühling*
1960
Öl/Lwd., 26 cm x 35 cm; u. l. ritzsign. und dat.: „H. Franke 2.4.1960".
Privatbesitz
Literatur: Kernert 1985, Nr. 577

G613   Vilbeler/Bergener Höhe mit Feldweg - o. a. A.
1960
Öl/Lwd., 25 cm x 37 cm; u. r. sign. und dat.: „H. Franke 1960".
Quelle: Kernert 1985, Nr. 572

G614   Blühender Birnbaum bei Seckbach - o. a. A.
1960
Öl/Lwd., 26,5 cm x 36,5 cm; u. r. sign. und dat.: „H. Franke 21.4.1960".
Quelle: Kernert 1985, Nr. 576

G615   Hochtaunusblick - Falkenstein - Altkönig - Feldberg - o. a. A.
1960
Öl/Lwd., 26 cm x 37 cm; u. l. sign. und dat.: „H. Franke 1960".
Quelle: Kernert 1985, Nr. 582

G616   Altkönig und Feldberg bei Gewitter - o. a. A.
1960
Öl/Lwd., 26 cm x 37 cm; u. r. sign. und dat.: „H. Franke 1960".
Quelle: Kernert 1985, Nr. 581

1.1.1. Landschaften 1961

G617   Die Nidda vor dem Ulmenrück*
1961
Öl/Lwd., 25 cm x 38 cm; u. l. ritzsign. und dat.: „H. Franke Sept. 1961", verso: Titel, sign., dat., „Landschaftsausschnitt kurz vor der endgültigen Vernichtung", „Nr. 387".
Nachlass/Museum Eschborn
Literatur: Kernert 1985, Nr. 596

G618   Schwarzwaldhöhen bei St. Peter*
1961
Öl/Pappe, 16,5 cm x 26 cm; u. l. ritzsign. und dat.: „H. Franke Aug. 1961", verso: Titel, sign., dat., „Nr. 199", „Nr. 387".
Nachlass/Museum Eschborn
Literatur: Kernert 1985, Nr. 613

G619   Niddawiesen bei Berkersheim im Mai*
1961
Öl/Lwd., 24,5 cm x 37 cm; u. l. ritzsign. und dat.: „H. Franke 1961", verso: Titel, sign., dat., „Nr. 392", „Nr. 144".
Nachlass/Museum Eschborn
Literatur: Kernert 1985, Nr. 591

G620   Feldbäume auf der Schwarzwaldhöhe - St. Peter*
1961
Öl/Lwd., 24,5 cm x 37 cm; u. l. ritzsign. und dat.: „H. Franke 1961", verso: Titel, sign., dat., „Nr. 376", „Nr. 140".
Nachlass/Museum Eschborn
Literatur: Kernert 1985, Nr. 589

G621   Hochschwarzwaldberge von St. Peter gesehen*
1961
Öl/Lwd., 25 cm x 36 cm; u. l. ritzsign. und dat.: „H. Franke 1961", verso: Titel, sign., dat., „Nr. 377", „Nr. 33", „Nr. 145".
Nachlass/Museum Eschborn

G622   Weiden im Oktober bei Ginnheim*
1961
Öl/Lwd., 35 cm x 24,5 cm; u. r. ritzsign. und dat.: „H. Franke Okt. 1961", verso: Titel, sign., dat., „Nr. 402", „Nr. 150".
Nachlass/Museum Eschborn
Literatur: Kernert 1985, Nr. 623

G623   Frühlingswiese - aus der Niddaniederung - Berkersheim*
1961
Öl/Lwd., 23,5 cm x 36 cm; u. l. ritzsign. und dat.: „H. Franke 5.1961", verso: Titel, sign., dat., „Nr. 389", „Nr. 132".
Nachlass/Museum Eschborn
Literatur: Kernert 1985, Nr. 594

G624   Weiden am Feldtümpel*
1961
Öl/Lwd., 37 cm x 28 cm; u. l. ritzsign. und dat.: „H. Franke Okt. 1961", verso: Titel, sign., dat., „Nr. 401", „Nr. 63", „Nr. 306".
Nachlass/Museum Eschborn
Literatur: Kernert 1985, Nr. 622

G625 Blick vom Ibental zum Feldberg - Schwarzwald*
1961
Öl/Lwd., 24,5cm x 36 cm; u. l. ritzsign. und dat.: „H. Franke 1961",
verso: Titel, sign., „Oktober 1961", „Nr. 375", „Nr. 317".
Nachlass/Museum Eschborn
Literatur: Kernert 1985, Nr. 590

G626 Die Nidda am Ulmenrück*
1961
Öl/Lwd., 26,5 cm x 36 cm; u. l. ritzsign. und dat.: „H. Franke
23.II.1961", verso: Titel, sign., „Februar 1961", „Nr. 385", „Nr. 183".
Nachlass/Museum Eschborn
Ausstellung: 1994, Montgeron/Frankreich
2003, Zabbar/Malta
Literatur: Kernert 1985, Nr. 598; Verzeichnis Montgeron, Nr. 5

G627 Veilchenblüte am Lohrberg*
1961
Öl/Holz, 25,5cm x 29,5 cm; u. r. ritzsign. und dat.: „H. Franke
17.3.1961", verso: Titel, sign., dat., „Nr. 396".
Nachlass/Museum Eschborn
Literatur: Kernert 1985, Nr. 617

G628 Blick zum Altkönig*
1961
Öl/Lwd., 24 cm x 34,5 cm; u. l. ritzsign. und dat.: „H. Franke 1961",
verso: Titel, sign., „Nr. 580", „Nr. 52".
Nachlass/Museum Eschborn
Literatur: Kernert 1985, Nr. 607

G629 Schwarzwaldlandschaft bei St. Peter - St. Märgen
1961
Öl/Pappe, 16,5 cm x 26 cm; u. l. sign. und dat.: „H. Franke 1961",
verso: Titel, sign., „August 1961", „Nr. 779", „Nr. 14", „Nr. 169".
Nachlass/Museum Eschborn
Literatur: Kernert 1985, Nr. 611

G630 Am Schwanheimer Wald
1961
Öl/Lwd., 24,5 cm x 36 cm; u. l. sign. und dat.: „H. Franke 1961", u. r.
monogr., verso: Titel, sign., „Juni 1961", „Nr. 380", „Nr. 15", „Nr. 136".
Nachlass/Museum Eschborn
Literatur: Kernert 1985, Nr. 603

G631 Alte Weiden vor der Stadt
1961
Öl/Lwd., 24,5 cm x 37,5 cm; u. l. sign. und dat.: „H. Franke Okt. 1961",
verso: Titel, sign., dat., „Nr. 68", „Nr. 135".
Nachlass/Museum Eschborn
Literatur: Kernert 1985, Nr. 604

G632 Waldiger Hang - Bei dem Ulmenrück
1961
Öl/Lwd., 36 cm x 25 cm; u. l. sign. und dat.: „H. Franke 1961",
verso: Titel, sign., dat., „Nr. 397", „Nr. 331".
Nachlass/Museum Eschborn
Literatur: Kernert 1985, Nr. 619

G633 Waldwiese bei Schwanheim*
1961
Öl/Lwd., 24,5 cm x 34 cm, u. l. ritzsign. und dat.: „H. Franke 1961",
verso: Titel, sign., „400".
Privatbesitz

G634 Baumgruppe - Ginnheim
1961
Öl/Lwd., 24 cm x 36 cm; u. l. sign. und dat.: „H. Franke Okt. 1961",
verso: Titel, sign., dat., „Nr. 382", „Nr. 141".
Nachlass/Museum Eschborn
Literatur: Kernert 1985, Nr. 601

G635 Waldrand im September - Schwanheim
1961
Öl/Lwd., 35,5 cm x 24,5 cm; u. l. sign. und dat.: „H. Franke 1961",
verso: Titel, sign., dat., „Nr. 399", „Nr. 160".
Nachlass/Museum Eschborn
Literatur: Kernert 1985, Nr. 618

G636 Septembersonne an der Nidda*
1961
Öl/Lwd., 24,5 cm x 36,5 cm; u. l. ritzsign. und dat.: „H. Franke 1961".
Privatbesitz

G637 Die Nidda*
1961
Öl/Lwd., 26 cm x 38 cm; u. l. ritzsign. und dat.: „H. Franke 1961".
Privatbesitz

G638 Ährenfeld hinter Bad Vilbel mit Blick zum Feldberg*
1961
Öl/Lwd., 30 cm x 40 cm; u. l. ritzsign. und dat.: „H. Franke 1961".
Privatbesitz
Das gleiche Motiv hielt der Maler im größerem Format fest. Vgl. G865

G639 Nebliger Septembertag an der Nidda*
1961
Öl/Lwd., 27 cm x 36,5 cm; u. l. ritzsign. und dat.: „H. Franke Sept.
1961".
Privatbesitz
Literatur: Kernert 1985, Nr. 592

G640 In den Niddawiesen*
1961
Öl/Lwd., 27 cm x 38 cm, u. l. ritzsign. und dat.: „H. Franke 1961".
Aukth. Döbritz, Frankfurt/M., 25.4.1998

G641 Am Ulmenrück*
1961
Öl/Lwd., 24,5 cm x 36 cm; u. l. sign. und dat.: „H. Franke 8.3.1961".
Aukth. Arnold, Frankfurt/M., 10.9.1983
Literatur: Kat. Verst. Arnold III, 1983, Abb. S. 94; Kernert 1985, Nr. 610

G642 Odenwaldlandschaft*
1961
Öl/Lwd., 26,5 cm x 36 cm, u. r. ritzsign. und dat.: „H. Franke 1961".
Kunstantiquariat Arno Winterberg, Heidelberg, 11. 4. 2003; Galerie
Fach, Frankfurt/M., 10.2.2005
Literatur: Kat. Verst. Winterberg 2003, Abb. S. 277

G643 Herbstlicher Kastanienbaum - o. a. A.
1961
Öl/Pappe, 24,5 cm x 14 cm, u. l. sign. und dat.: „H. Franke 61".
Quelle: Kernert 1985, Nr. 608

G644　Der erste Vorfrühlingstag - o. a. A.

1961
Öl/Lwd., 24,5 cm x 35,5cm, u. l. sign. und dat.: „H. Franke 20.3.1961".
Quelle: Kernert 1985, Nr. 614

G645　Sonniger Oktobertag an der Nidda - o. a. A.

1961
Öl/Lwd., 24,5 cm x 37 cm, u. l. sign. und dat.: „H. Franke Okt. 1961".
Quelle: Kernert 1985, Nr. 606

G646　Februarfarben - o. a. A.

1961
Öl/Lwd., 33 cm x 24 cm, u. l. sign. und dat.: „H. Franke 22.2.1961".
Quelle: Kernert 1985, Nr. 595

G647　Die Nidda im Vorfrühling bei Berkersheim - o. a. A.

1961
Öl/Lwd., 26 cm x 36,5 cm, u. l. sign. und dat.: „H. Franke 7.3.1961".
Quelle: Kernert 1985, Nr. 597

G648　Nidda - Flussknie - Okt. 1961 - o.a.A.

1961
Öl/Lwd., 27 cm x 24,5 cm, u. l. sign. und dat.: „H. Franke Okt. 1961".
Quelle: Kernert 1985, Nr. 593

G649　Oberes Ibental - St. Peter - August - o.a.A.

1961
Öl/Lwd., 35,5 cm x 25 cm, u. l. sign. und dat.: „H. Franke 1961".
Quelle: Kernert 1985, Nr. 588

1.1.1. Landschaften 1962

G650　Schwarzwald - Regen im Mai - Bärental*

1962
Öl/Lwd., 15,5 cm x 22,5 cm; u. l. ritzsign. und dat.: „H. Franke 1962",
verso: Titel, sign., dat., „Nr. 676", „Nr. 203".
Nachlass/Museum Eschborn
Literatur: Kernert 1985, Nr. 633

G651　Schwarzwald - Abendgewölk*

1962
Öl/Lwd., 15,5 cm x 22 cm; u. l. ritzsign. und dat.: „H. Franke 5.1962",
verso: Titel, sign., dat., „Nr. 695", „Nr. 204".
Nachlass/Museum Eschborn
Literatur: Kernert 1985, Nr. 638

G652　Mainwiese bei Berkersheim*

1962
Öl/Lwd., 25 cm x 35 cm; u. l. ritzsign. und dat.: „H. Franke 1962",
verso: Titel, sign., dat., „Nr. 431", „Nr. 143".
Nachlass/Museum Eschborn
Literatur: Kernert 1985, Nr. 653

G653　Juniwiese mit Taunusblick - Berkersheimer Niddaniederung*

1962
Öl/Lwd., 27 cm x 38 cm; u. l. ritzsign. und dat.: „H. Franke 6.1962".
Nachlass/Museum Eschborn
Literatur: Kernert 1985, Nr. 640

G654　Aus dem Grüneburgpark*

1962
Öl/Holz, 40 cm x 30 cm; u. l. ritzsign.: „H. Franke", verso: „1962".
Nachlass/Museum Eschborn
Literatur: Kernert 1985, Nr. 676

G655　Wiesenbusch im Mai - Berkersheim*

1962
Öl/Lwd., 24,5 cm x 33,5 cm; u. l. ritzsign. und dat.: „H. Franke 1962",
verso: Titel, sign., „Mai 1962", „Nr. 442", „Nr. 152".
Nachlass/Museum Eschborn
Literatur: Kernert 1985, Nr. 655

G656　Schwarzwald - Der Feldberg im Maienschnee*

1962
Öl/Lwd., 24 cm x 36 cm; u. l. ritzsign. und dat.: „H. Franke 5.5.1962",
verso: Titel, sign., „Nr. 408", „Nr. 112", „Nr. 157".
Nachlass/Museum Eschborn
Literatur: Kernert 1985, Nr. 636

G657　Mainpartie bei Höchst*

1962
Öl/Lwd., 37 cm x 25,5cm; u. l. ritzsign. und dat.: „H. Franke 9.1962",
verso: Titel, sign., dat., „Nr. 430", „Nr. 311".
Nachlass/Museum Eschborn
Literatur: Kernert 1985, Nr. 639

G658　Obstbäume auf einer Höhe gegenüber dem Taunus - vom Klingenfeld Berkersheim*

1962
Öl/Lwd., 36,5 cm x 26 cm; u. r. ritzsign. und dat.: „H. Franke 1962",
verso: Titel, sign., „Juni 1962", „Nr. 432", „Nr. 69", „Nr. 308".
Nachlass/Museum Eschborn
Literatur: Kernert 1985, Nr. 652

G659 Veilchenrain im Eschbachtal bei Frankfurt*
1962
Öl/Lwd., 24 cm x 35 cm; u. l. ritzsign. und dat.: „H. Franke 1962",
verso: Titel, sign., „April 1962", „Nr. 70", „Nr. 439", „Nr. 305".
Nachlass/Museum Eschborn
Literatur: Kernert 1985, Nr. 658

G660 Herbstliche Farben*
1962
Öl/Lwd., 36,5 cm x 26 cm; u. l. ritzsign. und dat.: „H. Franke
4.10.1962", verso: Titel, sign., dat., „Nr. 68", „Nr. 302", „Nr. 427".
Nachlass/Museum Eschborn
Literatur: Kernert 1985, Nr. 642

G661 Frankfurter Vorort mit blühender Wiese
1962
Öl/Lwd., 24,5 cm x 35,5 cm; u. l. ritzsign. und dat.: „H. Franke
6.1962", verso: Titel, sign., dat., „Nr. 424", „Nr. 67", „Nr. 309".
Nachlass/Museum Eschborn
Literatur: Kernert 1985, Nr. 645

G662 Alte Weiden in der Abendsonne - Ginnheim*
1962
Öl/Lwd., 24,5 cm x 36 cm; u. l. ritzsign. und dat.: „H. Franke
1.10.1962", verso: Titel, sign., dat., „Nr. 65", „Nr. 14", „Nr. 19", „Nr. 307", „Nr. 416".
Nachlass/Museum Eschborn
Literatur: Kernert 1985, Nr. 673

G663 Schwarzwald - Berge im Regen - Bärental*
1962
Öl/Pappe, 15,5 cm x 23 cm; u. l. ritzsign. und dat.: „H. Franke 1962",
verso: Titel, sign., dat., „Nr. 677".
Nachlass/Museum Eschborn
Literatur: Kernert 1985, Nr. 634

G664 Alte Weiden - Frankfurt - Preungesheim*
1962
Öl/Lwd., 37,5 cm x 26,5cm; u. l. ritzsign. und dat.: „H. Franke
6.1962", verso: Titel, sign., dat., „Nr. 415".
Nachlass/Museum Eschborn
Literatur: Kernert 1985, Nr. 672

G665 Blick in die südliche Wetterau*
1962
Öl/Lwd., 36,5 cm x 25cm; u. l. ritzsign. und dat.: „H. Franke 7.1962",
verso: Titel, sign., „Juli 1962", „Nr. 421", „Nr. 60", „Nr. 361".
Nachlass/Museum Eschborn
Literatur: Kernert 1985, Nr. 661

G666 Unser Rosenhügel im Taunus auf der „Platte" Friedrichstal bei Kranzberg/Kreis Usingen*
1962
Öl/Holz, 25,5 cm x 18 cm; u. l. sign. und dat.: „H. Franke 1962", verso:
Titel, sign., „Juni 1962", „Nr. 645".
Nachlass/Museum Eschborn
Ausstellung: 1994, Montgeron
Literatur: Kernert 1985, Nr. 663; Verzeichnis Montgeron 1994, Nr. 8

G667 Bäumchen auf der Bergwiese im Frühling
1962
Öl/Lwd., 37,5 cm x 25,5 cm; u. l. sign. und dat.: „H. Franke 24.4.1962".
Nachlass/Museum Eschborn
Literatur: Kernert 1985, Nr. 667

G668 Schwarzwald - Feldbergmassiv
1962
Öl/Lwd., 15,5 cm x 22,5 cm; u. l. sign. und dat.: „H. Franke 62",
verso: Titel, sign., „Mai 1962", „Nr. 711", „Nr. 179", „Nr. 216".
Nachlass/Museum Eschborn
Literatur: Kernert 1985, Nr. 665

G669 Frühlingshang mit blühendem Rosenbusch - bei Berkersheim
1962
Öl/Lwd., 35,5 cm x 25,5 cm; u. l. sign. und dat.: „H. Franke 6.1962",
verso: Titel, sign., dat., „Nr. 595", „Nr. 290".
Nachlass/Museum Eschborn
Literatur: Kernert 1985, Nr. 632

G670 Schwarzwald - Blick zum Titisee
1962
Öl/Lwd., 33,5 cm x 25,5 cm; u. r. sign. und dat.: „H. Franke 5.1962",
verso: Titel, sign., dat., „Nr. 411", „Nr. 36", „Nr 139".
Nachlass/Museum Eschborn
Literatur: Kernert 1985, Nr. 669

G671 Der Feldberg im Schwarzwald vom Bärental aus gesehen
1962
Öl/Lwd., 24,5 cm x 35,5 cm; u. l. sign. und dat.: „H. Franke 7.5.1962",
verso: Titel, sign., dat., „Nr. 409", „Nr. 134".
Nachlass/Museum Eschborn
Literatur: Kernert 1985, Nr. 646

G672 Schwarzwald - Blick aufs Feldbergmassiv vom Stefansbühl - Bärental
1962
Öl/Lwd., 23,5 cm x 35,5 cm; u. l. sign. und dat.: „H. Franke 1962",
verso: Titel, sign., dat., „Nr. 408", „Nr. 130".
Nachlass/Museum Eschborn

G673 Der Feldberg im Schwarzwald vom Bärental gesehen
1962
Öl/Lwd., 24 cm x 36 cm; u. l. sign. und dat.: „H. Franke Feldberg
7.5.1962", verso: Titel, sign., dat., „Nr. 408", „Nr. 156".
Nachlass/Museum Eschborn

G674 Schlehdornblüte - Ginnheimer Woog
1962
Öl/Lwd., 36 cm x 24,5 cm; u. l. sign. und dat.: „H. Franke 25.4.1962",
verso: Titel, sign., dat., „Nr. 433", „Nr. 162".
Nachlass/Museum Eschborn
Literatur: Kernert 1985, Nr. 651

G675 Schwarzwald - Nebel vor dem Feldberg - Skizze
1962
Öl/Pappe, 14,5 cm x 22,5 cm; u. l. sign. und dat.: „H. Franke 1962",
verso: Titel, sign., „Mai 1962", „Nr. 697", „Nr. 60".
Nachlass/Museum Eschborn
Ausstellung: 1975, Eschborn/Ts.
Literatur: Ausst. Kat. Eschborn 1975, Nr. 52; Kernert 1985, Nr. 662

G676　Im herbstlichen Ried
1962
Öl/Lwd., 37 cm x 26,5 cm; u. l. sign. und dat.: „H. Franke 16.10.1962",
verso: Titel, sign., dat., „Nr. 611", „Nr. 151".
Nachlass/Museum Eschborn
Literatur: Kernert 1985, Nr. 641

G677　Spätsommerliche Baumgruppe in den Ginnheimer Wiesen
1962
Öl/Lwd., 44 cm x 33 cm, u. l. ritzsign. und dat.: „H. Franke 9.1962",
verso: Titel, „436".
Nachlass/Museum Eschborn

G678　Sonniger Hang im Herbst vor Berkersheim*
1962
Öl/Lwd., 38,5 cm x 27,5 cm; u. l. ritzsign. und dat.: „H. Franke
6.10.1962", verso: Titel, sign., dat.
Privatbesitz
Literatur: Kernert 1985, Nr. 650

G679　Getreidefeld an der Ginnheimer Woog - Praunheimer Seite im August*
1962
Öl/Lwd., 36,5 cm x 26,5 cm; u. l. ritzsign. und dat.: „H. Franke
8.1962", verso: Titel, sign., dat.
Privatbesitz
Literatur: Kernert 1985, Nr. 644

G680　Blick über die Niddaniederung von Bonames - Oktober 1962*
1962
Öl/Lwd., 26 cm x 37,5 cm; u. l. ritzsign. und dat.: „H. Franke
9.10.1962", verso: Titel, sign., dat.
Privatbesitz
Literatur: Kernert 1985, Nr. 660

G681　Alte Weiden in der Spätsommersonne*
1962
Öl/Lwd., 36,5 cm x 25,5 cm; u. l. ritzsign. und dat.: „H. Franke
8.1962", verso: Titel, sign., dat., „Nr. 417".
Privatbesitz
Literatur: Kernert 1985, Nr. 674

G682　Junge Weide bei Ginnheim*
1962
Öl/Lwd., 37 cm x 25 cm; u. l. sign. und dat.: „H. Franke 9.1962", verso:
Titel, sign., dat., „Hr. Direktor Lai zum 40jährigen Dienstjubiläum,
Vorstand d. Genossenschaftl. Zentralbank".
Privatbesitz

G683　Wiesenrain bei Berkersheim*
1962
Öl/Lwd., 23,5 cm x 17,5 cm; u. l. sign. und dat.: „H. Franke 1962",
verso: Titel.
Aukth. Arnold, Frankfurt/M., 3.12.1977
Literatur: Kat. Verst. Arnold, 1977, Abb. S. 61; Kernert 1985, Nr. 668

G684　Sonniger Wiesenhang
1962
Öl/Lwd., 27 cm x 36,5 cm; u. l. sign. und dat.: „H. Franke 6.1962".
Städelmuseum Frankfurt/M., Inv.-Nr. SG 1216
Literatur: Kernert 1985, Nr. 637; Schweers 1994, S. 572; Schulze
1998, S. 56, Abb.

G685　An der Ginnheimer Woog - o. a. A.*
1962
Öl/Lwd., 34 cm x 26 cm; u. l. sign. und dat.: „H. Franke 8.1962".
Quelle: Repro aus dem Nachlass/Museum Eschborn

G686　Südliche Wetteraulandschaft - Blick in das Russenwäldchen - o. a. A.
1962
Öl/Lwd., 24,5 cm x 36,5 cm; u. l. sign. und dat.: „H. Franke 7.1962".
Quelle: Kernert 1985, Nr. 648

G687　Bäumchen auf der Bergwiese im Frühling - o. a. A.
1962
Öl/Lwd., 37,5 cm x 25 cm; u. l. sign. und dat.: „H. Franke 24.4.1962".
Quelle: Kernert 1985, Nr. 631

G688　Herbstliche Abendsonne - o. a. A.
1962
Öl/Lwd., 36 cm x 26 cm; u. l. sign. und dat.: „H. Franke 11.10.1962".
Quelle: Kernert 1985, Nr. 643

G689　Taunusblick - Ginnheim - o. a. A.
1962
Öl/Lwd., 25,5 cm x 34,5 cm; u. l. sign. und dat.: „H. Franke 6.1962".
Quelle: Kernert 1985, Nr. 647

G690　Wiesenhang im Oktober - o. a. A.
1962
Öl/Lwd., 36,5 cm x 26 cm; u. l. sign. und dat.: „H. Franke 3.10.1962".
Quelle: Kernert 1985, Nr. 654

G691　Wald in der Herbstsonne - o. a. A.
1962
Öl/Lwd., 37 cm x 26,5 cm; u. l. sign. und dat.: „H. Franke 5.10.1962".
Quelle: Kernert 1985, Nr. 656

G692　Altkönig und Feldberg in diesiger Luft - o. a. A.
1962
Öl/Lwd., 26 cm x 36,5 cm; u. l. sign. und dat.: „H. Franke 6.1962".
Quelle: Kernert 1985, Nr. 670

G693　Feldbergblick - o. a. A.
1962
Öl/Lwd., 25,5 cm x 36,5 cm; u. l. sign. und dat.: „H. Franke 8.1962".
Quelle: Kernert 1985, Nr. 671

G694　Baumgruppe vor dem Taunus - o. a. A.
1962
Öl/Lwd., 33,5 cm x 25,5 cm; u. l. monogr. und dat.: „H. F. 8.1962".
Quelle: Kernert 1985, Nr. 677

G695　Niddapartie im Herbst bei Bonames
1962
Öl/Lwd., 37,5 cm x 26,5 cm; u. l. sign. und dat.: „H. Franke 8.10.1962".
Privatbesitz
Ausstellung: 1984, Frankfurt/M., Frankfurter Sparkasse von 1822
Literatur: Verzeichnis Frankfurter Sparkasse 1984, Nr. 59; Kernert
1985, Nr. 680

G696　Wiesensumpf im Vorfrühling - Ginnheimer Wiesen - o. a. A.
1962
Öl/Lwd., 25,5 cm x 35 cm; u. l. sign. und dat.: „H. Franke 19.4.1962".
Quelle: Kernert 1985, Nr. 679

G697   Spätsommerliche Baumgruppe in den Ginnheimer Wiesen - o. a. A.
1962
Öl/Lwd., 44 cm x 33,5 cm; u. l. sign. und dat.: „H. Franke 9.1962".
Quelle: Kernert 1985, Nr. 649

G698   Im herbstlichen Ried - o. a. A.
1962
Öl/Lwd., 37 cm x 26,5 cm; u. l. sign. und dat.: „H. Franke 16.10.1962".
Quelle: Kernert 1985, Nr. 630

G699   Frühling*
um 1962
Öl/Lwd, 32 cm x 42 cm, u. r. sign.: „H. Franke".
Kunsthandlung H. O. Hauenstein, Frankfurt/M., 18.12.1964
Privatbesitz

G700   Herbst*
um 1962
Öl/Lwd., 32 cm x 42 cm, u. l. sign.: „H. Franke".
Kunsthandlung H. O. Hauenstein, Frankfurt/M., 18.12.1964
Privatbesitz

1.1.1. Landschaften 1963

G701   Weiden am Bachgrund*
1963
Öl/Lwd., 26,5 cm x 37 cm; u. l. ritzsign. und dat.: „H. Franke 9.1963",
verso: Titel, sign., dat., „Nr. 466", „Nr. 58", „Nr. 155".
Nachlass/Museum Eschborn
Literatur: Kernert 1985, Nr. 685

G702   Baumgruppe im abendlichen Bachtal - Westerbach*
1963
Öl/Lwd., 27 cm x 38 cm; u. l. ritzsign. und dat.: „H. Franke 9.1963",
verso: Titel, sign., dat., „Nr. 453", „Nr. 103", „Nr. 393".
Nachlass/Museum Eschborn
Literatur: Kernert 1985, Nr. 690

G703   Wiesenquelle bei Eschborn*
1963
Öl/Lwd., 27,5 cm x 30 cm; u. l. ritzsign. und dat.: „H. Franke 7.1963",
verso: Titel, sign., dat., „...die man auch kleinen Pfingstborn nannte, gelegen am Wiesentalweg nach Niederhöchstadt, seit Oktober 1965 zugeschüttet...", „Nr. 459", „Nr. 74", „Nr. 9026", „VE".
Nachlass/Museum Eschborn
Literatur: Kernert 1985, Nr. 695

G704   Abendlandschaft*
1963
Öl/Lwd., 22 cm x 17 cm; u. l. ritzmonogr. und dat.: „H. F. 63",
verso: „VE", „Nr. 704".
Nachlass/Museum Eschborn

G705   Bäume am Westerbach - Vortaunus
1963
Öl/Lwd., 37 cm x 26,5 cm; u. l. sign. und dat.: „H. Franke 9.1963",
verso: Titel, sign., dat., „Nr. 452", „Nr. 42", „Nr. 310".
Nachlass/Museum Eschborn
Literatur: Kernert 1985, Nr. 690

G706   Herbstliche Farben - Vortaunus
1963
Öl/Lwd., 36 cm x 26,5 cm; u. l. sign. und dat.: „H. Franke 19.10.1963",
verso: Titel, sign., dat., „Nr. 461", „Nr. 82", „Nr. 161".
Nachlass/Museum Eschborn
Literatur: Kernert 1985, Nr. 684

G705   Gewitterstimmung im Sommer im Vortaunus
1963
Öl/Lwd., 24,5 cm x 17,5 cm; u. l. sign. und dat.: „H. Franke 7.1963",
verso: Titel, sign., dat., „Nr. 460", „Nr. 75", „Nr. 352", „VE".
Nachlass/Museum Eschborn
Literatur: Kernert 1985, Nr. 681

G706   Juniwiese bei Eschborn
1963
Öl/Lwd., 26,5 cm x 37 cm; u. l. sign. und dat.: „H. Franke 6.6.1963",
verso: Titel, sign., dat., „Nr. 462", „Nr. 104", „Nr. 7811/8", „Nr. 91//01", „Nr. 27".
Nachlass/Museum Eschborn, ehem. Städt. Slg., Inv.-Nr. 029
Literatur: Kernert 1985, Nr. 702

G709   Die römische Heerstraße Richtung Hofheim - Mainz*
1963
Öl/Lwd., 26,5 cm x 36,5 cm; u. r. ritzsign. und dat.: „H. Franke 26.8.1963 Römische Straße", verso: sign., dat., „Nr. 458", „Nr. 9020", „Nr. 7806/28", „Nr.5", „Die röm. Heerstr. Hinter dem Limes erbaut von Domitian um 90 n. Chr. Sie verband Meinz mit den Kastellen Hofheim-Nida (Saalburg) Friedberg. Seit dem Mittelalter wird sie Elisabethenstraße genannt durch die Pilger, die auf ihr zum Grabe der heiligen Elisabeth zogen. Umstehend der Strassenabschnitt Richtung Südwest, Hofheim-Mainz, im Westerbachgebiet bei Eschborn-Rödelheim".
Nachlass/Museum Eschborn, ehem. Städt. Slg., Inv.-Nr. 005
Literatur: Kernert 1985, Nr. 703

G710   Die römische Heerstraße hinter dem Limes*
1963
Öl/Lwd., 38 cm x 28 cm; u. l. ritzsign. und dat.: „H. Franke 8.1963 Römische Straße", verso: Titel, sign., „August 1963", „Nr. 456", „Nr. 9018", „Nr. 153", „Nr. 3", „Nr. 7802/17", „Die römische Heerstrasse hinter dem Limes, erbaut von Domitian um 90 n. Chr. Sie verband Mainz mit den Limeskastellen Hofheim-Nida (Saalburg) Friedberg. Im Mittelalter erhielt die Strasse von den Pilgern, die zum Grabe der hl. Elisabeth n. Marburg zogen, den Namen Elisabethenstr. Umstehender Straßenabschnitt Richtung Nordost, Nida-Heddernheim, Friedberg, mit dem alten Eschborner Zollhaus".
Nachlass/Museum Eschborn
Literatur: Kernert 1985, Nr. 705

G711   Die römische Heerstraße hinter dem Limes*
1963
Öl/Lwd., 27 cm x 37 cm; u. l. ritzsign. und dat.: „H. Franke 13.8.1963 Römer Straße", verso: sign., dat., „Nr. 9054", „Nr. 457", „Nr.154", „Die röm. Heerstr. Hinter dem Limes erbaut von Domitian um 90 n. Chr. Sie verband Meinz mit den Kastellen Hofheim-Nida (Saalburg) Friedberg. Im Mittelalter diente die Strasse den Pilgern, die zum Grabe der heiligen Elisabeth führte und Elisabethenstrasse genannt. Umstehenden Westerbach und Rödelheimer Landstr. Mit dem Eschborner alten Zollhaus".
Nachlass/Museum Eschborn, ehem. Städt. Slg., Inv.-Nr. 004
Literatur: Kernert 1985, Nr. 689

G712 Vortaunuslandschaft am Westerbach - Mutter und Kind am sommerlichen Westerbach*
1963
Öl/Lwd., 26 cm x 37 cm; u. l. sign. und dat.: „H. Franke 5.6.1963",
verso: „H. Franke", Titel, „126".
Galerie Blehle, Seligenstadt, 28.6.2003; Aukth. Arnold, Frankfurt/M., 15.11.2004
Literatur: Kernert 1985, Nr. 696; http://www.auktionshaus-arnold.de/sites/is_katalog.php?mode=3&auction=A155, Zugriff am 15.11.2004, Abb.

G713 Westerbach - Motiv an der kleinen Römerbrücke bei Eschborn*
1963
Öl/Lwd., 27,5 cm x 37,5 cm; u. l. ritzsign. und dat.: „H. Franke 7.1963", verso: „Nr. 43".
Privatbesitz
Literatur: Kernert 1985, Nr. 697

G714 Die ersten Herbstzeitlosen*
1963
Öl/Lwd., 38,5 cm x 28 cm; u. l. ritzsign. und dat.: „H. Franke 9.1963", verso: Titel, „in den Vortaunuswiesen".
Privatbesitz

G715 Kleine Wiesenquelle, kleiner Pfingstborn*
1963
Öl/Lwd., 19 cm x 26 cm; u. l. ritzsign. und dat.: „H. Franke 7.1963", verso: Titel, sign., „Nr. 9021", „Vortaunus Juli 1963, wurde in Sept.-Okt. 1965 zugeschüttet".
Privatbesitz

G716 Unser Garten im Schnee*
1963
Öl/Lwd., 29 cm x 38,5 cm; u. l. sign. und dat.: „H. Franke 19.12.1963", verso: „Nr. 40".
Privatbesitz
Literatur: Kernert 1985, Nr. 683

G717 Sommerliche Landschaft - Altkönig bei Eschborn*
1963
Öl/Lwd., 26 cm x 36 cm; u. l. ritzsign. und dat.: „H. Franke 9.1963", verso: sign.
Aukth. Döbritz, Frankfurt/M., 25.4.1998
Literatur: Kat. Verst. Döbritz, 135. Kunstauktion, 1998, Abb. S. 12

G718 Die ersten Herbstzeitlosen*
1963
Öl/Malkarton, 27,5 cm x 39 cm, u. l. ritzsign. und dat.: „H. Franke September 1963", verso: Titel
Aukth. Arnold, Frankfurt/M., 10. 9. 2005
Literatur: www.http://auktionshaus-arnold.de/detail.php?id=6908, Zugriff am 30.8.2005, Abb.

G719 Sommerwiesen in der Niddaniederung - Frankfurt - Berkersheim - o. a. A.
1963
Öl/Lwd., 26,5 cm x 37 cm; u. l. sign. und dat.: „H. Franke 7.1963".
Quelle: Kernert 1985, Nr. 688

G720 Bachufergrün im Sommer - Vortaunus - o. a. A.
1963
Öl/Lwd., 24 cm x 17,5 cm; u. l. sign. und dat.: „H. Franke 6.7.1963".
Quelle: Kernert 1985, Nr. 686

G721 Juniwiese - Vortaunus bei Eschborn - o. a. A.
1963
Öl/Lwd., 37 cm x 27 cm; u. l. sign. und dat.: „H. Franke 10.6.1963".
Quelle: Kernert 1985, Nr. 698

G722 Blühende Bäume - o. a. A.
1963
Öl/Lwd., 24,5 cm x 29,5 cm; o. Bez., verso: „April 1963".
Quelle: Kernert 1985, Nr. 699

G723 Bachwiesen im Herbst - Eschborn - o. a. A.
1963
Öl/Lwd., 33,5 cm x 24,5 cm; u. l. sign. und dat.: „H. Franke 10.1963".
Quelle: Kernert 1985, Nr. 693

G724 Vortaunuslandschaft - o. a. A.
1963
Öl/Lwd., 26 cm x 37 cm; u. l. bez.: „H. Franke 5.6.1963".
Quelle: Kernert 1985, Nr. 696

G725 Der Westerbach*
1963
Öl/Lwd., 36 cm x 25 cm, u. r. ritzsign. und dat.: „H. Franke 7.1963", verso: Titel, sign., dat."
Ehemals aus dem Nachlass von Hanny Frankes Schwester Christine Keller stammend;
Privatbesitz

1.1.1. Landschaften 1964

G726 Unser Hausgarten*
1964
Öl/Holz, 28,5 cm x 23,5 cm; u. l. ritzsign. und dat.: „H. Franke 6.1964".
Nachlass/Museum Eschborn

G727 Wiesengrund*
1964
Öl/Holz, 26,5 cm x 37 cm; u. l. ritzsign. und dat.: „H. Franke 16.5.1964", verso: Titel, sign, dat., „Nr. 482", „Nr. 48", „Nr. 153".
Nachlass/Museum Eschborn
Literatur: Kernert 1985, Nr. 721

G728 Bäume am Bachgrund*
1964
Öl/Lwd., 37 cm x 27 cm; u. l. ritzsign. und dat.: „H. Franke 22.5.1964", verso: Titel, sign, dat., „Nr. 471", „Nr. 49", „Nr. 154".
Nachlass/Museum Eschborn
Literatur: Kernert 1985, Nr. 725

G729 Bäume am Bachgrund - Vortaunus*
1964
Öl/Lwd., 36 cm x 26,5 cm; u. l. ritzsign. und dat.: „H. Franke V.1964", verso: Titel, sign, dat., „Nr. 470", „Nr. 116", „Nr. 313".
Nachlass/Museum Eschborn
Literatur: Kernert 1985, Nr. 723

G730 Garten im Schnee - Eschborn*
1964
Öl/Lwd., 37,5 cm x 26 cm; u. l. sign. und dat.: „H. Franke 12.1.1964",
verso: Titel, sign, dat., „Nr. 392", „Nr. 79", „Nr. 476", „Nr. 129".
Nachlass/Museum Eschborn
Ausstellung: 1994, Montgeron/Frankreich
2003, Zabbar/Malta
Literatur: Kernert 1985, Nr. 714; Verzeichnis Montgeron 1994, Nr. 3

G731 Vorfrühling - Blick aus dem Atelier zum Haus Dr. Körner -
Kronbergerstr. von meiner Wohnung Eschborn/Taunus*
1964
Öl/Lwd., 24 cm x 17,5 cm; u. l. ritzsign. und dat.: „H. Franke
27.3.1964", verso: Titel, sign, dat., „Nr. 480", „Nr. 19".
Nachlass/Museum Eschborn
Literatur: Kernert 1985, Nr. 717

G732 Baum in der Septembersonne*
1964
Öl/Lwd., 38,5 cm x 28 cm; u. l. ritzsign. und dat.: „H. Franke
3.9.1964", verso: Titel, sign, dat., „Nr. 472", „Nr. 130", „Nr. 381".
Nachlass/Museum Eschborn
Ausstellung: 1994, Montgeron/Frankreich
2003, Zabbar/Malta
Literatur: Kernert 1985, Nr. 715; Verzeichnis Montgeron 1994, Nr. 7

G733 Wiesen im Mai*
1964
Öl/Lwd., 37 cm x 26,5 cm; u. l. ritzsign. und dat.: „H. Franke
19.5.1964", verso: Titel, sign, dat., „Nr. 481", „Nr. 80", „Nr. 337", „VE".
Nachlass/Museum Eschborn
Literatur: Kernert 1985, Nr. 718

G734 Bachbäume in der Spätherbstsonne - Vortaunus
1964
Öl/Lwd., 27,5 cm x 38 cm; u. l. sign. und dat.: „H. Franke 26.10.1964",
verso: Titel, sign, dat., „Nr. 597", „Nr. 390", „Nr. 81", „VE".
Nachlass/Museum Eschborn
Ausstellung: 1994, Montgeron/Frankreich
2003, Zabbar/Malta
Literatur: Verzeichnis Montgeron 1994, Nr. 7

G735 Dorfrand in der Nachmittagssonne*
1964
Öl/Lwd., 36,5 cm x 26,5 cm; u. l. ritzsign. und dat.: „H. Franke
4.6.1964", verso: Titel, sign, „Juni 1964", „Nr. 473", „Nr. 7708/26",
„Nr. 213 R", „VE".
Nachlass/Museum Eschborn, ehem. Städt. Slg., Inv.-Nr. 015
Literatur: Kernert 1985, Nr. 708

G736 Frühlingshügel*
1964
Öl/Lwd., 37 cm x 27 cm; u. l. ritzsign. und dat.: „H. Franke 6.5.1964",
verso: sign, „Nr. 14", „Nr. 475".
Nachlass/Museum Eschborn
Literatur: Kernert 1985, Nr. 709

G737 Dorfwiesen im September - o. a. A.
1964
Öl/Lwd., 37 cm x 27 cm; u. l. sign. und dat.: „H. Franke Sept.1964".
Nachlass/Museum Eschborn
Quelle: Kernert 1985, Nr. 722

G738 Spätsommerliche Vortaunuslandschaft - o. a. A.
1964
Öl/Lwd., 26,5 cm x 37,5 cm; u. l. sign. und dat.: „H. Franke 4.8.1964".
Nachlass/Museum Eschborn
Quelle: Kernert 1985, Nr. 720

G739 Am Bachrand - o. a. A.
1964
Öl/Lwd., 37 cm x 26,5 cm; u. l. sign. und dat.: „H. Franke Okt. 1964".
Nachlass/Museum Eschborn
Quelle: Kernert 1985, Nr. 719

G740 Blühender Apfelbaum - o. a. A.
1964
Öl/Lwd., 24,5 cm x 29,5 cm; u. l. sign. und dat.: „H. Franke 1964".
Nachlass/Museum Eschborn
Quelle: Kernert 1985, Nr. 713

G741 Landschaftsausschnitt bei Eschborn - o. a. A.
1964
Öl/Lwd., 26 cm x 36,5 cm; u. l. sign. und dat.: „H. Franke 6.1964".
Nachlass/Museum Eschborn
Quelle: Kernert 1985, Nr. 710

1.1.1. Landschaften 1965

G742 Vortaunuslandschaft*
1965
Öl/Lwd., 37 cm x 26,5 cm; u. l. sign. und dat.: „H. Franke 23.5.1965".
Nachlass/Museum Eschborn
Literatur: Kernert 1985, Nr. 740

G743 Der Westerbach im April*
1965
Öl/Lwd., 25,5 cm x 36,5 cm; u. l. sign. und dat.: „H. Franke 1.4.1965",
verso: Titel, sign., dat., „Nr. 9030", „Nr. 7803", „Nr. 38/70", „Nr. 28",
„Nr. 487", „Nr. 30".
Nachlass/Museum Eschborn, ehem. Städt. Slg., Inv.-Nr. 030
Literatur: Kernert 1985, Nr. 727

G744 Herbstliche Landschaft - Vortaunus*
1965
Öl/Lwd., 37 cm x 26,5 cm; u. l. ritzsign. und dat.: „H. Franke
4.10.1965", verso: Titel, sign., dat., „Nr. 85", „Nr. 495", „Nr. 334", „VE".
Nachlass/Museum Eschborn
Literatur: Kernert 1985, Nr. 752

G745 Wiesenquelle an dem Weg nach Niederhöchstadt*
1965
Öl/Pappe, 23,5 cm x 27,5 cm; u. l. ritzsign. und dat.: „H. Franke
11.5.1965", verso: sign., dat., „Nr. 9039", „Nr. 505", „Nr. 7811/8",
„Nr. 914/701", „Wiesenquelle a. Weg nach Niederhöchstadt 11.5.1965
auch kleiner Pfingstborn genannt - im Oktober 1965 zugeschüttet".
Nachlass/Museum Eschborn, ehem. Städt. Slg., Inv.-Nr. 006
Literatur: Kernert 1985, Nr. 735

G746　Westerbach im Frühling*
1965
Öl/Lwd., 26,5 cm x 37 cm; u. l. ritzsign. und dat.: „H. Franke 12.5.1965", verso: Titel, dat., „Nr. 500", „Nr. 7708/26", „Nr. 213R", „Nr. 24".
Nachlass/Museum Eschborn, ehem. Städt. Slg., Inv.-Nr. 025
Literatur: Kernert 1985, Nr. 733

G747　Abendlicher Glanz - Spätsommer*
1965
Öl/Lwd., 26,5 cm x 37 cm; u. l. ritzsign. und dat.: „H. Franke 23.9.1965", verso: Titel, sign., dat., „Nr. 483", „Nr. 7822/8", „Nr. 914/701".
Nachlass/Museum Eschborn, ehem. Städt. Slg., Inv.-Nr. 028
Literatur: Kernert 1985, Nr. 745

G748　Blick durch Bäume*
1965
Öl/Lwd., 37,5 cm x 26,5 cm; u. l. ritzsign. und dat.: „H. Franke 10.8.1965", verso: Titel, sign., dat., „Nr. 486", „Nr. 54", „Nr. 138".
Nachlass/Museum Eschborn, ehem. Städt. Slg., Inv.-Nr. 028
Literatur: Kernert 1985, Nr. 742

G749　Eschborn - Blick in die Wiesenstrasse*
1965
Öl/Pappe, 25,5 cm x 17,5 cm; u. r. ritzsign. und dat.: „H. Franke 7.3.1965", verso: Titel, sign., dat., „Nr. 167", „Nr. 490", „VE".
Nachlass/Museum Eschborn
Literatur: Kernert 1985, Nr. 729

G750　Kleine Strasse in der Abendsonne - Eschborn*
1965
Öl/Pappe, 25,5 cm x 17,5 cm; u. l. ritzsign. und dat.: „H. Franke 10.10.65", verso: Titel, sign., dat., „Nr. 1", „Nr. 496", „Nr. 168".
Nachlass/Museum Eschborn
Literatur: Kernert 1985, Nr. 730

G751　Vortaunusfarben in der Nachmittagssonne*
1965
Öl/Lwd., 27 cm x 37 cm; u. l. ritzsign. und dat.: „H. Franke 25.9.65", verso: Titel, sign., dat., „Nr. 501", „Nr. 87", „Nr. 335", „VE".
Nachlass/Museum Eschborn
Literatur: Kernert 1985, Nr. 739

G752　Disteln im August - Taunusvorland Westerbach*
1965
Öl/Lwd., 27,5 cm x 37,5 cm; u. l. ritzsign. und dat.: „H. Franke 5.8.1965", verso: Titel, sign., dat., „Nr. 488", „Nr. 362".
Nachlass/Museum Eschborn
Literatur: Kernert 1985, Nr. 726

G753　Herbstliche Baumgruppe - Vortaunus*
1965
Öl/Lwd., 27,5 cm x 38,5 cm; u. l. ritzsign. und dat.: „H. Franke 22.10.65", verso: Titel, sign., dat., „Nr. 635", „Nr. 388", „Nr. 90".
Nachlass/Museum Eschborn
Ausstellung: 1994, Montgeron/Frankreich
　　　　　　　2003, Zabbar/Malta
Literatur: Kernert 1985, Nr. 749; Verzeichnis Montgeron 1994, Nr. 5

G754　Besonnter Rain im August
1965
Öl/Lwd., 28 cm x 38 cm; u. l. sign. und dat.: „H. Franke 9.8.1965", verso: Titel, sign., dat., „Nr. 83", „Nr. 114", „Nr. 485", „Nr. 389", „VE".
Nachlass/Museum Eschborn
Literatur: Kernert 1985, Nr. 743

G755　Nachsommerglanz - Vortaunus
1965
Öl/Lwd., 37 cm x 26,5 cm; u. l. sign. und dat.: „H. Franke 24.9.65", verso: Titel, sign., dat., „Nr. 794", „Nr. 291".
Nachlass/Museum Eschborn
Literatur: Kernert 1985, Nr. 751

G756　Schlehdornblüte am Westerbach
1965
Öl/Malkarton, 38 cm x 28 cm; u. l. ritzsign. Und dat.: „H. Franke 3.5.1965", verso: Titel
Aukth. Arnold, Frankfurt/M., 5.6. 2004; Aukth. Döbritz, Frankfurt/M., 6.11.2004
Literatur: Kat. Verst. Arnold II/2004, Abb. S. 80; http://www.auktionshaus-arnold.de/images/katalog/A153/big/577-b.jpg, Zugriff am 6.4.2004; http://www.lot-tissimo.com/start.php?PHPSESSID=217a247a130a196e1099594479&, Zugriff am 6.11.2004, Abb.

G757　Vortaunuslandschaft im herbstlichem Dunst - Eschborn von Nordwest*
1965
Öl/Lwd., 28 cm x 38 cm; u. l. ritzsign. und dat.: „H. Franke 15.10.1965".
Privatbesitz
Literatur: Kernert 1985, Nr. 754

G758　Nachmittagssonne*
1965
Öl/Lwd., 26,5 cm x 37 cm; u. l. ritzsign. und dat.: „H. Franke 14.8.1965", verso: Titel, „August".
Privatbesitz
Literatur: Kernert 1985, Nr. 755

1.1.1. Landschaften 1966

G759　Altes Eschborner Grenz- und Zollhaus an der Kreuzung der Rödelheimer Landstraße mit der alten Römerstraße (Elisabethenstraße)*
1966
Öl/Lwd., 28 cm x 38 cm; u. l. ritzsign. und dat.: „H. Franke 2.8.1966", Titel, sign., dat.
Nachlass/Museum Eschborn, ehem. Städt. Slg., Inv.-Nr. 064

G760　Erwachende Frühlingsau - Vortaunusland*
1966
Öl/Lwd., 37,5 cm x 26 cm; u. l. ritzsign.: „H. Franke", Titel, sign., „26. April 1966", „Nr. 519", „Nr. 331", „Nr. 517", „VE".
Nachlass/Museum Eschborn
Ausstellung: 1994, Montgeron/Frankreich
　　　　　　　2003, Zabbar/Malta
Literatur: Verzeichnis Montgeron 1994, Nr. 4

G761   Wiese in der Morgenschwüle - Vortaunus im Mai*
1966
Öl/Lwd., 26,5 cm x 36,5 cm; u. l. ritzsign. und dat.: „H. Franke 18.5.1966", Titel, sign., dat., „Nr. 535", „Nr. 133", „Nr. 107".
Nachlass/Museum Eschborn
Literatur: Kernert 1985, Nr. 761

G762   Sumpfige Wiese*
1966
Öl/Lwd., 26,5 cm x 36,5 cm; u. l. ritzsign. und dat.: „H. Franke 23.7.1966", Titel, sign., dat., „Nr. 529", „Nr. 56", „Nr. 137".
Nachlass/Museum Eschborn
Literatur: Kernert 1985, Nr. 768

G763   Wiesenquelle - Vortaunus*
1966
Öl/Lwd., 31,5 cm x 26 cm; u. l. ritzsign. und dat.: „H. Franke 25.8.1966", Titel, sign., „August 1966", „Nr. 537", „Nr. 100", „Nr. 9040", „Nr. 7602/6", „Nr. 703", „Nr. 304".
Nachlass/Museum Eschborn
Literatur: Kernert 1985, Nr. 776

G764   Baumblüte in der kleinen Dorfstrasse*
1966
Öl/Lwd., 24,5 cm x 16 cm; u. r. ritzsign. und dat.: „H. Franke 15.4.1966", Titel, sign., dat., „Nr. 169", „Nr. 042", „Nr. 510", „VE".
Nachlass/Museum Eschborn
Literatur: Kernert 1985, Nr. 778

G765   Weg an den Bachgrund - Vortaunus*
1966
Öl/Lwd., 26,5 cm x 36 cm; u. l. ritzsign. und dat.: „H. Franke 12.5.1966", Titel, sign., dat., „Nr. 534", „Nr. 98", „Nr. 391".
Nachlass/Museum Eschborn
Ausstellung: 1994, Montgeron/Frankreich
            2003, Zabbar/Malta
Literatur: Kernert 1985, Nr. 763; Verzeichnis Montgeron 1994, Nr. 1

G766   Wiesenhang am Westerbach - Vortaunus*
1966
Öl/Lwd., 27 cm x 37 cm; u. l. ritzsign. und dat.: „H. Franke 13.5.1966", Titel, sign., dat., „Nr. 536", „Nr. 99", „Nr. 333", „VE".
Nachlass/Museum Eschborn
Literatur: Kernert 1985, Nr. 757

G767   Erster Herbstgruss*
1966
Öl/Lwd., 36,5 cm x 26,5 cm; u. l. ritzsign. und dat.: „H. Franke 12.9.1966", Titel, sign., dat., „Nr. 516", „Nr. 158".
Nachlass/Museum Eschborn
Literatur: Kernert 1985, Nr. 760

G768   Sommerwiese mit Baumgruppe vor dem Altkönig
1966
Öl/Lwd., 31 cm x 26,5 cm; u. l. sign. und dat.: „H. Franke 29.7.1966", Titel, sign., dat., „Nr. 527", „Nr. 105", „Nr. 7708/26"", „Nr. 213R".
Nachlass/Museum Eschborn, ehem. Städt. Slg., Inv.-Nr. 023
Literatur: Kernert 1985, Nr. 762

G769   Oktoberfarben - Vortaunus*
1966
Öl/Lwd., 25,5 cm x 37 cm; u. l. ritzsign. und dat.: „H. Franke 15.10.1966", Titel, sign., dat., „Nr. 525", „Nr. 109", „Nr. 16".
Nachlass/Museum Eschborn, ehem. Städt. Slg., Inv.-Nr. 017
Ausstellung: 1999, Eschborn/Ts.
Literatur: Kernert 1985, Nr. 772; Verzeichnis Eschborn 1999, Nr. 39

G770   In den Eschborner Wiesen*
1966
Öl/Lwd., 37,5 cm x 25,5 cm; u. l. ritzsign. und dat.: „H. Franke 31.5.1966", Titel, sign., dat., „Nr. 9047", „Nr. 122", „Nr. 522", „Nr. 18", „Nr. 7806/28", „Nr. 320/032".
Nachlass/Museum Eschborn, ehem. Städt. Slg., Inv.-Nr. 019
Ausstellung: 1999, Eschborn/Ts.
Literatur: Kernert 1985, Nr. 782; Verzeichnis Eschborn 1999, Nr. 27

G771   Der Streitplacken*
1966
Öl/Lwd., 26,5 cm x 37 cm; u. l. ritzsign. und dat.: „H. Franke 12.8.1966", Titel, sign., dat., „Nr. 9101", „Nr. 512", „Nr. 7708/26", „Nr. 213R", Der Streitplacken bei Eschborn Ts. Früher auch Haderfeld genannt (Kampffeld der Frankfurt-Cronberger Fehde Mai 1389) Geländeausschnitt Nr. 2.".
Nachlass/Museum Eschborn, ehem. Städt. Slg., Inv.-Nr. 008
Literatur: Kernert 1985, Nr. 779

G772   Der Streitplacken*
um 1966
Öl/Holz, 28 cm x 47 cm; u. l. ritzsign.: „H. Franke", Titel, sign., „Nr. 7811/8", „Nr. 914/701", „Der Streitplacken bei Gewitter Eschborn/Ts. genannt nach der Fehde zwischen Kronberg und der Stadt Frankfurt am 14. Mai 1389 bei der die Stadt verlustreich unterlag gegen die Übermacht der Taunusritter, des Pfalzgrafen Rupr., der Oppenheimer, der Hanauer und d. vielen Anderen."
Nachlass/Museum Eschborn, ehem. Städt. Slg., Inv.-Nr. 009
Literatur: Wollmann 1992, Abb. S. 143

G773   Vortaunuswiesen am Westerbach*
1966
Öl/Lwd., 28 cm x 38,5 cm; u. l. ritzsign. und dat.: „H. Franke 24.5.1966", Titel, sign., dat., „Nr. 533", „Nr. 88", „Nr. 5", „Nr. 338".
Nachlass/Museum Eschborn
Ausstellung: 1999, Eschborn/Ts.
Literatur: Kernert 1985, Nr. 756; Verzeichnis Eschborn 1999, Nr. 5

G774   Bach vor den Taunusbergen
1966
Öl/Lwd., 37 cm x 27 cm; u. l. sign. und dat.: „H. Franke 3.4.1966", Titel, sign., dat., „Nr. 508", „Nr. 92", „Nr. 332", „VE".
Nachlass/Museum Eschborn
Literatur: Kernert 1985, Nr. 765

G775   Blühender Feldrand
1966
Öl/Lwd., 37 cm x 27 cm; u. l. sign. und dat.: „H. Franke 27.4.1966", Titel, sign., dat., „Nr. 511", „Nr. 1200", „Nr. 387".
Nachlass/Museum Eschborn
Literatur: Kernert 1985, Nr. 765

G776 Regenbogen über der kleinen Gasse
1966
Öl/Pappe, 25 cm x 17 cm; u. l. sign. und dat.: „1966", Titel, sign., „Juli 1966", „Nr. 526", „Nr. 170", „VE".
Nachlass/Museum Eschborn
Literatur: Kernert 1985, Nr. 775

G777 Ansicht von Westerbach
1966
Öl/Malkarton, 38 cm x 27 cm, u. l. ritzsign. und dat.: „H. Franke 4.4.1966", verso: Titel
Aukth. Arnold, Frankfurt/M., 5.6.2004
Literatur: Kat. Verst. Arnold II/2004, Abb. S. 80; http://www.auktionshaus-arnold.de/images/katalog/A153/big/578-b.jpg, Zugriff am 6.4.2004

G778 Sommerliche Landschaft - o. a. A.*
1966
Öl., u. l. sign. und dat.: „H. Franke 18.8.1966".
Quelle: Repro aus dem Nachlass/Museum Eschborn

G779 Eschborn Süd-Ost vom Stadtrand aus gesehen - o. a. A.*
1966
Öl/Lwd., 27 cm x 37 cm; u. l. sign. und dat.: „H. Franke 2.8.1966".
Quelle: Kernert 1985, Nr. 781; Repro aus dem Nachlass/Museum Eschborn

G780 Streitplacken bei Eschborn - o. a. A.
1966
Öl/Lwd., 27,5 cm x 26,5 cm; u. l. sign. und dat.: „H. Franke 11.8.1966".
Quelle: Kernert 1985, Nr. 758

G781 Dorfrand in der Herbstsonne - Vortaunus - o. a. A.
1966
Öl/Lwd., 36,5 cm x 26,5 cm; u. l. sign. und dat.: „H. Franke 5.10.1966".
Quelle: Kernert 1985, Nr. 774

G782 Dorfwiese im Frühling - Vortaunus - o. a. A.
1966
Öl/Lwd., 26,5 cm x 37 cm; u. l. sign. und dat.: „H. Franke 16.5.1966".
Quelle: Kernert 1985, Nr. 773

G783 Herbstliche Landschaft vor dem Altkönig - o. a. A.
1966
Öl/Lwd., 27 cm x 36,5 cm; u. l. sign. und dat.: „H. Franke 17.10.1966".
Quelle: Kernert 1985, Nr. 771

G784 Feldweg vor dem Altkönig - o. a. A.
1966
Öl/Lwd., 26,5 cm x 36,5 cm; u. l. sign. und dat.: „H. Franke 2.8.66".
Quelle: Kernert 1985, Nr. 770

G785 Spätsommerliche Wiesenlandschaft - o. a. A.
1966
Öl/Lwd., 26,5 cm x 37 cm; u. l. sign. und dat.: „H. Franke 17.8.1966".
Quelle: Kernert 1985, Nr. 769

G786 Bachlauf im Vorfrühling - o. a. A.
1966
Öl/Lwd., 26,5 cm x 36,5 cm; u. l. sign. und dat.: „H. Franke 5.4.1966".
Quelle: Kernert 1985, Nr. 766

1.1.1. Landschaften 1967

G787 Dorfrand im Frühling*
1967
Öl/Lwd., 37 cm x 26,5 cm; u. l. ritzsign. und dat.: „H. Franke 17.4.67", verso: Titel, sign., dat., „Nr. 540", „Nr. 67/3", „Nr. 77", „Nr. 811/8", „Nr. 914/701".
Nachlass/Museum Eschborn, ehem. Städt. Slg., Inv.-Nr. 027
Literatur: Kernert 1985, Nr. 792

G788 Die römische Heerstraße in Richtung Südwest Hofheim - Mainz*
1967
Öl/Lwd., 37 cm x 26,5 cm; u. l. ritzsign. und dat.: „H. Franke 21.4.1967", verso: sign., „Juni 1967", „Nr. 539", „Nr. 9019", „Nr. 7806/28", „Nr. 320-092", „Die römische Heerstrasse, Richtung nach Südwest Hofheim-Mainz, Abschnitt zwischen Rödelheimer u. Sossenheimer Landstr. Heute die Grenze zwischen Frankfurt u. Eschborn".
Nachlass/Museum Eschborn, ehem. Städt. Slg., Inv.-Nr. 011
Literatur: Kernert 1985, Nr. 788

G789 Herbstbeginn am Taunusbach*
1967
Öl/Lwd., 25,5 cm x 36,5 cm; u. l. ritzsign. und dat.: „H. Franke 26.9.67", verso: Titel, sign., dat., „Nr. 541", „Nr. 55", „Nr. 163".
Nachlass/Museum Eschborn
Literatur: Kernert 1985, Nr. 794

G790 Hochsommerliches Grün im Juli - Studie*
1967
Öl/Lwd., 37 cm x 25,5 cm; u. l. ritzsign. und dat.: „H. Franke 11.7.1967", verso: Titel, dat., „Nr. 592", „Nr. 149".
Nachlass/Museum Eschborn
Literatur: Kernert 1985, Nr. 793

G791 Drei Bäume im herbstlichen Licht am Westerbach*
1967
Öl/Lwd., 38 cm x 27 cm; u. l. ritzsign. und dat.: „H. Franke 11.10.67", verso: Titel, sign., dat., „Nr. 581", „Nr. 103", „Nr. 372".
Nachlass/Museum Eschborn
Ausstellung: 1994, Montgeron/Frankreich
                2003, Zabbar/Malta
Literatur: Kernert 1985, Nr. 797; Verzeichnis Montgeron 1994, Nr. 4

G792 Ährenfeld - Aus dem Spessart*
1967
Öl/Pappe, 17,5 cm x 25,5 cm; u. r. ritzsign. und dat.: „H. Franke 1967".
Privatbesitz

G793 Erstes Grün
vor 1967
Öl/Lwd., 26,5 cm x 33 cm; u. r. ritzsign.: „H. Franke", verso: Titel, sign.
Historisches Museum Frankfurt/M., Inv.-Nr. B67:8
Das Bild wurde am 20.9.1976 von der Stadtkanzlei überwiesen

G794 Landschaft - o. a. A.*
1967
Öl, u. l. sign. und dat.: „H. Franke 11.9.67".
Quelle: Repro aus dem Nachlass/Museum Eschborn

G795 Bäume am Bachgrund - Eschborn - o. a. A.
1967
Öl/Lwd., 37 cm x 26 cm, u. l. sign. und dat.: „H. Franke 22.6.1967".
Quelle: Kernert 1985, Nr. 791

1. 1. 1. Landschaften 1968

G796 Häuser überm Bachgrund im Vorfrühling*
1968
Öl/Lwd., 25,5 cm x 36 cm; u. l. ritzsign. und dat.: „H. Franke 1.4.1966", verso: Titel, sign., dat., „Nr. 596", „Nr. 7811/08", „Nr. 914/701".
Nachlass/Museum Eschborn, ehm. Städt. Slg., Inv.-Nr. 021
Ausstellung: 1999, Eschborn/Ts.
Literatur: Kernert 1985, Nr. 802; Verzeichnis Eschborn 1999, Nr. 30

G797 Blühender Schlehdorn am Bachgrund*
1968
Öl/Lwd., 37 cm x 36,5 cm; u. l. ritzsign. und dat.: „H. Franke 22.4.1968", verso: Titel, sign., dat., „Nr. 572", „Nr. 21", „Nr. 7811/08", „Nr. 914/711".
Nachlass/Museum Eschborn, ehm. Städt. Slg., Inv.-Nr. 022
Ausstellung: 1999, Eschborn/Ts.
Literatur: Kernert 1985, Nr. 815; Verzeichnis Eschborn 1999, Nr. 34

G798 Sommerliche Fluren vor dem Altkönig
1968
Öl/Lwd., 26,5 cm x 37 cm; u. l. ritzsign. und dat.: „H. Franke 28.7.1968", verso: Titel, sign., dat., „Nr. 554", „Nr. 119", „Nr. 68/10", „Nr. 25", „Nr. C-1150".
Nachlass/Museum Eschborn, ehm. Städt. Slg., Inv.-Nr. 026
Literatur: Kernert 1985, Nr. 810

G799 Sommerliche Landschaft mit dem Altkönig
1968
Öl/Lwd., 25,5 cm x 36 cm; u. l. sign. und dat.: „H. Franke 29.6.1968", verso: Titel, sign., dat., „Nr. 555", „Nr. 108", „Nr. 68/11", „Nr. 22".
Nachlass/Museum Eschborn, ehm. Städt. Slg., Inv.-Nr. 024
Literatur: Kernert 1985, Nr. 809

G800 Die letzte Blumenwiese der Eschborner Flur*
1968
Öl/Lwd., 27 cm x 37 cm; u. l. ritzsign. und dat.: „H. Franke 21.5.1968", verso: Titel, sign., dat., „Nr. 634", „Nr. 9058", „Nr. 29".
Nachlass/Museum Eschborn
Ausstellung: 1999, Eschborn/Ts.
Literatur: Kernert 1985, Nr. 800; Verzeichnis Eschborn 1999, Nr. 7

G801 Hochsommer - Vortaunus*
1968
Öl/Lwd., 26,5 cm x 36,5 cm; u. l. ritzsign. und dat.: „H. Franke 30.7.1968", verso: Titel, sign., dat., „Nr. 551", „Nr. 147".
Nachlass/Museum Eschborn
Literatur: Kernert 1985, Nr. 811

G802 Juniwiese im Vortaunus bei Eschborn*
1968
Öl/Lwd., 27,5 cm x 37 cm; u. l. ritzsign. und dat.: „H. Franke 1. Juni 1968", verso: Titel, sign., dat., „Nr. 552", „Nr. 315", „Nr. 123".
Nachlass/Museum Eschborn
Ausstellung: 1994, Montgeron/Frankreich
          1999, Eschborn/Ts.
          2003, Zabbar/Malta
Literatur: Kernert 1985, Nr. 799; Verzeichnis Montgeron 1994, Nr. 4; Verzeichnis Eschborn 1999, Nr. 24

G803 Frühlingsgrund am Dorfrand*
1968
Öl/Lwd., 37,5 cm x 27 cm; u. l. ritzsign. und dat.: „H. Franke 23. 4. 1968", verso: Titel, sign., dat., „Nr. 548", „Nr. 105", „Nr. 366".
Nachlass/Museum Eschborn
Ausstellung: 1994, Montgeron/Frankreich
          2003, Zabbar/Malta
Literatur: Kernert 1985, Nr. 814; Verzeichnis Montgeron 1994, Nr. 2

G480 Erstes Grün und Schlehdornblüte - Westerbach*
1968
Öl/Lwd., 26,5 cm x 37,5 cm; u. l. ritzsign. und dat.: „H. Franke 19. 4. 1968", verso: Titel, sign., dat., „Nr. 106", „Nr. 394".
Nachlass/Museum Eschborn
Ausstellung: 1994, Montgeron/Frankreich
          2003, Zabbar/Malta
Literatur: Kernert 1985, Nr. 816; Verzeichnis Montgeron 1994, Nr. 3

G805 Bachgrund*
1968
Öl/Lwd., 36,5 cm x 27 cm; u. l. ritzsign.: „H. Franke", verso: Titel, sign., „14. Juni 1968", „Nr. 546", „Nr. 117", „Nr. 339", „Nr. 104", „VE".
Nachlass/Museum Eschborn
Literatur: Kernert 1985, Nr. 812

G806 Winterliche Gasse - Eschborn*
1968
Öl/Holz, 18 cm x 27 cm; u. l. sign. und dat.: „H. Franke 30.12.1968", verso: Titel, sign., „Blick vom Fenster", „Nr. 9059".
Privatbesitz

G807 Taunusbach im Vorfrühling*
1968
Öl/Karton, 37 cm x 26 cm; u. l. ritzsign. und dat.: „H. Franke 16.9.1968", verso: Titel, sign., „Blick vom Fenster", „Nr. 9059".
Aukth. Döbritz, Frankfurt/M., 18.10.2001

G808 Frühlingswiesen - Vortaunus - o. a. A.
1968
Öl/Lwd., 24 cm x 36 cm; u. l. sign. und dat.: „H. Franke 20.4.1968".
Quelle: Kernert 1985, Nr. 817

G809 Bäume am Bach - o. a. A.
1968
Öl/Lwd., 37 cm x 27 cm; u. l. sign. und dat.: „H. Franke 27.4.1968".
Quelle: Kernert 1985, Nr. 813

G810 Alte Wiesenbäume - o. a. A.
1968
Öl/Lwd., 25 cm x 36 cm; u. l. sign. und dat.: „H. Franke 2.7.1968".
Quelle: Kernert 1985, Nr. 807

G811　Blumen in unserem Garten vor dem Atelierfenster - o. a. A.
1968
Öl/Pappe, 30 cm x 30 cm; u. l. sign. und dat.: „H. Franke 31.5.1968".
Quelle: Kernert 1985, Nr. 806

G812　Taunusbach im Vorfrühling - Westerbach - o. a. A.
1968
Öl/Lwd., 36,5 cm x 25,5 cm; u. l. sign. und dat.: „H. Franke 16.4.1968".
Quelle: Kernert 1985, Nr. 805

G813　Hochsommerliche Wiesen - o. a. A.
1968
Öl/Lwd., 28 cm x 38 cm; u. l. sign. und dat.: „H. Franke 22.7.1968".
Quelle: Kernert 1985, Nr. 804

G814　Westerbach zwischen Kronberg und Eschborn - o. a. A.
1968
Öl/Lwd., 37 cm x 27 cm; u. l. sign. und dat.: „H. Franke 27.4.1968".
Quelle: Kernert 1985, Nr. 803

G815　Unser Garten im Schnee - o. a. A.
1968
Öl/Lwd., 20 cm x 25,5 cm; u. l. sign. und dat.: „H. Franke 29.12.1968".
Quelle: Kernert 1985, Nr. 801

1.1.1. Landschaften 1969

G816　Stornfels bei Schotten in Hessen - Kreis Büdingen*
1969
Öl/Lwd., 18,5 cm x 25 cm; u. l. ritzsign. und dat.: „H. Franke 3.9.1969", verso: Titel, sign., dat., „Nr. 709", „Nr. 183", „Nr. 9".
Nachlass/Museum Eschborn
Vom gleichen Motiv entstand am 9.9.1969 eine lavierte Federzeichnung. Vgl. Z168
Literatur: Kernert 1985, Nr. 819

G817　Winterliche Dorfgasse - Eschborn/Ts.*
1969
Öl/Karton, 22 cm x 30 cm; u. l. sign. und dat.: „H. Franke 19.2.69", verso: Titel, sign., dat., „Nr. 559", „Nr. 342".
Nachlass/Museum Eschborn
Literatur: Kernert 1985, Nr. 826

G818　Frühlingsgrün*
1969
Öl/Lwd., 37 cm x 26,5 cm; u. l. sign. und dat.: „H. Franke 10.5.1969", verso: Titel, sign., dat., „Nr. 584", „Nr. 148".
Nachlass/Museum Eschborn
Literatur: Kernert 1985, Nr. 822

G819　Blühende Obstbäume*
1969
Öl/Lwd., 37,5 cm x 27,5 cm; u. l. ritzsign. und dat.: „H. Franke 8.5.1969", verso: „Nr. 588".
Privatbesitz
Literatur: Kernert 1985, Nr. 821

G820　Alter Moosrosenbusch in der Blüte - o. a. A.
1969
Öl/Lwd., 25,5 cm x 17,5 cm; u. l. sign. und dat.: „H. Franke 17.6.1969".
Quelle: Kernert 1985, Nr. 825

G821　Wiese mit blühenden Bäumen - o. a. A.
1969
Öl/Lwd., 27 cm x 37 cm; u. l. sign. und dat.: „H. Franke 17.6.1969".
Quelle: Kernert 1985, Nr. 824

G822　Blühender Apfelbaum oberhalb Eschborn - o. a. A.
1969
Öl/Pappe, 36,5 cm x 26,5 cm; u. l. sign. und dat.: „H. Franke 8.5.1969".
Quelle: Kernert 1985, Nr. 823

G823　Unser Hausgarten - Juni 1969 - o. a. A.
1969
Öl/Pappe, 28,5 cm x 23 cm; u. l. sign. und dat.: „H. Franke 6.1969".
Quelle: Kernert 1985, Nr. 820

G824　Unser Hausgarten 1969 - o. a. A.
1969
Öl/Karton, 28,5 cm x 23 cm; u. l. sign.: „H. Franke".
Quelle: Kernert 1985, Nr. 818

1.1.1. Landschaften 1971

G825　Die Sonnenuhr in Hanny Frankes Garten in Eschborn*
1971
Öl/Lwd., 20 cm x 13 cm; u. l. ritzsign. und dat.: „H. Franke 9.11.1971".
Privatbesitz
Literatur: Kernert 1985, Nr. 830

G826　Blick in den Garten*
1971
Öl/Lwd., 21 cm x 15,5 cm; u. l. ritzsign. und dat.: „H. Franke 1971", verso: „Nr. 733", „Nr. 12".
Nachlass/Museum Eschborn
Literatur: Kernert 1985, Nr. 841

G827　Baumstudie - Baumgruppe am Abend*
1971
Öl/Pappe, 21,5 cm x 14 cm; u. r. ritzsign. und dat.: „H. Franke 27.8.1971", verso: dat., „Nr 734", „Nr. 211".
Nachlass/Museum Eschborn
Literatur: Kernert 1985, Nr. 842

G828　Blick in den Garten mit Bank*
1971
Öl/Lwd., 20 cm x 15,5 cm; u. r. ritzsign. und dat.: „H. Franke 29.3.1971", verso: „Nr 781", „Nr. 212".
Nachlass/Museum Eschborn
Literatur: Kernert 1985, Nr. 831

G829 **Blick in den Garten - Gartenblick vom Atelier***
1971
Öl/Lwd., 23 cm x 16 cm; u. r. ritzsign. und dat.: „H. Franke 23.3.1971",
verso: dat., „Nr 730", „Nr. 15", „Nr. 197".
Nachlass/Museum Eschborn
Literatur: Kernert 1985, Nr. 838

G830 **Blick in unseren winterlichen Garten - 1971 erster Winterschnee***
1971
Öl/Lwd., 26,5 cm x 18,5 cm; u. r. sign. und dat.: „H. Franke 29.12.1971", verso: Titel, „Nr 582", „Nr. 713".
Nachlass/Museum Eschborn
Literatur: Kernert 1985, Nr. 833

G831 **Wiesenschaumkraut - vor dem Atelier Eschborn***
1971
Öl/Lwd., 17,5 cm x 25 cm, o. Bez., verso: Titel, „April 1971", „Nr 622", „Nr. 109", „VE".
Nachlass/Museum Eschborn
Literatur: Kernert 1985, Nr. 843

G832 **Gartenecke mit steinerner Bank***
1971
Öl/Lwd., 19,5 cm x 14,5 cm, u. r. ritzsign. und dat.: „H. Franke 1.6.1971", verso: „Nr. 767".
Nachlass/Museum Eschborn
Literatur: Kernert 1985, Nr. 847

G833 **Garten im Oktober***
1971
Öl/Holz, 34,5 cm x 24 cm, u. r. sign. und dat.: „H. Franke 23.10.1971".
Nachlass/Museum Eschborn
Literatur: Kernert 1985, Nr. 848

G834 **Am Rande von Eschborn***
1971
Öl/Holz, 15,5 cm x 22 cm, u. r. ritzsign. und dat.: „H. Franke 7.1971", verso: „Nr. 732", „Nr. 13", „Nr. 341".
Nachlass/Museum Eschborn
Literatur: Kernert 1985, Nr. 840

G835 **Garten im Frühling***
1971
Öl/Holz, 18 cm x 14 cm, u. r. ritzsign. und dat.: „H. Franke 1971", verso: „Nr. 18".
Nachlass/Museum Eschborn
Literatur: Kernert 1985, Nr. 844

G836 **Unser Garten im April***
1971
Öl/Holz, 33 cm x 24,5 cm, u. r. ritzsign. und dat.: „H. Franke 4.1971", verso: Titel, „Nr. 791"; „Nr. 1".
Nachlass/Museum Eschborn
Ausstellung: 1994, Montgeron/Frankreich
　　　　　　1999, Eschborn/Ts.
　　　　　　2003, Zabbar, Malta
Literatur: Verzeichnis Montgeron 1994, Nr. 5; Verzeichnis Eschborn 1999, Nr. 23

G837 **Blick in den Garten mit Sonnenuhr***
1971
Öl/Holz, 21 cm x 16 cm, u. l. ritzsign. und dat.: „H. Franke 1971", verso: „Nr. 209".
Nachlass/Museum Eschborn
Literatur: Kernert 1985, Nr. 829

G838 **Bäume am Bach**
1971
Öl/Lwd., 23 cm x 15 cm, u. l. sign. und dat.: „H. Franke 2.11.71", verso: „Nr. VE", „Nr. 111", „Nr. 729", „Nr. 16", „Nr. 344".
Nachlass/Museum Eschborn
Literatur: Kernert 1985, Nr. 837

G839 **Sonnenuhr und Gartenbank - o. a. A.**
1971
Öl/Lwd., 20 cm x 13,5 cm, u. r. sign. und dat.: „H. Franke 1.6.1971"
Quelle: Kernert 1985, Nr. 828

G840 **Wiesenschaumkraut vor dem Atelier in Eschborn - o. a. A.**
um 1971
Öl/Lwd., 18,5 cm x 25,5 cm, o. Bez.
Quelle: Kernert 1985, Nr. 832

1.1.1. Landschaften 1972

G841 **Baum im Sommer - Gartenblick***
1972
Öl/Lwd., 26 cm x 16 cm; u. r. ritzsign. und dat.: „H. Franke 3.12.72", verso: „Nr 684", „Nr. 186".
Nachlass/Museum Eschborn
Literatur: Kernert 1985, Nr. 852

G842 **Im Garten***
1972
Öl/Lwd., 26 cm x 18 cm; u. r. sign. und dat.: „H. Franke 1972", verso: „Nr 184".
Nachlass/Museum Eschborn

G843 **Aus meinem Ateliergarten***
1972
Öl/Pappe, 26 cm x 19 cm; u. r. ritzsign. und dat.: „H. Franke 1.5.1972", verso: Titel, dat., „Nr. 670", „Nr 18".
Nachlass/Museum Eschborn
Literatur: Kernert 1985, Nr. 850

G844 **Mein Ateliergarten***
1972
Öl/Lwd., 26 cm x 18 cm; u. r. sign. und dat.: „H. Franke 29.1.72", verso: Titel, dat., „Nr. 671", „Nr 182", „VE".
Nachlass/Museum Eschborn

G845 **Unser winterlicher Garten in Eschborn***
1972
Öl/Holz, 33,5 cm x 23,5 cm; u. r. sign. und dat.: „H. Franke 26.1.1972".
Nachlass/Museum Eschborn

G846   Aus unserem Garten im Mai - Eschborn*
1972
Öl/Holz, 26,5 cm x 19 cm; u. r. sign. und dat.: „H. Franke 2.5.1972",
verso: Titel, sign., „Nr. 638", „Nr. 119", „Nr. 365".
Nachlass/Museum Eschborn
Ausstellung: 1994, Montgeron/Frankreich
2003, Zabbar/Malta
Literatur: Kernert 1985, Nr. 857; Verzeichnis Montgeron 1994, Nr. 7

G847   Gartenansicht*
1972
Öl/Lwd., 20 cm x 27 cm; u. l. ritzsign. und dat.: „H. Franke 19.3.1972",
verso: „VE", „Nr. 120", „Nr. 639", „Nr. 348".
Nachlass/Museum Eschborn
Literatur: Kernert 1985, Nr. 856

G848   Blick in den Garten*
1972
Öl/Holz, 21 cm x 15 cm; u. l. ritzsign. und dat.: „H. Franke 1.11.1972",
verso: sign., dat., „Nr. 215", „Nr. 701".
Nachlass/Museum Eschborn
Literatur: Kernert 1985, Nr. 849

G849   Aus meinem Ateliergarten*
1972
Öl/Pappe, 25 cm x 17 cm; u. l. sign. und dat.: „H. Franke 27.7.1972".
Privatbesitz

G850   Garten am Abend mit Sonnenuhr 1972 - o. a. A.
1972
Öl/Lwd., 17,5 cm x 24 cm; u. r. sign.: „H. Franke".
Quelle: Kernert 1985, Nr. 858

G851   Gartenbild mit Bank - o. a. A.
1972
Öl/Lwd., 31,5 cm x 21 cm; u. r. sign und dat.: „H. Franke 1.12.72".
Quelle: Kernert 1985, Nr. 855

1.1.2. Landschaften undatiert

1.1.2.1. Taunuslandschaften

G852   Blick auf Eschborn mit Altkönig*
Öl/Lwd., 51 cm x 71 cm; u. r. sign.: „H. Franke".
Galerie Opper, Kronberg/Ts., Februar 1995
Literatur: Faltblatt Kronberg 1995, Abb.

G853   Vortaunuslandschaft im Vorfrühling*
Öl/Lwd., 60 cm x 78 cm; u. l. sign.: „H. Franke".
Aukth. Arnold, Frankfurt/M., 11.6.1988
Literatur: Kat. Verst. Arnold II, 1988, Abb. S. 78

G854   Blick auf den Taunus*
Öl/Lwd., 61 cm x 80 cm; u. l. sign.: „H. Franke".
Aukth. Arnold, Frankfurt/M., 7.9.1991
Literatur: Kat. Verst. Arnold III, 1999, Abb. S. 90

G855   Blick zum Taunus im Sommer*
Öl/Lwd., 60 cm x 80 cm; u. l. sign.: „H. Franke".
Galerie Opper, Kronberg/Ts., Februar 1999

G856   Hügelige Taunuslandschaft im Spätsommer*
Öl/Lwd., 46 cm x 55 cm; u. r. sign.: „H. Franke".
Aukth. Döbritz, Frankfurt/M., 19.4.1997

G857   Baumreihe auf einem Hügel im Taunus*
Öl/Karton, 22 cm x 32 cm; u. r. sign.: „H. Franke".
Aukth. Arnold, Frankfurt/M., 26.11.1983
Literatur: Kat. Verst. Arnold IV, 1983, Abb. S. 109

G858   Bachlauf im Taunus*
Öl/Lwd., 59 cm x 79 cm; u. l. sign.: „H. Franke".
Aukth. Arnold, Frankfurt/M., 30.11.1985
Literatur: Kat. Verst. Arnold IV, 1985, Abb. S. 87; Kunstpreis
Jahrbuch 1986, S. 199

G859   Taunuslandschaft mit Bachlauf*
Öl/Lwd., 76 cm x 83 cm; u. l. sign.: „H. Franke".
Aukth. Arnold, Frankfurt/M., 5..3.1988
Literatur: Kat. Verst. Arnold I, 1988, Abb. S. 92

G860   Taunuslandschaft - Waldlandschaft*
Öl/Lwd., 56 cm x 79,5 cm; u. l. sign.: „H. Franke".
Aukth. Arnold, Frankfurt/M., 26.11.1983
Literatur: Kat. Verst. Arnold IV, 1993, Abb. S. 106

G861   Sommerwiese mit Haus und Feldberg*
Öl/Lwd., 61 cm x 80 cm; u. l. sign.: „H. Franke".
Aukth. Arnold, Frankfurt/M., 3.7.2000
Literatur: Kat. Verst. Arnold II, 2000, Abb. S. 94

G862   Blick auf den Taunus und Altkönig mit reifen Kornfeldern im Vordergrund*
Öl/Lwd., 49 cm x 69 cm; u. l. sign.: „H. Franke".
Privatbesitz

G863   Taunusblick im Sommer mit reifem Getreidefeld und gebundenen Garben*
Öl/Lwd., 60 cm x 80 cm; u. l. sign.: „H. Franke".
Aukth. Döbritz, Frankfurt/M., 17.3.1990
Literatur: Kat. Verst. Döbritz, 118. Kunstauktion, 1990, Abb.

G864   Blick auf den Taunus und Altkönig mit reifen Getreidefeldern links und rechts im Vordergrund*
Öl/Lwd., 60 cm x 80 cm; u. l. sign.: „H. Franke".
Privatbesitz

G865   Blick auf den Taunus
Öl/Lwd., 60 cm x 80 cm; u. l. sign.: „H. Franke".
Privatbesitz
Gleiches Motiv hielt der Maler 1961 fest: „Getreidefeld hinter Bad
Vilbel mit Blick z. Feldberg". Vgl. G638

G866   Wiesenlandschaft mit Blick auf den Altkönig und Feldberg*
Öl/Lwd., 69 cm x 80 cm; u. l. sign.: „H. Franke".
Aukth. Arnold, Frankfurt/M., 29.11.1997

G867   Blick über die Lahnberge zum Taunus*
Öl/Lwd., 70 cm x 100 cm; u. r. sign.: „H. Franke".
Aukth. Arnold, Frankfurt/M., 6.3.1976
Literatur: Kat. Verst. Arnold, März 1979, Abb. S. 31

G868　Hügelige Taunuslandschaft im Sommer - zwei Bäume im rechtem Vordergrund*
Öl/Lwd., 60 cm x 80 cm; u. l. sign.: „H. Franke", verso: bezeichnet.
Aukth. Döbritz, Frankfurt/M., 25.11.1989
Literatur: Kat. Verst. Döbritz, 111. Kunstauktion, 1989, Abb.

G869　Hügelige Taunuslandschaft im Sommer - mit Blick zum Feldberg*
Öl/Lwd., 70 cm x 100 cm; u. l. sign.: „H. Franke".
Aukth. Döbritz, Frankfurt/M., 30.5.1981
Literatur: Kat. Verst. Döbritz, 1981, Abb.

G870　Blick auf Kronberg*
Öl/Lwd., 60 cm x 80 cm; u. r. sign.: „H. Franke".
Aukth. Arnold, Frankfurt/M., 21.11.1998
Literatur: Kat. Verst. Arnold IV, 1998, Abb. S. 94; Kunstpreis Jahrbuch 1999, S. 547

G871　Blick über den Hintertaunus zum Feldberg*
Öl/Lwd., 60 cm x 80 cm, u. l. sign.: „H. Franke".
Aukth. Arnold, Frankfurt/M., 22.11.2003
Literatur: Kat. Verst. Arnold IV, 2003, S.73, Abb.; http://www.auktionshaus-arnold.de/images/katalog/A151/big/509-b.jpg; Zugriff am 20.12.2003

G872　Sommer am Sulzbach mit Blick zum Taunus*
Öl/Lwd., 80 cm x 100 cm; u. l. sign.: „H. Franke".
Aukth. Döbritz, Frankfurt/M., 11.3.1989
Literatur: Kat. Verst. Döbritz, 108. Kunstauktion, 1989, Abb.

G873　Taunuslandschaft im Vorfrühling - mit 3 Staffagefiguren*
Öl/Pappe, 38 cm x 46 cm; u. l. sign.: „H. Franke".
Galerie Opper, Kronberg/Ts., Februar 1999
Literatur: Faltblatt Kronberg 1999, Abb.

G874　Weiltal*
Öl/Lwd., 60 cm x 80 cm; u. r. sign.: „H. Franke".
Galerie Opper, Kronberg/Ts., Februar 1999

G875　Woogtal*
Öl/Lwd., 62 cm x 93 cm; u. r. sign.: „H. Franke".
Galerie Opper, Kronberg/Ts., März 1994
Literatur: Faltblatt Kronberg 1994, Abb.

G876　Blick über die Rückersbacher Schlucht in die Mainebene im Spessart*
Öl/Lwd., 60 cm x 80 cm; u. l. sign.: „H. Franke", verso: Titel
Aukth. Arnold, Frankfurt/M., 30.11.1985
Literatur: Kat. Verst. Arnold IV, 1985, Abb.

G877　Tal im Frühling mit Baumgruppe am Wasser*
Öl/Lwd., 57 cm x 80 cm; u. r. sign.: „H. Franke", verso: Titel
Aukth. Arnold, Frankfurt/M., 10.3.1979
Literatur: Kat. Verst. Arnold I, 1979, Abb. S. 80; Kunstpreis Jahrbuch 1978/79, S. 530

G878　Blick in die spätsommerliche Wetterau - Obstbaum im linken Vordergrund*
Öl/Lwd., 49 cm x 69 cm; u. l. sign.: „H. Franke", verso: Titel auf dem Rahmen
Privatbesitz

G879　Vorfrühling am Köpperner Bach*
Öl/Lwd., 36 cm x 47 cm; u. l. sign.: „H. Franke", verso: bezeichnet
Aukth. Arnold, Frankfurt/M., 15.3.1986
Literatur: Kat. Verst. Arnold I, 1986, Abb. S. 94

G880　Waldstück im Vordertaunus*
Öl/Karton, 31 cm x 24 cm; u. l. sign.: „H. Franke", verso: bezeichnet
Aukth. Arnold, Frankfurt/M., 16.3.1985
Literatur: Kat. Verst. Arnold I, 1985 Abb. S. 65

G881　Taunuslandschaft - Waldstück*
Öl/Lwd., 24 cm x 34 cm; u. l. sign.: „H. Franke".
Aukth. Arnold, Frankfurt/M., 7.9.1991
Literatur: Kat. Verst. Arnold III, 1991 Abb. S. 94

G882　Vordertaunus
Öl/Lwd., 40,5 cm x 55 cm, u.l. sign.: „H. Franke".
Aukth. Arnold, Frankfurt/M., 7. 9. 2002
Literatur: Kat. Verst. III, 2002, S. 105, Abb.

G883　Kleiner Hügel im Taunus*
Öl/Karton, 31 cm x 41 cm; u. r. sign.: „H. Franke".
Aukth. Döbritz, Frankfurt/M., 21.10.1999

G884　Blick in Sommerlandschaft mit reifem Getreidefeld im rechtem Vordergrund*
Öl/Lwd., 60 cm x 80 cm; u. l. sign.: „H. Franke".
Privatbesitz

G885　Blick zum Altkönig mit Wiesen- und Bachlandschaft im Vordergrund*
Öl/Lwd., 60 cm x 80 cm; u. l. sign.: „H. Franke".
Privatbesitz

G886　Blick zum Taunus mit links und rechts von Obstbäumen gerahmtem Vordergrund*
Öl/Lwd., 26 cm x 37 cm; u. l. ritzsign.: „H. Franke".
Privatbesitz

G887　Taunuslandschaft mit Baumgruppe am Fluß in der Mitte und Blick zum Feldberg und Altkönig*
Öl/Lwd., 66 cm x 80 cm; u. r. sign.: „H. Franke".
Galerie Opper, Kronberg/Ts., Februar 1999

G888　Taunuspanorama im Sommer - mit reifen Getreidefeldern links und rechts im Vordergrund*
Öl/Lwd., 66 cm x 80 cm; u. r. sign.: „H. Franke".
Galerie Opper, Kronberg/Ts., Februar 1999

G889　Blick auf Burg Kronberg*
Öl/Lwd., 17,5 cm x 23.5 cm, u. r. ritzsign.: „H. Franke".
Kunstantiquariat Arno Winterberg, Heidelberg, 18.4.2005
Literatur: http://www.Winterberg-Kunst.de. Zugriff am 18.4.2005; Abb.

G890　Sommerlicher Taunuswinkel*
Öl/Karton, 29 cm x 28 cm, u. l. ritzsign.: „H. Franke".
Auktionsh. Döbritz, 29.10.2005
Literatur: http://www.lot-tissimo.com/start.php?PHPSESSID=217a247a130a136e112998923&cmd, Zugriff am 21.10.2005; Abb.

G891   Hintertaunuslandschaft bei Heftrich - o. a. A.*
Öl, u. l. sign.: „H. Franke".
Literatur: Kunstkalender 1986, Frankfurter Sparkasse von 1822, Abb.

G892   Herbst im Lorsbacher Tal - o. a. A.*
Öl, u. l. sign.: „H. Franke".
Literatur: Kunstkalender 1986, Frankfurter Sparkasse von 1822, Abb.

G893   Weg nach Arnoldshain - o. a. A.*
Öl/Lwd., 80 cm x 100 cm, u. l. sign.: „H. Franke".
Kunsthandlung J.P. Schneider, Frankfurt/M., 1985
Quelle: Repro aus dem Nachlass/Museum Eschborn

G894   Blick auf den Taunus*
Öl/Holz, 36 cm x 56 cm, u. r. sign.: „H. Franke".
Ehemals aus dem Nachlass von Hanny Frankes Schwester Christine Keller stammend; Privatbesitz

G895   Vorfrühling am Steinbach mit Falkensteiner Burg*
Öl/Lwd., 37,5 cm x 48,5 cm, u.r. trocken sign.: „H. Franke".
Auktionshaus Arnold, Frankfurt/M., 5.3.2005
Literatur: http://www.auktionshaus-aornold.de/images/katalog/A156/big/622-b.jpg, Zugriff 24.2.2005, Abb.

G896   Der Woog zu Ginnheim*
Öl/Malkarton 36,5 cm x 47,5 cm, u. l. trocken sign.: „H. Franke"
Auktionshaus Arnold, Frankfurt/M., 5.3.2005
Literatur: http://www.auktionshaus-aornold.de/images/katalog/A156/big/623-b.jpg, Zugriff 24.2.2005, Abb.

G897   Taunuslandschaft*
Öl/Karton, 24 cm x 37 cm, u. l. ritzsign.: „H. Franke".
Auktionshaus Döbritz; Frankfurt/M., 13.6.2002

G898   Taunuslandschaft*
Öl/Lwd., 18 cm x 26 cm, u. r. sign.: „H. Franke"
Auktionshaus Döbritz; Frankfurt/M., 9.3.2004

1.1.2.2. Niddalandschaften

G899   Niddalandschaft im Spätsommer*
Öl/Lwd., 36 cm x 29 cm; u. l. ritzsign.: „H. Franke".
Aukth. Döbritz, Frankfurt/M., 19.4.1997

G900   Nidda am Morgen*
Öl/Lwd., 26,5 cm x 36,5 cm; u. l. ritzsign.: „H. Franke".
Historisches Museum Frankfurt/M., Inv.-Nr. C40990
Das Bild wurde 1955 von Seiten der Stadt Frankfurt/M. im Rahmen der Künstlerförderung erworben.

G901   Morgen an der Nidda*
Öl/Karton, 25 cm x 36 cm; u. l. ritzsign.: „H. Franke".
Aukth. Döbritz, Frankfurt/M., 23.11.1991
Literatur: Kat. Verst. Döbritz, 1991, Abb. S. 4

G902   Partie an der Nidda*
Öl/Karton, 38 cm x 29 cm; o. Bez.
Aukth. Arnold, Frankfurt/M., 25.5.1974
Literatur: Kat. Verst. Arnold, 1974, Abb. S. 37

G903   Niddalandschaft*
Öl/Lwd., 68 cm x 88 cm; u. r. ritzsign.: „H. Franke".
Galerie Opper, Kronberg/Ts., März 1998
Literatur: Faltblatt Kronberg 1996, Abb.

G904   Niddalandschaft mit Blick zum Feldberg*
Öl/Lwd., 50 cm x 60 cm; u. l. sign.: „H. Franke".
Aukth. Döbritz, Frankfurt/M., 29.9.1984
Literatur: Kat. Verst. Döbritz, 1984, Abb.

G905   Niddalandschaft im Sommer+
Öl/Lwd., 30 cm x 40 cm; u. l. sign.: „H. Franke".
Privatbesitz

G906   Herbstliche Niddawiesen*
Öl/Holz, 32 cm x 24 cm; u. l. ritzsign.: „H. Franke",
verso: Widmung des Künstlers.
Aukth. Döbritz, Frankfurt/M., 21.10.1999

G907   An der Nidda bei Praunheim*
Öl/Karton, 26,5 cm x 18 cm; u. l. sign.: „H. Franke".
Aukth. Arnold, Frankfurt/M., 30.9.1978
Literatur: Kat. Verst. Arnold, 1978, Abb. S. 74

G908   Blick in die Niddaniederung zum Taunus mit Hochheim - Bonames - Richtung Oberursel*
Öl/Karton, 32 cm x 40 cm, u. l. trocken sign.: „H. Franke".
Privatbesitz

1.1.2.3. Andere Orte/Ohne Ortsangabe

G909   Blick auf Schwanheim*
Öl/Lwd., 27 cm x 37 cm; u. l. sign.: „H. Franke".
Aukth. Döbritz, Frankfurt/M., 19.4.1997

G910   Mainebene mit Bischofsheim bei Hanau*
Öl/Karton, 25 cm x 38 cm; u. l. sign.: „H. Franke", verso: „102".
Aukth. Döbritz, Frankfurt/M., 22.6.1996
Literatur: Kat. Verst. Döbritz, 1996, Abb. S. 7

G911   Landschaft im Odenwald*
Öl/Lwd., 60,5 cm x 80 cm; u. l. sign.: „H. Franke".
Aukth. Arnold, Frankfurt/M., 22.5.1976
Literatur: Kat. Verst. Arnold, Mai 1976, Abb. S. 48

G912   Aus dem Breisgau mit Schwarzwaldbergen*
Öl/Lwd., 55 cm x 40 cm; u. r. sign.: „H. Franke".
Aukth. Arnold, Frankfurt/M., 11.6.1988
Das Bild muss nach 1951 entstanden sein, dem Jahr, von dem ab der Künstler regelmäßig den Schwarzwald besuchte.
Literatur: Kat. Verst. Arnold II, 1988, Abb. S. 79

G913 Sommerliches Feld in der südlichen Wetterau*
Öl/Holz, 20 cm x 30 cm; u.li. ritzsign.: „H. Franke", rücks. bezeichnet, Stempel und Aufklebezettel der Fa. J.P. Schneider mit Nr. 1333.
Aukth. Döbritz, Frankfurt/M., 9.3.2004
Literatur: http://www.lot-tissimo.com/start.php?cmd=d&o=24000002&auk=149&P, Zugriff am 9. 3. 2004; Abb.

G914 Lahnberge vom Goldenen Grund gesehen*
Öl/Lwd., 40 cm x 50 cm, u. re. trocken sign.: „H. Franke", rücks. bezeichnet.
Aukth. Arnold, Frankfurt/M., 5. 3. 2005
Literatur: www.lotissimo.com/24/bilder/gross/2807-3.jpg; Zugriff am 24.2.2005; Abb.

G915 Blick von der Ruine Stahleck bei Bacharach, rheinaufwärts*
Öl/Lwd., 46 cm x 57,5 cm; u. l. sign.: „H. Franke", verso: bezeichnet.
Aukth. Döbritz, Frankfurt/M., 24.10.1998
Literatur: Kat. Verst. Döbritz, 136. Kunstauktion, 1998, Abb. S. 6

G916 Gebüsch
Öl/Lwd., 24 cm x 23 cm; u. l. sign.: „H. Franke".
Nachlass/Museum Eschborn

G917 Wasserlauf mit Felsenklippe*
Öl/Lwd., 36 cm x 28 cm; u. l. ritzsign.: „H. Franke".
Aukth. Döbritz, Frankfurt/M., 25.3.2000

G918 Blick in ein sommerliches Tal mit bewaldeten Hügeln*
Öl/Lwd., 74 cm x 71 cm; u. r. sign.: „H. Franke".
Galerie Opper, Kronberg/Ts., Februar 1999

G919 Wiesenlandschaft bei Sonnenauf-/bzw. -untergang – Flusslauf in der Mitte wird von zwei Baumgruppen gerahmt*
Öl/Lwd., 73 cm x 90 cm; u. l. sign.: „H. Franke".
Galerie Opper, Kronberg/Ts., Februar 1999

G920 Hügelige Wiesenlandschaft im Sommer mit Bachlauf und Weg im linken Vordergrund*
Öl/Lwd., 60 cm x 80 cm; u. r. sign.: „H. Franke".
Galerie Opper, Kronberg/Ts., Februar 1999

G921 Panoramalandschaft mit Blick auf bewaldete Hügel – drei Bäume im rechtem Vordergrund*
Öl/Lwd., 57 cm x 71 cm; u. l. sign.: „H. Franke".
Privatbesitz

G922 Panorama mit Blick auf eine Wiese im Tal und Wiese im Vordergrund*
Öl/Lwd., 60 cm x 80 cm; u. l. sign.: „H. Franke".
Galerie Opper, Kronberg/Ts., Februar 1999

G923 Panoramablick auf hügelige Landschaft im Sommer mit Bachlauf im linken Vordergrund*
Öl/Lwd., 60 cm x 80 cm; u. r. sign.: „H. Franke".
Galerie Opper, Kronberg/Ts., Februar 1999

G924 Sommerliche Flusslandschaft mit Haus im Hintergrund*
Öl/Lwd., 28,5 cm x 37 cm; u. l. ritzsign.: „H. Franke".
Privatbesitz

G925 Felsige Landschaft mit Nadelgehölz*
Öl/Karton, 33 cm x 24 cm; u. l. sign.: „H. Franke".
Aukth. Döbritz, Frankfurt/M., 24.10.1998

G926 Sommerlandschaft mit Heckenrosenbusch*
Öl/Lwd., 25,5 cm x 20 cm; u. r. ritzsign.: „H. Franke".
Privatbesitz

G927 Landschaft im Sommer mit Getreidegarben im Hintergrund*
Öl/Lwd., 36,5 cm x 25 cm; u. l. ritzsign.: „H. Franke".
Privatbesitz

G928 Frühling*
Öl/Lwd., 59 cm x 80 cm; u. r. sign.: „H. Franke".
Aukth. Döbritz, Frankfurt/M., 30.5.1992
Literatur: Kat. Verst. Döbritz, 120. Kunstauktion, 1992, Abb.

G929 Sonniger Frühlingstag*
Öl/Lwd., 23 cm x 32 cm; u. l. sign.: „H. Franke".
Aukth. Döbritz, Frankfurt/M., 24.10.1992
Literatur: Kat. Verst. Döbritz, 121. Kunstauktion, 1992, Abb.

G930 Sommer – Sommerlandschaft mit von links nach rechts ansteigendem Wiesenhügel*
Öl/Lwd., 36 cm x 25 cm; u. r. ritzsign.: „H. Franke".
Kunsthandlung J.P. Schneider, Frankfurt/M.
Literatur: Kunstkalender 1986, Frankfurter Sparkasse von 1822, Abb.

G931 Herbstliche Waldlandschaft*
Öl/Lwd., 36,5 cm x 26,5 cm; u. r. sign.: „H. Franke".
Privatbesitz

G932 Waldlichtung*
Öl/Lwd., 33 cm x 24 cm; u. l. sign.: „H. Franke".
Aukth. Arnold, Frankfurt/M., 1.6.1985
Literatur: Kat. Verst. Arnold II, 1985, Abb. S. 47

G933 Rhönlandschaft*
Öl/Karton, 24 cm x 36 cm, u. l. ritzsign.: „H. Franke".
Auktionshaus Döbritz, Frankfurt/M., 13.6.2002

G934 Hang mit Obstbäumen*
Öl/Karton, 33 cm x 23 cm; u. r. sign.: „H. Franke".
Aukth. Döbritz, Frankfurt/M., 16.3.2002

G935 Sommerliche Waldwiese*
Öl/Karton, 26 cm x 31 cm; u. re. ritzsign.: „H. Franke".
Aukth. Döbritz, Frankfurt/M., 9.3.2004
Literatur: http://www.lot-tissimo.com/start.php?cmd=d&o=24000002&auk=149&P, Zugriff am 9. 3. 2004; Abb.

G936 Spaziergänger mit Hund in herbstlicher Landschaft*
Öl/Karton, 24 cm x 33 cm; u. li. ritzsign.: „H. Franke".
Aukth. Döbritz, Frankfurt/M., 9.3.2004
Literatur: http://www.lot-tissimo.com/start.php?cmd=d&o=24000002&auk=149&P, Zugriff am 9. 3. 2004; Abb.

G937 Herbststudien – o. a. A.*
Öl, sign. u. l.: „H. Franke".
Quelle: Repro aus dem Nachlass/Museum Eschborn

G938 Herbstliche Bachlandschaft - o. a. A.*
Öl/Lwd., 20 cm x 27 cm; u. r. sign.: „H. Franke".
Kunsthandlung J.P. Schneider, Frankfurt/M.,
Quelle: Repro aus dem Nachlass/Museum Eschborn

G939 Schwarzwald - Tennebacher Tal bei Keppenbach - o. a. A.*
Öl, u. l. sign.: „H. Franke".
Vermutlicht nach 1951 entstanden, dem Jahr, von dem ab der Künstler regelmäßig den Schwarzwald besuchte.
Quelle: Repro aus dem Nachlass/Museum Eschborn

G940 Rhönlandschaft*
Öl/Lwd., 60 cm x 80 cm, u. l. trocken sign.: „H.Franke".
Privatbesitz

G941 Rhönlandschaft - Hochsommerlandschaft bei Kleinsassen*
Öl/Lwd., 60 cm x 80 cm, u. l. sign.: „H.Franke".
Galerie Fach, Frankfurt/M., 1988
Literatur: Kat. Ausst. Fach, Nr. 43, 1988, Abb. S. 27

1.1.3. Pflanzenstücke

G942 Pflanzenstudie - Schafgarbe*
1942
Öl/Lwd., 26 cm x 17 cm; u. l. ritzsign. und dat.: „H. Franke 1942".
Privatbesitz

G943 Wiesenschaumkraut*
1944
Öl/Lwd., 16 cm x 20 cm; u. l. ritzsign. und dat.: „H. Franke 44"
Aukth. Arnold, Frankfurt/M., 4.9.2004
Literatur: Kat. Verst. Arnold 2004/III, S. 79;
http://www.auktionshaus-arnold.de/sites/is_katalog.php?mode=3&auction=A154, Zugriff am 1.9.2004

G944 Königskerze am Waldrand
1948
Öl/Lwd., 23 cm x 16 cm, u. r. ritzsign. und dat.: „H. Franke 48".
Nachlass/Museum Eschborn

G945 Klettenwurzel
1948
Öl/Lwd., 15 cm x 20 cm, u. r. ritzsign. und dat.: „H. Franke 48".
Nachlass/Museum Eschborn

G946 Wollkraut*
1948
Öl/Lwd., 20 cm x 15 cm; u. r. ritzsign. und dat.: „H. Franke 48".
Nachlass/Museum Eschborn
Ausstellungen: 1950, Frankfurt/M., Kunstverein
1960, Frankfurt/M., Kunstverein
1999, Eschborn/Ts.
Literatur: Manuskript Frankfurt/M. 1950, Nr. 36; Manuskript Frankfurt/M. 1960, Nr. 57; Verzeichnis Eschborn 1999, Nr. 26

G947 Großer Huflattich*
1948
Öl/Lwd., 15 cm x 19,5 cm; u. r. ritzsign. und dat.: „H. Franke 48".
Nachlass/Museum Eschborn
Ausstellungen: 1960, Frankfurt/M., Kunstverein
1999, Eschborn/Ts.
Literatur: Manuskript Frankfurt/M. 1960, Nr. 57; Verzeichnis Eschborn 1999, Nr. 26

G948 Pflanzenstudie - Niddawiesen*
1948
Öl/Lwd., 30 cm x 25 cm; u. r. ritzsign. und dat.: „H. Franke".
verso: Titel, sign., „Juli 1948", „Nr. 176".
Nachlass/Museum Eschborn
Literatur: Kernert 1985, Nr. 307

G949 Pflanzenstudie - Klette*
1948
Öl/Lwd., 25 cm x 23 cm; u.l. sign. und dat.: „H. Franke 1948".
verso: Titel, sign., dat., „Nr. 178".
Nachlass/Museum Eschborn
Literatur: Kernert 1985, Nr. 309

G950 Pflanzenstück
1948
Öl/Lwd., 17 cm x 20,5 cm; u. r. sign. und dat.: „H. Franke 48".
Aukth. Arnold, Frankfurt/M., 26.9.1981
Literatur: Kat. Verst. Arnold III, 1981, Abb. S. 97; Kernert 1985, Nr. 337

G951 Blühendes Habichtskraut
1948
Öl/Lwd., 16 cm x 17 cm; u. m. sign. und dat.: „H. Franke 48".
Aukth. Arnold, Frankfurt/M., 14.3.1981
Literatur: Kat. Verst. Arnold I, 1981, Abb. S. 110; Kernert 1985, Nr. 339

G952 Sauerampfer
1948
Öl/Pappe, 14,5 cm x 21 cm; u. l. sign. und dat.: „H. Franke 48".
Städelmuseuem Frankfurt/M., Inv.-Nr. 2942

G953 Rainfarn*
1950
Öl/Lwd., 24,5 cm x 21 cm; u. r. ritzsign. und dat.: „H. Franke 1950",
verso: Titel, sign., dat., „Nr. 198", „Nr. 188".
Nachlass/Museum Eschborn
Ausstellung: 1994, Montgeron
Literatur: Kernert 1985, Nr. 358; Verzeichnis Montgeron 1994, Nr. 9

G954 Pflanzenstudie*
um 1950
Öl/Lwd., 22 cm x 15,5 cm; u. r. monogr.: „H. F.", verso: Titel, monogr., „Nr. 712", „Nr. 208".
Nachlass/Museum Eschborn
Sowohl der Bildaufbau als auch Motiv sind mit dem Bild „Rainfarn" von 1950 vergleichbar. Vgl. G953

G955 Glockenblumen*
1964
Öl/Holz, 24 cm x 16 cm; u. l. ritzsign. und dat.: „H. Franke 1964",
verso: Titel, „Nr. 740".
Nachlass/Museum Eschborn
Ausstellung: 1994, Montgeron
Literatur: Verzeichnis Montgeron 1994, Nr. 10

G956 **Pfingstrosen***

1971
Öl/Lwd., 18 cm x 12 cm; u. r. ritzsign. und dat.: „H. Franke 6.6.1971",
verso: Titel, „Nr. 725", „Nr. 353".
Nachlass/Museum Eschborn

G957 **Aus meinem Ateliergarten***

1971
Öl/Holz, 21 cm x 15 cm; u. l. ritzsign. und dat.: „H. Franke 24.6.1972".
Nachlass/Museum Eschborn

G958 **Pflanzenstudie - Bärenklau***

Öl/Lwd., 26 cm x 24,5 cm; u. r. sign.: „H. Franke", verso: Titel, sign.,
„Nr. Juli 1948", „Nr. 177".
Nachlass/Museum Eschborn
Ausstellung: 1999, Eschborn/Ts.
Literatur: Kernert 1985, Nr. 308; Verzeichnis Eschborn 1999, Nr. 38

G959 **Königskerzen***

Öl/Lwd., 24 cm x 15 cm; u. l. sign.: „H. Franke".
Privatbesitz

1.1.4. Wolkenstudien

G960 **Wolkenstudie**

Öl/Lwd., 12 cm x 18 cm; o. Bez., verso: „Nr. 686", „Nr. 52".
Nachlass/Museum Eschborn
Ausstellung: 1975, Eschborn/Ts.
         1984, Frankfurt/M., Frankfurter Sparkasse von 1822
Literatur: Ausst. Kat. Eschborn 1975, Nr. 45; Verzeichnis Frankfurter Sparkasse 1984, Nr. 52

G961 **Wolkenstudie**

Öl/Lwd., 12 cm x 22 cm; u. l. monogr.: „H.F.", verso: „Nr. 664".
Nachlass/Museum Eschborn

G962 **Wolkenstudie**

Öl/Lwd., 11,5 cm x 15,5 cm; u. l. monogr.: „H.F.", verso: Titel, monogr.,
„Nr. 685".
Nachlass/Museum Eschborn

G963 **Wolkenstudie I**

Öl/Lwd., 12,5 cm x 22 cm; u. l. sign.: „H. Franke", verso: sign., „Nr.
721", „Nr. 221".
Nachlass/Museum Eschborn

G964 **Wolkenstudie II**

Öl/Holz., 12 cm x 16,5 cm; u. l. sign.: „H. Franke 7.30 Uhr Abends",
verso: „Nr. 776", „Nr. 227".
Nachlass/Museum Eschborn

1.2. Stadtlandschaften und Architektur

1.2.1. Frankfurt am Main

G965 **Arnsburger Hof***

1919
Öl/Lwd., 30 cm x 23,5 cm, o. Bez., verso: Titel, sign. und dat.:
„H. Franke 1919", „Nr. 241".
Nachlass/Museum Eschborn
Ansicht des Westhofes nach Süden gesehen. Die mittelalterliche
Anlage befand sich ursprünglich im Besitz des Zisterzienserklosters
Arnsburg. 1802 ging der Bau in Besitz der Stadt Frankfurt/M. über.
Literatur: Rudolf Jung/Julius Hülsen: Die Baudenkmäler in
Frankfurt am Main, Frankfurt/M. 1914, S. 442 ff.

G966 **Baustelle an der Notbrücke mit Blick auf den Dom in
Frankfurt am Main***

1922
Öl/Karton., 26 cm x 34,5 cm, u. l. sign. und dat.: „Hanny Franke 22".
Aukth. Arnold, Frankfurt/M., 6.6.1998; Aukth. Arnold,
Frankfurt/M., 11.3.2000
Vom gleichen Motiv fertigte der Künstler eine Radierung und ein
Aquarell. Vgl. DG14; A447.
Literatur: Kat. Verst. Arnold II, Ffm. 1998, Abb. S. 96; Kunstpreis
Jahrbuch 1998, S. 519; Kunstpreis Jahrbuch 2000, S. 509; Kat. Verst.
Arnold I, Ffm. 2000, Abb. S. 93

G967 **Sachsenhausen - Blick über den Main zur Dreikönigskirche und
Deutschordenskirche***

1927
Öl/Karton., 25 cm x 34 cm, u. r. sign. und dat.: „Hanny Franke 1927".
Aukth. Döbritz, Frankfurt/M., 30.5.1992
Bei der Dreikönigskirche handelt es sich um eine neugotische
Hallenkirche aus dem Jahr 1875. Die Deutschordenskirche dagegen
ist mittelalterlich. Um 1400 erbaut, wurde sie um 1747 durch eine
vorgeblendete Barockfassade ergänzt.
Literatur: Schomann 1977, S. 81; Kat. Verst. Döbritz, Ffm. 1992, Abb.

G968 **Blick vom Römer zum Dom - Der Alte Markt in Frankfurt** - o.a.A.

Öl/Lwd., 46 cm x 58 cm, u. r. sign.; auf dem Keilrahmen: „1929".
Literatur: Ausst. Kat. Fach 1972, Nr. 148

G969 **Die alte Brücke in Frankfurt***

Öl/Lwd., 45,5 cm x 65,5 cm, u. l. sign.: „H. Franke".
Aukth. Arnold, Frankfurt/M., 7.7.1997
Lt. Katalog handelt es sich um eine Auftragsarbeit für den
Industriellen Dué (Firma EMAG). Im Jahre 1928 malte der Künstler
eine Schaltstation der genannten Firma. Vgl. G1142
Literatur: Kat. Verst. Arnold 1997/II, Abb. S. 90

G970 **Blick auf Frankfurt vom Süden vom Goetheturm aus***

um 1932
Öl/Lwd., 60 cm x 78 cm, u. l. sign.: „H. Franke".
Historisches Museum Frankfurt, Inv. Nr. B1552
Blick von einer mittleren Etage des Goetheturms aus. Das Bild entstand anlässlich des Wettbewerbs der Künstlerförderung zu Ehren des 100. Todesjahres von Johann Wolfgang Goethe. Der Turm war erst ein Jahr zuvor eingeweiht worden. Sein Vorgängerbau wurde schon 1877 fertiggestellt und musste 43 Jahre später wegen Baufälligkeit wieder abgerissen werden. Als Mäzen wirkte der jüdische Großkaufmann und Kommerzienrat Gustav Gerst. Das Bild wurde 1932 im Rahmen der Frankfurter Künstlerhilfe für 50 RM von Seiten der Stadt Frankfurt/M. erworben.
Literatur: IfSG, Mag. Akt. Nr. 6020, Bd. 1, Sign. 7857, Blatt 280; Frankfurter Zeitung, 24.10.1931; FNP, 14.8.1971; FAZ, 4.6.1981

G971 **Wiesenau - Blick zur Myliusstraße bei Nacht - Sylvester 1938/39***

1938
Öl/Pappe, 25 cm x 18 cm, u. r. ritzsign.: „H. Franke", verso: Titel, „Nr. 816", „Nr. 23".
Nachlass/Museum Eschborn
Ein ähnliches Motiv existiert als aquarellierter Holzschnitt, datiert 1971. Vgl. DG71
Ausstellung: 1975, Eschborn/Ts.
Literatur: Kernert 1985, Nr. 127; Ausst. Kat. Eschborn 1975, Nr. 20

G972 **Schneeschmelze - Blick aus dem Fenster Wiesenau 48 - o. a. A.**

1939
Öl/Lwd., 23 cm x 19,5 cm, u. l. sign.: „H. Franke 39".
Quelle: Kernert 1985, Nr. 132

G973 **Winter - Blick aus meinem Atelierfenster - 1939 - o. a. A.**

1939
Öl/Lwd., 24 cm x 20 cm, u. sign.: „H. Franke 39".
Ausstellung: 1984, Frankfurt/M.
Quelle: Kernert 1985, Nr. 136; Verzeichnis Frankfurter Sparkasse 1984, Nr. 16

G974 **Blick aus meinem Fenster - Frankfurt/M. Wiesenau 48 auf ein Haus in der Myliusstr. 40***

1939
Öl/Lwd., 30 cm x 19,5 cm, u. r. ritzsign.: „H. Franke 39", verso: Titel und verschlungenes Monogramm.
Historisches Museum Frankfurt/M., Inv-Nr. B60:7
Das Bild wurde 1960 von Seiten der Stadt Frankfurt/M. im Rahmen der Künstlerförderung erworben.
Ausstellung: 1960, Frankfurt/M.
Literatur: Manuskript Frankfurt/M. 1960, Nr. 7

G975 **Herbststudie - Frankfurter Westend - Blick vom Fenster**

1941
Öl/Lwd., 24 cm x 36 cm, u. m. sign. und dat.: „H. Franke 1941", verso: Titel, sign., dat., „Nr. 327".
Nachlass/Museum Eschborn

G976 **Verschneiter Garten - o. a. A.***

1941
Öl, u. l. sign. und dat.: „H. Franke 41".
Quelle: Undatierter Zeitungsausschnitt mit einer Abbildung aus dem Nachlass/Museum Eschborn.
Handschriftlicher Vermerk: „8.11.1941".

G977 **Blick von meinem Fenster - o. a. A.***

1942
Öl, u. l. sign. und dat.: „H. Franke 1942".
Quelle: Undatierter Zeitungsausschnitt mit einer Abbildung aus dem Nachlass/Museum Eschborn.
Handschriftlicher Vermerk des Titels und der Jahreszahl.

G978 **Knospende Bäume**

1942
Öl/Holz, 32 cm x 22,5 cm, u. r. ritzsign. und dat.: „H. Franke 1942", verso: Titel, sign., dat.
Städelmuseum Frankfurt/M., Inv.-Nr. SG 1072
Das Bild wurde 1942 von Seiten der Stadt Frankfurt/M. im Rahmen der Künstlerförderung erworben.
Ausstellung: 1942, Frankfurt/M., Kunstverein
Literatur: Kernert 1985, Nr. 188; Schweers 1994, S. 572; Schulze 1998, S. 57, Abb.

G979 **Der erste Schnee - Blick vom Fenster Wiesenau 48***

1942
Öl/Holz, 25 cm x 22 cm, u. l. sign. und dat.: „H. Franke 42", verso: Titel, „29.12.1942", „Nr. 350".
Nachlass/Museum Eschborn
Literatur: Kernert 1985, Nr. 184

G980 **Verschneiter Garten im Frankfurter Westend - Fensterblick von meinem Fenster Wiesenau 48 zur Myliusstraße seit 1960 bebaut***

1942
Öl/Lwd., 33 cm x 23 cm, u. r. sign. und dat.: „H. Franke 1942", verso: Titel, sign., „Nr. 89".
Nachlass/Museum Eschborn
Literatur: Kernert 1985, Nr. 187

G981 **Wiesenau 1946 - o. a. A.**

1946
Öl/Holz., 27,5 cm x 21 cm, u. sign.: „H. Franke".
Quelle: Kernert 1985, 258

G982 **Blick in den Frühling vom Fenster Wiesenau 48***

1946
Öl/Holz., 25 cm x 17 cm, u. l. ritzsign.: „H. Franke", verso: Titel, sign., dat., „Nr. 706", „Nr. 206".
Nachlass/Museum Eschborn

G983 **Blick in den winterlichen Garten - Wiesenau***

1954
Öl/Lwd., 26,5 cm x 21,5 cm, u. l. sign.: „H. Franke 1954".
Privatbesitz

G984 **Frankfurter Hinterhof im Winter**

1955
Öl/Malkarton, 26 cm x 21 cm, u.r. sign. und dat.: „H. Franke 1955".
Aukth. Arnold, Frankfurt/M., 20.11.2003
Literatur: Kat. Verst. Arnold IV, 2003;
Auktionsh. Arnold (Hrsg.): http://www.auktionshaus-arnold.de/sites/is_katalog.php?mode=3&auction=A151, Zugriff am 20.11.2003

G985 **Blick von meinem Fenster - Wiesenau 48 auf die Rückseite der Häuser der Myliusstraße***

1956
Öl/Lwd., 40 cm x 28,5 cm, u. l. sign.: „H. Franke 56", verso: Titel, „Mitte Februar 1956", „Nr. 277", „Nr. 617/031", „Nr. 395".
Nachlass/Museum Eschborn
Literatur: Kernert 1985, Nr. 460

G986 **Hofeingang Westendhaus - Ecke Wiesenau-Friedrichstrasse - Blick von meinem Fenster***

1959
Öl/Holz, 22 cm x 16 cm, u. l. ritzsign.: „H. Franke", u. r. monogr. und dat.: „H. F.1959", verso: „Nr. 723", „Nr. 205".
Nachlass/Museum Eschborn

G987 **Gartenbäume im Mai - zwischen Freiherr-von-Stein-Str. - links Häuser der Feldbergstrasse***

1959
Öl/Holz, 34 cm x 24,5 cm, u. r. ritzsign.: „H. Franke 1959", verso: sign., Titel, „Nr. 12", „Nr. 357", „Nr. 112".
Nachlass/Museum Eschborn

G988 **Mondnacht im Frankfurter Westend - Blick auf Häuser der Friedrichstrasse (Rückseite) gesehen von der Wiesenau***

1960
Öl/Karton, 35 cm x 25 cm, u. l. ritzsign. und dat.: „H. Franke 1960", verso: Titel, „Nr. 370", „Nr. 61", „Nr. 319".
Nachlass/Museum Eschborn
Literatur: Kernert 1985, Nr. 573

G989 **Blick von meinem Fenster auf den noch übrig gebliebenen herbstlichen Kastanienbaum und die Rückseite der Häuser i. d. Friedrichstraße - Blick von der Wiesenau 48***

1961
Öl/Pappe, 23 cm x 14 cm, u. l. sign. und dat.: „H. Franke 1961", verso: Titel, dat., „Nr. 627", „Nr. 214".
Nachlass/Museum Eschborn
Der Künstler hielt die Kastanie bereits 1939 in einer Bleistiftskizze fest. Vgl. Z434
Literatur: Kernert 1985, Nr. 608

G990 **Blick auf die Rückseite des Opernhauses von den Anlagen - Frankfurt***

1961
Öl/Lwd., 35,5 cm x 25 cm, u. l. ritzsign. und dat.: „H. Franke 1961", verso: Titel, „Mai 1961", „Nr. „383", „Nr. „57".
Nachlass/Museum Eschborn
Ausstellung: 1984, Frankfurt/M., Frankfurter Sparkasse
Literatur: Kernert 1985, Nr. 600; Verzeichnis Frankfurter Sparkasse 1984, Nr. 57

G991 **Kastanie im ersten Grün an Ostern 1962 - in der Wiesenau vor unserem Fenster***

1962
Öl/Pappe, 24 cm x 15,5 cm, u. l. ritzsign. und dat.: „H. Franke Ostern 1962", verso: sign., dat. Titel, „Nr. 681", „Nr. „195".
Nachlass/Museum Eschborn
Der Künstler hielt die Kastanie bereits 1939 in einer Bleistiftskizze fest. Vgl. Z434
Literatur: Kernert 1985, Nr. 635

G992 **Kastanie im Märzenschnee - Blick von meinem Fenster Wiesenau 48***

1962
Öl/Lwd., 25 cm x 16,5 cm, u. r. ritzsign. und dat.: „H. Franke 5.3.1962", verso: sign., dat. Titel, „Nr. 703", „Nr. „14".
Nachlass/Museum Eschborn
Ausstellung: 1999, Eschborn, Volksbank
Der Künstler hielt die Kastanie bereits 1939 in einer Bleistiftskizze fest. Vgl. Z434
Literatur: Kernert 1985, Nr. 664; Verzeichnis Eschborn 1999, Nr. 21

G993 **Nachtlandschaft***

1967
Öl/Holz, 21 cm x 14,5 cm, u. l. ritzsign. und dat.: „H. Franke 1967", verso: „Meiner lieben Margrit zu ihrem Geburtstag 4. Mai 1968 Hanny".
Nachlass/Museum Eschborn
Literatur: Kernert 1985, Nr. 795

1.2.2. Frankfurt am Main - Trümmerbilder

G994 **Staufische Stadtmauer - Frankfurt am Main - 1945***

1945
Öl/Holz, 24,5 cm x 34,5 cm, u. m. ritzsign. und dat.: „H. Franke 1945", u. r. Titel
Nachlass/Museum Eschborn
Bei der Staufermauer handelt es sich um Reste eines romanischen Befestigungsrings aus der 2. Hälfte des 12. Jhds., welcher ehemals mit einem inneren Wehrgang auf Entlastungsbögen versehen war. Eine Version des Themas schuf der Künstler auch in Aquarell. Vergleiche hierzu A437.
Literatur: Gerteis 1961/63 Bd. 1, Schomann 1977, S. 43; S. 105; Kernert 1985, Nr. 225

G995 **Die zerstörte Leonhardskirche***

1945
Öl/Lwd., 33 cm x 29,5 cm, u. r. sign. und dat.: „H. Franke 1945".
Privatbesitz
Die Leonhardskirche entstand 1219 als spätromanische Basilika und wurde um 1425 mit gotischem Chor, Osttürmen und Nebenapsiden erweitert. Um 1510 erfolgte die Erweiterung des Langhauses zur spätgotischen Hallenbasilika. Infolge des 2. Weltkriegs wurden Teile des Gewölbes zerstört, bzw. sie brannten aus. 1946 konnte die Kirche erstmals wieder für den Gottesdienst benutzt werden. Die endgültigen Wiederaufbauarbeiten schloss man im August 1949 ab.
Ausstellung: 1997, Frankfurt/M., Frankfurter Sparkasse von 1822
Literatur: N.N.: St. Leonhard - Frankfurts schönste Kirche - Wiederaufbau abgeschlossen, in: FR, 30.8.1949; Schomann 1977, S. 23; Ausst. Kat. Frankfurter Sparkasse 1997

G996 **St. Leonhard - 1945***

1945
Öl/Lwd., 34 cm x 25 cm, u. r. sign. und dat.: „H. Franke 1945".
Aukth. Döbritz, Frankfurt/M., 30.5.1992
Vgl. WV-Nr. G995
Literatur: Kat. Verst. Döbritz, Nr. 120, 1992, Abb.

G997   **Am Nürnberger Hof in Frankfurt 1945***

1945
Öl/Karton, 31 cm x 23 cm, u. l. sign. und dat.: „H. Franke 1945",
Titel.
Aukth. Döbritz, Frankfurt/M., 23.3.1985
Mittelalterliches Messequartier der Nürnberger Kaufleute. 1904
infolge des Durchbruchs der Braubachstraße weitgehend abgebrochen. Erhalten sind noch der südliche Eingangskorridor sowie ein
barocker Torbogen.
Literatur: Schomann 1977, S. 39; Kernert 1985, Nr. 223, Kat. Verst.
Döbritz, Nr. 91, 1985, Abb.

G998   **Blick von der Saalgasse auf die Ruinen des Steinernen Hauses***

1945
Öl/Sperrholz, 28,5 cm x 23 cm, u. m. sign. und dat.: „H. Franke
1945", verso: „Das im Krieg zerstörte ‚Steinerne Haus' erbaut 1462,
Heim der Frankf. Künstlergesellschaft - Im Hintergrund, Mitte, der
beschädigte Turm der Paulskirche und links ein Teil des Römer,
gemalt 1945, Hanny Franke."
Historisches Museum Frankfurt/M, Inv.-Nr. B65:6
Das spätgotische Patrizierhaus, mit Walmdach, Wehrgang und
Erkern erbaute man um 1464 für den Kaufmann Johann von Melen.
Nach der Zerstörung im 2. Weltkrieg wurde das Haus in veränderter
und erneuerter Form rekonstruiert.
Ausstellung: 1948, Frankfurt/M., Galerie Koch
            1955, Frankfurt/M., Kunstverein
            1960, Frankfurt/M., Kunstverein
            1997, Frankfurt/M., Frankfurter Sparkasse von 1822
Literatur: Manuskript Koch 1948/Nachlass; Manuskript
Frankfurt/M. 1960; Schomann 1977, S. 37; Ausst. Kat. Frankfurter
Sparkasse 1997

G999   **Trümmerbild mit Dom***

um 1945
Öl/Lwd., 38 cm x 28 cm, u. l. ritzsign.: „H. Franke".
Historisches Museum Frankfurt/M, Inv.-Nr. B50:6
Der Bau entstand auf der Grundlage eines karolingischen
Vorgängerbaus. Dieser wurde um 1238 umfassend renoviert, um
1250 wandelte man das Langhaus zu einer Hallenkirche um,
ersetzte später die karolingischen Apsiden durch einen hochgotischen Chor. Ein großer Dombrand 1867 machte Wiederaufbauarbeiten, die bis 1880 dauerten, notwendig. Infolge von Bombenangriffen
1943/44 brannte der Dom nochmals aus. Neben den Gewölben des
Südschiffes, dem steinernen Maßwerk der Chorfenster und des
Querschiffs wurden auch die Gewölbe des Hohen Chors sowie der
Kreuzgang völlig zerstört. Die Wiederaufbauarbeiten des Frankfurter Doms erstreckten sich von 1950 bis 1953.
Das Bild wurde 1950 von Seiten der Stadt Frankfurt/M. im Rahmen
der Künstlerförderung erworben.
Literatur: Karen Allihn: Im ganzen Dom wimmelte es von Gebeinen,
in: FAZ, 24.11.1994; Walter Kinkel: Der Frankfurter Dom St.
Bartholomäus, München 1987.

G1000   **Ruine Liebfrauen - Die im Krieg zerstörte Liebfrauenkirche***

1945
Öl/Sperrholz, 29 cm x 22,5 cm, u. r. sign. und dat.: „H. Franke 1945",
verso: Titel, „Blick von der völlig zerstörten Töngesgasse, im
Hintergrund re. Der Turm der Katharinenkirche ohne Turmhelm
- gemalt 1954 - H. Franke."
Historisches Museum Frankfurt/M, Inv.-Nr. B65:6
Um 1344 als gotische Hallenkirche erbaut und im 15. Jhd. im
spätgotischem Stil erneuert. Kriegsschäden infolge des 2.
Weltkriegs machten 1949 bis 1958 Erneuerungsarbeiten notwendig.
Dabei erhielt der Turm ein zusätzliches Obergeschoss, das
ursprüngliche Netzgewölbe wurde durch eine gerade Decke ersetzt
und anstatt des Barockdaches erhielt der Bau seine heutige
Dachform. Nach dem 2. Weltkrieg konnte die Kirche von 1954 an
wieder benutzt werden. Vom gleichem Motiv fertigte der Künstler
auch eine Version in Aquarell. Vergleiche hierzu A457.
Ausstellung: 1948, Frankfurt/M., Galerie Koch
            1955, Frankfurt/M., Kunstverein
            1960, Frankfurt/M., Kunstverein
Literatur: d.s.: Die Liebfrauenkirche wird am Wochenende
eingeweiht, in: Zeitung für Frankfurt, 19.11.1954; Manuskript
Koch 1948/Nachlass; Manuskript Frankfurt/M. 1960, Nr. 23;
Schomann 1977, S. 27.

G1001   **Frankfurt am Main - Dom vom Römerberg aus***

1946
Öl/Lwd., 36 cm x 25 cm, u. m. sign.: „H. Franke", verso: Titel, sign.
dat.
Nachlass/Museum Eschborn

G1002   **Am Dominikanerkloster und Arnsburger Hof von der Predigergasse aus***

1947
Öl/Lwd., 34 cm x 26,5 cm, u. l. ritzsign. und dat.: „H. Franke 47",
verso: Titel, sign., dat., „Nr. 143", „Nr. 25".
Nachlass/Museum Eschborn
Die mittelalterliche Klosteranlage, die 1803 aufgehoben wurde,
entstand um 1233. Infolge der Zerstörungen im 2. Weltkrieg erhielt
sich von der gotischen Hallenkirche nur der um 1470 von Jörg
Östreicher errichtete Chor. Das Langhaus und die einstigen
Konventgebäude wurden zwischen 1955 und 1960 neu errichtet.
Literatur: Schomann 1977, S. 31; Kernert 1985, Nr. 285

G1003   **Blick auf den Dom von der zerstörten Altmainzer Gasse aus***

1947
Öl/Lwd., 35 cm x 24,5 cm, u. r. ritzsign.: „H. Franke", verso: Titel,
sign., dat., „Nr. 144", „Nr.44", „VE".
Nachlass/Museum Eschborn
Ausstellung: 1975, Eschborn/Ts.
            1984, Frankfurt/M., Frankfurter Sparkasse von 1822
            1997, Frankfurt/M., Frankfurter Sparkasse von 1822
Literatur: Ausst. Kat. Eschborn 1975; Verzeichnis Frankfurter
Sparkasse 1984, Nr. 44; Kernert 1985, Nr. 297; Ausst. Kat. Frankfurter Sparkasse 1997.

G1004 **Karmeliterkloster - Ruinen Frankfurt am Main - Ostseite***

1948

Öl/Lwd., 34,5 cm x 28 cm, u. l. ritzsign.: „H. Franke", verso: Titel, sign., „Mai 1948.", „Nr. 172", „Nr. 26".
Nachlass/Museum Eschborn
Beim Karmeliterkloster handelt es sich um eine mittelalterliche Klosteranlage, die um 1246 errichtet wurde. Die Anlage wurde im 2. Weltkrieg weitgehend zerstört. Die Kirche brannte im Langhaus völlig aus, das gotische Gewölbe von Chor und Seitenkapelle war schwer einsturzgefährdet und alle Dächer der Klostergebäude waren zerstört. 1951 begann man mit den Notmaßnahmen zur Restaurierung. Die endgültigen Wiederaufbauarbeiten lagen zwischen 1955 und 1957.
Literatur: Schomann 1977, S. 29; Evelyn Hils-Brockhoff (Hrsg): Das Karmeliterkloster in Frankfurt am Main, Frankfurt/M., o.J.; Kernert 1985, Nr. 343

G1005 **Frankfurt am Main - Saalgasse***

1949

Öl/Pappe., 36 cm x 25 cm, u. l. ritzsign., dat., Titel.: „H. Franke 1949".
Privatbesitz

G1006 **Blick aus den Trümmern der alten Mainzer Gasse auf die Nikolaikirche und den schwer beschädigten Dom***

1949

Öl/Lwd., 33 cm x 24 cm, u. l. ritzsign. und dat.: „H. Franke 49", verso: Titel, sign., „Mai 1949", „Nr. 191", „Nr.42".
Nachlass/Museum Eschborn
Die Nikolaikirche entstand um 1260 als eine romanische Bürgerkirche. Ab 1458 wurde sie zur spätgotischen Hallenkirche umgebaut.
Ausstellung: 1960, Frankfurt/M., Kunstverein
1964, Frankfurt/M., Galerie O. Hauenstein
1999, Eschborn/Ts.
Literatur: Manuskript Frankfurt/M. 1960, Nr. 17; Manuskript Hauenstein 1964; Schomann 1977, S. 21; Kernert 1985, Nr. 351; Verzeichnis Eschborn 1999

G1007 **Staufische Saalhofkapelle in Frankfurt/M. - links Blick über den Main nach Sachsenhausen***

1961

Öl/Lwd., 36 cm x 24,5 cm, u. l. ritzsign. und dat.: „H. Franke 1961", verso: Titel, sign., dat., „Nr. 395", „Nr.146".
Nachlass/Museum Eschborn
Bei der Saalhofkapelle handelt es sich um architektonische Reste des stauferzeitlichen Königshofes aus der 2. Hälfte des 12. Jhds. Von dieser Ansicht existiert auch eine Kreidezeichnung sowie ein Aquarell. Vergleiche hierzu Z226, A455.
Literatur: Schomann 1977, S. 19; Kernert 1985, Nr. 616

1.2.3. Andere Städte

G1008 **Panorama von Bingen - o. a. A.**

1921

Öl, 90 cm x 65 cm,
Der Maler fertigte das Bild im Auftrag der Stadt Bingen an. Vgl. hierzu A462 und Z255.
Quelle: HF/M. Lothka, Karfreitag 1921; IIΓ/M. Lothka, 4.4.1921

G1009 **Adriastädtchen Giulianova***

1926

Öl/Lwd., 24,5 cm x 34,5 cm; u. r. ritzsign. und dat.: „H. Franke 1926", verso: sign., Titel, dat., „Nr. 21", „Nr. 249".
Nachlass/Museum Eschborn
Auf der Grundlage einer römischen Siedlung, wurde die Stadt 1470 von Giulio Antonio Acquaviva, einem Herzog aus Atri, gegründet und benannt.
Ausstellung: 1999/2000, Frankfurt am Main, Frankfurter Sparkasse von 1822
Literatur: Kernert 1985, Nr. 38; Ausst. Kat. Frankfurter Sparkasse 2000, S. 57

G1010 **Die Nikolauskapelle des Kloster Rupertsberg bei Bingen***

1929

Öl/Lwd., 23,5 cm x 25,5 cm; u. r. ritzsign. und dat.: „H. Franke 1929".
Privatbesitz

G1011 **Blick von Burg Klopp auf die Pfarrkirche von Bingen, Bahnhofsanlage und Bingerbrück mit Mäuseturm***

1929

Öl/Lwd., 27,5 cm x 33 cm; u. r. ritzsign. und dat.: „H. Franke 1929".
Privatbesitz

G1012 **Die Nahe vor ihrer Mündung in den Rhein mit der Drususbrücke***

1929

Öl/Lwd., 23 cm x 33,5 cm; u. r. ritzsign. und dat.: „H. Franke 1929", verso: Titel, sign., dat., „Nr. 33", „Nr. 74".
Nachlass/Museum Eschborn
Literatur: Kernert 1985, Nr. 57

G1013 **Der Dom von Limburg über der Lahn im Morgenlicht, von Nordwesten aus gesehen - o. a. A.**

1934

Öl/Lwd., 21,5 cm x 31 cm; u. r. sign. und dat.: „H. Franke 1934".
Quelle: Ausst. Kat. Fach 1972, Nr. 149

G1014 **Blick auf den Limburger Dom***

um 1934

Öl/Karton, 22,5 cm x 15,5 cm; u. r. sign.: „H. Franke".
Aukth. Arnold, Frankfurt/M., 22.11.1986
Literatur: Kat. Verst. Arnold IV, 1986, Abb. S. 95

G1015 **Einhardsbasilika Steinbach im Odenwald***

1936

Öl/Lwd., 22 cm x 31 cm; u. r. ritzsign. und dat.: „H. Franke 36", verso: sign., Titel, „März 36", „Nr. 603", „Nr. 55".
Nachlass/Museum Eschborn
Literatur: Kernert 1985, Nr. 106

G1016 **Wildenberg im Odenwald - Torgebäude mit Kapellenerker***

1936

Öl/Lwd., 22 cm x 31 cm; u. r. ritzsign. und dat.: „H. Franke 36", verso: sign., Titel, „März 36", „Nr. 631", „Nr. 54".
Nachlass/Museum Eschborn
Literatur: Kernert 1985, Nr. 107

G1017 Palas-Saal von Burg Wildensberg im Odenwald*
1936
Öl/Lwd., 22 cm x 31 cm; o. l. ritzsign. und dat.: „H. Franke 36",
verso: sign., Titel, sign., „März 36",
„hier schrieb Wolfram von Eschenbach seinen ‚Parzival',
‚Barbarossazeit'", „Nr. 787", „Nr. 43".
Nachlass/Museum Eschborn

G1018 Kronberger Fachwerkhaus*
1940
Öl/Karton, 31 cm x 22 cm; u. l. ritzsign. und dat.: „H. Franke 40".
Aukth. Döbritz, Frankfurt/M., 24.10.1998

G1019 Neugasse mit Kirche (Eschborn)*
1966
Öl/Karton, 38 cm x 27,5 cm; u. l. sign. und dat.: „H. Franke 5.1966",
verso: Titel, sign., „März 1966".
Nachlass/Museum Eschborn, ehem. Städt. Slg., Inv.-Nr. 065
Literatur: Höchster Kreisblatt, 28.2.1986, Abb.; Kunstkalender
Frankfurter Sparkasse 1996, Abb.

G1020 Heddernheimer Kupferwerk*
Öl/Lwd., 21 cm x 31,5 cm, u. r. sign.: „H. Franke".
Historisches Museum, Frankfurt/M., Inv.-Nr. B 1823b
Die Heddernheimer Kupferwerke (vormals F. A. Hesse Söhne AG -
kurz vor ihrer Schließung Teil der Vereinigten Deutschen Metall-
werke - VDM) wurden 1853 gegründet. Sie galten bis zu ihrer
Schließung im Jahr 1982 fast 150 Jahre lang als wichtigster
Industriezweig. Die Stadt Frankfurt/M. erhielt das Gemälde als
Geschenk aus Privatbesitz.
Ausstellung: 1984, Frankfurt/M., Frankfurter Sparkasse von 1822
1975, Eschborn/Ts.
Literatur: Ausst. Kat. Eschborn 1975, Nr. 6; Verzeichnis Frankfurter
Sparkasse 1984, Nr. 6

1.3. Menschen

1.3.1. Selbstporträts

G1021 Doppelporträt - Selbstbildnis mit einem Kameraden - o. a. A.*
um 1915/1916
Öl (?), querrechteckiges Format
Auf einem Foto, welches die Innenansicht eines Cafés zur Zeit des
1. Weltkrieges zeigt, ist gemaltes Doppelporträt zu erkennen. Der
handschriftliche Vermerk unter dem Foto: „1915-16 Schmiedeberg
im Riesengebirge, Selbstbildnis mit einem Kameraden i. Café".
Quelle: Hanny Frankes persönliches Fotoalbum, S. 9, Abb.

G1022 Selbstbildnis - o. a. A.*
um 1918
Öl(?), hochrechteckiges Format
Das Bild lässt sich auf einem Foto erkennen, welches das Atelier
Hanny Frankes während des 1. Weltkriegs in Bromberg 1918 zeigt.
Quelle: Hanny Frankes persönliches Fotoalbum, S. 8, Abb.

G1023 Selbstbildnis - gemalt in meinem Zimmer in Frankfurt/M.*
1922
Öl/Holz, 39 cm x 30 cm; u. l. sign. und dat.: „H. Franke 22";
verso: Titel, sign. und dat., „Nr. 2", „Nr. 3", „Nr. 385".
Nachlass/Museum Eschborn
Frontalansicht des Künstlers mit Pfeife und Hut, vor einem
herbstlichen Landschaftshintergrund. Der Maler trägt eine grüne
Jacke, der weiße Hemdkragen wird von einer dunklen Fliege
zusammengehalten.
Ausstellung: 1999 Eschborn/Ts, Frankfurter Volksbank
Literatur: Kernert 1985, Nr. 14; Verzeichnis Eschborn 1999, Nr. 33

G1024 Selbstbildnis aus dem Jahre 1922*
1922
Öl/Pappe, 26 cm x 17 cm; u. l. sign. und dat.: „H. Franke 1922";
verso: Titel, sign., „Nr. 4a", „Nr. 235".
Nachlass/Museum Eschborn
Porträt des Malers mit Pfeife im Mund. Die Dreiviertelansicht des
nach links gewendeten Gesichts wird von einem dunklen Schatten
überzogen. Eine sommerliche Landschaft bildet den Hintergrund.
Der Maler trägt eine dunkelgrüne Jacke, der weiße Kragen wird von
einer dunklen Fliege zusammengefasst.

G1025 Selbstbildnis aus dem Jahre 1925*
1925
Öl/Lwd., 34 cm x 24 cm, u. l. ritzsign. und dat.: „H. Franke 25";
verso: Titel, sign., „Nr. 6", „Nr. 13", „Nr. 240", „VE".
Nachlass/Museum Eschborn
Porträt des Malers vor dunklem, neutralem Hintergrund. Sein
Gesicht ist in Dreiviertelansicht nach links gewendet. Er trägte eine
hell-beige Jacke. Eine violettfarbene Fliege ziert den weißen
Hemdkragen.
Literatur: Kernert 1985, Nr. 31

G1026   Selbstporträt im Profil*

1925

Öl/Lwd., 47 cm x 38 cm, u. l. sign. und dat.: „H. Franke 1925";
verso: Titel, „Nr. 2".
Nachlass/Museum Eschborn
Fast im verlorenem Profil, präsentiert sich der Maler vor dem
Hintergrund einer sommerlichen Landschaft. Er trägt eine grüne
Jacke. Als Studie hierzu vgl. die Bleistiftzeichnung Z266
Ausstellung: 1960, Frankfurter Kunstverein
Literatur: Frankfurter Rundschau, 22.9.1983, Abb.; Höchster
Kreisblatt, 18.2.1988, Abb.; Typoskript Frankfurt/M.1960, Nr. 2

G1027   Selbstporträt*

1926

Öl/Lwd., 37 cm x 27 cm, u. l. ritzsign. und dat.: „H. Franke 1926";
verso: „Nr. 24", „Nr. 244".
Nachlass/Museum Eschborn
Porträt des Malers vor dunklem, neutralem Hintergrund. In
Dreiviertelansicht nach links gewendet wird der größte Teil des
Gesichts überschattet. Der Maler trägt eine hell-beige Jacke über
einer dunkleren Weste(?). Eine violettfarbene dunkel gepunktete
Fliege ziert den weißen Hemdkragen.

G1028   Selbstporträt beim Malen im Atelier - o. a. A.*

1926

Öl, 20 cm x 17,5 cm, u. l. sign. und dat.: H. Franke 1926.
Ausstellung: 1984, Frankfurt/M., Frankfurter Sparkasse von 1822
Literatur: Verzeichnis Frankfurter Sparkasse 1984, Nr. 2; Kernert
1985, Nr. 35

G1029   Selbstbildnis - eine Erinnerung aus dem Jahre 1927 an Birstein im Vogelsberg*

1927

Öl/Lwd., 37,5 cm x 26 cm, verso: Titel, sign., „Nr. 245", „Nr. 27".
Nachlass/Museum Eschborn
Brustbildnis des Malers in Dreiviertelansicht nach rechts gewendet
vor sommerlicher Landschaft. An einem Trageriemen schultert er
über seiner rechten Schulter einen Gegenstand. Zur dunkelgrünen
Jacke trägt er einen ebenfalls grünen Hut mit Tannenzweig am
Hutband. Eine dunkle karierte Fliege bildet den Kontrast zum
weissen Hemdkragen.
Literatur: Kernert 1985, Nr. 49

G1030   Selbstporträt*

1927

Öl/Pappe, 22 cm x 17 cm, u. r. sign. und dat.: „H. Franke 1927";
verso: „Nr. 7", „Nr. 26", „Nr. 144", „Nr. 373", „VE".
Nachlass/Museum Eschborn
Frontalansicht des Künstlers vor grünem Hintergrund. Der Maler
trägt eine grüne Jacke, sein grün-grauer Hemdkragen wird von
einer grünen Fliege zusammengehalten.
Literatur.: Kernert 1985, Nr. 50

G1031   Selbstporträt - o. a. A.

1930

Öl/Holz, 19 cm x 15 cm, u .r. sign. und dat.: „H. Franke 1930".
Literatur: Kernert 1985, Nr. 65

G1032   Selbstporträt - o. a. A.

1934

Öl/Pappe, 25,5 cm x 20 cm, mittlerer Rand l. sign. und dat.:
„H. Franke 1934".
Literatur: Kernert 1985, Nr. 86

G1033   Selbstporträt*

1936

Öl/Holz, 18,5 cm x 15 cm, u. r. sign. und dat.: „H. Franke 1936";
verso: „Nr. 45".
Nachlass/Museum Eschborn
Selbstbildnis vor dunkelgrünem, neutralem Hintergrund. In
Dreiviertelansicht wendet der Dargestellte das Gesicht leicht nach
rechts. Der Gesichtsausschnitt ist eng gefasst, am unteren Rand
werden der dunkle Jackenkragen sowie der weiße Hemdkragen,
welcher von einer violettfarbenen Fliege zusammengehalten wird,
mit aufgenommen.

G1034   Selbstporträt*

1936

Öl/Holz, 16 cm x 11,5 cm, m. r. ritzsign. und dat.: „H. Franke 36",
verso: „1936".
Nachlass/Museum Eschborn
Vor dunklem, neutralem Hintergrund präsentiert sich der Maler im
Brustbild. Er wendet den Kopf leicht nach rechts. Seine rechte
angehobene Hand hält einen Pinsel, mit dem er gerade in Begriff zu
sein scheint, diesen auf einer Malfläche aufzusetzen. Der Künstler
ist mit einer hellen Jacke und einem hellem Hemd bekleidet.
Ausstellung: 1999/2000, Frankfurt/M, Frankfurter Sparkasse von
1822
Literatur: Ausst. Kat. Frankfurter Sparkasse 2000, S. 63

G1035   Selbstporträt*

1940

Öl/Lwd., 29 cm x 23 cm, u. l. sign. und dat.: „H. Franke 40";
verso: „Nr. 59a", „Nr. 282".
Nachlass/Museum Eschborn
Selbstbildnis des Malers vor grün-grauem neutralen Hintergrund.
Der in Dreiviertelansicht Dargestellte wendet sein Gesicht leicht
nach links. Er ist mit einer hellen Jacke und einem hellblauen Hemd
bekleidet.
Literatur: Kernert 1985, Nr. 143

G1036   Selbstbildnis - o. a. A.

1949

Öl/Pressplatte, 20 cm x 30 cm, u. l. sign. und dat.: „H. Franke 1949".
Literatur: Kernert 1985, Nr. 347

G1037   Selbstbildnis*

1949

Öl/Holz, 23,5 cm x 15,5 cm, m. l. ritzsign. und dat.: „H. Franke 1949";
verso: „Nr. 742".
Nachlass/Museum Eschborn
Brustbildnis in Dreiviertelansicht vor grün-grauem neutralem
Hintergrund. Der Maler mit Pfeife und Brille, wendet sein Gesicht
leicht nach links. In der rechten Hand hält er eine Palette sowie eine
Auswahl von Pinseln. Er trägt eine helle Jacke über einem
dunkleren Kleidungsstück, unter diesem wiederum ein helles Hemd.
Ausstellung: 1994, Montgeron/Frankreich
            2003 Zabbar/Malta
Literatur: Kernert 1985, Nr. 348; Verzeichnis Montgeron 1994, Nr. 6

G1038   **Selbstbildnis im Profil***
1949
Öl/Lwd., 29 cm x 20 cm, im unteren Drittel l. ritzsign. und dat.:
„H. Franke 1949"; verso: Titel, „Nr. 749", „Nr. 42", „Nr. 16".
Nachlass/Museum Eschborn
Selbstbildnis im Profil vor dunklem neutralem Hintergrund.
Der Maler trägt ein weißes Hemd.
Ausstellung: 1960, Frankfurt/M.
          1975, Eschborn/Taunus
          1984, Frankfurt/M.
          1999, Eschborn/Taunus
Literatur: Typoskript Frankfurt/M. 1960, Nr. 16; Ausst. Kat.
Eschborn/Ts. 1975; Frankfurter Rundschau, 22.9.1983, Abb.;
Verzeichnis Frankfurter Sparkasse 1984, Nr. 49; Rhein-Main-Presse,
18.10.1990 (Abb. S. 13); Nr. 42; Verzeichnis Eschborn 1999, Nr. 17

G1039   **Selbstbildnis***
1949
Öl/Pappe, 24 cm x 19,5 cm, u. r. ritzsign. und dat.: „H. Franke 1949";
verso: „Nr. 741".
Nachlass/Museum Eschborn
Selbstporträt mit Brille. Brustbild in Dreiviertelansicht nach links.
Der Dargestellte trägt eine helle Jacke über einem hell-violettem
Hemd. Im Hintergrund deuten ein Bücherregal und eine Wand mit
Bildern häusliches Interieur an.
Literatur: Kernert 1985, Nr. 346

G1040   **Selbstbildnis***
1950
Öl/Lwd., 33,5 cm x 24,5cm, u. r. ritzsign. und dat.: „H. Franke 1950".
Nachlass/Museum Eschborn
Brustbildnis in Dreiviertelansicht vor neutralem dunklem
Hintergrund. Der Maler hat den Kopf leicht nach rechts gewendet.
Die linke Hälfte des Gesichtes ist verschattet. Er ist mit einem
hellem Hemd sowie mit einer hellen Jacke bekleidet.
Literatur: Kernert 1985, Nr. 360; HKB, 4.4.2005, Abb.

1.3.2. Porträts und Einzelpersonendarstellungen

G1041   **Eremit***
1920
Öl/Pappe, 32,5 cm x 20 cm, u. r. sign. und dat.: „H. Franke 1920",
verso:Titel, „Studie zu einem gr. Bild aus der Städelstudienzeit im
2. Semester 1920", „Nr. 577", „Nr. 250".
Nachlass/Museum Eschborn
Der Künstler schuf eine gleichnamige Radierung die möglicherweise
zeigt, wie das große Bild aussah oder aussehen sollte. Vgl. DG17
Literatur: Kernert 1985, Nr. 3

G1042   **Porträt eines alten Mannes - o. a. A.***
um 1920
Öl (?), Hochformat, Titel von mir vergeben.
Porträt eines alten Mannes mit Vollbart und Pelzmütze im Profil
links.
Ausstellung: 1920, Frankfurt/M., Schülerausstellung, Städelschule
Quelle: Hanny Frankes persönliches Fotoalbum, S. 13, Abb.

G1043   **Mädchenporträt - o. a. A.***
um 1920
Öl (?), Hochformat, Titel von mir vergeben.
Mädchenporträt in Frontalansicht. Die Dargestellte trägt eine große
helle Schleife im Haar.
Ausstellung: 1920, Franfurt/M., Schülerausstellung Städelschule
Quelle: Hanny Frankes persönliches Fotoalbum, S. 13, Abb.

G1044   **Porträt Vincenz Lhotka - o. a. A.***
1921
Öl/Lwd., 38 cm x 35 cm; o. l. in Antiqua: „VINCENZ LHOTKA", o. r. in
Antiqua: „AETATIS SUE 67 PIX H. FRANKE 1921".
Hanny Franke hielt den Porträtierten zwei Jahre später auch in einer
Bleistiftzeichnung fest. Vgl. Z293
Quelle: Foto aus dem Nachlass/Museum Eschborn; Kernert 1985, Nr. 9.

G1045   **Studie in einer Küfnerwerkstatt - Alter Küfnermeister allein an der Hobelbank - o. a. A.**
1921
Öl
Quelle: HF/M. Lhotka, 27.4.1921

G1046   **Die Nebelfrau - Studie zu einem Bild***
1922
Öl/Pappe, 22 cm x 15,5 cm; u. r. sign. und dat.: „H. Franke 1922",
verso: Titel, sign. dat., „meiner lieben Margrit die mir für diese
Studie gesessen, als Geschenk übereignet", „Nr. 3". Vergleiche
Zeichnung Z283 zu gleichem Thema.
Nachlass/Museum Eschborn
Literatur: Kernert 1985, Nr. 12

G1047   **Elisabeth Franke - Ansicht im Profil***
1924
Öl/Lwd, 17 cm x 21 cm,
Ehemals aus dem Nachlass von Hanny Frankes Schwester Christine
Keller stammend; Standort unbekannt.

G1048   **Elisabeth Franke vor geöffnetem Fenster sitzend***
1924
Öl/Lwd, 33 cm x 44 cm, u. r. trocken sign. und dat.: „H. Franke
1924", verso: „Elisabeth Franke/gemalt v. H. Franke/Frankfurt a. M.
Sommer/1924.
Ehemals aus dem Nachlass von Hanny Frankes Schwester Christine
Keller stammend; Auktionshaus van Ham, Köln, 19.11.2005
Privatbesitz
Literatur: www.lotissiomo.com9/bilder/gross/29194-1.jpg., Zugriff
am 8.11.2005

G1049   **Porträt Domkapellmeister Carl Heinrich Hartmann I - o. a. A.**
1924
Öl
In Zusammenhang mit ehemaliger Slg. Nikolaus Mannskopf, 1929
der Stadt Ffm. vererbt, verschollen
Vgl. Z333, Z338, G1050
Ausstellung: 1925, Franfurt/M., Kunstverein, Nr. 28
Quelle: LE II, S. 195; Franke 1966; Manuskript o. J./Nachlass

G1050 Porträt Domkapellmeister Carl Heinrich Hartmann II - o. a. A.

1924
Öl
Ehemalig im Besitz von C. H. Hartmann, Standort unbekannt
Vgl. Z333, Z338, G1049
Quelle: LE II, S. 195; Franke 1966; Manuskript o. J./Nachlass

G1051 Frau beim Handarbeiten o. a. A.*

1924
Öl/Holz, 22,5 cm x 18 cm, m. l. ritzsign. und dat.: „H. Franke 1924".
Ausstellung: 1975, Eschborn/Ts., Nr. 3
Quelle: Fotografie aus dem Nachlass/Museum Eschborn; Ausst. Kat. Eschborn/Ts. 1975; Kernert 1985, Nr. 23

G1052 Der Froschkönig Nr. 1*

um 1924
Öl/Lwd., 32 cm x 26 cm, u. l. trocken sign.: „H. Franke".
Ehemals aus dem Nachlass von Hanny Frankes Schwester Christine Keller stammend;
Privatbesitz

G1053 Margrit Franke - gemalt 1925 - o. a. A.

1925
Öl/Pappe, 16 cm x 11 cm
Quelle: Kernert 1985, Nr. 28

G1054 Margrit 1925 - gemalt im Atelier Börsenplatz 11*

1925
Öl/Lwd, 25,5 cm x 32,5 cm; u. l. sign. und dat.: „H. Franke 1925",
verso: Titel, dat., „Nr. 12", „Nr. VE", „Nr. 239".
Nachlass/Museum Eschborn
Literatur: Kernert 1985, Nr. 30

G1055 Margrit Franke*

1925
Öl/Lwd, 33 cm x 24,5 cm; o. Bez., verso: „von Hanny Franke gemalt um 1925-26 - Atelier Börsenplatz 11 Frankf a. M.".
Nachlass/Museum Eschborn
Ausstellung: 1999, Eschborn/Ts.
             2000, Frankfurt am Main
Literatur: Ausst. Kat. Frankfurter Sparkasse 2000, S. 63;
Verzeichnis Eschborn 1999, Nr. 16

G1056 Margaretha Franke, geborene Bach*

1926
Öl/Lwd, 11 cm x 8,5 cm; o. Bez., verso: sign. „Hanny Franke 1926", „gemalt nach einer Zeichnung von ihrem Sohn", „Margaretha Franke geb. Bach am 20. März 1861 geb., in Weiler b. Bad Salzig a. Rhein, gest. 26. Okt. 1926 in Bingerbrück a. Rh. - Tochter von Michael Bach, Winzer in Weiler, geb. 13.1.1817, gest. in Weiler, 12. Sept. 1888 und der Ehefrau Katharina, geb. Wagener aus Kratzenburg Bez. Koblenz Rh. geb. 17. Okt. 1822, gest. 16.1.1888 in Weiler".
Nachlass/Museum Eschborn

G1057 Abruzzeser Bäuerin - italienische Skizze*

1926
Öl/Pappe, 13,5 cm x 13 cm; u. l. sign.: „H. Franke", verso: sign., Titel, dat., „Nr. 777", „Nr. 230".
Nachlass/Museum Eschborn
Die Arbeit entstand in Isola del Gran Sasso während der dritten Abruzzentour 10./14. August 1926.
Literatur: Kernert 1985, Nr. 42

G1058 Porträt einer jungen Frau - Margrit Franke*

1930
Öl/Pappe, 25,5 cm x 21 cm, u. l. monogr. und dat.: „H. F. 1930", verso: „Nr. 36", „Nr. 349".
Nachlass/Museum Eschborn
Literatur: Kernert 1985, Nr. 64

G1059 Porträt - Michael mit Glockenblume - o. a. A.*

1934
Öl/Pappe, 24,5 cm x 17,5 cm,
Michael Franke an seinem sechsten Geburtstag, mit seiner Lieblingsblume, der Glockenblume.
Ausstellung: 1975, Eschborn/Ts.
             1984, Frankfurt am Main, Frankfurter Sparkasse von 1822
Quelle/Literatur: Ausst. Kat. Eschborn/Ts. 1975, Nr. 9; Verzeichnis Frankfurter Sparkasse 1984, Nr. 8; Kernert 1985, Nr. 78; Fotografie aus Privatbesitz; Lauter 1990, S. 1, Anm.2;

G1060 Elisabeth Tanzen - Korbach Waldeck*

1934
Öl/Lwd., 17 cm x 13,5 cm, u. l. ritzsign. und dat.: „H. Franke 1934", verso: Titel, sign., „Sommer 1934", „Nr. 699", „Nr. 226".
Nachlass/Museum Eschborn
Literatur: Kernert 1985, Nr. 85

G1061 Porträt Margrit Franke*

1934
Öl/Holz., 33 cm x 24,5 cm, u. r. sign. und dat.: „H. Franke 1935", verso: „Nr. 760".
Nachlass/Museum Eschborn
Literatur: Kernert 1985, Nr. 92

G1062 Margrit Franke gemalt von H. Franke 1941 - o. a. A.

1941
Öl/Pappe., Durchmesser 11,5 cm; l. m. monogr. und dat.: „H. F. 1941".
Quelle: Kernert 1985, Nr. 166

G1063 Porträt des Georg Dietz in Sommerlandschaft*

1945
Öl/Hartfaser, 24 cm x 17 cm; u. l. ritzsign. und dat.: „H. Franke 45", verso: sign., „Juli 1945".
Aukth. Arnold, Frankfurt/M., 29.11.1997
Literatur: Kat. Verst. Arnold IV, Ffm. 1997, Abb. S. 83

G1064 Margrit Franke*

1948
Öl/Lwd., 35 cm x 25 cm; u. l. ritzsign. und dat.: „H. Franke 48", verso: „Nach der Natur gemalt - Margrit Franke 1948", „Nr. 571".
Nachlass/Museum Eschborn
Literatur: Kernert 1985, Nr. 324

G1065 Porträt Margrit Franke - unvollendet*

1972
Öl/Lwd., 21 cm x 16,5 cm, o. Bez., verso: „Abschied - Hannys letztes Bild von mir. Es fehlte ihm die Kraft, es zu vollenden. - Margrit in meinem Garten in Eschborn 1972".
Nachlass/Museum Eschborn

G1066 Margarethe Bach*

Öl/Lwd., ovalförmiger Bildträger, 6 cm x 7 cm
Aus dem Nachlass von Hanny Frankes Schwester Christine Keller stammend
Privatbesitz

1.3.3. Mehrfigurige Personendarstellungen

G1067 Laurentius-Wallfahrt*

1920

Öl/Holz, 19,5 cm x 29,5 cm; u. r. sign.: „Hanny Franke", u. l. Titel, dat.: „1920".
Nachlass/Museum Eschborn
Der Laurenziberg liegt in der Nähe von Ockenheim, mehrere Kilometer von Bingen entfernt. Mitte August, am Tag des Hl. Laurentius, ist er das Ziel vieler Wallfahrer und Schauplatz einer Pferdesegnung. Vgl. G1068
Ausstellung: 1960, Frankfurt/M., Kunstverein
              1984, Frankfurt/M., Frankfurter Sparkasse von 1822
Literatur: HF/M. Lothka 8.8.1920; Manuskript Frankfurt/M. 1960, Nr. 1; Verzeichnis Frankfurter Sparkasse 1984, Nr. 1; Kernert 1985, Nr. 5

G1068 Laurentuis-Wallfahrt Rheingau - o. a. A.

um 1920

Öl/Pappe, 20 cm x 30 cm; u. r. sign.: „Hanny Franke", u. l. Titel.
Vgl. G1067
Quelle: Kernert 1985, Nr. 6

G1069 Mehrfigurige Szene - o.a.A.*

um 1920

Öl/(?), querformatig
Ausstellung: 1920, Frankfurt/M., Schülerausstellung, Städelschule
Quelle: Hanny Frankes persönliches Fotoalbum, S. 13, Abb.

G1070 Studie in einer Küfnerwerkstatt - Alter Küfnermeister mit Geselle - o. a. A.

1921

Öl
Quelle: H.F./M. Lhotka, 27.4.1921

G1071 Weinzelt - Skizze vom Rochusfest in Bingen am Rhein*

1921

Öl/Lwd., 14 cm x 17,5 cm; u. l. sign. und dat.: „Hanny Franke 21", verso: sign., Titel, dat:, „Nr. 690", „Nr. 17", „Nr. 234".
Nachlass/Museum Eschborn
Ausstellung: 1960, Frankfurt, Kunstverein
Literatur: Manuskript Frankfurt/M. 1960, Nr. 55; Kernert 1985, Nr. 11

G1072 Börneplatz Markthalle*

1921

Öl/Pappe, 19 cm x 26 cm; u. m. sign. und dat.: „H. Franke 21".
Frankfurt am Main/Historisches Museum, Inv.-Nr. C26263
Literatur: LE I, S. 158; FNP 6.11.1969

G1073 Studienausflug nach Kronberg - Sommer 1922*

1922

Öl/Pappe, 24,5 cm x 31 cm; u. r. sign.: „Hanny Franke", u. l. Titel, verso: „Studienausflug nach Kronberg mit Kollegen der Städelschule: von links nach rechts: Heinrich Will, Maler aus Giessen, Fritz Stübing, Zeichenlehrer u. Maler, Hanau, Glühspiess, Maler aus Franken, Ernst Hummel, Maler Frankfurt, jetzt in Karlsruhe, Herbert Pfaltz, Maler aus Frankfurt, (später Gernsbach), Hermann Kohlbecher, Maler und Graphiker aus Mühlhausen, Els jetzt Kartograph, Fräulein Lotte Reischauer, Malerin aus Bromberg, jetzt Frankfurt M., Heinrich Hempel, Maler aus Sachsen, jetzt Frankfurt a. M., „Unbekannt", Maler aus Offenbach, Frau Franke - Bei der Rast in Kronberg skizziert von H. Franke".
Nachlass/Museum Eschborn
Literaur: Kernert 1985, Nr. 15

G1074 Mutter mit Kind - o. a. A.*

1924

Öl/Holz, 26 cm x 20 cm, verso: Titel
Schriftlicher Vermerk anbei der Fotografie: „vom Vater des Kindes vermerkt und von Margrit Franke bestätigt - Valerie, neun Monate alt"; Vermerk gibt als Datierung des Bildes das Jahr 1924 an.
Quelle: Fotografie aus dem Nachlass/Museum Eschborn; Manuskript o. J./Nachlass

G1075 Bayerisch-Böhmerwald - Rastplatz mit Arberblick - in der Mitte Margrit Franke*

1941

Öl/Lwd., 21,5 cm x 19,5 cm; u. r. ritzsign. und dat.: „H. Franke 41", verso: Titel, sign., dat., „Nr. 77", „Nr. 38", „Nr. 35".
Nachlass/Museum Eschborn

1.3.4. Aktdarstellungen

G1076 Stehender Weiblicher Akt - o. a. A.*

um 1920

Öl (?), Hochformat
Stehender weiblicher Akt; den Kopf nach rechts wendend steht die Frau dem Betrachter fast frontal gegenüber. Die junge Frau präsentiert auf ihren erhobenen Händen ein Tablett.
Ausstellung: 1920, Frankfurt/M., Schülerausstellung, Städelschule
Quelle: Hanny Frankes persönliches Fotoalbum, S. 13, Abb.

G1077 Sitzender Weiblicher Akt - o. a. A.*

um 1920

Öl (?), Hochformat, u. r. trocken sign.: „H. Franke".
Die junge Frau sitzt dem Betrachter frontal gegenüber. Sie stützt sich mit ihrem rechtem Arm an der Sitzgelegenheit ab. Mit der linken Hand hält sie sich an der Lehne fest. Ihren Kopf wendet sie nach rechts, sodass sich ihr Gesicht in Profilansicht zeigt.
Ausstellung: 1920, Frankfurt/M., Schülerausstellung, Städelschule
Quelle: Hanny Frankes persönliches Fotoalbum, S. 13, Abb.

G1078 Sitzender Männlicher Akt - o. a. A.*

um 1920

Öl (?), Hochformat, u. l. sign.: „H. Franke".
Männlicher Akt sitzend. Der ältere Mann stützt sich mit beiden Armen auf seinem rechtem Knie ab. Der Dargestellte wendet dem Betrachter fast die reine Profilansicht zu.
Ausstellung: 1920, Frankfurt/M., Schülerausstellung, Städelschule
Quelle: Hanny Frankes persönliches Fotoalbum, S. 13, Abb.

G1079 Männlicher Akt in Rückansicht - o. a. A.*

um 1920

Öl (?), Hochformat, u. r. trocken sign.: „H. Franke".
Männlicher stehender Akt in Rückansicht. Drei Staffeleien - vor zweien stehen Maler - im Hintergrund weisen die Umgebung als Aktsaal aus.
Ausstellung: 1920, Frankfurt/M., Schülerausstellung, Städelschule
Quelle: Hanny Frankes persönliches Fotoalbum, S. 13, Abb.

1.4. Stillleben

1.4.1. Blumenstillleben

G1080 Veilchen in gotischem Glasväschen*

1926
Öl/Karton, 16,5 cm x 14,5 cm; u. l. ritzsign.: „H. Franke 26".
Privatbesitz
Literatur: Kernert 1985, Nr. 45

G1081 Teerosen im venezianischem Glas - o. a. A.*

1937
Öl/Lwd., 30 cm x 19 cm; u. r. sign.: „H. Franke".
Auf der Rückseite der Fotografie: „Erinnerung an den 16. Juni 1937".
Ausstellung: 1937, Frankfurt am Main, Kunstverein
　　　　　　1940, Frankfurt am Main, Galerie J.P.Schneider
　　　　　　1948, Frankfurt am Main, Galerie Koch
　　　　　　1960, Frankfurt am Main, Kunstverein
　　　　　　1972, Eschborn/Ts.
　　　　　　1984, Frankfurt am Main, Frankfurter Sparkasse von 1822
Quellen/Literatur: Fotografie aus dem Nachlass/Eschborn; Manuskript, Koch, 1948/Nachlass, Nr. 16; Manuskript Frankfurt/M. 1960; Typoskript Eschborn 1972, Nr. 11; Verzeichnis Frankfurter Sparkasse 1984, Nr. 13; Kernert 1985, Nr. 119;

G1082 Drei Nelken im Venezianer Glas - o. a. A.

1937
Öl/Lwd., 28 cm x 20 cm; u. r. sign.: „H. Franke".
Quelle: Fotografie aus dem Nachlass/Eschborn; Manuskript o. J./Nachlass

G1083 Rose - o. a. A.*

1943
Öl/Holz, 14,5 cm x 10,5 cm; u. r. sign. und dat.: „H. Franke 43".
Quellen: Fotografie aus dem Nachlass/Museum Eschborn; Manuskript o. J./Nachlass

G1084 Maiglöckchen*

1943
Öl/Holz, 24 cm x 17 cm; u. l. sign. und dat.: „H. Franke 43", verso: Titel, sign., dat., „Nr. 747".
Nachlass/Museum Eschborn
Ausstellung: 1948, Frankfurt am Main, Galerie Koch
　　　　　　1999, Eschborn/Ts.
Literatur: Manuskript, Koch, 1948/Nachlass, Nr. 19; Kernert 1985, Nr. 330; Verzeichnis Eschborn 1999, Nr. 25.

G1085 Rose zum Namenstag von Michael - o. a. A.*

1945
Öl/Holz, 15,5 cm x 13 cm; u. r. sign. und dat.: „H. Franke 45".
Quelle: Fotografie aus dem Nachlass/Museum Eschborn; Manuskript o. J./Nachlass

G1086　Christrosen*

1945
Öl/Holz, 21,5 cm x 19 cm; o. Bez., verso: Titel, sign., „Weihnachten 1945", „Ausstellung 1948", „Nr. 30", „Nr. 36", „Nr. V", Stempel: „Eigentum Margrit Franke".
Nachlass/Museum Eschborn
Ausstellung: 1948, Frankfurt am Main, Galerie Koch
　　　　　　1975, Eschborn/Ts.
　　　　　　1984, Frankfurt am Main, Frankfurter Sparkasse von 1822
Literatur: Manuskript, Koch, 1948/Nachlass, Nr. 26; Ausst. Kat. Eschborn 1975, Nr. 30; Verzeichnis Frankfurter Sparkasse 1984, Nr. 36; Kernert 1985, Nr. 224;

G1087　Veilchen mit Buch - o. a. A.

1946
Öl/Pappe, 14 cm x 19,5 cm; u. r. sign.: „H. Franke 46".
Quelle: Kernert 1985, Nr. 246

G1088　Schlüsselblumen - o. a. A.

1950
Öl/Lwd., 15,5 cm x 13 cm; u. r. sign.: „H. Franke", verso dat.: „1950".
Quelle: Fotografie aus dem Nachlass/Museum Eschborn

G1089　Efeu - Studie*

1952
Öl/Lwd., 12 cm x 22,5 cm; u. r. ritzsign.: „H. Franke", verso sign., Titel, dat., „Nr. 232", „Nr. 40", „Nr. 328", „VE".
Nachlass/Museum Eschborn

G1090　Veilchen mit Buch*

1960
Öl/Holz, 25 cm x 20 cm; u. l. sign.: „H. Franke 1960".
Privatbesitz

G1091　Goldlack mit altem Buch - o. a. A.

1961
Öl/Lwd., 31,5 cm x 22 cm; u. l. sign. und dat.: „H. Franke 1961".
Quelle: Kernert 1985, Nr. 605

G1092　Moosrosen*

1961
Öl/Holz, 20,5 cm x 15 cm; u. l. ritzsign.: „H. Franke 1961", verso: Titel, „Meiner lieben Margrit zum 39. Hochzeitstag 1961 von i. Hanny".
Privatbesitz

G1093　Vase mit Veilchen und einem Buch - o. a. A.

1962
Öl/Lwd., 19,5 cm x 13 cm; u. l. sign. und dat.: „H. Franke 1962".
Ausstellung: 1975, Eschborn/Ts.
Quelle: Ausst. Kat. Eschborn 1975, Nr. 53; Kernert 1985, Nr. 678;

G1094　Stiefmütterchen in Vase*

1963
Öl/Holz, 15 cm x 21 cm; u. l. ritzsign. und dat.: „H. Franke 1963".
Privatbesitz

G1095　Moosrose*

1963
Öl/Lwd., 26 cm x 22,5 cm; u. l. ritzsign. und dat.: „H. Franke 1963"; verso: „aus dem Scheplerschen Garten in Frankfurt - beim Aufgeben des Gartens wurde dieser Rosenstock in meinen Garten nach Eschborn Pfingstbrunnenstr. 13 übertragen", „1963", „Nr. 745".
Nachlass/Museum Eschborn

G1096　Blumenstillleben -Reseda mit großer Emailschale - o. a. A.

1964
Öl/Holz, 26,5 cm x 19 cm; u. l. sign.: „H. Franke 46".
Quelle: Kernert 1985, Nr. 711

G1097　Frühlingsblumen in Vase*

1966
Öl/Pappe, 19,5 cm x 15 cm; u. l. ritzsign. und dat.: „H. Franke 1966"; verso: „April 1966".
Nachlass/Museum Eschborn

G1098　Rosenstrauß in Vase*

1968
Öl/Holz, 22 cm x 26,5 cm; u. l. ritzsign.: „H. Franke 1968".
Privatbesitz
Literatur: Kernert 1985, Nr. 808

G1099　Veilchenstrauß in gotischem Glas - o.a.A.

1971
Öl/Lwd., 21,5 cm x 14 cm; u. r. sign.: „H. Franke 1971".
Quelle: Kernert 1985, Nr. 843

G1100　Vase mit Veilchen - o.a.A.

um 1971
Öl/Lwd., 16,5 cm x 12 cm; o. Bez; verso: „Nr. 726", „Nr.228".
Datierung lt. Kernert 1985.
Quelle: Kernert 1985, Nr. 835

G1101　Vase mit violettfarbenen Blumen

1971
Öl/Lwd., 16,5 cm x 11 cm; o. Bez; verso: sign., „1971", „Nr.10".
Nachlass/Museum Eschborn
Literatur: Kernert 1985, Nr. 845

G1102　Violettfarbener Blumenstrauß in Vase auf einem Tisch im Freien*

1972
Öl/Lwd., 23 cm x 18,5 cm; u. l. sign. und dat.: „H. Franke 1972"; verso: „Sein letztes Geburtstagsgeschenk zum 4.5.72 - Margrit Franke Eschborn", „Nr. 667".
Nachlass/Museum Eschborn
Literatur: Kernert 1985, Nr. 854

G1103　Violettfarbene Blumen in Vase - unvollendeter Zustand

1972
Öl/Lwd., 16 cm x 12 cm; o. Bez., verso: „Nr 698", „Nr. 124".
Nachlass/Museum Eschborn

G1104　Blumenstrauß aus Veilchen und Vergissmeinnicht im Glas*

Öl/Lwd., 19 cm x 15,5 cm; u. l. ritzsign.: „H. Franke".
Privatbesitz

G1105　Schlüsselblumen in Vase mit grüner Schale*

Öl/Holz, 21,5 cm x 16 cm; u. r. ritzsign.: „H. Franke".
Privatbesitz

G1106 Christrosen in Vase*
Öl/Holz, 19,5 cm x 17 cm; u. l. sign.: „H. Franke".
Privatbesitz

G1107 Veilchenstrauß ohne Vase - o. a. A.*
Öl, u. r. sign.: „H. Franke"
Quelle: Kunstkalender 1986, Frankfurter Sparkasse von 1822, Abb.

1.4.2. Andere

G1108 Früchtestillleben - Stillleben mit Trauben und Äpfeln
1935
Öl/Karton, 20,5 cm x 30,5 cm; u. l. sign. und dat.: „H. Franke 35".
Aukth. Arnold, Frankfurt/M., 14.3.1981; Aukth. Arnold, Frankfurt/M., 20.22.2003
Literatur: Kat. Verst. Arnold I, Ffm. 1981, Abb. S. 111; Kernert 1985, Nr. 96; Kat. Verst. Arnold IV, Ffm. 2003, Abb. S. 73; Auktionsh. Arnold (Hrsg.): http://www.auktionshaus-arnold.de/sites/is_katalog.php?Mode=3&auction=A51, Zugriff am 20.11.2003, Abb.

G1109 Zwei Jahrgänge*
1941
Öl/Holz, 28,5 cm x 34 cm; u. r. sign. und dat.: „H. Franke 1941", verso: Titel, sign., dat., „Nr. 83", „Nr. 21", „Nr. XIV".
Nachlass/Museum Eschborn
Ausstellung: 1975, Eschborn/Ts.
1984, Frankfurt am Main, Frankfurter Sparkasse von 1822
Literatur: Ausst. Kat. Eschborn 1975, Nr. 19; Verzeichnis Frankfurter Sparkasse 1984, Nr. 21; Kernert 1985, Nr. 182

G1110 Trauben mit Walnüssen - o. a. A.*
1942
Öl/Lwd., 20,5 cm x 37,5 cm; u. l. sign. und dat.: „H. Franke 1942".
Nachlass/Museum Eschborn
Quellen: Fotografie aus dem Nachlass/Museum Eschborn; Manuskript o. J./Nachlass; Kernert 1985, Nr. 189

G1111 Toter Vogel - Dompfaff - o. a. A.*
1944
Öl, 13,5 cm x 24,5 cm; u. r. sign. und dat.: „H. Franke 1944".
Ausstellung: 1948, Frankfurt am Main, Galerie Koch
1975, Eschborn/Ts.
1984, Frankfurt am Main, Frankfurter Sparkasse von 1822
Quellen: Fotografie/Privatbesitz; Manuskript, Koch, 1948/Nachlass, Nr. 25; Ausst. Kat. Eschborn 1975, Nr. 29; Verzeichnis Frankfurter Sparkasse 1984, Nr. 34.

G1112 Toter Vogel - Totes Meislein mit Bruch*
1948
Öl/Holz, 12 cm x 19,5 cm; u. r. sign.: „H. Franke 1948", verso: „Nr. 756".
Nachlass/Museum Eschborn
Literatur: Kernert 1985, Nr. 304

1.5. Historisierendes/Rekonstruktionen

1.5.1. Eschborn im Taunus

G1113 Pfingstborn nach Bleistiftskizze von Eugen Peiper 1830*
Öl/Lwd., 12 cm x 18 cm; o. Bez.
Nachlass/Museum Eschborn
Der Pfingstborn wurde vom Künstler auch in einer Tuschezeichnung und in zwei Aquarellen festgehalten. Vgl. Z449, A484, A485.

G1114 Der Pfingstbrunnen 1839
1963
Öl/Lwd., 23 cm x 17 cm, o. Bez., verso: sign., „1963", „Nr. 505a", „In Öl gemalt nach einer kolorierten Zeichnung von Eugen Peipers aus dem Jahre 1839 von H. Franke 1963".
Nachlass/Museum Eschborn, ehem. städt. Slg. Inv.-Nr. 007
Vergleiche hierzu G1113.

G1115 Turmburg - Blick Nord West*
Öl, u. l. sign.: „H. Franke", verso: „Nr. 562".
Nachlass/Museum Eschborn, ehem. städt. Slg. Inv.-Nr. 012
Von dieser Ansicht existiert auch eine Federzeichnung. Vgl. Z451; Vgl. auch Z450, Z452-Z456
Literatur: Paul 1969, S. 36 ff.; Ament 1989, S. 211 ff.

G1116 Burg Eschborn - Turmburg - Ansicht von vorne
Öl/Lwd., 35,5 cm x 44 cm, u. l. sign.: „H. Franke", verso: „Nr. 562".
Nachlass/Museum Eschborn, ehem. städt. Slg. Inv.-Nr. 063
Vgl. G1115; Vgl. 450; Vgl. auch Z451-Z456
Literatur: Paul 1969, S. 36 ff.; Ament 1989, S. 211 ff.

G1117 Eschborn - Phantasie-Landschaft - 1580 - Laurenzikapelle und Turmburg*
Öl/Pappe, 26 cm x 35 cm, u. l. ritzsign.: „H. Franke".
Nachlass/Museum Eschborn
Von diesem Bild existiert eine Bleistiftskizze. Vgl. Z456; Vgl. auch G1115, G1116, Z451-Z455
Literatur: Paul 1969, S. 36 ff.; Kernert 1985, Nr. 700; Ament 1989, S. 211 ff.

1.5.2. Römerbrückchen

G1118 Das Römerbrückchen - o. a. A.*
1931
Öl, u. l. sign. und dat.: „H. Franke 1931".
Quelle: Kunstdruckpostkarte Nachlass/Museum Eschborn

G1119 Kleine Römerbrücke über den Westerbach*
um 1930
Öl/Pappe, 26 cm x 35,5 cm, u. l. sign.: „H. Franke", verso: sign., „Kleine Römerbrücke über den Westerbach bei Eschborn, nach der Nat. 1928 gezeichnet und wenige Jahre später gemalt.
Privatbesitz
Vgl. Bleistiftzeichnungen Z459-Z461
Ausstellung: 1972, Eschborn
Literatur: Faltblatt Eschborn 1972, Abb.

G1120 Kleine Römerbrücke - Die römische Heerstraße hinter dem Limes*

Öl/Lwd., 27,5 cm x 37 cm, u. l. ritzsign.: „H. Franke", verso: sign., „Die röm. Heerstrasse hinter dem Limes erbaut von Domitian 90 n. Chr. mit Furt und Brücke, über den Westerbach bei Eschborn, nach Südwest, Richtung Mainz (die heutige Elisabethenstra.)", „Nr. 523", „Nr. 565", „Nr. 99049", „Nr. 156".
Nachlass/Museum Eschborn
Ausstellung: 1994, Montgeron
Literatur: Verzeichnis Montgeron 1994, Nr. 6

G1121 Kleine Römerbrücke mit Blick auf Eschborn*

um 1965
Öl/Lwd., 120 cm x 150 cm, u. l. sign.: „H. Franke", verso: sign., „Kleine Römerbrücke über den Westerbach bei Eschborn, nach der Nat. 1928 gezeichnet und wenige Jahre später gemalt."
Nachlass/Museum Eschborn
Ausstellung: 1999, Eschborn
Literatur: FNP, 27.7.1965; Verzeichnis Eschborn 1999, Nr. 1; HKB, 9.7.1999, Abb.; FR, 20.8.1999, Abb.

G1122 Blick auf Eschborn, Kronberg und Falkenstein vom Römerbrückchen gesehen*

um 1965
Öl/Holz, 37 cm x 27,5 cm, u. l. ritzsign.: „H. Franke", verso: Titel, sign.
Privatbesitz

G1123 Blick über das Römerbrückchen auf einen Baum - o. a. A.*

Öl
Quelle: Repro aus dem Nachlass/Museum Eschborn

G1124 Kleine Römerbrücke über den Westerbach - o. a. A.*

Öl, u. l. sign.: „H. Franke"
Aukth. Arnold, Frankfurt/M., 25.5.1974
Literatur: Kat. Verst. Arnold, 1974, Abb. S. 37

G1125 Vortaunus mit Römerbrücke und Altkönig

Öl/Lwd., 60 cm x 80 cm, u. l. sign.: „H. Franke", verso: Titel.
Aukth. Arnold, Frankfurt/M., 11.3.2000
Literatur: Kat. Verst. Arnold I, 2000, Abb. S. 93; Kunstpreis Jahrbuch 2000, Abb. S. 509

1.5.3. Bonifatiuskreuz

G1126 Erinnerungsmale bei Eschborn/Ts.*

1932
Öl/Lwd., 26 cm x 35 cm, u. l. sign.: „H. Franke 1932".
Nachlass/Museum Eschborn
Die Steine wurden 1934 infolge des Autobahnbaues abgerissen. Zum Thema existieren vier Federzeichnungen, eine Bleistiftzeichnung sowie eine Kohle/Deckfarben-Zeichnung.Vgl. Z493-Z501
Literatur: Kernert 1985, Nr. 72

G1127 Erinnerungsmale bei Eschborn/Ts. - II. Version*

1932
Öl/Lwd., 26,5 cm x 37 cm, u. l. sign.: „H. Franke 1932".
Nachlass/Museum Eschborn
Die Steine wurden 1934 infolge des Autobahnbaues abgerissen. Zum Thema existieren vier Federzeichnungen, eine Bleistiftzeichnung sowie eine Kohle/Deckfarben-Zeichnung.Vgl. Z493-Z501
Literatur: Kernert 1985, Nr. 71

G1128 Bonifatiuskreuz*

um 1932
Öl/Lwd.,27,5 cm x 21 cm, u. l. sign.: „H. Franke".
Eine Feder- und eine Bleistiftzeichnung, um 1932 gezeichnet, zeigen das selbe Motiv. Vgl. Z495, Z496
Nachlass/Museum Eschborn

1.5.4. Kloster Rupertsberg

G1129 Kloster Rupertsberg bei Bingen am Rhein - Kopie nach Matthias Grünewald-Altar*

1939
Öl/Pappe/Holz, 21 cm x 16,5 cm, o. Bez.; verso: Titel, „im Januar 1939", „12".
Von Hanny Franke liegen hierzu auch Arbeiten in Aquarell und als Federzeichnung vor. Vergleiche hierzu A490, Z475.
Nachlass/Museum Eschborn

G1130 Klosterruine Rupertsberg an der Nahe bei Bingen - von Südosten gesehen*

um 1939
Öl/Pappe/Holz, 21 cm x 16,5 cm; o. Bez.; verso: „Klosterruine Rupertsberg a. d. Nahe b. Bingen a. Rhein mit der 1729 wiederhergestellten Marienkapelle, und der Ruine der Nikolauskapelle vor dem völligem Abbruch um die Mitte des 19. Jahrh. Das Kloster wurde im Jahre 1147 von Hildegard von Bingen gegründet und im Jahr 1632 von den Schweden zerstört - von Südosten gesehen".
Der Künstler erfasste das Motiv auch in einer aquarellierten Federzeichnung und als Aquarell. Vgl. Z469, A488; Vorlage war möglicherweise ein Stahlstich von C. Reiss aus dem Jahr 1845, der die Ruine wenige Jahre vor ihrem völligen Abbruch künstlerisch festhielt.
Nachlass/Museum Eschborn

1.6. Sonstiges

1.6.1. Religiöses

G1131 Landschaft mit Heiliger Familie - Ruhe auf der Flucht*
um 1944
Öl/Lwd., 45 cm x 30,5 cm; u. l. sign.: „H. Franke".
Nachlass/Museum Eschborn
Literatur: BBK-Rundbrief 1970, S.18; Kernert 1985, Nr. 190;

G1132 Ruhe auf der Flucht*
um 1944
Öl/Holz., 11,5 cm x 18,5 cm, u. l. ritzsign.: „H.Franke".
Ehemals aus dem Nachlass von Hanny Frankes Schwester Christine Keller stammend;
Vergleiche hierzu auch Zeichnung der Hl. Familie. Vgl. Z373
Privatbesitz

G1133 Madonnenbild einer Feldkapelle in der Rhön - Milseburgmadonna*
1946
Öl/Holz, 50 cm x 40 cm; u. r. verschlungenes Monogramm und dat.: „19 H. F. 46"; Der vom Künstler bemalte Holzrahmen trägt die Inschrift: „Heilige Maria Mutter Gottes. Königin des Friedens. Bitte für uns".
Privatbesitz

G1134 Gnadenbild vom Kloster Rupertsberg*
Öl/Pergament, 12,5 cm x 18 cm
Ehemals aus dem Nachlass von Hanny Frankes Schwester Christine Keller stammend;
Privatbesitz

G1135 Landschaft mit Hl. Elisabeth, einen durstigen Greis tränkend - o. a. A.
1952
Öl, 120 cm x 90 cm
Der Auftrag für das Bild wurde Hanny Franke vom Landrat in Emmendingen vermittelt. Auftragnehmer war ein Altersheim. „...ich malte eine sommerliche Abendstimmung aus dem Gedächtnis mit der Burgruine Landeck, für die Hl. Elisabeth stand mir des Freundes Nichte zu einer Bleistiftzeichnung Modell."
Quelle: LE VII, S. 52

1.6.2. Wandmalerei

G1136 Wandbild - im Stübchen neben der Fürstlich Isenburgischen Hofapotheke - Birstein/Vogelsberg - o. a. A.
um 1925
„(...) malte ich eine Alchemistenküche, den Apotheker in seiner Tätigkeit, den Amtsgerichtsrat beim Dämmerschoppen einige Bauern und mich selber an die Wand. Als Randverzierung verwendete ich stilisierte medizinische Pflanzen, alte Alchemistenzeichen, Tierkreiszeichen und dergl. Zudem entwarf ich noch eine Ampel die ein Klempner machte und bemalte noch das Fensterglas."
„Wer anders konnte im Vordergrund sitzen als Amtsrichter Friedrich mit grünem Rock, Jagdpfeife und Bierglas, der er doch Konversation und bildendes Gespräch bestens verwaltete und mit gewichtiger Persönlichkeit dafür gutstand? Daneben war unser guter Vater zu sehen, im weißen Arbeitsmantel, einige ländliche Kunden schauten ihm misstrauisch bei der Arbeit zu, und ein Knochengerippe des Todes stand hinter ihm und reckte Gense und Alkoholflasche."
Das Gebäude der ehemaligen „Fürstlich Isenburgischen Hofapotheke" in Birstein existiert noch. Es wurde zum privaten Wohnhaus umfunktioniert. Das Wandgemälde muss kurz nach dem Verkauf des Hauses durch den Apotheker Maubach vom nachfolgendem Besitzer entfernt/bzw. übertüncht worden sein.
Quelle: LE IV, S.6 - 7; Maubach 1938, S. 46 ff.

G1137 Wandbild - Kasino E - Sommerliche Landschaft mit einem Bauern bei der Feldarbeit - Im Hintergrund ist ein Dorf mit Kirche zu sehen - o. a. A.
1951
Das Wandbild entstand im Rahmen einer Auftragsarbeit für eine Werkskantine.
Quelle: LE VII, S.50-51; Fotokopie aus dem Nachlass/Museum Eschborn

1.6.3. Verschiedenes

G1138 Innenansicht mit an einem Schreibtisch sitzendem Mann - o.a.A.*
um 1918
Öl (?), querrechteckiges Format
Das Bild ist auf einem Foto zu erkennen, welches die Ansicht von Hanny Frankes Atelier im 1. Weltkrieg in Bromberg zeigt.
Quelle: Hanny Frankes persönliches Fotoalbum, S. 8., Abb.

G1139 Skizze ackernder Pferde aus der Bewegung skizziert
1925
Öl/Pappe, 21 cm x 14,5 cm; verso: Titel, sign. und dat.: „H. Franke 1925", „Nr. 771", „Nr. 1", „Nr. 231".
Nachlass/Museum Eschborn

G1140 Weidende Schafe in den Niddawiesen
1929
Öl/Holz, 10,5 cm x 19,5 cm; u. l. sign.: „H. Franke", verso: Titel, sign. und dat., „Nr. 693", „Nr. 232".
Nachlass/Museum Eschborn
Literatur: Kernert 1985, Nr. 60

G1141   **Mein Atelierzimmer***

1927
Öl/Lwd., 33 cm x 25,5 cm; u. r. ritzsign. und dat.: „H. Franke 1927 Mein Atelier Börsenplatz 11", verso: Titel, sign. und dat., „(mit Blick durchs Fenster zur Frankfurter Börse von unserem Haus Börsenplatz 11. Das Haus wurde 1944 durch Fliegerbomben zerstört. Hier wohnte ich vom Juni 1922 - März 1938 bei den Eltern meiner Frau", „Nr. 25", „Nr. 27/1", Nr. 268". In diese Zeit lässt sich auch eine Architekturstudie in Bleistift gearbeitet (Blick auf eine Ecke des Börsengebäudes) datieren. Vgl. Z214
Nachlass/Museum Eschborn
Literatur: Kernert 1985, Nr. 48

G1142   **Schaltstation Firma EMAG - Schaltstation Siesel K E W Mark Hagen i. W. - o. a. A.***

u. r. sign. und dat.: „H. Franke 1928".
Kunstdruck aus dem Nachlass/Museum Eschborn
Für den Industriellen Dué (EMAG) malte der Künstler auch eine „Ansicht der alten Brücke in Frankfurt". Siehe G969

G1143   **Studienkopf - unvollendet***

Öl/Lwd., 26 cm x 18,5 cm; verso: Titel, sign. und dat.: „H. Franke 1925", „Nr. 771", „Nr. 1", „Nr. 231".
Nachlass/Museum Eschborn
Vgl. G1144

G1144   **Studienkopf eines alten Mannes***

Öl/Lwd., 18 cm x 14 cm; o. Bez.; verso: „Kopffragment vom untergegangenen Kloster Rupertsberg an der Nahe aus den Ruinen gefunden."
Nachlass/Museum Eschborn
Der Original des Kopfes aus Sandstein befindet sich ebendfalls im Nachlass/Museum Eschborn. Vgl. außerdem G1143.

Skizzenbücher

Aquarelle

Zeichnungen

Druckgraphik

Skizzenbücher

2. Skizzenbücher

SKB 1 Grauer Pappeinband mit leinengebundenem Rücken und Ecken, Beschriftung auf dem Einbanddeckel: „Kriegs-Erinnerungen 1914 - 18 H. Franke", 27 cm x 20 cm, bez. auf dem Inneneinband: „230", 18 Blätter mit aufgeklebten Skizzenblättern, 6 Loseblatteinlagen
Aquarelle, Bleistift-, Buntstift-, Federzeichnungen
Nachlass/Museum Eschborn
Kriegserinnerungen 1914 - 1918

SKB 2 Heller Leineneinband, Rücken in schwarzes Leinen gefasst, Beschriftung auf dem Deckeleinband: „H. Franke", „Italien 1926", 17 cm x 22,5 cm, bez. auf dem Inneneinband: „60", 32 Blätter mit aufgeklebten Skizzenblättern
Aquarelle, Bleistift- und Federzeichnungen
Nachlass/Museum Eschborn
Italienreise 1926

SKB 3 Heller Leineneinband, Klebezettel mit Signatur und Monogrammstempel auf dem Einbanddeckel, 21 cm x 17,5 cm, bez. auf dem Inneneinband: „028", „H. Franke 1943", 35 Blätter, 33 s. S.
Bleistiftzeichnungen
Nachlass/Museum Eschborn
Landschaften (Bergkonturen), undatiert

SKB 4 Pappeinband mit schwarzem Rautenmuster auf gelb und weiß gestreiftem Grund, in helles Leder gefasster Rücken und Ecken, schwarzes Monogramm auf dem Einbanddeckel, Schuber in gleichem Muster, 19 cm x 16 cm, bez. auf dem Inneneinband: „H. Franke 1943, Skizzenbuch antik - Papier aus dem Jahre 1630", Monogrammstempel, 65 Blätter
Aquarelle, Bleistiftzeichnungen
Nachlass/Museum Eschborn
Einzelne Pflanzenstudien, Landschaften: Schwarzwald, Odenwald, Rhön, Bodensee, Landschaften der Frankfurter Umgebung, 1943 - 1946

SKB 5 Rotbraun marmorierter Pappeinband mit hellgefasstem Rücken und Ecken; 14 cm x 22 cm, bez. auf dem Inneneinband: „3", „30", „H. Franke 1946", „Antikpapier", Monogrammstempel, 66 Blätter
Aquarelle
Nachlass/Museum Eschborn
Einzelne Pflanzenstudien, Landschaften des Odenwalds und der Rhön, Landschaften der Frankfurter Gegend, 1946 - 1948

SKB 6 Hellbrauner Leineneinband mit schwarzem Monogramm auf dem Deckelband, 36 cm x 22,5 cm, bez. auf dem Inneneinband: „27", „Zanders Handbüttenpapier vom Jahre 1892", „eingebunden Aug. 1947", 38 Blätter, 36 s. S.
Bleistiftzeichnungen
Nachlass/Museum Eschborn
Baumstudien 1948

SKB 7 Hellgrauer Leineneinband mit in schwarzem Leder gefasstem Rücken, 22 cm x 17 cm, bez. auf dem Inneneinband: „7", „H. Franke Weihnachten 1950", „engl. Whatmanpapier von den Jahren 1892 u. 1913", 60 Blätter, 19 s. S.
Aquarelle
Nachlass/Museum Eschborn
Stadt Frankfurt, Landschaften, Eschborn, 1951 - 1968

SKB 8 Einband mit Pergamentstruktur mit in Leinen gebundenem Rücken gefasst, 33 cm x 27,5 cm, bez. auf dem Inneneinband: „26", „H. Franke", „handgeschöpftes italienisches Aquarellpapier aus d. 18. Jhd.", 64 Blätter, 63 s. S.
Aquarelle
Nachlass/Museum Eschborn
Frankfurt 1955

SKB 9 Hellbrauner Leineneinband mit in schwarzem Leder gefasstem Rücken und Ecken, schwarzes Monogramm auf dem Deckeleinband, 20 cm x 16,5 cm, bez. auf dem Inneneinband: „12", „H. Franke 1950", „altes Papier v. Jahre 1630", 52 Blätter, 22 s. S.
Aquarelle
Nachlass/Museum Eschborn
Landschaften: Schwarzwald, Hunsrück; Landschaften der Frankfurter Umgebung, 1950 - 1962

SKB 10 Dunkelbrauner Leineneinband mit in schwarzem Leder gefasstem Rücken und Ecken, schwarzes Monogramm auf dem Deckeleinband; 22,5 cm x 18,5 cm, bez. auf dem Inneneinband: „30", „Zander Bütten aus dem Jahr 1892", „H. Franke, eingebunden 1948", Monogrammstempel, 34 Blätter, 14 s. S.
Aquarellierte Bleistiftzeichnung, Bleistift-, Feder-, Kohle- und Kreidezeichnungen
Nachlass/Museum Eschborn
Baumstudien, Stadt Frankfurt, Landschaften: Rhön; Landschaften der Frankfurter Umgebung 1949 - 1961

SKB 11 Grüner Pappeinband mit in hellbraunem Leder gefasstem Rücken und Ecken, schwarzes Monogramm auf dem Deckeinband; 34 cm x 21 cm, bez. auf dem Inneneinband: „handgeschöpftes Papier aus der Zeit um 1800, Wasserzeichen R&C, aus einer Strassburger Papiermühle 18. Jhd.", 50 Blätter, 45 s. S.
Aquarelle
Nachlass/Museum Eschborn
Landschaften im Breisgau; Vordertaunus 1955 - 1963

SKB 12 Hellbrauner Leineneinband mit in dunkelbraunem Leder gefasstem Rücken und Ecken, dunkelbraunes Monogramm auf der Deckseite; 27 cm x 18 cm, bez. auf dem Inneneinband: „2", „Whatmanpapier aus den Jahren 1902-04 und 38", 49 Blätter
Aquarelle
Nachlass/Museum Eschborn
Landschaften: Schwarzwald, Landschaften aus der Frankfurter Umgebung, 1952
Ausstellung: 1984, Frankfurter Sparkasse von 1822, Nr. 12 (Blatt 28 und Blatt 2 aus diesem Skizzenbuch)
Literatur: Verzeichnis Frankfurter Sparkasse 1984, Abb.

SKB 13 Hellbrauner Leineneinband, schwarzes Monogramm auf dem Einbanddeckel, 17,5 cm x 12,5 cm, bez. auf dem Inneneinband: „15", „150", „H. Franke", Monogrammstempel, 56 Blätter, 45 s. S.
Aquarelle, Bleistift-, Feder- und Filzstiftzeichnungen
Nachlass/Museum Eschborn
Baumstudien, Blicke aus dem Fenster, Rhön, 1958 - 1967

SKB 14 Hellbrauner Leineneinband, schwarzes Monogramm auf dem Einbanddeckel, 21 cm x 17 cm, bez. auf dem Inneneinband: „90", „H. Franke 1954", „Antik-Papier 17. Jhd.", 47 Blätter, 41 s. S.
Aquarelle
Nachlass/Museum Eschborn
Lützel im Spessart, Garten in Eschborn, 1957 - 1972

SKB 15   Hellbrauner Leineneinband mit braunem Monogramm, 19,5 cm x 15,5 cm, bez. auf dem Inneneinband: „10", „H. Franke 1953, November", „Antik-Papier aus dem 17. Jhd. mit Strassburger u. Basler Wasserzeichen", 80 Blätter, 69 s. S.
Aquarelle
Nachlass/Museum Eschborn
Landschaften der Frankfurter Umgebung, Schwarzwald, Garten in Eschborn, 1954 - 1971

SKB 16   Roter Ledereinband mit goldgeprägter Bordüre, 23 cm x 14,5 cm, bez. auf dem Inneneinband: „17", „H. Franke 1953", „Whatmanpapier", 76 Blätter, 70 s. S.
Tuschezeichnungen
Nachlass/Museum Eschborn
Baumstudien, Elblandschaften, 1958 - 1965
Bei der Anfertigung dieses Skizzenbuches fand ein Bucheinband seine zweite Verwendung. Die ursprünglichen Seiten waren entfernt und durch leeres Zeichenpapier ersetzt worden.

SKB 17   Einband mit in bunten Blumen geprägtem Muster auf goldenem Grund, 17,5 cm x 25,5 cm, bez. auf dem Inneneinband: „16", „29", „H. Franke 1942", „Antikpapier", Monogrammstempel, 44 Blätter, 41 s. S.
Aquarelle, Federzeichnungen
Nachlass/Museum Eschborn
Landschaften, 1961 - 1962

SKB 18   Grüner Leineneinband mit in dunkelbraunem Leder gefasstem Rücken und Ecken, schwarzes Monogramm auf dem Einbanddeckel; 11 cm x 18 cm, bez. auf dem Inneneinband: „50", „5", „H. Franke", 78 Blätter, 64 s. S.
Aquarelle
Nachlass/Museum Eschborn
Pflanzenstudien, Landschaften in Frankfurter Umgebung, Hunsrück, Garten in Eschborn, 1958 - 1972

SKB 19   Pergamenteinband mit schwarzem Monogramm auf dem Einbanddeckel, 31 cm x 21 cm, bez. auf dem Inneneinband.: „25", „H. Franke", „Papier aus dem 16.-17. Jhd.", 35 Blätter, 32 s. S.
Aquarelle
Nachlass/Museum Eschborn
Rothschildpark in Frankfurt, Hausecke Wiesenau-Friedrichstraße, 1946 - 1959

SKB 20   Hellbrauner Leineneinband mit schwarzem Monogramm auf dem Deckeinband, 13,5 cm x 22 cm, bez. auf dem Inneneinband.: „14", „140", „H. Franke Frankfurt a. M.", 80 Blätter, 73 s. S.
Bleistift- und Federzeichnungen
Nachlass/Museum Eschborn
Baumstudien, Vordertaunus, Höchst, 1960 - 1966

SKB 21   Hellbrauner Leineneinband mit in schwarzem Leder gefasstem Rücken und Ecken, schwarzes Monogramm auf dem Einbanddeckel, 28 cm x 19 cm, bez. auf dem Inneneinband: „1", „10", „H. Franke - 1949 gebunden", „alte englische Whatmanpapiere aus dem Jahr 1904", 42 Blätter, 13 s. S.
Aquarelle
Nachlass/Museum Eschborn
Grüneburgpark in Frankfurt, Saalhofkapelle, Staufische Stadtmauer, Rothschildpark in Frankfurt, Schwarzwald, Bürgel bei Offenbach, 1949 - 1950
Ausstellung: 1984, Frankfurter Sparkasse von 1822, (Blatt 11 aus diesem Skizzenbuch)
Literatur: Verzeichnis Frankfurter Sparkasse 1984

SKB 22   Dunkelbrauner Leineneinband mit in schwarzem Leder gefasstem Rücken und Ecken, schwarzes Monogramm auf dem Einbanddeckel, 17 cm x 20 cm, bez. auf dem Inneneinband: „180", „Eingebunden 1948", „Whatman vom Jahre 1860", 57 Blätter, 37 s. S.
Aquarelle, Feder- und Kreidezeichnungen
Nachlass/Museum Eschborn
Landschaft in Frankfurter Umgebung, Dieburg, Rückseite des Frankfurter Domes, 1948 - 1950

SKB 23   Hellbrauner Leineneinband mit dunkelbraunem Monogramm auf der Deckseite ; 18,5 cm x 16,5 cm , bez. auf dem Inneneinband.: „11", „antik Papier - 18. Jhd. Strassburg", 84 Blätter, 17 s. S.
Aquarelle
Nachlass/Museum Eschborn
Odenwald, Rhön, Hunsrück, Spessart, Vordertaunus, Schwarzwald, Garten in Eschborn, 1958 - 1972

SKB 24   Dunkelbrauner Einband aus Pappe, marmoriert, mit grünem Aufleber: „H. Franke"; 15 cm x 11 cm; bez. auf dem Inneneinband.: „H. Franke 1962", „Französ. Papier (France Ingres Canson)", „21", 48 Blätter, 42 s. S.
Federzeichnungen
Nachlass/Museum Eschborn
Taunuslandschaften, Seckbacher Kirche, Seckbach, 1964 - 1967

SKB 25   Grauer Leineneinband mit in schwarzem Leder gefassten Rücken und Ecken, schwarzes Monogramm auf dem Einbanddeckel; 15 cm x 19 cm; bez. Auf dem Inneneinband: „8", „H. Franke Frankfurt a.M.", „96 Blatt Basler und Strassburger Papiere aus dem Anfang des 17. Jahrh.", 96 Blätter, 86 s. S.
Aquarelle
Nachlass/Museum Eschborn
Landschaften aus dem Schwarzwald, Dachauer Landschaften, Ginnheimer Wald, 1952 - 1956

SKB 26   Hellbrauner Leineneinband mit Monogramm auf dem Einbanddeckel; 17,5 cm x 11 cm; bez. auf dem Inneneinband: „H. Franke Frankfurt a. M.", „200", „27 Zeichnungen", 33 Blätter, 7 s. S.
Bleistift- und Federzeichnungen
Nachlass/Museum Eschborn
Kloster Andechs, Frankfurt - Kreuzgang Dominikanerkloster, Spessart, Taunus, Schwarzwald, 1942 - 1955

SKB 27   Dunkelbrauner Leineneinband mit in schwarzem Leder gebundenem Rücken und Ecken, Monogramm auf dem Einbanddeckel, 17 cm x 20,5 cm; bez. auf dem Inneneinband: „H. Franke Frankfurt a.M. 1951 - (Skizzenbuch mit alten Zanderpapieren) verschiedene Jahre 1860 - 1875 - zum Teil aus dem 18. Jahrhundert", „190", 46 Blätter, 23 s. S.
Bleistift- und Federzeichnungen, Aquarelle
Nachlass/Museum Eschborn
Landschaften aus dem Schwarzwald, dem Taunus, dem Spessart, Ansicht von Kronberg, Junge beim Malen, 1951 - 1961

SKB 28   Hellgrauer Leineneinband, Klebezettel mit Signatur und Monogramm auf dem Einbanddeckel, 19,5 cm x 16 cm; bez. auf dem Inneneinband: „H. Franke", „Handbüttenpapier aus dem Jahre 1630 Baseler Papiermühle", „130", 42 s. S.
Kohlezeichnung, Aquarell
Nachlass/Museum Eschborn
Frankfurter Dom, Landschaft, 1945

Aquarelle

3.1. Landschaften

3.1.1. Landschaften 1915 –1920

A1   Jesuitersee bei Bromberg*

1918
Aquarell, 19 cm x 26 cm; in SKB 1 eingeklebt, S. 16; u. r. sign. und dat.: „Hanny Franke 1918", unter dem eingeklebtem Blatt: „Jesuitersee bei Bromberg März 1918."
Im gleichem Jahr entstand auch eine Ansicht des Jesuitersees in Öl. Vergleiche hierzu G3.
Nachlass/Museum Eschborn

A2   Waldweg im Sommer*

1919
Aquarell, 13 cm x 21 cm; u. l. sign. und dat.: „Hanny Franke 1919".
Nachlass/Museum Eschborn

A3   Am Waldrand

1919
Aquarell, 15,5 cm x 23,5 cm; u. l. sign. und dat.: „Hanny Franke 1919".
Privatbesitz
Literatur: Ausst. Kat. Fach 1972, Nr. 150

3.1.1. Landschaften 1921

A4   Landschaft im Taunus*

1921
Aquarell, 23 cm x 21 cm; u. r. sign. und dat.: „Hanny Franke 21".
Auktionshaus Arnold, Frankfurt/M., 10.3.1984
Literatur: Kat. Verst. Arnold I, Ffm. 1984, Abb. S. 79

3.1.1. Landschaften 1922

A5   Unsere Wohnung in Wien - Sommer 1922 - bei Schönbrunn*

1922
Aquarell, 20,5 cm x 28,5 cm; u. r. sign. und dat.: „Hanny Franke 1922", u. l. „Wien Lainz", verso: „In diesem von Maria Theresia für ihr Jagdgefolge zu den Jagden im Lainzer Tierpark erbautem Hause verlebten wir die schönen Wiener Sommerwochen 1922 auf Einladung des Schwagers u. d. Schwägerin, denen dieses Haus nebst dem grossen Park vor der Stadt Wien als Dienstwohnung zugewiesen war", „Nr. 25".
Nachlass/Museum Eschborn

A6   Wien - Lainz - Park des Hauses wo wir wohnten*

1922
Aquarell, 28 cm x 14 cm; u. l. sign. und dat.: „Hanny Franke 1922", u. r. „Wien", verso: Titel, „Sommer 1922".
Nachlass/Museum Eschborn

A7   Wien - Lainz - Park VII*

1922
Aquarell, 15 cm x 22 cm; u. l. sign. und dat.: „Hanny Franke 1922", verso: Titel, „34".
Nachlass/Museum Eschborn

A8   Wien - Lainz*

1922
Aquarell, 23 cm x 15,5 cm; u. l. sign. und dat.: „Hanny Franke 1922", u. r. Titel, verso: u. r. monogr., Titel, dat.
Nachlass/Museum Eschborn

A9   Wien - Lainz*

1922
Aquarell, 29 cm x 16,5 cm; u. l. sign. und dat.: „Hanny Franke 1922", unter dem aufgeklebtem Blatt: Titel.
Nachlass/Museum Eschborn

A10   Donau vor Wien - der Kahlenberg*

1922
Aquarell, 20 cm x 28,5 cm; u. l. sign. und dat.: „Hanny Franke 1922", unter dem aufgeklebtem Blatt: Titel.
Nachlass/Museum Eschborn

A11   Am Starnberger See I*

1922
Aquarell, 17 cm x 20,5 cm; u. r. Titel und dat., u. l. sign. und dat.: „H. Franke 1922".
Nachlass/Museum Eschborn

A12   Am Starnberger See II*

1922
Aquarell, 16 cm x 22 cm; u. r. Titel und dat., u. l. sign. und dat.: „H. Franke 1922".
Nachlass/Museum Eschborn

A13   Riesengebirge - Tafelsteine*

1922
Aquarell, 32,5 cm x 20,5 cm; u. r. sign. und dat.: „H. Franke 1922", u. l. Titel, verso: „Die Tafelsteine b. Schmiedeberg, 1922 Mai", „12".
Nachlass/Museum Eschborn

3.1.1. Landschaften 1923

A14   Praunheim*

1923
Aquarell, 22,5 cm x 25 cm; u. r. sign. und dat.: „H. Franke 23".
Historisches Museum/Frankfurt/M., Inv.-Nr. C25892

3.1.1. Landschaften 1924

A15   Disibodenberg an der Nahe

1924
Aquarell, 19 cm x 30 cm, u. r. sign. und dat.: „H. Franke 24", u. l. Titel.
Nachlass/Museum Eschborn

3.1.1. Landschaften 1926

A16   Landschaft vor dem Gran Sasso - Abruzzen*

1926
Aquarell, 34,5 cm x 26 cm; u. l. sign. und dat.: „H. Franke 1926", u. r. Titel, verso: Titel, „14".
Nachlass/Museum Eschborn

A17   An der Adria*

1926
Aquarell, 34,5 cm x 26 cm; u. l. sign. und dat.: „H. Franke 1926", u. l. Titel, verso: „13".
Nachlass/Museum Eschborn

A18   Gärten hinter dem Affenstein*

1926
Aquarell, 36,5 cm x 23,5 cm; u. r. sign. und dat.: „H. Franke 1926", verso: Titel, „(Lübeckerstr.)", „43".
Nachlass/Museum Eschborn

3.1.1. Landschaften 1927

A19   Partie am Buchrainweiler - o.a. A.

1927
Aquarell, 35,5 cm x 25,5 cm; u. l. sign. und dat.: „H. Franke 1927", verso: „Am Buchrainweiler Nr. 130".
Literatur: Ausst. Kat. Fach, 1972, Nr. 151

A20   Römische Villa „Schloss" Heddernheim*

1927
Aquarell, 8 cm x 13,5 cm; u. r. sign. und dat.: „H. Franke 1927", u. l. Titel.
Nachlass/Museum Eschborn
Von dieser Fassung existiert ein Ölgemälde aus dem gleichem Jahr: „Am Schloss". Es zeigt die Gegend zwischen Heddernheim und Praunheim noch vor dem Entstehen der Siedlungsbebauung. Die ersten Planierungsarbeiten begannen im gleichen Jahr 1927. Vgl. G67

A21   Am Schloss „Heddernheim"*

1927
Aquarell, 8 cm x 13,5 cm; u. r. sign. und dat.: „H. Franke 1927", u. l. Titel.
Nachlass/Museum Eschborn
Auch von dieser Fassung existiert ein Ölgemälde aus dem gleichen Jahr: „Im Heidenfeld - Römerstadt". Es zeigt die Gegend zwischen Heddernheim und Praunheim noch vor dem Entstehen der Siedlungsbebauung. Die ersten Planierungsarbeiten begannen im gleichen Jahr 1927. Vgl. G68

A22   Im Heidenfeld - Kirche von Praunheim*

1927
Aquarell, 9,5 cm x 13,5 cm; u. r. sign. und dat.: „H. Franke 1927", u. l. Titel.
Nachlass/Museum Eschborn
Von dieser Ansicht existiert ein Fassung in Öl, o. Dat.; Vgl. G69

3.1.1. Landschaften 1930

A23   Ehrenberg am Neckar*

1930
Aquarell, 19 cm x 23,5 cm; u. r. sign. und dat.: „H. Franke 1930", u. l. Titel, verso: „Erinnerg. an Wimpfen, Heinsheim, Burg Ehrenberg (Einladung bei Frau v. Racknitz z. Tee auf Gutenberg) Sommer 1930", „43".
Nachlass/Museum Eschborn

3.1.1. Landschaften 1935

A24   Rast auf dem Rheinhöhenweg bei Bingen über dem Binger Loch

1935
Aquarell, 13,5 cm x 22 cm; u. r. sign. und dat.: „H. Franke 35", verso: Titel
Nachlass/Museum Eschborn

3.1.1. Landschaften 1943

A25   Erinnerung Kehlegg - Vorarlberg

1943
Aquarell, 19 cm x 16 cm, SKB 4, S. 1, u. r. dat.: „1943".
Nachlass/Museum Eschborn

A26   Blick zum Bodensee

1943
Aquarell, 19 cm x 16 cm, SKB 4, S.2, u. r. monogr. Und dat.: „H. F. 1943".
Nachlass/Museum Eschborn

A27   Taunuslandschaft*

1943
Aquarell, 17,5 cm x 14 cm, u. r. sign.: „H. Franke", darunter: „Dem jungen Paar zur Vermählung Glück und Seegen - Onkel Hanny und Tante Margrit Frankf. a. M. 1943."
Ehemals aus dem Nachlass von Hanny Frankes Schwester Christine Keller stammend;
Privatbesitz

3. 1.1. Landschaften 1944

A28   Bachsteg - Rhön

1944
Aquarell, 19 cm x 16 cm, SKB 4, S. 7, u. r. sign. und dat.: „H. Franke 1944".
Nachlass/Museum Eschborn

A29 Aus der Rhön
1944
Aquarell, 19 cm x 16 cm, SKB 4, S. 8, u. r. sign. und dat.: „H. Franke 1944".
Nachlass/Museum Eschborn

A30 Bachmotiv
1944
Aquarell, 19 cm x 16 cm, SKB 4, S. 9, u. r. sign. und dat.: „H. Franke 1944".
Nachlass/Museum Eschborn

A31 Rhönbach
1944
Aquarell, 19 cm x 16 cm, SKB 4, S. 10, u. r. sign. und dat.: „H. Franke 1944".
Nachlass/Museum Eschborn

A32 Bieberbach - Kleinsassen - Rhön
1944
Aquarell, 19 cm x 16 cm, SKB 4, S. 11, u. r. sign. und dat.: „H. Franke 1944".
Nachlass/Museum Eschborn

A33 Im Bieberbachtal
1944
Aquarell, 19 cm x 16 cm, SKB 4, S. 12, u. l. sign. und dat.: „H. Franke 1944".
Nachlass/Museum Eschborn

A34 Felsen auf der Bergweide - Rhön
1944
Aquarell, 19 cm x 16 cm, SKB 4, S. 13, u. r. sign. und dat.: „H. Franke 1944".
Nachlass/Museum Eschborn

A35 Dorfkirche in Willingshausen in Hessen*
1944
Aquarell, 25,5cm x 23cm, u. r. sign. und dat.: „H. Franke 1944", u. l. Titel.
Aukth. Arnold, Frankfurt/M., 13.9.1986
Literatur: Kat. Verst. Arnold III, Ffm., 1986, Abb. S. 77; Wollmann 1992, Abb. S. 142

3.1.1. Landschaften 1945

A36 Drei Bäume im Winter*
1945
Aquarell, blau getöntes Papier, 28 cm x 19 cm, u. l. sign. und dat.: „H. Franke 1945".
Nachlass/Museum Eschborn

3.1.1. Landschaften 1946

A37 Odenwaldpartie bei Nonrod - Mai 1946
1946
Aquarell, 19 cm x 16 cm, SKB 4, S. 17, u. r. sign. und dat.: „H. Franke 1946".
Nachlass/Museum Eschborn

A38 Schloss Lichtenberg - Odenwald - Mai 1946
1946
Aquarell, 19 cm x 16 cm, SKB 4, S. 18, u. r. sign. und dat.: „H. Franke 1946".
Nachlass/Museum Eschborn

A39 Riedlandschaft mit Bergstraße - Juni 1946
1946
Aquarell, 19 cm x 16 cm, SKB 4, S. 23, u. r. sign. und dat.: „H. Franke 1946".
Nachlass/Museum Eschborn

A40 Waldstudie - Juli 1946
1946
Aquarell, 19 cm x 16 cm, SKB 4, S. 28, u. r. sign. und dat.: „H. Franke 1946".
Nachlass/Museum Eschborn

A41 Aus dem Park der Oberlindau 5. Nov. 1946*
1946
Aquarell, 31 cm x 21 cm, SKB 19, S. 1, u. l. Titel; u. r. sign. und dat.: „H. Franke 1946".
Nachlass/Museum Eschborn

A42 Nachtigallenbusch
1946
Aquarell, 19 cm x 16 cm, SKB 4, S. 24, u. r. sign. und dat.: „H. Franke 1946".
Nachlass/Museum Eschborn

A43 Wo die Nachtigall schlug
1946
Aquarell, 19 cm x 16 cm, SKB 4, S. 25 u. r. sign. und dat.: „H. Franke 1946".
Nachlass/Museum Eschborn

A44 Erinnerung an Biblis I
1946
Aquarell, 19 cm x 16 cm, SKB 4, S. 26 u. l. sign. und dat.: „H. Franke 1946".
Nachlass/Museum Eschborn

A45 Erinnerung an Biblis II
1946
Aquarell, 19 cm x 16 cm, SKB 4, S. 27 u. l. sign. und dat.: „H. Franke 1946".
Nachlass/Museum Eschborn

A46 Aus dem Odenwald
1946
Aquarell, 19 cm x 16 cm, SKB 4, S. 19, u. l. sign. und dat.: „H. Franke 1946".
Nachlass/Museum Eschborn

A47 Waldhöhe Odenwald

1946
Aquarell, 19 cm x 16 cm, SKB 4, S. 20, u. r. sign. und dat.: „H. Franke 1946".
Nachlass/Museum Eschborn

A48 Aus dem Odenwald im Mai

1946
Aquarell, 19 cm x 16 cm, SKB 4, S. 21, u. r. sign. und dat.: „H. Franke 1946".
Nachlass/Museum Eschborn
Von diesem Landschaftsausschnitt existiert eine aquarellierte Lithographie mit dem Titel „Frühling im Odenwald". Vergleiche hierzu DG41.

A49 Blick vom Fenster Niedernhausen - Odenwald

1946
Aquarell, 19 cm x 16 cm, SKB 4, S. 22, u. r. sign. und dat.: „H. Franke Mai 1946".
Nachlass/Museum Eschborn

A50 Rhön - Abendwolke*

1946
Aquarell, 13 cm x 22 cm, u. r. sign. und dat.: „H. Franke 1946", unter dem aufgeklebtem Blatt: Titel
Nachlass/Museum Eschborn

A51 Vorfrühling - Rhön

1946
Aquarell, 19 cm x 16 cm, SKB 4, S. 15, u. l. sign. und dat.: „H. Franke 1946".
Nachlass/Museum Eschborn

A52 Vorfrühling - Kleinsassen

1946
Aquarell, 19 cm x 16 cm, SKB 4, S. 16, u. l. sign. und dat.: „H. Franke 1946".
Nachlass/Museum Eschborn

A53 Baumwipfel

1946
Aquarell, 19 cm x 16 cm, SKB 4, S. 33, u. r. sign. und dat.: „H. Franke 1946".
Nachlass/Museum Eschborn

A54 Regenlandschaft Rhön

1946
Aquarell, 19 cm x 16 cm, SKB 4, S. 34, u. l. sign. und dat.: „H. Franke 1946".
Nachlass/Museum Eschborn

A55 Bäumchen in der Abendsonne

1946
Aquarell, 19 cm x 16 cm, SKB 4, S. 35, u. r. sign. und dat.: „H. Franke 1946".
Nachlass/Museum Eschborn

A56 Blick in die kuppenreiche Rhön

1946
Aquarell, 19 cm x 16 cm, SKB 4, S. 37, u. r. sign. und dat.: „H. Franke 1946".
Nachlass/Museum Eschborn

A57 Waldwiesengrund*

1946
Aquarell, 19 cm x 16 cm, SKB 4, S. 38, u. r. sign. und dat.: „H. Franke 1946".
Nachlass/Museum Eschborn

A58 Biebergrund mit Milseburg

1946
Aquarell, 19 cm x 16 cm, SKB 4, S. 41, u. r. sign. und dat.: „H. Franke 1946".
Nachlass/Museum Eschborn

A59 Wald - Ecke

1946
Aquarell, 19 cm x 16 cm, SKB 4, S. 42, u. r. sign. und dat.: „H. Franke 1946".
Nachlass/Museum Eschborn

A60 Mambachtal - Rhön

1946
Aquarell, 19 cm x 16 cm, SKB 4, S. 43, u. r. sign. und dat.: „H. Franke 1946".
Nachlass/Museum Eschborn

A61 Berghöhe in der Abendsonne

1946
Aquarell, 19 cm x 16 cm, SKB 4, S. 44, u. l. sign. und dat.: „H. Franke 1946".
Nachlass/Museum Eschborn

A62 Bergflur in der Abendsonne

1946
Aquarell, 19 cm x 16 cm, SKB 4, S. 45, u. r. sign. und dat.: „H. Franke 1946".
Nachlass/Museum Eschborn

A63 Hangweg in der Rhön

1946
Aquarell, 19 cm x 16 cm, SKB 4, S. 46, u. r. sign. und dat.: „H. Franke 1946".
Nachlass/Museum Eschborn

A64 Rhönlandschaft mit Kleinsassen

1946
Aquarell, 19 cm x 16 cm, SKB 4, S. 47, u. r. sign. und dat.: „H. Franke 1946".
Nachlass/Museum Eschborn

A65 Milseburg in der Herbstsonne

1946
Aquarell, 19 cm x 16 cm, SKB 4, S. 48, u. l. sign. und dat.: „H. Franke 1946".
Nachlass/Museum Eschborn

A66 Herbstlicher Wiesengrund

1946
Aquarell, 19 cm x 16 cm, SKB 4, S. 49, u. l. sign. und dat.: „H. Franke 1946".
Nachlass/Museum Eschborn

A67 Herbst
1946
Aquarell, 19 cm x 16 cm, SKB 4, S. 52, u. r. sign. und dat.: „H. Franke 1946".
Nachlass/Museum Eschborn

A68 Baumwipfel I
1946
Aquarell, 14 cm x 22 cm, SKB 5, S. 1, u. r. sign. und dat.: „H. Franke 1946".
Nachlass/Museum Eschborn

A69 Baumwipfel II
1946
Aquarell, 14 cm x 22 cm, SKB 5, S. 2, u. r. sign. und dat.: „H. Franke 1946".
Nachlass/Museum Eschborn

A70 Baumwipfel III
1946
Aquarell, 14 cm x 22 cm, SKB 5, S. 3, u. r. sign. und dat.: „H. Franke 1946".
Nachlass/Museum Eschborn

A71 Baumpartie bei Ginnheim
1946
Aquarell, 14 cm x 22 cm, SKB 5, S. 4, u. r. sign. und dat.: „H. Franke 1946".
Nachlass/Museum Eschborn

A72 In den Wiesen vor der Stadt
1946
Aquarell, 14 cm x 22 cm, SKB 5, S. 5, u. r. sign. und dat.: „H. Franke 1946".
Nachlass/Museum Eschborn

A73 Weidenbusch
1946
Aquarell, 14 cm x 22 cm, SKB 5, S. 6, u. r. sign. und dat.: „H. Franke 1946".
Nachlass/Museum Eschborn

A74 Aus den Anlagen - Eschenheimer Anlage
1946
Aquarell, 14 cm x 22 cm, SKB 5, S. 7, u. r. sign. und dat.: „H. Franke 1946".
Nachlass/Museum Eschborn

A75 Am Abend
1946
Aquarell, 14 cm x 22 cm, SKB 5, S. 8, u. r. sign. und dat.: „H. Franke 1946".
Nachlass/Museum Eschborn

A76 Herbstlaub
1946
Aquarell, 14 cm x 22 cm, SKB 5, S. 9, u. r. sign. und dat.: „H. Franke 1946".
Nachlass/Museum Eschborn

A77 Am Waldrand
um 1946
Aquarell, 19 cm x 16 cm, SKB 4, S. 29, o. Bez.
Nachlass/Museum Eschborn
Datierung aufgrund Vergleichs mit A40.

A78 Waldweg*
um 1946
Aquarell, 23 cm x 16,5 cm, u. l. sign.: „H. Franke".
Nachlass/Museum Eschborn
Datierung aufgrund Vergleichs mit A40.

A79 Rhön
um 1946
Aquarell, 18 cm x 21 cm, u. l. sign. und Titel: „H. Franke Rhön".
Privatbesitz
Datierung aufgrund Vergleichs mit A57.

3.1.1. Landschaften 1947

A80 Vorfrühling Ginnheim - Ginnheimer Woog*
1947
Aquarell, 14 cm x 22 cm, SKB 5, S. 11, u. l. sign. und dat.: „H. Franke April 1947".
Nachlass/Museum Eschborn

A81 Im Ginnheimer Wäldchen
1947
Aquarell, 14 cm x 22 cm, SKB 5, S. 16, u. l. sign. und dat.: „H. Franke April 1947".
Nachlass/Museum Eschborn

A82 Die Milseburg im Mai
1947
Aquarell, 14 cm x 22 cm, SKB 5, S. 31, u. l. sign. und dat.: „H. Franke 1947".
Nachlass/Museum Eschborn

A83 Wälder im Mai
1947
Aquarell, 14 cm x 22 cm, SKB 5, S. 25, u. r. sign. und dat.: „H. Franke 1947".
Nachlass/Museum Eschborn

A84 Waldrand im Mai
1947
Aquarell, 14 cm x 22 cm, SKB 5, S. 20, u. l. sign. und dat.: „H. Franke 1947".
Nachlass/Museum Eschborn

A85 Frühnebel im Mai
1947
Aquarell, 14 cm x 22 cm, SKB 5, S. 23, u. r. sign. und dat.: „H. Franke 1947".
Nachlass/Museum Eschborn

A86 Wälder im Mai
1947
Aquarell, 14 cm x 22 cm, SKB 5, S. 25, u. r. sign. und dat.: „H. Franke 1947".
Nachlass/Museum Eschborn

A87 Bäume im Schlosspark Dieburg I - Hessen - Juni 1947
1947
Aquarell, 14 cm x 22 cm, SKB 5, S. 42, u. r. sign. und dat.: „H. Franke Juni 1947".
Nachlass/Museum Eschborn

A88 Bäume im Schlosspark Dieburg II - Hessen - Juni 1947
1947
Aquarell, 14 cm x 22 cm, SKB 5, S. 43, u. l. sign. und dat.: „H. Franke Juni 1947".
Nachlass/Museum Eschborn

A89 Junisonne im Odenwald
1947
Aquarell, 14 cm x 22 cm, SKB 5, S. 44, u. l. sign. und dat.: „H. Franke Juni 1947".
Nachlass/Museum Eschborn

A90 Dorfrand - Odenwald
1947
Aquarell, 14 cm x 22 cm, SKB 5, S. 45, u. l. sign. und dat.: „H. Franke Juni 1947".
Nachlass/Museum Eschborn

A91 Aus dem Fischbachtal - Odenwald
1947
Aquarell, 14 cm x 22 cm, SKB 5, S. 46, u. l. sign. und dat.: „H. Franke Juni 1947".
Nachlass/Museum Eschborn

A92 Alte Häuser - Niedernhausen - Odenwald
1947
Aquarell, 14 cm x 22 cm, SKB 5, S. 47, u. r. sign. und dat.: „H. Franke Juni 1947".
Nachlass/Museum Eschborn

A93 Vor dem Wald - Odenwald*
1947
Aquarell, 14 cm x 22 cm, SKB 5, S. 48, u. r. sign. und dat.: „H. Franke Juni 1947".
Nachlass/Museum Eschborn

A94 Baum am Wegrand - Odenwald*
1947
Aquarell, 14 cm x 22 cm, SKB 5, S. 49, u. r. sign. und dat.: „H. Franke Juni 1947".
Nachlass/Museum Eschborn

A95 Odenwaldtal
1947
Aquarell, 14 cm x 22 cm, SKB 5, S. 50, u. r. sign. und dat.: „H. Franke Juni 1947".
Nachlass/Museum Eschborn

A96 Bergfelder - Odenwald
1947
Aquarell, 14 cm x 22 cm, SKB 5, S. 51, u. l. sign. und dat.: „H. Franke Juni 1947".
Nachlass/Museum Eschborn

A97 Blick vom Fenster - Odenwald
1947
Aquarell, 14 cm x 22 cm, SKB 5, S. 52, u. l. sign. und dat.: „H. Franke Juni 1947".
Nachlass/Museum Eschborn

A98 Erinnerung an Dieburg - Oktober 1947
1947
Aquarell, 19 cm x 16 cm, SKB 4, S. 55, u. r. sign. und dat.: „H. Franke 1947".
Nachlass/Museum Eschborn

A99 Kastanienblüte
1947
Aquarell, 19 cm x 16 cm, SKB 4, S. 54, u. r. sign. und dat.: „H. Franke 1947".
Nachlass/Museum Eschborn

A100 Herbstliche Bäume
1947
Aquarell, 19 cm x 16 cm, SKB 4, S. 56, u. r. sign. und dat.: „H. Franke 1947".
Nachlass/Museum Eschborn

A101 Gärten zwischen alten Häusern - Dieburg
1947
Aquarell, 19 cm x 16 cm, SKB 4, S. 57, u. r. sign. und dat.: „H. Franke 1947".
Nachlass/Museum Eschborn

A102 Frühlingslandschaft Rhön
1947
Aquarell, 14 cm x 22 cm, SKB 5, S. 19, u. r. sign. und dat.: „H. Franke 1947".
Nachlass/Museum Eschborn

A103 Blühender Apfelbaum
1947
Aquarell, 14 cm x 22 cm, SKB 5, S. 21, u. l. sign. und dat.: „H. Franke 1947".
Nachlass/Museum Eschborn

A104 Blick von meinem Fenster (Rhön)
1947
Aquarell, 14 cm x 22 cm, SKB 5, S. 22, u. r. sign. und dat.: „H. Franke 1947".
Nachlass/Museum Eschborn

A105 Berghang
1947
Aquarell, 14 cm x 22 cm, SKB 5, S. 24, u. r. sign. und dat.: „H. Franke 1947".
Nachlass/Museum Eschborn

A106 Vor der Milseburg
1947
Aquarell, 14 cm x 22 cm, SKB 5, S. 26, u. r. sign. und dat.: „H. Franke 1947".
Nachlass/Museum Eschborn

A107 Kleinsassen I - Trüber Morgen Rhön*
1947
Aquarell, 14 cm x 22 cm, SKB 5, S. 27, u. r. sign. und dat.: „H. Franke 1947".
Nachlass/Museum Eschborn

A108 Kleinsassen II - Trüber Morgen Rhön
1947
Aquarell, 14 cm x 22 cm, SKB 5, S. 28, u. l. sign. und dat.: „H. Franke 1947".
Nachlass/Museum Eschborn

A109 Erlen
1947
Aquarell, 14 cm x 22 cm, SKB 5, S. 29, u. r. sign. und dat.: „H. Franke 1947".
Nachlass/Museum Eschborn

A110 Aus dem Biebertal
1947
Aquarell, 14 cm x 22 cm, SKB 5, S. 30, u. r. monogr. und dat.: „H. F. 1947".
Nachlass/Museum Eschborn

A111 Frühling - Seckbach
1947
Aquarell, 14 cm x 22 cm, SKB 5, S. 14, u. r. sign. und dat.: „H. Franke 1947".
Nachlass/Museum Eschborn

A112 Rhönbergwiese
1947
Aquarell, 14 cm x 22 cm, SKB 5, S. 32, u. r. sign. und dat.: „H. Franke 1947".
Nachlass/Museum Eschborn

A113 Wiesental
1947
Aquarell, 14 cm x 22 cm, SKB 5, S. 33, u. r. sign. und dat.: „H. Franke 1947".
Nachlass/Museum Eschborn

A114 Bergweide Rhön
1947
Aquarell, 14 cm x 22 cm, SKB 5, S. 34, u. r. sign. und dat.: „H. Franke 1947".
Nachlass/Museum Eschborn

A115 Bergweide mit Milseburg
1947
Aquarell, 14 cm x 22 cm, SKB 5, S. 35, u. r. sign. und dat.: „H. Franke 1947".
Nachlass/Museum Eschborn

A116 Blick zum Stellberg
1947
Aquarell, 14 cm x 22 cm, SKB 5, S. 36, u. r. sign. und dat.: „H. Franke 1947".
Nachlass/Museum Eschborn

A117 Rhönbach morgens
1947
Aquarell, 14 cm x 22 cm, SKB 5, S. 37, u. r. sign. und dat.: „H. Franke 1947".
Nachlass/Museum Eschborn

A118 Waldwiese
1947
Aquarell, 14 cm x 22 cm, SKB 5, S. 38, u. r. sign. und dat.: „H. Franke 1947".
Nachlass/Museum Eschborn

A119 Berghöhe in der Mittagssonne
1947
Aquarell, 14 cm x 22 cm, SKB 5, S. 39, u. r. sign. und dat.: „H. Franke 1947".
Nachlass/Museum Eschborn

A120 Im Sonnenglanz - Pfingsten
1947
Aquarell, 14 cm x 22 cm, SKB 5, S. 40, u. r. sign. und dat.: „H. Franke 1947".
Nachlass/Museum Eschborn

A121 Kuppenreiche Rhön
1947
Aquarell, 14 cm x 22 cm, SKB 5, S. 41, u. l. sign. und dat.: „H. Franke 1947".
Nachlass/Museum Eschborn

A122 Regentag im Biebertal in der Rhön*
1947
Aquarell, 17 cm x 21,5 cm, u. l. sign. und dat.: „H. Franke 47", u. m. Titel.
Galerie Nüdling, Fulda

A123 Rhön - Kleinsassen - Felsen*
1947
Aquarell, 15,5 cm x 24 cm, u. r. sign. und dat.: „H. Franke 47", u. l. Titel, verso: „54".
Nachlass/Museum Eschborn

A124 Rhön - Nach einem Regentag*
1947
Aquarell, 15 cm x 20 cm, u. r. Titel und dat., u. l. sign. und dat.: „H. Franke 47".
Nachlass/Museum Eschborn

A125 Rhön - oberes Biebertal*
1947
Aquarell, 16 cm x 21 cm, u. r. sign. und dat.: „H. Franke 47", u. l. Titel.
Aukth. Arnold, Frankfurt/M., 4.9.2004
Literatur: Kat. Verst. Arnold 2004/III, S. 79;
http://www.auktionshaus-arnold.de/sites/is_katalog.php?mode=3&auction=A154, Zugriff am 1.9.2004

A126   Herbstliches Waldstück*

1947
Aquarell, 18 cm x 12 cm, u. r. sign. und dat.: „H. Franke 47".
Aukth. Arnold, Frankfurt/M., 4.9.2004
Literatur: Kat. Verst. Arnold 2004/III, S. 79;
http://www.auktionshaus-arnold.de/sites/is_katalog.
php?mode=3&auction=A154, Zugriff am 1.9.2004

A127   Alte Weide bei windigem Wetter - Silberpappel

1947
Aquarell, 14 cm x 22 cm, SKB 5, S. 58, u. r. sign.: „H. Franke 1947".
Nachlass/Museum Eschborn

A128   Weidenbruch - Ginnheimer Wiese

um 1947
Aquarell, 14 cm x 22 cm, SKB 5, S. 57, u. r. sign.: „H. Franke".
Nachlass/Museum Eschborn
Datierung aufgrund Vergleich mit A127.

3.1.1. Landschaften 1948

A129   Märzsonne - Ostern 1948

1948
Aquarell, 19 cm x 16 cm; SKB 4, S. 58; u. r. sign.: „H. Franke", u. l. dat.: „Ostern 29.3.1948".
Nachlass/Museum Eschborn

A130   Aus einem Park

1948
Aquarell, 19 cm x 16 cm; SKB 4, S. 59; u. r. sign.: „H. Franke", u. l. dat.: „15.6.1948".
Nachlass/Museum Eschborn

A131   Vor der Stadt

1948
Aquarell, 19 cm x 16 cm; SKB 4, S. 60; u. r. sign.: „H. Franke 1948".
Nachlass/Museum Eschborn

A132   Landschaftsstudie im Juli

1948
Aquarell, 14 cm x 22 cm; SKB 5, S. 59; u. r. sign. und dat.: „H. Franke 1948".
Nachlass/Museum Eschborn

A133   Vor der Stadt

1948
Aquarell, 14 cm x 22 cm; SKB 5, S. 60; u. r. sign. und dat.: „H. Franke 1948".
Nachlass/Museum Eschborn

A134   Baumstudie

1948
Aquarell, 14 cm x 22 cm; SKB 5, S. 61; u. r. sign. und dat.: „H. Franke 1948".
Nachlass/Museum Eschborn

A135   Feldbaum*

1948
Aquarell, 14 cm x 22 cm; SKB 5, S. 62; u. r. sign. und dat.: „H. Franke 1948".
Nachlass/Museum Eschborn
Vom Motiv existiert eine Federzeichnung aus dem gleichen Jahr, vom Künstler betitelt mit „Den Krieg überstanden - Grüneburgpark". Vgl. Z77

A136   Feldbäume am Grüneburgpark

1948
Aquarell, 14 cm x 22 cm; SKB 5, S. 63; u. r. sign. und dat.: „H. Franke 1948".
Nachlass/Museum Eschborn

A137   Steinfindlinge am Grüneburgpark*

1948
Aquarell, 14 cm x 22 cm; SKB 5, S. 64; u. r. sign. und dat.: „H. Franke 1948".
Nachlass/Museum Eschborn

A138   Waldrandstudie

1948
Aquarell, 14 cm x 22 cm; SKB 5, S. 65; u. r. sign. und dat.: „H. Franke 1948".
Nachlass/Museum Eschborn

A139   Frankfurter Landschaft - Ginnheim*

1948
Aquarell, 17 cm x 20 cm; SKB 22, S. 1; u. r. sign.: „H. Franke"; u. l. dat.: „16. Nov. 1948"
Nachlass/Museum Eschborn

A140   Oktoberabend

1948
Aquarell, 14 cm x 22 cm; SKB 5, S. 66; u. r. sign. und dat.: „H. Franke 7.10.1948".
Nachlass/Museum Eschborn

A141   Blick zum Taunus

1948
Aquarell, 14 cm x 22 cm; SKB 5, S. 60; u. r. sign. und dat.: „H. Franke 1948".
Nachlass/Museum Eschborn

A142   Sterbender Baum*

1948
Aquarell, 14 cm x 22 cm; SKB 5, S. 61; u. r. sign. und dat.: „H. Franke 48".
Nachlass/Museum Eschborn

A143   Herbstliche Abendsonne

1948
Aquarell, 14 cm x 22 cm; SKB 5, S. 62; u. r. sign. und dat.: „H. Franke 48".
Nachlass/Museum Eschborn

A144   Haus vor der Stadt

1948
Aquarell, 14 cm x 22 cm; SKB 5, S. 63; u. r. sign. und dat.: „H. Franke 48".
Nachlass/Museum Eschborn

A145 Im letztem Sonnenstrahl
1948
Aquarell, 14 cm x 22 cm; SKB 5, S. 64; u. r. sign. und dat.: „H. Franke 48".
Nachlass/Museum Eschborn

A146 Feldbaumgruppe in der Herbstsonne
1948
Aquarell, 14 cm x 22 cm; SKB 5, S. 65; u. r. sign. und dat.: „H. Franke 48".
Nachlass/Museum Eschborn

3.1.1. Landschaften 1949

A147 Frankfurter Landschaft
1949
Aquarell, 17 cm x 20 cm; SKB 22, S. 2; u. r. sign.: „H. Franke"; u. l. dat.: „März 1949".
Nachlass/Museum Eschborn

A148 Grüneburgpark*
1949
Aquarell, 28 cm x 19 cm, SKB 21, S. 2, u. r. sign.: „H. Franke"; u. l. dat.: 8.3.1949.
Nachlass/Museum Eschborn

A149 Ginnheim*
1949
Aquarell, 17 cm x 20 cm; SKB 22, S. 3; u. r. sign.: „H. Franke"; u. l. dat.: „30..3. 49".
Nachlass/Museum Eschborn

A150 Frankfurter Landschaft
1949
Aquarell, 17 cm x 20 cm; SKB 22, S. 4; u. r. sign.: „H. Franke"; u. l. dat.: „15. 4. 49".
Nachlass/Museum Eschborn

A151 Frankfurter Landschaft
1949
Aquarell, 17 cm x 20 cm; SKB 22, S. 5; u. r. sign.: „H. Franke"; u. l. dat.: „18. 4. 49".
Nachlass/Museum Eschborn

A152 Frankfurter Landschaft
1949
Aquarell, 17 cm x 20 cm; SKB 22, S. 6; u. r. sign. und dat.: „H. Franke 18. 5. 49".
Nachlass/Museum Eschborn

A153 Frankfurter Landschaft
1949
Aquarell, 17 cm x 20 cm; SKB 22, S. 7; u. r. sign.: „H. Franke"; u. l. dat.: „26. 5. 49".
Nachlass/Museum Eschborn

A154 Frankfurter Landschaft
1949
Aquarell, 17 cm x 20 cm; SKB 22, S. 8; u. r. sign.: „H. Franke"; u. l. dat.: „Juli 49".
Nachlass/Museum Eschborn

A155 Frankfurter Landschaft
1949
Aquarell, 17 cm x 20 cm; SKB 22, S. 9; u. r. sign.: „H. Franke".
Nachlass/Museum Eschborn

A156 Frankfurter Landschaft
1949
Aquarell, 17 cm x 20 cm; SKB 22, S. 10; u. r. sign. und dat.: „H. Franke 49".
Nachlass/Museum Eschborn

A157 Frankfurter Landschaft
1949
Aquarell, 17 cm x 20 cm; SKB 22, S. 11; u. r. sign.: „H. Franke"; u. l. dat.: „49".
Nachlass/Museum Eschborn

A158 Frankfurter Landschaft
1949
Aquarell, 17 cm x 20 cm; SKB 22, S. 13; u. l. sign.: „H. Franke".
Nachlass/Museum Eschborn

A159 Gegend bei Dieburg
1949
Aquarell, 17 cm x 20 cm; SKB 22, S. 14; u. r. sign. und dat.: „H. Franke 49".
Nachlass/Museum Eschborn

A160 Gegend bei Dieburg
1949
Aquarell, 17 cm x 20 cm; SKB 22, S. 15; u. r. sign.: „H. Franke".
Nachlass/Museum Eschborn

A161 Gegend bei Dieburg
1949
Aquarell, 17 cm x 20 cm; SKB 22, S. 16; u. r. sign. und dat.: „H. Franke 49".
Nachlass/Museum Eschborn

A162 Marbachweg bei Ginnheim*
1949
Aquarell, 28 cm x 19 cm; SKB 21, S. 1; u. l. sign. und dat.: „H. Franke 13.10.49".
Nachlass/Museum Eschborn

A163 Frankfurter Landschaft
1949
Aquarell, 17 cm x 20 cm; SKB 22, S. 17; u. r. sign.: „H. Franke"; u. l. dat.: „21.10. 49".
Nachlass/Museum Eschborn

A164 Herbstliche Landschaft*
1949
Aquarell, 17 cm x 22 cm, u. r. sign.: „H. Franke", u. l. dat.: „1949".
Kunstantıquariat Arno Winterberg, Heidelberg, 18.4.2005
Literatur: http://www.Winterberg-Kunst.de, Zugriff am 18.4.2005; Abb.

3.1.1. Landschaften 1950

A165 Grüneburgpark*
1950
Aquarell, 28 cm x 19 cm; SKB 21, S. 3; u. r. sign. und dat.: „H. Franke 7.4.50".
Nachlass/Museum Eschborn

A166 Grüneburgpark*
1950
Aquarell, 28 cm x 19 cm; SKB 21, S. 4; u. r. sign.: „H. Franke" und u. l. dat.: „22.4.50".
Nachlass/Museum Eschborn

A167 Grüneburgpark
1950
Aquarell, 28 cm x 19 cm; SKB 21, S. 5; u. r. sign. und dat.: „H. Franke 14.6.50".
Nachlass/Museum Eschborn

A168 Grüneburgpark
1950
Aquarell, 28 cm x 19 cm; SKB 21, S. 6; u. l. sign. und dat.: „H. Franke 21.6.50".
Nachlass/Museum Eschborn

A169 Grüneburgpark
1950
Aquarell, 28 cm x 19 cm; SKB 21, S. 7; u. r. sign.: „H. Franke"; u. l. dat.: „Sept. 50".
Nachlass/Museum Eschborn

A170 Taunus
1950
Aquarell, 20 cm x 16,5 cm; SKB 9, S. 1; u. r. sign. und dat.: „H. Franke 13.10.1950".
Nachlass/Museum Eschborn

A171 Frankfurt am Main – Park*
1950
Aquarell, 20 cm x 16,5 cm; SKB 9, S. 2; u. r. sign.: „H. Franke", u. l. dat.: 15.10.1950".
Nachlass/Museum Eschborn

A172 Grüneburgpark*
1950
Aquarell, 28 cm x 19 cm; SKB 21, S. 10; u. r. sign.: „H. Franke"; u. l. dat.: „23. Nov. 50".
Nachlass/Museum Eschborn

A173 Märzabend
1950
Aquarell, 17 cm x 20 cm; SKB 22, S. 18; u. r. sign.: „H. Franke"; u. l. dat.: „1950".
Nachlass/Museum Eschborn

A174 Frankfurter Landschaft
um 1950
Aquarell, 17 cm x 20 cm; SKB 22, S. 19; u. l. sign.: „H. Franke".
Nachlass/Museum Eschborn
Datierung aufgrund stilistischer Merkmale.

A175 Herbstliche Waldlandschaft*
um 1950
Aquarell, 28 cm x 21 cm; u. r. sign.: „H. Franke".
Privatbesitz
Datierung aufgrund Vergleichs mit A171.

A176 Waldrand im Oktober*
um 1950
Aquarell, 17,5 cm x 25 cm; u. r. sign.: „H. Franke".
Privatbesitz
Datierung aufgrund Vergleichs mit A171.

3.1.1. Landschaften 1951

A177 Bei Rödelheim
1951
Aquarell, 22 cm x 17 cm; SKB 7, S.7; u. r. sign.: „H. Franke", u. l. dat.: „1.1.51".
Nachlass/Museum Eschborn

A178 Grüneburgpark im Winter
1951
Aquarell, 22 cm x 17 cm; SKB 7, S. 2; u. r. sign. und dat.: „H. Franke 12.1.51".
Nachlass/Museum Eschborn

A179 Grüneburgpark
1951
Aquarell, 22 cm x 17 cm; SKB 7, S. 4; u. r. sign. und dat.: „H. Franke 8.2.51".
Nachlass/Museum Eschborn

A180 Grüneburgpark*
1951
Aquarell, 22 cm x 17 cm; SKB 7, S. 5; u. r. sign. und dat.: „H. Franke 12.2.51".
Nachlass/Museum Eschborn

A181 Grüneburgpark
1951
Aquarell, 28 cm x 19 cm; SKB 21, S. 12; u. r. sign. und dat.: „H. Franke 12..2.51".
Nachlass/Museum Eschborn

A182 Im Grüneburgpark
1951
Aquarell, 22 cm x 17 cm; SKB 7, S. 8; u. r. sign.: „H. Franke", u. l. dat.: „17.5.51".
Nachlass/Museum Eschborn

A183 Bei Berkersheim
1951
Aquarell, 22 cm x 17 cm; SKB 7, S. 9; u. l. sign. und dat.: „H. Franke 4.7.51".
Nachlass/Museum Eschborn

A184 Zwischen Kandel und Kaiserstuhl - Aus dem Breisgau
1951
Aquarell, 22 cm x 17 cm; SKB 7, S. 10; u. r. sign. und dat.: „H. Franke 16.7.51".
Nachlass/Museum Eschborn

A185 Emmendingen - Baden
1951
Aquarell, 22 cm x 17 cm; SKB 7, S. 13; u. r. sign. und dat.: „H. Franke 17.7.51".
Nachlass/Museum Eschborn

A186 Breisgau
1951
Aquarell, 22 cm x 17 cm; SKB 7, S. 16; u. r. sign. und dat.: „H. Franke 2.8.51".
Nachlass/Museum Eschborn

A187 Oberrhein - Elsässisches Ufer
1951
Aquarell, 22 cm x 17 cm; SKB 7, S. 17; u. r. sign. und dat.: „H. Franke 3.8.51".
Nachlass/Museum Eschborn

A188 Am Oberrhein - Elsässisches Ufer - Abend - nach Sonnenuntergang
1951
Aquarell, 22 cm x 17 cm; SKB 7, S. 18; u. r. sign. und dat.: „H. Franke 3.8.51".
Nachlass/Museum Eschborn

A189 Badenweiler - Blick nach den Vogesen über die Rheinebene
1951
Aquarell, 22 cm x 17 cm; SKB 7, S. 19; u. r. sign. und dat.: „H. Franke 5.8.51".
Nachlass/Museum Eschborn

A190 Badenweiler im Schwarzwald
1951
Aquarell, 22 cm x 17 cm; SKB 7, S. 20; u. r. sign. und dat.: „H. Franke 5.8.51".
Nachlass/Museum Eschborn

A191 Blick zum Kaiserstuhl*
1951
Aquarell, 22 cm x 17 cm; SKB 7, S. 24; u. l. sign. und dat.: „H. Franke 14.8.51".
Nachlass/Museum Eschborn

A192 Suggental
1951
Aquarell, 22 cm x 17 cm; SKB 7, S. 26; u. l. sign. und dat.: „H. Franke 15.8.51".
Nachlass/Museum Eschborn

A193 In der Oberrheinischen Tiefebene
1951
Aquarell, 22 cm x 17 cm; SKB 7, S. 28; u. l. sign. und dat.: „H. Franke 16.8.51".
Nachlass/Museum Eschborn

A194 Grüneburgpark
1951
Aquarell, 28 cm x 19 cm; SKB 21, S. 13; u. r. sign. und dat.: „H. Franke 30.8.51".
Nachlass/Museum Eschborn

A195 Grüneburgpark*
1951
Aquarell, 28 cm x 19 cm; SKB 21, S. 14; u. r. sign. und dat.: „H. Franke 12.10.51".
Nachlass/Museum Eschborn

A196 Emmendingen - Breisgau
1951
Aquarell, 22 cm x 17 cm; SKB 7, S. 28; u. l. dat.: „17.8.51", u. r. sign.: „H. Franke".
Nachlass/Museum Eschborn

A197 Oberrheinische Tiefebene
1951
Aquarell, 22 cm x 17 cm; SKB 7, S. 17; u. r. sign. und dat.: „H. Franke 1951".
Nachlass/Museum Eschborn

A198 Blick vom Fenster Emmendingen - Breisgau
1951
Aquarell, 22 cm x 17 cm; SKB 7, S. 14; u. r. sign. und dat.: „H. Franke 1951".
Nachlass/Museum Eschborn

A199 Grüneburgpark*
um 1951
Aquarell, 22 cm x 17 cm; SKB 7, S. 30; u. r. sign.: „H. Franke".
Nachlass/Museum Eschborn
Datierung aufgrund Vergleich A194.

A200 Emmendingen - Blick auf die Schwarzwaldberge im Regen*
um 1951
Aquarell, 22 cm x 17 cm; SKB 7, S. 21; u. r. sign.: „H. Franke".
Nachlass/Museum Eschborn
Datierung aufgrund Vergleich A196.

A201 Vor den Schwarzwaldbergen
um 1951
Aquarell, 22 cm x 17 cm; SKB 7, S. 22; u. r. sign.: „H. Franke".
Nachlass/Museum Eschborn
Datierung aufgrund Vergleich A196.

A202 Emmendingen - Baden
um 1951
Aquarell, 22 cm x 17 cm; SKB 7, S. 23; u. l. sign.: „H. Franke".
Nachlass/Museum Eschborn
Datierung aufgrund Vergleich A196.

A203 Breisgau
um 1951
Aquarell, 22 cm x 17 cm; SKB 7, S. 15; u. r. sign.: „H. Franke".
Nachlass/Museum Eschborn
Datierung aufgrund Vergleich A196.

A204 Sommerschwüle - Schwarzwaldberge
um 1951
Aquarell, 22 cm x 17 cm; SKB 7, S. 11; o.Bez.
Nachlass/Museum Eschborn
Datierung aufgrund Vergleich A196.

A205 Am Waldrand - Breisgau
um 1951
Aquarell, 22 cm x 17 cm; SKB 7, S. 12; u. r. sign.: „H. Franke".
Nachlass/Museum Eschborn
Datierung aufgrund Vergleich A196.

A206 Waldrand - Frankfurt*
um 1951
Aquarell, 13,5 cm x 17 cm; u. r. sign.: „H. Franke", u. l. auf dem Passepartout: Titel.
Aukth. Arnold, Frankfurt/M., 11.3.2000
Datierung aufgrund Vergleichs mit A191.

3.1.1. Landschaften 1952

A207 Am Stadtrand
1952
Aquarell, 22 cm x 17 cm; SKB 7, S. 31; u. l. sign. und dat.: „H. Franke 4.3.52".
Nachlass/Museum Eschborn

A208 Grüneburgpark
1952
Aquarell, 27 cm x 18,5 cm; SKB 12, S. 1; u. l. sign. und dat.: „H. Franke 9.4.52".
Nachlass/Museum Eschborn

A209 Grüneburgpark
1952
Aquarell, 27 cm x 18,5 cm; SKB 12, S. 2; u. l. sign. und dat.: „H. Franke 10.4.52".
Nachlass/Museum Eschborn

A210 Ginnheimer Woog
1952
Aquarell, 27 cm x 18,5 cm; u. l. sign. und dat. und Titel: „H. Franke 11.4.52 Ginnheimer Woog", verso:" aus Skizzenbuch 2, Blatt 3".
Nachlass/Museum Eschborn

A211 Am Grüneburgpark - Siesmeyerstraße
1952
Aquarell, 27 cm x 18,5 cm; SKB 12, S. 4; u. r. sign. und dat.: „H. Franke 15.4.52".
Nachlass/Museum Eschborn

A212 Aus dem Breisgau
1952
Aquarell, 27 cm x 18,5 cm; SKB 12, S. 5; u. r. sign. und dat.: „H. Franke 18.4.52".
Nachlass/Museum Eschborn

A213 Aus dem Breisgau
1952
Aquarell, 27 cm x 18,5 cm; SKB 12, S. 6; u. r. sign. und dat.: „H. Franke 18.4.52".
Nachlass/Museum Eschborn

A214 Aus dem Breisgau
1952
Aquarell, 27 cm x 18,5 cm; SKB 12, S. 7; u. r. sign. und dat.: „H. Franke 19.4.52".
Nachlass/Museum Eschborn

A215 Aus dem Breisgau
1952
Aquarell, 27 cm x 18,5 cm; SKB 12, S. 8; u. r. sign. und dat.: „H. Franke 20.4.52".
Nachlass/Museum Eschborn

A216 Blick vom Fenster im April - Emmendingen in Baden
1952
Aquarell, 27 cm x 18,5 cm; SKB 12, S. 9; u. l. sign. und dat.: „H. Franke 22.4.52".
Nachlass/Museum Eschborn

A217 Aus dem Breisgau
1952
Aquarell, 27 cm x 18,5 cm; SKB 12, S. 10; u. r. sign. und dat.: „H. Franke 23.4.52".
Nachlass/Museum Eschborn

A218 Aus der Oberrheinischen Tiefebene - Breisgau
1952
Aquarell, 27 cm x 18,5 cm; SKB 12, S. 11; u. l. sign. und dat.: „H. Franke 27.4.52".
Nachlass/Museum Eschborn

A219 Aus dem Breisgau
1952
Aquarell, 27 cm x 18,5 cm; SKB 12, S. 12; u. r. sign. und dat.: „H. Franke 27.4.52".
Nachlass/Museum Eschborn

A220 Sexauer Tal
1952
Aquarell, 27 cm x 18,5 cm; SKB 12, S. 13; u. r. sign. und dat.: „H. Franke 1.5.52".
Nachlass/Museum Eschborn

A221 Blick zum Kaiserstuhl
1952
Aquarell, 27 cm x 18,5 cm; SKB 12, S. 15; u. l. sign. und dat.: „H. Franke 4.5.52".
Nachlass/Museum Eschborn

A222 Der Kanedelblick am Morgen
1952
Aquarell, 27 cm x 18,5 cm; SKB 12, S. 16; u. r. sign. und dat.: „H. Franke 6.5.52".
Nachlass/Museum Eschborn

A223 Aus dem Breisgau
1952
Aquarell, 27 cm x 18,5 cm; SKB 12, S. 17; u. r. sign. und dat.: „H. Franke 6.5.52".
Nachlass/Museum Eschborn

A224 Aus dem Breisgau
1952
Aquarell, 27 cm x 18,5 cm; SKB 12, S. 18; u. l. sign. und dat.: „H. Franke 8.5.52".
Nachlass/Museum Eschborn

A225 Blick zum Kaiserstuhl
1952
Aquarell, 27 cm x 18,5 cm; SKB 12, S. 19; u. r. sign. und dat.: „H. Franke 9.5.52".
Nachlass/Museum Eschborn

A226 Aus dem Breisgau
1952
Aquarell, 27 cm x 18,5 cm; SKB 12, S. 22; u. r. dat.: „15.5.52".
Nachlass/Museum Eschborn

A227 Aus dem Breisgau
1952
Aquarell, 27 cm x 18,5 cm; SKB 12, S. 23; u. r. dat.: „16.5.52".
Nachlass/Museum Eschborn

A228 Blick vom Schwarzwald zur Burgundischen Pforte
1952
Aquarell, 27 cm x 18,5 cm; SKB 12, S. 20; u. r. dat.: „18.5.52".
Nachlass/Museum Eschborn

A229 Aus dem Breisgau
1952
Aquarell, 27 cm x 18,5 cm; SKB 12, S. 21; u. r. dat.: „19.5.52".
Nachlass/Museum Eschborn

A230 Bei Frankfurt am Main
1952
Aquarell, 27 cm x 18,5 cm; SKB 12, S. 24; u. r. sign. und dat.: „20.5.52".
Nachlass/Museum Eschborn

A231 Stadtwald Frankfurt
1952
Aquarell, 27 cm x 18,5 cm; SKB 12, S. 25; u. r. sign. und dat.: „23.5.52".
Nachlass/Museum Eschborn

A232 Stadtwald Frankfurt
1952
Aquarell, 27 cm x 18,5 cm; SKB 12, S. 26; u. l. sign. und dat.: „29.5.52".
Nachlass/Museum Eschborn

A233 Schwanheimer Wiesen
1952
Aquarell, 27 cm x 18,5 cm; SKB 12, S. 27; u. r. sign. und dat.: „31.5.52".
Nachlass/Museum Eschborn

A234 Bernau - Schwarzwald*
1952
Aquarell, 20 cm x 31,5 cm; u. r. sign. und dat.: „H. Franke Bernau 30.6.52", u. m. Titel.
Nachlass/Museum Eschborn

A235 Schwanheimer Eichen*
1952
Aquarell, 27 cm x 18,5 cm; SKB 12, S. 28; u. l. Titel; u. r. sign. und dat.: „H. Franke 11.7.52".
Nachlass/Museum Eschborn
Ausstellung: 1984, Frankfurt/M.
Literatur: Verzeichnis Frankfurter Sparkasse 1984, Abb.

A236 Schwanheimer Eichen*
1952
Aquarell, 20 cm x 16,5 cm; SKB 9, S. 3; u. l. Titel; u. r. sign. und dat.: „H. Franke 11.7.52".
Nachlass/Museum Eschborn

A237 Albtal im Schwarzwald
1952
Aquarell, 27 cm x 18,5 cm; SKB 12, S. 29; u. r. sign. und dat.: „H. Franke 52", u. l.: „1.8.52".
Nachlass/Museum Eschborn

A238 Schwarzwald
1952
Aquarell, 27 cm x 18,5 cm; SKB 12, S. 30; u. r. sign.: „H. Franke ", u. l. dat.: „1.8.52".
Nachlass/Museum Eschborn

A239 Schwarzwald
1952
Aquarell, 27 cm x 18,5 cm; SKB 12, S. 31; u. r. sign.: „H. Franke ", u. l. dat.: „3.8.52".
Nachlass/Museum Eschborn

A240 Schwarzwald
1952
Aquarell, 27 cm x 18,5 cm; SKB 12, S. 32; u. r. sign.: „H. Franke ", u. l. dat.: „3.8.52".
Nachlass/Museum Eschborn

A241 Aus dem Schwarzwald
1952
Aquarell, 27 cm x 18,5 cm; SKB 12, S. 35; u. r. sign. und dat.: „H. Franke 11.8.52".
Nachlass/Museum Eschborn

A242 Schwarzwald
1952
Aquarell, 27 cm x 18,5 cm; SKB 12, S. 37; u. r. sign.: „H. Franke 14.8.52".
Nachlass/Museum Eschborn

As43 Schwarzwald
1952
Aquarell, 27 cm x 18,5 cm; SKB 12, S. 38; u. r. sign.: „H. Franke 14.8.52".
Nachlass/Museum Eschborn

A244 Schwarzwald
1952
Aquarell, 27 cm x 18,5 cm; SKB 12, S. 39; u. r. sign.: „H. Franke 16.8.52".
Nachlass/Museum Eschborn

A245 Im Albtal
1952
Aquarell, 27 cm x 18,5 cm; SKB 12, S. 40; u. r. sign. und dat.: „H. Franke 18.8.52".
Nachlass/Museum Eschborn

A246 Schwarzwald - Bergkuppe mit Blick zu den Bernauer Alpen
1952
Aquarell, 27 cm x 18,5 cm; SKB 12, S. 41; u. r. sign. und dat.: „H. Franke 19.8.52".
Nachlass/Museum Eschborn

A247 Aus dem Albtal
1952
Aquarell, 27 cm x 18,5 cm; SKB 12, S. 42; u. l. sign. und dat.: „H. Franke 21.8.52"; verso: „Schwarzwald", u. l. sign.: „H. Franke", o. Bez.
Nachlass/Museum Eschborn

A248 Berge bei Höhenschwand
1952
Aquarell, 27 cm x 18,5 cm; SKB 12, S. 44; u. r. sign. und dat.: „H. Franke 23.8.52".
Nachlass/Museum Eschborn

A249 Aus dem Schwarzwald
1952
Aquarell, 27 cm x 18,5 cm; SKB 12, S. 45; u. l. sign. und dat.: „H. Franke 25.8.52".
Nachlass/Museum Eschborn

A250 Schwarzwaldbach
1952
Aquarell, 27 cm x 18,5 cm; SKB 12, S. 46; u. l. sign. und dat.: „H. Franke 26.8.52".
Nachlass/Museum Eschborn

A251 Bernau - Schwarzwald
1952
Aquarell, 27 cm x 18,5 cm; SKB 12, S. 47; u. l. sign. und dat.: „H. Franke 27.8.52".
Nachlass/Museum Eschborn

A252 Schwarzwald
1952
Aquarell, 27 cm x 18,5 cm; SKB 12, S. 49; u. r. sign. und dat.: „H. Franke 27.8.52".
Nachlass/Museum Eschborn

A253 Aus dem Albtal
1952
Aquarell, 17 cm x 20,5 cm; SKB 27, S. 8; u. l. sign., Titel und dat.: „H. Franke Aus dem Albtal August 1952".
Nachlass/Museum Eschborn

A254 Grüneburgpark
1952
Aquarell, 28 cm x 19 cm; SKB 21, S. 15; u. r. sign. und dat.: „H. Franke 3.9.52".
Nachlass/Museum Eschborn

A255 Waldlandschaft
1952
Aquarell, 19,5 cm x 16 cm; SKB 28, S. 2; u. r. sign. und dat.: „H. Franke 8.9.52".
Nachlass/Museum Eschborn

A256 Rothschildpark - Bockenheimer Landstraße
1952
Aquarell, 28 cm x 19 cm; SKB 21, S. 16; u. r. sign. und dat.: „H. Franke 15.9.52".
Nachlass/Museum Eschborn

A257 Waldpfad
1952
Aquarell, 15 cm x 19 cm; SKB 25, S. 1 u. r. sign. und dat.: „H. Franke 17.9.52", u. l. Titel.
Nachlass/Museum Eschborn

A258 Waldweg
1952
Aquarell, 15 cm x 19 cm; SKB 25, S. 2 u. r. sign. und dat.: „H. Franke 17.9.52".
Nachlass/Museum Eschborn

A259 Taunus*
1952
Aquarell, 20 cm x 16,5 cm; SKB 9, S. 4; u. l. Titel, sign. und dat.: „Taunus H. Franke Sept.52".
Nachlass/Museum Eschborn

A260 Breisgau - Schwarzwald
1952
Aquarell, 20 cm x 16,5 cm; SKB 9, S. 5; u. l. sign. und dat.: „H. Franke 16.10.52".
Nachlass/Museum Eschborn

A261 Breisgau - Kaiserstuhlblick
1952
Aquarell, 20 cm x 16,5 cm; SKB 9, S. 6; u. r. sign. und dat.: „H. Franke 16.10.52".
Nachlass/Museum Eschborn

A262 Breisgau - Kaiserstuhlblick
1952
Aquarell, 20 cm x 16,5 cm; SKB 9, S. 7; u. r. sign. und dat.: „H. Franke 16.10.52".
Nachlass/Museum Eschborn

A263 Breisgau*
1952
Aquarell, 20 cm x 16,5 cm; SKB 9, S. 8; u. l. sign. und dat.: „H. Franke 17.10.52".
Nachlass/Museum Eschborn

A264 Breisgau

1952

Aquarell, 20 cm x 16,5 cm; SKB 9, S. 9; u. l. sign. und dat.: „H. Franke 17.10.52".
Nachlass/Museum Eschborn

A265 Breisgau

1952

Aquarell, 20 cm x 16,5 cm; SKB 9, S. 10; u. l. sign. und dat.: „H. Franke 17.10.52".
Nachlass/Museum Eschborn

A266 Breisgau

1952

Aquarell, 20 cm x 16,5 cm; SKB 9, S. 11; u. r. sign. und dat.: „H. Franke 17.10.52".
Nachlass/Museum Eschborn

A267 Breisgau*

1952

Aquarell, 20 cm x 16,5 cm; SKB 9, S. 12; u. r. sign. und dat.: „H. Franke 23.10.52".
Nachlass/Museum Eschborn

A268 Breisgau - Berghang

1952

Aquarell, 15 cm x 19 cm; SKB 25, S. 3 u. l. sign. und dat.: „H. Franke 19.10.52", u. m. Titel.
Nachlass/Museum Eschborn

A269 Schwarzwaldberge

1952

Aquarell, 15 cm x 19 cm; SKB 25, S. 4 u. r. sign. und dat.: „H. Franke 27.10.52", u. r. Titel.
Nachlass/Museum Eschborn

A270 Breisgau*

1952

Aquarell, 20 cm x 16,5 cm; SKB 9, S. 16; u. l. sign. und dat.: „H. Franke 4.11.52", u. r. Titel.
Nachlass/Museum Eschborn

A271 Schwarzwaldblick*

1952

Aquarell, 20 cm x 16,5 cm; SKB 9, S. 17; u. r. sign. und dat.: „H. Franke 5.11.52", u. m. Titel.
Nachlass/Museum Eschborn

A272 Bernau im Schwarzwald

1952

Aquarell, 27 cm x 18,5 cm; SKB 12, S. 33; u. r. sign. und dat.: „H. Franke 1952".
Nachlass/Museum Eschborn

A273 Aus dem Schwarzwald

1952

Aquarell, 27 cm x 18,5 cm; SKB 12, S. 34; u. r. sign. und dat.: „H. Franke 1952".
Nachlass/Museum Eschborn

A274 Der Rhein bei Waldshut - Blick zum Schweizer Ufer 1952 unterhalb der Aarmündung*

1952

Aquarell, 15,5 cm x 18,5 cm; u. r. monogr.: „H. F.", unter dem aufgeklebtem Blatt: Titel.
Nachlass/Museum Eschborn

A275 Aus dem Schwarzwald

um 1952

Aquarell, 27 cm x 18,5 cm; SKB 12, S. 36; u. l. sign.: „H. Franke".
Nachlass/Museum Eschborn
Datierung aufgrund Vergleich A277.

A276 Bernauer Alb

um 1952

Aquarell, 27 cm x 18,5 cm; SKB 12, S. 48; u. r. sign.: „H. Franke".
Nachlass/Museum Eschborn
Datierung aufgrund Vergleich A277.

A277 Aus dem Breisgau - Vom Fenster

um 1952

Aquarell, 27 cm x 18,5 cm; SKB 12, S. 14; o. Bez.
Nachlass/Museum Eschborn
Datierung aufgrund Vergleich A277.

A278 Breisgau

um 1952

Aquarell, 20 cm x 16,5 cm; SKB 9, S. 13; u. l. sign.
Nachlass/Museum Eschborn
Datierung aufgrund Vergleich A277.

A279 Breisgau

um 1952

Aquarell, 20 cm x 16,5 cm; SKB 9, S. 14; u. l. sign.
Nachlass/Museum Eschborn
Datierung aufgrund Vergleich A277.

A280 Breisgau

um 1952

Aquarell, 20 cm x 16,5 cm; SKB 9, S. 15; u. r. sign.
Nachlass/Museum Eschborn
Datierung aufgrund Vergleich A277.

3.1.1. Landschaften 1953

A281 Aus dem Schwarzwald

1953

Aquarell, 20 cm x 16,5 cm; SKB 9, S. 19; u. l. sign. und dat.: „H. Franke 2.2.53".
Nachlass/Museum Eschborn

A282 Ginnheimer Wald

1953

Aquarell, 15 cm x 19 cm; SKB 25, S. 5 u. l. sign. und dat.: „H. Franke 25.2.53".
Nachlass/Museum Eschborn

A283 Enkheimer Sümpfe*
1953
Aquarell, 28 cm x 19 cm; SKB 21, S. 17; u. l. sign. und dat.: „H. Franke 1.3.53".
Nachlass/Museum Eschborn

A284 Enkheimer Ried*
1953
Aquarell, 28 cm x 19 cm; SKB 21, S. 18; u. l. sign. und dat.: „H. Franke 1.3.53".
Nachlass/Museum Eschborn

A285 Breisgau
1953
Aquarell, 20 cm x 16,5 cm; SKB 9, S. 23; u. l. sign. und dat.: „H. Franke 21.3..53".
Nachlass/Museum Eschborn

A286 Breisgau
1953
Aquarell, 20 cm x 16,5 cm; SKB 9, S. 24; u. l. sign. und dat.: „H. Franke 21.3..53".
Nachlass/Museum Eschborn

A287 Breisgau
1953
Aquarell, 20 cm x 16,5 cm; SKB 9, S. 25; u. r. sign. und dat.: „H. Franke 21.3..53".
Nachlass/Museum Eschborn

A288 Vorfrühling
1953
Aquarell, 28 cm x 19 cm; SKB 21, S. 19; u. l. sign. und dat.: „H. Franke 22.3.53".
Nachlass/Museum Eschborn

A289 Landschaftsstudie
1953
Aquarell, 17 cm x 20,5 cm; SKB 27, S. 9; u. r. sign. und dat.: „H. Franke 11.4.53".
Nachlass/Museum Eschborn

A290 Breisgau*
1953
Aquarell, 22 cm x 17 cm; SKB 7, S. 32; u. r. dat.: „20.4.53".
Nachlass/Museum Eschborn

A291 Schwarzwaldberge
1953
Aquarell, 22 cm x 17 cm; SKB 7, S. 34; u. r. dat.: „H. Franke 28.4.1953".
Nachlass/Museum Eschborn

A292 Ebene vor dem Kaiserstuhl
1953
Aquarell, 22 cm x 17 cm; SKB 7, S. 35; u. r.: „H. Franke", u. m. dat.: „28.4.1953".
Nachlass/Museum Eschborn

A293 Breisgau
1953
Aquarell, 22 cm x 17 cm; SKB 7, S. 36; u. r. sign. und dat.: „H. Franke 30.4.53".
Nachlass/Museum Eschborn

A294 Tennenbacher Tal im Schwarzwald*
1953
Aquarell, 22 cm x 17 cm; SKB 7, S. 37; u. l. sign. und dat.: „H. Franke 1.5.53".
Nachlass/Museum Eschborn

A295 Breisgau
1953
Aquarell, 22 cm x 17 cm; SKB 7, S. 38 u. l. sign. und dat.: „H. Franke 3.5.53".
Nachlass/Museum Eschborn

A296 Breisgau
1953
Aquarell, 22 cm x 17 cm; SKB 7, S. 39 u. r. sign. und dat.: „H. Franke 16.5.53".
Nachlass/Museum Eschborn

A297 Schwarzwald - Sexauertal - Breisgau
1953
Aquarell, 20 cm x 16,5 cm; SKB 9, S. 21; u. r. monogr. und dat.: „H. F. 1953".
Nachlass/Museum Eschborn

A298 Schwarzwald
um 1953
Aquarell, 20 cm x 16,5 cm; SKB 9, S. 22; u. r. sign.: „H. Franke".
Nachlass/Museum Eschborn
Datierung aufgrund stilistischer Merkmale.

A299 Landschaft - nicht vollendetes Blatt
um 1953
Aquarell, 20 cm x 16,5 cm; SKB 9, S. 20; o. Bez.
Nachlass/Museum Eschborn
Datierung aufgrund der Tatsache, dass sich das Blatt im SKB zwischen zwei Aquarellen befindet, die sich auf das Jahr 1953 datieren lassen. Über einer zarten Bleistiftskizze wurden die unterschiedlichen Grüntöne von einer Bildecke ausgehend aufgetragen.

3.1.1. Landschaften 1954

A300 Aus dem Breisgau
1954
Aquarell, 28 cm x 19 cm; SKB 21, S. 20; u. l. sign. und dat.: „H. Franke 11.4.54".
Nachlass/Museum Eschborn

A301 Schwarzwald
1954
Aquarell, 28 cm x 19 cm; SKB 21, S. 21; u. r. sign. und dat.: „H. Franke 12.4.54".
Nachlass/Museum Eschborn

A302 Breisgau
1954
Aquarell, 28 cm x 19 cm; SKB 21, S. 22; u. r. sign. und dat.: „H. Franke 12.4.54".
Nachlass/Museum Eschborn

A303 Schwarzwald*
1954
Aquarell, 28 cm x 19 cm; SKB 21, S. 23; u. r. sign. und dat.: „H. Franke Pfingsten 54".
Nachlass/Museum Eschborn

A304 Die Glotter in der Breisgauebene
1954
Aquarell, 28 cm x 19 cm; SKB 21, S. 24; u. r. sign. und dat.: „H. Franke 17.6.54".
Nachlass/Museum Eschborn

A305 Grüneburgpark
1954
Aquarell, 28 cm x 19 cm; SKB 21, S. 25; u. l. sign. und dat.: „H. Franke 30.8.54".
Nachlass/Museum Eschborn

A306 Frankfurt
1954
Aquarell, 19,5 cm x 15 cm; SKB 15, S. 1; u. r. sign. und dat.: „H. Franke 1954".
Nachlass/Museum Eschborn

A307 Frankfurt
1954
Aquarell, 19,5 cm x 15 cm; SKB 15, S. 2; u. r. sign. und dat.: „H. Franke 1954".
Nachlass/Museum Eschborn

A308 An der Elz - Breisgau*
1954
Aquarell, 19,5 cm x 15 cm; SKB 15, S. 3; u. r. sign. und dat.: „H. Franke 1954".
Nachlass/Museum Eschborn

A309 Aus dem Glottertal
1954
Aquarell, 19,5 cm x 15 cm; SKB 15, S. 4; u. r. sign. und dat.: „H. Franke 1954".
Nachlass/Museum Eschborn

A310 Frankfurt
1954
Aquarell, 19,5 cm x 15 cm; SKB 15, S. 5; u. r. sign. und dat.: „H. Franke 1954".
Nachlass/Museum Eschborn

A311 Frankfurt
1954
Aquarell, 19,5 cm x 15 cm; SKB 15, S. 6; u. r. sign. und dat.: „H. Franke 1954".
Nachlass/Museum Eschborn

A312 Flusslandschaft*
um 1954
Aquarell, 21 cm x 14 cm; u. r. sign.: „H. Franke".
Privatbesitz
Datierung erfolgte aufgrund Vergleich mit A308.

3.1.1. Landschaften 1955

A313 Ginnheim
1955
Aquarell, 28 cm x 19 cm; SKB 21, S. 26; u. l. sign. und dat.: „H. Franke 31.5.55".
Nachlass/Museum Eschborn

A314 Ginnheim
1955
Aquarell, 28 cm x 19 cm; SKB 21, S. 27; u. l. sign. und dat.: „H. Franke 31.5.55".
Nachlass/Museum Eschborn

A315 Landschaft im Breisgau*
1955
Aquarell, 34 cm x 21 cm; SKB 11, S. 1; u. l. und dat.: „H. Franke 8.11.55".
Nachlass/Museum Eschborn

A316 Breisgau*
1955
Aquarell, 34 cm x 21 cm; SKB 11, S. 2; u. l. Titel, sign. und dat.: „H. Franke 8.11.55".
Nachlass/Museum Eschborn

3.1.1. Landschaften 1956

A317 Passenbach - Dachauer Land
1956
Aquarell, 15 cm x 19 cm; SKB 25, S. 7; u. l. sign. und dat.: „H. Franke 14.10.56", u. r. Titel.
Nachlass/Museum Eschborn

A318 Dachauer Land
1956
Aquarell, 15 cm x 19 cm; SKB 25, S. 8; u. r. sign. und Titel.: „H. Franke Dachauer Land", u. r. dat.: „15.10.56".
Nachlass/Museum Eschborn

A319 Dachauer Land
1956
Aquarell, 15 cm x 19 cm; SKB 25, S. 9; u. r. sign. und dat.: „H. Franke 15.10.56", u. l. Titel.
Nachlass/Museum Eschborn

A320 Dachauer Landschaft
1956
Aquarell, 15 cm x 19 cm; SKB 25, S. 6; u. l. sign. und dat.: „H. Franke 19.10.56", u. m. Titel.
Nachlass/Museum Eschborn

A321 Kaiserstuhl - Studie
1956
Aquarell, 19,5 cm x 15,5 cm; SKB 15, S. 10; u. r. sign. und dat.: „H. Franke 1956".
Nachlass/Museum Eschborn

A322 Wiesenstück

um 1956
Aquarell, 15 cm x 19 cm; SKB 25, S. 10; o. Bez.
Nachlass/Museum Eschborn
Datierung aufgrund Vergleich A319.

3.1.1. Landschaften 1957

A323 Blick aus meinem Zimmerfenster - Lützel/Spessart*

1957
Aquarell, 21 cm x 17 cm; SKB 14, S. 1; u. r. sign.: „H. Franke", u. l. Titel und dat.: „7. Juli 1957".
Nachlass/Museum Eschborn

A324 Spessart*

1957
Aquarell, 21 cm x 17 cm; SKB 14, S. 2; u. l. sign.: „H. Franke", u..r. dat.: „Juli 1957".
Nachlass/Museum Eschborn

A325 Spessart*

1957
Aquarell, 21 cm x 17 cm; SKB 14, S. 3; u. l. sign.: „H. Franke", u..r. dat.: „Juli 1957".
Nachlass/Museum Eschborn

A326 Lützel im Spessart*

1957
Aquarell, 21 cm x 17 cm; SKB 14, S. 4; u. r. sign.: „H. Franke".
Nachlass/Museum Eschborn

A327 Spessart

1957
Aquarell, 21 cm x 17 cm; SKB 14, S. 5; u. l. sign.: „H. Franke". u. r. dat.: „1957".
Nachlass/Museum Eschborn

A328 Spessart im Juli*

1957
Aquarell, 15 cm x 20,5 cm; u. r. sign., dat. und Titel: „H. Franke Spessart Juli 1957, unter dem aufgeklebtem Blatt: „Hanny Franke".
Aukth. Arnold, Frankfurt/M., 2.9.1999

A329 Regen im Spessart*

1957
Aquarell, 29,5 cm x 21 cm; u. r. sign. und dat.: „H. Franke 1957", u. l. Titel, verso: Titel.
Nachlass/Museum Eschborn

3.1.1. Landschaften 1958

A330 Bäume im Februar - Odenwald*

1958
Aquarell, 18,5 cm x 16,5 cm; SKB 23, S. 1; u. r. sign. und dat.: „H. Franke 10.2.1958".
Vergleiche hierzu die Lithographie „Birke im März" DG39.
Nachlass/Museum Eschborn

A331 Birke im Februar - Odenwald

1958
Aquarell, 18,5 cm x 16,5cm; SKB 23, S. 2; u. r. sign. und dat.: „H. Franke 10.2.1958".
Nachlass/Museum Eschborn

A332 Odenwaldlandschaft

1958
Aquarell, 18,5 cm x 16,5 cm; SKB 23, S. 3; u. r. sign.: „H. Franke"; u. l.: „Ostern 1958".
Nachlass/Museum Eschborn

A333 Odenwaldlandschaft

1958
Aquarell, 18,5 cm x 16,5 cm; SKB 23, S. 4; u. r. sign.: „H. Franke"; u. l.: „Ostern 1958".
Nachlass/Museum Eschborn

A334 Die Milseburg - Rhön

1958
Aquarell, 18,5 cm x 16,5 cm; SKB 23, S. 5; u. r. sign. und dat.: „H. Franke 1. Juni 1958".
Nachlass/Museum Eschborn

A335 Rhön am Karhof

1958
Aquarell, 18,5 cm x 16,5 cm; SKB 23, S. 6; u. r. sign.: „H. Franke"; u. l.: „1. 6. 1958".
Nachlass/Museum Eschborn

A336 Rhönberge

1958
Aquarell, 18,5 cm x 16,5 cm; SKB 23, S. 7; u. r. sign.: „H. Franke"; u. l.: „3. 6. 1958".
Nachlass/Museum Eschborn

A337 Rhönberge nach dem Gewitter

1958
Aquarell, 18,5 cm x 16,5 cm; SKB 23, S. 8; u. r. sign.: „H. Franke".
Nachlass/Museum Eschborn

A338 Rhönberge mit Ziegenkopf

1958
Aquarell, 18,5 cm x 16,5 cm; SKB 23, S. 9; u. l. sign. und dat.: „H. Franke 3. 6. 1958".
Nachlass/Museum Eschborn

A339 Milseburg in diesiger Luft*
1958
Aquarell, 18,5 cm x 16,5 cm; SKB 23, S. 10; u. r. sign. und dat.: „H. Franke 1958".
Nachlass/Museum Eschborn
Die Ansicht der Milseburg vom Westen aus hielt der Maler 1937 erstmals in einem Ölgemälde fest. Vergleiche hierzu G153.

A340 Waldwiesengrund Rhön
1958
Aquarell, 18,5 cm x 16,5 cm; SKB 23, S. 11; u. r. sign. und dat.: „H. Franke 1958".
Nachlass/Museum Eschborn

A341 Wald im Biebergrund - Rhön
1958
Aquarell, 18,5 cm x 16,5 cm; SKB 23, S. 12; u. r. sign. und dat.: „H. Franke 1958".
Nachlass/Museum Eschborn

A342 Rhönbergelandschaft
1958
Aquarell, 18,5 cm x 16,5 cm; SKB 23, S. 13; u. r. sign. und dat.: „H. Franke 1958".
Nachlass/Museum Eschborn

A343 Rhönbergelandschaft
1958
Aquarell, 18,5 cm x 16,5 cm; SKB 23, S. 14; u. r. sign. und dat.: „H. Franke 1958".
Nachlass/Museum Eschborn

A344 Wälder im Regen - Rhön
1958
Aquarell, 18,5 cm x 16,5 cm; SKB 23, S. 15; u. r. sign. und dat.: „H. Franke 1958".
Nachlass/Museum Eschborn

A345 Blühender Hollunder - Rhön
1958
Aquarell, 18,5 cm x 16,5 cm; SKB 23, S. 16; u. r. sign.: „H. Franke"; u. m.: „1958".
Nachlass/Museum Eschborn

A346 Blick ins Biebertal - Rhön
1958
Aquarell, 18,5 cm x 16,5 cm; SKB 23, S. 17; u. r. sign.: „H. Franke".
Nachlass/Museum Eschborn

A347 Rhön - Bergweg
1958
Aquarell, 18,5 cm x 16,5 cm; SKB 23, S. 18; u. r. sign.: „H. Franke"; u. m.: „1958".
Nachlass/Museum Eschborn

A348 Rhön Orchidee
1958
Aquarell, 18,5 cm x 16,5 cm; SKB 23, S. 19; u. m. sign. und dat.: „H. F. 1958".
Nachlass/Museum Eschborn

A349 Rhön Viehtrift
1958
Aquarell, 18,5 cm x 16,5 cm; SKB 23, S. 20; u. r. sign. und dat.: „H. Franke 58".
Nachlass/Museum Eschborn

A350 Rhön Heckenrosenstrauch
1958
Aquarell, 18,5 cm x 16,5 cm; SKB 23, S. 21; u. l. sign. und dat.: „H. Franke 58".
Nachlass/Museum Eschborn

A351 Rhön in Regen und Wind*
1958
Aquarell, 18,5 cm x 16,5 cm; SKB 23, S. 22; u. r. sign.: „H. Franke 58"; u. m.: „1958".
Nachlass/Museum Eschborn

A352 Ehrenbachtal Hunsrück
1958
Aquarell, 18,5 cm x 16,5 cm; SKB 23, S. 23; u. r. sign.: „H. Franke"; u. l.: „1958".
Nachlass/Museum Eschborn

A353 Blick von Burg Schöneck
1958
Aquarell, 18,5 cm x 16,5 cm; SKB 23, S. 24; u. l. sign. und dat.: „H. Franke 6.9.58".
Nachlass/Museum Eschborn

A354 Hunsrücklandschaft Schöneck*
1958
Aquarell, 18,5 cm x 16,5 cm; SKB 23, S. 25; u. l. sign. und dat.: „H. Franke 7.9.58".
Nachlass/Museum Eschborn

A355 Breisbachtal Hunsrück
1958
Aquarell, 18,5 cm x 16,5 cm; SKB 23, S. 26; u. r. sign.: „H. Franke"; u. l.: „1958".
Nachlass/Museum Eschborn

A356 An der Ginnheimer Woog
1958
Aquarell, 11 cm x 18 cm; SKB 18, S. 1; u. m.: Titel ; u. r.: „H. Franke 58".
Nachlass/Museum Eschborn

A357 Vortaunusebene*
1958
Aquarell, 11 cm x 18 cm; SKB 18, S. 2; u. l.: Titel ; u. l. dat.: „1958".
Nachlass/Museum Eschborn

A358 Blick ins Ehrenbachtal von Burg Schöneck gesehen - Hunsrück*
um 1958
Aquarell, 18,5 cm x 24 cm, u. l. sign.: „H. Franke"; verso: Titel.
Nachlass/Museum Eschborn

3.1.1. Landschaften 1959

A359   Nidda im Februar - Frankfurt
1959
Aquarell, 18,5 cm x 16,5 cm; SKB 23, S. 27; u. r. sign. und dat.:
„H. Franke 28.2.1959".
Nachlass/Museum Eschborn

A360   Nidda im Februar - Frankfurt
1959
Aquarell, 18,5 cm x 16,5 cm; SKB 23, S. 28; u. r. sign. und dat.:
„H. Franke 28.2.1959".
Nachlass/Museum Eschborn

A361   Berkersheim*
1959
Aquarell, 11 cm x 18 cm; SKB 18, S. 3; u. l. sign. und dat.: „H. Franke 27.3.59".
Nachlass/Museum Eschborn

A362   Rhön - Blick von der Maulkuppe
1959
Aquarell, 18,5 cm x 16,5 cm; SKB 23, S. 29; u. l. sign.: „H. Franke 27.5.1959".
Nachlass/Museum Eschborn

A363   Rhön - Blick zum Ebersberg
1959
Aquarell, 18,5 cm x 16,5 cm; SKB 23, S. 30; u. r. sign.: „H. Franke 28.5.1958".
Nachlass/Museum Eschborn

A364   Blick von der Maulkuppe
1959
Aquarell, 18,5 cm x 16,5 cm; SKB 23, S. 33; u. r. sign. und dat.:
„H. Franke 6.6.1959".
Nachlass/Museum Eschborn

A365   Rhönberge mit Wachküppel
1959
Aquarell, 18,5 cm x 16,5 cm; SKB 23, S. 34; u. r. sign. und dat.:
„H. Franke 6.6.1959".
Nachlass/Museum Eschborn

A366   Rhön - Hof Eselsbrunn
1959
Aquarell, 18,5 cm x 16,5 cm; SKB 23, S. 38; u. r. sign. und dat.:
„H. Franke 9.6.1959".
Nachlass/Museum Eschborn

A367   Rhön - Berge im Regendunst
1959
Aquarell, 18,5 cm x 16,5 cm; SKB 23, S. 39; u. r. sign. und dat.:
„H. Franke 9.6.1959".
Nachlass/Museum Eschborn

A368   Rhön - Vor dem Gewitter
1959
Aquarell, 18,5 cm x 16,5 cm; SKB 23, S. 40; u. r. sign. und dat.:
„H. Franke 11.6.1959".
Nachlass/Museum Eschborn

A369   Rhön - Nach dem Gewitter
1959
Aquarell, 18,5 cm x 16,5 cm; SKB 23, S. 41; u. l. sign. und dat.:
„H. Franke 11.6.1959".
Nachlass/Museum Eschborn

A370   Rhön - Blicke zum Vogelsberg
1959
Aquarell, 18,5 cm x 16,5 cm; SKB 23, S. 42; u. l. sign.: „H. Franke; u. r.: „13.6.1959".
Nachlass/Museum Eschborn

A371   Rhön - Heckenrosenbusch*
1959
Aquarell, 18,5 cm x 16,5 cm; SKB 23, S. 43; u. r. sign.: „H. Franke"; u. l.: „17.6.59".
Nachlass/Museum Eschborn

A372   Rhön - Im großen Moor*
1959
Aquarell, 18,5 cm x 16,5 cm; SKB 23, S. 44; u. r. sign.: „H. Franke"; u. m. 17.6.59".
Nachlass/Museum Eschborn

A373   Bürgel am Main (Offenbach)*
1959
Aquarell, 18,5 cm x 16,5 cm; SKB 21, S. 29; u. r. sign. und dat.:
„H. Franke 13.8.59".
Nachlass/Museum Eschborn

A374   Am Main*
1959
Aquarell, 11 cm x 18 cm; SKB 18, S. 4; u. m.: Titel; u. l. sign. und dat.:
„H. Franke 13.8.59".
Nachlass/Museum Eschborn

A375   Taunusblick*
1959
Aquarell, 11 cm x 18 cm; SKB 18, S. 7; u. r. sign. und dat.: „H. Franke 22.8.59".
Nachlass/Museum Eschborn

A376   Schöneck (Hunsrück)
1959
Aquarell, 11 cm x 18 cm; SKB 18, S. 8; u. r. sign. und dat.: „H. Franke 18. Sept.1959".
Nachlass/Museum Eschborn

A377   Ehrenbachtal - Hunsrück vor Schloss Schöneck
1959
Aquarell, 11 cm x 18 cm; SKB 18, S. 10; u. r. sign. und dat: „H. Franke 18.9.1959".
Nachlass/Museum Eschborn

A378   Burg Schöneck - Blick vom Söller*
1959
Aquarell, 20 cm x 16,5 cm; SKB 9, S. 26; u. r. sign. und dat:
„H. Franke 19. Sept. 1959".
Nachlass/Museum Eschborn

A379 Blick von Burg Schöneck
1959
Aquarell, 20 cm x 16,5 cm; SKB 9, S. 27; u. r. monogr. und dat: „H. F. 19. Sept. 1959".
Nachlass/Museum Eschborn

A380 Schwarzwald
1959
Aquarell, 18,5 cm x 16,5 cm; SKB 23, S. 47; u. r. sign.: „H. Franke 13.10.1959".
Nachlass/Museum Eschborn

A381 Blick zum Kandel - Schwarzwald
1959
Aquarell, 18,5 cm x 16,5 cm; SKB 23, S. 48; u. r. sign.: „H. F. 1958"; u. l. „18.Okt.1959".
Nachlass/Museum Eschborn

A382 Schwarzwald - St. Peter
1959
Aquarell, 18,5 cm x 16,5 cm; SKB 23, S. 49; u. r. sign. und dat.: „H. Franke 20.10.1959".
Nachlass/Museum Eschborn

A383 Schwarzwald - Feldbergblick
1959
Aquarell, 18,5 cm x 16,5 cm; SKB 23, S. 50; u. r. sign.: „H. Franke 58"; u. l. „24.10.1959".
Nachlass/Museum Eschborn

A384 Schwarzwald - bei St. Peter
1959
Aquarell, 18,5 cm x 16,5 cm; SKB 23, S. 51; u. r. sign.: „H. Franke"; u. l.: „24. Okt. 1959".
Nachlass/Museum Eschborn

A385 Hunsrücklandschaft
1959
Aquarell, 18,5 cm x 16,5 cm; SKB 23, S. 46; u. r. sign.: „H. Franke"; u. l.: „1959".
Nachlass/Museum Eschborn

A386 Baumstudie
1959
Aquarell, 11 cm x 18 cm; SKB 18, S. 6; u. r. sign. und dat: „H. Franke 1959".
Nachlass/Museum Eschborn

A387 Rhön - Maulhof im Regen
um 1959
Aquarell, 18,5 cm x 16,5 cm; SKB 23, S. 32; u. r. sign.: „H. Franke".
Nachlass/Museum Eschborn
Datierung aufgrund Vergleich A367.

A388 Weierberg mit Wasserkuppe*
um 1959
Aquarell, 18,5 cm x 16,5 cm; SKB 23, S. 35; u. l. sign.: „H. Franke".
Nachlass/Museum Eschborn
Datierung aufgrund Vergleich A367.

A389 Rhön - Nebelstudie
um 1959
Aquarell, 18,5 cm x 16,5 cm; SKB 23, S. 36; u. r. sign.: „H. Franke".
Nachlass/Museum Eschborn
Datierung aufgrund Vergleich A367.

A390 Rhön - Im großen Moor *
um 1959
Aquarell, 18,5 cm x 16,5 cm; SKB 23, S. 45; u. r. sign.: „H. Franke".
Nachlass/Museum Eschborn
Datierung aufgrund Vergleich A367.

A391 Rhön - Berg auf der Höhe
um 1959
Aquarell, 18,5 cm x 16,5 cm; SKB 23, S. 31; u. r. sign.: „H. Franke".
Nachlass/Museum Eschborn
Datierung aufgrund Vergleich A367.

A392 Rhön - Nebelstudie*
um 1959
Aquarell, 18,5 cm x 16,5 cm; SKB 23, S. 37; u. r. sign.: „H. Franke".
Nachlass/Museum Eschborn
Datierung aufgrund Vergleich A367.

A393 Schöneck (Hunsrück)
um 1959
Aquarell, 11 cm x 18 cm; SKB 18, S. 9; o. Bez.
Nachlass/Museum Eschborn
Datierung aufgrund Vergleich A367.

A394 Burg Schöneck - Blick vom Söller
um 1959
Aquarell, 20 cm x 16,5 cm; SKB 9, S. 28; u. r. monogr.: „H. F".
Nachlass/Museum Eschborn
Datierung aufgrund Vergleich A367.

A395 Schmaler Weg mit Bäumen*
um 1959
Aquarell, 16 cm x 24 cm, u. r. monogr.: „H. F".
Kunstantiquariat Arno Winterberg, Heidelberg, 18.4.2005
Von dem Motiv fertigte der Maler 1959 zwei Versionen in Öl. Vergleiche hierzu G592, G593.
Literatur: http://www.Winterberg-Kunst.de.; Zugriff am 18.4.2005, Abb.

3.1.1. Landschaften 1960

A396 Taunuslandschaft
1960
Aquarell, 18,5 cm x 16,5 cm; SKB 23, S. 52; u. l. sign. und dat.: „H. Franke 29.5.1960".
Nachlass/Museum Eschborn

A397 Spessartlandschaft bei Bad Orb
1960
Aquarell, 18,5 cm x 16,5 cm; SKB 23, S. 53; u. r. sign.: „H. Franke"; u. m.: „24.10.1960".
Nachlass/Museum Eschborn

A398 Bad Orb - Fensterausblick
1960
Aquarell, 18,5 cm x 16,5 cm; SKB 23, S. 54; u. l. sign. und dat.:
„H. Franke 25.10.1960".
Nachlass/Museum Eschborn

A399 Bad Orb - Fensterausblick
1960
Aquarell, 18,5 cm x 16,5 cm; SKB 23, S. 55; u. r. sign. und dat.:
„H. Franke 26.10.1960".
Nachlass/Museum Eschborn

A400 Bad Orb - Fensterausblick*
1960
Aquarell, 18,5 cm x 16,5 cm; SKB 23, S. 56; u. l. sign. und dat.:
„H. Franke 31.10.1960".
Nachlass/Museum Eschborn

A401 Bad Orb - Fensterausblick*
1960
Aquarell, 18,5 cm x 16,5 cm; SKB 23, S. 57; u. r. sign.: „H. Franke";
u. l.: „1. Nov. 1960".
Nachlass/Museum Eschborn

3.1.1. Landschaften 1961

A402 Schwarzwald St. Peter - Feldbergblick
1961
Aquarell, 18,5 cm x 16,5 cm; SKB 23, S. 58; u. l. dat.: „10.8.1961".
Nachlass/Museum Eschborn

A403 Schwarzwald St. Peter - Feldbergblick
1961
Aquarell, 18,5 cm x 16,5 cm; SKB 23, S. 59; u. l. sign. und dat.:
„H. Franke 12.8.1961".
Nachlass/Museum Eschborn

A404 Schwarzwald - Blick auf den Kandel
1961
Aquarell, 18,5 cm x 16,5 cm; SKB 23, S. 60; u. r. sign.: „H. Franke";
u. l. dat.: „12.8.61".
Nachlass/Museum Eschborn

A405 Schwarzwald - St. Peter
1961
Aquarell, 18,5 cm x 16,5 cm; SKB 23, S. 61; u. r. sign.: „H. Franke";
u. l. dat: „15.8.61".
Nachlass/Museum Eschborn

A406 Taunus - Eschbacher Klippen*
1961
Aquarell, 19,5 cm x 15,5 cm, SKB 15. S. 9; u. r. sign. und dat.:
„H. Franke 1961"
Nachlass/Museum Eschborn

3.1.1. Landschaften 1962

A407 Feldberg im Schwarzwald*
1962
Aquarell, 20 cm x 16,5 cm; SKB 9, S. 29; u. l. sign., dat. und Titel:
„H. Franke 1962 Feldberg i. Schwarzwald", u. m.: „Mai 1962".
Nachlass/Museum Eschborn

A408 Schwarzwald - Feldberg im Dunst
1962
Aquarell, 20 cm x 16,5 cm; SKB 9, S. 30; u. l. sign. und dat.:
„H. Franke 1962 Mai 1962".
Nachlass/Museum Eschborn

A409 Bei Vilbel*
1962
Aquarell, 34 cm x 21 cm; SKB 11, S. 4; u. r. Titel, sign. und dat.:
„H. Franke 12.6.1962".
Nachlass/Museum Eschborn

3.1.1. Landschaften 1963

A410 Vortaunus*
1963
Aquarell, 34 cm x 21 cm; SKB 11, S. 5; u. r. Titel, sign. und dat.:
„H. Franke 12.8.1963".
Nachlass/Museum Eschborn

A411 Blick zum Altkönig*
1963
Aquarell, 19,5 cm x 15,5 cm, SKB 15, S. 11, u. l. sign. Und dat.:
„H. Franke 1963".
Nachlass/Museum Eschborn

3.1.1. Landschaften 1965

A412 Vortaunus - Schlehdornblüte
1965
Aquarell, 18,5 cm x 16,5 cm; SKB 23, S. 62; u. l. sign. und dat.:
„H. Franke 1.5.1965".
Nachlass/Museum Eschborn

3.1.1. Landschaften 1968

A413 Eschborn im Taunus - Fensterblick*
1968
Aquarell, 22 cm x 17 cm; SKB 7, S. 40; u. l. sign. und dat.: „H. Franke
26.2.1968".
Nachlass/Museum Eschborn

3.1.1. Landschaften 1971

A414 Vortaunus - Landschaft

1971
Aquarell, 18,5 cm x 16,5 cm; SKB 23, S. 64; u. r. sign. und dat.: „H. Franke 17.5.71".
Nachlass/Museum Eschborn

A415 Vortaunus - Landschaft

1971
Aquarell, 18,5 cm x 16,5 cm; SKB 23, S. 65; u. r. sign. und dat.: „H. Franke 17.5.71".
Nachlass/Museum Eschborn

A416 Blick vom Atelier*

1971
Aquarell, 18,5 cm x 16,5 cm; SKB 23, S. 66; u. r. dat.: „20.7.1971".
Nachlass/Museum Eschborn

A417 Blick vom Atelier*

1971
Aquarell, 18,5 cm x 16,5 cm; SKB 23, S. 67; u. r.sign. und dat.: „9.12.1971".
Nachlass/Museum Eschborn

A418 Herbstlicher Garten

1971
Aquarell, 19,5 cm x 15,5 cm; SKB 15, S. 12; u. r. sign. und dat.: „1971".
Nachlass/Museum Eschborn

A419 Sommerlandschaft mit Staffage - Bei der Ernte - o. a. A.*

1971
Aquarell, u. l. sign. und dat.: „Frohe Weihnachten 1970 H. Franke".
Quelle: Foto/Nachlass/Museum Eschborn

A420 Sommerliche Landschaft mit Ruine und Staffagefiguren - o. a. A.*

um 1971
Aquarell, u. r. sign.: „H. Franke".
Datierung aufgrund des Vergleichs mit A419.
Quelle: Foto/Nachlass/Museum Eschborn

A421 Sommerliche Landschaft mit vier Menschen am Fluß - o. a. A.*

um 1971
Aquarell, u. l. sign.: „H. Franke".
Datierung aufgrund des Vergleichs mit A419.
Quelle: Foto/Nachlass/Museum Eschborn

A422 Drei Menschen in sommerlicher Landschaft - o. a. A.*

um 1971
Aquarell, u. l. sign.: „H. Franke".
Datierung aufgrund des Vergleichs mit A419.
Quelle: Foto/Nachlass/Museum Eschborn

3.1.1. Landschaften 1972

A423 Westerbach*

1972
Aquarell, 18,5 cm x 16,5 cm; SKB 23, S. 68; u. r. sign. und dat.: „H. Franke 20. März 1972".
Nachlass/Museum Eschborn

A424 Unser Garten im März - 2.3.1972*

1972
Aquarell, 11 cm x 18 cm; SKB 18, S. 12 ; u. l. Titel ; u. r. sign.: „H. Franke".
Nachlass/Museum Eschborn

A425 Unser Garten II*

1972
Aquarell, 11 cm x 18 cm; SKB 18, S. 13 ; u. r. sign. und dat: „H. Franke 11.3.72".
Nachlass/Museum Eschborn

A426 Unser Garten*

1972
Aquarell, 21 cm x 17 cm; SKB 14, S. 6 ; u. l. dat.: „2.7.72", u. m.: Titel, u. r. sig.: „H. Franke".
Nachlass/Museum Eschborn

3.1.2. Undatiert

A427 Niddapartie bei Heddernheim

Aquarell, 22 cm x 32 cm; u. l. sign.: „H. Franke", auf dem Passepartout Titel und bez.
Aukth. Döbritz, Frankfurt/M., 21.10.2000

3.1.3. Wolkenstudien

A428 Wolkenstudien*

Aquarell, 10,5 cm x 16,5 cm; u. r. monogr.: „H. F.".
Nachlass/Museum Eschborn

A429 Wolkenstudien*

Aquarell, 9 cm x 16,5 cm; u. r. monogr.: „H. F.".
Nachlass/Museum Eschborn

A430 Wolkenstudien*

Aquarell, 8,5 cm x 16,5 cm; u. r. monogr.: „H. F.", u. l. : „24. Mai 8 Uhr abends".
Nachlass/Museum Eschborn

3.2. Stadtlandschaften und Architektur

3.2.1. Frankfurt am Main

A431   Ecke Börsenstrasse und Börsenplatz*

1925

Aquarell, 37 cm x 25,5 cm, u. r. sign. und dat.: „H. Franke 25 - 14. März", unter dem aufgeklebtem Blatt: „Elisabethenschule".
Frankfurt am Main/Historisches Museum, Inv.-Nr. 41232
Literatur: Schembs 1989, Abb. S. 189

A432   Fensterblick - Frankfurt am Main - Wiesenau 48

1944

Aquarell, 19 cm x 16 cm, SKB 4, S. 6, u. r. sign. und dat.: „H. Franke 1944".
Nachlass/Museum Eschborn

A433   Aus dem Rothschildpark 21. Nov. 1946*

1946

Aquarell, 28 cm x 19 cm, SKB 19, S. 2, u. l. Titel; u. r.: „H. Franke 1946".
Nachlass/Museum Eschborn

A434   Erstes Grün - Fensterblick Wiesenau

1947

Aquarell, 14 cm x 22 cm, SKB 5, S. 12, u. r. sign. und dat.: „H. Franke 1947".
Nachlass/Museum Eschborn

A435   Blühender Kastanienwipfel - Fensterblick Wiesenau

1947

Aquarell, 14 cm x 22 cm, SKB 5, S. 18, u. r. sign. und dat.: „H. Franke 1947".
Nachlass/Museum Eschborn

A436   Erstes Grün - Fensterblick Wiesenau - am Abend

1947

Aquarell, 14 cm x 22 cm, SKB 5, S. 13, u. r. sign. und dat.: „H. Franke 1947".
Nachlass/Museum Eschborn

A437   Staufische Stadtmauer - Frankfurt*

1950

Aquarell, 28 cm x 19 cm, SKB 21, S. 11, u. r. sign.: „H. Franke" ; u. l. Titel und dat.: „Oktober 1950".
Nachlass/Museum Eschborn
Das Motiv wurde von Hanny Franke auch als Ölbild festgehalten. Vergleiche hierzu G994.

A438   Januarsonne - vom Fenster Wiesenau*

1951

Aquarell, 22 cm x 17 cm, SKB 7, S. 1, u. r. sign. und dat.: „H. Franke 9.1.1951".
Nachlass/Museum Eschborn

A439   Eschenheimer Turm - Blick vom Durchgang Hochstraße - Anlagen*

1951

Aquarell, 22 cm x 17 cm, SKB 7, S. 3, u. r. sign. und dat.: „H. Franke 7.2.51".
Nachlass/Museum Eschborn
Aufwendigster von ehemals 60 Wehrtürmen des spätgotischen Befestigungsrings. Er wurde um 1426 unter der Leitung des Stadt- und Dombaumeisters Madern Gerthener vollendet.
Literatur: Schomann 1977, S. 45

A440   Blick vom Fenster Wiesenau 48*

1951

Aquarell, 22 cm x 17 cm, SKB 7, S. 6, u. r. sign..: „H. Franke", u. l. dat.: „16.4.51".
Nachlass/Museum Eschborn

A441   Frankfurt - Fensterblick*

1952

Aquarell, 20 cm x 16,5 cm, SKB 9, S. 18, u. l. und dat.: „29.12.52"; u. m. Titel.
Nachlass/Museum Eschborn

A442   Blick vom Fenster Wiesenau 48 auf die Rückseite der Häuser Myliusstraße

1955

Aquarell, 33 cm x 27,5 cm, SKB 8, S. 1, u. r. sign. und dat.: „H. Franke 3. März 1955"; u. l Titel.
Nachlass/Museum Eschborn

A443   Blick aus dem Fenster in einen Hinterhof*

1956

Aquarell, 34 cm x 21 cm, SKB 11 , S. 3, u. r. sign. und dat.: „H. Franke 8. März 1956".
Nachlass/Museum Eschborn

A444   Fensterblick Wiesenau

1959

Aquarell, 28 cm x 19 cm, SKB 21, S. 28, u. r. sign. und dat.: „H. Franke 26.7.59".
Nachlass/Museum Eschborn

A445   Hausecke Wiesenau - Friedrichstr. 44/32 - wurde im Juni 1964 abgerissen*

1959

Aquarell, 31 cm x 21 cm, SKB 19, S. 3, u. l. Titel, sign. und dat.: „H. Franke 26.7.59".
Nachlass/Museum Eschborn

A446   Vom Fenster

um 1959

Aquarell, 17,5 cm x 25,5 cm; SKB 17, S. 1; u. r. Titel.
Nachlass/Museum Eschborn
Datierung aufgrund Vergleich mit A444.

A447   Frankfurt am Main - Blick über den Main auf den Dom*

um 1922

Aquarell, 22 cm x 31 cm; u. l. sign.: „H. Franke".
Vom gleichem Motiv fertigte der Maler ein Ölbild und eine Druckgraphik. Vgl. G966, DG14.
Nachlass/Museum Eschborn

A448   **Ansicht von Frankfurt mit dem Dom***

Aquarell, 16 cm x 12 cm; u. r. sign.: „H. Franke".
Aukth. Arnold, Frankfurt/M., 11.6.1994
Literatur: Kat. Verst. Arnold II, Ffm. 1994, Abb. S. 92; Kat. Verst.
Nagel, Stuttgart 1999, Abb. S. 225

A449   **Blick vom Fenster zur Myliusstrasse***

1950
Aquarell, 28 cm x 19 cm, SKB 21, S. 9, u. l. dat.: „22. Nov. 50", u. r.
sign.: „H. Franke".
Nachlass/Museum Eschborn

A450   **Blick auf Dom***

1949
Aquarell, 17 cm x 20 cm, SKB 22, S. 12, u. l. dat. und sign.:
„H. Franke 1949", verso: „gezeichnet vor den bewachsenen
Trümmern d. Bachgasse auf dem ehem. Merianischen Haus."
Nachlass/Museum Eschborn

3.2.2. Frankfurt am Main - Trümmerbilder

A451   **Das ausgebrannte Haus - Blick von Osten***

1945
Aquarell, 19 cm x 16 cm; SKB 4, S. 14; u. r. sign., dat. und Titel:
„H. Franke Frühling 1945 Das ausgebrannte Haus - Blick v. Osten".
Nachlass/Museum Eschborn

A452   **Zerstörtes Gartenhaus in Frankfurt - Vom Fenster Wiesenau***

1946
Aquarell, 19 cm x 16 cm; SKB 4, S. 31; u. l. sign., dat. und Titel:
„H. Franke 1946 Vom Fenster Wiesenau".
Nachlass/Museum Eschborn

A453   **Das vom Krieg mitgenommene Haus***

1947
Aquarell, 14 cm x 22 cm; SKB 5, S. 10; u. r. sign. und dat.: „H. Franke
Feb. 1947".
Nachlass/Museum Eschborn

A454   **Frankfurt am Main - Leinwandhaus***

1949
Aquarell, 25 cm x 18 cm; u. r. sign.: „H. Franke", u. l. Titel und dat.:
„Frankfurt a. M. Leinwandhaus 1949", verso: sign. und dat.
Das um 1389 errichtete spätgotische Steinhaus diente als Warenlager
und Verkaufslokal für Tuche und Stoffe außerhalb der Messen. Bis auf
einen Teil der Außenmauer wurde der Bau im 2. Weltkrieg zerstört. Im
Jahr 1977 beschloss die Stadt Frankfurt den Wiederaufbau.
Nachlass/Museum Eschborn
Literatur: Schomann 1977, S. 35

A455   **Staufische Saalhofkapelle in Frankfurt von der Rückseite gesehen***

1950
Aquarell, 28 cm x 19 cm; SKB 21, S. 8; u. r. sign. und dat.: „H. Franke
11. Okt. 50".
Von dieser Ansicht existiert neben einer Kreidezeichnung auch eine
Fassung in Öl von 1961. Vergleiche hierzu G1007, Z226.
Nachlass/Museum Eschborn

A456   **Blick vom Fenster zur Myliusstrasse**

1950
Aquarell, 28 cm x 19 cm; SKB 21, S. 9; u. r. sign.: „H. Franke";
u. l. dat.: „22. Nov. 50".
Nachlass/Museum Eschborn

A457   **Die zerstörte Liebfrauenkirche***

1945
Aquarell, 20 cm x 26,5 cm, bez. u. m.; u. r. sign. und dat.: „H. Franke 45".
Aus dem Nachlass von Hanny Frankes Schwester Christine Keller
stammend.
Vom Motiv fertigte der Künstler im gleichem Jahr auch ein Ölbild.
Vergleiche hierzu G1000.
Privatbesitz

3.2.3. Andere Städte

A458   **Alter Hof in Wien - Heiligenstadt***

1922
Aquarell, 28,5 cm x 20,5 cm; u. r. Titel und dat., u. l. sign. und dat.:
„Hanny Franke 1922 Heiligenstadt", verso: „Wien - Heiligenstadt
1922 altes Haus", „22/1", „42".
Nachlass/Museum Eschborn

A459   **Perchtolsdorf bei Wien***

1922
Aquarell, 20 cm x 27 cm; u. l. sign., dat. und Titel: „Hanny Franke
1922 Perchtolsdorf b. Wien".
Nachlass/Museum Eschborn

A460   **Giulianova vom Strand gesehen***

1926
Aquarell, 16 cm x 21,5 cm, in SKB 2 eingeklebt, S. 6, u. r. sign. und
dat.: „H. Franke 1926", u. m. Titel.
Nachlass/Museum Eschborn

A461   **Ancona***

1926
Aquarell, 29,5 cm x 20 cm, u. r. sign.: „H. Franke ", u. l. Titel und dat.,
verso: „Ancona, alte Gasse hinter dem Rathaus".
Nachlass/Museum Eschborn

A462   **Blick von der Burg Klopp auf Bingerbrück und Pfarrkirche von Bingen***

um 1926
Aquarell, 17 cm x 33 cm, u. l. sign.: „H. Franke ", auf dem Passepartout: Titel, verso: „Nr. 45".
Nachlass/Museum Eschborn
Datierung erfolgte aufgrund des Vergleichs mit der Zeichnung
„Bingen am Rhein" (Vgl. Z255). Das Aquarell (Vgl. A462) könnte auch
einige Jahre eher entstanden sein, als Entwurf für ein Auftragsbild.
Im Jahr 1921 fertigte der Künstler im Auftrag der Stadt Bingen ein
„Panorama von Bingen" an (90 cm x 65 cm). Das Gemälde lässt sich
nur noch anhand einer schriftlichen Quelle nachweisen. Der Verlag
Karl Hildsdorf, Bingen, brachte eine Postkarte nach diesem Aquarell
heraus.
Quelle: HF/M. Lothka, Karfreitag 1921; HF/M. Lothka, 4.4.1921

A463   Magdeburger Dom
um 1930
Aquarell, 8,5 cm x 11 cm, u. r. sign.: „H. Franke ", u. r. Titel , u. l.: „Hanny Franke".
Privatbesitz

A464   Grabkapelle der Herzogin von Nassau bei Wiesbaden - o. a. A.
Aquarell, 17,5 cm x 26 cm,
Literatur: Kat. Ausst. Fach 1972, Nr. 152

3.3. Menschen

3.3.1. Selbstporträt und Einzelpersonendarstellung

A465   Selbstbildnis*
1926
Aquarell, 24 cm x 32,5 cm
Ehemals aus dem Nachlass von Hanny Frankes Schwester Christine Keller stammend; Standort unbekannt.

3.3.2. Mehrfigurige Personenszenen

A466   Zwei Frauen beim Handarbeiten*
1925
Aquarell, 28,5 cm x 20,5 cm; u. r sign. und dat.: „H. Franke 25", verso: „159".
Ein Jahr später entstand eine Bleistiftzeichnung mit dem gleichen Thema. Vgl. Z368. Bei den Dargestellten handelt es sich vermutlich um Ehefrau und Schwiegermutter des Künstlers.
Nachlass/Museum Eschborn

3.4. Stillleben und einzelne, nicht in eine Landschaft eingebundene Pflanzen

3.4.1. Stillleben

A467   Semperum rectorum - Kaktus*
1925
Aquarell, 9 cm x 12 cm, u. r. Titel, u. l. sign. und dat.: „H. Franke 25".
Privatbesitz

A468   Stiefmütterchen in Vase*
1947
Aquarell, 19 cm x 16 cm, SKB 4, S. 53, u. r. sign. und dat.: „H. Franke 1947".
Nachlass/Museum Eschborn

A469   Blaue Blumen in Vase
Aquarell, 19,5 cm x 14,5 cm, o. Bez.
Nachlass/Museum Eschborn

3.4.2. Einzelne, nicht in eine Landschaft eingebundene Pflanzen

A470   Paulsenrose*
1946
Aquarell, 19 cm x 16 cm, SKB 4, S. 51, u. r. sign. und dat.: „H. Franke 1946".
Nachlass/Museum Eschborn

A471   Blumen - Vier Veilchen
1947
Aquarell, 14 cm x 22 cm; SKB 5, S. 15; u. m. sign. und dat.: „H. Franke 47".
Nachlass/Museum Eschborn

A472   Maiglöckchen
1947
Aquarell, 14 cm x 22 cm; SKB 5, S. 17; u. r. sign. und dat.: „H. Franke 1947".
Nachlass/Museum Eschborn

A473   Rose rot
um 1947
Aquarell, 14 cm x 22 cm; SKB 5, S. 53; u. r. sign. und dat.: „H. Franke".
Nachlass/Museum Eschborn
Datierung aufgrund Vergleichs mit A471.

A474   Rose rosa
um 1947
Aquarell, 14 cm x 22 cm; SKB 5, S. 54; u. m. sign. und dat.: „H. Franke".
Nachlass/Museum Eschborn
Datierung aufgrund Vergleichs mit A471.

A475   Campania
um 1947
Aquarell, 14 cm x 22 cm; SKB 5, S. 55; u. r. sign.: „H. Franke".
Nachlass/Museum Eschborn
Datierung aufgrund Vergleichs mit A471.

A476   Rose
um 1947
Aquarell, 14 cm x 22 cm; SKB 5, S. 56; u. l. sign.: „H. Franke".
Nachlass/Museum Eschborn
Datierung aufgrund Vergleichs mit A471.

A477   Rosen*
1959
Aquarell, 11 cm x 18 cm; SKB 18, S. 5; u. dat.: „13.8.59".
Nachlass/Museum Eschborn

A478   Veilchen*
1963
Aquarell, 11 cm x 18 cm; SKB 18, S.11; u. l. sign. und dat.: „H. Franke 2.7.63".
Nachlass/Museum Eschborn

A479 Pflanzenstudie - Klette, Spitzwegerich, Odermennig, Wiesensalbei

um 1946

Aquarell, 19 cm x 16 cm, SKB 4, S. 30, o. m. Titel.
Nachlass/Museum Eschborn
Datierung aufgrund Vergleichs mit A482.

A480 Deltafleckige Nelke

1946

Aquarell, 19 cm x 16 cm, SKB 4, S. 32, o. l. Titel.
Nachlass/Museum Eschborn
Datierung aufgrund Vergleichs mit A482.

A481 Glockenblume

1946

Aquarell, 19 cm x 16 cm, SKB 4, S. 39, u. r. sign. und dat.: „H. Franke 1946", u. m.: „Campanula trachelium (Rhön)".
Nachlass/Museum Eschborn

A482 Rhön-Enzian

1946

Aquarell, 19 cm x 16 cm, SKB 4, S. 40, u. r. sign. und dat.: „H. Franke 1946 (September)" u.m: „Gentiana ciliata (gefranster Enzian) Rhön-Enzian Gentiana germanica".
Nachlass/Museum Eschborn

A483 Margarethen

Aquarell auf grautonigem Papier, 22 cm x 14,5 cm, o. Bez.
Nachlass/Museum Eschborn

3.5. Historisierendes/Rekonstruktionen

3.5.1. Eschborn im Taunus

A484 Der Pfingstbrunnen in Eschborn - 1830 - Rekonstruktion

Aquarell, 17 cm x 14,5 cm; u. r. monogr.: „H. F."
Nachlass/Museum Eschborn
Der Brunnen wurde Anfang des letzten Jahrhunderts abgetragen. Sein Wasserloch befand sich in der heutigen Pfingstbrunnenstraße und wurde ebenfalls mehrmals von Hanny Franke im Bild fixiert. Seine Rekonstruktion des Brunnens erfolgte nach Eugen Peipers, einem Frankfurter Zeichenlehrer am Städelschen Kunstinstitut (1842 - 1860). Die Rekonstruktion wurde von Hanny Franke auch in lavierter Federzeichnung festgehalten, ebenso in Form zweier Ölbilder. Vergleiche hierzu Z449, A485, G1113, G1114.

A485 Der Pfingstbrunnen in Eschborn - 1830 - Rekonstruktion*

Aquarell, 18 cm x 13 cm; o. Bez.
Nachlass/Museum Eschborn
Rekonstruktion des Brunnens nach Eugen Peipers, einem Frankfurter Zeichenlehrer am Städelschen Kunstinstitut (1842 - 1860). Die Rekonstruktion wurde von Hanny Franke auch in lavierter Federzeichnung festgehalten, ebenso als Ölbild. Vergleiche hierzu A484, Z449, G1113, G1114.

3.5.2. Kloster Rupertsberg

A486 Hildegardisbrünnchen auf dem Rupertsberg

1928

Aquarell, 19 cm x 12,5 cm; o. r. Titel, dat. und monogr.: „Auf dem Rupertsberg 1928 H. F.".
Nachlass/Museum Eschborn
Zustand des Brunnens wie er nach dem Abbruch der Klosterruinen im Jahre 1857 wieder errichtet wurde. Das gefundene Medaillon der letzten Äbtissin Anna Lerch vom Dirmstein (17. Jhd.) wurde über der Quelle angebracht. Vergleiche hierzu die Bleistiftzeichnung Z465.

A487 Das Hildegardisbrünnchen auf dem Rupertsberg*

um 1928

Aquarell, 12 cm x 17,5 cm, o. Bez.
Nachlass/Museum Eschborn
Laut Vermerk auf dem Passepartout zeigt das Aquarell den Zustand des Brunnens um 1825. Vergleiche hierzu auch A486.

A488 Klosterruine Ruperstsberg an der Nahe - von Südosten gesehen

um 1928

Aquarell, 11 cm x 14,5 cm, o. Bez.
Nachlass/Museum Eschborn
Diese Ansicht des Klosters hielt der Maler auch in einem Ölgemälde fest. Vgl. G1130.

A489 Klosterruine Rupertsberg an der Nahe - Ansicht von Bingen aus

um 1928

Aquarell, 21 cm x 15 cm, o. Bez.
Nachlass/Museum Eschborn

A490 Kloster Rupertsberg bei Bingen am Rhein - Kopie nach Matthias Grünewald-Altar

um 1928

Aquarell, 21 cm x 17 cm, o. Bez.
Nachlass/Museum Eschborn
Diese Ansicht des Klosters hielt der Maler auch in einem Ölgemälde und in einer Zeichnung fest. Vgl. G1129, Z475.

3.5.3. Römerstadt Nida

A491 Freskomalerei der Römischen Villa „Am Schloss"*

um 1927

Aquarell, 23 cm x 14 cm , u. r. sign.: „H. Franke".
Nachlass/Museum Eschborn

3.6. Sonstiges

A492 Erinnerung aus dem Harz

1923

Aquarell, 17 cm x 13 cm, u. l. sign. und dat.: „H. Franke 1923", verso: „Erinnerung aus dem Harz 1923 (Okt, Nov.- Dez,)",
Nachlass/Museum Eschborn
Alter Mann mit langem weißen Bart, sich auf Stock stützend, zwischen den hohen Baumstämmen eines Nadelholzwaldes.

A493 Weintrauben

1946
Aquarell, 19 cm x 16 cm, SKB 4, S. 50, u. r. sign. und dat.: „H. Franke 1946".
Nachlass/Museum Eschborn

A494 Bildstock mit der Milseburg

1946
Aquarell, 19 cm x 16 cm, SKB 4, S. 36, u. l. sign. und dat.: „H. Franke 1946".
Nachlass/Museum Eschborn

A495 Der Binger - o.a.A.

1929
Aquarell, u. l. sign. und dat.: „H. Franke 1929".
Quelle: Gedruckte Postkarte aus dem Nachlass/Museum Eschborn

A496 Rucksack - Jetzt kommt die Zeit, dass ich wandern muß*

1932
Aquarell, 34,5 cm x 24 cm, u. r. sign. und dat.: „H. Franke ! 1932".
Aus dem Nachlass von Hanny Frankes Schwester Christine Keller stammend.
Privatbesitz
Der Künstler verarbeitete das gleiche Motiv auch druckgraphisch und als Zeichnung. Vgl. DG60,Z502.

Zeichnungen

4.1. Landschaften

4.1.1. Landschaften 1910 - 1918

Z1 **An der Nahe***

1910
Feder, 12,5 cm x 18 cm, u. r. sign. und dat.: „Hanny Franke 1910"; u. l. Titel.
Nachlass/Museum Eschborn

Z2 **Schneekoppe***

1915
Bleistift, 8,5 cm x 16 cm; in SKB 1 eingeklebt, S. 2; u. l. Titel und dat.: „Schneekoppe 1915", unter dem eingeklebtem Blatt: „Blick auf die Schneekoppe vom Hirschberger Tal, Riesengebirge (Herbst 1915)".
Nachlass/Museum Eschborn

Z3 **Forsthäuschen im Riesengebirge***

1915
Bleistift, 22 cm x 16 cm; in SKB 1 eingeklebt, S. 4; u. r. Titel, monogr. und dat.: „Forsthäuschen im Riesengebirge - H. F. Nov. 1915", unter dem eingeklebtem Blatt: „Berge im Raureif Nov. 1915".
Nachlass/Museum Eschborn

Z4 **Kynast im Riesengebirge***

1915
Feder laviert, 9 cm x 6,5 cm; in SKB 1 eingeklebt, S. 17; u. r. sign.: „H. Franke", u. l. dat.: „1915", unter dem eingeklebtem Blatt: „H. F. Herbst 1915 - Kynast i. Riesengebirge".
Nachlass/Museum Eschborn

Z5 **Kynast im Riesengebirge***

1916
Bleistift, 11 cm x 19 cm; in SKB 1 eingeklebt, S. 6; u. r. Titel, dat. und monogr.: „Kynast im Riesengebirge - 1916 - H. F."
Nachlass/Museum Eschborn

Z6 **Die Schmiedeberg Buche und ihre Inschrift im 3. Kriegsjahr**

1916
Feder, 14 cm x 21,5 cm; in SKB 1 eingeklebt, S. 7; u. r. Titel, dat. und sign.: „500jährige Buche bei Schmiedeberg im Riesengebirge - Umfang d. Stammes 5 Meter - Umfang der Krone 60 m - gez. Winter 1916 Hanny Franke."
Nachlass/Museum Eschborn

Z7 **Granitfelsen***

1916
Feder laviert, 22,5 cm x 18,5 cm; in SKB 1 eingeklebt, S. 10; u. r. sign., dat. und Titel: „Hanny Franke 1916 Granitfelsen - Riesengebirge", unter dem eingeklebtem Blatt: „Mit Feder und Pinsel nach meiner Bleistiftzeichnung (1915-16 als Jäger/Skiabteilung 1. Kompanie Gebirgsers. Abtg. 1. Komp. Schmiedeberg i. Riesengebirge)".
Nachlass/Museum Eschborn

Z8 **Park Richmond bei Braunschweig - Res. Lazarett Winter 1916-17***

1916
Bleistift, 16 cm x 25,5 cm; in SKB 1 eingeklebt, S. 12; u. r. sign., dat.: „H. Franke 1916", u. l. Titel.
Nachlass/Museum Eschborn

Z9 **Park Richmond bei Braunschweig***

1916
Bleistift, 15,5 cm x 19 cm; in SKB 1 eingeklebt, S. 13; u. r. sign., dat.: „H. Franke 1917", u. l. Titel, unter dem eingeklebtem Blatt: „Im Lazarett gez. Winter 1916-17 vom Bett aus gesehen".
Nachlass/Museum Eschborn

Z10 **Am Ufer der Warthe***

1916
Feder, 12 cm x 16,5 cm; auf Pappe aufgeklebt, u. r. sign.: „Hanny Franke", u. m.: „Am Ufer der Warthe (Prov. Posen) 5.3.1916", unter dem aufgeklebtem Blatt: „An der Warthe beim Truppenübungsplatz - Warthelager".
Nachlass/Museum Eschborn

Z11 **Kampfgebiet vor Verdun***

1916
Feder, 10,5 cm x 20,5 cm; auf Pappe aufgeklebt, u. r. sign., dat.: „H. Franke gez. n. d. N. 11. Juli 1916", u. m.: „Kampfgebiet v. Verdun (nord-ost) (Fort Douaumont) , unter dem aufgeklebtem Blatt: „Kampftag bei Souville 11.7.1916 oben links, in der Mitte die Silhouette von Douaumont, gesehen v. Romange Höhe".
Nachlass/Museum Eschborn
Literatur: FNP, 30.5.1966, Abb.

Z12 **Chaumont Ferm***

1916
Feder, 13,5 cm x 21 cm; auf Pappe aufgeklebt, u. r. sign., dat.: „n. d. N. gez. v. Hanny Franke 16. Juli 1916", u. r. Titel, unter dem aufgeklebtem Blatt: „Chaumont Ferm (Chaumont d. Dauvillers nordöstl. v. Verdun)".
Nachlass/Museum Eschborn

Z13 **Dorf Azannes in Frankreich***

1916
Feder, 12 cm x 20 cm; auf Pappe aufgeklebt, u. r. sign., dat.: „n. d. N. gez. v. Hanny Franke Juli 1916", u. r. Titel, unter dem aufgeklebtem Blatt: „Das zerstörte Dorf Azannes m. beschädigter Kirche, nordöstl. v. Verdun bei Fort Douaumont".
Nachlass/Museum Eschborn
Literatur: FNP, 30.5.1966, Abb.

Z14 **Zerstörte Dorfstrasse in Azannes Frankreich***

1916
Feder, 11 cm x 20,5 cm; auf Pappe aufgeklebt, u. r. sign., dat.: „n. d. N. gez. v. Hanny Franke 1916", u. l. Titel, unter dem aufgeklebtem Blatt: „Das zerstörte Dorf Azannes nordöstl. v. Verdun bei Fort Douaumont".
Nachlass/Museum Eschborn
Literatur: FNP, 30.5.1966, Abb.

Z15 **Feldlager bei Chanmont vor Verdun 16. Juli 1916***

1916
Feder, 13 cm x 20 cm; auf Pappe aufgeklebt, u. r. sign., dat.: „n. d. N. gez. v. Hanny Franke S.K1.V.A.K", u. m. Titel, unter dem aufgeklebtem Blatt: „Chaummont-Damvillers".
Nachlass/Museum Eschborn

Z16 Loreley*

1916

Feder, 9 cm x 13 cm; u. l. sign. und dat.: „Loreley gez. v. Hanny Franke 1916", verso: „Der Loreleyfelsen am Rhein (Bekannt durch die Lieder) - Zu Bacharach am Rhein, wohnt eine Zauberin - (Arnim von Bentano) - Ich weiß nicht, was soll es bedeuten, daß ich so traurig bin - (Heinrich Heine) - Von oben dort grüßt uns die Loreley auf deiner Hut nur Geselle sei, Denn verlockend sind Rheinlands Mädchen - (Neuer rheinischer Männerchor) Viele Grüße Hanny Franke 1916".
Nachlass/Museum Eschborn, ehemalige Städtische Slg., Inv.-Nr. 069, 1980 erworben
Postkarte an Else Lindstaed, eine Krankenschwester, die den Künstler im Braunschweiger Lazarett gepflegt hatte.

Z17 Bromberg*

1917

Feder, 9 cm x 15 cm; u.r . sign. und dat.: „Hanny Franke 1917", u. l. Titel, verso: „Bromberg 24. Sept. 1917 - Liebe Schwester Else! Heute habe ich die erste Skizze nach der Natur in Blau gemacht, nach dieser habe ich flüchtig die kleine Teilskizze gezeichnet, die ich hiermit sende. Am 27. d. Monats wird es ein Jahr, daß ich nach Braunschweig kam. Ich werde die Tage nie vergessen; aus dem Getümmel der Sommerschlacht, in das alte historische Braunschweig wo ich in dieser schweren Zeit so schöne, unvergessliche Stunden verbracht. Ihnen liebe Schwester verdanke ich alles dieses Gute. So Gott will, kommt auch bald einmal der Tag, wo ich mich für Alles revangieren kann. Seien Sie für Heut von ganzen Herzen gegrüßt von Ihrem Pflegling Hanny Franke".
Nachlass/Museum Eschborn, ehemalige Städtische Slg., Inv.-Nr. 070, 1980 erworben.
Postkarte an Else Lindstaed, eine Krankenschwester, die den Künstler im Braunschweiger Lazarett gepflegt hatte.

Z18 Motiv von Neubeelitz bei Bromberg - Novemberabend*

1917

Feder, 13,5 cm x 20 cm, u. r. sign. und dat.: „Hanny Franke 1917"; u. l.: „Novemberabend"; verso: Titel.
Nachlass/Museum Eschborn

Z19 Bromberg*

1917

Feder laviert, 10 cm x 15 cm; in SKB 1 eingeklebt, S. 17; u. r. monogr. und dat.: „H. F. 1917", u. l. Titel, unter dem eingeklebtem Blatt: „Bromberg 1917 (in der Brahe)".
Nachlass/Museum Eschborn

Z20 See bei Posen

1918

Kreide braun, 13 cm x 18 cm; in SKB 1 eingeklebt, S. 15; u. l. monogr. und Titel: „H. F. See bei Posen", u. r., dat.: „1918".
Nachlass/Museum Eschborn

4.1.1. Landschaften 1919 - 1920

Z21 Bachlandschaft mit Sonnenauf-/bzw. Sonnenuntergang*

1919

Feder, 19 cm x 10,5 cm; u. r. sign. und dat.: „Hanny Franke 1919".
Nachlass/Museum Eschborn

Z22 Aus der Wetterau

1920

Bleistift, 12 cm x 16 cm; u. r. monogr. und dat.: „H. F. 20", u. l. Titel.
Nachlass/Museum Eschborn

Z23 Flusslandschaft*

1920

Bleistift aquarelliert, 16 cm x 18,5 cm; u. r. sign. und dat.: „Hanny Franke 20".
Nachlass/Museum Eschborn

Z24 Bei Wallhausen im Hunsrück*

1920

Bleistift mit Feder überzeichnet, 8,5 cm x 18,5 cm; u. r. sign.: „Hanny Franke", verso: „1920 - bei Wallhausen in Bleistift skizziert - (20 Jahre später in Feder überzeichnet).
Eine gleiche Ansicht in Bleistift entstand 1921. Vgl Z26. Der schmale Bachlauf wurde in diesem Bild nicht mittig gesetzt.
Nachlass/Museum Eschborn

4.1.1. Landschaften 1921

Z25 Heidenfeld bei Heddernheim*

1921

Feder, 10 cm x 20 cm; u. r. sign. und dat.: „H. Franke 21", unter dem aufgeklebtem Blatt: „Heidenfeld b. Heddernheim, 1921 Gebiet der einstigen Römerstadt Nida".
Nachlass/Museum Eschborn

Z26 Vom Hunsrück - Bei Wallhausen*

1921

Bleistift, 10 cm x 20 cm; u. r. sign. und dat.: „H. Franke 21", u. l. „Vom Hunsrück".
Eine ähnliche Ansicht entstand ein Jahr zuvor. Vgl. Z24.
Nachlass/Museum Eschborn

Z27 Wanderer bei der Rast*

um 1921

Feder, 16 cm x 14 cm; u. r. sign.: „H. Franke".
Aukth. Arnold, Frankfurt/M., 22.11.2003
Literatur: Kat. Verst. Arnold IV, 2003. S. 72.

4.1.1. Landschaften 1922

Z28 Donautal*

1922

Feder, 9 cm x 10,5 cm; u. r. monogr. und dat.: „H. F. 22", unter dem aufgeklebtem Blatt: Titel .
Nachlass/Museum Eschborn

Z29 Donau - Blick zur Lobau*

1922

Feder, 8,5 cm x 15 cm; u. r. sign. und dat.: „H. Franke 22", unter dem aufgeklebtem Blatt: Titel .
Nachlass/Museum Eschborn

Z30   **An der Donau unterhalb Wien***
1922
Feder, 9,5 cm x 15 cm; u. r. monogr. und dat.: „H. F. 22", u. l.: Titel .
Nachlass/Museum Eschborn

Z31   **Auf der Fahrt - Donaudurchbruch Bayr.-Böhmerwald***
1922
Feder, 9,5 cm x 15 cm; u. r. monogr. und dat.: „H. F. 22", unter dem aufgeklebtem Blatt: Titel .
Nachlass/Museum Eschborn

Z32   **Wien - Donaumühle beim Prater gegenüber der Lobau***
1922
Feder, 10 cm x 15 cm; u. r. sign. und dat.: „H. Franke 22", unter dem aufgeklebtem Blatt: Titel .
Nachlass/Museum Eschborn

Z33   **Starnberger See***
1922
Feder, 10,5 cm x 15,5 cm; u. r. sign.: „H. Franke", u. l. Titel und dat.
Nachlass/Museum Eschborn

Z34   **Starnberg - Waldlandschaft***
1922
Feder, 10 cm x 14 cm; u. r. sign.: „H. Franke", u. l. Titel und dat.
Nachlass/Museum Eschborn

Z35   **Frankenfels***
1922
Feder, 9,5 cm x 15 cm; u. r. monogr. und dat.: „H. F. 22 ", u. l. Titel, unter dem aufgeklebtem Blatt: „Liezener Tauern".
Nachlass/Museum Eschborn

Z36   **Zweibrücken***
1922
Bleistift, 29 cm x 20,5 cm; u. r. sign. und dat.: „H. Franke 22 Zweibrücken Pfalz 22".
Nachlass/Museum Eschborn

Z37   **Hunsrück bei Kirn an der Nahe**
1922
Feder, 14 cm x 10 cm, u. r. monogr. und dat.: „H. F. 22", u. r. Titel.
Nachlass/Museum Eschborn

Z38   **Zweibrücken - Pfalz**
1922
Bleistift, 19,5 cm x 28 cm, u. l.: Titel, u. r. sign. und dat.: „H. Franke 22".

4.1.1. Landschaften 1923

Z39   **Schmiedeberg im Riesengebirge - Die Annakapelle***
1923
Bleistift, 23 cm x 16,5 cm; in SKB 1 eingeklebt, S. 18; u. l. Titel, monogr. und dat.: Schmiedeberg i. Riesengebirge H. F. 1923 Die Annakapelle", unter dem eingeklebtem Blatt: „Erinnerung an die Riesengebirgs Studienfahrt Mai Juni 1923".
Nachlass/Museum Eschborn

Z40   **Thüringen - Werratal**
1923
Bleistift, 6 cm x 13 cm; u. r. sign.: „H. Franke", u. l. Titel und dat.
Nachlass/Museum Eschborn

Z41   **Schneekoppe und Schwarze Koppe***
1923
Bleistift, weiß gehöht auf braungetöntem Papier, 11 cm x 15 cm; u. r. monogr. und dat.: „H. F. 23", u. m. Titel und dat.
Nachlass/Museum Eschborn

Z42   **Feldweg entlang der südlichen Stadtmauer nach Osten***
1923
Feder aquarelliert, 11 cm x 16 cm; u. l. sign. und dat.: „H. Franke 1923", unter dem aufgeklebtem Blatt: „Feldweg entlang d. südl. Stadtmauer n. Osten (Der Hügel unter den Obstbäumen, links überdeckt die südl. Stadtmauer)".
Nachlass/Museum Eschborn

4.1.1. Landschaften 1924

Z43   **Birstein im Vogelsberg***
1924
Bleistift, 9 cm x 11,5 cm; u. r. sign.: „H. Franke", u. m. Titel und dat.
Nachlass/Museum Eschborn

Z44   **Gebirgskonturen - Spessartblick vom Vogelsberg***
zwischen 1924 und 1927
Feder, 5 cm x 10 cm; u. r. monogr.: „H. F.", u. Titel.
Nachlass/Museum Eschborn
Die Skizze der Gebirgskonturen muss zwischen 1924 und 1927, während der Aufenthalte im Vogelsberg entstanden sein.

Z45   **Birstein***
1924
Bleistift, 13,5 cm x 12 cm, u. r. sign. und dat.: „H. Franke 24", u. l.: „Birstein - Vogelsberg 24.".
Nachlass/Museum Eschborn

4.1.1. Landschaften 1925

Z46   **Partie an der Nied***
1925
Bleistift, weiß gehöht auf braun getöntem Papier, 28,5 cm x 37,5 cm; u. l. sign. und dat.: „H. Franke 25", auf dem Passepartout: „An d. Nied".
Aukth. Arnold, Frankfurt/M., 5.9.1998

Z47   **Westerwald**
1925
Feder, 6 cm x 10 cm, u. r. monogr. und dat.: „H. F. 25", u. l. Titel
Nachlass/Museum Eschborn

4.1.1. Landschaften 1926

Z48 Olivenhain*
1926
Bleistift, 25 cm x 21,5 cm; u. r. Titel, sign. und dat.: „H. Franke Giulianova 1926".
Nachlass/Museum Eschborn

Z49 Blick von der Villa des Horaz auf Licenca*
1926
Feder, 14,5 cm x 10,5 cm, o. Bez., verso: Titel
Nachlass/Museum Eschborn
Datierung erfolgte aufgrund der Tatsache, dass sich Hanny Franke im genannten Jahr für kurze Zeit in Italien aufhielt.

Z50 Rheintal unterhalb Bingen - links die Elisenhöhe
1926
Bleistift, 10,5 cm x 14,5 cm, u. l. sign. und dat.: „H. Franke 22", u. m. Titel
Nachlass/Museum Eschborn

4.1.1. Landschaften 1927

Z51 Niddaufer an der Römerstadt*
1927
Feder aquarelliert, 8 cm x 12,5 cm; u. . sign. und dat.: „H. Franke 27", unter dem aufgeklebtem Blatt: Titel.
Nachlass/Museum Eschborn

Z52 Das Heidenfeld zwischen Praunheim und Heddernheim vor der Bebauung 1927 (das einstige Nida)*
1927
Feder aquarelliert, 7,5 cm x 13,5 cm; u. l. sign. und dat.: „H. Franke 1927", unter dem aufgeklebtem Blatt: Titel.
Nachlass/Museum Eschborn
Literatur: FN, 6.9.1927, Abb.

Z53 Blick ins Gelände der Römerstadt nach Nordost*
1927
Feder aquarelliert, 7 cm x 11 cm; u. sign. und dat.: „H. Franke 27", unter dem aufgeklebtem Blatt: Titel.
Nachlass/Museum Eschborn

Z54 Blick ins Gelände der Römerstadt nach Nordost*
1927
Feder aquarelliert, 8,5 cm x 11 cm; u. sign. und dat.: „H. Franke 27", unter dem aufgeklebtem Blatt: Titel.
Nachlass/Museum Eschborn

Z55 Blick zum Taunusgelände und III. Mithraeum (Friedhof Heddernheim vom Süden gesehen)*
um 1927
Feder aquarelliert, 8 cm x 12,5 cm; o. Bez., unter dem aufgeklebtem Blatt: Titel.
Nachlass/Museum Eschborn
Datierung aufgrund des Vergleichs mit dem Bild „Das Heidenfeld zwischen Praunheim und Heddernheim vor der Bebauung 1927 (das einstige Nida)". Vgl. Z52

Z56 Blick auf den Odenwald o. a. A.
1927
Feder, u. l.: „Odenwald 1927", u. r. sign.
Kunsthandlung Fichter, Frankfurt/M., 1993
Literatur: Kat. Ausst. Fichter, 1993, Abb.

4.1.1. Landschaften 1928

Z57 Mondaufgang bei Piding bei Reichenhall*
1928
Bleistift, 11 cm x 14,5 cm; o. Bez., verso: Titel.
Nachlass/Museum Eschborn

Z58 Bei Sachsenberg in Waldeck - Ederberge*
1928
Feder, Bleistift, 8 cm x 17 cm, u. l. monogr. und Titel: „H. F. 1928".
Nachlass/Museum Eschborn

4.1.1. Landschaften 1933

Z59 Werratal - Thüringen
1936
Bleistift, 6 cm x 13 cm; u. r. monogr.: „H. F", u. m. Titel, „Mai 1933".
Nachlass/Museum Eschborn

4.1.1. Landschaften 1936

Z60 Odenwald bei Lindenfels
1936
Bleistift, 8 cm x 15 cm; u. r. monogr. und dat.: „H. F. 1936", u. l. Titel.
Nachlass/Museum Eschborn

Z61 Wildenberg im Odenwald
1936
Bleistift, 9 cm x 17,5 cm; u. l. monogr. und Titel: „H. F.", u. r. dat.
Nachlass/Museum Eschborn

Z62 Blick von Burg Wildenberg im Odenwald
1936
Bleistift, 8,5 cm x 17 cm, u. r. mongr. und dat.: „H. F. 1936", u. m. Titel, u. l. „Von dem Wildenberg".
Nachlass/Museum Eschborn

4.1.1. Landschaften 1937

Z63 Streuobstwiese*
1937
Bleistift, auf braun getöntem Papier, 10 cm x 10 cm; u. r. sign. und dat.: „H. Franke 37".
Aukth. Arnold, Frankfurt/M., 29.11.1997

4.1.1. Landschaften 1938

Z64 Lorchhausen am Rhein*
1938
Bleistift, 15 cm x 22 cm; u. l. monogr. und dat.: „H. F. 1938", u. m. Titel.
Nachlass/Museum Eschborn

4.1.1. Landschaften 1939

Z65 Bergkonturen - Rhön
1939
Feder, 9,5 cm x 18 cm; u. r. monogr. und dat.: „H. F. 1938".
Nachlass/Museum Eschborn
Ausstellung: 1975, Eschborn/Taunus

Z66 Rhön bei Gersfeld
1939
Bleistift, 7,5 cm x 17 cm; u. l. Titel und dat.: „1938".
Nachlass/Museum Eschborn
Ausstellung: 1975, Eschborn/Taunus

Z67 Blick nordwärts von der Maulkuppe*
um 1939
Feder, 9,5 cm x 18 cm; o. Bez., unter dem aufgeklebtem Blatt: Titel.
Nachlass/Museum Eschborn
Datierung aufgrund des stilistischen Vergleichs mit „Bergkonturen Rhön".
Ausstellung: 1975, Eschborn/Taunus

Z68 Blick zur Rauhen Alb von Burg Nagold gesehen*
1939
Feder, Bleistift, 7,5 cm x 17 cm, u. r. monogr., dat., Titel: „Blick z. Rauhen Alb (1939) H. F.", u. l.: „von Burg Nagold gesehen 1939".
Nachlass/Museum Eschborn

4.1.1. Landschaften 1941

Z69 Ruine Burg Harttsheim*
1942
Bleistift, weiß gehöht auf grautonigem Papier, 15 cm x 10,5 cm, u. r.. monogr. und dat.: „H. F. 41", u. l. Titel.
Nachlass/Museum Eschborn

4.1.1. Landschaften 1942

Z70 Baumstudie
1942
Bleistift, 15,5 cm x 11 cm; in SKB 13 eingeklebt, S. 11, u. r.. monogr. und dat.: „H. F. 42".
Nachlass/Museum Eschborn

4.1.1. Landschaften 1943

Z71 Berge bei Kehlegg - Vorarlberg
1943
Bleistift, 19 cm x 16 cm; SKB 4, S. 3; u. r. monogr. und dat.: „H. F. 1943".
Nachlass/Museum Eschborn

Z72 Der First
1943
Bleistift, 19 cm x 16 cm; SKB 4, S. 4; u. r. monogr. und dat.: „H. F. 1943".
Nachlass/Museum Eschborn

Z73 Die Mörselspitze
1943
Bleistift, 19 cm x 16 cm; SKB 4, S. 5; u. l. monogr. und dat.: „H. F. 1943".
Nachlass/Museum Eschborn

4.1.1. Landschaften 1945

Z74 Baumstudie
1945
Feder, 17,5 cm x 11 cm; SKB 26, S. 3; u. r. monogr. und dat.: „H. F. 1945".
Nachlass/Museum Eschborn

Z75 Baumstudie
1945
Feder, 17,5 cm x 11 cm; SKB 26, S. 5; u. r. monogr. und dat.: „H. F. 1945".
Nachlass/Museum Eschborn

4.1.1. Landschaften 1948

Z76 Zwei Baumstudien
1948
Bleistift, 36,5 cm x 25,5 cm, SKB 6, S. 1, u. r. sign. und dat.: „H. Franke 48".
Nachlass/Museum Eschborn

Z77 Den Krieg überstanden - Grüneburgpark*
1948
Feder laviert, 35,5 cm x 25 cm, u. r. sign. und dat.: „H. Franke 48", u. r. Titel.
Nachlass/Museum Eschborn
Den selben Baum hielt der Maler auch in Aquarell fest. Die Baumgruppe auf der rechten Seite sparte er bei der Federzeichnung aus. Vgl. A135.
Ausstellung: 1980, Eschborn/Taunus

Z78 Kahler Baum

um 1948
Bleistift, 36,5 cm x 25,5 cm, SKB 6, S. 2, u. r. sign.: „H. Franke".
Nachlass/Museum Eschborn
Datierung aufgrund Vergleich mit Z76.

4.1.1. Landschaften 1949

Z79 Bäume im Winter

1949
Feder, 17,5 cm x 11 cm, SKB 26, S. 7, u. r. monogr. und dat.: „H. F. 49".
Nachlass/Museum Eschborn

Z80 Bäume

1949
Kohle, 22,5 cm x 18,5 cm, SKB 10, S. 1, u. r. sign. und dat.: „H. Franke 49".
Nachlass/Museum Eschborn

Z81 Im Wald

1949
Kreide braun, 22,5 cm x 18,5 cm, SKB 10, S. 4, u. r. sign. und dat.: „H. Franke 49".
Nachlass/Museum Eschborn

Z82 Am Waldrand

1949
Kreide braun, 22,5 cm x 18,5 cm, SKB 10, S. 5, u. r. sign. und dat.: „H. Franke 49".
Nachlass/Museum Eschborn

Z83 Waldweg

um 1949
Bleistift, 22,5 cm x 18,5 cm, SKB 10, S. 6, u. r. sign.: „H. Franke".
Nachlass/Museum Eschborn
Datierung aufgrund des Vergleichs mit Z82.

Z84 Im Wald

um 1949
Kreide braun, 22,5 cm x 18,5 cm, SKB 10, S. 4, u. r. sign.: „H. Franke".
Nachlass/Museum Eschborn
Datierung aufgrund des Vergleichs mit Z82.

4.1.1. Landschaften 1950

Z85 Frankfurter Landschaft

1950
Mischtechnik: Sepia/braune Kreide, 17 cm x 20 cm; SKB 22, S. 20; o. Bez.
Nachlass/Museum Eschborn

Z86 Taunus - Maibacher Schweiz

1950
Bleistift, 17,5 cm x 11 cm; SKB 26, S. 11; u. r. monogr. und dat.: „H. F. 1.5.50"; u. r. Titel.
Nachlass/Museum Eschborn

Z87 Landschaftsstudie

um 1950
Feder, 17,5 cm x 11 cm; SKB 26, S. 12; u. r. monogr.
Nachlass/Museum Eschborn
Datierung aufgrund des Vergleichs mit Z86.

Z88 Zwei Büsche

um 1950
Feder, 17,5 cm x 11 cm; SKB 26, S. 13; u. l. monogr.,
Nachlass/Museum Eschborn
Datierung aufgrund des Vergleichs mit Z87.

Z89 Baumstudie

um 1950
Feder, 17,5 cm x 11 cm; SKB 26, S. 14; u. l. monogr.,
Nachlass/Museum Eschborn
Datierung aufgrund des Vergleichs mit Z88.

Z90 Vom Oberhain

um 1950
Feder/Bleistift, 17,5 cm x 11 cm; SKB 26, S. 15; u. r. Titel.
Nachlass/Museum Eschborn
Datierung aufgrund des Vergleichs mit Z87.

Z91 Am Waldrand*

1950
Kreide braun, 22,5 cm x 18,5 cm; SKB 10, S. 7; u. r. sign. und dat.: „H. Franke 1950".
Nachlass/Museum Eschborn
Von diesem Landschaftsausschnitt existiert eine lavierte Federzeichnung. Vgl. Z93

Z92 Wald

1950
Kreide braun, 22,5 cm x 18,5 cm; SKB 10, S. 8; u. r. sign. und dat.: „H. Franke 1950".
Nachlass/Museum Eschborn

Z93 Am Waldrand

um 1950
Feder laviert, 16,5 cm x 13 cm; u. l. monogr.: „H. F.".
Privatbesitz
Datierung aufgrund des Vergleichs mit Z91. Der Maler erfasste hier außerdem den selben Landschaftsausschnitt.

4.1.1. Landschaften 1951

Z94 Oberrheinebene - Breisgau

1951
Bleistift, 17 cm x 20,5 cm; SKB 27, S. 1; u. l. monogr., dat. und Titel: „H. F. 51 Oberrheinebene Breisgau".
Nachlass/Museum Eschborn

Z95 **Schwarzwaldberge von der Rheinebene**
1951
Bleistift, 17 cm x 20,5 cm; SKB 27, S. 2; u. r. sign. und dat.:
„H. Franke 1951", u. l. Titel.
Nachlass/Museum Eschborn

Z96 **Blick zum Kandel - Schwarzwald**
1951
Bleistift/Feder, 17 cm x 20,5 cm; SKB 27, S. 3; u. r. sign. und dat.:
„H. Franke 1951", u. m. Titel.
Nachlass/Museum Eschborn

Z97 **Landeck Südbaden**
1951
Bleistift, 17 cm x 20,5 cm; SKB 27, S. 4; u. r. sign. und dat.:
„H. Franke 1951", u. l. Titel.
Nachlass/Museum Eschborn

Z98 **Emmendingen Baden**
um 1951
Bleistift/Feder, 17 cm x 20,5 cm; SKB 27, S. 5; u. r. monogr., u. l. Titel.
Nachlass/Museum Eschborn
Datierung aufgrund Vergleich mit Z100.

Z99 **Baumstudie**
1951
Bleistift, 17 cm x 20,5 cm; SKB 27, S. 6; u. l. monogr. und dat.:
„H. F. 51".
Nachlass/Museum Eschborn

Z100 **Waldlandschaft**
1951
Kohle, 22,5 cm x 18,5 cm; SKB 10, S. 10; u. l. sign. und dat.:
„H. Franke 51".
Nachlass/Museum Eschborn

Z101 **Burgruine**
um 1951
Feder, 22,5 cm x 18,5 cm; SKB 10, S. 11; o. Bez.
Nachlass/Museum Eschborn
Datierung aufgrund Vergleich mit Z98.

Z102 **Baum auf einer Waldwiese***
um 1951
Feder laviert, 22,5 cm x 18,5 cm; SKB 10, S. 12; o. Bez.
Nachlass/Museum Eschborn
Datierung aufgrund Vergleich mit Z100

Z103 **Waldrand**
um 1951
Kohle, 22,5 cm x 18,5 cm; SKB 10, S. 13; o. Bez.
Nachlass/Museum Eschborn
Datierung aufgrund Vergleich mit Z.100.

Z10 **Wald**
um 1951
Kohle/Feder, 22,5 cm x 18,5 cm; SKB 10, S. 14; o. Bez.
Nachlass/Museum Eschborn
Datierung aufgrund Vergleich mit Z100.

Z105 **Landschaftspanorama***
um 1951
Feder laviert, 11,5 cm x 16 cm; o. Bez., verso: Postkarte an Hr. Diez aus dem Jahr 1951.
Privatbesitz

4.1.1. Landschaften 1952

Z106 **Blick vom Wiedener Eck - Schwarzwald**
1952
Bleistift, 17,5 cm x 11 cm; SKB 26, S. 19; u. r. monogr., u. l. dat. und Titel: „Blick vom Wiedener Eck - Schwarzwald 11.5.52".
Nachlass/Museum Eschborn

Z107 **Blick vom Wiedener Eck - Schwarzwald**
1952
Bleistift, 17,5 cm x 11 cm; SKB 26, S. 20; u. r. monogr., u. l. dat. und Titel: „Blick vom Wiedener Eck - Schwarzwald 11.5.52".
Nachlass/Museum Eschborn

Z108 **Spessartblick**
1952
Feder, 17,5 cm x 11 cm; SKB 26, S. 8; u. l. dat.: „6.1952", u. m. Titel.
Nachlass/Museum Eschborn

Z109 **Hügelige Landschaft**
um 1952
Feder, 17,5 cm x 11 cm; SKB 26, S. 9; o. Bez., verso: Bleistift, Sitzende Figur in Rückenansicht, hügelige Landschaft, deren Farbgebung in Worten beschrieben wird.
Nachlass/Museum Eschborn
Datierung aufgrund Vergleich mit Z108.

Z110 **Schwarzwald - Sexauertal**
1952
Feder, 17,5 cm x 11 cm; SKB 26, S. 18; u. l. monogr. und dat.: „H. F. 52", u. r. Titel.
Nachlass/Museum Eschborn

Z111 **Schwarzwald - Sexauertal**
um 1952
Feder, 17,5 cm x 11 cm; SKB 26, S. 17; u. r. monogr., u. l. Titel.
Nachlass/Museum Eschborn
Datierung aufgrund Vergleich mit Z110.

Z112 **An der Elz - Breisgau**
um 1952
Feder, 17,5 cm x 11 cm; SKB 26, S. 16; u. r. monogr. und Titel.
Nachlass/Museum Eschborn
Datierung aufgrund Vergleich mit Z110.

Z113 **Schwarzwald - Bernau**
um 1952
Bleistift, 17,5 cm x 11 cm; SKB 26, S. 21; u. r. monogr. und Titel.
Nachlass/Museum Eschborn
Datierung aufgrund Vergleich mit Z110.

Z114　Winterlicher Baum am Wasser

um 1952
Feder, 17,5 cm x 11 cm; SKB 26, S. 22; u. r. monogr.
Nachlass/Museum Eschborn
Datierung aufgrund Vergleich mit Z110.

Z115　Studie - Gebirgsbach

um 1952
Kugelschreiber, 17,5 cm x 11 cm; SKB 26, S. 23; o. Bez.
Nachlass/Museum Eschborn
Datierung aufgrund Vergleich mit Z110.

Z116　Landschaftsstudie

um 1952
Bleistift, 17,5 cm x 11 cm; SKB 26, S. 24; u. r. monogr.
Nachlass/Museum Eschborn
Datierung aufgrund Vergleich mit Z110.

Z117　Königstein im Taunus

um 1952
Bleistift, 17 cm x 20,5 cm; SKB 27, S. 7; u. r.sign. und dat: „H. Franke 6.6.52", u. l. Titel .
Nachlass/Museum Eschborn

Z118　Kronberg

1952
Feder, 17 cm x 20,5 cm; SKB 27, S. 10; u. r.monogr., sign. und Titel: „H. F. 1952 Kronberg" .
Nachlass/Museum Eschborn

4.1.1. Landschaften 1953

Z119　Schwarzwald - Keppenbach (Freiamt)*

1953
Bleistift, 17 cm x 27 cm; u. r. monogr., dat. und Titel: „H. F. 12.9.53", u. l. Titel.
Nachlass/Museum Eschborn

Z120　Dorfkirche - Keppenbach im Schwarzwald*

um 1953
Bleistift, 19 cm x 13 cm; u. r. sign. und Titel: „H. Franke Keppenbach Schwarzwald".
Aukth. Arnold, Frankfurt/M., 2.9.1999
Datierung aufgrund des Vergleichs mit „Schwarzwald - Keppenbach (Freiamt)". Vgl. Z119

4.1.1. Landschaften 1954

Z121　Landschaftsstudie

1954
Bleistift/Feder, 17,5 cm x 11 cm; SKB 26, S. 25; u. r. sign. und dat.: „H. Franke 54".
Nachlass/Museum Eschborn

4.1.1. Landschaften 1955

Z122　Schwarzwald

1955
Bleistift/Feder, 17,5 cm x 11 cm; SKB 26, S. 27; u. r. monogr., Titel und dat.: „27.7.55".
Nachlass/Museum Eschborn

Z123　Baumstudie

um 1955
Bleistift, 17,5 cm x 11 cm; SKB 26, S. 28; u. r. monogr..
Nachlass/Museum Eschborn
Datierung aufgrund Vergleich mit Z122.

Z124　Blick zum Feldberg*

um 1955
Bleistift, 20 cm x 32,5 cm; u. r. monogr. und dat.: „H. F. 16.6.55".
Nachlass/Museum Eschborn
Skizze zu einem Ölgemälde o. Dat. sowie zu einem Ölbild aus dem Jahr 1955. Beide Ölgemälde zeigen den gleichen Bildausschnitt, jedoch mit unterschiedlicher Vordergrundgestaltung. Vgl. G480, G481

4.1.1. Landschaften 1957

Z125　Lützel - Spessart

1957
Bleistift/Feder, 17 cm x 20,5 cm; SKB 27, S. 12; u. r. monogr. und dat.: „H. F. 7.7.57", u. l. Titel.
Nachlass/Museum Eschborn

Z126　Taunus

1957
Bleistift, 17 cm x 20,5 cm; SKB 27, S. 13; u. r. monogr., dat. und Titel: „H. F. 7.7.57".
Nachlass/Museum Eschborn

Z127　Nordöstliche Rhön

vor 1957
Bleistift auf graugetöntem Papier, 12 cm x 19 cm, u. l. monogr.: „H. F.".
Nachlass/Museum Eschborn

4.1.1. Landschaften 1958

Z128　Kahler Baum

1958
Feder, 23 cm x 14,5 cm; SKB 16, S. 1; u. r. sign. und dat.: „H. Franke 11.2.58".
Nachlass/Museum Eschborn

Z129　Baumstudie

1958
Feder, 23 cm x 14,5 cm; SKB 16, S. 2; u. r. dat.: „4.9.58".
Nachlass/Museum Eschborn

Z130   Baumstudie
1958
Feder, 23 cm x 14,5 cm; SKB 16, S. 3; o. Bez.,
Nachlass/Museum Eschborn
Datierung aufgrund Vergleich mit Z129.

Z131   Rhön*
1958
Feder laviert/Bleistift, 23 cm x 14,5 cm; SKB 10, S. 15; u. r. monogr.,
Titel und dat.: „H. F. Rhön 1958".
Nachlass/Museum Eschborn

Z132   Waldlandschaft
1958
Bleistift, 23 cm x 14,5 cm; SKB 10, S. 17; u. r. sign. und dat.:
„H. Franke 58".
Nachlass/Museum Eschborn

Z133   Baumstudie
1958
Bleistift aquarelliert, 23 cm x 14,5 cm; SKB 10, S. 18; u. r. sign. und
dat.: „H. Franke 58".
Nachlass/Museum Eschborn

Z134   Baumstudie
1958
Feder, 17,5 cm x 12,5 cm; SKB 13, S. 1; u. r. dat.: „1958", u. l.: „vom
Krankenhausfenster".
Nachlass/Museum Eschborn

Z135   Baumstudie
1958
Feder, 17,5 cm x 12,5 cm; SKB 13, S. 3; u. l. dat.:„Krankenhaus 1958".
Nachlass/Museum Eschborn

Z136   Vom Krankenhaus - Baumstudie
1958
Bleistift/Filzstift, 17,5 cm x 12,5 cm; SKB 13, S. 6; u. l. Titel und
dat: „Vom Krankenhaus 28.3.58", u. r. monogr.,
Nachlass/Museum Eschborn

Z137   Waldrand*
um 1958
Feder aquarelliert/Rötel aquarelliert, 23 cm x 14,5 cm; SKB 10, S. 16;
o. bez.,
Nachlass/Museum Eschborn
Datierung aufgrund Vergleich mit Z132.

4.1.1. Landschaften 1959

Z138   Winterliche Landschaft*
1959
Bleistift aquarelliert, 22,5 cm x 18,5 cm; SKB 10, S. 19; u. r. sign. und
dat.: „H. Franke 29.2.59".
Nachlass/Museum Eschborn

Z139   Blick zur Wasserkuppe
1959
Feder, 22,5 cm x 18,5 cm; SKB 10, S. 20; u.r Titel und dat.: „Blick zur
Wasserkuppe 1959".
Nachlass/Museum Eschborn

Z140   Wasserkuppe Rhön
1959
Filzstift, 17,5 cm x 12,5 cm; SKB 13, S. 8; u. l. Titel und dat.
Nachlass/Museum Eschborn

Z141   Rhön Pferdskopf vom Weinberg
um 1959
Feder aquarelliert, 17,5 cm x 12,5 cm; SKB 13, S. 7; u. l. Titel, u. r.:
„Rhön".
Nachlass/Museum Eschborn
Datierung aufgrund des Vergleichs mit Z140.

Z142   Landschaft im Hunsrück*
zwischen 1958 und 1959
Feder laviert, 19 cm x 14 cm; unter der Zeichnung: „Ihnen sowie Ihrer
lieben Frau noch herzliche Grüsse von der Künstlerburg W.
Steinhausen (Burg Schöneck) Ihr Hanny Franke und Frau Margrit".
Privatbesitz
Datierung aufgrund des stilistischen Vergleichs mit SKB10, S.12.,
Zeichenstil und die Tatsache, dass sich der Künstler 1958 und 1959
im Hunsrück aufhielt, bilden den zeitlichen Rahmen für die
Datierung.

4.1.1. Landschaften 1960

Z143   Finsterntal im Taunus
1960
Bleistift, 17 cm x 20,5 cm; SKB 27, S. 14; u. r. monogr. und dat.:
„H. F. 1960", u. l. Titel.
Nachlass/Museum Eschborn

Z144   Bei Hausen
um 1960
Bleistift, 17 cm x 20,5 cm; SKB 27, S. 15; u. r. monogr, u. l. Titel.
Nachlass/Museum Eschborn
Datierung aufgrund Vergleich Z143.

Z145   Bad Orb*
1960
Feder laviert, 13,5 cm x 22 cm; SKB 20, S. 1; u. r. monogr, Titel und
dat.: „H. F. Bad Orb Okt. 1960"
Nachlass/Museum Eschborn

Z146   Sommerlandschaft
um 1960
Feder laviert, 15 cm x 20 cm; u. l. sign.
Aukth. Döbritz, Frankfurt/M., 16.3.2002
Datierung aufgrund Vergleichs Z143.

4.1.1. Landschaften 1961

Z147 Vortaunus*
1961
Feder laviert, 13,5 cm x 22 cm; SKB 20, S. 2; u. r. monogr. und dat.: „H. F. 22.11.61".
Nachlass/Museum Eschborn

Z148 Baumstudie*
1961
Feder laviert, 23 cm x 14,5 cm; SKB 16, S. 4; u. r. dat.: „22.11.61".
Nachlass/Museum Eschborn

Z149 Landschaft
1961
Feder laviert, 17,5 cm x 25,5 cm; SKB 17, S. 2; u. r. monogr. und dat.: „H. F. 1961".
Nachlass/Museum Eschborn

Z150 Bäume am Bach*
1961
Bleistift, 22,5 cm x 18,5 cm; SKB 10, S. 21; u. r. monogr. und dat.: „H. F. 1961".
Nachlass/Museum Eschborn

Z151 Waldlandschaft*
um 1961
Kohle, 25 cm x 36 cm; u. r. sign.: „H. Franke"; verso: „4".
Nachlass/Museum Eschborn
Datierung aufgrund des Vergleiches mit Z150.

4.1.1. Landschaften 1962

Z152 Landschaft*
1962
Feder aquarelliert, 17,5 cm x 25,5 cm; SKB 17, S. 3; u. r. sign. und dat.: „H. Franke 10.2.1962".
Nachlass/Museum Eschborn

4.1.1. Landschaften 1963

Z153 Der Altkönig von Eschborn gesehen*
1963
Feder laviert, 13,5 cm x 22 cm; SKB 20, S. 3; u. l. sign., dat. und Titel: „H. Franke 8.6.63 Der Altkönig von Eschborn gesehen".
Nachlass/Museum Eschborn

Z154 Bergkonturen - Falkenstein - Altkönig
um 1963
Feder, 13,5 cm x 22 cm; SKB 20, S. 4; o. Bez.
Nachlass/Museum Eschborn
Datierung aufgrund Vergleich mit Z153.

4.1.1. Landschaften 1964

Z155 Eppenheim Taunus - Blick von Süd-West
1964
Feder, 15 cm x 11 cm; SKB 24, S. 1; u. r. monogr. und dat.: „H. F. 1964 Sept"; u. l. Titel.
Nachlass/Museum Eschborn

Z156 Blick von Langenhain zum Hochtaunus - Feldberg
1964
Feder/Bleistift, 15 cm x 11 cm; SKB 24, S. 2; u. r. monogr. und dat.: „H. F. 1964 Sept"; u. l. Titel
Nachlass/Museum Eschborn

Z157 Altkönig - Konturen
um 1964
Feder, 15 cm x 11 cm; SKB 24, S. 3; u. m. Titel
Nachlass/Museum Eschborn.

4.1.1. Landschaften 1965

Z158 Elbe - Hochwasser*
1965
Feder, 23 cm x 14,5 cm; SKB 16, S. 5; u. l. sign., dat. und Titel: „H. Franke 21.6.65 Elbe Hochwasser".
Nachlass/Museum Eschborn

Z159 Elbe - Hochwasser*
1965
Feder, 23 cm x 14,5 cm; SKB 16, S. 6; u. l. sign., u. r. dat.: „21.6.1965".
Nachlass/Museum Eschborn

Z160 Elbe - Hochwasser*
1965
Kugelschreiber, 6,5 cm x 10 cm; u. r. monogr.: „H. F.", u. l. Titel und dat.: „Elbe Hochwasser 21.6.1965".
Nachlass/Museum Eschborn

4.1.1. Landschaften 1966

Z161 Hoechst am Main - Blick über den Main nach Süden*
1966
Bleistift, 13,5 cm x 22 cm; SKB 20, S. 5; u. l. Titel und dat.: „Höchst am Main - Blick über den Main nach Süden 16.3.1966".
Nachlass/Museum Eschborn

4.1.1. Landschaften 1967

Z162 Seckbach
1967
Feder, 15 cm x 11 cm; SKB 24, S. 5; u. l. monogr. und dat.: „H. F. 1967 Seckbach".
Nachlass/Museum Eschborn

Z163 Seckbach
1967
Feder, 15 cm x 11 cm; SKB 24, S. 6; u. l. monogr. und dat.: „H. F. 1967", u. r. Titel.
Nachlass/Museum Eschborn

Z164 Seckbach
1967
Feder, 15 cm x 11 cm; SKB 24, S. 8; u. l. monogr. und dat.: „H. F. 3.1967 Seckbach".
Nachlass/Museum Eschborn

4.1.1. Landschaften 1968

Z165 Oberhöchstadt von Eschborn gesehen*
1968
Feder laviert, 13,5 cm x 22 cm; SKB 20, S. 6; u. r. monogr. und dat.: „H. F. 1968", u. m. Titel.
Nachlass/Museum Eschborn

Z166 Landschaft*
um 1968
Feder laviert, 10 cm x 18,5 cm; u. r. sign.: „H. Franke".
Privatbesitz
Datierung aufgrund des Vergleichs mit SKB 20, S. 6.

4.1.1. Landschaften 1969

Z167 Baumstudie
1969
Bleistift, 13,5 cm x 22 cm; SKB 20, S. 7; u. l. dat.: „8.9.69".
Nachlass/Museum Eschborn

Z168 Sternfels - Hessen*
1969
Feder laviert, 11,5 cm x 18 cm; u. l. dat. und Titel: „9.9.1969 Sternfels (Hessen)".
Vom gleichem Motiv entstand am 3.9.1996 eine Fassung in Öl. Vgl. Z816
Nachlass/Museum Eschborn

Z169 Flusslandschaft*
um 1969
Feder laviert, 16 cm x 14 cm; u. l. monogr.: „H. F".
Privatbesitz
Datierung aufgrund des Vergleichs mit Z168.

Z170 Landschaft - Bäume am Fluß*
um 1969
Feder laviert, weiß gehöht auf braun getöntem Papier, 16 cm x 11 cm; u. monogr.: „H. F", darunter: „Ein gutes Neues Jahr Hanny Franke".
Privatbesitz
Datierung aufgrund des Vergleichs mit Z168.

Z171 Flusslandschaft*
um 1969
Feder, 16 cm x 21,5 cm; u. l. monogr.: „H. F".
Privatbesitz
Datierung aufgrund des Vergleichs mit Z168.

Z172 Flusslandschaft*
um 1969
Feder, 9 cm x 11,5 cm; u. r. monogr.: „H. F".
Aukth. Arnold, Frankfurt/M., 18.11.2000
Datierung aufgrund des stilistischen Vergleichs mit Z168.

Z173 Waldlandschaft*
um 1969
Feder, 11 cm x 15 cm; o. Bez.
Nachlass/Museum Eschborn
Datierung aufgrund des Vergleichs mit Z168.

Z174 Baum am Bach*
um 1969
Feder, 14,5 cm x 12 cm; o. Bez.
Nachlass/Museum Eschborn
Datierung aufgrund des Vergleichs mit Z168.

Z175 Taunuslandschaft mit zwei Gebäuden*
um 1969
Feder, 13,5 cm x 19 cm; o. Bez.
Nachlass/Museum Eschborn
Datierung aufgrund des Vergleichs mit Z168.

Z176 Bachlandschaft*
um 1969
Feder, 11 cm x 15,5 cm; o. Bez.
Nachlass/Museum Eschborn
Datierung aufgrund des Vergleichs mit Z168.

4.1.1. Landschaften 1970

Z177 St. Peter - Renchtal*
1970
Bleistift, 11 cm x 23,5 cm; u. r. Titel und dat.: „St. Peter, Renchtal 1970".
Nachlass/Museum Eschborn

Z178 Renchtal*
1970
Bleistift, 11 cm x 15 cm; u. l. monogr., dat. und Titel: „H. F. 1. Aug. 1970 Renchtal".
Nachlass/Museum Eschborn

Z179 Schwarzwald*

1970
Bleistift, 21 cm x 18 cm; u. r. sign., dat. und Titel: „H. Franke August 1970 Schwarzwald".
Nachlass/Museum Eschborn

Z180 Schwarzwald*

1970
Bleistift, 16,5 cm x 23 cm; u. l. sign., dat. und Titel: „Schwarzwald 1970 H. Franke".
Nachlass/Museum Eschborn

Z181 Schwarzwald*

1970
Bleistift, 12 cm x 18 cm, u. r. sign.: „H. Franke", u. l. Titel, „7.8.1970".
Nachlass/Museum Eschborn

Z182 Nebtal - Schwarzwald

1970
Bleistift, 14,5 cm x 22 cm, u. r. sign. und dat.: „H. Franke 1970", u. l. Titel
Nachlass/Museum Eschborn

Z183 Peterstal - Schwarzwald

1970
Bleistift, 15,5 cm x 20,5 cm, u. l. sign., Titel, dat.: „H. Franke Peterstal Aug. 1970".
Nachlass/Museum Eschborn

Z184 Schwarzwaldlandschaft

1970
Bleistift, 11,5 cm x 18 cm, u. r. dat., Titel, monogr.: „29.8.1970 Schwarzwald H. F."
Nachlass/Museum Eschborn

4.1.2. Undatiert

Z185 Taunus und Feldberg*

Bleistift, 13 cm x 20 cm, u. r. sign.: „H. Franke", u. l. Titel.
Nachlass/Museum Eschborn

Z186 Taunus vor der Hühnerstraße*

Bleistift, 9,5 cm x 17 cm, u. r. sign.: „H. Franke", u. l. Titel.
Nachlass/Museum Eschborn

Z187 Blick zum grossen und kleinen Feldberg - Taunus von der Hühnerstraße (Bechtheim)*

Bleistift, 11 cm x 18 cm, u. r. monogr.: „H. F.", u. l. Titel.
Nachlass/Museum Eschborn

Z188 Bergkonturen - Taunus

Bleistift, 21 cm x 17,5 cm, SKB 3, S. 1, o. Bez.
Nachlass/Museum Eschborn

Z189 Bergkonturen - Taunus

Bleistift, 21 cm x 17,5 cm, SKB 3, S. 2, o. Bez.
Nachlass/Museum Eschborn

Z190 Bergkonturen - Falkenstein

Feder, 6,5 cm x 10 cm, u. r. monogr.: „H. F.", u. l. Titel.
Nachlass/Museum Eschborn

Z191 Bergkonturen

Bleistift, 6 cm x 10 cm, u. l. monogr.: „H. F.".
Nachlass/Museum Eschborn

Z192 Bergkonturen - Altkönig

Feder, 6,5 cm x 10 cm, u. l. monogr.: „H. F.", o. m. Titel
Nachlass/Museum Eschborn

Z193 Bergkonturen

Bleistift, 6,5 cm x 10 cm, u. l. monogr.: „H. F.".
Nachlass/Museum Eschborn

Z194 Bergkonturen

Bleistift, 6,5 cm x 10 cm, u. r. monogr.: „H. F.".
Nachlass/Museum Eschborn

Z195 Bergkonturen

Feder, 8,5 cm x 14 cm, o. Bez.
Nachlass/Museum Eschborn

Z196 Bergkonturen

Feder, 6,5 cm x 10 cm, u. r. monogr.: „H. F."
Nachlass/Museum Eschborn

Z197 Aufsteigende Gewitterwolken

Bleistift, weiß gehöht auf ockerfarbenem Papier, 17 cm x 22,5 cm; u. r. monogr.: „H. F.".
Nachlass/Museum Eschborn

Z198 Aufsteigende Gewitterwolken

Bleistift, weiß gehöht auf ockerfarbenem Papier, 20 cm x 26 cm; u. r. monogr.: „H. F.", verso: „Sa".
Nachlass/Museum Eschborn

Z199 Dorfstraße

Bleistift, auf grundiertem Papier, 26 cm x 17,5 cm; o. Bez.
Nachlass/Museum Eschborn
Bei diesem Blatt handelt es sich vermutlich um die Vorbereitung eines dann nicht zur Ausarbeitung gelangten Ölbildes.

Z200 Flusslandschaft*

Feder aquarelliert, 10,5 cm x 15 cm, u. r. sign.: „H. Franke".
Aukth. Arnold, Frankfurt/M., 24.11.1973
Literatur: Kat. Verst. Arnold Ffm. Nov. 1973, Abb. S. 27

Z201 Gehöft mit Baumgruppe*

Feder laviert, 15,5 cm x 10,5 cm, u. r. sign.: „H. Franke".
Aukth. Arnold, Frankfurt/M., 18.11.2000

Z202 Baumlandschaft*

Feder/schwarze Kreide, 12 cm x 15,5 cm; u. l.: „Frohe Weihnacht, gutes Neujahr", u. r. sign.: „Hanny Franke".
Galerie Fach, Frankfurt/M., 10.2.2005

Z203 Landschaft*

Feder, laviert, 10 cm x 15 cm, u. r.: „Ein gutes Neues Jahr - Hanny Franke & Familie."
Privatbesitz

Z204   Die Ebersburg*
Bleistift, 12 cm x 17 cm, u. r. Titel, u. l. sign.: „Hanny Franke".
Privatbesitz

4.2. Stadtlandschaften und Architektur

4.2.1. Frankfurt am Main

Z205   Frankfurt am Main - Untermainbrücke *
1921
Bleistift, 16 cm x 11,5 cm, u. m. Titel, sign. und dat.:
„Untermainbrücke 1921 H. Franke".
Nachlass/Museum Eschborn

Z206   Frankfurt am Main - westliche Mainpartie*
1921
Feder aquarelliert, 12 cm x 16,5 cm, u. l. sign. und dat.: „H. Franke
21", unter dem aufgeklebtem Blatt: Titel.
Nachlass/Museum Eschborn

Z207   Die Notbrücke von Frankfurt am Main nach dem Einsturz durch Eisgang*
1924
Bleistift, 18 cm x 28,5 cm, u. l. Titel, sign. und dat.: „Die Notbrücke v.
Frankfurt a. M. nach dem Einsturz durch Eisgang gezeichnet am 22.
Januar 1924 H. Franke".
Frankfurt am Main/Historisches Museum, Inv.-Nr. C43495
Blick auf die Notbrücke vom Sachsenhauser Ufer aus. Im Januar
1924 stürzte die Notbrücke über den Main ein, da Eisschollen die
hölzernen Pfeiler eingedrückt hatten.
Literatur: Lorei/Kirn 1966, S. 25

Z208   Die Notbrücke von Frankfurt am Main nach dem Einsturz durch Eisgang*
1924
Bleistift, 15,5 cm x 31,5 cm, u. r. Titel, sign. und dat.: „Die Notbrücke
v. Frankfurt a. M. nach dem Einsturz durch Eisgang gezeichnet am
22. Januar 1924 H. Franke".
Frankfurt am Main/Historisches Museum, Inv.-Nr. C26854
Ansicht der Notbrücke vom Frankfurter Ufer aus.

Z209   Die Notbrücke von Frankfurt am Main nach dem Einsturz durch Eisgang*
1924
Bleistift, 16,5 cm x 24,5 cm, u. r. Titel, sign. und dat.: „Die Notbrücke
v. Frankfurt a. M. nach dem Einsturz durch Eisgang 22. Januar 1924
H. Franke".
Frankfurt am Main/Historisches Museum, Inv.-Nr. C26855
Ansicht der Notbrücke vom Frankfurter Ufer aus. Im Unterschied zu
Z208 wurde die Notbrücke hier in einem näheren Bildausschnitt
erfasst.
Literatur: Schembs 1989, Abb. S. 189

Z210   Sachsenhäuser Warte*
1925
Bleistift, 38 cm x 29 cm, u. r. sign. und dat.: „H. Franke 25", u. l. Titel.
Frankfurt am Main/Historisches Museum, Inv.-Nr. C41214
Spätgotischer Wehrturm welcher um 1470 errichtet und nach 1552
erneuert wurde.

Z211   Sachsenhäuser Warte*
um 1925
Feder/Bleistift, 17 cm x 13 cm, u. r. sign.: „H. Franke", u. l. Titel.
Nachlass/Museum Eschborn

Z212   Kuhhirtenturm*
1927
Bleistift weiß gehöht auf brauntonigem Papier, 19 cm x 27 cm, u. r.
sign. und dat.: „H. Franke 12.3.1927", u. l. Titel.
Frankfurt am Main/Historisches Museum, Inv.-Nr. C41398
Spätgotischer Wehrturm der ehemaligen Stadtbefestigung der um
1490 als Teil der Sachsenhäuser Ufermauer errichtet wurde.
Literatur: Schomann 1977, S. 47

Z213   Gartenhäuschen der Marianne von Willemer
1927
Feder aquarelliert, 13,5 cm x 8 cm, u .r. sign.: „H. Franke", u. l. Titel.
Nachlass/Museum Eschborn
Beim Willemer-Häuschen handelt es sich um ein klassizistisches
Gartenhäuschen. Es wurde um 1810 turmartig in einer ehemals
aussichtsreichen Lage auf dem Mühlberg errichtet und gilt als
Goethe-Gedenkstätte. Vorliegende Arbeit ist eine Geburtstagspost-
karte von Hanny Franke an seine Schwester Magdalene vom
25.1.1927. Im selben Jahr fertigte der Künstler eine Lithographie des
Willemerschen Gartenhäuschens an. Vgl. DG53
Literatur: Kernert 1985, Nr, 47

Z214   Architekturstudie*
Zwischen 1922 und 1938
Bleistift, 16,5 cm x 12 cm, u .r. sign.: „H. Franke".
Privatbesitz
Die Zeichnung entstand vermutlich zwischen 1922 und 1938, als der
Maler in einem Haus am Börsenplatz lebte. Beim Blick aus dem
Fenster fiel die Sicht direkt auf das alte Börsengebäude.

Z215   Abendliches Fenster - Wiesenau*
1945
Bleistift, 17,5 cm x 11 cm, SKB 26, S. 4, u .l. monogr.: „H. F.", u.m dat.
und Titel.
Nachlass/Museum Eschborn

Z216   Kreuzgang Dominikaner Kloster*
1945
Bleistift, 17,5 cm x 11 cm, SKB 26, S. 6, u. r. monogr.: „H. F.", u. l. Titel
und dat.
Nachlass/Museum Eschborn

Z217   Bäume im winterlichen Hinterhof*
1947
Kohle/Kreide auf grauem Papier, 24 cm x 19 cm, u. l. sign. und dat.:
„H. Franke 47".
Aukth. Arnold, Frankfurt/M. 4.9.2004
Literatur: Kat. Verst. Arnold 2004/III, S. 79;
http://www.auktionshaus-arnold.de/sites/is_katalog.
php?mode=3&auction=A154, Zugriff am 1.9.2004

Z218   Krankenhaus - Blick vom Fenster
1958
Bleistift, 17,5 cm x 12,5 cm, SKB 13, S. 2, u. r. monogr.: „H. F.", u. l.:
„Krankenhaus".
Nachlass/Museum Eschborn

Z219   **Krankenhaus - Blick vom Fenster**
1958
Bleistift/Feder, 17,5 cm x 12,5 cm, SKB 13, S. 5, u. l.: „Krankenhaus 1958".
Nachlass/Museum Eschborn

Z220   **Krankenhaus**
1958
Bleistift/Feder, 17,5 cm x 12,5 cm, SKB 13, S. 4, u. r.: „Krankenhaus 1958".
Nachlass/Museum Eschborn

Z221   **Sachsenhäuserwarte - o. a. A.***
Feder (?), u. r.: „H. F.", unter dem dazugehörigem Text ist Hanny Franke als Urheber der Zeichnung genannnt. Mit Kugelschreiber auf dem Zeitungsausschnitt vermerkt: „Ostern 62".
Aukth. Arnold, Frankfurt/M., 22.11.2003
Quelle: Kolorierter Zeitungsausschnitt ohne Datierung. Der Zeitungsausschnitt befand sich in einer Mappe, die 17 Graphiken und zwei Handzeichnungen des Künstlers enthielt.
Literatur: Kat. Verst. Arnold IV, 2003, S. 72

4.2.2. Frankfurt am Main - Trümmerbilder

Z222   **Hinter dem Dom - Ruinen des Leinwandhauses von der Fahrgasse gesehen***
1945
Bleistift aquarelliert, 15 cm x 19,5 cm, o. l. Titel, u. l. sign. und dat.: „H. Franke 1945".
Nachlass/Museum Eschborn

Z223   **Frankfurter Dom mit abgedecktem Dach**
1945
Kohle, 19,5 cm x 16 cm, SKB 28, S. 1, u. r. monogr. und dat.: „H. F. 1945".
Nachlass/Museum Eschborn

Z224   **Häuserruinen***
1945
Bleistift, 30,5 cm x 22 cm, m. r. Titel, sign. und dat.: „Häuserruinen Freiherr- v.-Stein-Strasse Rückseite H. Franke Frankfurt a. M. 1945", verso: „Trümmer im Westend".
Nachlass/Museum Eschborn

Z225   **Ruinen in Saalhofgasse mit Dreikönigskirche***
1949
Kohle, 22,5 cm x 18,5 cm, SKB 10, S. 2, u. r. sign. und dat.: „H. Franke 49", u. m. Titel.
Nachlass/Museum Eschborn

Z226   **Staufische Saalhofkapelle Frankfurt am Main - Nordseite***
1950
Kreide braun, 22,5 cm x 18,5 cm, SKB 10, S. 9, u. r. sign., dat.: „H. Franke 1950", u. l. Titel.
Von dieser Ansicht existiert neben einem Aquarell auch ein Fassung in Öl von 1961. Vergleiche hierzu G1007, A455.
Nachlass/Museum Eschborn

4.2.3. Andere Städte

Z227   **Rotenburg ob der Tauber***
um 1910
Feder, 27,5 cm x 18,5 cm, u. r. sign.: „Hanny Franke"; u. l. Titel
Nachlass/Museum Eschborn

Z228   **Dorf und Burg Dalberg (Hunsrück) - o. a. A.***
1921
Feder; u. l. sign. und dat.: „H. Franke 1921"
Im gleichem Jahr entstand eine Radierung des Motivs. Vgl. DG16
Quelle: Hunsrückverein e. V. (Hrsg.): Der Hunsrück - Beiträge zur Natur Kultur und Geschichte, herausgegeben vom Hunsrückverein e. V. zur Feier seines 75-jährigen Bestehens, 1965, Abb. S. 145

Z229   **Zweibrücken Pfalz**
1922
Bleistift, 19,5 cm x 28 cm, u. r. sign. und dat.: „H. Franke 22"; u. l. Titel
Nachlass/Museum Eschborn

Z230   **Haus unterhalb des Praters***
1922
Feder, 8,5 cm x 14 cm; u. r. sign. und dat.: „H. Franke 1922", unter dem aufgeklebtem Blatt: Titel.
Nachlass/Museum Eschborn

Z231   **Hallstadt***
1922
Bleistift, 22 cm x 12 cm; u. r. sign.: „H. Franke", u. l. Titel und dat., unter dem aufgeklebtem Blatt: „Erinnerung an die Wienreise (Hallstadt) 1922".
Nachlass/Museum Eschborn

Z232   **Salzkammergut - Hallstadt***
1922
Bleistift, 21 cm x 16,5 cm; u. l. sign.: „H. Franke", unter dem aufgeklebtem Blatt: „Salzkammergut, Hallstadt (Erinnerung an die Wienreise 1922)".
Nachlass/Museum Eschborn

Z233   **Hallstadt***
1922
Feder, 12 cm x 8,5 cm; u. l. sign. und dat.: „H. Franke 22", u. r. Titel.
Nachlass/Museum Eschborn
Zu diesem Motiv fertigte der Künstler eine Radierung. Die Druckplatte für dieses Motiv befindet sich im Nachlass/Museum Eschborn. Vgl. DG26

Z234   **Hallstadt***
1922
Feder, 12 cm x 8,5 cm; u. l. sign. und dat.: „H. Franke 22", u. r. Titel.
Vgl. hierzu Z233, DG26
Nachlass/Museum Eschborn

Z235   **Passau***
1922
Feder, 7 cm x 9,5 cm; u. r. monogr. und dat.: „H. F. 22", u. l.: „Passau-Abfahrt".
Nachlass/Museum Eschborn

Z236 Kreuznach

um 1922
Bleistift, 21,5 cm x 13,5 cm; u. r.: „Hanny Franke", u. l. Titel.
Aukth. Arnold, Frankfurt/M., 22.11.2003
Literatur: Kat. Verst. Arnold IV, 2003, S. 72

Z237 Innsbruck - Inn

1926
Bleistift, 16,5 cm x 21 cm; in SKB 2 eingeklebt, S. 1; u. r. monogr. und dat.: „H. F. 1926", u. l. Titel.
Nachlass/Museum Eschborn

Z238 St. Lucia - Venedig

1926
Bleistift, 16 cm x 22 cm; in SKB 2 eingeklebt, S.2; u. r. monogr. und dat.: „H. F. 1926", u. l. Titel.
Nachlass/Museum Eschborn

Z239 Ravenna - Glockenturm vom Dom und Baptisterium

1926
Bleistift, 17 cm x 22 cm; in SKB 2 eingeklebt, S.3; u. l. sign. und dat.: „H. Franke 1926", u. l. Titel.
Nachlass/Museum Eschborn

Z240 Ravenna - Chiesa S. Francesco

1926
Bleistift, 16 cm x 24,5 cm; in SKB 2 eingeklebt, S.4; u. r. sign. und dat.: „H. Franke 1926".
Nachlass/Museum Eschborn

Z241 Giulianova

1926
Bleistift, 16 cm x 24,5 cm; in SKB 2 eingeklebt, S.5; u. r. sign. und dat.: „H. Franke 1926".
Nachlass/Museum Eschborn

Z242 Giulianova

1926
Bleistift aquarelliert, 16 cm x 24 cm; in SKB 2 eingeklebt, S.7; u. r. sign. und dat.: „H. Franke 1926".
Nachlass/Museum Eschborn

Z243 Giulianova - Blick vom Balkon*

1926
Bleistift, 16,5 cm x 25 cm; in SKB 2 eingeklebt, S.8; u. r. sign. und dat.: „H. Franke 1926".
Nachlass/Museum Eschborn

Z244 Giulianova

1926
Bleistift, 11,5 cm x 16,5 cm; in SKB 2 eingeklebt, S.10; u. r. sign. und dat.: „H. Franke 1926".
Nachlass/Museum Eschborn

Z245 Loreto - Santa Casa*

1926
Bleistift, 10,5 cm x 15 cm; in SKB 2 eingeklebt, S.23; u. r. sign., dat. und Titel: „H. Franke 1926 Loreto (Santa Casa)".
Nachlass/Museum Eschborn

Z246 Ancona - Hafen*

1926
Bleistift, 16 cm x 24 cm; in SKB 2 eingeklebt, S.24; u. r. sign. und dat.: „H. Franke 1926".
Nachlass/Museum Eschborn

Z247 Ancona - Stadtansicht*

1926
Bleistift, 16,5 cm x 24,5 cm; in SKB 2 eingeklebt, S.27; u. r. sign. und dat.: „H. Franke 1926".
Nachlass/Museum Eschborn

Z248 Ancona*

1926
Bleistift, 23,5 cm x 35 cm; u. l. Titel, sign. und dat.: „Ancona H. Franke 1926".
Nachlass/Museum Eschborn

Z249 Rom - Titusbogen

1926
Bleistift, 16 cm x 23 cm; in SKB 2 eingeklebt, S.28; u. r. sign. und dat.: „H. Franke 1926".
Nachlass/Museum Eschborn

Z250 Rom am Palatin

1926
Bleistift, 16 cm x 22,5 cm; in SKB 2 eingeklebt, S.29; u. r. sign. und dat.: „H. Franke 1926".
Nachlass/Museum Eschborn

Z251 Assisi

1926
Bleistift, 16 cm x 21,5 cm; in SKB 2 eingeklebt, S.30; u. r. sign. und dat.: „H. Franke 1926".
Die Ansicht von Assisi fertigte der Künstler auch als Lithographie an. Vgl. DG52
Nachlass/Museum Eschborn

Z252 Assisi - Blick ins umbrische Land

1926
Bleistift, 16 cm x 25 cm; in SKB 2 eingeklebt, S.31; u. r. sign. und dat.: „H. Franke 1926".
Nachlass/Museum Eschborn

Z253 Florenz - Dom*

1926
Bleistift, 14,5 cm x 23 cm; in SKB 2 eingeklebt, S.31; u. r. sign. und dat.: „H. Franke 1926".
Nachlass/Museum Eschborn

Z254 Florenz - Ponte Vecchio

1926
Bleistift, 16 cm x 22 cm; in SKB 2 eingeklebt, S.32; u. r. sign. und dat.: „H. Franke 1926".
Nachlass/Museum Eschborn

Z255 **Bingen am Rhein***

1926
Bleistift, 19 cm x 25 cm; u. l. sign. und dat.: „H. Franke 1926", verso: „Bingen a. Rh. vom Münsterer Berg auf die Nahe, mit Schloss Klopp, li. Teil von Bingerbrück mit Nikolauskapelle, dahinter Burg Ehrenfels mit Rüdesheimer Berg. gez. 1926".
Nachlass/Museum Eschborn
Hierzu existieren ein um die gleiche Zeit entstandenes Aquarell sowie ein Ölbild, welches den Blick von der Burg Klopp auf Bingen zeigt. Vgl. A462, G1008

Z256 **Geislersches Haus - Koblenz -Horchheim - Geburtshaus von Hanny Franke***

um 1927
Bleistift, 10,5 cm x 14,5 cm; eingeklebt im persönlichen Fotoalbum von Hanny Franke, S. 3 ; u. r. monogr.: „H. F.".
Nachlass/Museum Eschborn

Z257 **Pfarrkirche Bingen am Rhein von Burg Klopp aus gesehen**

1928
Bleistift, 9,5 cm x 7 cm, u. r. sign.: „H. Franke", u. l. Titel
Nachlass/Museum Eschborn

Z258 **Abtei Riddagshausen b. Braunschweig**

1916
Bleistift aquarelliert, 16 cm x 25,5 cm; in SKB 1 eingeklebt, S. 11; u. r. sign., dat.: „Hanny Franke 1916", unter dem eingeklebtem Blatt: „Abtei Riddagshausen b. Braunschweig - Zeit meines Lazarettaufenthalts in Braunschweig 1916-17".
Nachlass/Museum Eschborn

Z259 **Ancona**

1926
Bleistift, 21,5 cm x 31 cm, u. r. Titel, sign. und dat.: „Ancona 1926 H. Franke."
Nachlass/Museum Eschborn

Z260 **Hauseingang**

um 1927
Feder aquarelliert, 10 cm x 14 cm; in persönliches Fotoalbum Hanny Franke eingeklebt, S. 6; u. l.: „Haus der Gross- Urgross- u. Ururgrosseltern Nikol - Michael - Jakob - Peter Bah in Weiler b. Bad. Salzig a Rhein (erbaut Anno 1750) von Nikol Bach".
Nachlass/Museum Eschborn
Datierung erfolgte aufgrund eines stilistischen Vergleichs mit einer aquarellierten Federzeichnung von 1927: „Das Heidenfeld zwischen Praunheim u. Heddernheim".

Z261 **Blick vom Hauseingang**

um 1927
Feder aquarelliert, 9,5 cm x 12,5 cm; in persönliches Fotoalbum Hanny Franke eingeklebt, S. 6; u. r. monogr, darunter.: „Dorfplatz mit Röhrenbrunnen vor d. Hause d. Grosseltern in Weiler (Bad Salzig a Rhein (erbaut Anno 1750) von Nikol Bach".
Nachlass/Museum Eschborn
Datierung erfolgte aufgrund eines stilistischen Vergleichs mit einer aquarellierten Federzeichnung von 1927: „Das Heidenfeld zwischen Praunheim u. Heddernheim".

4.3. Menschen

4.3.1. Selbstporträts

Z262 **Porträtstudien - Selbstporträt, Margrit, Tilla, Waldemar, Alfons Wich**

1922
Bleistift, 19 cm x 24,5 cm; u. r. sign. und dat.: „Wien - Lainz 1922 - Hanny Franke".
Nachlass/Museum Eschborn
Literatur: FR 13.10.1997, Abb.

Z263 **Selbstporträt in Halbfigur mit Hut, Pfeife und Tasche***

um 1923
Bleistift, 15,5 cm x 8,5 cm; o. Bez.
Nachlass/Museum Eschborn

Z264 **Selbstporträt mit Pfeife***

1926
Bleistift, 21,5 cm x 19 cm, u. r. sign. und dat.: „H. Franke 26".
Nachlass/Museum Eschborn

Z265 **Selbstporträt mit Pfeife***

1926
Bleistift, 12,5 cm x 14,5 cm, u. r. sign. und dat.: „H. Franke Nov. 1926".
Nachlass/Museum Eschborn

Z266 **Selbstporträt - Drei Profilansichten***

1949
Bleistift, 27 cm x 19 cm; u. l. sign.: „H. Franke", u. r. monogr. und dat.: „H. F. Febr. 1949."
Nachlass/Museum Eschborn
Im Jahre 1925 fertigte der Maler ein Selbstporträt in Öl an, welches ihn in jener Profilansicht zeigt in der er sich 29 Jahre später in Bleistift festhielt. Vgl. G1026
Ausstellung: 1975, Eschborn/Ts.
Literatur: Ausst. Kat. Eschborn/Ts. 1975

Z267 **Selbstporträt in Profilansicht***

1949
Kohle, weiß gehöht auf grüntonigem Papier, 32 cm x 22 cm; u. r. monogr. und dat.: „H. F. 1949".
Nachlass/Museum Eschborn

Z268 **Selbstporträt mit Brille und Pfeife**

1945
Bleistift, 12 cm x 10 cm; u. r. sign. und dat.: „H. Franke März 1945".
Privatbesitz
Das Selbstporträt mit Brille und Pfeife wurde auf dem Plakat zur Ausstellungsankündigung abgebildet.
Ausstellung: 1975, Eschborn/Ts.
Literatur: Kat. Verst. Arnold, Ffm. Nov. 1973, Abb. S. 27; Ausst. Kat. Eschborn/Ts. 1975, Abb.

Z269 **Selbstporträt mit Brille - Dreiviertelansicht nach links**

1946
Bleistift, 22,5 cm x 18 cm; in LE VIII, 1. Seite ; u. r. monogr. und dat.: „H. F. 1946".
Nachlass/Museum Eschborn

Z270 **Selbstporträt mit Pfeife im Mund***

um 1950
Blaue Tusche, Feder und Pinsel, 16, 5 cm x 10,5 cm, u. l. sign.: „H. Franke".
Nachlass/Museum Eschborn

4.3.2. Porträts und Einzelpersonendarstellungen

4.3.2.1. Datiert

Z271 **Porträt eines Soldaten I***

1915
Buntstift, 17 cm x 13,5 cm; in SKB 1 eingeklebt, S. 1; u. r. sign. und dat.: „H. Franke 1915", unter dem eingeklebtem Blatt: „Im Lazarettzug skizziert - Januar - Februar 1915".
Nachlass/Museum Eschborn

Z272 **Porträt eines Soldaten II***

1915
Buntstift, 12,5 cm x 10 cm; in SKB 1 eingeklebt, S. 5; u. r. monogr. und dat.: „Metz 1915 H. F.", unter dem eingeklebtem Blatt: „Im Lazarettzug bei Metz skizziert (Januar - Februar 1915).
Nachlass/Museum Eschborn

Z273 **Schütze Strobel***

1915
Feder, 11,5 cm x 12,5 cm; in SKB 1 eingeklebt, S. 2; u. r. sign., dat. und Titel: „Schütze Strobel - Schmiedeberg i. Riesengebirge - gez. V. Hanny Franke 1915".
Nachlass/Museum Eschborn

Z274 **Porträt Gefreiter Klugmann***

1915
Feder, 6 cm x 8 cm; in SKB 1 eingeklebt, S. 2; u. r. monogr. und Titel: „Gefreiter Klugmann 2. Komp. Gebirgsabteilung - H. F.", u. l. dat.: „1915".
Nachlass/Museum Eschborn

Z275 **Porträt Gebirgsjäger Hans***

1915
Feder, 12 cm x 8 cm; in SKB 1 eingeklebt, S. 3; u. r. monogr. und dat.: „H. F. 1915", unter dem eingeklebtem Blatt: „Gebirgsjäger Hans aus Rosenheim (Senne) - Schmiedeberg i. R. 1915":
Nachlass/Museum Eschborn

Z276 **Soldat beim Gewehrreinigen***

1915
Feder laviert, 12 cm x 8 cm; in SKB 1 eingeklebt, S. 3; u. r., monogr. und dat.: „H. F. 1915".
Nachlass/Museum Eschborn

Z277 **Porträt Landsturmmann Böhme***

1917
Bleistift, 14,5 cm x 13 cm; Blatt an den Ecken beschnitten, in SKB 1 eingeklebt, S. 12; u. r. Titel, sign. und dat.: „Landsturmmann Böhme gez. Hanny Franke 1917 Braunschweig", unter dem eingeklebtem Blatt: „Im Lazarett 4 - Konzerthaus - Braunschweig im Winter 1916-17 gez.".
Nachlass/Museum Eschborn

Z278 **Polnischer Junge I***

1917
Bleistift, 18 cm x 11,5 cm; in SKB 1 eingeklebt, S. 14; u. r. monogr. und dat.: „H. F. 1917", unter dem eingeklebtem Blatt: „Zwei polnische Jungen gez. in Posen Mai 1917".
Nachlass/Museum Eschborn

Z279 **Polnischer Junge II***

1917
Bleistift, 18 cm x 12 cm; in SKB 1 eingeklebt, S. 14; u. r. monogr. und dat.: „H. F. 1917", unter dem eingeklebtem Blatt: „Zwei polnische Jungen gez. in Posen Mai 1917".
Nachlass/Museum Eschborn

Z280 **Porträt eines jungen Mädchens***

1917
Bleistift, 17 cm x 14,5 cm; u. r. sign. und dat.: „Hanny Franke 1917", verso: „s. Schwester Else".
Nachlass/Museum Eschborn

Z281 **Porträt eines jungen Mannes mit Brille - Hans Brasch (?)***

1920
Bleistift, 19 cm x 15 cm; u. l. sign. und dat.: „H. Franke 1920".
Nachlass/Museum Eschborn

Z282 **Maler Hans Brasch beim Aktzeichnen***

um 1920
Rötel, 12 cm x 10 cm; u. l. Titel, sign. und dat.: „H. Franke Frankfurt a. M.".
Beim Dargestellten handelt es sich vermutlich um den „Jungen Mann mit Brille", der vom Künstler auch in Bleistift festgehalten worden war. Vgl. Z281. Der Maler und Graphiker Hans Brasch (geb. 2.4.1882 in Karlsruhe, + 13.5.1973) war zwischen 1904 - 1908 Meisterschüler bei Hans Thoma. Studien in Paris und bei Ferdinand Hodler ergänzten seine Ausbildung. Von 1913 an in Frankfurt/M. ansässig, lebte er ab 1920 in Urberg bei St. Blasien im Schwarzwald und von 1930 an in Stuttgart.
Nachlass/Museum Eschborn
Literatur: Faltblatt Witten 1958

Z282 **Baby***

1921
Bleistift, 9,5 cm x 14,5 cm, u. l. dat.: „1921".
Nachlass/Museum Eschborn

Z283 **Die Nebelfrau - erste Skizze für ein Bild***

1922
Bleistift, 26 cm x 17 cm, u. r. sign.: „H. F. - die Nebelfrau erste Skizze für ein Bild 1922".
Nachlass/Museum Eschborn
Vergleiche hierzu eine Ölskizze gleichen Themas. Vgl. G1046

Z284 **Porträt - Schauspieler Baumann***

1922
Bleistift, 17,5 cm x 15,5 cm; u. r. monogr. und dat.: „H. F. 1922 Schauspieler Baumann", u. l. „gez. v. H. Franke 1922".
Nachlass/Museum Eschborn

Z285 **Porträtstudien - Vier Köpfe - Detailstudien***

1922
Bleistift, 18 cm x 14,5 cm; u. l. monogr. und dat.: „H. F. 1922 - Wien".
Nachlass/Museum Eschborn

Z286   Waldemar*
　　　　1922
　　　　Bleistift, 15 cm x 10 cm; u. r. sign. und dat.: „H. Franke 22 - Wien - Waldemar".
　　　　Nachlass/Museum Eschborn

Z287   Porträtstudien - Alfons und Margrit
　　　　1922
　　　　Bleistift, 15 cm x 23,5 cm; m. sign. und dat.: „Hanny Franke Erinnerung an Wien 1922".
　　　　Nachlass/Museum Eschborn

Z288   Porträt eines kleinen Jungen*
　　　　1922
　　　　Bleistift, 16 cm x 12,5 cm, u. r. monogr. und dat.: „H. F.22".
　　　　Nachlass/Museum Eschborn

Z289   Porträtstudie eines bärtigen Mannes mit Hut*
　　　　1922
　　　　Bleistift, 10 cm x 7 cm; u. l. monogr. und dat.: „H. F. 22 ", unter dem aufgeklebtem Blatt:
　　　　„Reisegesellschaft auf dem Dampfer".
　　　　Nachlass/Museum Eschborn
　　　　Die Studie entstand während einer Donaufahrt auf dem Dampfer nach Wien.

Z290   Bärtiger Mann mit Hut - ein Buch lesend I*
　　　　1922
　　　　Bleistift, 14,5 cm x 8 cm; u. r. monogr.: „H. F. ", u. l.: dat.: „22".
　　　　Nachlass/Museum Eschborn
　　　　Die Studie entstand während einer Donaufahrt auf dem Dampfer nach Wien.

Z291   Bärtiger Mann mit Hut - ein Buch lesend II*
　　　　1922
　　　　Bleistift, 13,5 cm x 9 cm; u. l. monogr. und dat.: „H. F. 22 ".
　　　　Nachlass/Museum Eschborn
　　　　Die Studie entstand während einer Donaufahrt auf dem Dampfer nach Wien.

Z292   Porträtstudie - Frau mit Hut - Profilansicht
　　　　1922
　　　　Feder, 8,5 cm x 7 cm; u. r. monogr. und dat.: „H. F. 22", unter dem aufgeklebtem Blatt: „Donaufahrt nach Wien 1922".
　　　　Nachlass/Museum Eschborn
　　　　Die Studie entstand während einer Donaufahrt auf dem Dampfer nach Wien.

Z293   Zwei Porträtstudien eines älteren Mannes mit Brille*
　　　　1923
　　　　Bleistift, 19 cm x 16 cm; u. r. sign. und dat.: „H. Franke 23".
　　　　Beim Porträtierten handelt es sich um Hanny Frankes Schwiegervater Vincenz Lhotka. Vgl. G1044
　　　　Nachlass/Museum Eschborn

Z294   Junge Frau - lesend im Liegestuhl*
　　　　1923
　　　　Bleistift, 25 cm x 18 cm; u. r. bez., sign. und dat.: „Schmiedeberg i. Riesengebirge 1923, H. F.".
　　　　Nachlass/Museum Eschborn

Z295   Frau beim Handarbeiten I
　　　　1923
　　　　Bleistift, 17 cm x 12,5 cm; u. r. sign. und dat.: „H. Franke 23".
　　　　Nachlass/Museum Eschborn

Z296   Frau beim Handarbeiten II
　　　　1923
　　　　Bleistift, 24 cm x 17 cm; u. r. sign. und dat.: „H. Franke 23".
　　　　Nachlass/Museum Eschborn

Z297   Porträt - Anna Lhotka, geb. Greiffzu
　　　　1924
　　　　Bleistift, 21,5 cm x 15 cm, u. r. sign. und dat.: „H. Franke 1924", u. m.: „Anna Lhotka, geb. Greiffzu, geb. 26.7.1869".
　　　　Nachlass/Museum Eschborn

Z298   Lesende Frau - am Tisch sitzend*
　　　　1924
　　　　Bleistift, weiß gehöht auf grautonigem Papier, 25 cm x 19,5 cm; u. r. dat.: „1924", o. r. sign.: H. Franke 24".
　　　　Nachlass/Museum Eschborn

Z299   Frau beim Lesen
　　　　1924
　　　　Bleistift, 28 cm x 18,5 cm; u. r. sign. und dat.: „H. Franke 1924".
　　　　Nachlass/Museum Eschborn

Z300   Frau beim Lesen an einem Tisch sitzend
　　　　1924
　　　　Bleistift, 21,5 cm x 16 cm, u. m. sign. und dat.: „H. Franke 24".
　　　　Nachlass/Museum Eschborn

Z301   Porträt einer jungen Frau - Profilansicht
　　　　1924
　　　　Bleistift, 14 cm x 13 cm; u. r. sign. und dat.: „H. Franke 24".
　　　　Nachlass/Museum Eschborn

Z302   Margarethe Franke, geb. Bach*
　　　　1924
　　　　Bleistift, 10 cm x 14 cm
　　　　Ehemals aus dem Nachlass von Hanny Frankes Schwester Christine Keller stammend; Standort unbekannt.

Z303   Margarete Franke, geb. Bach*
　　　　1924
　　　　Bleistift, 9 cm x 11 cm, u. r. sign. und dat.: „H. Franke 1924".
　　　　Ehemals aus dem Nachlass von Hanny Frankes Schwester Christine Keller stammend; Standort unkbekannt.

Z304   Hubert Franke - Hanny Frankes Vater*
　　　　1924
　　　　Bleistift, 26 cm x 34,5 cm, u. l. sign. und dat.: „H. Franke 1924".
　　　　Ehemals aus dem Nachlass von Hanny Frankes Schwester Christine Keller stammend; Standort unbekannt.

Z305   Sitzender Junge in Rückansicht*
　　　　1924
　　　　Bleistift, 16,5 cm x 12,5 cm; u. r. monogr. und dat.: „H. F. 1924", verso: „Nr. 63".
　　　　Nachlass/Museum Eschborn

Z306　Porträt einer jungen Frau - Dreiviertelansicht
um 1924
Bleistift, 16 cm x 13,5 cm; o. Bez., verso: „49".
Nachlass/Museum Eschborn
Datierung aufgrund stilistischen Vergleichs mit Z301.

Z307　Lesende junge Frau - in einem Sessel sitzend*
1925
Bleistift, weiß gehöht auf brauntonigem Papier, 31 cm x 21,5 cm; u. r. sign. und dat.: „H. Franke 25".
Nachlass/Museum Eschborn

Z308　Frau in Rückansicht - neben dem Fenster an einer Nähmaschine sitzend*
1925
Kohle, weiß gehöht auf grautonigem Papier, 33,5 cm x 21,5 cm; u. r. sign. und dat.: „H. Franke 25".
Nachlass/Museum Eschborn

Z309　Junge Frau liegend - ein Buch lesend
1925
Kohle, weiß gehöht auf brauntonigem Papier, 21 cm x 29,5 cm; u. l. monogr. und dat.: „H. F. 25".
Nachlass/Museum Eschborn

Z310　Junge Frau beim Lesen*
1925
Bleistifte/Buntstift, 16,5 cm x 15 cm, u. r. sign. und dat.: „H. Franke 25", verso: „Nr. 8", „geb. am 2.11.1902".
Privatbesitz

Z311　Halbfigur eines Mannes mit Pfeife in Profilansicht
um 1925
Bleistift, 15,5 cm x 10,5 cm, u. r. monogr.: „H. F.".
Nachlass/Museum Eschborn

Z312　Porträt - Mann mit Brille
1926
Kohle, weiß gehöht auf braunrötlich getöntem Papier, 17,5cm x 22 cm; u. m. monogr. und sign.: „H. F. 1926", verso: „H. Franke 1926".
Nachlass/Museum Eschborn

Z313　Ältere Frau nach unten blickend - Frontalansicht
1926
Bleistift, 18 cm x 18 cm, u. r. sign. und dat.: „H. Franke 1926".
Nachlass/Museum Eschborn

Z314　Junge Frau - mit ihrer rechten Hand den Kopf aufstützend
1926
Bleistift, weiß gehöht, auf grau getöntem Papier, 27 cm x 21,5 cm, u. r. sign. und dat.: „H. Franke 1926".
Nachlass/Museum Eschborn

Z315　Frau beim Handarbeiten I*
1926
Bleistift, 30,5cm x 21 cm; u. r. sign. und dat.: „H. Franke 1926".
Nachlass/Museum Eschborn

Z316　Frau beim Handarbeiten II*
1926
Bleistift, 23 cm x 17 cm; u. r. sign. und dat.: „H. Franke 1926".
Nachlass/Museum Eschborn

Z317　Frau beim Handarbeiten III
1926
Bleistift, 28 cm x 21,5 cm; u. l. sign. und dat.: „H. Franke 1926".
Nachlass/Museum Eschborn

Z318　Porträtstudie einer jungen Frau I
1926
Bleistift, 25 cm x 18,5 cm; u. r. sign. und dat.: „H. Franke 1926", verso: „H. F.".
Nachlass/Museum Eschborn

Z319　Porträtstudie einer jungen Frau II
1926
Bleistift, 23 cm x 22,5 cm; u. r. sign. und dat.: „H. Franke 1926".
Nachlass/Museum Eschborn

Z320　Weibliches Porträt - Profilansicht - Margrit Franke*
1926
Bleistift, 13 cm x 10,5 cm; u. l. monogr. und dat.: „H. F. 1926".
Nachlass/Museum Eschborn

Z321　Weibliches Porträt - Frontalansicht*
1926
Bleistift, 28,5 cm x 21,5 cm; u. r. monogr. und dat.: „H. Franke 1926".
Nachlass/Museum Eschborn

Z322　Ältere Frau beim Lesen*
1926
Bleistift, 25,5 cm x 18,5 cm; r. m. monogr. und dat.: „H. F. 26".
Nachlass/Museum Eschborn

Z324　Gesicht in Dreiviertelansicht - Handstudien
1926
Bleistift, 20,5 cm x 21,5 cm; u. r. sign. und dat.: „H. Franke 1926".
Nachlass/Museum Eschborn

Z325　Hubert Franke*
1927
Bleistift, 10 cm x 14 cm
Ehemals aus dem Nachlass von Hanny Frankes Schwester Christine Keller stammend; Standort unbekannt.

Z326　Georg Poppe am Zeichentisch*
1927
Bleistift, 12 cm x 12 cm; u. l. Titel, u. r. sign. und dat.: „H. Franke 12. Mai 1927".
Nachlass/Museum Eschborn
Der Maler Georg Poppe (geb.1883, gest. 1963) stammte aus Wartha/Schlesien. Er besuchte um 1900 die Breslauer Kunstschule, wechselte an die Badische Akademie in Karlsruhe und war Meisterschüler von Wilhelm Trübner. 1911 ließ er sich in Frankfurt/M. nieder. Langjähriger Freund Hanny Frankes.
Literatur: Klötzer 1996, S. 147; Ausst. Kat Frankfurt/M. 1983a; Gebhard Flegen: Neuere Werke und Georg Poppe, in: Die Christliche Kunst - Monatszeitschrift für alle Gebiete der christlichen Kunst und Kunstwissenschaft XXIV. Jahrg., Heft 11/August 1928, S. 336-345.

Z327　Frau beim Lesen*
1927
Kohle, weiß gehöht auf rötlich getöntem Papier, 29,5 cm x 22,5 cm; u. l. sign. und dat.: „H. Franke 27".
Nachlass/Museum Eschborn

Z328 **Zwei weibliche Porträtstudien***
1927
Kohle, weiß gehöht auf rötlich getöntem Papier, 22,5 cm x 21 cm; u. r. sign. und dat.: „H. Franke 27".
Nachlass/Museum Eschborn
Literatur: Faltblatt Eschborn, Abb.

Z329 **Porträt - Margrit Franke im Profil***
um 1927
Bleistift, 14,5 cm x 10 cm; u. r. monogr.: „H. F.".
Nachlass/Museum Eschborn
Datierung aufgrund stilistischen Vergleichs mit Z320.

Z330 **Weibliche Porträtstudie**
um 1927
Kohle, weiß gehöht auf grau getöntem Papier, 23 cm x 18,5 cm; u. r. monogr.: „H. F.".
Nachlass/Museum Eschborn
Datierung aufgrund stilistischen Vergleichs mit Z330.

Z331 **Frau beim Handarbeiten am Ofen sitzend***
um 1927
Bleistift, auf ockerfarben getöntem Papier, 24 cm x 18 cm; u. r.sign.: „H. Franke".
Nachlass/Museum Eschborn
Datierung aufgrund stilistischen Vergleichs mit Z329.

Z332 **Säugling***
1928
Bleistift, 11,5 cm x 17,5 cm; u. r. dat.: „1. Jan. 1928".
Nachlass/Museum Eschborn

Z333 **Porträt - Carl Hartmann Domkapellmeister in Frankfurt am Main***
1928
Feder, 13,6 cm x 10,9 cm; u. r. sign. und dat.: „H. Franke 1927", u. r.: Titel
Aukth. Arnold, Frankfurt/M., 18.11.2000
C. Hartmann hatte von 1867 an die Stelle des Domkapellmeisters in Frankfurt am Main inne. Daneben wirkte er als Konservator der Saalbauorgel, beteiligte sich als Organist des Cäcilien-Vereins, war Mitglied des Frankfurter Museumsorchesters und gilt als Gründer des Domchores. Die Verbindung von H. Franke zu C. Hartmann kam wohl über Margrit Franke zustande, die viele Jahre Geigenunterricht bei diesem genommen hatte. Im Jahre 1924 fertigte der Maler zwei Ölporträts des Domkapellmeisters an. Eine für die Slg. von Nikolaus Mannskopf, die andere für C. Hartmann selbst. Beide Arbeiten waren bisher nicht aufzufinden. Vgl. hierzu G1049, G1050
Literatur: LE II, S. 195; Franke 1966, Manuskript o. J. /Nachlass

Z334 **Junge Frau - Porträtstudie***
1929
Bleistift, 14,5 cm x 10,5 cm, u. l. monogr. und dat.: „H. F. 1929".
Nachlass/(Museum Eschborn

Z335 **Junge Frau Porträtstudie**
um 1929
Kohle, weiß gehöht auf brauntonigem Papier, 29 cm x 20,5 cm, u. r. sign.: „H. Franke".
Nachlass/Museum Eschborn

Z336 **Porträt - Benediktinerpater Ignatz aus Ilbenstadt***
um 1929
Kohle, weiß gehöht auf gelb-braun getöntem Papier, 16 cm x 13 cm, u. r. monogr.: „H. F.", verso: Titel.
Datierung aufgrund der Tatsache, dass im Jahre 1929 vom Künstler eine Serie von sechs Lithographien der Basilika von Ilbenstadt/ Wetterau entstand. Hrsg. dieser Mappe war das Benediktinerkloster Ilbenstadt, im Auftrag durch Pater Ignatius; Vgl. DG54-DG59
Nachlass/Museum Eschborn
Literatur: LE II, S.255

Z337 **Herr von Wiesthal, München***
1930
Bleistift, weis gehöht auf braungetöntem Papier, 29 cm x 34,5 cm, u. r. Titel, dat. und sign.: „H. Franke 1930 von Wiesthal München".
Ehemals aus dem Nachlass von Hanny Frankes Schwester Christine Keller stammend; Standort unbekannt.

Z338 **Porträt - Carl Hartmann Domkapellmeister in Frankfurt am Main - o. a. A.**
1933
Feder, u. r. monogr.: „H. F".
Datierung aufgrund eines Vermerkes von Hanny Franke. Die Zeichnung entstand für die Presse anlässlich des 85. Geburtstages des Musikers. Vgl. hierzu Z333, G1049, G1050
Literatur: LE II, S. 195; Franke 1966, Abb.; Manuskript o. J. / Nachlass

Z339 **Hütjunge - Rhön - später Holzschnitzer in Tirol***
nach 1936
Bleistift, 14 cm x 12,5 cm, u. l. Titel
Die Zeichnung entstand nach 1936, da der Maler in diesem Jahr erstmalig in der Rhön verweilte. Vgl. Z305.
Nachlass/Museum Eschborn

Z340 **22 einzelne männliche und weibliche Figurenstudien aus dem ländlichem Bereich - bei der Feldarbeit - Eimer tragend -stehend - sitzend***
nach 1936
Feder, 19,5 cm x 27 cm, u. r. monogr.: „H. F.".
Die Zeichnungen entstanden vermutlich während eines Aufenthalts in der Rhön, d. h. nach 1936, da der Maler in diesem Jahr erstmalig in der Rhön verweilte.
Nachlass/Museum Eschborn

Z341 **9 einzelne männliche und weibliche Figurenstudien aus dem ländlichem Bereich - bei der Feldarbeit - Eimer tragend - stehend - sitzend***
nach 1936
Feder/Bleistift, 19,5 cm x 25,5 cm, o. Bez.
Die Zeichnungen entstanden vermutlich während eines Aufenthalts in der Rhön, d. h. nach 1936, da der Maler in diesem Jahr erstmalig in der Rhön verweilte.
Nachlass/Museum Eschborn

Z342 **Einzelne Figurenstudien - 2 Frauen und 4 Männer aus dem ländlichen Bereich - mit Sense bei der Feldarbeit***
nach 1936
Feder, 19,5 cm x 25,5 cm, o. Bez.
Die Zeichnungen entstanden vermutlich während eines Aufenthalts in der Rhön, d. h. nach 1936, da der Maler in diesem Jahr erstmalig in der Rhön verweilte. Vgl. Z341.
Nachlass/Museum Eschborn

Z343 Porträt - Geoffrey Francis Davey Lothka*

1937
Bleistift, u. r. sign. und dat.: „H. Franke 1937".
Privatbesitz
Bei dem Dargestellten handelt es sich um Geoffrey Francis Davey Lothka (geb. 13.5.1915), dem Sohn von Margarethe Frankes Bruder Josef, welcher 1914 nach England ausgewandert war. Hanny Franke hielt den Neffen seiner Frau bei dessen Deutschlandbesuch im Jahre 1937 im Bild fest.

Z344 Porträt einer jungen Frau im Profilansicht*

1951
Bleistift, 17 cm x 11 cm, u. r. monogr. und dat.: „H. F. 25.11.51".
Nachlass/Museum Eschborn

Z345 Porträt einer jungen Frau*

1952
Bleistift, 19 cm x 13,5 cm, u. l. sign. und dat.: „H. Franke Febr. 52".
Nachlass/Museum Eschborn
Bei der Dargestellten handelt es sich vermutlich um die Nichte seines Freundes Hans Bührer. Sie stand Hanny Franke für ein Auftragsbild Modell, welches die Hl. Elisabeth einen durstigen Greis tränkend thematisierte.
Literatur: LE VI, S. 52

Z364 Porträtstudie - schlafende junge Frau

1952
Bleistift, 16,5 cm x 14 cm; l. m. .sign. und dat.: „H. Franke, Febr. 1952".
Nachlass/Museum Eschborn

Z347 Junge beim Malen

1954
Bleistift, 17cm x 20,5 cm; SKB 27, S. 11; u. r. monogr. , sign. und dat.: „H. F. 1954".
Nachlass/Museum Eschborn
Seitenansicht eines malenden Jungens. Vor einer Tischstaffelei sitzend, hält er auf seinem linken Arm eine Palette. Mit der Rechten setzt er den Pinsel zum Malen an.

Z348 Halbfigur - Darstellung eines pfeiferauchenden Mannes - Hans Bührer*

nach 1955
Feder, 18 cm x 14 cm; u. l.: „64".
Nachlass/Museum Eschborn
Nach einem Vergleich mit einem Bild aus dem persönlichem Fotoalbum von Hanny Franke handelt es sich bei dem Dargestellten um Hans Bührer (geb. 23.3.2890, gest. 7.10.1958). Dieser war vom 7.9.1945 an als Betreuer für die Städtische Sammlung des Heimatmuseums Emmendingen zuständig.
Eine vergleichbare Zeichnung fehlt. Die lockere Strichführung lässt jedoch auf ein späteres Entstehen schließen. Vgl. Z349.
Literatur: Hans-Jörg Jenne: 100 Jahre Städtische Sammlung, in: Emmendinger Chronik, Ausgabe 1997, S. 26-29; Hans Bührer: Die Städtische Sammlung, in: Emmendinger Heimatkalender 1954, S. 35-36; Otto Ernst Sutter: Ehrenwertes Emmendingen, in: Emmendinger Heimatkalender 1959, S. 59.

Z349 Pfeifenrauchender Mann - Hans Bührer*

nach 1955
Feder, 18,5 cm x 14,5 cm; o. Bez.
Nachlass/Museum Eschborn
Eine vergleichbare Zeichnung fehlt. Die lockere Strichführung lässt jedoch auf ein späteres Entstehen schließen. Bei dem Dargestellten handelt es sich um die gleiche Person wie in Z348.

Z350 Professor Gündel bei den Ausgrabungen in Heddernheim*

1927
Bleistift, 11 cm x 11 cm; u. r. Titel, dat. und sign.: „Prof. Gündel bei d. Ausgrabungen Heddernheim Mai 1927 H. Franke".
Nachlass/Museum Eschborn
Professor Friedrich Hermann Gündel (geb. 8.7.1870, gest. 24.9.1932) leitete 1927 die Ausgrabungen des römischen Nida auf dem Gelände zwischen Praunheim und Heddernheim. Von seinem Lehramt an der Musterschule, welches er seit 1904 innehatte, wurde er für den Zeitraum der Ausgrabungen freigestellt. Vorher an folgenden Ausgrabungsprojekten beteiligt: 1908 in Heddernheim, Westthermen; 1911-17 in Heddernheim, Gebiet des älteren christlichen Friedhofs; 1925 in Heddernheim, weitere Teile des Friedhofs.
Literatur: Nahrgang 1938, S.1-10

4.3.2.2. Undatiert

Z351 Friedrich Wilhelm Franke (1832-1871) - Großvater von Hanny Franke - Kopie nach einer Zeichnung von C. F. Küchler*

Bleistift, 16 cm x 21 cm
Nachlass/Museum Eschborn

Z352 Skizze - Mädchen- und Jungenkopf*

Bleistift, 23 cm x 19,5 cm, o. Bez.
Nachlass/Museum Eschborn

Z353 Vier kleine Kinder*

Bleistift, 12,5 cm x 11,5 cm; o. Bez.
Nachlass/Museum Eschborn

Z354 Fünfzehn kleine Figurenskizzen

Bleistift, 15,5 cm x 12 cm; o. Bez.
Nachlass/Museum Eschborn

Z355 Sieben Mädchen - Ein Junge

Bleistift, 7,5 cm x 12,5 cm; u. r. sign.: „H. Franke".
Nachlass/Museum Eschborn

Z356 Kleines Mädchen auf einer Wiese

Bleistift, 11 cm x 9 cm; o. Bez.
Nachlass/Museum Eschborn

Z357 2 Mädchen - halbfigurig - 3 Kopfstudien

Bleistift, 10 cm x 12,5 cm; o. Bez.
Nachlass/Museum Eschborn

Z358 15 Figurenstudien - Kleinkinder - Männer und Frauen bei Erntearbeiten*

Bleistift, 20 cm x 25 cm; o. Bez.
Nachlass/Museum Eschborn

Z359 9 Figurenstudien - Kinder - Männer und Frau bei Feldarbeit*
Feder, Bleistift, 26 cm x 15 cm; o. Bez.
Nachlass/Museum Eschborn

Z360 Brustbild eines Mannes*
Bleistift, 15,5 cm x 12,5 cm, u. r. sign.: „Hanny Franke".
Nachlass/Museum Eschborn

Z361 Figurenstudien - 31 Kinder verschiedenen Alters und in verschiedenen Körperhaltungen*
Bleistift, 29 cm x 18 cm
Nachlass/Museum Eschborn

Z361/1 Der Pianist Eugen Imhoff*
Ölkreide, weiß gehöht, 23 cm x 16 cm, u. l. sign., um unterem Rand mit Bleistift betitelt
Kunsthandlung, Karl Peter Neuhäusel, Bornich, 16.12.2005
Literatur: LE IV, S. 12

4.3.3. Mehrfigurige Personenszenen

Z362 Die letzten Droschken auf dem Börsenplatz*
1922
Bleistift, 16 cm x 29,5 cm; u. l.: „Frankfurt a. M. die letzten Droschken auf dem Börsenplatz vor unserem Haus gesehen im Frühling 1922".
Nachlass/Museum Eschborn

Z363 Letzte Droschke vor der Börse*
1925
Feder, 11,5 cm x 17,5 cm; u. l. Titel und dat.: „Letzte Droschke vor der Börse 1925".
Nachlass/Museum Eschborn

Z364 Drei Männer an einem Tisch sitzend*
1925
Bleistift, 11 cm x 12,5 cm, u. r. sign. und dat.: „H. Franke 25".
Nachlass/Museum Eschborn

Z365 Margarethe Franke und ihre Eltern - an einem Tisch sitzend*
um 1925
Bleistift, 16 cm x 23 cm, u. r. monogr.: „H. F.2.
Nachlass/Museum Eschborn

Z366 Giulianova - Menschenmenge*
1926
Bleistift, 15 cm x 19 cm; in SKB 2 eingeklebt, S. 9; u. r. sign.: „H. Franke 1926", u. l. dat und Titel: „Giulianova Italien 1926".
Nachlass/Museum Eschborn

Z367 Giulianova - Menschenmenge*
1926
Bleistift, 18 cm x 24,5 cm; u. r. Titel, dat. und sign.: „Giulianova Italien 1926 H. Franke (Skizze v. Fenster)".
Nachlass/Museum Eschborn

Z368 Zwei Frauen an einem Tisch sitzend beim Handarbeiten*
1926
Bleistift, 21,5 cm x 19,5 cm; u. m. sign. und dat.: „H. Franke 1926".
Im Jahre 1925 fertigte der Maler ein Aquarell mit dem selben Thema an. Vgl. A466. Bei den Dargestellten handelt es sich vermutlich um die Ehefrau und um die Schwiegermutter des Künstlers.
Nachlass/Museum Eschborn

Z369 Professor Gündel mit Kollegen bei den archäologischen Ausgrabungen*
um 1927
Bleistift, 8,5 cm x 11 cm; o. Bez.
Nachlass/Museum Eschborn
Literatur: Nahrgang 1938, S.1-10

Z370 Die Ausgrabungen - Heddernheim - Nida 1927-28*
um 1927
Feder/Bleistift, aquarelliert, 10,5 cm x 15,5 cm; u. r. monogr.: „H. F.", Titel.
Nachlass/Museum Eschborn

Z371 Bei den Ausgrabungen in Heddernheim*
um 1927
Feder, 5 cm x 11 cm, u. r. monogr.: „H. F."
Nachlass/Museum Eschborn

Z372 Heddernheim - Römische Ausgrabungen - Mai 1927 - o. a. A.*
1927
Feder, u. r. sign.: „H. Franke".
Quelle: Repro aus dem Nachlass/Museuem Eschborn
Literatur: FN, 27.5.1927, Abb.

Z373 Heilige Familie*
Feder, 5,5 cm x 4,5 cm
Nachlass/Museum Eschborn
Vgl. hiezu „Ruhe auf der Flucht". G1131,G1132

Z374 Paar in Rückenansicht
Bleistift, 6,5 cm x 9 cm, o. Bez.
Nachlass/Museum Eschborn

4.3.4. Akte

Z375 Baby-Studien - Kopf und Halbfigur
1921
Bleistift, 9 cm x 14,5 cm; u. l. dat.: „1921".
Nachlass/Museum Eschborn

Z376 Zwei Kinderakte - Mädchen sitzend*
1922
Bleistift, 29,5 cm x 24,5 cm; u. r. sign. und dat.: „Hanny Franke 22", verso: „8"
Nachlass/Museum Eschborn

Z377 Männlicher Akt - stehend
1922
Rötel, 47 cm x 29 cm; o. Bez.; verso: „H. Franke Atelier Städel 1922 Gies Klasse Wintersemester".
Nachlass/Museum Eschborn

Z378 Weiblicher Akt - sitzend
um 1922
Bleistift, 36 cm x 23 cm, o. Bez.
Nachlass/Museum Eschborn

Z379 Sitzender weiblicher Halbakt*
1923
Bleistift, 30 cm x 24 cm; u. r. sign. und dat.: „H. Franke 1923".
Nachlass/Museum Eschborn

Z380 Männlicher Akt - sitzend*
1923
Feder, 30 cm x 22 cm; o. Bez., verso: „Städelschule 1923".
Nachlass/Museum Eschborn

Z381 Männlicher Akt - stehend - einen Kubus hebend*
1924
Kohle, weiß gehöht auf grautonigem Papier, 28,5 cm x 20,5 cm; u. r. monogr. und dat.: „H. F. 24".
Nachlass/Museum Eschborn

Z382 Zwei weibliche Akte - auf dem Boden sitzend*
1924
Bleistift, 22 cm x 26,5 cm; u. r. dat.: „1924".
Nachlass/Museum Eschborn

Z383 Weiblicher Akt stehend - sich nach vornüberbeugend und mit den Händen in den Knien abstützend
1925
Bleistift, 27,5 cm x 15 cm, u. r. monogr. und dat.: „H. F. 25".
Nachlass/Museum Eschborn

Z384 Männlicher Akt stehend
1925
Bleistift, 35 cm x 21 cm, u. r. sign. und dat.: „H. Franke 1925", verso: „32".
Nachlass/Museum Eschborn

Z385 Zwei weibliche Akte - stehend*
1925
Bleistift, 25 cm x 21,5 cm; u. r. sign. und dat.: „H. Franke 25".
Nachlass/Museum Eschborn

Z386 Sitzender weiblicher Akt mit überkreuzten Armen
um 1925
Bleistift, 37,5 cm x 24 cm; o. Bez.
Nachlass/Museum Eschborn

Z387 Sitzender weiblicher Halbakt - rechter Arm erhoben und sich mit dem linken Arm abstützend
um 1925
Bleistift, 28 cm x 20 cm, u. r. sign.: „H. Franke".
Nachlass/Museum Eschborn

Z388 Männlicher Halbakt - liegend und sich mit dem linken Arm abstützend
um 1925
Kohle, mit Kreide weiß gehöht auf braungetöntem Papier, 30 cm x 33 cm; o. Bez., verso: „36".
Nachlass/Museum Eschborn

Z389 Drei weibliche Akte - 2 Stehende - 1 Sitzende
um 1925
Bleistift, 27,5 cm x 33 cm, o. Bez., verso: „Städel", „29".
Nachlass/Museum Eschborn

Z390 Weiblicher Akt - sitzend*
1926
Bleistift, 22,5 cm x 33 cm; u. r. sign. und dat.: „H. Franke 26".
Nachlass/Museum Eschborn

Z391 Zwei weibliche Akte - liegend*
1926
Bleistift, 20 cm x 31,5 cm; u. m. sign. und dat.: „H. Franke 1926".
Nachlass/Museum Eschborn

Z392 Männlicher Halbakt - Frontalansicht
1927
Kohle, weiß gehöht auf grautonigem Papier, 32 cm x 23,5 cm, u. r. monogr. und dat.: „H. F.1927".
Nachlass/Museum Eschborn

Z393 Männlicher Halbakt
1927
Kohle, weiß gehöht auf grautonigem Papier, 32,5 cm x 22 cm, u. r. sign. und dat.: „H. Franke 1927".
Nachlass/Museum Eschborn

Z394 Vier weibliche Akte - stehend*
1927
Bleistift, 24 cm x 35 cm; u. l. monogr. und dat.: „H. F. 27".
Nachlass/Museum Eschborn

Z395 Fünf Studien eines Kleinkindes*
um 1921
Bleistift/Rötel, 16 cm x 19,5 cm; o. Bez.
Nachlass/Museum Eschborn

Z396 Fünf Kinderakte - sitzend und in Rückenansicht*
um 1922
Rötel, 19 cm x 21 cm; o. Bez.
Nachlass/Museum Eschborn

Z397 Vier Kinderakte - sitzend
um 1922
Rötel, 16 cm x 23 cm; o. Bez.
Nachlass/Museum Eschborn

Z398 Vier Kinderakte
um 1922
Bleistift, 23 cm x 18,5 cm; o. Bez.
Nachlass/Museum Eschborn

Z399 Drei Kinderakte - sitzende Jungen*
um 1922
Bleistift, 22 cm x 21,5 cm; o. Bez.
Nachlass/Museum Eschborn

Z400 Männlicher Akt - auf den Boden sitzend*
um 1924
Bleistift, 12,5 cm x 19 cm; o. Bez.
Nachlass/Museum Eschborn

Z401   **Zwei weibliche Akte - sitzend***
um 1925
Kohle, weiß gehöht auf grüntonigem Papier, 32 cm x 21 cm; u. m.
sign.: „H. Franke".
Nachlass/Museum Eschborn

Z402   **Weiblicher Akt - stehend***
um 1925
Bleistift, weiß gehöht auf rötlich getöntem Papier, 19 cm x 32,5 cm;
o. Bez., verso: „21".
Nachlass/Museum Eschborn

Z403   **Weiblicher Akt auf den Boden sitzend***
um 1925
Kohle, weiß gehöht auf brauntonigem Papier, 22 cm x 30 cm; o. Bez.,
verso: „46".
Nachlass/Museum Eschborn

Z404   **Weiblicher Akt sitzend***
um 1925
Bleistift, 24,5 cm x 16,5 cm; o. Bez., verso: „20".
Nachlass/Museum Eschborn

Z405   **Weiblicher Akt - sitzend***
um 1925
Bleistift, 10,5 cm x 13 cm; o. Bez., verso: „61".
Nachlass/Museum Eschborn

Z406   **Weiblicher Halbakt***
um 1925
Kohle, weiß gehöht auf rötlich getöntem Papier, 25 cm x 22 cm;
o. Bez.
Nachlass/Museum Eschborn

Z407   **Weiblicher Akt - knieend***
um 1925
Kohle, weiß gehöht auf ockerfarben getöntem Papier, 22 cm x 31 cm;
o. Bez.
Nachlass/Museum Eschborn

Z408   **Weiblicher Akt - stehend***
um 1925
Kohle, weiß gehöht auf dunkelbraunem Papier, 32 cm x 21 cm; o. Bez.
Nachlass/Museum Eschborn

Z409   **Weiblicher Akt - Kniestück - stehend - mit rechter Hand in ihren Nacken fassend**
um 1925
Kohle, weiß gehöht auf brauntonigem Papier, 26,5 cm x 17,5 cm;
o. Bez.
Nachlass/Museum Eschborn

Z410   **Weiblicher Akt in der Hocke - mit ihrem linken Arm an die rechte Schulter fassend**
um 1925
Kohle, weiß gehöht auf grautonigem Papier, 26 cm x 16,5 cm; o. Bez.
Nachlass/Museum Eschborn

Z411   **Weiblicher Akt stehend - ihren linken Arm in der Hüfte abstützend - Beine überkreuzt**
um 1925
Kohle, weiß gehöht auf grüntonigem Papier, 31 cm x 21,5 cm; o. Bez.
Nachlass/Museum Eschborn

Z412   **Weiblicher Akt stehend - Rückenansicht**
um 1925
Kohle, weiß gehöht auf brauntonigem Papier, 32 cm x 20 cm, o. Bez.
Nachlass/Museum Eschborn

Z413   **Weiblicher Akt stehend - Kniestück**
um 1925
Kohle, weiß gehöht auf brauntonigem Papier, 36 cm x 22,5 cm, o. Bez.
Nachlass/Museum Eschborn

Z414   **Männlicher Akt - sitzend - Beine übereinander geschlagen - gekreuzte Hände**
um 1925
Bleistift, 27 cm x 17 cm, o. Bez.
Nachlass/Museum Eschborn

4.4. Nicht in eine Landschaft eingebundene Pflanzen und Bäume

4.4.1. Datiert

Z415   **Baumstudie - Bingen***
1918
Bleistift, 20,5 cm x 13 cm, u. l. monogr. und dat.: „H. F. 18, März 1918, Bingen/Rh.".
Nachlass/Museum Eschborn

Z416   **Distel***
1919
Bleistift, 25 cm x 12 cm, u. m. monogr. und dat.: „H. F. 19", u. l.: „76".
Nachlass/Museum Eschborn

Z417   **Efeu***
1919
Bleistift, 13,5 cm x 7 cm, u. m. monogr. und dat.: „H. F.19".
Nachlass/Museum Eschborn

Z418   **Niddaufer**
1919
Bleistift, 16 cm x 12 cm, u. r. monogr. und dat.: „H. F. 19", u. l. Titel
Nachlass/Museum Eschborn

Z419   **Baumstudie - Niddawald***
1919
Bleistift, 22 cm x 9,5 cm, u. l. monogr. und dat.: „H. F. 19", u.r.:
„Niddawald Febr. 1919".
Nachlass/Museum Eschborn

Z420   **Baumstudie**
1919
Bleistift, 25 cm x 15,5 cm, u. l. monogr. und dat.: „HF19".
Nachlass/Museum Eschborn

Z421   **Baumstudie***
1920
Bleistift, 26 cm x 9 cm, u. r. monogr. und dat.: „H. F. 20".
Nachlass/Museum Eschborn

Z422 Baumstudie*
1920
Bleistift, 26 cm x 9 cm, u. r. monogr. und dat.: „H. F. 20".
Nachlass/Museum Eschborn

Z423 Baumstudie - Nidawald
1921
Bleistift, 20 cm x 15 cm, u. r. sign. und dat.: „Hanny Franke 21".
Nachlass/Museum Eschborn

Z424 Baumstudie*
1922
Bleistift, 13,5 cm x 8,5 cm, u. r. monogr. und dat.: „H. F. 22".
Nachlass/Museum Eschborn

Z425 Cardamine pratensis*
1925
Aquarellierte Federzeichnung, 11,5 cm x 8 cm, u. l. Titel, monogr. und dat.: „H. F.25".
Nachlass/Museum Eschborn

Z426 Senecio vulgaris*
1925
Aquarellierte Federzeichnung, 9 cm x 7,5 cm, u. r. Titel, u. l. sign. und dat.: „H. Franke 25".
Nachlass/Museum Eschborn

Z427 Capsella bursa pastoris*
1925
Aquarellierte Federzeichnung, 22,5 cm x 9 cm, u. l. sign. und dat.: „H. Franke 25".
Nachlass/Museum Eschborn

Z428 Eiche
1935
Bleistift, 28 cm x 18 cm, u. l. Titel, monogr. und dat.: „Eiche H. F. 1935".
Nachlass/Museum Eschborn

Z429 Baumstudie*
1936
Bleistift, 9 cm x 9 cm, u. r. monogr. und dat.: „H. F. 1936".
Nachlass/Museum Eschborn

Z430 Baumstudie*
1923
Feder, 13 cm x 9 cm, u. r. monogr. und dat.: „H. F. 23".
Nachlass/Museum Eschborn

Z431 Eberesche und Erle im Frühling
1924
Bleistift auf grautonigem Papier, 21 cm x 24,5 cm, u. l. monogr.: „H. F.", u. m. Titel und dat.
Nachlass/Museum Eschborn

Z432 Apfelbaum*
1934
Bleistift, 26,5 cm x 20,5 cm, u. r. sign. und dat.: „H. Franke 34".
Nachlass/Museum Eschborn

Z433 Baumstudie - Kleinsassen*
1939
Bleistift, 26 cm x 20 cm, u. r. monogr. und dat.: „H. F. 1939 - Kleinsassen", verso: „48".
Nachlass/Museum Eschborn

Z434 Kastanie im Frühling*
1939
Bleistift, 29,5 cm x 21 cm, u. r. Titel, sign. und dat.: „H. Franke 1939".
Die Studie gibt jene Kastanie wieder, die der Künstler bei seinem Ausblick aus dem Fenster in der Wiesenau Nr. 48 vor Augen hatte und auch in einigen Ölgemälden festhielt. Vgl. G989, G992, G992
Nachlass/Museum Eschborn

Z435 Ludwig-Richter-Eiche in Schwanheim*
1957
Feder, 17,5 cm x 14 cm, u. r. monogr. und dat.: „Febr. 1957 H. F.", darunter: Titel
Nachlass/Museum Eschborn
Während seines Aufenthaltes im August 1862 verbrachte Ludwig Richter einige Tage in Frankfurt. Aus dieser Zeit ist von einer Exkursion nach Frankfurt eine Skizze mit einem Hirten und Schafen unter einer alten Eiche bekannt. Hanny Franke erkannte 95 Jahre später, dass diese Eiche in ihrer Grundstruktur noch erkennbar ist und hielt sie bildnerisch fest. Vgl. Z436
Literatur: Franke 1957, Abb. S. 19

Z436 Ludwig-Richter-Eiche in Schwanheim*
1957
Bleistift, 15,5 cm x 11 cm, u. l. Titel, und monogr.: „Ludw. Richter Eiche Schwanheim 1957 H. F.".
Nachlass/Museum Eschborn
Vgl. Z435
Literatur: Franke 1957, Abb. S. 19

Z437 Baumstudie
1969
Kreide, 10,5 cm x 7,5 cm, u. m. monogr. und dat.: „H. F. 69", verso: „Stornfels".
Nachlass/Museum Eschborn

Z438 Baumstudie
1970
Bleistift, 13 cm x 7 cm, u. l. sign. und dat.: „H. Franke 1. Aug. 1970".
Nachlass/Museum Eschborn

Z439 Baumstudie*
1945
Bleistift, 22 cm x 16,5 cm, u.r. sign. und dat.: „H. Franke 45".
Privatbesitz

4.4.2. Undatiert

Z440 Baumstudie
Feder, 11 cm x 10 cm, u. r. monogr.: „H. F.".
Nachlass/Museum Eschborn

Z441 Baumstudie
Feder, 11 cm x 10 cm, o. Bez.
Nachlass/Museum Eschborn

Z442 Baumstudie*
Feder laviert, 25 cm x 21 cm, o. Bez., verso: „Nr. 351".
Nachlass/Museum Eschborn

Z443 Baumstudie*
Bleistift, 23 cm x 18 cm, u. l. monogr.: „H. F.", verso: „57".
Nachlass/Museum Eschborn

Z444 Baumstudie*
Bleistift, 18 cm x 14 cm, u. l. monogr.: „H. F.".
Aukth. Arnold, Frankfurt/M., 2.9.1999

Z445 Baumstudie*
Bleistift, 9 cm x 7 cm, u. r. monogr.: „H. F.".
Nachlass/Musuem Eschborn

4.5. Historisierendes/Rekonstruktionen

4.5.1. Eschborn im Taunus

Z446 Eschborn Taunus um 1500 - Rekonstruktion
Bleistift, Medaillon, Durchmesser 18,5 cm, u. l. monogr.: „H. F.",
verso: Titel, „H. Franke", „Ein glückliches Neues Jahr 1972";
ehem. Städt. Slg., Inv. Nr. 058.
Nachlass/Museum Eschborn,

Z447 Eschborn Taunus 1801
um 1960
Feder/Bleistift, 17,5 cm x 12,5 cm; SKB 13, S. 9; u. m. Titel.
Nachlass/Museum Eschborn
Datierung aufgrund des stilistischen Vergleichs mit der Zeichnung
SKB 13, S. 8.

Z448 Ansicht hinter Niederhöchstadt 1802
um 1960
Feder laviert, 10,5 cm x 17,5 cm; u. l. Titel.
Nachlass/Museum Eschborn
Kopie nach J. F. Morgenstern „Malerische Wanderung auf den
Altkönig und einen Theil der umliegenden Gegend im Sommer 1802."
Der arbeitende Bauer mit Pferd und Pflug wurde weggelassen.
Datierung erfolgte aufgrund der Tatsache, dass sich Hanny Franke
zu dieser Zeit mit alten Taunusansichten befasste.

Z449 Der Pfingstbrunnen - Eschborn - 1830*
Feder laviert, 12,5 cm x 11 cm; u. r. monogr.: „H. F.", u. m. Titel.
Nachlass/Museum Eschborn
Rekonstruktion des Brunnens nach Eugen Peipers, einem Frankfurter Zeichenlehrer am Städelschen Kunstinstitut (1842 - 1860). Die
Rekonstruktion wurde von Hanny Franke auch in aquarellierter Fassung angefertigt. Vgl. A484, A484; ebenso existieren zwei Fassungen in Öl. Vgl. G1113, G1114.

Z450 Turmburg - Eschborn - Ansicht von vorne*
Feder laviert, 20 cm x 27 cm; u. l. sign.: „H. Franke", darunter:
„Turmburg Eschborn am 19. Juli 1622 zerstört".
Nachlass/Museum Eschborn
Rekonstruktion der Burg eines fränkischen Edelfreien. „Ascobrunne" (Eschborn) fand im Jahre 770 erstmals in einer Urkunde des
Klosters Lorsch seine Erwähnung. Es gilt als ältester Stammsitz
derer von Cronberg-Eschborn. Während des Dreißigjährigen Krieges
wurde der Ort von den Truppen Christian von Braunschweigs
zerstört. Von der Voderansicht der Turmburg existiert auch eine
Fassung in Öl. Vgl. G1116; Vg. auch G115, G1117
Literatur: Paul 1969, S. 36 ff.; Ament 1989, S. 211 ff.

Z451 Turmburg - Ansicht von hinten*
Feder laviert, 15 cm x 20,5 cm; u. r. Monogrammstempel, verso:
Bleistiftskizze einer doppelbogigen Brücke und Häusern.
Nachlass/Museum Eschborn
Von dieser Ansicht (Blick Nord-West) der Turmburg existiert auch
ein Fassung in Öl. Vgl. G1115; Vgl. auch G1116, G1117
Literatur: Paul 1969, S. 36 ff.; Ament 1989, S. 211 ff.

Z452 Eschborner Burg
Feder laviert, 19 cm x 27 cm; u. l. sign.: „H. Franke", verso: „etwa von
Südost gesehen - ältester Stammsitz derer von Cronburg-Eschborn
- Turmburg aus karolingischer Zeit - nur zum persönlichen Schutz
vor den Normannenüberfällen erbaut - zerstört am 19. Juni vom
tollen Christian von Braunschweig."; ehem. Städt. Slg. Inv.-Nr. 068.
Nachlass/Museum Eschborn
Literatur: Paul 1969, S. 36 ff.; Ament 1989, S. 211 ff.

Z453 Eschborner Burg
Feder laviert, 19 cm x 25 cm; u. l. sign.: „Rekonstr. Vers. H. Franke",
verso: „Burgbau eines fränkischen Edelfreien « Ascobrunne »
(Eschborn) zum ersemal erwähnt in Kloster Lorscher Urkunde anno
770 - Der Ort, Sitz eines fränkischen Edelfreien dürfte 200 - 300 Jahre
älter sein, die unruhige Völkerwanderungszeit zwang die Volkführer
Türme zu bauen, um Schutz vor Überfällen für sich, die Familie, wie
für ihre Volkangehörigen."; ehem. Städt. Slg. Inv.-Nr. 067.
Nachlass/Museum Eschborn
Literatur: Paul 1969, S. 36 ff.; Ament 1989, S. 211 ff.

Z454 Grundrissskizze der Eschborner Burg
Bleistift, 15,5 cm x 12 cm; o. Bez.; ehem. Städt. Slg. Inv.-Nr. 052.
Nachlass/Museum Eschborn
Literatur: Ament 1989, S. 211 ff.

Z455 Grundrissskizze der Eschborner Burg
Bleistift, 18 cm x 17,5 cm; o. Bez.; ehem. Städt. Slg. Inv.-Nr. 073.
Nachlass/Museum Eschborn
Literatur: Ament 1989, S. 211 ff.

Z456 Rekonstruktion - Alt Eschborn - Laurentiuskapelle und Turmburg*
Bleistift, 21 cm x 29,5 cm; o. Bez.
Nachlass/Museum Eschborn
Im Gegensatz zur Turmburg sind die Lage und die Größe der Kapelle
unbekannt. Auch über den Grund ihrer Zerstörung ist nichts
bekannt. Vermutlich fiel sie entweder dem großen Brand von 1622
zum Opfer oder sie wurde nach der Reformation ungenutzt dem
Verfall preisgegeben. Von dieser Rekonstruktion existiert eine
Fassung in Öl. Vgl. G1117; Vgl. auch G1115, G1116
Literatur: Paul 1969, S. 108 ff.; Literatur: Ament 1989, S. 211 ff.

Z457   **Evangelische Kirche - Eschborn***

Feder laviert, 11,5 cm x 14 cm; u. l. monogr.: „H. F.".
Nachlass/Museum Eschborn

Z458   **Evangelische Kirche - Eschborn**

Bleistift, 14 cm x 10 cm; u. r. monogr.: „H. F.", ehem. Städt. Slg. Inv.-Nr. 072/a.
Nachlass/Museum Eschborn

4.5.2. Römerbrückchen

Z459   **Römerbrücke aus leichter Obersicht - (Rückseite von Z460)***

Feder laviert, 9 cm x 13 cm; u. r. Stempel „Sammlung Franke", u. l.: „Brücke über den Westerbach Richtung zum Bonifatius-Kreuz"; verso: gleiches Motiv aus Vogelperspektive mit Baumbestand links, ebenfalls Feder laviert; ehem. Stadt. Slg. Inv.-Nr. 034/1.
Der Maler thematisiert das Römerbrückchen auch in diversen Ölbildern. Vgl. G1118-G1125
Nachlass/Museum Eschborn

Z460   **Römerbrücke aus Vogelperspektive mit Baumbestand - (Rückseite von Z459)***

Feder, laviert, 9 cm x 13 cm, o. Bez., verso: gleiches Motiv - Römerbrücke aus leichter Obersicht, ehem. Städt. Slg. Inv.- Nr. 034/1
Nachlass/Museum Eschborn

Z461   **Römerbrücke***

Feder/Bleistift, 6,5 cm x 10 cm; o. Bez.; ehem. Städt. Slg. Inv.-Nr. 055/a
Nachlass/Museum Eschborn

Z462   **Römerbrücke***

Feder/Bleistift, 6,5 cm x 10 cm; o. Bez.; ehem. Städt. Slg. Inv.-Nr. 055/b
Nachlass/Museum Eschborn

4.5.3. Kloster Rupertsberg

Z463   **Bingen am Rhein um 1785**

Feder laviert, 27,5 cm x 22 cm; o. Bez.
Nachlass/Museum Eschborn
Darstellung von Bingen am Rhein, dem Gautor mit Stadtmauer, der Ruine Rupertsberg, sowie den Mäuseturm um 1785. Neben der Klosterruine die kleine Marienkapelle.

Z464   **Altes Kloster Eibingen jetzt Pfarrkirche und Schule - o.a. A.**

1928
Feder, u. r. sign. und dat: „H. Franke 1928".
Literatur: Franke 1929, Abb. S. 297

Z465   **Hildegardisbrünnchen auf dem Rupertsberg**

1929
Feder aquarelliert, 9 cm x 14 cm; o. Bez., auf dem Passepartout: „Das Hildegardisbrünnchen auf dem Rupertsberg 1929 v. H. Franke gem."
Zwei Ansichten des Hildegardisbrünnchens arbeitete der Künstler auch in Aquarell. Vergleiche hierzu A486, A487.
Privatbesitz

Z466   **Der brennende Rupertsberg 1632 - o. a. A.**

1932
Feder, u. r. sign.: „H. Franke".
Literatur: Franke 1933, Abb. S. 24

Z467   **Rupertsberg***

Feder aquarelliert, 15 cm x 23 cm; u. m. Titel, verso: „Ruine Abtei Rupertsberg".
Nachlass/Museum Eschborn
Klosterruine Rupertsberg bei Bingen am Rhein mit der neuerrichteten Muttergotteskapelle und den Ökonomiegebäuden des Klosters Eibingen. Zustand vor der Besetzung durch die französische Revolutionsarmee.

Z468   **Ruine Rupertsberg von der Mitternachtseite***

Feder aquarelliert, 15 cm x 22 cm; u. r. Titel, verso: Titel
Nachlass/Museum Eschborn
Klosterruine Rupertsberg bei Bingen am Rhein mit den Ökonomiegebäuden des Klosters Eibingen. Zustand vor der Besetzung durch die französische Revolutionsarmee.

Z469   **Ruine Rupertsberg von der Rheinseite aus gesehen***

Feder aquarelliert, 12,5 cm x 18 cm; verso: „Hildegardiskloster bei Bingen".
Nachlass/Museum Eschborn
Klosterruine Rupertsberg bei Bingen am Rhein im Zustand wenige Jahre vor dem völligem Abbruch. Als Vorlage diente möglicherweise ein Stahlstich von C. Reiss aus dem Jahre 1845, welcher sich ebenfalls im Nachlass/Museum Eschborn befindet.
Der Maler erfasste das selbe Motiv auch in einem Ölbild. Vgl. G1130

Z470   **Die Nikolauskapelle an der Nahemündung***

Feder aquarelliert, 14,5 cm x 20 cm; auf dem Passepartout: Titel, verso: „Rupertsberger Nikolauskapelle an der Nahemündung in den Rhein".
Nachlass/Museum Eschborn
Als Vorlage für diese Zeichnung diente möglicherweise der Kupferstich von Heinrich Franz Schalck (1791-1893), von welchem sich ein Exemplar im Besitze von Hanny Franke befand.

Z471   **Klosterruine Rupertsberg**

Feder aquarelliert, 15 cm x 22 cm; o. Bez., auf dem Passepartout: „Nr. 13".
Nachlass/Museum Eschborn

Z472   **Die Ruine des Klosters Rupertsberg bei Bingen am Rhein gegen Ende des 18. Jahrhunderts**

Feder laviert, 17,5 cm x 26 cm; o. Bez., auf dem Passepartout: „Nr. 7".
Nachlass/Museum Eschborn

Z473   **Abtei Rupertsberg bei Bingen mit der Nahe, Drususbrücke und der Nikolauskapelle vor dem Abbruch um 1850**

Feder laviert, 15,5 cm x 19,5 cm; o. Bez., auf dem Passepartout: „Nr. 14".
Nachlass/Museum Eschborn

Z474 **Kloster Rupertsberg von Nord-Ost und von Süd-Ost gesehen***
Feder/Pinsel, 11 cm x 23,5 cm; u. l.: „VIEW OF BINGEN ABBEY von Nord-ost gesehen", u. m.: „Aus dem Rheinalbum v. Reverent John Gardener 1711 32 Aquatintablätter eine große und kleine Ausgabe/ Doppelfolio"; u. r.: „verkleinerte Skizzen - von Süd-Ost gesehen".
Galerie Fach, Frankfurt/M., 10.2.2005

Z475 **Darstellung des Klosters Rupertsberg auf dem Isenheimer Altar des Matthias Grünewald - o.a. A.**
Feder, u. l. sign.: „H. Franke".
Hanny Franke fertigte auch eine Kopie der Ansicht des Klosters auf dem Grünewald-Altar in Öl und Aquarell. Vergleiche hierzu G1129, A490.
Literatur: Franke 1929, Abb. S. 299

Z476 **Die Turmarchitektur des Klosters Rupertsberg - Nach Maskopp 1555 - Nach Sebastian Furck um 1620 - Nach Merian um 1635 - Nach J. Gardnor 1788 - Nach M. Grünewald um 1510 - o.a.A.**
Feder
Literatur: Franke 1929, Abb. S. 300; Franke 1957b, Abb. S. 55

Z477 **Disibodenberg mit Klosterruine - o. a. A.**
Feder, u. l. sign.: „H. Franke".
Literatur: Franke 1929, Abb. S. 301

Z478 **Klosterruine Rupertsberg an der Nahe. Nach einem Quaschbild von J. J. Ackermann, Ende des 18. Jahrhunderts, von Südost gesehen - o. a. A.**
Feder
Literatur: Franke 1957b, Abb. S. 54

Z479 **Kloster Rupertsberg auf dem Isenheimer Altar in Kolmar (Elsaß) - Südansicht um 1510 - o. a. A.**
Feder
Literatur: Franke 1957b, Abb. S. 54

Z480 **Rupertsberger Klosterruinen mit der am südlichen Seitenschiff 1810 errichteten Muttergotteskapelle - Zeichnung nach Chr. Gg. Schütz - o. a. A.**
Feder
Literatur: Franke 1957b, Abb. S. 54

Z481 **Klosterruine Rupertsberg gegen Ende des 18. Jahrhunderts**
Feder, aquarelliert, 18 cm x 13,5 cm, u. Titel
Nachlass/Museum Eschborn

4.5.4. Römerstadt Nida

Z482 **Wissenschaftliche Zeichnung - Nida-Heddernheim - Römischer Töpferofen***
1927
Kohle, weiß gehöht, 10,5 cm x 16 cm, u. r. sign. und dat.: „H. Franke 27".
Nachlass/Museum Eschborn

Z483 **Wissenschaftliche Zeichnung - Nida-Heddernheim - Römische Mauerreste mit Türschwelle***
1927
Feder laviert, 8,5 cm x 15 cm, u. r. sign. und dat.: „H. Franke 23.6.1927".
Nachlass/Museum Eschborn

Z484 **Wissenschaftliche Zeichnung - Nida-Heddernheim - Jupiter- und Juno-Säule***
um 1927
Feder aquarelliert, 21 cm x 9 cm, u. r. sign.: „H. Franke".
Nachlass/Museum Eschborn

Z485 **Wissenschaftliche Zeichnung - Nida-Heddernheim - Gigantensäule***
um 1927
Feder aquarelliert, 23 cm x 6,5 cm, o. Bez.
Nachlass/Museum Eschborn

Z486 **Wissenschaftliche Zeichnung - Nida-Heddernheim - Reste einer römischen Heizanlage einer römischen Villa***
1927
Kohle, weiß gehöht, 19,5 cm x 22 cm, u. r. Titel, dat. und sign.: „H. Franke 1927".
Nachlass/Museum Eschborn

Z487 **Wissenschaftliche Zeichnung - Nida-Heddernheim - Sigilattastempel**
um 1927
Feder, 19,5 cm x 14,5 cm, o. Bez.
Nachlass/Museum Eschborn

Z488 **Wissenschaftliche Zeichnung - Nida-Heddernheim - Ziegelstempel**
um 1927
Feder, 13 cm x 11,5 cm, o. Bez.
Nachlass/Museum Eschborn

Z489 **Rekonstruktion -Tore der Römerstadt Nida nach Plan von Prof. Dr. Gündel - Nordtor des Kastells Nida***
1928
Feder aquarelliert, 7 cm x 16 cm, verso: dat. 1928.
Nachlass/Museum Eschborn

Z490 **Rekonstruktion -Tore der Römerstadt Nida nach Plan von Prof. Dr. Gündel - Südtor der Römerstadt (Niddator)***
1928
Feder aquarelliert, 9 cm x 20 cm, verso: dat. 1928.
Nachlass/Museum Eschborn

Z491 **Rekonstruktion -Tore der Römerstadt Nida nach Plan von Prof. Dr. Gündel - Westtor der Römerstadt (Feldbergtor)***
1928
Feder aquarelliert, 8 cm x 19,5 cm, verso: dat. 1928.
Nachlass/Museum Eschborn

Z492 **Rekonstruktion -Tore der Römerstadt Nida nach Plan von Prof. Dr. Gündel - Nordtor der Römerstadt (Saalburgtor)***
1928
Feder aquarelliert, 9 cm x 21 cm, verso: dat. 1928.
Nachlass/Museum Eschborn

4.5.5. Bonifatiuskreuz

Z493   **Das Bonifatiuskreuz an der Elisabethenstrasse***

1932
Kohle/weiße Deckfarbe auf blautonigem Papier, 13,5 cm x 20,5 cm; u. r. sign. und dat.: „H. Franke 1932", u. l.: „Die drei alten Steinmale an der Römerstraße (Elisabethenstrasse) bei Sossenheim"
Historisches Museum/Frankfurt am Main, Inv. Nr. C29591
Bildstock und Steinstumpf wurden zerstört, während sich das sogenannte „Bonifatiuskreuz" heute im Besitz des Museums Eschborn befindet. Die Steingruppe stand bis November 1933 am Rande der alten Elisabethenstraße in der Eschborner Gemarkung „drei Steine". Das mittlere Hochkreuz wurde im gleichen Jahr vom Direktor des Historischen Museums Frankfurt in seinem damaligen Museum im Leinwandhaus sichergestellt. Das Steinkreuz steht als Leihgabe des Frankfurter Historischen Museums im Museum Eschborn. Vgl. G1126-G1128
Literatur: Gerteis 1961/63, Band 1, Abb. S. 80; Raiss 1995.

Z495   **Bonifatiuskreuz***

1932, 15 cm x 7 cm, u. m. sign. und dat.: „H. Franke 1932".
Nachlass/Musueum Eschborn
Literatur: Raiss 1995, Abb. S. 65

Z496   **Bonifatiuskreuz**

Bleistift, 13 cm x 7 cm; u. l. monogr.: „H. F."
Nachlass/Museum Eschborn

Z497   **Die drei Steine an der Heerstrasse***

Feder, 6,5 cm x 8 cm; o. Bez., ehem. Städt. Slg. Inv.-Nr. 031(9001/6b).
Nachlass/Museum Eschborn

Z498   **Das Bonifatiuskreuz an der Heerstrasse***

Feder, 8,5 cm x 15 cm; u. l.: „H. F."; ehem. Städt. Slg. Inv.-Nr. 032 (9001/7).
Nachlass/Museum Eschborn

Z499   **Die drei Steine an der Heerstrasse**

Bleistift, 10,5 cm x 14,5 cm; o. Bez.; ehem. Städt. Slg. Inv.-Nr. 032 (9001/8).
Nachlass/Museum Eschborn

Z500   **Die drei Steine an der Heerstrasse***

Feder laviert, weiß gehöht, 13,5 cm x 21 cm; u. l. Monogrammstempel, u. r. „Richtung nach dem Westerbach"; ehem. Städt. Slg. Inv.-Nr. 034/2.
Nachlass/Museum Eschborn

Z501   **Die drei Steinmale an der römischen Heerstraße**

Feder aquarelliert, 12 cm x 17,5 cm; u. m. sign. und dat.: „H. Franke 29", darunter: „Drei Steinmale an der römischen Heerstrasse - Elisabethenstrasse bei Eschborn - Sossenheim. Das mittlere Basaltkreuz aus d. Frühmittelalter, das Rechte, ein Bildstock, Sandstein aus d. 15. Jahrh.", verso: „Im Jahre 1919 zum erstenmal diese Römerstrasse von …….[abgeschnitten] aus gegangen bis zum Westerbach u. Steinbach - die Steingruppe zum erstenmal näher angesehen, 1928 die Schrift gedeutet, eine Fotoaufnahme gemacht und gezeichnet, gemalt und vermessen." Umgebung gezeichn.; ehem. Städt. Slg. Inv.-Nr. 044.
Nachlass/Museum Eschborn

4.6. Sonstiges

Z502   **Tierköpfe - Wildschwein, Ziegen***

1903
Bleistift, 21,5 cm x 18 cm, o. r. dat.: „10.10.1903"; u. r. „als 13jähriger gez.", 7. Blatt aus Hanny Frankes Schülerzeichenheft.
Nachlass/Museum Eschborn

Z503   **Zwei antike Büsten***

1903
Bleistift, 21,5 cm x 18 cm, u. l. dat.: „18.12.1903", u. r. dat.: „22.12.1903", 6. Blatt aus Hanny Frankes Schülerzeichenheft.
Nachlass/Museum Eschborn

Z504   **Interieur - Quartier im Saale Obertretschau Schmiedeberg i. Riesengebirge der 3. Hochgebirgsjäger - Kriegsjahr 1916 - Blick von der Galerie***

1915/1916
Feder, 10,5 cm x 21 cm; in SKB 1 eingeklebt, S. 8; u. r. sign.: „H. Franke", unter dem eingeklebtem Blatt: „Im Winter 1915-16 gezeichnet".
Nachlass/Museum Eschborn

Z505   **Interieur - Quartier im Saale Obertretschau - Schmiedeberg i. Riesengebirge - Kriegsjahr 1916***

1915/1916
Feder, 14 cm x 20 cm; in SKB 1 eingeklebt, S. 9; o. r. Titel, sign. und dat.: „Kriegsjahr 1916 Hanny Franke", unter dem eingeklebtem Blatt: „Im Winter 1915-16 gezeichnet".
Nachlass/Museum Eschborn

Z506   **Entwurf für ein Exlibri für Margrit Franke**

1926
Feder, 14 cm x 9 cm; u. l. sign. und dat.: „H. Franke 26".
Nachlass/Museum Eschborn

Z507   **Illustration zu Adalbert Stifters „Contor" - Katze am Fenster vor einer Nachtlandschaft - o. a. A.***

1927
sign. u. l.: „H. Franke", auf dem aufgeklebtem Blatt: „zu: Stifter ‚Contor' 1927".
Nachlass/Museum Eschborn
Quelle: Zeitungsausschnitt aus dem Nachlass ohne weitere Angabe.

Z508   **Mein Rucksack***

um 1932
Bleistift, 10 cm x 15 cm; u. r.. sign.: „H. Franke", unter dem aufgeklebtem Blatt: Titel.
Nachlass/Museum Eschborn
Datierung aufgrund der Tatsache, dass der Künstler im gleichem Jahr eine Lithographie „Rucksack, Stock und Hut" anfertigte. Vgl. DG60, A496

Z509   **Enten**

1945
Bleistift, 17,5 cm x 11 cm; SKB 26, S. 2; u. r. dat.
Nachlass/Museum Eschborn

Z510   **Himmelsbeobachtung in Wort und Skizze festgehalten**

1967
Bleistift, 17,5 cm x 12,5 cm; SKB 13, S. 10; u. m: „beobachtet am 17.12.1967 17 Uhr".
Nachlass/Museum Eschborn

Z511 **Zwei Segelboote***

um 1965
Feder, 17,5 cm x 13,5 cm, o. Bez.
Nachlass/Museum Eschborn
Die Zeichnung entstand vermutlich 1965 im Rahmen einer Fahrt des
Künstlers nach Görde an der Elbe.

Z512 **Entwurf - Fahne Eschborn**

Feder, aquarelliert, 27,5cm x 19 cm, o. Bez.
Nachlass/Museum Eschborn

Druckgraphik

5.1. Radierungen

5.1.1. Landschaften

DG1   **Bäume am Bach***
1919
Radierung, 12,5 cm x 8,5 cm, u. r. unter dem Druck sign. und dat.: „Hanny Franke 19".
Nachlass/Museum Eschborn

DG2   **Sonnenauf- / bzw. Sonnenuntergang***
um 1919
Radierung, 10,5 cm x 5,5 cm, u. l. monogr. im Druck: „H. F.".
Nachlass/Museum Eschborn
Datierung aufgrund des stilistischen Vergleichs mit DG1

DG3   **Winterlandschaft - Stille Nacht - Heilige Nacht***
1919
Radierung, 7 cm x 11 cm, u. r. sign. und dat.: „Hanny Franke 19".
Auktionsh. Arnold, Frankfurt/M., 22.11.2003
Literatur: Kat. Verst. Arnold IV, 2003, S. 72

DG4   **Winterlandschaft - verschneites Haus mit zwei Tannen davor - o. a. A.***
1920
Radierung, u. r. unter dem Druck sign. und dat.: „Hanny Franke 1920".
Quelle: Fotografie aus dem Nachlass/Museum Eschborn

DG5   **Kleiner Bach sich durch eine Wiese zwischen zwei Bäumen hindurchschlängelnd**
1921
Radierung, 13,5 cm x 8,5 cm, u. r. unter dem Druck sign. und dat.: „Hanny Franke 21", darunter folgendes Gedicht: „Steig auf belebender Frühlingswind!
Aus dem Schlaf erwecke die Erd´ geschwind,
    Lasse die Knospen springen
    Und die Erde jubeln und singen!
    Lasse die Bächlein künden im Tal:
    Der Frühling ist da, der Sonnenstrahl
    Liegt über den Bergen & Auen
    Und Wölkchen fahren im Blauen!"
Nachlass/Museum Eschborn
Die Druckplatte befindet sich ebenfalls im Nachlass/Museum Eschborn.

DG6   **Mondaufgang I***
1921
Radierung, 10 cm x 7 cm, u. r. in der Platte monogr.: „H. F.", unter dem Druck Titel, monogr. und dat.: „Mondaufgang H. F. 1921".
Nachlass/Museum Eschborn
Die Druckplatte befindet sich ebenfalls im Nachlass/Museum Eschborn.

DG7   **Mondaufgang II***
1921
Radierung, 11 cm x 14 cm, u. r.: „Hanny Franke 21", u. l. Titel.
Auktionsh. Arnold, Frankfurt/M., 22.11.2003
Literatur: Kat. Verst. Arnold IV, 2003, S. 72

DG8   **Landschaft mit sieben Bäumen***
um 1921
Radierung, 8 cm x 10 cm, u. r. sign.: „Hanny Franke".
Auktionsh. Arnold, Frankfurt/M., 22.11.2003
Literatur: Kat. Verst. Arnold IV, 2003, S. 72

DG9   **Blätter am Bach***
um 1921
Radierung, 16,5 cm x 11,5 cm, u. r. unter dem Druck sign.: „Hanny Franke", u. l. Titel, „Selbstdr.".
Nachlass/Museum Eschborn

DG10   **Landschaft im November - Panoramablick***
1922
Radierung, 12 cm x 19 cm, u. r. in der Platte monogr.: „Hanny Franke 22", u. l. in der Platte: „November", u. r.: „Hanny Franke", u. l.: „Handdruck".
Auktionsh. Arnold, Frankfurt/M., 22.11.2003
Literatur: Kat. Verst. Arnold IV, 2003, S. 72

DG11   **Mühle im Hellenbachtal***
1922
Radierung, 19 cm x 13,5 cm, u. r. sign. und dat.: „Hanny Franke 22", u. l.: Titel.
Auktionsh. Arnold, Frankfurt/M., 22.11.2003
Literatur: Kat. Verst. Arnold IV, 2003, S. 72

DG12   **Altnied***
um 1922
Radierung, 12,5 cm x 8,5 cm, u. l. unter der Radierung: Titel, u. r. „H. Franke".
Privatbesitz

DG13   **Druckplatte - Rheinlandschaft mit Häuser sich um eine Burg gruppierend**
12,5 cm x 15,5 cm , u. l. in der Platte spiegelverkehrt monogr.: „H. F.".
Nachlass/Museum Eschborn

5.1.2. Architektur und Sonstiges

DG14   **Ansicht von Frankfurt am Main - Blick von Sachsenhausen aus***
um 1921
Radierung, 13,5 cm x 21 cm, u. r. unter dem Druck sign.: „Hanny Franke".
Das gleiche Motiv erfasste der Maler 1922 auch als Ölbild und als Aquarell. Vgl. G966, A447
Nachlass/Museum Eschborn

DG15   **Dom zu Worms am Rhein***
um 1921
Radierung, 9,5 cm x 15 cm, u. r. unter dem Druck sign.: „Hanny Franke", u. l. Titel.
Aukth. Arnold, Frankfurt/M., 22.11.2003
Literatur: Kat. Verst. Arnold IV, 2003, S. 72

DG16 **Burg Dalberg - Hunsrück***

1921
Radierung, u. r. monogr. in der Druckplatte: „H. F.", u. r. unter dem Druck sign.: „H. Franke 1921",
u. l.: „5/50", Titel.
Nachlass/Museum Eschborn
Burg Dalberg im Hunsrück, Kreis Kreuznach, war Stammsitz derer von Dalberg, der Kämmerer von Worms und des Grossherzogs von Frankfurt. Im gleichem Jahr entstand eine Federzeichnung des Motivs. Vgl. Z228
Die Druckplatte dieser Radierung befindet sich ebenfalls im Nachlass/Museum Eschborn

DG17 **Eremit - o. a. A.***

1921
Radierung aquarelliert, u. r. unter dem Druck sign. und dat.: „Hanny Franke 21", u. l.: „8/50".
Zum Thema „Eremit" fertigte der Künstler 1920 eine Studie in Öl zu einem größerem Bild an. Vgl. G1041; Die Radierung gibt möglicherweise den Eindruck wieder, den das komplette Bildes hatte oder haben sollte.
Quelle: Fotografie aus dem Nachlass/Museum Eschborn

DG18 **Kath. Kirchenchor Nied/M. - Weibliche Heilige mit Geige vor Mainlandschaft***

1922
Radierung, 21 cm x 13 cm, u. m sign. und dat.: „Hanny Franke 22".
Nachlass/Museum Eschborn
Die Radierung fertigte der Künstler wohl im Auftrag für den Bruder seines Schwagers an der als Pfarrer der St. Markusgemeinde in Nied angehörte.

DG19 **Knabe auf Mondsichel***

1922
Radierung, 10,5 cm x 8 cm, u. r. sign. und dat.: „Hanny Franke 21".
Aukth. Arnold, Frankfurt/M., 22.11.2003
Der auf einer Mondsichel stehende Knabe, der Personifizierung des neuen Jahrs, versucht mit einem Wasserschlauch den brennenden Erdball zu löschen. Die Inschrift dazu lautet: „DAS ALT JAHR ES BRACHTE NICHT DIE ERDE IN IHR GLEICHGEWICHT MÖG´ DIRS NEUJAHR GELINGEN WAS LAND UND VOLK WÜNSCHT ZU BRINGEN 1921 - 1922 H. FRANKE".
Literatur: Kat. Verst. Arnold IV, 2003, S. 72

DG20 **Stadtansicht von Bingen- o. a. A.**

um 1921
Radierung
Die Radierung wurde laut Angabe des Künstlers auf Bestellung hin gemacht und in einer Karlsruher Künstlerdruckerei gedruckt.
Quelle: LE I, S. 150

DG21 **Hallstadt***

um 1922
Radierung, 10 cm x 8 cm, u. l. unter der Radierung: Titel; u. r. sign.: „Hanny Franke".
Privatbesitz

DG22 **Schmiedeberg im Riesengebirge***

1923
Radierung, 15 cm x 11,5 cm, u. r. sign. und dat.: „Hanny Franke 23", u. l. Titel.
Aukth. Arnold, Frankfurt/M., 22.11.2003
Literatur: Kat. Verst. Arnold IV, 2003, S. 72

DG23 **Stadtansicht Burg Klopp und Bingen**

1926
Radierung, 19 cm x 24,5 cm, u. l. i. d. P. sign. und dat.: „H. Franke 1926".
Nachlass/Museum Eschborn
Die Druckplatte befindet sich ebenfalls im Nachlass/Museum Eschborn.

DG24 **Druckplatte - Burg Klopp und Bingen**

19 cm x 24,5 cm
Nachlass/Museum Eschborn

DG25 **Druckplatte - Ansicht einer Romanischen Kirche mit Doppelchoranlage und vier Türmen**

10 cm x 15 cm
Nachlass/Museum Eschborn

DG26 **Druckplatte - Häuser am Hallstädter See**

11,5 cm x 8,5 cm
Zum Thema schuf der Künstler auch zwei Federzeichnungen. Vgl. Z233, Z234
Nachlass/Museum Eschborn

5.2. Lithographien

5.2.1. Landschaften

5.2.1.1. Datiert

DG27 **In der Rhön***

zwischen 1936 und 1945
Lithographie, 12 cm x 11 cm, u. l. sign.: „H. Franke".
Privatbesitz
Vom gleichem Motiv fertigte der Künstler 1940 ein Gemälde an. Laut Mitteilung der Besitzer erwarb die Familie die Lithographie vor 1945. Da der Künstler 1937 erstmalig in der Rhön verweilte, entstand die Arbeit innerhalb des genannten Zeitraumes.

DG28 **Aus dem Vogelsberg***

zwischen 1936 und 1945
Lithographie aquarelliert, 9,5 cm x 11,5 cm, u. r. im Stein monogr.: „H. F.", u. r. unter dem Druck sign.: „H. Franke", u. l. Titel.
Privatbesitz
Laut Mitteilung der Besitzer erwarb die Familie die Lithographie vor 1945. Da der Künstler 1937 erstmalig in der Rhön verweilte, entstand die Arbeit innerhalb des genannten Zeitraumes.

DG29 **Aus der Rhön***

zwischen 1936 und 1945
Lithographie aquarelliert, 15 cm x 9,5 cm, u. r. im Stein monogr.: „H. F.", u. r. unter dem Druck sign.: „H. Franke", u. l. Titel.
Privatbesitz
Laut Mitteilung der Besitzer erwarb die Familie die Lithographie vor 1945. Da der Künstler 1937 erstmalig in der Rhön verweilte, entstand die Arbeit innerhalb des genannten Zeitraumes.

DG30　Bergweg in Franken*

um 1942

Lithographie aquarelliert, 19,5 cm x 23 cm, u. l. im Stein monogr.: „H. F.", u. r. unter dem Druck sign.: „H. Franke", u. l. Titel.
Privatbesitz
Datierung aufgrund der Tatsache, dass im gleichem Jahr ein Ölgemälde mit identischem Bildausschnitt entstand. Vgl. G253.

DG31　Sommerlicher Waldweg*

1942

Lithographie aquarelliert, 10 cm x 14 cm, u. r. im Stein monogr.: „H. F.", u. r. unter dem Druck sign.: „H. Franke", u. m.: „Frohe Weihnachten & ein gutes ´Neues Jahr` 1942 Familie H. Franke".
Aukth. Arnold, Frankfurt/M., 13.9.1997; Aukth. Arnold, Frankfurt/M., 14.6.2003
Literatur: Kat. Verst. Arnold II 2003, S. 91; http://www.auktionshaus-arnold.de/sites/is_katalog.php?mode=2&auction=A149, Zugriff am 21.6.2003

DG32　Rhönberge*

1943

Lithographie aquarelliert, 11 cm x 15,5 cm, u. l. im Stein monogr.: „H. F.", u. r. unter dem Druck: Titel, u. r. sign. und dat.: „H. Franke 1943".
Privatbesitz

DG33　Aus dem Westerwald*

1943

Lithographie aquarelliert, 17,5 cm x 12 cm, u. l. im Stein monogr.: „H. F.", u. l. unter dem Druck: Titel, u. r. sign. und dat.: „H. Franke 1943".
Privatbesitz

DG34　Aus dem Taunus*

1943

Lithographie aquarelliert, 17 cm x 11 cm, u. l. im Stein monogr.: „H. F.", u. l. unter dem Druck: Titel, u. r. sign. und dat.: „H. Franke 1943".
Privatbesitz

DG35　Vorfrühling bei Enkheim*

um 1943

Lithographie aquarelliert, 15 cm x 18 cm, u. r. im Stein monogr.: „H. F.", u. l. unter dem Druck: Titel, u. r. sign.: „H. Franke".
Privatbesitz
Datierung aufgrund der Tatsache, dass im gleichem Jahr ein Ölgemälde mit identischem Bildausschnitt entstand.; Vgl. G271.

DG36　Sommerabend*

zwischen 1936 und 1945

Lithographie aquarelliert, 12 cm x 20 cm, u. l. unter dem Druck: Titel, u. r. sign.: „H. Franke".
Privatbesitz
Vgl. G306 „Rhönlandschaft", ein Ölbild, welches die Besitzer vor 1945 erwarben. Die Lithographie zeigt den gleichen Bildausschnitt mit geringfügiger Veränderung. Der Busch auf der rechten Seite entfällt. Außerdem wurde auf der linken Seite der Horizont etwas tiefer gesetzt, um die Kontur eines kleinen Strauchs hervorzuheben.

DG37　Odenwaldlandschaft*

um 1945

Lithographie aquarelliert, 19 cm x 21 cm, u. r. im Stein monogr.: „H. F.", u. l. unter dem Druck: „H. Franke", u. r. unter dem Druck: Titel.
Aukth. Arnold, Frankfurt/M., 4.9.2004
Literatur: Kat. Verst. Arnold 2004/III, S. 80; http://www.auktionshaus-arnold.de/sites/is_katalog.php?mode=3&auction=A154, Zugriff am 1.9.2004

DG38　Reife Wiese*

um 1945

Lithographie aquarelliert, 17 cm x 17 cm, u. l. im Stein monogr.: „H. F.", u. l. unter dem Druck:Titel, u. r. unter dem Druck: „H. Franke".
Aukth. Arnold, Frankfurt/M., 4.9.2004
Literatur: Kat. Verst. Arnold 2004/III, S. 80; http://www.auktionshaus-arnold.de/sites/is_katalog.php?mode=3&auction=A154, Zugriff am 1.9.2004

DG39　Birke im März*

1945

Lithographie aquarelliert, 24 cm x 15 cm, u. r. im Stein monogr.: „H. F.", u. l. unter dem Druck: Titel, u. r. sign.: „H. Franke 45".
Aukth. Arnold, Frankfurt/M., 4.9.2004
Die Version ist auch unter dem vom Künstler vergebenen Titel „Taunus im Vorfrühling" im Umlauf. Eine Version des Themas besteht auch als Aquarell. Vgl. A330.
Literatur: Kat. Verst. Arnold 2004/III, S. 80; http://www.auktionshaus-arnold.de/sites/is_katalog.php?mode=3&auction=A154, Zugriff am 1.9.2004

DG40　Ginnheimer Wiesen*

1946

Lithographie aquarelliert, 15,5 cm x 10 cm, u. l. unter dem Druck: Titel, u. r. sign. und dat.: „H. Franke 46".
Aukth. Arnold, Frankfurt/M., 11.3.2000

DG41　Frühling im Odenwald*

um 1946

Lithographie aquarelliert, 10 cm x 14 cm, u. l. unter dem Druck: Titel, u. r. sign.: „H. Franke".
Privatbesitz
Datierung aufgrund der Tatsache, dass im Mai gleichen Jahres ein Aquarell mit identischem Bildausschnitt entstand. Vergleiche A48.

DG42　Aus der Rhön II*

1947

Lithographie aquarelliert, 15 cm x 10 cm, u. l. unter dem Druck: Titel, u. r. sign. und dat.: „H. Franke 1947".
Aukth. Arnold, Frankfurt/M., 11.3.2000; Aukth. Arnold, 4.9.2004
Literatur: Kat. Verst. Arnold 2004/III, S. 80; http://www.auktionshaus-arnold.de/sites/is_katalog.php?mode=3&auction=A154, Zugriff am 1.9.2004

DG43　Vorfrühling in der Rhön*

1946

Lithographie aquarelliert, 14,5 cm x 11,5 cm, u. l. unter dem Druck: Titel, u. r. sign.: „H. Franke".
Kunstantiquariat Arno Winterberg, Heidelberg, 18.4.2005
Literatur: http://www.Winterberg-Kunst.de, Zugriff am 18.4.2005; Abb.

5.2.1.2. Undatiert

DG44 **Ginnheimer Woog (a), Vorfrühling am Altwasser (b), Vorfrühling (c)***
Lithographie, Version b) aquarelliert, 28,5 cm x 21 cm, u. l. im Stein monogr.: „H. F.", u. l. unter dem Druck: Titel, u. r. sign.: „H. Franke".
Version c) u. m. Titel und dat. 1943.
Version a) Nachlass/Museum Eschborn
Version b) Privatbesitz
Version c) Aukth. Arnold Frankfurt/M., 14. 6. 2003
Ausstellung: 1975, Eschborn/Ts.
Literatur: Ausst. Kat. Eschborn/Ts. 1975, Nr. 10, Abb.; Kat. Verst. Arnold II 2003, S. 91;
http://www.auktionshaus-arnold.de/sites/is_katalog.php?mode=2&auction=A149, Zugriff am 21.6.2003

DG45 **Landschaft mit Getreidegarben***
Lithographie, 15,5 cm x 18 cm , u. r. unter dem Druck: sign.: „H. Franke".
Nachlass/Museum Eschborn

DG46 **Bachlandschaft***
Lithographie, 24 cm x 19 cm , u. l. unter dem Druck: sign.: „H. Franke".
Nachlass/Museum Eschborn

DG47 **Taunusberge***
Lithographie aquarelliert, 25 cm x 22 cm, u. l. im Stein monogr.: „H. F.", u. r. unter dem Druck: sign., u. l. Titel, u. m.: „Mit den besten Wünschen für ein frohes Fest und ein gutes Neues Jahr Ihr H. Franke und Familie".
Auch als „Taunuslandschaft" betitelt im Umlauf.
Aukth. Arnold, Frankfurt/M., 13.9.1997; Aukth. Arnold Frankfurt/M., 14. 6. 2003
Literatur: Kat. Verst. Arnold 2003, S. 91;
http://www.auktionshaus-arnold.de/sites/is_katalog.php?mode=2&auction=A149, Zugriff am 21.6.2003

DG48 **Volkslied***
Lithographie, 20 cm x 26,5 cm, u. l. im Stein sign.: „H. Franke", u. l. unter dem Druck: Titel; u. r. unter dem Druck sign.: „H. Franke".
Privatbesitz

DG49 **Altkönig***
Lithographie, 14,5 cm x 11 cm, u. l. unter dem Druck: Titel, u. r. unter dem Druck sign.: „H. Franke".
Privatbesitz

5.2.2. Architektur und Sonstiges

DG50 **Paulskirche in Frankfurt am Main - o. a. A.**
1921
Lithographie, 12,5 cm x 18 cm, sign. und dat.: „H. Franke 1921".
Galerie Fach, Frankfurt/M., 1975
Literatur: Ausst. Kat. Fach 1975, Nr. 68

DG51 **Porträt - Elisabeth Franke***
1925
Lithographie, 30 cm x 20 cm, u. r. sign. und dat.: „H. Franke 1925".
Nachlass/Museum Eschborn

DG52 **Ansicht von Assisi***
1926
Lithographie, 15 cm x 23 cm, u. r. sign. und dat.: „H. Franke 1926", u. l. Titel.
In einer Bleistiftzeichnung hielt der Künstler im gleichen Jahr ebenfalls eine Ansicht der Stadt im Bild fest. Vgl. Z251
Galerie Fach, Frankfurt/M., 1975; Aukth. Arnold, Frankfurt/M., 22.11.2003; Aukth. Döbritz, Frankfurt/M., 13.3.2004
Literatur: Ausst. Kat. Fach 1975, Nr. 66; Kat. Verst. Arnold IV, 2003, S. 72; http://www.lot-tissimo.com/24/bilder/gross/3849-2.jpg, Zugriff am 9.3.2004, Abb.

DG53 **Willemerhäuschen in Frankfurt am Main***
1927
Lithographie, weiß gehöht auf blautonigem Papier, 37 cm x 28 cm, u. l. sign. und dat.: „H. Franke 1927".
Frankfurt am Main/Historisches Museum, Inv.-Nr. 41230
Im gleichen Jahr entstand eine Federzeichnung mit dem selben Thema. Vgl. Z213

DG54 **Ilbenstadt -Basilika der Wetterau - Gesamtansicht**
1929
Lithographie, 34 cm x 25 cm, u. r. sign. und dat.: „H. Franke 29".
Nachlass/Museum Eschborn
Die 1139 erstmals erwähnte Klosterkirche des ehemaligen Prämonstratenserklosters wurde 1159 durch den Mainzer Erzbischof geweiht.
Blatt einer im Auftrag von Pater Ignatius entstandenen Mappe, welche aus insgesamt sechs Lithographien besteht. Herausgeber war das Benediktinerkloster Ilbenstadt.
Literatur: LE II, S.255

DG55 **Ilbenstadt - Die Basilika**
1929
Lithographie, 34 cm x 25 cm, u. r. sign. und dat.: „H. Franke 29".
Nachlass/Museum Eschborn
Blatt einer im Auftrag von Pater Ignatius entstandenen Mappe, welche aus insgesamt sechs Lithographien besteht. Herausgeber war das Benediktinerkloster Ilbenstadt.
Literatur: LE II, S.255

DG56 **Ilbenstadt - Das Hauptportal**
1929
Lithographie, 34 cm x 25 cm, u. r. sign. und dat.: „H. Franke 29".
Nachlass/Museum Eschborn
Blatt einer im Auftrag von Pater Ignatius entstandenen Mappe, welche aus insgesamt sechs Lithographien besteht. Herausgeber war das Benediktinerkloster Ilbenstadt.
Literatur: LE II, S.255

DG57 **Ilbenstadt - Das Nordportal**
1929
Lithographie, 34 cm x 25 cm, u. r. sign. und dat.: „H. Franke 29".
Nachlass/Museum Eschborn
Blatt einer im Auftrag von Pater Ignatius entstandenen Mappe, welche aus insgesamt sechs Lithographien besteht. Herausgeber war das Benediktinerkloster Ilbenstadt.
Literatur: LE II, S.255

DG58 **Ilbenstadt - Inneres der Basilika**

1929

Lithographie, 34 cm x 25 cm, u. r. sign. und dat.: „H. Franke 29".
Nachlass/Museum Eschborn
Blatt einer im Auftrag von Pater Ignatius entstandenen Mappe, welche aus insgesamt sechs Lithographien besteht. Herausgeber war das Benediktinerkloster Ilbenstadt.
Literatur: LE II, S.255

DG59 **Ilbenstadt - Klostergang**

1929

Lithographie, 34 cm x 25 cm, u. r. sign. und dat.: „H. Franke 29".
Nachlass/Museum Eschborn
Blatt einer im Auftrag von Pater Ignatius entstandenen Mappe, welche aus insgesamt sechs Lithographien besteht. Herausgeber war das Benediktinerkloster Ilbenstadt.
Literatur: LE II, S.255

DG60 **Rucksack, Stock und Hut - o. a. A.**

1932

Lithographie, 29 cm x 27 cm, sign. und dat.: „H. Franke 1932".
Galerie Fach, Frankfurt/M., 1975
Vgl. hierzu auch A496
Literatur: Ausst. Kat. Fach 1975, Nr. 65

DG61 **Dom mit abgedecktem Dach - Frankfurt am Main***

1945

Lithographie, 22 cm x 17 cm, u. r. im Stein monogr. und dat.: „H. F. 45", unter dem Druck u. l.: „Frankfurt a. M. 1945", u. r. sign.: „H. Franke".
Privatbesitz

DG62 **Hauseingang***

Lithographie, 17 cm x 12,5 cm, u. r. im Stein monogr.: „H. F.".
Nachlass/Museum Eschborn

DG63 **Lebensstationen der Äbtissin Hildegard (Böckelheim, Disibodenberg, Rupertsberg, Eibingen)***

1929

Lithographie, 24 cm x 33 cm, u. r. handsign., i. St. sign. und dat.: „HF 29".
Ehemals aus dem Nachlass von Hanny Frankes Schwester Christine Keller stammend; Auktionsh. Arnold, Frankfurt/M., 19.11.2005.
Privatbesitz
Literatur: Lauter 1990, Abb.; Philippa Rath, Teresa Tomberend, Josef Krasenbrink, Werner Lauter:
Hildegard von Bingen - Wirkungsstätten, Regensburg 1996; http://www.auktionshaus-arnold.de/sites/is_katalog.php?mode=3&auction=A159, Zugriff am 8.11.2005

5.3. Holzschnitte

5.3.1. Landschaften

DG64 **Bäume am Fluß - Neujahrskarte - Frieden Gesundheit Glück 1957***

1957

Holzschnitt aquarelliert, 26 cm x 11,4 cm, u. r.: „wünscht Ihnen Hanny Franke".
Privatbesitz

DG65 **Hügelige Landschaft -Neujahrskarte 1958***

1959

Holzschnitt aquarelliert, 10 cm x 17 cm, in der Karte: „Ein frohes Weihnachtsfest Hanny Franke".
Privatbesitz

DG66 **Landschaft mit einzelnem Baum und Büschen - Neujahrskarte 1959***

1959

Holzschnitt aquarelliert, 10 cm x 13 cm, u. r. sign. und dat.: „H. Franke", u. l.: „Ein frohes Weihnachtsfest".
Privatbesitz
Der Druckstock befindet sich im Nachlass/Museum Eschborn.

DG67 **Bäume am Bach - Neujahrskarte***

1959

Holzschnitt aquarelliert, 13 cm x 10 cm, r. neben dem Druck: „Ein glückliches Neues Jahr 1960 Hanny Franke".
Privatbesitz

DG68 **Dreiteilige Baumgruppe am Bach - Grußkarte ***

1962

Holzschnitt aquarelliert, 14 cm x 10 cm, unter dem Druck: „Ein an Gesundheit Wohlbefinden und an Erfolg reiches Neues Jahr 1962 Hanny Franke".
Privatbesitz
Der Druckstock befindet sich im Nachlass/Museum Eschborn.

DG69 **Landschaft***

1962

Holzschnitt, 14 cm x 10 cm,
Version a) aquarelliert; u. r. sign.: „H. Franke".
Version b) auf blautonigem Papier und mit goldgeprägtem Halbmond, u. r. monogr.: „H. F.", neben dem aufgeklebtem Blatt: „Ein an Gesundheit und an Erfolgen reiches Neues Jahr 1963 wünscht Ihnen Ihr Hanny Franke".
Privatbesitz
Der Druckstock befindet sich im Nachlass/Museum Eschborn.

DG70 **Baum bei Nacht***

1964

Holzschnitt auf blautonigem Papier mit in Gold geprägtem Halbmond und Sternen, 11 cm x 9 cm, u. r. monogr.: „H. F.", darunter: „Ein frohes Weihnachtsfest und ein glückliches Neues Jahr 1964 Hanny Franke u. Familie".
Aukth. Arnold, Frankfurt/M., 29.11.1997

DG71 **Wiesenau - Nachtlandschaft***

1971

Holzschnitt mit in Gold geprägtem Halbmond, 10 cm x 7 cm, u. r. in der Druckplattte monogr.: „H. F.", unter dem Druck sign. und dat.: „H. Franke 1971".
Privatbesitz
Der Druckstock befindet sich im Nachlass/Museum Eschborn. Das Motiv erfasste der Maler auch als Ölbild, datiert 1967. Vgl. G971